CLASE OBRERA Y DICTADURA MILITAR
EN ARGENTINA (1976-1983)

History and Social Science Series

General Editor: Greg Dawes
Series Editor: Carlos Aguirre
Copyeditor: Gustavo Quintero

Clase Obrera y dictadura militar en Argentina (1976-1983)

*Nuevos estudios sobre conflictividad
y cambios estructurales*

Luciana Zorzoli y Juan Pedro Massano, editores

Raleigh, North Carolina

Copyright © 2021 Luciana Zorzoli y Juan Pedro Massano
All rights reserved for this edition copyright © 2021 Editorial A Contracorriente
Library of Congress Cataloging-in-Publication Data

Names: Zorzoli, Luciana, editor. | Massano, Juan Pedro, editor.
Title: Clase obrera y dictadura militar en Argentina (1976–1983) : nuevos estudios sobre conflictividad y cambios estructurales / Editado por Luciana Zorzoli y Juan Pedro Massano.
Other titles: History and social science series.
Description: [Raleigh, North Carolina] : Editorial A Contracorriente, [2021] | Series: History and social science series | Includes bibliographical references.
Identifiers: LCCN 2021004005 | ISBN 9781469666037 (paperback) | ISBN 9781469666044 (ebook)
Subjects: LCSH: Working class—Political activity—Argentina—History—20th century. | Working class—Argentina—Social conditions—20th century. | Argentina—History—Dirty War, 1976-1983.
Classification: LCC HD8266.5 .C578 2021 | DDC 305.5/62098109047—dc23
LC record available at https://lccn.loc.gov/2021004005

ISBN: 978-1-4696-6603-7 (paperback)
ISBN: 978-1-4696-6604-4 (ebook)
This is a publication of the Department of Foreign Languages and Literatures at North Carolina State University. For more information visit http://go.ncsu.edu/editorialacc.
Distributed by the University of North Carolina Press
www.uncpress.org

INDICE

Introducción 1
Luciana Zorzoli, Juan Pedro Massano

CAPÍTULO 1
"Estamos en medio de un Cordobazo". La ola de huelgas de fines de 1977 en Argentina 35
Andrés Carminati

CAPÍTULO 2
"El complejo solo no produce; ¡cuidemos a los que lo hacen producir!". Protesta obrera en YPF Ensenada en los inicios de la última dictadura cívico-militar (1976-1977) 58
Andrea Copani

CAPÍTULO 3
El terrorismo de Estado en las fábricas de Córdoba, 1974-1983 85
Laura Ortiz

CAPÍTULO 4
Industria Automotriz, Procesos de Trabajo, Conflictividades y Represión contra trabajadores en las fábricas de Fiat Córdoba en Argentina durante los años setenta 107
Marianela Galli

CAPÍTULO 5
En la guarida del lobo: resistencias y organización obrera en las Fábricas Militares de Villa María y Río Tercero (1976-1983) 141
Susana Roitman

CAPÍTULO 6
Trabajadoras/es y dictadura. Algunas notas a partir del caso mendocino 160
Laura Rodríguez Agüero

CAPÍTULO 7
Dictadura y clase trabajadora en Bahía Blanca. Avances respecto al disciplinamiento, la represión y la oposición obrera (1976-1983) 182
Ana Belén Zapata

CAPÍTULO 8
Repertorios represivos y repertorios de resistencia. Aproximaciones desde la experiencia de los obreros industriales de la Zona Sur del Gran Buenos Aires durante la última dictadura cívico militar (1976 y 1981) 199
Jerónimo Pinedo

CAPÍTULO 9
Los dirigentes sindicales y la última dictadura. Entre "interlocutores válidos" y "curadores" del patrimonio gremial
Daniel Dicósimo 235

CAPÍTULO 10
"En defensa de nuestras fuentes de trabajo": replanteando la legalidad autoritaria y la resistencia obrera durante el Proceso de Reorganización Nacional 255
Edward Brudney

CAPÍTULO 11
Por una historia del obrero común y de la aceptación cultural de la última dictadura cívico-militar 283
Camillo Robertini

CAPÍTULO 12
Estrategias sindicales en disputa. Un análisis de la Jornada de Protesta Nacional, primera huelga general en dictadura 309
Mariana Stoler

CAPÍTULO 13
¿Un empate agónico? Las acciones de las bases en
Capital Federal y Gran Buenos Aires en la etapa final de la
última dictadura militar (junio 1982-diciembre 1983) 338
Leandro Molinaro

CAPÍTULO 14
La relación capital-trabajo en el Estado empresario. Un análisis
de los indicadores laborales en las empresas públicas 366
Lucas Daniel Iramain / Débora Ascencio

CAPÍTULO 15
Revisitando las "condiciones materiales de la clase obrera".
Actualizaciones y debates en torno al capítulo 2 de *Oposición obrera
a la dictadura* de Pablo Pozzi 399
Juan Pedro Massano / Andrés Cappannini

CAPÍTULO 16
Insalubridad y jornada laboral antes y durante el "Proceso" 425
Luciana Zorzoli

Introducción

EL OBJETIVO DE ESTE libro es ofrecer a las y los lectores una visión general y renovada sobre las experiencias y transformaciones de la clase trabajadora en los años en que gobernó la Argentina la dictadura autodenominada "Proceso de Reorganización Nacional" (PRN), entre 1976 y 1983. Los textos aquí reunidos tienen como mérito reponer la complejidad que tuvieron los años setenta, presentando los resultados de una verdadera ampliación y diversificación de la investigación que se produjo en las últimas dos décadas.

Debe tenerse en cuenta que si bien el campo dedicado a los estudios sobre la última dictadura cívico-militar en la Argentina es muy vasto, los estudios centrados en las experiencias obreras y en la confrontación entre la clase obrera y el gobierno militar no lo son. A diferencia de los que investigan las disputas del período previo (el surgimiento de organizaciones político-militares, la emergencia de la violencia política, o aspectos de la crisis institucional y el descalabro económico que precedieron al golpe militar) o de aquellos que recorrieron los años del PRN indagando en los planes de gobierno, las formas que tomaron las alianzas del régimen, las internas militares, la vida cotidiana, los cambios en la cultura o que atendieron al surgimiento del movimiento de derechos humanos y las luchas por la transición democrática, los estudios sobre la situación de la clase obrera, sobre su conflictividad y sobre cómo se vio afectada por los cambios estructurales llevados adelante, ocupan, incluso hoy, un lugar marginal que este libro intenta desafiar.

Si entre las aproximaciones iniciales al período se había desplazado a las y los trabajadores como víctimas de la represión y a su militancia y activismo previo como uno de los enemigos principales a eliminar para los militares, en los últimos años la pregunta sobre los objetivos estratégicos de la acción militar ha resituado la dictadura dentro de un proceso de transformación del capitalismo, destacando el carácter de clase de la empresa golpista y su intención de disciplinamiento como aspectos fundamentales. Dicho en pocas palabras, lo que en algún momento fue retratado como un plan para instaurar el terror contra sectores juveniles asociados a las organizaciones político-militares del peronismo y la izquierda política nacional, hoy es generalmente comprendido como un proyecto asociado a la reestructuración social y productiva del país que requería no solo de violaciones a los derechos humanos y la eliminación de los sectores movilizados, sino también de una reconfiguración de la economía y, aunque se destaque menos, de la relación capital-trabajo.

Como bien han señalado Hernán Camarero y Martín Mangiantini[1] en un libro de esta misma serie, un estudio centrado en la clase obrera, en sus experiencias y en sus transformaciones presupone la existencia de clases sociales y el reconocimiento de que las mismas tienen intereses antagónicos y en permanente conflicto, algo que creemos no ha cambiado pese a los augurios del "fin de la historia" y las mutaciones que efectivamente se produjeron en el país y más allá de él.

Implica entender la conformación de las y los trabajadores como clase en un proceso históricamente determinado, a su vez que busca develar las formas en que las confrontaciones de intereses se producen y cómo estas interactúan con la conciencia, la práctica y la organización obrera. Esto sin desatender, como indican también Camarero y Mangiantini, los procesos que inciden en esa conformación, ya sean étnicos, raciales o de género.

En la búsqueda de esa perspectiva, este libro reúne trabajos atravesados centralmente por dos cuestiones: la pregunta sobre el impacto de las políticas de reconfiguración llevadas adelante por la dictadura militar, y la cuestión de las formas que tomó y las consecuencias que tuvo la confrontación y el disciplinamiento llevado a cabo durante aquellos años. La empresa supera, como se verá, las dicotomías que dominaron el campo y presenta un panorama nacional que estuvo casi ausente, sesgado por una visión "Buenos Aires céntrica".[2]

I

El libro busca resituar la importancia que tienen para la comprensión del período los cambios y conflictos entre la clase obrera y el gobierno militar, por eso los capítulos que ponemos a disposición representan un avance en la construcción de una nueva síntesis frente a los trabajos clásicos que se habían dedicado a este tema en los años ochenta. Como veremos a continuación, estos trabajos tendieron a dar cuenta de lo sucedido aislando y jerarquizando un fenómeno en particular (ya fuera la resistencia, el conflicto o la derrota obrera) a su vez que intentaban reflejar el impacto que tuvo en la vida y organización de las y los trabajadores la acción represiva, aunque lo hicieran desde definiciones estrechas, con aproximaciones generales y con escaso soporte documental.

Un punto de acuerdo entre los trabajos pioneros era que el PRN constituía un punto de inflexión. Esto aún cuando los gobiernos militares no eran una novedad en la Argentina de los años setenta, y su estudio y análisis dentro de las ciencias sociales tenía ya cierta tradición. De hecho, desde 1930, cuando el general Uriburu desplazó del gobierno al presidente radical Hipólito Yrigoyen, el país vivió constantes intervenciones de las fuerzas armadas que mayoritariamente resistieron gobiernos de tinte popular (aunque otras veces actuaron por internas militares o ante crisis de legitimidad y dirección) y, especialmente, el surgimiento y desarrollo de un movimiento nacionalista burgués de inspiración policlasista como supo ser el peronismo. Se entiende que entre las razones subyacentes a esas reiteradas intervenciones estaba la búsqueda de resolver en forma autoritaria las disputas distributivas que se sucedían ante cada ciclo económico de crecimiento y restricción, comunes en el país desde mediados de los años cuarenta y hasta los años setenta, producto de un modelo de acumulación que se articuló en torno a las divisas que producía el sector agrario y el desarrollo de una industrialización orientada al mercado interno. Fue ese proceso de industrialización el que le permitió al peronismo, no sin conflictos y resistencias, la integración de la clase trabajadora en un proyecto político nacional incorporando viejos y generando nuevos representantes sindicales que participaron en la administración de las dinámicas relaciones laborales que maduraban en el país.[3] Pero como ya se ha señalado, el crecimiento económico, la ciudadanización política de la clase obrera, y la identificación mayoritaria con un movimiento político (y con su líder) no generaron mayor estabilidad en el régimen político sino lo contrario, especialmente cuando esa articulación empezó a mostrar signos de desgaste y debilidad a mediados de los años cincuenta. En el creciente rechazo al peronismo se aglutinaban, a la sazón, sectores afectados por los límites de su modelo de desarrollo tanto como sectores tradicionales que desde un comienzo impugnaron las conquistas sociales, los derechos laborales y el sistema sociopolítico que, girando en torno de Perón, tenía en los sindicatos un punto de sostén fundamental.

Por eso tanto el derrocamiento de Perón en 1955 como la proscripción del peronismo que se extendió desde entonces hasta el año 1973, expresaron el intento de concluir por la fuerza el experimento económico y social liderado por aquel, con la ambición de desmontar sus conquistas y desarmar su núcleo más conflictivo: la clase obrera organizada. Si la empresa fue exitosa en algún sentido, la sucesión de gobiernos militares y civiles mostró que el país entró en una fase de no correspondencia entre la dominación económica y la política, un período dominado por lo que Portantiero llamó "un empate hegemónico".[4] Durante ese empate la clase dominante no pudo, proscribiendo o limitando las expresiones políticas y sociales del peronismo, retornar al pasado idílico de la Argentina *granero del mundo* que funcionaba en base a mínimos derechos laborales y escasos derechos sociales para las amplias mayorías. Las y los trabajadores y sus organizaciones tampoco pudieron durante ese empate reinstalar en el poder un gobierno que consideraran propio, pero sí mantuvieron altos niveles de organización y de cohesión política que, basados en su lugar en la economía nacional y en una fuerte conciencia de su importancia, impidieron la estabilización de proyectos que los excluyeran.

Una mirada retrospectiva muestra que esa persistente organización de la clase obrera, desde la llamada "Resistencia" en los años cincuenta hasta el encuentro de sectores del peronismo con la izquierda latinoamericana y las ideas de liberación nacional en los años sesenta, fue clave para que los sindicatos mantuvieran un lugar destacado en la política nacional incluso en coyunturas autoritarias. Fue también la que permitió, desde mediados de los años sesenta, que sectores obreros se radicalizaran y entraran en contacto con otras franjas juveniles movilizadas y con sectores de la izquierda no peronista, incluso con aquellos que, inspirados por el antiimperialismo, las ideas de corrientes marxistas y los procesos revolucionarios como el de Cuba, veían con buenos ojos las ideas del anticapitalismo y la lucha armada como vía de transformación social.

Fue en ese marco que se dieron en el país una serie de jornadas de protesta e insurrección popular contra la dictadura autodenominada "Revolución Argentina",[5] cuya expresión más conocida fue el *Cordobazo*.[6] Aquellas jornadas bien pueden entenderse como el rechazo a todo el régimen de alternancia entre dictaduras militares y gobiernos elegidos sobre la base de la proscripción del peronismo y, de hecho, fueron esas insurrecciones las que abrieron las puertas al retorno de Perón y del peronismo, elevando la inestabilidad constitutiva del orden político a su máxima expresión y permitiendo que los antagonismos de clase, más o menos velados hasta entonces, emergieran y se desarrollaran en forma acelerada.

En ese marco, el crecimiento de las izquierdas dentro y fuera del movimiento obrero, con sus organizaciones políticas y político-militares, era visto como una señal de alarma por los sectores de poder, incluyendo entre ellos a sectores del propio peronismo. Pero el fenómeno tenía una profundidad aún mayor. Conjugaba el agotamiento del modelo de acumulación (y de la forma de inserción de la economía argentina en el mundo) en el marco de la crisis de postguerra que buscaba la recomposición de la acumulación y de la dominación capitalista, con una intensa actividad política en los espacios de trabajo. La aparición de grupos paramilitares fomentados por el último gobierno peronista y amparados en la estructura del Estado, que desde 1974 llevaron adelante una cacería represiva en búsqueda de eliminación y disciplinamiento, señalizaron el camino a la respuesta que vendría después, con el golpe de Estado.

Sumado a las tensiones que mencionamos, el nuevo gobierno cargaba con los fracasos militares previos y, como respuesta, buscaba llevar adelante una empresa más ambiciosa. Se proponía "modernizar" la economía, eliminar el populismo y lo que entendían eran sus fundamentos, y disciplinar al conjunto social por la vía del terror y el exterminio a una escala nunca vista.[7] Buscaban, como bien se ha señalado, fundar un nuevo régimen que se ubicara *por encima del régimen político* de modo que los militares pudieran controlar la arena política como garantes últimos del orden de la nación (un proyecto que se impulsó no solo en Argentina, y cuyo ejemplo "exitoso" fue por muchos años el Chile de Pinochet).[8]

Sin perder eso de vista, lo que sucedió con el PRN debe analizarse más allá de las intenciones de sus principales actores, y para hacerlo es vital visibilizar que las tensiones del momento estaban constituidas por las crisis políticas y de acumulación del país en el marco de un proceso global de reestructuración (y de ofensiva) capitalista que afectaba a la clase obrera en conjunto y que era el telón de fondo de esa orientación represiva contra los sectores del movimiento obrero que participaban el proceso de radicalización política desde los años sesenta. Este elemento, que la compilación destaca, es algo que hasta ahora tiene un reconocimiento desigual tanto académica como socialmente.

II

Pese a que en la imagen construida sobre el PRN ese entramado fue y sigue siendo difuso, tempranamente dentro de las ciencias sociales se advirtió que las transformaciones que se estaban llevando adelante tendrían como víctima principal a la clase trabajadora formada bajo el peronismo y que traerían consecuencias en el largo plazo.

Fue en un diálogo entre la sociología y la historia que se dieron los pasos iniciales. Francisco Delich fue el primero que sostuvo que se estaba produciendo (desde antes del golpe militar) una transformación significativa de la economía del país con consecuencias para la conformación de la clase obrera, en el marco de lo que él entendía era un contexto de crisis del sindicalismo peronista,[9] quietud obrera y debilitamiento sindical.[10] Quienes le respondieron no negaban explícitamente la magnitud de la transformación en marcha, pero se centraron en responder aquello de la inactividad de los trabajadores en los años de la más sórdida represión, construyendo un campo dicotómico que perduraría por largos años.[11]

Destacando acciones de protesta, huelgas y conflictos durante la dictadura, señalaban la permanencia del carácter combativo de la clase trabajadora argentina y cuestionaban el debilitamiento sindical que Delich daba por hecho, silenciando de algún modo el debate sobre las transformaciones en marcha.[12]

Como dijimos, las réplicas a Delich organizaron el campo de estudios, delineando dos lecturas más o menos contrapuestas sobre lo que pasó durante el PRN: aquellas que veían un debilitamiento sindical (y esbozaban discusiones sobre los fundamentos de esta novedad); y quienes enfatizaban las acciones de protesta y actividad obrera para sostener sobre todo la importancia de la clase obrera como sujeto social. Fue León Bieber[13] quien primero cuestionó el trabajo y las premisas expuestas por Delich, acercándose a las ideas que habían apuntado Ricardo Falcón y Ronaldo Munck en un libro editado por CEDLA.[14] Poco después, en 1984, se publicó en Buenos Aires el primer libro que analizó en forma integral (cuando ya había finalizado el gobierno militar) la cuestión de los sindicatos. Desde entonces, *Las organizaciones sindicales y el poder militar (1976-1983)* de Álvaro Abós se convirtió en un pilar de los estudios sobre el tema, tanto que su influencia se extiende hasta nuestros días. Como hemos señalado en otra oportunidad,[15] el libro articuló una respuesta, por momentos contradictoria, sobre lo sucedido mezclando en su exposición la actuación sindical de las dirigencias del peronismo ortodoxo con las respuestas desarrolladas por otros sectores, como los sindicalistas exiliados o algunos sectores obreros de base. Lo hacía sin abordar las razones de fondo que ponía en discusión Delich, aquellas que hacían a las transformaciones económicas del país.[16]

Para su comprensión, Abós sugiere que el período debía dividirse en dos etapas: una primera signada por la *inmovilidad* y una segunda donde el sindicalismo habría superado ese momento de repliegue y comenzado una intensa actividad opositora al régimen. Según el, los años que van desde 1976 hasta abril de 1979 fueron dominados por la pasividad producida por un corsé represivo (algo que lo acercaba a las ideas de Delich) y a partir de allí y más específicamente desde la Jornada Nacional de Protesta de abril de 1979 se habrían constituido en la fuerza antagónica al régimen. Varios capítulos de este libro revisan esos años y ponen en cuestión la clásica explicación de Abós, que en parte simplificaba lo sucedido y en parte obstaculizaba un balance más riguroso sobre la actuación de las dirigencias sindicales ortodoxas.[17]

Poco después, el sociólogo Arturo Fernández publicó *Las prácticas sociales del sindicalismo (1976-1983)*, donde propusa una interpretación equidistante a los aportes de Delich y Abós. En primer lugar, iluminaba la situación vivida bajo el PRN considerando la política económica y laboral tanto como la represiva. Partía, además, de una diferenciación necesaria: la situación y las acciones de los sectores obreros de base, incluso de aquellos movilizados, no eran equiparables a las actitudes y prácticas de la dirigencia sindical peronista. Más aún, la restructuración vivida no solo afectaba la posición obrera en los lugares de trabajo y en su relación con la clase dominante, también implicaba cambios significativos al interior de las organizaciones de trabajadores.[18] Pese a sus múltiples aciertos —que lo hacen unos de los trabajos más ricos de aquellos años— la propuesta de Fernández no logró permear al campo de estudios sobre el tema y el debate de los años siguientes siguió girando en torno a las ideas de inmovilismo (y derrota) contra quienes sostenían que había primado la oposición al régimen militar.[19]

Esta segunda posición tuvo su síntesis final con el libro de un historiador, Pablo Pozzi, que refutaba desde el archivo la idea de Delich de la inmovilidad y sostenía que la actividad de la clase obrera había en gran medida limitado al PRN y modificado algunos de sus objetivos. La postura sostenida en *La oposición obrera a la dictadura. 1976-1982*[20] era también una defensa del marxismo y sobre todo de la categoría de clase y la importancia de la clase obrera como sujeto de transformación social, algo que subyacía en la discusión abierta.

Por fuera de las respuestas académicas a la propuesta de Delich, algunos trabajos realizados por militantes exiliados también subrayaron la actividad obrera frente a la represión e incluso delinearon imágenes más o menos triunfalistas, que el tiempo daría lamentablemente por erróneas. En 1980, en el exilio mexicano, Guillermo Almeyra sostuvo que a pesar de que soportó casi en soledad lo peor de la represión, dentro de la clase trabajadora se estaba dando un proceso de recomposición y reorganización a nivel lugar de trabajo, proceso que se expresaba según él en múltiples conflictos defensivos que se desarrollaron desde los inicios de la dictadura y que eran coordinados por los militantes de base desde la clandestinidad. Sin embargo, ese carácter defensivo, las grandes dificultades para plantear la conflictividad a escala nacional, y el carácter muchas veces espontáneo y desorganizado de los movimientos huelguísticos expresaban un retroceso en el "nivel real de experiencia sindical". Para Almeyra, al buscar recomponer las condiciones de sus privilegios de casta y su papel de intermediario frente al Estado, parte de la "burocracia sindical" peronista cumplió durante la dictadura un papel de resistencia y unidad.[21] Un año más tarde, por su parte, desde su exilio en Cuba Gonzalo Chaves escribió un trabajo que presentaba un primer relevamiento cuantitativo del conflicto sindical durante el PRN basado en informaciones periodísticas e informes de militantes exiliados. Para él, la resistencia obrera, y particularmente la protagonizada por un sector del sindicalismo peronista, habría permitido en 1980 el repliegue militar y el "resurgimiento del movimiento obrero". Basado en ese relevamiento, Chaves proponía una periodización coincidente con la de Abós, señalando como bisagra la Jornada Nacional de Protesta que mencionamos. La primera etapa no habría sido de inmovilidad, sino de pequeños pero masivos conflictos y, a partir de abril de 1979, ese movimiento era encabezado por un sector del sindicalismo peronista lanzado definitivamente a la confrontación contra el PRN, ganando espacios de legalidad y semi-legalidad contra el régimen.[22]

Es importante señalar que este debate se daba mientras la sociedad argentina se encontraba en un proceso de construcción de la memoria social sobre la dictadura. Esa memoria estaría signada, al menos hasta los años 2000,[23] por la publicación y difusión del *Nunca Más*,[24] la aceptación social de la "teoría de los dos demonios"[25] —aunque la misma encontró siempre oposición en los organismos de derechos humanos y en las organizaciones de la izquierda política— y por la encarnizada lucha sobre la importancia de saber la verdad de lo sucedido y que se hiciera justicia con los responsables de las miles de desapariciones. Como señalan Juan Besse y Miriam Wlosko, en ese proceso de construcción de la memoria social se había desplazado a las y los trabajadores como sujetos de la represión y a su militancia política como razón de la misma, para optimizar la defensa de las y los desaparecidos incluso a costa de la precisión histórica, invisibilizando el conflicto social y las luchas del período inmediato anterior y aceptando una conclusión colectiva que oscurecía el carácter de clase del PRN.[26]

La marginación de estas indagaciones se correspondía con la situación social, dejando a la obra de Pozzi como una guía que permitió, aunque fuera en forma limitada, visibilizar la importancia de la clase obrera y de su actividad incluso a costa de una síntesis que permitiera conocer mejor qué había pasado e integrar en forma más consistente y articulada los distintos aspectos de la transformación vivida.[27] Además, el paradigma de oposición contra el de inmovilismo, pese a su limitada profundidad y a que desconoció en gran medida la relación de esas actitudes con las transformaciones del capitalismo en Argentina y en el mundo, funcionó como un refugio para quienes creían que más allá de los cambios producidos, la existencia de la clase obrera y su relevancia no debían ser puestos en cuestión destacando la importancia de preguntar sobre las relaciones entre las clases y las relaciones laborales en particular, a contracorriente de lo que pasaba en las ciencias sociales *mainstream* que viraron en esos años al estudio de "nuevos sujetos", cuestionando abierta o implícitamente la presencia e importancia de la relación capital-trabajo.

III

Hay una serie de aportes de aquellos años que aunque no indagaban específicamente en la situación y transformación de la clase obrera, sí planteaban aspectos relevantes sobre qué estaba sucediendo con el capitalismo en Argentina y qué impacto específico tuvieron los años del PRN en las y los trabajadores. Se trata de trabajos que no tuvieron mayor continuidad, pero que abrían la puerta a pensar la relación entre el conflicto y las transformaciones en la estructura económica. Por esa razón, por lo inconcluso de la empresa y por la calidad que los ha hecho "permanecer" en el debate pese al tiempo transcurrido, creemos que merecen una especial mención en este breve recorrido.

Un primer ejemplo es el trabajo de Juan Villarreal, "Los hilos sociales del poder",[28] donde se exploraron los cambios producidos por el golpe militar entendiendo que se produjo una particular confluencia de múltiples iniciativas que buscaban cerrar la crisis abierta por la inestabilidad del régimen político y responder a los desafíos sociales aumentando y homogeneizando a los sectores de poder. En este sentido, su retrato del gobierno militar captó tempranamente que el PRN no fue meramente una "empresa represiva" (como se enfatizaba públicamente), sino que tuvo un fuerte carácter productivo cuyo resultado más relevante fue causar la fragmentación de las clases subalternas y la individualización de las conductas sociales. Ese doble movimiento fue para Villarreal parte de una rearticulación de la sociedad civil, rearticulación que a su vez impulsó y permitió una concentración del poder económico en manos de los grandes propietarios alterando de allí en más el terreno de la política y las relaciones entre las clases y sectores de clase.

Si hasta 1976 la inestabilidad del régimen político estaba basada en la proscripción del peronismo basada para Villarreal en una estructura social "heterogénea por arriba y homogénea por abajo", la transformación que produjo el PRN produjo exactamente lo contrario, una estructura social "homogénea por arriba y heterogénea por abajo". Hasta entonces, sostenía, la sociedad argentina

> conjugaba una escasa centralización de capital que masificaba la estratificación interna de los propietarios y una considerable diversificación productiva que potenciaba el fraccionamiento de intereses, en el campo de los sectores dominantes, con una gran difusión de la relación salarial y un peso mayoritario de los trabajadores industriales en el plano de las clases subalternas.[29]

Esa era la configuración que subyacía a la crisis previa al golpe, y que el PRN resolvió, más allá de sus límites, sus propias crisis y su caótico final subordinando las medidas económica, social y cultural a "objetivos de una estrategia de poder regresiva impulsada por las fuerzas sociales dominantes".[30]

El aporte de Villarreal de destaca así entre otros análisis que, como veremos, parten desde los cambios en la estructura económica para pensar las modificaciones que produjo la dictadura, ubicando en su lugar y destacando como eje principal la cuestión del poder (de clase) que implicó el PRN, lo que le permitió pensar esos cambios en la estructuración social como efectos de una respuesta del poder (autoritaria, disciplinaria, represiva) a la sociedad argentina.[31] Si bien reconoce el peso que tuvo la agenda de clase, Villarreal no desconoce que en los cambios que se producen en la estructura social se ven también las características del desarrollo nacional, los problemas de estancamiento económico y la "peculiaridad" de la reproducción capitalista en el país que él llama "subordinada dependiente".[32] Conecta, aunque con falencias, las formas de la lucha de clases con aquellas que hacen a las transformaciones en el modo de acumulación, incorporando fenómenos como el de la desindustrialización y la terciarización en una superación de explicaciones institucionalistas o voluntaristas que aún predominan en el campo. Estas explicaciones, como bien señala Juan Grigera, oscilan entre concebir el proceso de transformación del perfil industrial del país como parte de un proceso de crisis mayor (vinculado a la inserción de la Argentina en el mercado mundial) y una "respuesta" de sectores de la burguesía que habrían actuado con un plan deliberado de "desperonizar" la sociedad, y para eso habrían atacado a la industria.[33]

En diálogo con este problema quisiéramos mencionar el aporte que publicó en su momento Adolfo Canitrot, "La disciplina como objetivo de la política económica. Un ensayo sobre el programa económico del gobierno argentino desde 1976",[34] en el que se cuestiona que las intenciones militares hayan sido las de desmantelamiento del sector industrial y en su lugar ve un proyecto de disciplinamiento del conflicto social. Para él, la política monetaria y el plan económico fue usado durante el PRN como un instrumento al servicio de un orden clasista, pensado por sobre todo para debilitar la capacidad contestataria de la clase trabajadora. El plan económico, dice Canitrot, aparece como dependiente del proyecto político pero a la vez como su condicionante.

Otro conjunto relevante de investigaciones sobre los impactos del PRN se refiere tanto a los cambios en la estructura de las clases dominantes (al estilo de Villarreal) como a los cambios en el modo de acumulación o, dicho de otra manera, a las características que tuvo la reestructuración capitalista en Argentina iniciada a mediados de los años setenta y que, por su mismo objeto, prestaron atención al impacto de estos cambios en la situación de la clase obrera.

Pensando en la estructura social, Azpiazu, Basualdo y Khavisse complementaron a su modo la tesis de Villarreal sobre la "homogeinización por arriba" mostrando cómo las clases dominantes se transformaron mediante un proceso de concentración y diversificación que les permitió una avanzada sin precedentes contra la clase trabajadora.[35] Dentro de su próspera producción esta línea de interpretación (que se conoce por su afiliación a FLACSO Argentina y tiene como referente principal a Eduardo Basualdo) comprendió desde entonces la transformación económica del PRN en general y el proceso de desindustrialización en particular como una "agresión a la industria" y una "política deliberada" contra la clase obrera. Así, como señaló Juan Grigera,[36] y más recientemente Omar Acha, se organizó una explicación académico-política de gran predicamento, que sostiene que los límites del modelo de acumulación por sustitución de importaciones y la articulación social que hizo posible no estarían condenados por el movimiento general del capitalismo mundial y el lugar de la Argentina en ese concierto, sino por una política que, en tanto tal, podría ser revertida.[37]

Los trabajos de Delich, Villarreal y Canitrot inauguraron el campo para otras investigaciones que se abocaron a las transformaciones estructurales ocurridas entre 1976 y 1983. Aunque en esos trabajos pesó más una interpretación "voluntarista" que asociaba esos cambios casi exclusivamente con la política militar, aportaron con su conocimiento a la comprensión inicial de lo que había pasado, abriendo el camino para discusiones futuras sobre las causas profundas de esos cambios.[38]

IV

Como dijimos, los años noventa estuvieron marcados por una gran hostilidad (dentro y fuera del ambiente académico) a las investigaciones dedicadas a la clase obrera. Las que existieron en Argentina lo hicieron a contracorriente, casi sin financiación y con muy pocos espacios institucionales donde producirse y reproducirse. En ese clima de época hostil, se engendraron sin embargo destacables obras cuyo rasgo principal fue mantener el énfasis en la conflictividad obrera a partir de estudios de caso.

La obra de Alejandro Schneider, vinculada al planteo original de Pozzi, se destacó por rescatar la memoria obrera de los años de conflictividad y crisis previa al PRN y debatir desde allí las características que tuvo el vínculo izquierdas y peronismo y los efectos de la dictadura militar y la represión sobre colectivos obreros.[39] Durante los noventa también Inés Izaguirre investigó el impacto de la represión sobre los trabajadores como sujeto fundamental del campo popular desde un estudio sobre las "bajas" que este campo sufrió en lo que ella entendió como un proceso de "guerra civil".[40]

Pese a estos y otros esfuerzos, no fue hasta la crisis política y económica de 2001 en Argentina que se generó una verdadera revisión del consenso histórico sobre el pasado reciente argentino, ampliando las indagaciones, recuperando problemas y presionando para que las banderas de *Memoria, Verdad y Justicia* fueran asumidas como políticas de Estado, involucrando no solo el ámbito de la justicia, sino también la producción de conocimiento.

Han pasado casi veinte años de aquella crisis, pero no han sido en vano y se puede ver hoy una amplia serie de investigaciones que demuestran un cambio de aproximación. Las preguntas que la sociedad se hizo tuvieron eco en las indagaciones académicas, que gozaron de una disponibilidad mayor de recursos por el mejoramiento en la financiación de la investigación académica (hasta el 2015), permitiendo la aparición de una nueva generación de investigaciones entre las que fue reemergiendo el campo de estudios sobre la clase obrera.

Muchos temas no abordados hasta entonces comenzaron a tener un estudio sistemático. Además del papel de las fuerzas armadas y de seguridad en el terrorismo de Estado, se han puesto bajo la lupa las co-responsabilidades empresarias y las complicidades y participaciones de otros actores, como la iglesia y los medios de comunicación.[41] Asimismo, se han comenzado a estudiar con mucha mayor granularidad los cambios sucedidos en las relaciones laborales conectando aspectos de la productividad, la disciplina, el consentimiento y la representación colectiva que amplían en mucho lo que sabíamos sobre qué pasó en los lugares de trabajo.[42] Aportes que dan cuenta de la interconexión entre el espacio y el territorio circundante como los de Federico Lorenz también se destacan como avances en nuestro campo, considerando asuntos a menudo ignorados y alimentando una mayor reflexión y debate en torno a las conexiones entre trabajadores y organizaciones político-militares en aquellos años.[43] También se avanzó en el conocimiento de las transformaciones productivas y las experiencias obreras dentro de las empresas estatales, como un sector con características específicas que había sido mayormente ignorado.[44]

El reconocimiento de las peculiaridades y diferencias en la planificación sistemática de la represión, las zonas y áreas en que se dividió el control territorial del país y la creación de una "nueva territorialidad"[45] dio impulso a nuevas y muy ricas investigaciones de escala regional y estudios de caso, que en algunos casos enfocaron especialmente las experiencias y transformaciones de la clase obrera.[46]

La cuestión de las dirigencias sindicales, de la relación sindicatos-base e incluso de la participación de sectores del sindicalismo peronista ortodoxo en la represión también marca un cambio de *tempo*.[47] Lo hacen tanto como el nuevo análisis de conflictos emblemáticos, o el estudio de conflictos que no terminaron en hechos de represión (y que llevan a preguntarnos sobre el funcionamiento de una legalidad autoritaria).[48] En esa misma dirección —ausente hasta hace muy poco— se encuentran las investigaciones dedicadas a las experiencias de "obreros comunes" o de aquellos que "no estuvieron metidos en nada".[49]

La revisión no sería completa si no se hubiera ampliado la escala de análisis y mostrado una mayor distancia frente a las direcciones del sindicalismo ortodoxo y su autocomplaciente relato sobre lo sucedido. Una serie de aportes se destacan en este sentido, con contribuciones que ayudan simultáneamente a la comprensión de la trascendencia de la represión en el ámbito internacional a su vez que indagan en la relación entre exiliados sindicales, sindicalismo ortodoxo y dictadura.[50]

Más recientemente, y al calor del crecimiento y masificación del movimiento de mujeres y diversidades sexuales, se han dado pasos imprescindibles en el reconocimiento de la importancia de la perspectiva de género en este campo, abriendo nuevas y muy fructíferas líneas de investigación.[51]

Creemos que el presente volumen es un muestrario cuanto menos representativo de esta nueva generación, que no solo presenta una superación de los viejos paradigmas con los que se entendió la relación clase obrera y dictadura, sino que busca resituar su importancia en la comprensión de la dictadura militar y las transformaciones que se sucedieron en el país.

VI

Esta última sección presenta la estructura del libro, que tiene su origen en un *workshop* organizado en el Instituto de Investigación en Humanidades y Ciencias Sociales (IdIHCS) dependiente de la Universidad Nacional de La Plata y el CONICET, en julio de 2018. Tomando como puntapié el treinta aniversario de la primera publicación del libro de Pozzi, *Oposición obrera a la dictadura,* buscamos crear un espacio de diálogo para investigaciones en curso que representaran "lo que es nuevo" en este campo de estudios. Por esa razón, se presentan reflexiones y preguntas sobre temas comunes, pero dentro de una polifonía que intencionalmente busca evidenciar nuestra diversidad, pero también la variedad de casos a considerar, la cantidad de problemas a tener en cuenta y los desafíos que aún representa este período.

El libro está organizado en tres partes. En la primera, se agrupan los trabajos que exploran las estrategias represivas y las experiencias de organización y resistencia contra el PRN. Como apertura se sitúa el trabajo de Andrés Carminati sobre la ola de conflictos "olvidada" del año 1977. A partir de una reconstrucción detallada y sin desconocer el status subalterno que tiene la historia obrera en general, propone pensar qué elementos, vinculados a las "memorias" y a las formas complejas como estas se construyen y reproducen, pueden explicar el origen del silenciamiento de estos hechos incluso por parte de la historiografía que se dedica al período y al tema.

En el segundo capítulo, Andrea Copani presenta el análisis de un conflicto a raíz de la extensión de la jornada laboral en la Destilería La Plata de Yacimientos Petrolíferos Fiscales (YPF), un tema sobre el que también reflexionan otros capítulos del volumen. El trabajo empírico presentado permite avanzar en la muchas veces postergada tarea de desentrañar el rol del sindicato y las dirigencias sindicales establecidas, sin perder de vista las acciones desplegadas por fuera de aquél. Asimismo, contempla las estrategias empresariales durante el conflicto y su relación con la dinámica represiva en la zona.

El capítulo siguiente dirige su mirada hacia uno de los complejos fabriles más importantes de Argentina. Utilizando los radiogramas y memorandos producidos por los servicios de inteligencia de la Policía Federal Argentina con sede en Córdoba, Laura Ortiz hace visible el grado de preocupación que significaba para el bloque social dominante el activismo sindical clasista, que había tenido su origen y desarrollo en esa provincia antes del golpe militar. Entendiendo que el mismo nació en disputa con sectores del sindicalismo peronista ortodoxo, Ortiz recupera también la acción de este, sumando interesantes elementos para pensar no solo cómo se produjo la represión en las fábricas de Córdoba, sino también cómo se llevó adelante la normalización sindical posterior.

En el cuarto capítulo, Marianela Galli se aboca, justamente, a dos de las fábricas de Fiat Córdoba, cuyos trabajadores habían protagonizado el surgimiento del clasismo. Según la autora, un contexto de importantes cambios económicos presionaba a la industria automotriz hacia una reestructuración en las fábricas Concord y Materfer de Fiat. Esto provocó que las fuerzas del ejército y la compañía constituyeran una alianza, con el objetivo de desarticular la organización obrera.

Un escenario distinto dentro de esa misma provincia es el que reconstruye Susana Roitman, al enfocarse en lo que sucedió entre 1976 y 1983 en las Fábricas Militares de Villa María y Río Tercero. En el microclima de la producción militar en expansión, dentro de la guarida del lobo, las formas más brutales de violencia y las desapariciones de activistas fueron reemplazadas por cesantías, organizando lo que la autora ha llamado una doble vara de la represión. Fueron, paradojalmente, esos trabajadores cesanteados junto con otros los que integraron el armado clandestino de una alternativa sindical dentro de la Asociación de Trabajadores del Estado (ATE) que tendría relevancia nacional a partir de 1983.

Laura Rodríguez Agüero presenta en el sexto capítulo las características principales que tuvo la represión en la provincia de Mendoza, rastreando las estrategias llevadas a cabo en pos de "normalizar" el proceso de trabajo y desactivar las resistencias y posibles ofensivas de las y los trabajadores. La consideración de los meses previos al golpe de Estado permite analizar un abanico de prácticas represivas presentes en la provincia, y verificar las continuidades e inflexiones que se producen a partir del 24 de marzo de 1976. Esta mirada repone, además, las experiencias sindicales que fueron sujeto de la represión, recuperando avances de investigación previos, como el análisis del componente diferencial de género en la aplicación del terror.

A continuación se presenta el trabajo de Ana Belén Zapata, que se focaliza en el disciplinamiento y la represión en la ciudad de Bahía Blanca, mostrando su vínculo con los procesos de conflicto y organización obrera que tuvieron lugar en el período previo, y destacando cómo determinados territorios de la ciudad se consideraron "focos de importancia" para la reinstauración de un "ordenamiento productivo" que resultara más acorde a los cambios económicos y al modelo de acumulación instaurado.

Siguiendo la reflexión sobre el territorio, el capítulo octavo nos lleva a la Zona Sur del Gran Buenos Aires, donde Jerónimo Pinedo analiza la experiencia de las y los trabajadores de las fábricas Rigolleau y Peugeot cuando enfrentaron una estrategia de "dominio permanente del espacio" haciendo visibles los desafíos posteriores para la acción colectiva de las clases populares.

La segunda parte del libro agrupa una serie de trabajos que, a partir de sus exploraciones, proponen repensar el comportamiento de las y los trabajadores, de sus organizaciones sindicales y los vínculos entre trabajadores y representación. Junto con ello, se plantean cuestiones de carácter más general que hacen a cuáles eran las ideas, los imaginarios, las representaciones y valoraciones que distintos grupos de trabajadores tenían sobre la ley, las instituciones y sobre el gobierno militar.

El noveno capítulo corresponde al trabajo de Daniel Dicósimo, que propone repensar las actitudes de los dirigentes sindicales a partir del estudio de las seccionales de la UOM Tandil y de AOMA Barker. Teniendo en cuenta que se trata de dos organizaciones que habían sido poderosas y a su manera combativas antes del golpe de Estado de 1976, Dicósimo indaga en las razones que explican porqué los dirigentes se movieron entre una pasividad "administrativa" y la gestión tolerada de la interlocución capital-trabajo en determinados conflictos. Según él, la violencia estatal y el impacto del cambio de régimen político sobre los "recursos sindicales" pueden explicar algo de la nueva situación, pero mostrará porqué es necesario complementar el esquema de análisis con la relación entre la dinámica interna y las acciones externas de estos sindicatos.

Edward Brudney presenta en el décimo capítulo el conflicto generado por los planes de cierre de la empresa Deutz Argentina en 1980, y reflexiona sobre el hecho de que tanto las autoridades laborales del gobierno, la gerencia empresarial, los dirigentes sindicales y los obreros de Deutz apelaron para resolver el conflicto a las instituciones políticas y legales, especialmente del Ministerio de Trabajo, la justicia federal, y la misma Junta Militar. Esto le permite (re)considerar y hacer visibles estrategias que no siempre han sido reconocidas, y poner en entredicho interpretaciones previas de la historia laboral del período. Analizando un conflicto laboral prolongado que no terminó en violencia física sino con una victoria obrera —aunque fuera limitada— el trabajo se pregunta sobre el mandato de la ley y sobre cómo funcionó y cuáles fueron las consecuencias de la aplicación de la legislación laboral dentro de las fábricas.

A continuación, el trabajo de Camillo Robertini busca también ese entredicho, indagando en las vivencias del "obrero común" en lugar de en las experiencias obreras de sectores organizados, que dice han dominado al campo. A partir de un trabajo de investigación sobre el imaginario, los relatos y las representaciones de un grupo de obreros de Fiat Concord en la Zona Sur del Gran Buenos Aires, Robertini aborda los problemas de la aceptación cultural de la última dictadura cívico-militar y las subyacentes representaciones en juego.

Esta sección se cierra con dos textos que hacen hincapié en la vida sindical del período, pensando tanto en las disputas presentes, como en la relación entre esas direcciones y sus representados. Por un lado, el capítulo de Mariana Stoler, que propone un análisis de la Jornada de Protesta Nacional de 1979 analizando cómo varió la posición de bases y dirigencias durante esa coyuntura según la conflictividad que cada sector venía desplegando en distintos lugares de trabajo. Stoler rasrea, además, las diferencias de objetivos de las direcciones que pujaban por el liderazgo del movimiento.

Leandro Molinaro, por su parte, se dedica a analizar un período fuertemente relegado como es la coyuntura post guerra de Malvinas, ocupándose de las acciones de base en Capital Federal y Gran Buenos Aires en la etapa final de la última dictadura cívico-militar. Molinaro vuelve así sobre la relación bases-dirigencias permitiendo indagar en las particularidades que tuvo la normalización sindical durante la retirada de los militares.

La tercera y última parte del libro reúne trabajos que exploran aspectos estructurales de la reestructuración capitalista llevada adelante a partir de 1976, a su vez que se ocupan de cómo esos cambios fueron implementados por determinadas agencias e instituciones estatales en el contexto de la represión.

En primer lugar está el trabajo de Débora Ascencio y Lucas Iramain, que a partir de distintos indicadores laborales proponen un análisis de las transformaciones de las relaciones laborales en siete empresas que conformaban la Sindicatura General de Empresas públicas: Yacimientos Petrolíferos Fiscales (YPF), Gas del Estado, Ente Nacional de Telecomunicaciones (ENTEL), Agua y Energía Eléctrica (AyEE), Obras Sanitarias de la Nación (OSN), Ferrocarriles Argentinos (FA) y Servicios Eléctricos del Gran Buenos Aires (SEGBA). El trabajo propone, además, pensar en el vínculo entre la ofensiva de clase de la que son víctimas las y los trabajadores, y los beneficiarios de la implementación de las políticas económicas.

La sección continúa con el trabajo de Juan Pedro Massano y Andrés Cappannini, que vuelve sobre ideas claves del libro clásico de Pablo Pozzi para recuperar su reflexión sobre la vinculación entre transformaciones estructurales y conflictividad social. En este capítulo se desarrollan una serie de problemas que se derivan de reconocer que, a pesar de que el debate generado por aquel trabajo generó importantes avances en torno a la cuestión de la periodización de la conflictividad obrera, los aportes sobre las transformaciones estructurales no presentan avances comparables, particularmente en lo atinente a una periodización de las mismas, tratándolas así como una unidad.

Luciana Zorzoli cierra esta sección y el libro, exponiendo los avatares que sufrió la jornada laboral legal a partir de las disputas por los reconocimientos de insalubridad y cómo los mismos fueron objeto, desde marzo de 1976, de un desmantelamiento sin precedentes. El trabajo muestra la rápida reversión de algunas de las conquistas del período post-Cordobazo presentando datos nacionales que ayudan a visualizar cómo se produjo la reimposición de la disciplina, el aumento de la productividad y la intensificación de la explotación como parte del nuevo orden industrial que la dictadura dejó en la Argentina.

Agradecimientos

Este libro no hubiera sido posible de no mediar el generoso interés de los editores y profesores Greg Dawes y Carlos Aguirre, los comentarios de los evaluadores, y cada una y cada uno de las y los autores, que con paciencia y oficio dieron su tiempo para el debate y reelaboración de sus propuestas.

La Facultad de Humanidades y Ciencias de la Educación de la Universidad Nacional de La Plata y el Instituto de Investigaciones en Humanidades y Ciencias Sociales (IdIHCS-CONICET) auspiciaron la organización del *workshop* que dio origen a este trabajo y nos dieron el apoyo logístico necesario. Más importante aún, se trata de una comunidad académica comprometida con el análisis riguroso y crítico del pasado reciente argentino, buscando la formación de profesionales que sostengan los valores de la verdad, la memoria y la búsqueda de justicia.

Lo mismo puede decirse del proyecto madre de esta iniciativa, que bajo la dirección del profesor Alejandro Schneider, indaga en la historia del sindicalismo argentino y latinoamericano en la segunda mitad del siglo XX. Todas y todos sus miembros, actuales y pasados, enriquecieron con sus exploraciones la obra que se presenta aquí.

Una mención merece también la Business School de Cardiff University, que me permitió destinar horas de trabajo a la edición de este volumen que, como todo libro, tomó más tiempo del esperado.

La elaboración del *workshop* y de estos trabajos se dio en el marco de una verdadera crisis de financiamiento del sistema educativo y científico argentino, que sufrió entre diciembre de 2015 y el mismo mes del año 2019, los embates de un gobierno que desde su día cero atacó la educación pública, denostó al pensamiento crítico y cuestionó la utilidad de la investigación científica. Valga este libro como una defensa de los tres y como una voz de aliento para quienes siendo víctimas integran el mundo de las resistencias.

Luciana Zorzoli, *Lecturer en Employment Relations* (Cardiff University)

Juan Pedro Massano, *Becario postdoctoral* (CONICET)

Notas

1. Hernán Camarero y Martín Mangiantini, *El movimiento obrero y las izquierdas en América Latina: experiencias de lucha, inserción y organización*, 2 vols. (Raleigh, NC: Editorial A Contracorriente, 2018).

2. Clave en la presentación de ese panorama general es que se contemplan las diferencias regionales en el país. A su vez, en el libro se presentan estudios específicos como el de Laura Rodríguez Agüero sobre el caso mendocino, el de Laura Ortiz enfocado en la provincia de Córdoba o el de Ana Belén Zapata sobre la represión y el disciplinamiento obrero en Bahía Blanca y el sur de la Provincia de Buenos Aires.

3. El debate al respecto ha sido y sigue siendo próspero. Pueden verse, entre los principales trabajos al respecto: Hugo Del Campo, *Sindicalismo y peronismo: los comienzos de un vínculo perdurable* (Buenos Aires, Argentina: Consejo Latinoamericano de Ciencias Sociales, 1983); Miguel Murmis y Juan Carlos Portantiero, *Estudios sobre los orígenes del peronismo*, Sociología y política (Argentina: Siglo XXI, 1984); Juan Carlos Torre, *La vieja guardia sindical y Perón: sobre los orígenes del peronismo* (Buenos Aires: Editorial Sudamericana e Instituto Torcuato di Tella, 1990); Daniel James, *Resistencia e integración: el peronismo y la clase trabajadora argentina, 1946-1976* (Buenos Aires: Editorial Sudamericana, 1990); Alejandro Horowicz, *Los cuatro peronismos* (Buenos Aires, Argentina: Edhasa, 2005); Alejandro Schneider, *Los compañeros: trabajadores, izquierda y peronismo, 1955-1973* (Buenos Aires: Imago Mundi, 2005); Louise M. Doyon, *Perón y los trabajadores: los orígenes del sindicalismo peronista 1943-1955*, Historia y política 6 (Buenos Aires: Siglo XXI Iberoamericana, 2006).

4. Juan Carlos Portantiero, "Economía y política en la crisis argentina: 1958-1973", *Revista Mexicana de Sociología* 39, n.º 2 (abril de 1977): 531.

5. Nos referimos a la dictadura cívico-militar que derrocó a Arturo Illia el 28 de junio de 1966 y que fue caracterizada por su intento (al igual que otros gobiernos de la época en la región) de establecer un sistema de exclusión política por medio ya no solo de la represión, sino también por la vía de controles verticales (corporativos) de los sectores populares, especialmente de la clase obrera a través de los sindicatos. Ver al respecto Guillermo O'Donnell, "Reflexiones sobre las tendencias de cambio del Estado burocrático-autoritario", *Revista Mexicana de Sociología* 39, n.º 1 (1977): 9-59; Guillermo A. O'Donnell, *1966-1973, el estado burocrático autoritario: triunfos, derrotas y crisis* (Buenos Aires, Argentina: Editorial de Belgrano, 1982).

6. Un trabajo clásico al respecto es James P. Brennan y Mónica Gordillo, *Córdoba rebelde: el cordobazo, el clasismo y la movilización social* (La Plata: De la Campana, 2008). Puede verse también el libro de reciente publicación de Laura Ortiz, autora del

capítulo tres de este volumen, *Con los vientos del Cordobazo: los trabajadores clasistas en tiempos de violencia y represión* (Córdoba: Editorial de la UNC, 2019).

7. Parte de la llamada "guerra sucia" o "guerra contra la subversión" fue publicitada como combates y enfrentamientos contra las fuerzas "subversivas" o "terroristas", que mostraban el alineamiento de la dictadura argentina con las doctrinas de seguridad nacional que emanaban desde los Estados Unidos y estaban en boga en todo América Latina. Otro aspecto de ese plan implicó el secuestro de personas, el traslado de las y los secuestrados a los más de quinientos centros clandestinos de detención donde eran sometidos a vejámenes y torturas y en algún momento variable, eran asesinados y ocultados sus cuerpos para mantener su condición de "desaparecidos". Como parte de ese exterminio los militares realizaron también un plan sistemático de apropiación y robo de niñas y niños con aquellos nacidos en cautiverio o que se encontraban con sus padres en el momento de su secuestro, algo que convirtió la lacerante herida de las desapariciones en un presente permanente que solo puede cerrarse con la restitución de la identidad de cada uno/a de ellos, una empresa que asumieron las organizaciones de derechos humanos tempranamente, especialmente las Abuelas de Plaza de Mayo.

8. Hugo Quiroga, *El tiempo del "proceso": conflictos y coincidencias entre políticos y militares, 1976-1983* (Rosario, Argentina: Editorial Fundación Ross, 1994); María de los Angeles Yannuzzi, *Política y dictadura: los partidos políticos y el "proceso de reorganización nacional" 1976-1982* (Rosario: Editorial Fundación Ross, 1996); Marcos Novaro y Vicente Palermo, *La dictadura militar, 1976-1983: del golpe de Estado a la restauración democrática* (Buenos Aires: Paidós, 2003); Paula Canelo, *El proceso en su laberinto: la interna militar de Videla a Bignone* (Buenos Aires: Prometeo, 2008).

9. Francisco Delich, *Crisis y protesta social: Córdoba, 1969-1973* (Buenos Aires: Siglo XXI Editores, 1974).

10. Francisco Delich, "Después del diluvio, la clase obrera", en *Argentina, hoy, historia inmediata* (México: Siglo XXI Editores, 1982), 129-50.

11. Coincidimos con Omar Acha cuando señala que una parte de los problemas que planteó Delich quedaron relativamente silenciados como producto de esta contraposición entre "inmovilismo" y "resistencia", pese a que su planteo (y otros hechos en años previos) contenían una riqueza mayor. Omar Acha, "Clase obrera y dictadura en la Argentina en los largos años setenta: algunas ideas sobre estudios recientes (y no tan recientes)", en *Mundos do Trabalho e Ditaduras no Cone Sul (1964-1990)*, ed. Alejandra Estevez et al. (Rio de Janeiro: Multifoco Editora, 2018), 82-100.

12. En octubre de 1981, después de haber enviado para su publicación "Después del diluvio, la clase obrera", Delich participó de un coloquio sobre "Los problemas de la Argentina" organizado por la Arbeitsgemeinschaft Deutsche Lateinamerikaforschung (ADLAF) presentando una ponencia en el mismo tono titulada "Des-

movilización social, reestructuración obrera y cambio sindical" que fue publicada en Peter Waldmann y Ernesto Garzón Valdés, eds., *El poder militar en la Argentina (1976-1981)*, Editionen des Iberoamericana, Reihe 3, Monographien und Aufsätze 10 (Frankfurt: Vervuert, 1982). Por entonces se publicaron también otros trabajos que partían de aceptar la propuesta de Delich e indagaban en las consecuencias de ese "inmovilismo", como el de Bialakowsky, Micieli y Kohan, "Articulaciones laborales en la crisis del sindicalismo argentino (1976-1981)", en *El Sindicalismo Latinoamericano en los 80*, ed. Francisco Zapata (Santiago de Chile: Comisión de Movimientos Laborales de la CLACSO, 1986).

13. León E. Bieber, "El movimiento laboral argentino a partir de 1976. Observaciones al trabajo de Francisco J. Delich", en *El poder militar en la Argentina (1976-1981)*, ed. Peter Waldmann y Ernesto Garzón Valdés, Editionen des Iberoamericana, Reihe 3, Monographien und Aufsätze 10 (Frankfurt: Vervuert, 1982), 116-22.

14. Ver Ricardo Falcón, "Conflicto social y régimen militar. La resistencia obrera en la Argentina (marzo de 1976-marzo 1981)", en *Sindicalismo y regimenes militares en Argentina y Chile*, ed. Bernardo Gallitelli y Andrés A Thompson (Amsterdam: CEDLA, 1982), 91-140; Ronaldo Munck, "Reestructuración del capital y recomposición de la clase obrera en Argentina desde 1976", en *Sindicalismo y regímenes militares en Argentina y Chile*, ed. Bernardo Gallitelli y Andrés A. Thompson (Amsterdam: CEDLA, 1982), 191-225.

15. Luciana Zorzoli, "Elementos para una nueva síntesis en los estudios sobre las organizaciones sindicales argentinas bajo el gobierno militar (1976-1983)", *Revista Millars. Espai i Historia* XLI, n.º 2 (2016): 69-96.

16. Téngase en cuenta que muchos referentes del sindicalismo combativo que se habían visto obligados al exilio, organizaron durante aquellos años una campaña sistemática de denuncia de lo que estaba sucediendo en Argentina como muestra Victoria Basualdo en "Una aproximación al exilio obrero y sindical", en *Exilios: destinos y experiencias bajo la dictadura militar*, ed. Pablo Yankelevich y Silvina Jensen (Buenos Aires: Libros del Zorzal, 2007), 187-208; y Darío Dawyd en "Raimundo Ongaro: dirigente sindical. Trayectoria de un peronista combativo en contextos de hostilidad (Argentina, 1966-1983)", *Abordajes. Revista de Trabajo Social* 2, n.º 1 (2014): 21-53. Algo muy distinto a lo que hizo la dirigencia sindical peronista ortodoxa, como puede verse en Luciana Zorzoli, ""Operativo Ginebra". La dirigencia sindical ante la instalación internacional de la dictadura militar (1976)", *Revista Archivos de Historia del Movimiento Obrero y la Izquierda* IV, n.º 8 (2016): 12-32; Luciana Zorzoli, "La OIT y las dictaduras latinoamericanas: una aproximación al Caso 842 contra Argentina", *Anuario de Historia Argentina* 17, n.º 2 (2017): e037.

17. Véase especialmente el aporte de Andrés Carminati sobre las huelgas "salvajes" de fines de 1977, el trabajo que presenta Andrea Copani sobre la protesta obrera en YPF Ensenada en los inicios de la dictadura o dos análisis sobre el "segundo período" que señalaba Abós: un trabajo pionero de Mariana Stoler sobre la Jornada de Protesta Nacional, y el estudio de Leandro Molinaro sobre las acciones de las bases en Capital Federal y Gran Buenos Aires en la etapa final del PRN.

18. El trabajo de Fernández no escapó, pese a sus aportes, a la amalgama que fusionó lo sucedido con lo que hemos llamado el "sindicalismo abierto" y el "sindicalismo de integración" abonando aunque con más mesura la idea de que "el sindicalismo" (en general) había sido una víctima de la dictadura. Esa representación se basó en destacar la represiva como única política hacia el sector, abordando en forma errónea fenómenos como el de las intervenciones a entidades gremiales, algo que hemos discutido en un trabajo previo. Ver Luciana Zorzoli, "Las intervenciones a organizaciones sindicales durante la última dictadura militar argentina: un estudio cuantitativo", *Desarrollo Económico* 57, n.º 223 (2018): 487-510.

19. Si consideramos que el debate entre inmovilismo y oposición era colindante con otros más generales de fines de los años ochenta sobre los nuevos sujetos sociales y la perdida de centralidad de la clase obrera, se comprende la razón del retorno y su valor se realza. Esto porque no puede hacerse una valoración abstracta del desarrollo de este ni de ningún debate pues equivaldría a negar que la misma producción académica se da en el marco de una producción socioeconómica, política y cultural de la que no es ajena y en la que interviene. Se trataba de saber *qué había pasado* con la clase obrera y los sindicatos bajo la dictadura, pero también y cada vez más qué entendían las ciencias sociales y la sociedad argentina sobre *qué podía hacer* la clase obrera en el contexto de una ofensiva como fue la ofensiva neoliberal.

20. Pablo Pozzi, *Oposición obrera a la dictadura, 1976-1982* (Buenos Aires: Editorial Contrapunto, 1988).

21. Guillermo Almeyra, "La clase obrera argentina en la Argentina actual", en *La década trágica. Ocho ensayos sobre la crisis argentina 1973-1983*, ed. Alberto Plá (Buenos Aires: Editorial Tierra del Fuego, 1984).

22. Gonzalo Leónidas Chaves, *Las luchas sindicales contra el Proceso, 1976-1980. Cinco años de resistencia* (Buenos Aires: Editorial La Causa, 1983).

23. Sobre cómo impactaron en la memoria y comprensión de la dictadura el acceso a nuevas fuentes, nuevos archivos y una nueva generación de investigadores/as pero por sobre todo, el impacto social que produjo la crisis social y económica del país en 2001-2002, puede verse Juan Grigera y Luciana Zorzoli, "Introduction", en *The Argentinian Dictatorship and Its Legacy. Rethinking the Proceso*, ed. Juan Grigera y Luciana Zorzoli (London: Palgrave Macmillan, 2020).

24. Se trata de un informe sobre los crímenes del PRN basado en el trabajo de la Comisión Nacional sobre la Desaparición de Personas (CONADEP) creada por el presidente Alfonsín. Sobre el informe puede verse Emilio Crenzel, *La historia política del Nunca Más: la memoria de las desapariciones en la Argentina*, Historia y cultura, El pasado presente (Buenos Aires: Siglo XXI, 2008). Y, un análisis específico sobre cómo se representaron las y los obreros desaparecidos en el mismo, Emilio Crenzel, "Representaciones sobre los obreros desaparecidos: la lectura del *Nunca Más*", en *Memoria y trabajadores*, vol. 2, ed. Juan Besse et al., Colección Cuadernos de Trabajo (Remedios de Escalada: De la UNLa-Universidad Nacional de Lanús, 2013).

25. Se denomina "teoría de los dos demonios" a la concepción, promovida entre otros por la iglesia católica y el gobierno de Raúl Alfonsín (1983-1989), según la cual la violencia ejercida por las FFAA durante la dictadura cívico-militar fue "equiparable" con los actos de violencia llevados adelante por organizaciones político-militares, como Montoneros o el Ejército Revolucionario del Pueblo. La literatura sobre la construcción de esa política de la memoria, sus tensiones y sus cambios en las últimas cuatro décadas ha tenido un importante crecimiento acompañando la crítica a ese primer consenso. Abordando los efectos de ese consenso específicamente sobre los trabajadores en la década del ochenta se puede ver Leandro Molinaro, *Demonización y reconciliación nacional: representaciones sobre la violencia política setentista en los primeros años de la transición democrática*, Escollos, Pensamiento (Buenos Aires: Colisión, 2013).

26. Juan Besse y Miriam Wlosko, "Presentación: Memorias del trabajo, trabajos de la memoria", en *Memoria y trabajadores*, vol. 2, ed. Juan Besse et al., Colección Cuadernos de Trabajo (Remedios de Escalada: De la UNLa-Universidad Nacional de Lanús, 2013), 9-21. Ver también Inés Izaguirre, "Las luchas obreras y el genocidio en la Argentina", en *Lucha de clases, guerra civil y genocidio en la Argentina 1973-1983: antecedentes, desarrollo, complicidades*, ed. Inés Izaguirre (Buenos Aires: Eudeba, 2009), 245-82.

27. Un trabajo de este libro, el que presentan Juan Pedro Massano y Andrés Cappannini, vuelve sobre el aporte de Pozzi para revisitar las "condiciones materiales de la clase obrera", actualizando y debatiendo con *Oposición obrera a la dictadura*.

28. Juan M. Villarreal, "Los hilos sociales del poder", en *Crisis de la dictadura argentina: política económica y cambio social, 1976-1983*, ed. Eduardo Jozami, Pedro Paz, y Juan M. Villarreal (Buenos Aires: Siglo XXI Editores, 1985), 201-83. Recientemente se republicó en inglés un trabajo que explora estos mismos argumentos. Ver: Mónica Peralta-Ramos, Carlos Waisman, y Juan M. Villarreal, eds., "Changes in Argentine Society: The Heritage of the Dictatorship", en *From Military Rule to Liberal Democracy in Argentina*, 2 ed. (New York: Routledge, 2018), 69-96.

29. Villarreal, "Los hilos sociales del poder", 203-04.
30. Villarreal, "Los hilos sociales del poder", 229.
31. Como se verá en el capítulo que presenta Luciana Zorzoli en este libro sobre la reversión de los reconocimientos de insalubridad de los sesenta y los cambios en la jornada laboral legal antes y durante el PRN, la relación entre la reestructuración en marcha y los elementos de respuesta de "clase" durante la dictadura están íntimamente ligados y formaron parte de un entramado cuya comprensión se subestimó, pese a que requiere aún mucho trabajo.
32. Villarreal, "Los hilos sociales del poder", 231.
33. Juan Grigera, "Esperando a E. P. Thompson. Desindustrialización y formación de clases sociales en Argentina (1976-2001)", *Mundos do Trabalho* 5, n.º 10 (20 de diciembre de 2013): 71-88. Ver también Juan Grigera, "Reconsideración del proceso de desindustrialización en Argentina (1976-2001)" (tesis doctoral, Universidad de Buenos Aires, 2012).
34. Adolfo Canitrot, "La disciplina como objetivo de la política económica. Un ensayo sobre el programa económico del gobierno argentino desde 1976", *Desarrollo económico* 19, n.º 76 (1980): 453-75.
35. Daniel Azpiazu, Eduardo Basualdo, y Miguel Khavisse, *El nuevo poder económico en la Argentina de los años 80* (Buenos Aires: Editorial Legasa, 1986).
36. Grigera, "Reconsideración del proceso de desindustrialización en Argentina (1976-2001)".
37. Acha, "Clase obrera y dictadura en la Argentina en los largos años setenta: algunas ideas sobre estudios recientes (y no tan recientes)". En debate con los trabajos de Eduardo Basualdo puede verse Rolando Astarita, *Valor, mercado mundial y globalización* (Buenos Aires: Ediciones Kaicron, 2006); Alberto Bonnet, ed., *El país invisible: debates sobre la Argentina reciente* (Buenos Aires: Peña Lillo, Ediciones Continente, 2011); y Grigera, "Esperando a E. P. Thompson. Desindustrialización y formación de clases sociales en Argentina (1976-2001)".
38. Los trabajos pioneros de este campo de estudios que establecieron sus consensos generales son Héctor Palomino, *Cambios ocupacionales y sociales en Argentina, 1947-1985* (Buenos Aires: Centro de Investigaciones Sociales sobre el Estado y la Administración, 1987); José Nun, "Cambios en la estructura social de la Argentina", en *Ensayos sobre la transición democrática en la Argentina*, ed. Juan Carlos Portantiero y José Nun (Buenos Aires: Puntosur Ed., 1987), 117-37; y Susana Torrado, *Estructura social de la Argentina: 1945-1983* (Buenos Aires: Ed. de la Flor, 1992).
39. Alejandro Schneider y Rafael Bitrán, "La clase obrera durante la dictadura militar (1976-1982). Un estudio de la Zona Norte del Gran Buenos Aires: tres casos particulares", en *Historia del Movimiento Obrero en la Argentina* (Buenos Aires:

CEHO, 1991); Alejandro Schneider y Rafael Bitrán, "Dinámica social y clase trabajadora durante la dictadura militar de 1976-1983. Estudio de la Zona Norte del Gran Buenos Aires, en particular de las fábricas Del Carlo y Ford Motors", en *Nuevas tendencias en el sindicalismo: Argentina-Brasil*, ed. Leoncio Rodrigues (Buenos Aires: Editorial Biblos, 1992), 69-112. Ver también Alejandro Schneider, "'Ladran Sancho...' Dictadura y clase obrera en la Zona Norte del Gran Buenos Aires", en *De la Revolución Libertadora al menemismo: historia social y política argentina*, ed. Hernán Camarero y Pablo Pozzi (Buenos Aires: Ediciones Imago Mundi, 2000), 195-231; Schneider, *Los compañeros*.

40. Inés Izaguirre, *Los desaparecidos. Recuperación de una identidad expropiada* (Buenos Aires: Instituto de Investigaciones de la Facultad de Ciencias Sociales de la UBA, 1994).

41. Un aspecto que es contemplado casi transversalmente en este libro. Ver en particular el capítulo de Marianella Galli, "Industria automotriz, procesos de trabajo, conflictividades y represión contra trabajadores en las fábricas de Fiat Córdoba en Argentina durante los años 70". Se destacan como aportes en este sentido los trabajos de Victoria Basualdo, en especial, "Complicidad patronal-militar en la última dictadura argentina: los casos de Acindar, Astarsa, Dálmine Siderca, Ford, Ledesma y Mercedes Benz", *Revista Engranajes de la Federación de Trabajadores de la Industria y Afines (FETIA)* 5 (2006); Ministerio de Justicia y Derechos Humanos de la Nación, Centro de Estudios Legales y Sociales —Cels—, y Facultad Latinoamericana de Ciencias Sociales —Flacso, sede Argentina— (organizaciones), *Responsabilidad empresarial en delitos de lesa humanidad. Represión a trabajadores durante el terrorismo de Estado* (Buenos Aires: Dirección Nacional del Sistema Argentino de Información Jurídica, 2015); Andrea Copani, "Las Marías y la dictadura: responsabilidad empresarial en la represión a trabajadores durante el terrorismo de Estado en una empresa del noreste argentino", *La Rivada. Revista de investigaciones en ciencias sociales* 9, n.º 5 (2017): 46-58.

42. Silvia Simonassi, "'A trabajar y muzzarella'. Prácticas y políticas de disciplinamiento laboral en la industria metalúrgica de Rosario, 1974-1983", *Historia Regional* n.º 25 (1 de septiembre de 2007): 57-82; Daniel Dicósimo, "Dirigentes sindicales, racionalización y conflictos durante la última dictadura militar", *Entrepasados, Revista de Historia* n.º 29 (2006): 87-105.

43. Federico Lorenz, *Los zapatos de Carlito: una historia de los trabajadores navales de Tigre en la década del setenta* (Buenos Aires: Grupo Editorial Norma, 2007); y *Algo parecido a la felicidad: una historia de la lucha de la clase trabajadora durante la década del setenta [1973-1978]*, Ensayo (Buenos Aires: Edhasa, 2013).

44. Véase, en este libro, los aportes de Lucas Daniel Iramain y Débora Ascencio sobre la relación capital-trabajo en lo que ellos denominan el "Estado empresario",

analizando los indicadores laborales en las empresas públicas. Ver también el trabajo que presenta Susana Roitman sobre las resistencias y organización obrera en las Fábricas Militares de Villa María y Río Tercero, en la provincia de Córdoba.

45. Jerónimo Pinedo reconstruye en su capítulo la instalación de una "nueva territorialidad" producto de las prácticas represivas a través del estudio de la experiencia de los trabajadores y las trabajadoras de las fábricas Rigolleau y Peugeot en Buenos Aires. La reconstrucción de esa estrategia de "dominio permanente del espacio" que tuvo al ámbito industrial y la represión como un eje organizador, hace visibles los desafíos posteriores para la acción colectiva de las clases populares. Ver también Jerónimo Pinedo, "Tramas y urdimbres: transformaciones de la acción colectiva popular en el sur del Gran Buenos Aires (1974-1989)" (tesis doctoral, Universidad de General Sarmiento e Instituto de Desarrollo Económico y Social, 2018).

46. Entre otros, Gabriela Águila, *Dictadura, represión y sociedad en Rosario, 1976-1983: un estudio sobre la represión y los comportamientos y actitudes sociales en dictadura* (Buenos Aires: Prometeo Libros, 2008); Ivonne Barragán, "Acción obrera durante la última dictadura militar: la represión en una empresa estatal. Astillero Río Santiago", en *La clase trabajadora argentina en el siglo XX: experiencias de lucha y organización*, ed. Victoria Basualdo (Ciudad Autónoma de Buenos Aires: Cara o Seca, 2011); James H. Shrader, "A Foundation of Terror: Tucumán and the Proceso, 1975-1983", en *The Argentinian Dictatorship and Its Legacy. Rethinking the Proceso*, ed. Juan Grigera y Luciana Zorzoli (London: Palgrave Macmillan, 2020), 23-46; y Silvia Nassif, "Terrorismo de Estado en la Argentina: Tucumán y la ofensiva contra los obreros de la agro-industria azucarera", *Revista Interdisciplinaria de Estudios Agrarios* n.º 48 (2018): 57-91.

47. Sobre el rol de las dirigencias sindicales ver en este volumen el aporte de Daniel Dicósimo, "Los dirigentes sindicales y la última dictadura. Entre 'interlocutores válidos' y 'curadores' del patrimonio gremial", así como Dicósimo, "Dirigentes sindicales, racionalización y conflictos durante la última dictadura militar"; Daniel Dicósimo, *Los trabajadores argentinos y la última dictadura: oposición, desobediencia y consentimiento* (Tandil: UNICEN, 2016). Sobre el rol del sindicalismo en la represión ver Victoria Basualdo, "Aportes para el análisis del papel de la cúpula sindical en la represión a los trabajadores en la década de 1970", en *Cuentas pendientes: los cómplices económicos de la dictadura*, ed. Horacio Verbitsky y Juan Pablo Bohoslavsky, Singular (Buenos Aires, Argentina: Siglo XXI Editores, 2013), 235-53; y Lorenz, *Algo parecido a la felicidad*.

48. Como hace Edward Brudney con su estudio sobre el conflicto de Deutz Argentina de 1980 en este volumen, donde pone de manifiesto las dificultades de interpretación que presenta la legalidad autoritaria pero también algunas formas de resistencia obrera durante el PRN.

49. Ver en este libro el capítulo de Camillo Robertini, "Por una historia del obrero común y de la aceptación cultural de la última dictadura cívico-militar". También Eleonora Bretal, "La época de los militares: representaciones, categorías y clasificaciones de ex-obreros de Swift en torno a la violencia política y estatal", *Sociohistórica* n.º 36 (2015).

50. Basualdo, "Una aproximación al exilio obrero y sindical"; Zorzoli, "'Operativo Ginebra'. La dirigencia sindical ante la instalación internacional de la dictadura militar (1976)"; Zorzoli, "La OIT y las dictaduras latinoamericanas: una aproximación al Caso 842 contra Argentina".

51. Andrea Andújar, Débora D'Antonio, y Nora Domínguez, *Historia, género y política en los '70* (Buenos Aires: Ed. Feminaria, 2005); Andrea Andujar, ed., *De minifaldas, militancias y revoluciones: exploraciones sobre los 70 en la Argentina* (Buenos Aires: Luxemburgo, 2009); Ivonne Barragán, "Mujeres trabajadoras y delegadas sindicales en un astillero de la Armada Argentina. Astillero Río Santiago (1973-1978)", *Nomadías* n.º 20 (2015); Laura Rodríguez Agüero y Débora D'Antonio, "El carácter sexo-genérico de la represión estatal en la Argentina de la década del setenta", *Semata: Ciencias sociais e humanidades* n.º 31 (2019): 53-69; Andrea Andújar y Débora D'Antonio, "'Chicas como tú'... Género, clase y trabajo en la Argentina reciente: un balance desde la historia social", *Archivos de historia del movimiento obrero y la izquierda* n.º 16 (22 de marzo de 2020): 93-110.

Bibliografía

Águila, Gabriela. *Dictadura, represión y sociedad en Rosario, 1976-1983: un estudio sobre la represión y los comportamientos y actitudes sociales en dictadura* (Buenos Aires: Prometeo Libros, 2008)

Acha, Omar. "Clase obrera y dictadura en la Argentina en los largos años setenta: algunas ideas sobre estudios recientes (y no tan recientes)". En *Mundos do Trabalho e Ditaduras no Cone Sul (1964-1990)*, editado por Alejandra Estevez, Jean Sales, Larissa Rosa Correa, y Paulo Fontes, 82-100. Rio de Janeiro: Multifoco Editora, 2018.

Almeyra, Guillermo. "La clase obrera argentina en la Argentina actual". En *La década trágica. Ocho ensayos sobre la crisis argentina 1973-1983*, editado por Alberto Plá. Buenos Aires: Editorial Tierra del Fuego, 1984.

Andujar, Andrea, ed. *De minifaldas, militancias y revoluciones: exploraciones sobre los 70 en la Argentina*. Buenos Aires: Luxemburgo, 2009.

Andújar, Andrea, y Débora D'Antonio. "'Chicas como tú'... Género, clase y trabajo en la Argentina reciente: un balance desde la historia social". *Archivos de historia del movimiento obrero y la izquierda* n.º 16 (22 de marzo de 2020): 93-110.

Andújar, Andrea, Débora D'Antonio, y Nora Domínguez. *Historia, género y política en los '70*. Buenos Aires: Ed. Feminaria, 2005.

Astarita, Rolando. *Valor, mercado mundial y globalización*. Buenos Aires: Ediciones Kaicron, 2006.

Azpiazu, Daniel, Eduardo Basualdo, y Miguel Khavisse. *El nuevo poder económico en la Argentina de los años 80*. Buenos Aires: Editorial Legasa, 1986.

Barragán, Ivonne. "Mujeres trabajadoras y delegadas sindicales en un astillero de la Armada Argentina. Astillero Río Santiago (1973-1978)". *Nomadías* n.º 20 (2015).

———. "Acción obrera durante la última dictadura militar: la represión en una empresa estatal. Astillero Río Santiago", en *La clase trabajadora argentina en el siglo XX: experiencias de lucha y organización*, ed. Victoria Basualdo (Ciudad Autónoma de Buenos Aires: Cara o Seca, 2011)

Basualdo, Victoria. "Aportes para el análisis del papel de la cúpula sindical en la represión a los trabajadores en la década de 1970". En *Cuentas pendientes: los cómplices económicos de la dictadura*, editado por Horacio Verbitsky y Juan Pablo Bohoslavsky, 235-53. Singular. Argentina: Siglo XXI Editores, 2013.

———. "Una aproximación al exilio obrero y sindical". En *Exilios: destinos y experiencias bajo la dictadura militar*, editado por Pablo Yankelevich y Silvina Jensen, 187-208. Buenos Aires: Libros del Zorzal, 2007.

———. "Complicidad patronal-militar en la última dictadura argentina: los casos de Acindar, Astarsa, Dálmine Siderca, Ford, Ledesma y Mercedes Benz". *Revista Engranajes de la Federación de Trabajadores de la Industria y Afines (FETIA)* 5 (2006).

Besse, Juan, y Miriam Wlosko. "Presentación: Memorias del trabajo, trabajos de la memoria". En *Memoria y trabajadores*, editado por Juan Besse, Emilio Crenzel, Luciana Messina, y Miriam Wlosko, 2: 9-21. Colección Cuadernos de Trabajo. Remedios de Escalada: De la UNLa-Universidad Nacional de Lanús, 2013.

Bialakowsky, Alberto, Cristina Micieli, y Hilda Kogan. "Articulaciones laborales en la crisis del sindicalismo argentino (1976-1981)". En *El Sindicalismo Latinoamericano en los 80*, editado por Francisco Zapata. Santiago de Chile: Comisión de Movimientos Laborales de la CLACSO, 1986.

Bieber, León E. "El movimiento laboral argentino a partir de 1976. Observaciones al trabajo de Francisco J. Delich". En *El poder militar en la Argentina (1976-1981)*, editado por Peter Waldmann y Ernesto Garzón Valdés, 116-22. Editionen des Iberoamericana, Reihe 3. Monographien und Aufsätze 10. Frankfurt: Vervuert, 1982.

Bonnet, Alberto, ed. *El país invisible: debates sobre la Argentina reciente*. Buenos Aires: Peña Lillo, Ediciones Continente, 2011.

Brennan, James P., y Mónica Gordillo. *Córdoba rebelde: el cordobazo, el clasismo y la movilización social*. La Plata: De la Campana, 2008.

Bretal, Eleonora. "La época de los militares: representaciones, categorías y clasificaciones de ex-obreros de Swift en torno a la violencia política y estatal". *Sociohistórica* n.º 36 (2015).

Camarero, Hernán, y Martín Mangiantini, eds. *El movimiento obrero y las izquierdas en América Latina: experiencias de lucha, inserción y organización*. 2 vols. Raleigh, NC: Editorial A Contracorriente, 2018.

Campo, Hugo Del. *Sindicalismo y peronismo: los comienzos de un vínculo perdurable*. Buenos Aires, Argentina: Consejo Latinoamericano de Ciencias Sociales, 1983.

Canelo, Paula. *El proceso en su laberinto: la interna militar de Videla a Bignone*. Buenos Aires: Prometeo, 2008.

Canitrot, Adolfo. "La disciplina como objetivo de la política económica. Un ensayo sobre el programa económico del gobierno argentino desde 1976". *Desarrollo económico* 19, n.º 76 (1980): 453-75.

Chaves, Gonzalo Leónidas. *Las luchas sindicales contra el Proceso, 1976-1980. Cinco años de resistencia*. Buenos Aires: Editorial La Causa, 1983.

Copani, Andrea. "Las Marías y la dictadura: responsabilidad empresarial en la represión a trabajadores durante el terrorismo de Estado en una empresa del noreste argentino". *La Rivada. Revista de investigaciones en ciencias sociales* 9, n.º 5 (2017): -58.

Crenzel, Emilio. *La historia política del Nunca Más: la memoria de las desapariciones en la Argentina*. Historia y cultura. El pasado presente. Buenos Aires: Siglo XXI, 2008.

———. "Representaciones sobre los obreros desaparecidos: la lectura del *Nunca Más*". En *Memoria y trabajadores*, vol. 2. Editado por Juan Besse, Emilio Crenzel, Luciana Messina, y Miriam Wlosko. Colección Cuadernos de Trabajo. Remedios de Escalada: De la UNLa-Universidad Nacional de Lanús, 2013.

Dawyd, Darío. "Raimundo Ongaro: dirigente sindical. Trayectoria de un peronista combativo en contextos de hostilidad (Argentina, 1966-1983)". *Abordajes. Revista de Trabajo Social* 2, n.º 1 (2014): 21-53.

Delich, Francisco. *Crisis y protesta social: Córdoba, 1969-1973*. Buenos Aires: Siglo XXI Editores, 1974.

———. "Después del diluvio, la clase obrera". En *Argentina, hoy*, 129-50. Historia inmediata. México: Siglo XXI Editores, 1982.

Dicósimo, Daniel. "Dirigentes sindicales, racionalización y conflictos durante la última dictadura militar". *Entrepasados, Revista de Historia* n.º 29 (2006): 87-105.

———. *Los trabajadores argentinos y la última dictadura: oposición, desobediencia y consentimiento*. Tandil: UNICEN, 2016.

Doyon, Louise M. *Perón y los trabajadores: los orígenes del sindicalismo peronista 1943-1955*. Historia y política 6. Buenos Aires: Siglo XXI, 2006.

Falcón, Ricardo. "Conflicto social y régimen militar. La resistencia obrera en la Argentina (marzo de 1976-marzo 1981)". En *Sindicalismo y regimenes militares en Argentina y Chile*, editado por Bernardo Gallitelli y Andrés A. Thompson, 91-140. Amsterdam: CEDLA, 1982.

Grigera, Juan. "Esperando a E. P. Thompson. Desindustrialización y formación de clases sociales en Argentina (1976-2001)". *Mundos do Trabalho* 5, n.º 10 (20 de diciembre de 2013): 71-88.

———. "Reconsideración del proceso de desindustrialización en Argentina (1976-2001)". Tesis doctoral. Universidad de Buenos Aires, 2012.

Grigera, Juan, y Luciana Zorzoli. "Introduction". En *The Argentinian Dictatorship and Its Legacy - Rethinking the Proceso*, editado por Juan Grigera y Luciana Zorzoli. London: Palgrave Macmillan, 2020.

Horowicz, Alejandro. *Los cuatro peronismos*. Buenos Aires, Argentina: Edhasa, 2005.

Izaguirre, Inés. *Los desaparecidos. Recuperación de una identidad expropiada*. Buenos Aires: Instituto de Investigaciones de la Facultad de Ciencias Sociales de la UBA, 1994.

———. "Las luchas obreras y el genocidio en la Argentina". En *Lucha de clases, guerra civil y genocidio en la Argentina 1973-1983: antecedentes, desarrollo, complicidades*, editado por Inés Izaguirre, 245-82. Buenos Aires: Eudeba, 2009.

James, Daniel. *Resistencia e integración: el peronismo y la clase trabajadora argentina, 1946-1976*. Buenos Aires: Editorial Sudamericana, 1990.

Lorenz, Federico. *Algo parecido a la felicidad: una historia de la lucha de la clase trabajadora durante la década del setenta [1973-1978]*. Ensayo. Buenos Aires: Edhasa, 2013.

———. *Los zapatos de Carlito: una historia de los trabajadores navales de Tigre en la década del setenta*. Buenos Aires: Grupo Editorial Norma, 2007.

Ministerio de Justicia y Derechos Humanos de la Nación, Centro de Estudios Legales y Sociales -Cels-, y Facultad Latinoamericana de Ciencias Sociales -Flacso, sede Argentina- (organizaciones). *Responsabilidad empresarial en delitos de lesa humanidad. Represión a trabajadores durante el terrorismo de Estado.* Buenos Aires: Dirección Nacional del Sistema Argentino de Información Jurídica, 2015.

Molinaro, Leandro. *Demonización y reconciliación nacional: representaciones sobre la violencia política setentista en los primeros años de la transición democrática.* Escollos. Pensamiento. Buenos Aires: Colisión, 2013.

Munck, Ronaldo. "Reestructuración del capital y recomposición de la clase obrera en Argentina desde 1976". En *Sindicalismo y regímenes militares en Argentina y Chile*, editado por Bernardo Gallitelli y Andrés A. Thompson, 191-225. Amsterdam: CEDLA, 1982.

Murmis, Miguel, y Juan Carlos Portantiero. *Estudios sobre los orígenes del peronismo.* Sociología y política. Argentina: Siglo XXI, 1984.

Nassif, Silvia. "Terrorismo de Estado en la Argentina: Tucumán y la ofensiva contra los obreros de la agro-industria azucarera", *Revista Interdisciplinaria de Estudios Agrarios* n.o 48 (2018): 57-91.

Novaro, Marcos, y Vicente Palermo. *La dictadura militar, 1976-1983: del golpe de Estado a la restauración democrática.* Buenos Aires: Paidós, 2003.

Nun, José. "Cambios en la estructura social de la Argentina". En *Ensayos sobre la transición democrática en la Argentina*, editado por Juan Carlos Portantiero y José Nun, 117-37. Buenos Aires: Puntosur Ed., 1987.

O'Donnell, Guillermo. "Reflexiones sobre las tendencias de cambio del Estado burocrático-autoritario". *Revista Mexicana de Sociología* 39, n.º 1 (1977): 9-59.

_____. *1966-1973, el Estado burocrático autoritario: triunfos, derrotas y crisis.* Buenos Aires: Editorial de Belgrano, 1982.

Ortiz, María Laura. *Con los vientos del Cordobazo: los trabajadores clasistas en tiempos de violencia y represión.* Córdoba: Editorial de la UNC, 2019.

Palomino, Héctor. *Cambios ocupacionales y sociales en Argentina, 1947-1985.* Buenos Aires: Centro de Investigaciones Sociales sobre el Estado y la Administración, 1987.

Peralta-Ramos, Mónica, Carlos Waisman, y Juan M. Villarreal, eds. "Changes in Argentine Society: The Heritage of the Dictatorship". En *From Military Rule to Liberal Democracy in Argentina*, 2 ed., 69-96. New York: Routledge, 2018.

Pinedo, Jerónimo. "Tramas y urdimbres: transformaciones de la acción colectiva popular en el sur del Gran Buenos Aires (1974-1989). Tesis doctoral. Universidad de General Sarmiento e Instituto de Desarrollo Económico y Social, 2018.

Portantiero, Juan Carlos. "Economía y política en la crisis argentina: 1958-1973". *Revista Mexicana de Sociología* 39, n.º 2 (abril de 1977): 531.

Pozzi, Pablo. *Oposición obrera a la dictadura, 1976-1982.* Buenos Aires: Editorial Contrapunto, 1988.

Quiroga, Hugo. *El tiempo del "proceso": conflictos y coincidencias entre políticos y militares, 1976-1983*. Rosario, Argentina: Editorial Fundación Ross, 1994.

Rodríguez Agüero, Laura, y Débora D'Antonio. "El carácter sexo-genérico de la represión estatal en la Argentina de la década del setenta". *Semata: Ciencias sociais e humanidades* n.° 31 (2019): 53-69.

Schneider, Alejandro. "'Ladran Sancho...' Dictadura y clase obrera en la Zona Norte del Gran Buenos Aires". En *De la Revolución Libertadora al menemismo: historia social y política argentina*, editado por Hernán Camarero y Pablo Pozzi, 195-231. Buenos Aires: Ediciones Imago Mundi, 2000.

———. *Los compañeros: trabajadores, izquierda y peronismo, 1955-1973*. Buenos Aires: Imago Mundi, 2005.

Schneider, Alejandro, y Rafael Bitrán. "Dinámica social y clase trabajadora durante la dictadura militar de 1976-1983. Estudio de la Zona Norte del Gran Buenos Aires, en particular de las fábricas Del Carlo y Ford Motors". En *Nuevas tendencias en el sindicalismo: Argentina - Brasil*, editado por Leoncio Rodrigues, 69-112. Buenos Aires: Editorial Biblos, 1992.

———. "La clase obrera durante la dictadura militar (1976-1982). Un estudio de la Zona Norte del Gran Buenos Aires: tres casos particulares". En *Historia del Movimiento Obrero en la Argentina*. Buenos Aires: CEHO, 1991.

Shrader, James H. "A Foundation of Terror: Tucumán and the Proceso, 1975-1983", en *The Argentinian Dictatorship and Its Legacy. Rethinking the Proceso*, ed. Juan Grigera y Luciana Zorzoli (London: Palgrave Macmillan, 2020), 23-46.

Simonassi, Silvia. "'A Trabajar y Muzzarella'. Prácticas y políticas de disciplinamiento laboral en la industria metalúrgica de Rosario, 1974-1983". *Historia Regional* n.° 25 (1 de septiembre de 2007): 57-82.

Torrado, Susana. *Estructura social de la Argentina: 1945-1983*. Buenos Aires: Ed. de la Flor, 1992.

Torre, Juan Carlos. *La vieja guardia sindical y Perón: sobre los orígenes del peronismo*. Buenos Aires: Editorial Sudamericana-Instituto Torcuato di Tella, 1990.

Villarreal, Juan M. "Los hilos sociales del poder". En *Crisis de la dictadura argentina: política económica y cambio social, 1976-1983*, editado por Eduardo Jozami, Pedro Paz, y Juan M. Villarreal, 201-83. Buenos Aires: Siglo XXI Editores, 1985.

Waldmann, Peter, y Ernesto Garzón Valdés, eds. *El poder militar en la Argentina (1976-1981)*. Editionen des Iberoamericana, Reihe 3. Monographien und Aufsätze 10. Frankfurt: Vervuert, 1982.

Yannuzzi, María de los Angeles. *Política y dictadura: los partidos políticos y el "proceso de reorganización nacional" 1976-1982*. Rosario: Editorial Fundación Ross, 1996.

Zorzoli, Luciana. "Elementos para una nueva síntesis en los estudios sobre las organizaciones sindicales argentinas bajo el gobierno militar (1976-1983)". *Revista Millars. Espai i Historia* XLI, n.º 2 (2016): 69-96.

———. "Las intervenciones a organizaciones sindicales durante la última dictadura militar argentina: un estudio cuantitativo". *Desarrollo Económico* 57, n.º 223 (2018): 487-510.

———. "La OIT y las dictaduras latinoamericanas: una aproximación al Caso 842 contra Argentina". *Anuario de Historia Argentina* 17, n.º 2 (2017): e037.

———. "'Operativo Ginebra'. La dirigencia sindical ante la instalación internacional de la dictadura militar (1976)". *Revista Archivos de Historia del Movimiento Obrero y la Izquierda* IV, n.º 8 (2016): 12-32.

CAPÍTULO I

"Estamos en medio de un Cordobazo". La ola de huelgas de fines de 1977 en Argentina

Andrés Carminati

UNIVERSIDAD NACIONAL DE ROSARIO

SI BIEN DURANTE LA última década se han multiplicado los estudios sobre la conflictividad obrera en la última dictadura militar,[1] aún sigue siendo dominante en los imaginarios sociales y también en variados ámbitos académicos, la idea de una relativa pasividad de la clase trabajadora durante el período. A lo sumo se suele reconocer la virtual importancia de la huelga de abril de 1979,[2] la marcha por "Pan, paz y trabajo", del 7 de noviembre de 1981, y las jornadas del 30 de marzo de 1982. Pero permanecen prácticamente ocultos otros episodios de conflictividad. En particular, resulta significativo el silencio alrededor de la oleada huelguística que se sucedió entre octubre y diciembre de 1977. Durante ese lapso, según algunas estimaciones, se movilizaron alrededor de un millón de trabajadores de diferentes rubros de la industria y los servicios.[3] Lo que constituyó, según algunos autores, una suerte de "huelga general no declarada".[4] Por la magnitud y por el contexto en el que se produjo, este fue de los sucesos huelguísticos más importantes de los primeros 19 meses del golpe militar, y quizá entre los más relevantes de toda la dictadura.

El estallido provocó diversas polémicas en la clase dominante, como la necesidad de contar con "interlocutores válidos" para evitar "huelgas salvajes" o la comparación con las jornadas del Cordobazo de 1969. En este trabajo me propongo:

1. Exponer una reconstrucción y caracterización de la ola de conflictividad de finales de 1977: los principales episodios y su dinámica.
2. Repasar los diversos debates que suscitó entre las diversas expresiones de las clases dominantes.
3. Plantear algunas hipótesis y debates sobre la memoria, olvidos y silencios que rodean a estos episodios.

La ola de huelgas de octubre-diciembre de 1977

Hacia finales de octubre de 1977, cuando se cumplían 19 meses de la dictadura más sangrienta que conoció la historia argentina, se inició una oleada de conflictos muy aguda, que abarcó diversos sectores de la industria y los servicios. Con epicentro en los ferrocarriles, las huelgas rompieron el cerco de la censura e irrumpieron en el acotado debate político de la época. El carácter estratégico[5] del paro ferroviario permitió abrir un ciclo de conflictividad, que amparó a otros rubros laborales disconformes.

Durante 1976 hubo diversos conflictos, pero la mayoría de carácter regional y breve. La intensidad represiva, la detención de delegados y activistas, la proscripción e intervención de la CGT y los sindicatos más importantes, condicionaron la respuesta obrera a los sucesivos ataques del régimen.

En un clima signado por la represión, caracterizado por una conflictividad episódica y molecular, la oleada de huelgas de finales de 1977 significó una ruptura significativa. Los conflictos se iniciaron el 26 de octubre, a partir de un paro de los señaleros de la línea Roca del Ferrocarril, que obligó a suspender todos los servicios locales y de larga distancia de ese día. Fue la "decisión de 40 hombres" que la propagaron "imperativamente" al conjunto de la red ferroviaria, diría un columnista del diario *La Razón,* algunos días más tarde.[6] A partir de allí, de forma concatenada y por momentos simultánea, en distintos sectores y lugares de trabajo, se sucedió una oleada de huelgas que abarcó las principales ciudades del país.

La situación social era delicada hacia finales de 1977. El año anterior había culminado con un deterioro significativo de los ingresos y una pérdida sustantiva de los asalariados en el reparto de la riqueza.[7] El retraso salarial era acuciante, en un contexto signado por la elevada inflación (440% anual en 1976 y más del 170% en 1977). Esta situación era aún más grave en los sectores públicos, donde los aumentos salariales habían sido menores y además se venían aplicando duras políticas de racionalización. En el sector ferroviario, en particular, la reducción de personal era superior a los 28.000 trabajadores, solo en el lapso que media entre junio de 1976 y julio de 1977.[8]

El 12 de octubre, la prensa se hacía eco del pedido de audiencia que la fracción sindical denominada "Comisión de los 25" había elevado al Ministro de Trabajo, para exponer "sus puntos de vista" sobre el deterioro salarial.[9] Por esos días, se inició un conflicto de gran relevancia en la planta de IKA Renault de Córdoba, que duró casi una semana. Las razones fundamentales eran de tipo salarial. El conflicto se extendió entre el 11 y el 17 de octubre. Por la importancia de la fábrica, que ocupaba alrededor de 7.000 obreros, y la tenacidad del conflicto, pronto ocupó las páginas de varios periódicos de tirada nacional. La huelga fue duramente reprimida: el Ejército ingresó en la planta, golpeó y detuvo a un número indeterminado de trabajadores.[10] Además, la empresa dispuso la cesantía de 150 trabajadores. Este conflicto, de una extensión considerable (6 días) de acuerdo al promedio de los conflictos de los primeros dos años de la dictadura, y acaecido en una fábrica de esa envergadura, era muy difícil de ser invisibilizado. De hecho, las noticias sobre el mismo se empezaron a publicar tres días después de su inicio.

Durante los primeros años de la dictadura ocurrió muchas veces que, cuando una fábrica importante o sector de trabajo con posibilidades de adquirir visibilidad se lanzaba al conflicto, esta podía operar como ejemplo y motor para otros sectores. Sobre todo en los momentos que se debatía salarios, en los días próximos a los reajustes por decreto. En este caso, durante la huelga de Renault, se produjeron conflictos en otras empresas automotrices del país y diversos sectores laborales de Córdoba. Pero, además, este episodio y sus satélites fueron la antesala o el primer capítulo de la mayor oleada de huelgas de todo el período.

Pocos días después, el 21 de octubre, se iniciaba una huelga en la cerámica Lozadur, en la Zona Norte de la Provincia de Buenos Aires, que se extendería hasta el 17 de noviembre. Y cinco días más tarde, comenzaba la huelga de señaleros de la línea Roca.

La Asociación de Señaleros Ferroviarios desautorizó el conflicto. En un comunicado afirmaban que se había producido "sin el encuadramiento gremial pertinente", y ordenaban a "deponer de inmediato la actitud asumida y normalizar el servicio".[11] No obstante, la huelga se extendió de manera vertiginosa. Al día siguiente, *Clarín* titulaba "El conflicto del transporte se generaliza" para dar cuenta que la huelga incluía los ramales San Martín, Mitre, Urquiza y Belgrano, a la par que se sumaban todas las líneas de Subterráneos de Buenos Aires. Mientras tanto, el personal aeronáutico realizaba "paros de dos horas por turno".[12] Un día más tarde, como modo de protesta por los bajos salarios, presentaban la renuncia 346 pilotos pertenecientes a Aerolíneas Argentinas, sobre un total de 360.

En el Gran Rosario —segundo epicentro de la conflictividad— se paralizó la línea Mitre desde el 27 por la noche, y se plegaron los trabajadores de los grandes talleres ferroviarios de la región: Rosario, Villa Diego y Pérez.[13]

Durante el cuarto día de huelga paralizaban sus tareas los trabajadores del Hipódromo de Buenos Aires, continuaba absolutamente paralizado el subte, y la huelga de ferrocarril corría zigzagueante de un lado a otro: se suspendía en un ramal, empezaba en otro, se anunciaba su resolución en un lugar y estallaba en uno nuevo. Los interventores de la empresa estatal Ferrocarriles Argentinos mantenían febriles reuniones con dirigentes sindicales.

El 28, las empresas de Ferrocarriles y Subterráneos emitieron sendos comunicados intimando a su personal a reincorporarse a sus puestos de trabajo, bajo amenaza de aplicación inmediata de la ley 21.400 "dejando cesantes sin indemnización alguna a quienes persistan en el movimiento, sin perjuicio de las sanciones penales correspondientes".[14]

Tal como había sucedido con los señaleros del Roca, la huelga en los subtes parecía correr por fuera del encuadramiento gremial. Así lo informaba la prensa:

> La Unión Tranviarios Automotor... no ejerce ningún tipo de control sobre los trabajadores en huelga, e incluso la Coordinadora que motorizó anteriores conflictos ha sido disuelta, por lo que los directivos de la empresa encuentran serias dificultades para canalizar por alguna vía orgánica las negociaciones que permitan superar el cese de actividades...[15]

Por su parte, la empresa manifestaba que el personal era "refractario" "a toda invitación a la reflexión", a la vez que advertía que se estaban agotando "las instancias de persuasión". En la prensa trascendía que "además de las negociaciones salariales", los trabajadores del subte exigían "la liberación de dos dirigentes que habrían desaparecido".[16]

El Ministro del Interior, Albano Harguindeguy, recordó en una conferencia de prensa que no existía el derecho a huelga. Particularmente sobre el conflicto en subterráneos, sostuvo que por la "simultaneidad y la forma en que se produjo", era evidente que se trataba de una "acción concertada y preparada".[17] Ese mismo día, el comandante de la "Zona I" informó a la población y al personal de subterráneos que habían dispuesto que efectivos del Ejército "garanticen la seguridad" y "la libertad de trabajo".[18]

Entre el 1 y el 5 de noviembre se vivió el momento más álgido de la ola de conflictos. Además de los conflictos ferroviarios —que ya abarcaba las seccionales de Capital Federal, La Plata, Rosario, Santa Fe, Tucumán, Entre Ríos y Córdoba—, aeronáuticos y subterráneos, se sumaron las huelgas de varias líneas de colectivos del conurbano bonaerense; los trabajadores del puerto metropolitano y rosarino; trabajadores de SEGBA y de Agua y Energía Rosario. Asimismo, la planta de Coca Cola y la Embotelladora Sáenz Briones; Cerámica Lozadur; Personal de Shell adherido al SOMU (Marítimos); Frigorífico Wilson de Valentín Alsina; personal "no docente" de la UBA; de ENCOTel.; Trabajadores de YPF de Capital Federal, La Plata, Mendoza y Comodoro Rivadavia. También había huelgas en el Hipódromo de Buenos Aires, y de empleados de correo de Buenos Aires, Mendoza, Rosario y Mar del Plata. En Rosario los conflictos se extendían a trabajadores la editorial Caille Volá, Obras Sanitarias y Ministerios de Obras públicas y Bienestar Social.[19] En la casa central del Banco Nación se arrojaron "pastillas encendidas de gas insecticida en el hall", que había obligado a desalojar el edificio durante una hora,[20] mientras que en la sucursal rosarina, "al cierre del horario público, irrumpen exclamaciones de ¡hambre, hambre!".[21]

Las estaciones de trenes y subtes fueron rodeadas por el Ejército y la policía. En la línea Roca, los señaleros de Berazategui fueron "buscados en sus domicilios", para que ocupen "sus respectivos puestos de trabajo", mientras que en Villa Ramallo se dispuso que el "personal policial" cubriera la tarea. Los partes de la policía de la Provincia de Buenos Aires señalaban que se habían producido algunas detenciones en diversas localidades: 9 trabajadores en Ramallo, 14 en Baradero y 3 en Bahía Blanca. Mientras que en La Plata se había suspendido a 90 personas a raíz del conflicto.[22]

En esos días se conocían públicamente hechos como el de la desaparición de los delegados del subte, y también el asesinato de un activista en la estación de trenes de Constitución. Este hecho se conoció a través de un comunicado del Ejército, que fue publicado en todos los medios de prensa y transmitido "cada 30 minutos por radio y televisión":

> ...en proximidades de la zona de Plaza Constitución, una patrulla de las fuerzas legales sorprendió a un activista que incitaba al cese de actividades y trataba de impedir la concurrencia al trabajo de algunos operarios, siendo

abatido por el fuego... Las fuerzas legales cumplen con la misión impuesta tendiente a asegurar la libertad de trabajo...[23]

Mientras que en otro comunicado del día posterior se sostenía que habían "abatido" a "dos subversivos pertenecientes a la banda de delincuentes subversivos marxistas montoneros", que fueron "sorprendidos arrojando panfletos" que incitaban al paro.[24] Por su parte, el Comando del II Cuerpo comunicaba un hecho similar en la ciudad de Rosario. Donde las "fuerzas legales" "dieron muerte al delincuente subversivo marxista-leninista, Héctor José Carrevale, alias 'Hilario', militante del PRT-ERP", que "pretendía actuar contra el tren 'El Porteño'".[25]

Verdaderos o no, está claro que tenían como finalidad intimidar a los huelguistas y a la población en general.[26] Mientras que la represión dictatorial se caracterizó mayormente por la clandestinidad, durante la huelga aparentemente necesitaban comunicar la efectividad de los fusilamientos (reales o inventados) de activistas. Uno de los manifiestos castrenses culminaba de la siguiente forma: "...hasta tanto no se aniquilen individuos que no comulguen con el sentir argentino por una paz estable, la seguridad de la Nación estará en peligro...".[27] El 1 de noviembre, se realizó una reunión entre la dirección de Ferrocarriles con los distintos gremios del riel. La empresa hizo una oferta de aumentos entre el 34% y 43%. Al finalizar la reunión se dio una conversación entre la prensa y el titular de APEDEFA (gremio del personal de dirección), que ilustra las características del conflicto:

> Consultado si en este semiacuerdo de anoche había pesado el comunicado del Cuerpo I de Ejército, lacónicamente respondió: "Nosotros sabemos que eso no puede hacerse, ya que por ley tenemos prohibido adoptar medidas de acción directa. Este conflicto surgió a pedido de las bases y fueron ellas las que efectivizaron las medidas... No podemos adelantar lo que pensarán las bases, ustedes saben que esta cifra que les damos no es realmente satisfactoria...[28]

Un trabajador de la línea Roca, entrevistado por un periódico de izquierda, lo resumía de esta manera:

> Cuando entramos nos encontramos con que el turno mañana ya había hecho paro desde las 9hs. La macana es que por la falta de orientación (la verdad es que todavía, salvo en la asamblea, no apareció ningún dirigente del sindicato), la gente cuando comenzaba el paro se retiraba a la casa, lo que no permitía una coordinación entre nosotros...[29]

En distintas seccionales de la Unión Ferroviaria y la Fraternidad se producían asambleas para analizar la oferta del gobierno. Todas muy breves, informativas y vigiladas por las fuerzas represivas. Transcurrían los días y, a pesar del "diálogo", los servicios no se normalizaban. Los "voceros gremiales" insistían en que se trataba de "actitudes espontaneas".[30] Sucedía que las organizaciones sindicales decretaban el levantamiento de las medidas, pero las directivas no eran "acatadas por el personal".[31]

Recién el 5 de noviembre se completó la normalización de los ferrocarriles y subterráneos. El conflicto había durado 11 días; el arreglo salarial que se hizo público fue el acordado el 1 de noviembre (34% al 43%).

Por el contrario, la huelga de Luz y Fuerza se recrudecía por esos días. El 4 de noviembre, los trabajadores de la Central Costanera de SEGBA "abandonaron sus tareas como expresión de protesta por la desaparición del delegado Juan Luis Bonggio". Según un comunicado de la "Agrupación Azul y Blanca" del Sindicato: "...el gremialista fue interceptado por varios desconocidos e introducido en un vehículo... cuando se dirigía a su empleo. Desde entonces se carece de noticias...".[32] El trabajador iba a aparecer tres días más tarde. Según informaba *La Nación*, "Bonggio apareció sano y salvo en la madrugada del sábado en una calle del barrio de Barracas, donde lo dejaron sus captores".[33]

Lo interesante de este caso, y del ocurrido en subterráneos, es el hecho de que la movilización logró impedir que se consumara su desaparición. Hacia finales de 1976 habían sucedido episodios similares en SEGBA, Mercedes Benz y Peugeot, en el marco de sendos conflictos. Sin dudas, la posibilidad de impedir la consumación de los secuestros dependía de condiciones excepcionales de movilización, como las que se vivían en ese momento. Incluso, el hecho de que hayan trascendido a la prensa está vinculado con el alcance de la conflictividad.

El carácter estratégico, en relación a la ruptura del orden público, que tenía el paro de los transportes de pasajeros, provocó que a partir de su resolución la ola entrase en una fase de declinación. No obstante lo cual, hasta los primeros días de diciembre seguirían los coletazos de las huelgas. Algunas de singular importancia.

En esos días se agravaría un conflicto que desde el 3 de noviembre estaban llevando adelante los 2.000 trabajadores y trabajadoras de Alpargatas de Florencio Varela.[34] La empresa inició un *lockout* a partir del 9 de ese mes. Si bien esa medida estaba prohibida por la ley 21.400, la misma se sostuvo hasta que se resolvió la huelga. Alpargatas emitió un comunicado donde sostenía que los/as trabajadores/as realizaban "paros" "con permanencia en sus lugares de trabajo", "pese a la oposición de la conducción sindical" y "a las intimaciones efectuadas por la Delegación Regional del Ministerio de Trabajo y al desalojo de los disconformes, efectuado por las fuerzas de seguridad".[35]

Recién el 14 de noviembre la empresa decidiría, unilateralmente, reabrir las puertas de la fábrica, dando por finalizado el conflicto/*lockout*. Las investigaciones han permitido establecer que durante el conflicto fueron secuestrados, y luego liberados varios /as trabajadores/as.[36]

Uno de los conflictos que prácticamente no aparece en las noticias, pero que duró más de un mes y tuvo funestas consecuencias represivas, fue el de cerámica Lozadur, en la Zona Norte de la Provincia de Buenos Aires.[37] El conflicto se inició a comienzos de octubre, con medidas de "trabajo a desgano", en reclamo de mejoras salariales. La empresa despidió "con causa justificada" a 800 trabajadores (sobre 1.000) y ordenó el desalojo y cierre de la planta. Mientras permanecía el *lockout*, se produjo el secuestro y desaparición de 11 trabajadores/as de Lozadur y de otra empresa cerámica de la zona, Cattaneo.

Durante esos días también se supo que se trabajaba "a desgano" en Peugeot y Ford (8/11), había huelga en la Textil Alpesa (8/11), en el Banco Crédito Argentino (entre el 8 y 16/11) entre el personal técnico de Austral (8/11), trabajo a reglamento en los Portuarios de Buenos Aires (10/11), apagones y estallidos en SEGBA (17/11) huelga en varias líneas de colectivos de Capital y Provincia de Buenos Aires, y en la destilería YPF de Ensenada.[38] También en la zona industrial del Gran Rosario se produjeron varios conflictos más después del fin de la huelga ferroviaria. Hubo paros parciales en Petroquímica PASA y quites de colaboración en la refinería de YPF.[39] Esa misma semana hubo huelgas en la planta del frigorífico CAP, en la Zona Sur del Gran Rosario. La huelga duró 72 horas. La empresa presentó la denuncia ante el Ministerio de Trabajo, que procedió a declarar ilegal la medida. Por su parte, los dirigentes del Sindicato de la Carne "informaron que no [tenían] participación en el conflicto". Unos días después hubo una huelga de los recolectores de la ciudad de Rosario. También su sindicato declaró estar al margen de los hechos.[40] Relativamente aislado del conjunto se produjo otro conflicto en el puerto rosarino (2 al 6/12) y una huelga en la planta de Acindar de Rosario (5/12).[41]

Desde finales de noviembre había entrado en su fase descendente la ola de conflictos. Como resultado de la misma, en la mayoría de los sectores se había obtenido alguna mejora salarial. Aunque en casi todos fue inferior a lo solicitado y en muchos casos el costo represivo fue muy alto.

Es muy difícil calcular la cantidad de trabajadores implicados en este ciclo. El desarrollo completo de su movimiento podría pensarse como en dos olas sucesivas, seguido de un paulatino reflujo. El primer momento estuvo dado por el conflicto en IKA Renault, su ramificación en fábricas automotrices y en otros sectores de trabajo de la provincia de Córdoba. A pesar de ser un conflicto eminentemente regional, su repercusión e intensidad preanunciaban el siguiente choque de la ola, producida apenas finalizaba la primera. Con más fuerza, por el carácter estratégico de los ferrocarriles, esta segunda ola tuvo su pico entre el 26 de octubre y el 5 de noviembre. A partir de allí se inició una paulatina declinación. No obstante, se siguieron sucediendo conflictos en la brecha abierta por la intensa conflictividad.

Sin dudas el corazón del estallido fueron las huelgas de ferroviarios y subterráneos. Mientras que el efecto contagio esparció el virus huelguista en sectores tan diversos como el personal aéreo, hipódromo, luz y fuerza, bancarios, municipales, portuarios, petroleros, transporte de corta, media y larga distancia, aguas gaseosas, textiles, cerámicos, frigoríficos, metalúrgicos, mecánicos y petroquímicos.

Hubo tres elementos que fueron comunes durante la ola:

1. El reclamo alrededor del eje salarial.
2. El gran impulso desde las bases. En la mayor parte de los conflictos, las organizaciones sindicales manifestaron que se desarrollaban al margen su conducción.
3. La respuesta patronal (pública y privada), que apeló en todos los casos a la amenaza o aplicación de la ley 21.400, en muchos casos al *lockout* y en otros, de manera directa o indirecta, a la violencia legal y paralegal.

"Son los días más difíciles". El significado de la ola de huelgas

La intensidad del movimiento huelguístico y su duración provocó una serie de reflexiones y debates acerca de su significado y consecuencias entre diversos editorialistas de los medios de prensa, voceros gubernamentales y de los partidos políticos. En este apartado analizo el contenido y los tópicos de los mismos.

Apenas cuatro días después de iniciado el movimiento ferroviario, un editorialista de *Noticias Argentinas* sostenía que el paro, o los días de las "señales levantadas", "podría adquirir la entidad suficiente como para caracterizar el comienzo de una nueva configuración sociopolítica".[42] En el mismo sentido, varios analistas coincidían con la idea de que el movimiento huelguístico habría constituido un parteaguas en la relación de los trabajadores con el gobierno. En *La Nación* del 31 de octubre se sostenía:

> Tan inconjeturable fue el movimiento de fuerza y tanta su extensión, que ha podido señalarse... que es la primera vez, en más de diecinueve meses, que el Gobierno debió enfrentar un conflicto gremial cuyas consecuencias perturbaron seriamente el interés público...[43]

Otra nota de días subsiguientes sostenía que el gobierno militar había afrontado "sus jornadas más difíciles de los últimos 19 meses".[44] Mientras que un analista sostenía que el "proceso de reorganización había sufrido un duro traspié".[45] Para subrayar la importancia de los hechos y sus consecuencias posteriores, algunos cronistas trazaron líneas de comparación con el Cordobazo. Las analogías eran varias: un gobierno militar, un ministro de economía liberal, y una movilización obrera de grandes magnitudes. En el debate se pretendía dilucidar si el reciente movimiento huelguístico también conllevaría cambios en las esferas del poder político. Un editorial de *La Nación* decía: "El Cordobazo de mayo de 1969 merece recordarse... porque la precipitación del general Onganía por desembarazarse de su ministro Krieger Vasena aceleró la pérdida de autoridad...". Según el tradicional periódico, las huelgas constituían una "notificación que las Fuerzas Armadas" no debían "desaprovechar". Sobre todo, porque el movimiento había representado un "desafío neto a la autoridad del gobierno militar", lo cual, sostenían los editores, "suele inferir heridas más profundas a un proceso como el que corre que a un proceso de índole constitucional".[46]

Para *La Razón*, el conflicto en el transporte urbano había provocado una "actitud psicológica" que había amenazado "con convertir el fenómeno en una verdadera crisis". Esa "actitud", sostenían, era la que había llegado a "extremos curiosos", cuando un observador había señalado: "estamos en medio de un Cordobazo". Para el editor: "...ni Videla es Onganía, ni Martínez de Hoz es Krieger Vasena... por lo tanto, un tropiezo no implica el sacrificio de un ministro; ...ni esto fue un "Cordobazo"—como es obvio—ni un paro coordinado pone en cuestión la presencia del ministro de Economía...".[47] También desde el boletín *Economic Survey* entendían que la movilización entrañaba una suerte de conspiración contra la política económica: "...el intento de alcanzar la huelga general, materializado en la paralización perfectamente elegida de los transportes, desempeñó un... avance frontal, en procura del reemplazo de las autoridades económicas...".[48]

Por otra parte, la noticia de las huelgas trascendió el ámbito nacional. Tanto el *New York Times*, como *El País*, de España, dedicaron varias notas a informar sobre los sucesos. En el *Times* subrayaban que el "descontento de los trabajadores... provocó paros ilegales en los ferrocarriles, el metro y las centrales eléctricas estatales, que sacudieron el programa económico del gobierno militar argentino".[49] Mientras que *El País* coincidía con la idea de que "la ola de huelgas" había "constituido la situación más delicada para el Gobierno del general Videla desde que las Fuerzas Armadas asumieron el poder".[50]

Otro de los temas que estuvo presente en los debates fue el de las causas que provocaron el movimiento y quién lo había conducido. En el mismo orden se discutía sobre la presencia o no de "grupos subversivos".

En general, había un amplio consenso alrededor de la idea de que el principal motor de las huelgas había sido la problemática salarial o los despidos por el plan de racionalización en el Estado.

Un segundo eje argumental giraba alrededor de la lenta respuesta gubernamental. Varios comentaristas sostenían que había pasado demasiado tiempo antes que se amenazara a los huelguistas con la aplicación de la ley 21.400. En cambio, otros señalaban que el gobierno se había demorado en aplicar la "flexibilización" a los trabajadores estatales, cuando ya se había decidido hacerlo. Un analista sostenía: "Un error burocrático causó la crisis salarial ferroviaria".[51] Según este y otros cronistas, el gobierno "estaba decidido extender a las empresas del Estado la flexibilización salarial", y por alguna razón que nadie comprendía, "no se hizo el correspondiente anuncio".[52]

Como en la mayor parte de los conflictos hubo notables tensiones entre las organizaciones gremiales y las bases, uno de los interrogantes recurrentes fue alrededor de la conducción de los mismos. Cuestión que la revista *Somos* plasmó de manera sensacionalista en la tapa de la edición del 4 de noviembre: "Qué hay detrás de las huelgas".[53]

Según un cronista, una de las cuestiones distintivas del conflicto había sido que días después del paro ferroviario "ninguna voz se [había] alzado para confundir el reclamo sindical con una acción subversiva".[54] Esta diferenciación que habrían hecho las autoridades estaría en la base de la lenta reacción represiva: "Se revelaba así una favorable disposición para distinguir entre un reclamo digno de ser tomado en cuenta y una acción originada con fines subversivos. De ahí entonces el diálogo inicial... y la demora en acudir a la conminación y a la amenaza de medios represivos...".⁵⁵ No obstante, en varios artículos se advertía que era necesario prestar atención a los conflictos, que podían llegar a ser aprovechados con "otras intenciones" y "móviles ajenos a los estrictamente gremiales".⁵⁶

Desde *La Nación*, con intenciones más analíticas sostenían:

> ...el de los ferroviarios es un gremio disperso o atomizado, en el cual las comisiones internas no responden a una línea coherente de acción. No es del todo incongruente... que tal circunstancia haya sido aprovechada por algún grupo subversivo, porque, como es harto notorio, el terrorismo busca infiltrarse en las filas obreras... Felizmente, los trabajadores no se dejaron influir por la prédica disolvente de los agentes de la subversión, porque el sábado reanudaron su labor...⁵⁷

Días más tarde, decía

> ...se diría que la subversión —aun sin haber estado ahora ausente— solía aprovechar en otros tiempos de una manera mucho más fructífera para sí misma las experiencias sociales de las características que se han vivido... Los golpes asestados en estos dos años a las organizaciones subversivas han sido de una magnitud suficiente, si no para hacerlas desaparecer, al menos para reducir notablemente los márgenes de acción en cuanto al aprovechamiento de las expresiones más ásperas de los conflictos sociales propios de toda sociedad...⁵⁸

En el mismo sentido, después de la finalización del conflicto en IKA Renault, el Ministro de Trabajo, había afirmado que ya no se detectaban conflictos obreros "alentados por la subversión". Que, sin subestimar su posible acción, "las posibles fricciones" "deben ser interpretadas como una arista absolutamente normal en el mecanismo de las relaciones industriales".⁵⁹

Según los informantes de la policía de Buenos Aires, el conflicto ferroviario obedecía a "normas netamente económicas". Aunque señalaban que era "indudable que tal situación sería utilizada por miras políticas".⁶⁰

Más allá de sus componentes inorgánicos, hubo dirigentes medios y de base que condujeron el conflicto, que ordenaron las asambleas, que protagonizaron negociaciones, etc. Varios comentaristas se preguntaban si existía una dirigencia alternativa que conducía los conflictos:

> Hubo una sincronización que mueve a sospechar que actúa en el campo laboral una dirección oculta que planea y conduce estas acciones... Estamos,

pues, frente a la comprobación innegable de que existe una infraestructura de conducción clandestina del movimiento laboral que... aprovechando de la inexistencia de los organismos naturales de encuadramiento del movimiento laboral, está en condiciones de alterar gravemente el orden en la República...[61]

Según los informes de la Embajada Estadounidense en Argentina, había "rumores de que activistas montoneros" habían iniciado el conflicto en subterráneos. No obstante, sostenían que la mayoría de sus "fuentes" enfatizaban que las huelgas habían sido espontaneas.[62]

En varios periódicos se planteaba que uno de los principales obstáculos a la hora de resolver los conflictos había sido la ausencia de "interlocutores válidos". Como consecuencia de la política represiva, por un lado, y las intervenciones en los sindicatos, por el otro, las autoridades no lograban entablar negociaciones que tuviesen resultados firmes. Parecía haber una desconexión entre las bases y la conducción, que fue manifestada en varias ocasiones. Esta problemática la planteó con énfasis el diario *Clarín*:

> ¿Con quién dialogar?
> ...La ausencia de un interlocutor válido que permitiera encauzar las conversaciones entre las autoridades y los trabajadores fue evidente en los últimos días.... el caso del conflicto ferroviario, donde las características del gremio y la atomización de su conducción sindical produjeron una extensión del conflicto, que continuó vigente aún cuando los dirigentes gremiales ordenaron al levantamiento del paro para poder iniciar las negociaciones.
> La repetición de estas situaciones es lo que ha provocado el replanteo... de la cuestión de las Asociaciones Profesionales...[63]

La Nación hablaba en términos muy similares y se refería a la "ausencia de representantes válidos de los obreros".[64] El tema desplegaba dos problemáticas según los observadores. Por un lado, la ausencia de una dirección legítima podía abrir las puertas a la acción de líneas más radicalizadas en el movimiento obrero. Por el otro, se imponía la necesidad que se concrete una nueva ley de Asociaciones Profesionales, que habilite un sindicalismo moderado para que sirva de amortiguador de la conflictividad. Sobre este aspecto se podía leer en la revista *Somos*:

> En el más alto nivel del gobierno... se están analizando las posibles consecuencias que puedan arrojar... las formas en que ha sido manejado el con-

flicto... No ha escapado a la atención el hecho que... fue marginada la estructura sindical tradicional y en algunos casos las tratativas se llevaron a cabo con dirigentes... enrolados en las líneas políticas más extremas. Se busca... lograr la concurrencia a los despachos oficiales de interlocutores válidos, es decir sindicalistas genuinos, desplazando definitivamente a los dirigentes politizados. Quizá... la consecuencia más inmediata... sea la de apresurar el trámite de estudio de la nueva ley de Asociaciones Profesionales...[65]

Como puede apreciarse, el movimiento huelguístico causó honda impresión en los observadores contemporáneos. La mayoría interpretó que se trataba del mayor estallido huelguístico desde los inicios de la dictadura, y pronosticó algún cambio en las relaciones entre el gobierno y el movimiento obrero.

Uno de los debates en los medios de prensa fue respecto a los alcances y consecuencias del movimiento. Si bien queda claro que la comparación con el Cordobazo parecía ser una suerte de sensacionalismo de los sectores dominantes, también es cierto que su evocación se sostenía sobre algunas circunstancias que lo hacían parangonable.

Por otra parte, las características de las huelgas y la problemática de la falta de "interlocutores válidos" ponía sobre la mesa la situación del movimiento obrero en esa coyuntura. Con el gremialismo tradicional intervenido y la represión sobre el activismo de izquierda, el terreno se volvía propicio para acciones más inorgánicas y espontaneas, que podían tener consecuencias muy graves en el ámbito laboral. A la vez que se abría el panorama para que emergiera una nueva camada de militantes sindicales, forjados al calor del contexto represivo. Por su parte, desde los sectores dominantes se ponía en discusión la necesidad de sancionar una nueva ley de Asociaciones Profesionales.

En otro sentido, la movilización obrera, como todo proceso de raíces profundas, impactó en otras esferas de la realidad social y política. En los meses subsiguientes a la ola de huelgas, se abrieron varios debates tanto al interior de la Junta Militar como por fuera de ella, que se vinculaban con lo sucedido durante los conflictos.

En noviembre, la Marina publicó un editorial en la *Gaceta Marinera* donde sostenía que la conflictividad tenía su origen en la política económica, a la que calificaban con términos bastante críticos.[66] Varios autores han estudiado el rol de oposición que jugó Massera al interior de la Junta.[67] Resulta significativo que estas manifestaciones críticas se hicieran de manera pública y de carácter más institucional—ya que son hechas desde la publicación de la Armada Argentina—en el contexto signado por el movimiento huelguístico. Por su parte, Videla ratificó que la política económica era parte sustancial del "Proceso de Reorganización Nacional".

Además, durante esos días se publicaron algunas declaraciones del radicalismo y el justicialismo. En todas ellas se insistía en la crítica al programa económico. Ricardo Balbín se animó a reclamar el inicio "de las tareas de la reconstrucción" de las instituciones de la democracia. Según el dirigente radical, "el consenso que tenía el gobierno en marzo de 1976 no es el mismo que tiene ahora".[68] Mientras que los justicialistas sostuvieron que era necesaria una "creciente participación popular en las decisiones fundamentales".[69]

La ocasión fue propicia para que se manifestaran algunos grupos empresariales, como la Asociación de Industriales Metalúrgicos de Rosario,[70] que sostenían que "de persistir la conducción a ultranza en este esquema de política económica, horas difíciles esperan a la industria y la República".[71]

La emergencia de un proceso de movilización obrera de tales magnitudes provocó en algunos sectores el temor a que se reabriera el ciclo de inestabilidad política. Los diferentes autores que trabajan sobre las dimensiones políticas de la dictadura tienden a ignorar las movilizaciones sociales que suelen estar detrás de los cambios de situación. Llamativamente, la ola de huelgas de octubre-diciembre de 1977 está prácticamente ausente en las referencias de varios libros clásicos sobre el período.[72]

Consideraciones finales

En este trabajo me propuse exponer una reconstrucción y caracterización de la ola de conflictos de finales de 1977 y repasar los distintos debates que suscitó entre diversas expresiones de las clases dominantes. Me interesaba presentar una descripción de los hechos que permita reponer algunos pasajes ignorados de la historia de la conflictividad obrera en dictadura. Si bien varios de los autores que han trabajado la problemática previamente, y que constituyen referencias en la temática, se refieren a estos episodios y analizan sus consecuencias, en ninguno hay una reconstrucción muy densa de los mismos.[73] Por lo general, se mencionan algunos de los lugares por donde transitó la conflictividad, sus motivaciones, y algunos resultados de las confrontaciones. El desarrollo es breve, en ningún caso supera las dos páginas. En este sentido, este trabajo busca llenar un vacío de tipo parcial.

La imponente movilización obrera, en un contexto represivo de la magnitud que significó la última dictadura, ponía sobre el tapete que la intervención e ilegalización de los sindicatos no era una herramienta suficiente para terminar con la conflictividad. Y a pesar de la intervención de los organismos de segundo y tercer grado, había una experiencia arraigada en el movimiento obrero que indicaba que la movilización conjunta y solidaria con otros sectores siempre permitía fortalecer el propio reclamo. La huelga general, con sus diversas modalidades—locales, nacionales, por rama de actividad—forma parte de los repertorios de acción históricos de la clase obrera en Argentina. Y, aún en situaciones totalmente adversas, se dejaron ver las profundas marcas de una tradición de conciencia sindical, que tenía casi un siglo. La experiencia gremial tenía una carnadura profunda, que incluso de manera bastante inorgánica salía a la luz en ese contexto de ofensiva contra las conquistas laborales y sindicales. Por otro lado, afloró otro aspecto de la conflictividad que hizo frente a las facetas más criminales del terrorismo de Estado, y conquistó la libertad de algunos compañeros que habían sido secuestrados. Como he señalado, esto podía ocurrir solo en momentos de excepcional unanimidad y movilización.

Además, resulta interesante reflexionar sobre el rol que jugaron los ferroviarios y, meses antes, los lucifuercistas durante la primera etapa del golpe. Hasta 1976 las experiencias más radicales del movimiento obrero se venían desarrollando mayormente en las grandes fábricas de ramas industriales: automotriz, siderúrgica, naval, petroquímica, etc. Después del golpe recobraron un lugar protagónico las fracciones de la clase trabajadora ubicadas en sectores estratégicos de la rama de los servicios, con tradiciones sindicales sólidas y más institucionalizadas, lo cual es sin duda sintomático.[74] Este hecho desnuda varias cuestiones: por un lado, evidencia el duro golpe sufrido por los sectores más radicales. Por el otro, permite avizorar las políticas de reestructuración sindical y laboral de la dictadura, que pretendían avanzar sobre todos los sectores de la clase trabajadora, y las especificidades que ello asumió entre los estatales. También prefigura las transformaciones estructurales del régimen de acumulación, donde el sector servicios y transportes volvía ocupar un lugar significativo.

Como reflexión final quiero detenerme en lo llamativamente oculto que permanecen estos episodios. Mientras más las estudiaba, revisitaba las noticias, las distintas editoriales y manifestaciones gubernamentales, más me inquietaba el silencio y olvido que tiñen estas jornadas. Por el contexto en el que se produjeron, la magnitud de las confrontaciones, los niveles de movilización y de unanimidad, constituyeron, desde mi punto de vista, el proceso de conflictividad más importante de los primeros 19 meses de la dictadura. Incluso de mayor envergadura que la "Jornada de protesta" del 27 de abril de 1979 (primera huelga general declarada).

Al margen del propio status subalterno que tiene la historia obrera en general, entiendo que hay otros elementos vinculados a las "memorias" y a las formas complejas como se construyen y reproducen, que pueden estar en el origen del silenciamiento de estos hechos. Porque, aun sin tener un lugar protagónico en los relatos y la historiografía, hay otros sucesos que son más conocidos, evocados y reivindicados. Como la mencionada "Jornada de protesta" de 1979, la procesión a San Cayetano de noviembre de 1981 o la movilización del 30 de marzo de 1982.

Creo que una posible explicación puede estar vinculada a las características propias de los hechos. El carácter semi inorgánico, sumado a ciertos aspectos espontáneos y economicistas, quizá impidió en su momento interpretar y significar colectivamente los hechos. La falta de protagonismo de organizaciones gremiales o políticas pudo haber privado a estos episodios de la posibilidad de formar parte de aquellas "efemérides" construidas por los colectivos sociales que, al evocarlos se rememoran, reconstruyen y resignifican. Falcón sostiene que este episodio configuró algo así como una "virtual huelga general no declarada".[75] Yo agrego que, si fue una huelga "no declarada", tampoco sería recordada. A su vez, esta situación puede haber contribuido a quitar lo que quienes estudian la problemática de la memoria denominan "contexto social para poder transmitir la memoria".[76] La ausencia de "interlocutores válidos" quizá se condiga con la ausencia de "agentes de memoria" —en términos de Jelin[77]— que dieran posteriormente la disputa por hacer visibles estos hechos. Acá se puede advertir la diferencia con las movilizaciones obreras posteriores a 1979, que fueron convocadas por un sector del sindicalismo: "Los 25"/"CGT Brasil". Es decir, las protestas impulsadas por uno de los sectores del gremialismo que logró institucionalizarse forman parte de las memorias y tienen determinado lugar en la historiografía. Mientras que la conflictividad inorgánica, aún cuando alcanzó dimensiones extraordinarias, está mayormente ausente. También es cierto que, como señalaba Arturo Fernández, la dirección sindical mayoritaria nunca tuvo una clara política de memoria sobre la dictadura. Decía Fernández que su "indiferencia" respecto a la temática "se revelaba en la relativa moderación de las declaraciones del movimiento obrero cada vez que tocaban el tema de los propios gremialistas detenidos y desaparecidos". Y "en la total desvinculación entre sindicalistas y organizaciones de derechos humanos".[78] De todas maneras, tampoco otras corrientes sindicales ni políticas han incluido estos hechos en sus "calendarios" de memorias. Son hechos que permanecen ocultos.

Pocos días después de finalizada la huelga ferroviaria, la policía incautaba un panfleto de la "Agrupación Sindical Clasista 1º de mayo", en el taller de locomotoras de Ingeniero White. Allí decía: "Nuestra justa lucha de la última semana de octubre pasará a la historia del movimiento obrero, como el primer Gran Paro generalizado de un gremio contra la dictadura Videlista". Sin embargo, según los informantes policiales, los folletos "tenían por finalidad su difusión individual, siendo distribuidos en escasa cantidad".[79]

En situaciones como estas es donde se juega ese rol de "recordadores profesionales", que Hobsbawm atribuye a los/as historiadores. Creo que el conocimiento de este proceso de conflictividad contribuye en general a la reflexión sobre diversas problemáticas en torno a la dictadura. Entiendo que la inclusión de esta pieza en el rompecabezas de la historia puede cambiar algunas interpretaciones y abre nuevas preguntas. Sin dudas, las viejas tesis del "inmovilismo" que acuñó Francisco Delich,[80] o afirmaciones terminantes como las Hugo Quiroga, que sostiene que en "cuarenta meses de gobierno las relaciones del Estado con las organizaciones sindicales no sufrieron mayores complicaciones",[81] no podrían ser formuladas de manera tan liviana. También creo que colabora a pensar de otra manera las disputas palaciegas de finales de 1977 y 1978. Como ya he señalado, no creo que sea casual que ciertas críticas se agudizaran en ese contexto.

Como decía Antonio Gramsci, "la historia de los grupos sociales subalternos es necesariamente disgregada y episódica". Por ello, "todo indicio de iniciativa autónoma de los grupos subalternos tiene que ser de inestimable valor para el historiador integral".[82] El conflicto, la huelga, el desafío abierto a los métodos terroristas, la lucha con el ajuste salarial y la racionalización, son sin dudas indicios potentes de esa actividad. Y si bien la posibilidad de que exista una historia "coherente y unificada", no va a depender de lo simple reconstrucción de estos fragmentos de luchas, derrotas y victorias parciales, sí es posible que la acción de redescubrir nuestra propia historia y memoria sea un potente nutriente de la semilla de otro futuro necesario.

Notas

1. Ver Andrés Carminati, "'Algo habrán hecho'. La historia de los trabajadores durante la última dictadura militar (1976-1983). Un repaso historiográfico", *Historia Regional* n.º 30 (2012): 13-34.
2. Sobre la huelga de abril de 1979 ver el capítulo 12 de este volumen.
3. Arturo Fernández, *Las prácticas sociales del sindicalismo (1976-82)* (Buenos Aires: CEAL, 1984).
4. Ricardo Falcón, "La resistencia obrera a la dictadura militar (una reescritura de un texto contemporáneo a los acontecimientos)", en *A veinte años del golpe. Con memoria democrática*, ed. Hugo Quiroga y Cesar Tcach (Buenos Aires: Homo Sapiens, 1994).
5. John Womack Jr., *Posición estratégica y fuerza obrera. Hacia una nueva historia de los movimientos obreros* (México: FCE, 2007), 29.
6. *La Razón*, 5 de noviembre de 1977.
7. Nicolás Arceo, Ana Paula Monsalvo, Martín Schorr y Andrés Wainer, *Empleo y salarios en la Argentina. Una visión de largo plazo* (Buenos Aires: Capital Intelectual, 2008).
8. Lucas Iramain, "La política laboral de la última dictadura cívico-militar argentina en el ámbito de las empresas públicas. Los casos de ENTEL, Gas del Estado y Ferrocarriles Argentinos (1976-1983)", *Anuario IEHS* 29 (2014): 71-96.
9. *La Nación*, 12 de octubre de 1977.
10. *Unidad Socialista*, noviembre de 1977; *Clarín*, 16 de octubre de 1977.
11. *Clarín*, 27 de octubre de 1977.
12. *Clarín*, 29 de octubre de 1977.
13. *La Tribuna*, 29 de octubre de 1977.
14. *La Prensa*, 29 de octubre de 1977.
15. *Clarín*, 30 de octubre de 1977.
16. *Clarín*, 1 de noviembre de 1977.
17. *La Nación*, 2 de noviembre de 1977.
18. *Clarín*, 2 de noviembre de 1977.
19. División Informaciones, "N° 249", 2 de noviembre de 1977, Caja 55, Archivo de la Memoria de la Provincia de Santa Fe.
20. *La Prensa*, de noviembre de 1977.
21. División Informaciones, "N° 249".
22. CPM-Fondo DIPPBA, "Huelgas y Conflictos S/N", 2 de noviembre de 1977.
23. *Clarín*, 4 de noviembre de 1977.
24. *Clarín*, 5 de noviembre de 1977.
25. *La Prensa*, 7 de noviembre de 1977.
26. En el caso de Carrivale, su nombre figura en las listas de personas desapareci-

das con esa fecha "Grupo Fahrenheit-Lista de Muertos por la Represión en Argentina", accedido 10 de agosto de 2019, http://www.desaparecidos.org/GrupoF/muertos/nombres.html.

27. *La Prensa*, 7 de noviembre de 1977.
28. *Clarín*, 2 de noviembre de 1977.
29. *La Tribuna*, 25 de noviembre de 1977.
30. *Clarín*, 3 de noviembre de 1977.
31. CPM-Fondo DIPPBA, "Huelgas y Conflictos S/N", 2 de noviembre de 1977.
32. *La Nación*, 5 de noviembre de 1977.
33. *La Nación*, 8 de noviembre de 1977.
34. Ministerio de Justicia y Derechos Humanos de la Nación MJyDH, Centro de Estudios Legales y Sociales -Cels-, y Facultad Latinoamericana de Ciencias Sociales -Flacso, sede Argentina- (organizaciones) (Buenos Aires: Dirección Nacional del Sistema Argentino de Información Jurídica, 2015); Sabrina Ríos, "Trabajadores durante la dictadura militar (1976-1983). Prácticas y memorias desde un estudio de caso", en *Ponencia* (XI° JI/DH, UNT, Tucumán, 2007).
35. *La Nación*, 9 de noviembre de 1977.
36. Ministerio de Justicia y Derechos Humanos de la Nación MJyDH, Centro de Estudios Legales y Sociales -Cels-, y Facultad Latinoamericana de Ciencias Sociales -Flacso, sede Argentina- (organizaciones), *Responsabilidad empresarial en delitos de lesa humanidad: represión a trabajadores durante el terrorismo de Estado*, 169.
37. Ministerio de Justicia y Derechos Humanos de la Nación MJyDH, Centro de Estudios Legales y Sociales -Cels-, y Facultad Latinoamericana de Ciencias Sociales -Flacso, sede Argentina- (organizaciones), *Responsabilidad empresarial en delitos de lesa humanidad: represión a trabajadores durante el terrorismo de Estado*. 415-55
38. *La Nación*, 7, 8, 10, 17 y 18 de noviembre de 1977.
39. División Informaciones, "N° 047", 7 de noviembre de 1977, Caja 55-C, Archivo de la Memoria de la Provincia de Santa Fe.
40. *La Tribuna*, 15 de noviembre de 1977.
41. *La Tribuna*, 2 y 6 de diciembre de 1977.
42. *La Capital*, 30 de octubre de 1977
43. *La Nación, 31 de octubre de 1977.*
44. *La Tribuna*, 3 de noviembre de 1977.
45. *La Capital*, 10 de noviembre de 1977.
46. *La Nación*, 6 de noviembre de 1977.
47. *La Razón*, 5 de noviembre de 1977.
48. *Economic Survey*, 15 de noviembre de 1977.
49. *The New York Times*, 17 de noviembre de 1977.
50. *El País*, 6 de noviembre de 1977.

51. *El Litoral*, 2 de noviembre de 1977.
52. *Somos*, 4 de noviembre de 1977.
53. *Somos,* 4 de noviembre de 1977.
54. *La Capital*, 30 de octubre de 1977.
55. *La Tribuna*, 3 de noviembre de 1977.
56. *La Prensa*, 1 de noviembre de 1977.
57. *La Nación*, 31 de octubre de 1977.
58. *La Nación*, 6 de noviembre de 1977.
59. *Clarín*, 20 de octubre de 1977.
60. CPM-Fondo DIPPBA, "Huelgas y Conflictos S/N", 2 de noviembre de 1977.
61. *La Capital*, 10 de noviembre de 1977.
62. Departamento de Estado de Estados Unidos, "Desclasificados", accedido 21 de marzo de 2013, http://www.desclasificados.com.ar/index.php?ref=http://www.desclasificados.com.ar/i.php?i=3311.
63. *Clarín*, 13 de noviembre de 1977.
64. *La Nación*, 7 de noviembre de 1977.
65. *Somos*, 11 de noviembre de 1977.
66. *La Razón*, 11 de noviembre de 1977.
67. Hugo Quiroga, *El tiempo del proceso. Conflictos y coincidencias entre políticos y militares 1976-1983* (Rosario: Fundación Ross, 1994); Marcos Novaro y Vicente Palermo, *La dictadura Militar 1976/1983. Del Estado a la restauración democrática* (Buenos Aires: Paidós, 2003); Paula Canelo, *El proceso en su laberinto. La interna militar de Videla a Bignone* (Buenos Aires: Prometeo, 2008).
68. *La Razón*, 7 de noviembre de 1977.
69. *El Litoral*, 29 de noviembre de 1977.
70. Silvia Simonassi, "Entre la adhesión activa y el desencanto. Acerca de los industriales metalúrgicos del Gran Rosario y el 'Proceso'", *Avances del Cesor* n.º 1 (1998).
71. *La Tribuna*, 10 de diciembre de 1977.
72. De las 567 páginas del libro de Novaro y Palermo solo dedican 6 renglones para mencionar que "durante el último trimestre del año [1977] tuvo lugar una intensa inquietud laboral de carácter dispersa pero muy extendida". En el Tomo X de la *Nueva Historia Argentina* de Sudamericana, no aparece ni mencionada. Ni en el capítulo II, de Hugo Quiroga, que tampoco la menciona en su libro, ni en el capítulo de Héctor Palomino: "Los cambios en el mundo del trabajo y los dilemas sindicales"; Novaro y Palermo, *La dictadura militar 1976-1983. Del Estado a la restauración democrática*; Juan Suriano, *Dictadura y democracia (1976-2001)* (Buenos Aires: Sudamericana, 2005); Quiroga, *El tiempo del proceso. Conflictos y coincidencias entre políticos y militares 1976-1983*.

73. Álvaro Abós, *Las organizaciones sindicales y el poder militar (1976-1983)* (Buenos Aires: CEAL, 1984); Fernández, *Las prácticas sociales del sindicalismo (1976-82)*; Pablo Pozzi, *Oposición obrera a la dictadura (1976-1982)* (Buenos Aires: Contrapunto, 1987); Falcón, "La resistencia obrera a la dictadura militar (una reescritura de un texto contemporáneo a los acontecimientos)".

74. Esto ya lo advertía Gonzalo Cháves en un artículo de los primeros ochentas: Gonzalo Leónidas Cháves, *Las luchas sindicales contra el Proceso, 1976-1980. Cinco Años de Resistencia* (Buenos Aires: La Causa, 1983).

75. Ricardo Falcón, "La resistencia obrera a la dictadura militar (una reescritura de un texto contemporáneo a los acontecimientos)", 136.

76. Dora Schwarzstein, "Historia oral, memoria e historias traumáticas", *Historia oral* n.º 4 (2001): 79.

77. Elizabeth Jelin, *Los trabajos de la memoria* (Buenos Aires: Siglo XXI, 2002).

78. Fernández, *Las prácticas sociales del sindicalismo (1976-82)*, 101.

79. CPM-Fondo DIPPBA, "Huelgas y Conflictos S/N", 14 de noviembre de 1977.

80. Francisco Delich, "Después del diluvio, la clase obrera", en *Argentina, hoy*, ed. Alain Rouquié (México: Siglo XXI, 1982).

81. Quiroga, *El tiempo del proceso. Conflictos y coincidencias entre políticos y militares 1976-1983*, 170.

82. Antonio Gramsci, "Apuntes sobre la historia de las clases subalternas. Criterios metódicos", en *Antología* (México: Siglo XXI, 1986), 494.

Bibliografía

Abós, Alvaro. *Las organizaciones sindicales y el poder militar, 1976-1983*. Buenos Aires: Centro Editor de América Latina, 1984.

Arceo, Nicolás, Ana Paula Monsalvo, Martín Schorr, y Andrés Wainer. *Empleo y salarios en la Argentina: una visión de largo plazo. Claves para todos 80*. Buenos Aires: Capital Intelectual, 2008.

Canelo, Paula. *El proceso en su laberinto: la interna militar de Videla a Bignone*. Buenos Aires: Prometeo, 2008.

Carminati, Andrés. "'Algo habrán hecho'. La historia de los trabajadores durante la última dictadura militar (1976-1983). Un repaso historiográfico". *Historia Regional* no. 30 (2012): 13-34.

Chaves, Gonzalo Leónidas. *Las luchas sindicales contra el Proceso, 1976-1980. Cinco años de resistencia*. Buenos Aires: Editorial La Causa, 1983.

Falcón, Ricardo. "La resistencia obrera a la dictadura militar (una reescritura de un texto contemporáneo a los acontecimientos)". En *A veinte años del golpe: con memoria democrática*, editado por Hugo Quiroga y César Tcach Abad. Rosario: Homo Sapiens Ediciones, 1996.

Fernández, Arturo. *Las prácticas sociales del sindicalismo: 1976-1982*. Buenos Aires: Centro Editor de América Latina, 1985.

Gramsci, Antonio. *Antología*. México: Siglo XXI, 1986.

Iramain, Lucas Daniel. "La política laboral de la última dictadura cívico-militar argentina en el ámbito de las empresas públicas. Los casos de ENTEL, Gas del Estado y Ferrocarriles Argentinos (1976-1983)". *Anuario IEHS: Instituto de Estudios histórico sociales* no. 29 y 30 (2015): 71-96.

Jelin, Elizabeth. *Los trabajos de la memoria*. Madrid: Siglo XXI-Social Science Research Council, 2002.

Ministerio de Justicia y Derechos Humanos de la Nación, Centro de Estudios Legales y Sociales -Cels-, y Facultad Latinoamericana de Ciencias Sociales -Flacso, sede Argentina- (organizaciones). *Responsabilidad empresarial en delitos de lesa humanidad. Represión a trabajadores durante el terrorismo de Estado*. Buenos Aires: Dirección Nacional del Sistema Argentino de Información Jurídica, 2015.

Novaro, Marcos, y Vicente Palermo. *La dictadura militar, 1976-1983: del golpe de Estado a la restauración democrática*. Buenos Aires: Paidós, 2003.

Pozzi, Pablo. *Oposición obrera a la dictadura, 1976-1982*. Buenos Aires: Editorial Contrapunto, 1988.

Quiroga, Hugo. *El tiempo del "proceso": conflictos y coincidencias entre políticos y militares, 1976-1983*. Rosario: Editorial Fundación Ross, 1994.

Ríos, Sabrina Yael. "El movimiento obrero durante la última dictadura militar, 1976-1983". Universidad Nacional de de Gral. Sarmiento, 2007.

Schwarzstein, Dora. "Historia Oral, memoria e historias traumáticas". *Historia Oral* no. 4 (2001): 73-83.

Simonassi, Silvia. "Entre la adhesión activa y el desencanto. Acerca de los industriales metalúrgicos del Gran Rosario y el Proceso". *Avances del Cesor* no. 1 (1998): 95-107.

Suriano, Juan. *Dictadura y democracia: 1976-2001*. Buenos Aires: Sudamericana, 2005.

Womack, John. *Posición estratégica y fuerza obrera: hacia una nueva historia de los movimientos obreros*. Traducido por Lucrecia Orensanz Escofet. México: Fondo de Cultura Económica, 2007.

CAPÍTULO 2

"El complejo solo no produce; ¡cuidemos a los que lo hacen producir!". Protesta obrera en YPF Ensenada en los inicios de la última dictadura cívico-militar (1976-1977)

Andrea Copani
UNIVERSIDAD DE BUENOS AIRES

Introducción

A TREINTA AÑOS DE LA publicación de *Oposición obrera a la dictadura...*,[1] indagar sobre la clase trabajadora durante la última dictadura cívico-militar en Argentina (1976-1983) continúa despertando interés en el campo de las ciencias sociales y humanas. En la última década y media hemos asistido a una proliferación de contribuciones sobre la temática, que retomaron y profundizaron debates "originarios"[2] a la luz de nueva evidencia y nuevos enfoques. Además de desarrollar análisis regionales y estudios de caso para anclar las apreciaciones generales de los trabajos pioneros, estas miradas novedosas introdujeron tópicos previamente poco explorados, como las dimensiones de género y vida cotidiana, el papel del sindicalismo internacional y el rol de sectores empresariales en la represión a obreros y obreras.[3]

En esta línea, pretendemos realizar un aporte a partir de una investigación en curso sobre el caso de la Destilería La Plata de Yacimientos Petrolíferos Fiscales (YPF).[4] Nos detendremos en un conflicto motivado por la extensión de la jornada laboral, que tuvo lugar entre julio de 1976 y —al menos— junio de

1977. Apelando fundamentalmente al problema de la insalubridad,[5] los trabajadores iniciaron entonces diversas formas de protesta en el lugar de trabajo en defensa de las seis horas diarias. Paralelamente, los representantes gremiales locales—cuyos cargos, si bien seriamente limitados, estaban vigentes a pesar de la intervención del sindicato nacional—encabezaron reclamos ante la empresa y el Ministerio de Trabajo.

Sintetizaremos primero la historia de la destilería hasta el golpe de 1976, considerando tanto su lugar en YPF como su inserción regional particular. Luego, caracterizaremos someramente el impacto de la dictadura en la clase trabajadora y el movimiento sindical, para abordar a continuación el caso de la refinería y el conflicto por la jornada laboral. Partiendo de la evidencia disponible, fundamentalmente documentos de la Dirección de Inteligencia de la Policía de la Provincia de Buenos Aires (DIPPBA),[6] ofreceremos una primera aproximación al ciclo de conflictividad rastreando sus principales causales, hitos y actores, así como las modalidades de protesta, sin perder de vista el condicionamiento que implicaba el contexto dictatorial. Observaremos el rol del sindicato y las acciones desplegadas por fuera de aquél, e identificaremos las estrategias empresariales en el conflicto y su relación con la dinámica represiva en la zona, que en esos años alcanzó máxima intensidad y se concentró en la desarticulación del activismo sindical. Finalmente, presentaremos algunas conclusiones preliminares sobre el proceso analizado y puntualizaremos desafíos para su estudio y anclaje en las contribuciones sobre clase trabajadora, sindicatos y dictadura.

Breves comentarios sobre la refinería y su inserción regional

La Destilería La Plata fue inaugurada en 1925, pocos años después de la fundación de YPF. Su puesta en marcha integró verticalmente la empresa, que desde entonces concentró la exploración, extracción, refinamiento, transporte, almacenamiento, distribución y comercialización del petróleo.[7]

Hacia mediados de la década del setenta, la destilería empleaba aproximadamente a 5.000 personas,[8] mayoritariamente varones, distribuidas en tres sectores: producción, mantenimiento y servicios y administración.[9] El proceso productivo se desarrollaba en varias plantas a través de las cuales circulaba el petróleo de manera ininterrumpida, en un complejo sistema de cañerías que permitía la obtención de subproductos.[10]

Desde los primeros tiempos, las relaciones laborales en YPF adquirieron una impronta particular que perduró, al menos, hasta su privatización. Edificada sobre la represión directa y normas disciplinares internas, esa impronta se apoyaba en gran medida en la formulación del trabajo en clave de desarrollo y soberanía nacional. Su sostén material fue una política de fuerte estabilidad laboral, con perspectiva de carreras internas, prioridad en el ingreso para familiares de empleados y gran incidencia sindical.[11] Adicionalmente, la empresa desarrolló diversas políticas asistenciales que incluyeron prestaciones en salud, educación y esparcimiento; planes de vivienda y otros beneficios que dieron a la compañía un peso en la vida de los trabajadores que trascendía la esfera productiva.[12]

Para comprender la dinámica laboral de la destilería es preciso además recuperar la singularidad de su emplazamiento, que le imprimió unas características distintivas respecto de los campamentos petroleros y otras refinerías del país. La planta fue construida en el dock central del Puerto de La Plata, en la intersección de las localidades de La Plata, Berisso y Ensenada: una zona con gran caudal de población obrera, que creció con la proliferación de industrias de distinto tipo y tamaño, como el frigorífico Swift, el Astillero Río Santiago, Petroquímica Sudamericana y Propulsora Siderúrgica.[13] El desarrollo regional trajo aparejadas tempranas experiencias de organización obrera, que de modo dialéctico siguieron el derrotero de los acontecimientos nacionales, mientras adquirían configuraciones locales específicas.[14] La movilidad de trabajadores entre fábricas fue otro rasgo distintivo, así como el hecho de que algunos fueran también estudiantes universitarios. Esto generaba identidades y vínculos complejos, que se expresaron en instancias de organización y protesta, definiendo una particular "potencialidad político-sindical" de la región.[15]

Los petroleros de Ensenada se nuclearon primero en la Asociación de Trabajadores del Estado y en 1944 constituyeron una organización autónoma denominada Sindicato de Obreros y Empleados de YPF.[16] Dos años después nació la Federación de Sindicatos Unidos Petroleros del Estado (SUPE), cuyo primer secretario general fue un trabajador de la destilería. Durante los primeros gobiernos de Perón, el sindicato alcanzó importantes mejoras salariales y en condiciones de trabajo, así como la constitución de una obra social propia. En Ensenada, se construyeron dos barrios obreros, un policlínico, una proveeduría, dos farmacias, una guardería y dos bibliotecas. También se alcanzaron conquistas significativas, como la provisión de ropa por el Estado, el escalafón único y la jornada de seis horas por insalubridad, obtenida en 1948.[17]

Tras el derrocamiento de Perón, el SUPE pasó a desarrollar una política defensiva, junto con otros sectores del sindicalismo peronista. Durante el gobierno de Frondizi, en el marco del Plan Conintes, el gremio fue movilizado e intervenido militarmente y algunos activistas, entre ellos trabajadores de la refinería, dejados cesantes.[18] Durante los años sesenta, siguiendo tendencias propias del sindicalismo argentino, en algunas filiales surgieron conducciones combativas que disputaron los liderazgos tradicionales al frente de la Federación.[19] Aunque poco se ha indagado sobre el gremio local en ese período, investigaciones recientes registraron su participación en las ocupaciones de fábricas de 1964, así como en protestas contra la ofensiva racionalizadora de Onganía.[20] En aquel contexto el SUPE Ensenada se integró a la CGT de los Argentinos platense,[21] quedando evidenciadas sus divergencias con la cúpula sindical nacional en un hecho paradigmático: la huelga de 1968 a raíz del aumento de la jornada laboral a ocho horas, que tuvo como saldo la intervención de la filial sindical y el despido de más de 1.500 obreros.[22] Luego de esa experiencia, la falta de participación o "adhesión simbólica" a una serie de huelgas que se dieron en la región en 1970[23] sugieren cierto aletargamiento, que se habría prolongado hasta las protestas por la privatización de la empresa en la década del noventa.

Sin embargo, en la evidencia disponible sobre aquellos años[24] encontramos que la derrota de 1968 dio pie inmediatamente a la lucha por la reincorporación de los despedidos, primero mediante una "Comisión de Cesantes y Prescindibles"[25] y luego a través del sindicato a nivel local y nacional. La readmisión de los cesanteados desde 1973[26] se consolidó con la inclusión en el convenio colectivo de 1975 de una disposición que ordenaba reincorporar a todos los despedidos por motivos políticos o sindicales.[27] Ese mismo año fue restituida la jornada de seis horas, a cambio de un compromiso de incremento de la productividad suscripto por el sindicato.[28]

YPF Ensenada y la dictadura: protesta obrera en 1976-1977

La última dictadura suspendió la negociación colectiva, intervino la CGT y numerosas organizaciones sindicales, y sancionó un conjunto de normas fuertemente regresivas en materia gremial, ocasionando un significativo deterioro en los derechos y condiciones de vida de la clase trabajadora.[29] En el caso de los organismos y empresas del Estado se dictaron leyes específicas, como aquella que autorizaba la baja por "actividades de carácter subversivo", y la Ley de Prescindibilidad, que habilitaba despidos sin indemnización.[30] En conjunto, se produjo "un profundo reordenamiento de las relaciones laborales", que no implicaba eliminar todo formato sindical, sino los "'excesos' del poder obrero", por lo que algunos representantes gremiales fueron tolerados y ciertos sindicatos, no intervenidos.[31]

En paralelo, se desarrolló una actividad represiva sin precedentes, que tuvo en la clase trabajadora un objetivo privilegiado.[32] En este aspecto, no solamente las Fuerzas Armadas y de Seguridad evidenciaron un directo involucramiento, sino que en múltiples casos sectores del empresariado fueron responsables del despliegue de prácticas represivas, que incluyeron la provisión de información y recursos logísticos y materiales, y la instalación de centros de detención en los predios fabriles en los casos más extremos.[33] Si bien en los años previos, especialmente desde mediados de 1973 con el accionar de grupos paramilitares,[34] se produjeron numerosos secuestros y asesinatos de militantes sindicales y se promulgó un conjunto de leyes represivas; la dictadura marcó un quiebre, pues implicó la institucionalización y masificación de la desaparición forzada y la instalación de centenares de centros clandestinos de detención en todo el territorio nacional.[35]

El caso particular de YPF Ensenada en la dictadura no ha sido explorado sistemáticamente. Los abordajes sobre la petrolera, predominantemente económicos, si bien resultan imprescindibles para vincular el derrotero empresarial con los cambios estructurales, no se detienen en el devenir de los sujetos, que son nuestro foco de interés.[36] Pretendemos entonces observar, en clave histórica y de modo relacional, las dinámicas empresariales, laborales y sindicales en la planta el período en cuestión. Nos preocupa reconstruir las trayectorias de los trabajadores y trabajadoras y el movimiento sindical; y examinar las estrategias patronales, con especial atención en la política represiva.

Podemos afirmar que el golpe de 1976 tuvo consecuencias significativas en las relaciones laborales en la destilería. Muchas fueron comunes a los establecimientos industriales de la región y, en términos más generales, al sector industrial nacional. Otras la afectaron en tanto compañía del Estado y algunas actuaron particularmente en YPF. El resto fueron propias de la planta, como resultado de la intersección de las dinámicas regional y empresarial que la configuran como un caso singular. Creemos que el análisis del conflicto de 1976-1977 puede aportar al conocimiento empírico sobre las relaciones capital-trabajo en la destilería durante la dictadura y arrojar pistas para responder los interrogantes que guían nuestra investigación.

El conflicto se inició en julio de 1976, cuando el interventor militar de YPF anunció al personal que la empresa se encontraba "estudiando el reordenamiento y la racionalización de horarios" necesarios para "la recuperación de Yacimientos Petrolíferos Fiscales y el consiguiente logro del objetivo del autoabastecimiento petrolero nacional". Aludiendo al supuesto estado crítico de la petrolera, se llamaba enfáticamente a los trabajadores a colaborar con el programa racionalizador:

> Tenemos la seguridad de que el personal de YPF, sin distinción de jerarquías, tiene clara conciencia sobre la necesidad de un mayor sacrificio compartido, por cuanto la Empresa necesita ordenar su quehacer empresario, con miras a superar su situación en el menor tiempo y al menor costo posible.
> El presente estado solamente podrá ser superado mediante la instrumentación de diversas acciones, entre las cuales se destaca preferentemente el capital humano, cuya inserción plena en el proceso hará posible la recuperación que todos anhelamos.[37]

Días más tarde, el administrador de la destilería comunicaba la modificación de la jornada laboral, que se extendería de seis a ocho horas a partir de septiembre de 1976. En el mismo acto, informaba que los trabajadores deberían llevar sus alimentos y comer en los lugares de trabajo.[38]

La jornada reducida, como anticipamos, era una conquista histórica fundada en la insalubridad del trabajo. Ya durante la huelga de 1968, el sindicato hacía hincapié en el carácter inmodificable de las condiciones insalubres, determinadas por la actividad y las características de la zona:

> ...el horario de 6 horas de trabajo implantado como medio de protección de la salud de los trabajadores, afectado por las condiciones propias de esa clase de industria y los riesgos naturales que derivan de la magnitud y el volumen de procesamiento y producción que hacen de Destilería La Plata la más importante de Sud América y una de las mayores de todo el mundo, agravado todo esto por las condiciones propias del lugar de ubicación, zona sumamente baja; rodeada prácticamente por un cordón industrial, a pocos metros del puerto con entrada y salida de buques de carga permanente, de los frigoríficos con mayor producción del país y limitando su área con el de la Fábrica Militar de Ácido Sulfúrico y una Planta Petroquímica, entre otras. La confluencia de todos estos factores hace que el trabajador de

Destilería La Plata, desenvuelva su actividad diaria en un medio altamente infectado y nocivo, puesto que las características de la zona sumamente baja no permiten una rápida y eficiente aeración que permita una adecuada purificación ambiental, como podría ocurrir en otros lugares más apropiados. Por otra parte, la densa concentración de gases que se mantienen permanentemente en la atmósfera de la zona, es fácilmente perceptible y sus resultados se comprueban, por ejemplo: las chapas corroídas de los techos de las habitaciones vecinas o en la vegetación diezmada de los alrededores, cuanto mayor serán sus efectos en el organismo humano.[39]

Como en 1968, el anuncio de la reimplantación de las ocho horas en 1976 generó descontento en la refinería. Esto quedó plasmado en una serie de informes producidos por la DIPPBA, que recopilan a su vez materiales elaborados por la empresa y organizaciones políticas y sindicales, así como fuentes periodísticas, y permiten realizar una reconstrucción de los conflictos a nivel de planta en 1976 y 1977, sin perder de vista las condiciones de producción y reunión del material por parte de agentes policiales.[40] Un primer dato es la mera existencia de dos legajos que describen el clima de conflictividad. El primero contiene reportes que se extienden entre julio y septiembre de 1976.[41] En el segundo, las fechas extremas son febrero y julio de 1977.[42] Estos documentos, que muestran un seguimiento diario y pormenorizado de los acontecimientos a partir del anuncio de extensión horaria, ofrecen pistas sobre la relevancia que se le otorgó a la vigilancia de la fábrica a cargo de los organismos de inteligencia policial y sobre la preocupación patronal respecto del desenvolvimiento del conflicto. También echan luz sobre las formas que asumió la protesta, la actuación de dirigentes sindicales y las estrategias empresariales ante el conflicto.

Los informes indican que el anuncio de la extensión horaria habría generado "panfleteadas" y rumores de posibles "atentados contra la planta (...) cometidos por grupos subversivos",[43] motivando la instalación de un "vasto operativo de control en los caminos de accesos" a cargo de "fuerzas militares".[44] Un parte señala que desde el día previo a la reimplantación de la jornada de ocho horas:

>...el Batallón de Infantería de Marina, y por tiempo indeterminado, se habrá de encargar de la vigilancia y patrullaje, de la zona periférica de la destilería, haciéndolo con móviles y personal exclusivo de dicho batallón. Se ha consignado que las puertas principales de acceso a la susodicha destilería,

son cubiertas a partir del día de hoy, con personal perteneciente a la Prefectura Nacional Marítima, y reforzado con doble guardia interna de la mencionada empresa, en prevención de posibles actos de sabotaje.[45]

Tras el anuncio de la extensión horaria, el gremio local inició gestiones ante la empresa y la delegación del Ministerio de Trabajo en La Plata.[46] Si bien la Federación SUPE se encontraba intervenida desde el 31 de marzo de 1976,[47] los representantes de las filiales continuaban en sus cargos. Sus atribuciones, no obstante, se encontraban seriamente limitadas, ceñidas a la defensa de derechos individuales y la administración interna de las entidades y sus obras sociales. Estaba prohibido recorrer los lugares de trabajo y organizar reuniones dentro de la empresa.[48]

La documentación revela dos líneas centrales del accionar sindical, que podrían entenderse como tácticas complementarias de intervención en el conflicto. La primera es la insistencia en la insalubridad de las tareas apelando a "material técnico, científico y estadístico" propio, según el cual existiría "un promedio del 63% de enfermedades profesionales dentro del personal trabajador de la empresa".[49] Lejos de ser una excepción para YPF, la modificación de regímenes de insalubridad constituyó una política extendida durante la dictadura, cuyo basamento normativo fue la Ley de Contrato de Trabajo de 1976. Esta norma dilataba la declaración de insalubridad al establecer una primera instancia de intimación al empleador a los fines de solucionar esas condiciones en un lapso determinado.[50] Recién si esto no sucedía en tiempo y forma se podía proceder a la calificación de insalubridad "con fundamento en dictámenes médicos de rigor científico". Adicionalmente, se introducía la posibilidad de apelar judicialmente las resoluciones. En este marco actuaban los representantes gremiales petroleros, y de ahí se comprende que invocaran esa normativa, que implicaba un retroceso en términos de derechos laborales. Aunque no lograron postergar la instauración de las ocho horas, a partir de sus gestiones el Ministerio de Trabajo constituyó una comisión técnica para inspeccionar las condiciones de la planta, que tendría como plazo febrero de 1977 para realizar los estudios pertinentes y emitir un dictamen definitivo. Mientras tanto, el 1 de septiembre de 1976 comenzó el nuevo régimen horario y, según los informes de inteligencia, el trabajo continuó desempeñándose con normalidad.

La segunda línea de intervención de los sindicalistas en el conflicto se observa en los discursos en los que buscaban diferenciarse de grupos "agitadores" y "subversivos" ante las autoridades oficiales y empresariales. Creemos que esto era utilizado como estrategia para lograr la declaración de insalubridad, insistiendo en la necesidad de evitar una reacción obrera por fuera de los carriles institucionales, y a la vez arrogarse dicho logro ante los trabajadores.[51] Esta retórica puede rastrearse ya en el período previo al golpe, cuando se esgrimía que la obtención de una serie de conquistas—la reincorporación de los cesanteados del 68, la restitución de las seis horas, la nacionalización de las bocas de expendio de combustible[52] y el convenio de 1975—eran producto de la lucha del gremio, representante de los "verdaderos trabajadores", sumada a la voluntad del gobierno peronista, y a pesar de "los ataques de la guerrilla apátrida".[53]

Mientras tanto, en diciembre de 1976 la dictadura sancionó otra norma fundamental: la Ley 21.476, que colocaba bajo revisión los instrumentos de negociación colectiva. Entre otras cuestiones, en la órbita de organismos y empresas del Estado se dejaba sin efecto toda normativa que implicara mayores beneficios que aquellos establecidos en la Ley de Contrato de Trabajo sobre ciertos derechos laborales, la intervención de sindicatos en la designación o promoción del personal y los aportes en favor de las asociaciones profesionales. Asimismo, se facultaba al Ministerio de Trabajo a revisar las calificaciones de insalubridad.[54]

En febrero de 1977 se cumplió el plazo en el cual la comisión técnica debía expedirse sobre el caso de la destilería. Sin embargo, la cartera laboral resolvió otorgarle noventa días de prórroga para la presentación del dictamen. El inicio de un nuevo legajo de la DIPPBA sugiere que esta situación habría apuntalado el clima de descontento. En el documento se presta especial atención a una serie de problemas en el funcionamiento de algunos sectores productivos, intentando determinar si obedecían a actos de sabotaje. El legajo comienza con un conjunto de panfletos, algunos anónimos y otros firmados por "Trabajadores de YPF en lucha", que habrían sido hallados en la planta hacia mediados de febrero. Uno de ellos denunciaba la responsabilidad de la empresa en las condiciones de insalubridad y enfatizaba la necesidad de proteger la salud de los trabajadores en pos de garantizar la producción:

> Sabe ud? Que el 80% del personal está afectado de los oídos? Las enfermedades profesionales a las que está propenso a contraer?: fíjese: el 65% del personal padece de enfermedades broncopulmonares y cardiovasculares. Que La Plata ocupa el segundo lugar entre las ciudades industriales del

mundo que tiene el mayor índice de enfermedades broncopulmonares y de la vejiga. Usted imagina quién causa esto? Medite y saque sus propias conclusiones... YPF es nuestra. Pero esto no quita que defendamos nuestra salud. Pero por esto no nos deben culpar de falta de colaboración. El complejo solo no produce; ¡cuidemos a los que lo hacen producir![55]

En otro panfleto, presumiblemente del mismo productor, se hacía un llamamiento a adoptar acciones de protesta en el lugar de trabajo por demandas concretas:

Ya por las buenas hemos intentado todo. Ahora tenemos que luchar, como ya hicimos algunos compañeros: -Haciendo trabajo a desgano. -Quite de colaboración. -Durmiendo trabajos. -Demorando la producción y en algunos casos parándola. -Desconectando fusibles. Para que tenga más fuerza tenemos que juntarnos los que estamos dispuestos a luchar con estas y otras medidas de fuerza. (...) Lo que pedimos es justo y nuestra lucha también es justa: POR 6 HORAS EN DESTILERÍA. POR 7 HORAS EN TALLER NAVAL. POR LA LEY DE CONTRATO DE TRABAJO SIN MODIFICACIONES.[56]

Junto con las reivindicaciones sobre la jornada reducida, figuran reclamos relacionados con las condiciones de higiene y salubridad: la falta de un comedor, que implicaba almorzar en muchos casos en condiciones higiénicas precarias; el estado de los baños, así como los problemas de salud ocasionados a raíz de las tareas insalubres.

Los informes de inteligencia, sumados a material de organizaciones políticas y político-militares, ofrecen un registro de diversas acciones de protesta en la destilería entre febrero y junio de 1977. Respecto de las formas de lucha, se observa un repertorio de acciones en los lugares de trabajo, de carácter "subterráneo", tal como proponía el volante citado más arriba: quites de colaboración, trabajo a desgano y a tristeza y abstención de realizar horas extra. Asimismo, está documentada la decisión de algunos trabajadores de almorzar fuera de sus secciones en reclamo del comedor. Algunos fragmentos de los informes de la DIPPBA ilustran estas prácticas y cómo fueron registradas. Por ejemplo, con fecha 8 de febrero de 1977, sostenía un reporte:

El personal de Y.P.F. (Destilería La Plata), como se informara anteriormente, desde el día de ayer a las 17:00 horas, de común acuerdo, sin que exista mediación alguna sindical o intervención directa del sindicato

(SUPE), ha resuelto, comenzar con un quite de colaboración al no efectuar más horas extras (...) Existen comentarios dentro de planta, que en cualquier momento, podría darse comienzo a un trabajo dentro de la modalidad "Tristeza".[57]

Otro parte, dos días después, afirmaba: "se determinó no almorzar y ubicarse frente a cada sección para impedir desplazamiento y carga de combustibles y aceites. (...) La no efectivización de horas extras y abstención de almuerzo se prolongarían en los días subsiguientes".[58] El 16 de febrero, otro sostenía: "Continúa el personal absteniéndose de hacer horas extras. 5% del personal en horas del almuerzo permanece fuera de la sección".[59] El 3 de mayo, se registró un nuevo quite de colaboración "contra el ofrecimiento de aumento salarial y porque el 28/5 vence el plazo de la comisión" que debía determinar la insalubridad de las tareas.[60]

Como se mencionó más arriba, algunos reportes describen inconvenientes en el proceso productivo, asociados de manera más o menos explícita a probables acciones de sabotaje. Los informes sobre la situación gremial se intercalan con una actualización permanente del estado de las plantas cuyo funcionamiento mostraba deficiencias. En 1977 se evidencian "picos" de conflictividad en febrero, ante el primer vencimiento del plazo de la comisión; y en mayo, ante la proximidad del dictamen. De todas maneras, se informan situaciones de quite de colaboración durante todo el período.[61]

Estas formas de protesta de carácter subterráneo han sido desde *Oposición obrera...*[62] consideradas las modalidades más extendidas durante la primera fase de la dictadura, signada por el impacto de la represión que dificultaba la organización y el despliegue de acciones abiertas. Resulta complejo ponderar el nivel de adhesión efectivo de los trabajadores de la planta a estas iniciativas.[63] Sin embargo, el hecho de que fueran registrados y su repetición casi diaria entre febrero y mayo de 1977 sugieren que efectivamente tuvieron incidencia suficiente como para ser percibidas por la empresa y los agentes de inteligencia. Si bien no se puede establecer con certeza la conexión entre el accionar obrero y los desperfectos técnicos, sí es factible vislumbrar una preocupación en torno a ese posible vínculo en los informes policiales, además de una coincidencia cronológica llamativa.[64]

La documentación sugiere además que las medidas de protesta se adoptaron a contrapelo de las estructuras sindicales formales, en los lugares de trabajo. Los panfletos encontrados son anónimos, rubricados por organizaciones político-militares de la época o bien firmados por "Trabajadores de YPF en lucha".[65] Además, incluyen críticas a la pasividad de los representantes gremiales y cuestionamientos a su legitimidad. Los informes también señalan que la protesta se desarrolló "sin que exista mediación alguna sindical o intervención directa del sindicato (SUPE)".[66] En este sentido, según un reporte el secretario general del SUPE Ensenada habría subrayado el legítimo reclamo por las seis horas y el comedor pero negado que hubiera quites de colaboración, subrayando que "se hallaba impedido, por mediar expresa prohibición de las autoridades oficiales, de ingresar libremente al área de la Destilería".[67] Mientras tanto, se informaba que la refinería funcionaba muy por debajo de su capacidad y que había problemas en el abastecimiento de combustible.

Finalmente, el 18 de mayo el Ministerio de Trabajo dio a conocer el dictamen, que concluía que en algunos sectores de la destilería el trabajo era efectivamente insalubre y debían por lo tanto respetarse las jornadas reducidas, mientras que en la mayoría no se habían detectado signos de insalubridad. El SUPE objetó la resolución, sosteniendo que todo el complejo se encontraba afectado en materia de salubridad y que no era factible, como sostenía la cartera laboral, realizar modificaciones técnicas para superar esa condición.[68] No hemos encontrado evidencias de la continuación de la disputa, aunque en julio de 1977 la Delegación de Informaciones La Plata de la DIPPBA comunicaba a la jefatura del organismo que, a pesar de registrarse tranquilidad en el ámbito laboral en la jurisdicción,

> El único Gremio que sus dirigentes se mueven, incluso con bastante poca cautela son los de Y.P.F. de la Localidad de Ensenada, como es de público conocimiento han dirigido notas a la Autoridades del Ministerio de Trabajo, reclamando por las seis (6) horas laborables para todo el personal que está afectado a esta Empresa...[69]

Otro aspecto central a considerar es la actitud adoptada por la empresa en el conflicto. YPF tenía la particularidad de ser una firma pública, por lo que para definir su política laboral hablamos de estrategias estatales-patronales. Un antecedente importante en este sentido es la investigación de Ivonne Barragán sobre el Astillero Río Santiago entre 1973 y 1976, donde analiza a la Marina como sujeto empleador y plantea la centralidad, en la configuración de las relaciones laborales, de la combinación de la promoción de "una relación contractual de privilegio y beneficio relativo" anclada en valores nacionalistas, con el despliegue de "crecientes acciones de violencia, coerción y represión sobre la fuerza de trabajo".[70] Creemos que dichas consideraciones pueden proyectarse al caso de YPF, sin soslayar el hecho de que la petrolera no se encontraba bajo gestión militar. Desde esta óptica, la respuesta de la empresa al conflicto puede observarse en dos planos: en primer lugar, en las políticas de la dirección de YPF para disuadir la protesta, mediante una serie de recursos discursivos que buscaban arraigarse en el nacionalismo petrolero; y, en segundo lugar, en la dinámica represiva que afectó a los trabajadores y trabajadoras de la planta.

Para analizar el primer plano, nos valemos de fuentes empresariales disponibles en los legajos de la DIPPBA. Allí obran algunos comunicados que subrayan el rol de YPF en el desarrollo nacional y la responsabilidad de los trabajadores en su funcionamiento. No solo lo vemos en la circular sobre la racionalización de la firma, sino también en relación al conflicto en particular. Por ejemplo, en marzo de 1977, la administración produjo un folleto dirigido al personal invocando valores nacionales y figuras centrales dentro de la genealogía petrolera, como San Martín y Mosconi: "La planta parada no produce (...) Los petroleros somos depositarios y custodios de un bien común que pertenece al país. Porque Y.P.F. es el país (...) Quien destruya a Y.P.F. pondrá a la Argentina de rodillas".[71] Esta comunicación, que equiparaba a la empresa con los intereses nacionales, al aludir a la "planta parada" da testimonio de los problemas en la producción asociados al accionar obrero. Otro ejemplo es un comunicado con motivo del 1 de mayo, mediante el cual se llamaba a la reflexión al personal, acusando a un sector—"los mercenarios del crimen y del terror"—, de "predicar la destrucción" a través de la demora en la producción y el sabotaje.[72] Este tipo de mensajes revelan un afán de disciplinamiento que entendemos constante durante la dictadura y que se desarrolló paralelo a la represión. Pero además identificamos allí algunas singularidades de las relaciones laborales en YPF: la asociación de petróleo y desarrollo nacional y la idea de "familia ypefiana" para delimitar una comunidad fuertemente integrada, sin lugar para el conflicto. El discurso de los propios petroleros—a través del gremio e incluso en los panfletos de otras organizaciones—era a su vez tributario de esa concepción. El "diálogo" entre capital y trabajo en YPF se dio en esos términos, y esto no fue exclusivo del período dictatorial sino constituyente de las relaciones laborales en la empresa.

Ahora bien, estos aspectos cobran un sentido diferente—al igual que el conflicto en sí mismo—en el marco del terrorismo de Estado.[73] La dictadura fue un parteaguas en términos de posibilidades de organización no solamente por las limitaciones de índole legal, sino centralmente por la intensidad de la represión que desplegó. A partir de la reconstrucción del conflicto en la destilería, ¿cómo puede pensarse la represión, en tanto estrategia estatal-patronal? En el caso de YPF, debe tenerse en cuenta la dinámica represiva en la zona de La Plata, Berisso y Ensenada, prioritaria en la desarticulación del activismo sindical.[74] Hasta el momento hay registrados veintitrés trabajadores y trabajadoras de YPF Ensenada víctimas del terrorismo de Estado: dieciséis continúan desaparecidos, dos fueron asesinados y cinco recuperaron su libertad.[75] Hemos podido establecer conexiones entre algunos secuestros y el desarrollo del conflicto por la reimplantación de la jornada extendida: durante las primeras acciones en repudio a la medida, tres trabajadores de la refinería fueron secuestrados y desaparecidos.[76] Más tarde, el 19 de abril de 1977, mientras se desarrollaba la protesta ante la proximidad del dictamen técnico, fueron secuestrados otros dos trabajadores y militantes sindicales, posteriormente liberados.[77] Adicionalmente, el análisis del proceso represivo en su totalidad permite vislumbrar patrones en el comportamiento de la empresa y su involucramiento en la represión: la militarización del complejo ante el anuncio de la extensión horaria que dio origen al conflicto, el secuestro de activistas que habían militado en contra de dicha medida, la entrega de información a las fuerzas de seguridad, tales como legajos y direcciones, y la aplicación de bajas por abandono de servicios en casos de trabajadores secuestrados.[78] También deja ver cómo las disputas internas de los trabajadores y las representaciones gremiales tuvieron incidencia en el desarrollo de la represión, al existir denuncias en algunos casos de colaboración por parte de algunos dirigentes con las fuerzas represivas, cuestión que debe ser analizada en profundidad.[79]

A modo de balance

El análisis precedente pretende aportar evidencia empírica sobre la relación entre protesta obrera, represión, disciplinamiento y pérdida de derechos laborales en el marco de la última dictadura cívico-militar. La reconstrucción de la conflictividad laboral en YPF Ensenada en ese contexto permite sumar un nuevo estudio de caso a las contribuciones y debates sobre trabajadores, trabajadoras y dictadura. En esa línea, ofrecemos algunas pistas respecto de cómo se vivió el régimen en la planta, haciendo foco en un espacio fabril particular, permitiendo afinar la lente que la mayoría de las contribuciones académicas han puesto en procesos a nivel macro al pensar el desarrollo de la petrolera estatal a la luz de las políticas dictatoriales. Para eso, ha sido central mirar el caso, por un lado, dentro de la lógica singular de las relaciones laborales en YPF, y, por el otro, en su anclaje regional específico. Creemos que entrecruzar ambas vías de entrada a nuestro objeto de estudio arroja luz sobre los interrogantes que nos hemos planteado en nuestra investigación y sobre el análisis del conflicto estudiado en particular.

Por otra parte, la reconstrucción de dicho conflicto contribuye a la reflexión en torno a la agencia de los trabajadores en el contexto intensamente represivo que caracterizó, especialmente, los primeros años de la dictadura. Ver en detalle cómo se desenvolvieron los modos de protesta, diferentes a los conflictos abiertos, permite dar carnadura histórica a las caracterizaciones generales ofrecidas por trabajos pioneros, entre los cuales *Oposición obrera...* resulta emblemático.

Esta reflexión advierte, además, sobre las dificultades de desentrañar los conflictos laborales a partir de fuentes como aquellas producidas por organismos de inteligencia, así como publicaciones periódicas y prensa militante, y pone de manifiesto la opacidad de ese basamento documental, que debe ser sometido a un escrutinio crítico que no descuide la ponderación de sus condiciones de producción. En este sentido, creemos que un desafío será la incorporación a nuestro análisis de testimonios orales de ex trabajadores, activistas sindicales o no, y su entrecruzamiento con la evidencia escrita.

El caso analizado muestra que YPF representaba una preocupación para el gobierno dictatorial. Esto traza, por un lado, una línea de continuidad: desde que fue creada, a raíz del valor estratégico de la explotación petrolera, YPF constituyó una compañía de importancia central para el Estado. Por eso las iniciativas de militarización de las zonas y establecimientos vinculados a la explotación petrolífera se dieron en numerosas oportunidades desde los inicios de la actividad. Lo mismo podemos decir en relación al desarrollo de tareas de inteligencia en el terreno de la destilería: el seguimiento tanto de los representantes gremiales formales como de agrupaciones políticas y sindicales encarnaba un fenómeno prácticamente cotidiano que no se limitaba a períodos dictatoriales. Pero en el marco del terrorismo de Estado, esas prácticas que observamos a lo largo de la historia de la petrolera evidencian signos de ruptura, pues, como hemos detallado, la militarización y el espionaje se tradujeron en secuestros, desapariciones y asesinatos de trabajadores y activistas.

Creemos que profundizar en estas líneas de análisis puede sumar a la comprensión de las relaciones entre el capital y el trabajo durante la última dictadura, anclarlas en los desarrollos históricos previos y echar luz sobre el derrotero de los años posteriores.

Notas

1. Pablo Pozzi, *Oposición obrera a la dictadura (1976-1982)* (Buenos Aires: Contrapunto, 1988).

2. Nos referimos, entre otros, a Bernardo Gallitelli y Andrés A. Thompson, *Sindicalismo y regímenes militares en Argentina y Chile* (Ámsterdam: CEDLA, 1982); Francisco Delich, "Después del diluvio, la clase obrera", en *Argentina, hoy*, compilado por Alain Rouquié (México: Siglo XXI, 1982) y "Desmovilización social, reestructuración obrera y cambio sindical", en *El poder militar en la Argentina, 1976-1981*, compilado por Peter Waldmann y Ernesto Garzón Valdés (Buenos Aires: Editorial Galerna, 1983), 101-16; León Bieber, "El movimiento obrero argentino a partir de 1976. Observaciones al trabajo de Francisco Delich", en *El Poder militar...*; Álvaro Abós, *Las organizaciones sindicales y el poder militar (1976-1983)* (Buenos Aires: CEAL, 1984); Arturo Fernández, *Las prácticas sociales del sindicalismo (1976-1982)* (Buenos Aires: CEAL, 1985); y Pozzi, *Oposición*.... Estos trabajos constituyeron las primeras reflexiones sistemáticas sobre clase obrera y sindicatos en la última dictadura.

3. Ver, por ejemplo, Victoria Basualdo, "Complicidad patronal-militar en la última dictadura argentina. Los casos de Acindar, Astarsa, Dálmine Siderca, Ford, Ledesma y Mercedes Benz", *Engranajes* (suplemento especial) (2006): 1-27 y "Labor and Structural Change: Shop-floor Organization and Militancy in Argentine Industrial Factories (1943-1983)" (tesis doctoral, Columbia University, 2010); Pablo Ghigliani, "El conflicto de Luz y Fuerza de 1976-1977: ensayo de interpretación" (ponencia presentada en IV Seminario Internacional Políticas de la Memoria, Buenos Aires, Argentina, 2011); Ivonne Barragán, "'Para el bien de la Nación'. Gestión militar de empresas estatales, prácticas de integración y represión de la fuerza de trabajo desde la perspectiva de caso. El Astillero Río Santiago 1973-1976", *Avances del Cesor* año 10, n° 10 (2013): 53-72; Federico Lorenz, *Algo parecido a la felicidad. Una historia de la lucha de la clase trabajadora durante la década del setenta (1973-1978)* (Buenos Aires: Edhasa, 2013); Ministerio de Justicia y Derechos Humanos de la Nación, Centro de Estudios Legales y Sociales —Cels— y Facultad Latinoamericana de Ciencias Sociales —Flacso, sede Argentina— (organizaciones), *Responsabilidad empresarial en delitos de lesa humanidad. Represión a trabajadores durante el terrorismo de Estado* (Buenos Aires: Dirección Nacional del Sistema Argentino de Información Jurídica, 2015); Daniel Dicósimo, *Los trabajadores argentinos y la última dictadura. Oposición, desobediencia y consentimiento* (Tandil: Editorial UNICEN,

2017); Luciana Zorzoli, "La OIT y las dictaduras latinoamericanas: una aproximación al Caso 842 contra Argentina", *Anuario del Instituto de Historia Argentina* 17, n° 1 (2017) y "Las intervenciones a organizaciones sindicales durante la última dictadura militar argentina: un estudio cuantitativo", *Desarrollo Económico* 57 (2018): 487-510; Eleonora Bretal, "No estar metido en nada: vivencias y representaciones de obreros de Swift (Berisso) en torno a la época de los militares", en *Historias detrás de las memorias. Un ejercicio colectivo de historia oral*, coordinado por Patricia Flier (La Plata: FAHCE, UNLP, 2018), 209-43; Andrés Carminati, "Los trabajadores del cordón industrial del Gran Rosario ante la dictadura militar (1976-1983)" (tesis doctoral, Universidad Nacional de Rosario, 2018). Para un estado del arte exhaustivo, ver Victoria Basualdo, "The Argentine Dictatorship and Labor (1976-1983): A Historiographical Essay", *International Labor and Working-Class History* 93 (2018): 8-26.

4. Aludiremos indistintamente al establecimiento como Destilería La Plata o YPF Ensenada. Además, utilizaremos "destilería" y "refinería" como sinónimos, como aparecen en las fuentes consultadas, aunque en términos técnicos la refinación de petróleo es más amplia porque incluye diversos procesos químicos, entre ellos el de destilación.

5. Al respecto, ver el capítulo 16 de este volumen.

6. El fondo documental DIPPBA, obrante en el Archivo Provincial de la Memoria de Buenos Aires, es un registro del espionaje de individuos, grupos e instituciones por parte de la Policía Bonaerense, fundamentalmente entre 1956 y 1998. Para este trabajo consultamos principalmente la Mesa B, referida al mundo del trabajo y la actividad sindical.

7. Leticia Muñiz Terra, "La erosión del poder sindical en un escenario de privatización: el caso del Sindicato Unido Petroleros del Estado", *Question* n° 12 (2006): 1-21; Mariel Payo Esper, "La 'gran huelga petrolera' de 1968 en Ensenada: crónica, prácticas y discursos de un conflicto laboral en la Argentina pre-cordobazo" (trabajo final de grado, Universidad Nacional de La Plata, 2012). Ver "YPF. Una empresa al servicio del país", publicación elaborada con motivo del cincuentenario de la empresa (año 1972).

8. La cantidad de trabajadores surge de los informes de la DIPPBA. Resulta coherente si consideramos cifras de otras etapas: en el *Boletín de Informaciones Petroleras, órgano oficial de YPF* n° 365, de 1964, se afirma: "El plantel orgánico actual asciende a 4.293 personas". Según Muñiz Terra, en 1991 la refinería contaba con 5.400 empleados. Ver Leticia Muñiz Terra, "Bifurcaciones. Rupturas y continuidades en las trayectorias laborales de ex trabajadores petroleros. Un estudio a partir de la privatización de la refinería YPF La Plata" (tesis doctoral, Universidad de Buenos Aires, 2009).

9. Este aspecto es retomado en estudios sobre YPF con perspectiva de género. Ver Graciela Ciselli, "Trabajo femenino en la industria petrolera de Chubut (1919-1962)", *Andes* 13 (2002); Edda Lía Crespo, "Madres, esposas, reinas... Petróleo, mujeres y nacionalismo en Comodoro Rivadavia durante los años del primer peronismo", en *Cuando las mujeres reinaban. Belleza, virtud y poder en la Argentina del siglo XX*, editado por Mirta Lobato (Buenos Aires: Biblos, 2005), 143-74; Andrea Andújar, "*Comunidad obrera*, género y políticas asistenciales: Comodoro Rivadavia, 1922-1932", *Archivos del movimiento obrero y la izquierda* n° 7 (2015): 59-78; Leticia Muñiz Terra, "El trabajo petrolero, un trabajo masculino: reflexiones a partir de un estudio de caso de carreras laborales de varones", *Pilquen* 16 (2015): 1-21; Hernán Palermo, *La producción de la masculinidad en el trabajo petrolero* (Buenos Aires: Biblos, 2017).

10. Muñiz Terra, "Bifurcaciones...", 170-81.

11. Ver Biblioteca del Ministerio de Trabajo, Empleo y Seguridad Social de la Nación, Convenio Colectivo de Trabajo 23/75E.

12. Se han utilizado distintos marcos conceptuales para caracterizar las relaciones laborales en YPF: "sistema de fábrica con villa obrera", "comunidades laborales integradas", "*Company Towns*", "hegemonía empresaria", "pedagogía de la dominación". Ver, respectivamente, Daniel Cabral Marques, "La constitución de una 'gran familia': trabajadores e identidades sociolaborales en las empresas extractivas estatales de la Patagonia Austral" (ponencia presentada en Primer Workshop sobre conflictividad y consentimiento en las relaciones laborales, prácticas obreras y empresarias en la Argentina del siglo XX, Córdoba, Argentina, 2010); Susana B. Torres y Marcelo J. Borges, *Company Towns: Labor, Space and Power Relations Across Time and Continents* (Nueva York: Palgrave Macmillan, 2012); Hernán Palermo, *Cadenas de oro negro en el esplendor y ocaso de YPF* (Buenos Aires: Antropofagia, 2012); Lorena Capogrossi, "Disciplinamiento y nacionalización de la fuerza de trabajo en los campamentos petroleros argentinos", *Nuevo Mundo Mundos Nuevos* (en línea) (2014), http://journals.openedition.org/nuevomundo/66782. Estos enfoques subrayan el carácter disciplinador de las políticas asistenciales de la empresa para explicar la eliminación del conflicto obrero propio de los primeros años de explotación petrolera. En estudios recientes, Andrea Andújar ha cuestionado estas miradas, procurando reponer la agencia de los trabajadores y trabajadoras, expresada muchas veces en actitudes individuales o solapadas, que no necesariamente constituyeron formas abiertas de protesta. Andújar, "Comunidad obrera...", 73.

13. Para una caracterización socioeconómica de la región, ver Pablo Romá, "Acumulación de capital y conflictividad social en La Plata, Berisso y Ensenada, 1966-1969", en *El 69 platense: luchas obreras, conflictos estudiantiles y militancia de izquierda en La Plata, Berisso y Ensenada durante la Revolución Argentina*, compi-

lado por Christian Castillo y Marcelo Raimundo (Buenos Aires: Estudios Sociológicos Editora, 2012), 157-83; y Marcelo Raimundo, "Conflictos laborales y clase trabajadora platense en torno a los años 60" (tesis doctoral, Universidad de Buenos Aires, 2014).

14. Raimundo, "Conflictos laborales y clase trabajadora platense...", 27.

15. María Alejandra Esponda, "Represión a trabajadores/as y responsabilidad empresarial en la región Gran La Plata durante el terrorismo de Estado", *La Rivada* 5, n° 9 (2017): 32; Ministerio de Justicia y Derechos Humanos de la Nación, Centro de Estudios Legales y Sociales -Cels- y Facultad Latinoamericana de Ciencias Sociales -Flacso, sede Argentina- (organizaciones), *Responsabilidad empresarial...*, Tomo 2, 4-6.

16. Sobre las implicancias de la creación del SUPE, ver Cabral Marques, "La constitución de una 'gran familia'..." y Gabriel Carrizo, "Peronismo y sindicalismo petrolero en tiempos de la Gobernación Militar de Comodoro Rivadavia, 1944-1955", *Trabajo y Sociedad* 19 (2012): 279-97.

17. Muñiz Terra, "La erosión del poder sindical..."; Payo Esper, "La 'gran huelga petrolera'...".

18. Archivo Nacional de la Memoria (ANM), *Plan Conintes. Represión política y sindical* (Buenos Aires: Secretaría de Derechos Humanos de la Nación, 2014).

19. Palermo, *Cadenas...*, 41; Muñiz Terra, "Bifurcaciones...", 149.

20. Raimundo, "Conflictos laborales y clase trabajadora platense...", 114.

21. Ibíd., 142.

22. Sobre la huelga de 1968, ver Darío Dawyd, "Conflictos sindicales antes del Cordobazo. La huelga petrolera de 1968 en La Plata, Berisso y Ensenada" (ponencia presentada en la III Jornada de Economía política de la Universidad Nacional de General Sarmiento, Buenos Aires, Argentina, 2009); Payo Esper, "La 'gran huelga petrolera'..." y Marcelo Raimundo, "Grandes huelgas platenses durante la Revolución Argentina en perspectiva comparada" (ponencia presentada en IX Jornadas de Sociología de la Facultad de Ciencias Sociales, Universidad de Buenos Aires, 2011) y "Conflictos laborales y clase trabajadora platense...".

23. Raimundo, "Conflictos laborales y clase trabajadora platense...", 166-72.

24. Nos referimos a documentación de la empresa y del SUPE, material testimonial, prensa periódica y de organizaciones políticas y documentación producida por la DIPPBA.

25. DIPPBA, Mesa B, Carpeta 39, Legajo 16, "Personal cesante y prescindible de YPF. Destilería La Plata".

26. Hemeroteca UTDT, *Petróleo Argentino. Órgano de la Federación SUPE* nro. 73 (1973).

27. Biblioteca del Ministerio de Trabajo, Empleo y Seguridad Social de la Nación, Convenio Colectivo de Trabajo 23/75E, Título III, Art. 12, inc. A.

28. Comunicado 41 SUPE Ensenada, en DIPPBA. Mesa B, Factor Gremial, Actividad panfletaria, "Hallazgo volante Ensenada SUPE"; "Anuncia el Ministro de Trabajo la reimplantación de la jornada de 6 horas en la Destilería de YPF en Ensenada", en *La Razón*, 11/4/75; "Jornada de 6 horas en una destilería", en *La Nación*, 12/4/75.

29. Al respecto, ver Abós, *Las organizaciones sindicales y el poder militar...* y Fernández, *Las prácticas sociales del sindicalismo...*

30. Leyes 21.260/76 y 21.274/76, respectivamente, disponibles en www.infoleg.gob.ar. Sobre la política laboral de la dictadura en empresas públicas, ver Lucas Iramain, "La política laboral de la última dictadura cívico-militar argentina en el ámbito de las empresas públicas. Los casos de ENTEL, Gas del Estado y Ferrocarriles Argentinos (1976-1983)", *Anuario IEHS* 29 y 30 (2015): 71-96; y el capítulo 14 de esta compilación.

31. Victoria Basualdo y Alejandro Jasinski, "La represión a los trabajadores y el movimiento sindical, 1974-1983", en *Represión estatal y violencia paraestatal en la historia reciente argentina: nuevos abordajes a 40 años del golpe de Estado*, compilado por Gabriela Águila, Santiago Garaño y Pablo Scatizza (Buenos Aires: FAHCE, UNLP, 2016), 237-68.

32. La preeminencia de trabajadores dentro del universo de víctimas de la represión fue señalada desde las primeras denuncias de los delitos cometidos durante la dictadura. Ministerio de Justicia y Derechos Humanos de la Nación, Centro de Estudios Legales y Sociales -Cels- y Facultad Latinoamericana de Ciencias Sociales -Flacso, sede Argentina- (organizaciones), *Responsabilidad empresarial...*

33. Ministerio de Justicia y Derechos Humanos de la Nación, Centro de Estudios Legales y Sociales -Cels- y Facultad Latinoamericana de Ciencias Sociales -Flacso, sede Argentina- (organizaciones), *Responsabilidad empresarial...*

34. Al respecto, ver Ana Julia Ramírez y Margarita Merbilhaá, coords., *Memorias del BIM: biografías* (La Plata: UNLP, 2015).

35. El Registro Unificado de Victimas del Terrorismo de Estado de la Secretaría de Derechos Humanos lleva identificados más de setecientos lugares de reclusión ilegal.

36. Ver, por ejemplo, Mariano Barrera, Ignacio Sabbatella y Esteban Serrani, *Historia de una privatización: cómo y por qué se perdió YPF* (Buenos Aires: Capital Intelectual, 2012) y Mariano Barrera, *La entrega de YPF* (Buenos Aires: Atuel, 2014).

37. Circular C 1332, 26 de julio de 1976, en DIPPBA, Mesa B, Factor Gremial, Actividad panfletaria, "Hallazgo volante Ensenada SUPE".

38. Circular Nro. 73 DLP, agosto de 1976, en Ibíd. Solamente se exceptuaba de la extensión horaria al personal de las plantas "Ethilizadora" y "Casa de Mezcla (Batch-Lubricantes)".

39. DIPPBA, Mesa B, Memorándum 53, "Establecimiento: Sindicato UNIDOS

PETROLEROS DEL ESTADO (Filial Ensenada). Causas: Implantación de las 8 horas laborales".

40. Sobre los tipos documentales del archivo de la DIPPBA para el estudio de trabajadores, ver Pablo Ghigliani et al, "Descifrando lo indescifrable. Los tipos documentales del archivo de la Dirección de Inteligencia de la Policía de la Provincia de Buenos Aires", *Revista Electrónica de Fuentes y Archivos* 8, n° 8 (2017): 259-79.

41. DIPPBA. Mesa B, Factor Gremial. Huelgas y conflictos. 1977. Doc. Nro. 126 "Destilería YPF -Ensenada- Disconformidad con la implantación de la jornada laboral de 8 horas. Antecedentes".

42. DIPPBA, Mesa B, "Huelgas y conflictos". "Gremio SUPE, 1977. Desperfecto 'Catalítico' y 'Topping'. Malestar de operarios por implantación de 8 hs. de labor, salubridad, comedor, baños, etc".

43. DIPPBA. Mesa B, Factor Gremial. Huelgas y conflictos. 1977. Doc. Nro. 126.

44. Ibíd.

45. Ibíd.

46. El secretario general de SUPE Ensenada era, desde 1973, Omar Peombara. *Petróleo Argentino...* nro. 74 (1973): 34.

47. Resolución 1/76 del Ministerio de Trabajo.

48. Ver "DIRECTIVAS PARA LOS SEÑORES ADMINISTRADORES Y JEFES DE DEPENDENCIAS", firmada por el interventor Reyes, 18 de mayo de 1976 (DIPPBA. Mesa B, Factor Gremial. Huelgas y conflictos. 1977. Doc. Nro. 126).

49. Ibíd.

50. Según la ley de 1974, la insalubridad era declarada por el Poder Ejecutivo, "sin perjuicio de los mayores beneficios acordados a los trabajadores por leyes, estatutos especiales y/o convenciones colectivas". Ver Ley 20.744/74, disponible en www.infoleg.gob.ar.

51. Por ejemplo, en agosto de 1976, los secretarios general y gremial habrían advertido a las autoridades que la situación "sería aprovechada por la subversión en forma inmediata para sembrar el descontento, que por otra parte ya está bastante arraigado en el personal debido a los bajos sueldos que perciben" (DIPPBA. Mesa B, Factor Gremial. Huelgas y conflictos. 1977. Doc. Nro. 126).

52. Ver Decreto 632/74, disponible en www.infoleg.gob.ar.

53. Ver *Petróleo Argentino...*, nro. 79 (1974).

54. Ley 21.476/76, disponible en www.infoleg.gob.ar.

55. DIPPBA, Mesa B, "Huelgas y conflictos". Gremio SUPE, 1977.

56. Ibíd.

57. Ibíd.

58. Ibíd.

59. Ibíd.
60. Ibíd.
61. Ibíd.; "Semana del 24 la resistencia se extiende", en *Evita Montonera* Año 3, N° 17, abril 1977; "Sabotaje en la destilería de La Plata", en Agencia *ANCLA*, 14 de abril de 1977.
62. Pozzi, *Oposición obrera*...
63. Sobre este punto, estamos realizando entrevistas a ex trabajadores para reconstruir las experiencias de organización y las formas de construcción de las memorias de ese colectivo.
64. Respecto del sabotaje industrial en los inicios de la dictadura, retomamos a Dicósimo y Carminati, que lo entienden como un tipo de conflicto alternativo en condiciones de inviabilidad de conflictos abiertos o institucionalizados, tanto por la ofensiva normativa como por la fuerte represión. Andrés Carminati y Daniel Dicósimo, "Sabotaje a la dictadura. Un estudio sobre las formas de sabotaje industrial durante la última dictadura militar en el Gran Rosario y el Centro Sudeste bonaerense (1976-1983)", *Anuario IEHS* 28 (2013): 257-78.
65. Ver, por ejemplo, DIPPBA. Mesa DS, Carpeta Varios, Legajo 6594, donde consta el hallazgo de panfletos firmados por el ERP sobre la extensión horaria.
66. DIPPBA, Mesa B, "Huelgas y conflictos". Gremio SUPE, 1977.
67. Ibíd.
68. Ibíd.
69. DIPPBA. Mesa B, Factor gremial, Huelgas y conflictos. Documento "Infiltración Subversiva en fábricas".
70. Barragán, "'Para el bien de la Nación'...", 57.
71. DIPPBA, Mesa B, "Huelgas y conflictos". Gremio SUPE, 1977.
72. Ibíd.
73. La noción de Estado terrorista fue acuñada por Eduardo Luis Duhalde para describir la naturaleza particular de la represión desplegada por la última dictadura, signada por la edificación —en paralelo al Estado público y legal— de un Estado clandestino que recurrió sistemáticamente al secuestro y la desaparición de personas, buscando implantar el terror en el conjunto la sociedad. Ver Eduardo Luis Duhalde, *El Estado terrorista argentino* (Barcelona: Argos Vergara, 1983). Para un abordaje sobre los usos y disputas en torno a esta noción, ver Santiago Garaño, "Notas sobre el concepto de Estado terrorista", *Question* 1, n° 61 (2019). https://doi.org/10.24215/16696581e122.
74. La destilería quedaba territorialmente comprendida en el circuito al mando del Coronel Ramón Camps, Jefe de la Policía de la Provincia de Buenos Aires, y en la jurisdicción de la Fuerza de Tareas 5 de la Marina.
75. La información sobre las víctimas surge del Archivo Nacional de la Memoria

y causas judiciales por delitos de lesa humanidad. Para una reconstrucción exhaustiva, ver Andrea Copani, "Conflicto laboral y represión. El caso de la destilería de YPF en Ensenada (1975-1980)" (ponencia presentada en las XVI Jornadas Interescuelas/ Departamentos de Historia, Mar del Plata, Argentina, 2017).

76. Se trata de Domingo Inocencio Cáceres, Alejandro De Sio y Roberto José De la Cuadra. Sobre este último, su hermana relató: "Había volanteado ese día o el anterior contra la extensión horaria en YPF (...) Volantea en el baño y cuando sale lo ve el delegado del SUPE de su sección...". Cámara Federal de Apelaciones de La Plata. Testimonio de Estela De la Cuadra en el Juicio por la Verdad, 16 de junio de 1999.

77. Los trabajadores son Alberto Omar Diessler y Roberto Luján Amerise (Tribunal Oral en lo Criminal Federal N° 1 de La Plata. Fundamentos de la sentencia en la Causa N° 3389/12, "La Cacha", 2014).

78. Copani, "Conflicto laboral y represión...".

79. Al respecto, ver Victoria Basualdo, "Aportes para el análisis del papel de la cúpula sindical en la represión a los trabajadores en la década de 1970", en *Cuentas pendientes. Los cómplices económicos de la dictadura*, compilado por Juan Pablo Bohoslavsky y Horacio Verbitsky (Buenos Aires: Siglo XXI, 2013), 235-55.

Bibliografía

Abós, Álvaro. *Las organizaciones sindicales y el poder militar (1976-1983)*. Buenos Aires: CEAL, 1984.

Andújar, Andrea. "*Comunidad obrera*, género y políticas asistenciales: Comodoro Rivadavia, 1922-1932". *Archivos del movimiento obrero* y la izquierda n° 7 (2015): 59-78.

Archivo Nacional de la Memoria (ANM). *Plan Conintes. Represión política y sindical*. Buenos Aires: Secretaría de Derechos Humanos de la Nación, 2014.

Ministerio de Justicia y Derechos Humanos de la Nación, Centro de Estudios Legales y Sociales -Cels- y Facultad Latinoamericana de Ciencias Sociales -Flacso, sede Argentina- (organizaciones). *Responsabilidad empresarial en delitos de lesa humanidad. Represión a trabajadores durante el terrorismo de Estado*. Buenos Aires: Dirección Nacional del Sistema Argentino de Información Jurídica, 2015.

Barragán, Ivonne. "'Para el bien de la Nación'. Gestión militar de empresas estatales, prácticas de integración y represión de la fuerza de trabajo desde la perspectiva de caso. El Astillero Río Santiago 1973-1976". *Avances del Cesor* año 10, n° 10 (2013): 53-72.

Barrera, Mariano. *La entrega de YPF*. Buenos Aires: Atuel, 2014.

Barrera, Mariano, Ignacio Sabbatella y Esteban Serrani. *Historia de una privatización: cómo y por qué se perdió YPF.* Buenos Aires: Capital Intelectual, 2012.
Basualdo, Victoria. "Aportes para el análisis del papel de la cúpula sindical en la represión a los trabajadores en la década de 1970". En *Cuentas pendientes. Los cómplices económicos de la dictadura*, compilado por Juan Pablo Bohoslavsky y Horacio Verbitsky, 235-55. Buenos Aires: Siglo XXI, 2013.
———. "The Argentine Dictatorship and Labor (1976-1983): A Historiographical Essay". *International Labor and Working-Class History* 93 (2018): 8-26.
———. "Complicidad patronal-militar en la última dictadura argentina. Los casos de Acindar, Astarsa, Dálmine Siderca, Ford, Ledesma y Mercedes Benz". *Engranajes* (suplemento especial) (2006): 1-27.
———. "Labor and Structural Change: Shop-floor Organization and Militancy in Argentine Industrial Factories (1943-1983)". Tesis doctoral. Columbia University, 2010.
Basualdo, Victoria, y Alejandro Jasinski. "La represión a los trabajadores y el movimiento sindical, 1974-1983". En *Represión estatal y violencia paraestatal en la historia reciente argentina: nuevos abordajes a 40 años del golpe de Estado*, compilado por Gabriela Águila, Santiago Garaño y Pablo Scatizza, 237-68. Buenos Aires: FAHCE, UNLP, 2016.
Bieber, León. "El movimiento obrero argentino a partir de 1976. Observaciones al trabajo de Francisco Delich". En *El Poder militar en la Argentina (1976-1981)*, compilado por Peter Waldman y Ernesto Garzón Valdés. Buenos Aires: Editorial Galerna, 1983.
Bretal, Eleonora. "No estar metido en nada: vivencias y representaciones de obreros de Swift (Berisso) en torno a la época de los militares". En *Historias detrás de las memorias. Un ejercicio colectivo de historia oral*, coordinado por Patricia Flier, 209-43. La Plata: FAHCE, UNLP, 2018.
Cabral Marques, Daniel. "La constitución de una 'gran familia': trabajadores e identidades sociolaborales en las empresas extractivas estatales de la Patagonia Austral". Ponencia presentada en Primer Workshop sobre conflictividad y consentimiento en las relaciones laborales, prácticas obreras y empresarias en la Argentina del siglo XX. Córdoba, Argentina, 2010.
Capogrossi, Lorena. "Disciplinamiento y nacionalización de la fuerza de trabajo en los campamentos petroleros argentinos". *Nuevo Mundo Mundos Nuevos* (en línea) (2014). http://journals.openedition.org/nuevomundo/66782.
Carminati, Andrés. "Los trabajadores del cordón industrial del Gran Rosario ante la dictadura militar (1976-1983)". Tesis doctoral. Universidad Nacional de Rosario, 2018.
Carminati, Andrés, y Daniel Dicósimo. "Sabotaje a la dictadura. Un estudio sobre

las formas de sabotaje industrial durante la última dictadura militar en el Gran Rosario y el Centro Sudeste bonaerense (1976-1983)". *Anuario IEHS* 28 (2013): 257-78.

Carrizo, Gabriel. "Peronismo y sindicalismo petrolero en tiempos de la Gobernación Militar de Comodoro Rivadavia, 1944-1955". *Trabajo y Sociedad* 19 (2012): 279-97.

Ciselli, Graciela. "Trabajo femenino en la industria petrolera de Chubut (1919-1962)". *Andes* 13 (2002).

Copani, Andrea. "Conflicto laboral y represión. El caso de la destilería de YPF en Ensenada (1975-1980)". Ponencia presentada en las XVI Jornadas Interescuelas-Departamentos de Historia. Mar del Plata, Argentina, 2017.

Crespo, Edda Lía. "Madres, esposas, reinas... Petróleo, mujeres y nacionalismo en Comodoro Rivadavia durante los años del primer peronismo". En *Cuando las mujeres reinaban. Belleza, virtud y poder en la Argentina del siglo XX*, editado por Mirta Lobato, 143-74. Buenos Aires: Biblos, 2005.

Dawyd, Darío. "Conflictos sindicales antes del Cordobazo. La huelga petrolera de 1968 en La Plata, Berisso y Ensenada". Ponencia presentada en la III Jornada de Economía política de la Universidad Nacional de General Sarmiento. Buenos Aires, Argentina, 2009.

Delich, Francisco. "Desmovilización social, reestructuración obrera y cambio sindical". En *El poder militar en la Argentina, 1976-1981*", compilado por Peter Waldmann y Ernesto Garzón Valdés, 101-16. Buenos Aires: Editorial Galerna, 1983.

———. "Después del diluvio, la clase obrera". En *Argentina, hoy*, compilado por Alain Rouquié. México: Siglo XXI, 1982.

Dicósimo, Daniel. *Los trabajadores argentinos y la última dictadura. Oposición, desobediencia y consentimiento*. Tandil: Editorial UNICEN, 2017.

Duhalde, Eduardo Luis. *El Estado terrorista argentino*. Barcelona: Argos Vergara, 1983.

Esponda, María Alejandra. "Represión a trabajadores/as y responsabilidad empresarial en la región Gran La Plata durante el terrorismo de Estado". *La Rivada* 5, n° 9 (2017): 30-45.

Fernández, Arturo. *Las prácticas sociales del sindicalismo (1976-1982)*. Buenos Aires: CEAL, 1985.

Gallitelli, Bernardo, y Andrés A. Thompson. *Sindicalismo y regímenes militares en Argentina y Chile*. Amsterdam: CEDLA, 1982.

Garaño, Santiago. "Notas sobre el concepto de Estado terrorista". *Question* 1, n° 61 (2019). https://doi.org/10.24215/16696581e122.

Ghigliani, Pablo. "El conflicto de Luz y Fuerza de 1976-1977: ensayo de interpretación". Ponencia presentada en IV Seminario Internacional Políticas de la Memoria. Buenos Aires, Argentina, 2011.

Ghigliani, Pablo, Samanta Salvatori, Eleonora Bretal, Marcelo Raimundo y Felipe Venero. "Descifrando lo indescifrable. Los tipos documentales del archivo de la Dirección de Inteligencia de la Policía de la Provincia de Buenos Aires". *Revista Electrónica de Fuentes y Archivos* 8, n° 8 (2017): 259-79. Disponible en: http://www.memoria.fahce.unlp.edu.ar/art_revistas/pr.8964/pr.8964.pdf.

Iramain, Lucas. "La política laboral de la última dictadura cívico-militar argentina en el ámbito de las empresas públicas. Los casos de ENTEL, Gas del Estado y Ferrocarriles Argentinos (1976-1983)". *Anuario IEHS* 29 y 30 (2015): 71-96.

Lorenz, Federico. *Algo parecido a la felicidad. Una historia de la lucha de la clase trabajadora durante la década del setenta (1973-1978)*. Buenos Aires: Edhasa, 2013.

Maneiro, María. "La Plata, Berisso y Ensenada. Los procesos de desaparición forzada de personas en el 'Circuito Camps'". En *Lucha de clases, guerra civil y genocidio en la Argentina, 1973-1983: Antecedentes, desarrollo, complicidades*, compilado por Inés Izaguirre, 353-72. Buenos Aires: Eudeba, 2009.

Muñiz Terra, Leticia. "Bifurcaciones. Rupturas y continuidades en las trayectorias laborales de ex trabajadores petroleros. Un estudio a partir de la privatización de la refinería YPF La Plata". Tesis doctoral. Universidad de Buenos Aires, 2009.

———. "La erosión del poder sindical en un escenario de privatización: el caso del Sindicato Unido Petroleros del Estado". *Question* n° 12 (2006): 1-21.

———. "El trabajo petrolero, un trabajo masculino: reflexiones a partir de un estudio de caso de carreras laborales de varones". *Pilquen* 16 (2015): 1-21.

Palermo, Hernán. *Cadenas de oro negro en el esplendor y ocaso de YPF*. Buenos Aires: Antropofagia, 2012.

———. *La producción de la masculinidad en el trabajo petrolero*. Buenos Aires: Biblos, 2017.

Payo Esper, Mariel. "La 'gran huelga petrolera' de 1968 en Ensenada: crónica, prácticas y discursos de un conflicto laboral en la Argentina pre-cordobazo". Trabajo final de grado. Universidad Nacional de La Plata, 2012.

Pozzi, Pablo. *Oposición obrera a la dictadura (1976-1982)*. Buenos Aires: Contrapunto, 1988.

Raimundo, Marcelo. "Conflictos laborales y clase trabajadora platense en torno a los años 60". Tesis doctoral. Universidad de Buenos Aires, 2014.

———. "Grandes huelgas platenses durante la revolución argentina en perspectiva comparada". Ponencia presentada en IX Jornadas de Sociología de la Facultad de Ciencias Sociales, Universidad de Buenos Aires, 2011.

Ramírez, Ana Julia, y Margarita Merbilhaá, coords. *Memorias del BIM: biografías.* La Plata: UNLP, 2015.

Romá, Pablo. "Acumulación de capital y conflictividad social en La Plata, Berisso y Ensenada, 1966-1969". En *El 69 platense: luchas obreras, conflictos estudiantiles y militancia de izquierda en La Plata, Berisso y Ensenada durante la Revolución Argentina*, compilado por Christian Castillo y Marcelo Raimundo, 157-83. Buenos Aires: Estudios Sociológicos Editora, 2012.

Torres, Susana B., y Marcelo J. Borges. *Company Towns: Labor, Space and Power Relations Across Time and Continents.* Nueva York: Palgrave Macmillan, 2012.

Zorzoli, Luciana. "Las intervenciones a organizaciones sindicales durante la última dictadura militar argentina: un estudio cuantitativo". *Desarrollo Económico* 57 (2018): 487-510.

———. "La OIT y las dictaduras latinoamericanas: una aproximación al Caso 842 contra Argentina". *Anuario del Instituto de Historia Argentina* 17, n° 1 (2017).

CAPÍTULO 3

El terrorismo de Estado en las fábricas de Córdoba, 1974-1983

Laura Ortiz
UNIVERSIDAD NACIONAL DE CÓRDOBA

La represión sobre la clase obrera durante el terrorismo de Estado

EN TÉRMINOS SOCIOHISTÓRICOS, LA violencia con que se expresa el conflicto entre clases ha sido una continuidad estructural, especialmente aquella ejercida por las clases dominantes para extraer el excedente económico de los trabajadores.[1] Sin embargo, en la última Dictadura autoproclamada "Proceso de Reorganización Nacional" (PRN), la violencia se expresó con una espectacularidad inusitada. Ya en la transición a la democracia, la investigación de la Comisión Nacional por la Desaparición de Personas (CONADEP) demostró el carácter clasista de la violencia del terrorismo de Estado desde 1976 a 1983. Según su informe el 30,2% de los desaparecidos fueron obreros y, en el caso de provincias como Córdoba, con una fuerte presencia fabril, esa cifra ascendía a 41,9%.[2] A ello hay que sumar las ejecuciones sumarias que sucedieron en los meses previos al golpe de Estado, amén de los presos políticos, exiliados, insiliados y otras formas de persecución.[3]

Desde los años ochenta la divulgación de las memorias sobre la represión se produjo en múltiples formatos: libros, documentales, libretos cinematográficos, etc. En general referenciaban las trayectorias de militantes de clase media, que fueron quienes han podido difundir y publicar más que otros su versión de la historia, no por eso una interpretación falsa pero si anclada en sus experiencias parciales.⁴ En ese discurso social construido, la clase obrera tenía un papel secundario como sujeto represaliado por la dictadura, además de silenciado su activismo sindical y militancia política.⁵ Gran parte de los familiares de represaliados de sectores populares no denunciaron esos hechos, en algunos casos por temor, desconocimiento, o por falta de acceso a los canales de denuncia. Aunque se hablaba de que el principal objetivo del gobierno de facto fue disciplinar a la sociedad para evitar los conflictos, no se mencionaba que el mismo se había montado sobre las necesidades del bloque social dominante —principalmente empresario— que requería reducir la participación de los asalariados en el Producto Bruto Interno (PBI). Este tipo de cuestiones han comenzado a abordarse en algunas investigaciones recientes, desde diversas preocupaciones y perspectivas. En particular es significativo el avance en el estudio de las causas y consecuencias de la transformación económica estructural que implicó la instalación del terrorismo de Estado en Argentina.⁶ No solo por los cambios en la estructura económica, sino por su significativo componente antisindical y una probada responsabilidad empresarial con la represión orientada a disciplinar al movimiento obrero.⁷ En provincias como Córdoba, estos procesos represivos buscaron sofocar las corrientes sindicales de base que protagonizaban el escenario político regional desde fines de la década del sesenta y que tuvo como referente al sindicalismo clasista.

En el sentido común el clasismo adjetiva una relación de clases, generalmente asociado a la preeminencia de la clase alta y a una discriminación hacia los sectores subalternos. Sin embargo, en nuestra historia reciente el término se afilió con un modelo sindical que se apropió del concepto pero en contraposición a aquel sentido: implicaba la defensa de la clase trabajadora y la oposición a la patronal. La cuestión del clasismo ha sido estudiada ampliamente en Argentina desde diferentes perspectivas, pero en su mayoría se lo define por la virulencia de sus medidas de fuerza, destacando sobre todo las "huelgas salvajes". Asimismo, la incidencia de distintas organizaciones de la izquierda revolucionaria en su conformación se hizo evidente en sus lemas antiburocráticos, antipatronales y anticapitalistas, en pro de una democratización sindical. Lo cierto es que sus repertorios de acción y organización fueron cambiando de acuerdo a las condiciones de posibilidad que presentaban las cambiantes coyunturas represivas a lo largo del período, tanto en términos políticos como económicos.⁸

El desarrollo de esta corriente sindical en Córdoba se ha asociado con la experiencia del Sindicato de Trabajadores de Fiat Concord (SiTraC) y de Fiat

Materfer (SiTraM), ya que fue la primera vez que dirigentes de las bases se oponían al modelo sindical tradicional en el clima revolucionario del post "Cordobazo".[9] Según recuerdan algunos de sus protagonistas, este proceso inició de manera espontánea desde las bases obreras, pero por su discurso y prácticas antiburocráticas fueron contactados por distintas organizaciones del campo de la izquierda revolucionaria que intentaron encabezarlos, y en varios casos, lograron sumar a sus filas a algunos militantes y simpatizantes. En otras experiencias similares, la formación de agrupaciones clasistas en distintos sindicatos fue posterior a la existencia de militantes y activistas obreros encuadrados a su vez en partidos de izquierda, en sus diferentes vertientes. Sin embargo, a pesar de esas dobles adscripciones, los sindicatos clasistas de Córdoba intentaron sobrellevar una independencia de las líneas partidarias para mantener la convivencia diversa entre sus activistas, aunque no siempre lo lograron.[10] Este tipo de vivencias tuvieron lugar en un sinnúmero de fábricas y ramas de producción industrial, aunque sin llegar a liderar sus respectivos sindicatos. Algunas de ellas cobraron impulso en pequeñas fábricas metalúrgicas, fábricas de calzado, de vidrio, de caucho, establecimientos lácteos y de carne, obras de construcción y en otros sectores de los servicios, como la sanidad y los empleados públicos.[11]

La importancia de ese activismo sindical se puso de manifiesto en insurrecciones populares como el "Ferreyrazo" y el "Viborazo", ambos en 1971, que representaron la emergencia de una cultura política revolucionaria con una fuerte presencia obrera. La respuesta del bloque social dominante representó el inicio del terrorismo de Estado, que comenzó con el "Navarrazo" (1974) en Córdoba[12] y se intensificó aún más luego del golpe de Estado del 24 de marzo de 1976.

El "Navarrazo" fue el paso necesario para que el sector ortodoxo[13] del sindicalismo peronista recuperase una posición dominante en la dirección de la central obrera regional, que desde 1971 se había identificado con la tendencia clasista y combativa. Junto a esa transformación, la intervención de las seccionales locales del Sindicato de Mecánicos y Afines del Transporte Automotor (SMATA) y del Sindicato de Luz y Fuerza, dejó a estos sectores sin estructura institucional para actuar. Sin embargo, siguieron movilizados un tiempo más desde los cuerpos de delegados y comisiones internas, amén de la formación de la Mesa Coordinadora de Gremios en Lucha, en las que continuaba colaborando de manera significativa la militancia orgánica de partidos de izquierda.

Desde esos espacios se exhortaba a la masa trabajadora a la resistencia al terrorismo de Estado, que no solo implicaba la desaparición de los principales dirigentes sino también el achicamiento de la industria con consecuencias nefastas para los trabajadores. Estos procesos se acentuaron a partir de las medidas económicas del PRN, que generó un profundo cambio del complejo financiero y una desregulación aduanera y comercial orientada hacia el mercado externo. Esa apertura requería una rearticulación del modelo agroexportador y, por ende, una desarticulación del espacio industrial. Como resultado de las políticas aplicadas se produjo una significativa redistribución del ingreso desde los sectores asalariados hacia el conjunto de los no asalariados mediante la caída del salario real, el redimensionamiento del mercado laboral, el deterioro de las condiciones laborales y el aumento de la jornada de trabajo. A nivel nacional, entre 1974 y 1982 se redujo la cantidad de obreros ocupados en un 36,4% y el volumen físico de la producción cayó en los mismos años un 17%. Al mismo tiempo aumentó la productividad de la mano de obra un 30,6% y el salario real bajó un 38,5%.[14]

En Córdoba también la cantidad de obreros ocupados en el sector industrial disminuyó sustancialmente. Hasta ese momento, la absorción de mano de obra industrial en Córdoba era notoriamente más dinámica que en la media nacional. Tomando como año base 1935=100, el índice de Córdoba para el año 1974 era de 610,48, un 87% superior a la media nacional que para ese año alcanzaba 326,38. Según datos del Instituto Nacional de Estadísticas y Censos (INDEC), para 1978 el índice de Córdoba alcanzaba 625,68 mientras que para el total del país era 344,63, casi la mitad. Dentro de estas cifras, el valor agregado del sector metalmecánico de Córdoba tuvo bajas notables en los años 1975 y 1978. Entre los años 1981 y 1982 el sector industrial en general, y el metalmecánico en particular en Córdoba, soportaron una aguda recesión que se reflejó en el cierre del 27,15% de los establecimientos existentes en el período comprendido entre 1974 y 1982, como así también la expulsión del 29,36% de la mano de obra.[15] Respecto de las condiciones de trabajo, se fueron perdiendo derechos adquiridos, como la ampliación de la jornada reducida en secciones insalubres.[16]

Córdoba, en particular, se vio afectada por la Ley de Reconversión Industrial, que repercutió considerablemente en su complejo fabril. Los pequeños y medianos establecimientos tendieron a la quiebra, de allí las quejas contra la política económica nacional del Consejo de la Industria, que aglutinaba a asociaciones de este tipo en la ciudad de Córdoba y en otras localidades del

Interior provincial. En un sentido similar se expresó la ADIC (Asociación de Industriales de Córdoba).[17] Por otro lado, los grandes complejos industriales que habían apoyado esos cambios, como Renault, se reacomodaron con variaciones en la producción.[18] Es también el momento en que la empresa Fiat se unificó con Peugeot, formando Sevel.[19] Por su parte, la Federación Industrial de Córdoba, que en un comienzo había alentado estas transformaciones, hacia 1979 inició una serie de reclamos a las autoridades provinciales por el poco estímulo a la industria y a la producción local, la estructura arancelaria y la competencia exterior, el escaso acceso a créditos, la presión impositiva, entre otros.[20] A pesar del aumento de la concentración industrial, los grandes complejos como Renault y Sevel también vieron afectado su funcionamiento, con suspensiones semanales en las que se abonaba un 50% del salario, otorgamientos generales de adelantos de vacaciones, entre otras medidas.[21]

Estas transformaciones en la estructura económica afectaron las relaciones sociales, tanto entre los trabajadores con los empresarios como entre distintos sectores dentro del movimiento obrero. Debido a esos cambios se reconfiguraron diferentes líneas de acción, expresiones identitarias y posicionamientos políticos entre los trabajadores cordobeses.

Acciones, expresiones y posiciones obreras durante el terrorismo de Estado

Si en 1974 empezó la persecución a los dirigentes sindicales clasistas y combativos de primeras líneas, a partir de 1976 lo hicieron con los delegados de fábricas y obreros dispuestos a defender sus derechos laborales. Hacia 1980 muy pocos de ellos seguían en sus puestos de trabajo, ya que gran parte había sido desaparecido, preso, despedido o forzado por la empresa para que renunciara. De esa manera, los empresarios y el gobierno dictatorial garantizaron "limpiar" sus fábricas de núcleos revolucionarios y/o resistentes, y se pudo reestablecer a la vieja camada de dirigentes sindicales que se integraron al sistema a partir de la lógica de la negociación y la desmovilización de las bases obreras.

Ciertamente este tipo de prácticas no eran una novedad para los trabajadores de Córdoba y de otros lugares del mundo. Por ejemplo en Fiat Concord donde, como ya se ha mencionado, desde 1970 su sindicato de planta fue dirigido por trabajadores de base que se habían definido por el clasismo. Allí la represión sobrevino en poco tiempo: casi un año y medio después el Ministerio de Trabajo disolvió los sindicatos y dispuso el congelamiento de sus fondos, mientras el Poder Ejecutivo dictaba órdenes de captura para sus principales líderes y la empresa enviaba casi 500 telegramas de despido, muchos de ellos para miembros de los cuerpos orgánicos y trabajadores de base identificados con el clasismo. Gran parte de sus activistas quedaron señalados por los organismos de inteligencia de la Policía[22] y engrosaron las listas de detenidos desaparecidos durante los años siguientes, incluso en los casos en que no continuaron en ninguna actividad política ni sindical.[23] Con ello la patronal se garantizaba la desmovilización obrera necesaria para volver a aumentar los ritmos productivos y el acople de máquinas, dos cuestiones que habían sido revertidas durante la dirección clasista de los años anteriores.[24] A pesar de haber perdido la dirección sindical, los clasistas que quedaron con trabajo en Fiat intentaron sostener la organización previa y la defensa de sus derechos aún durante el PRN.

La cuestión de si la clase obrera argentina resistió o se integró al último gobierno de facto ha sido investigada y discutida en el ámbito académico. Un primer grupo de pesquisas desarrolladas en la década del ochenta enfocaron la mirada en el nivel de movilización/desmovilización de la clase obrera argentina durante la última dictadura. Por un lado, el estudio de Francisco Delich[25] concluyó que en esos años la clase obrera y sus sindicatos se habían paralizado ante el terror de la represión estatal. En discusión con sus conclusiones, Pablo Pozzi[26] realizó una exhaustiva investigación sobre el tema, destacando la importancia de la oposición obrera a la dictadura como elemento sustancial para la desintegración del PRN. Pozzi demostró que, a pesar del enorme impacto de la represión política y económica sobre los trabajadores, estos continuaron activos y resistiendo en la defensa de la vida y de algunas conquistas históricas de la clase obrera. Ambas investigaciones significaron grandes aportes al conocimiento del tema, pero sus lecturas en clave nacional no permitían considerar las especificidades y diversidades del ámbito regional. Por ello, a partir de los años 2000 se promovieron nuevas investigaciones sobre esta cuestión que, además, generaron un debate sobre la dicotomía de las categorías resistencia e integración.[27] Otro aporte importante de esta nueva camada de investigaciones fue la exploración de nuevas fuentes históricas cuyo acceso se ha abierto en los últimos años, sobre todo por la desclasificación de documentos confidenciales y secretos de los servicios de inteligencia. La importancia y utilidad de estos repositorios aumenta si se considera que los periódicos de la época soportaban la censura establecida por el Ejército y no podían publicar hechos relacionados con huelgas o medidas de fuerza de los trabajadores, vinculados en aquellos años con la "subversión".

En Córdoba se cuenta con el importante acervo que constituyen los radiogramas y memorandos de la Policía Federal Argentina con sede en Córdoba.[28] En esta serie documental se hace evidente que para el gobierno de facto fue una preocupación constante la gran movilización fabril en los primeros años de la dictadura. En ellos hay un registro detallado de las formas de resistencia y, asimismo, de las estrategias que tuvieron que desplegar para sofocarlas.

Como a partir de 1976 quedó suspendido el derecho a huelga en virtud de la Ley N° 21.261, cualquier medida de fuerza obrera que afectase la producción habilitaba a las empresas a pedir la intervención del Ministerio de Trabajo e, incluso, del Ejército para que intimasen a los trabajadores a normalizar sus tareas, caso contrario podían despedir con "justa causa".[29] Como consecuencia, las acciones obreras se trasladaron desde manifestaciones visibles (huelgas, abandonos de lugar de trabajo, movilizaciones callejeras) a formas subterráneas de resistencia para evitar la identificación de responsabilidades y su consecuente represión. En la organización de todas estas medidas se hacía evidente la pervivencia de las formas de organización de bases de los años anteriores, como también la solidaridad de la mayor parte de la clase. En general se organizaban de manera colectiva y clandestina, a escondidas en los baños de las fábricas o simulando trabajar.[30] Entre 1976 y 1978 se desarrollaron un sinnúmero de acciones de este tipo como sabotajes, trabajo a desgano, de "brazos caídos", a "tristeza", a reglamento, a "hambre" y, aunque en menor medida, pudieron llevar a cabo algunas asambleas, abandonos de tareas y paros por un par de horas.

Gran parte de estas prácticas tenían por objetivo disminuir la producción para realizar algún reclamo. La consecuente baja en la producción lastimaba los niveles de ganancias de las empresas: según estimaciones en los grandes complejos industriales como Fiat, Renault, Perkins, Thompson Ramco o Industrias Mecánicas del Estado, la baja en los primeros meses del gobierno dictatorial fue de entre 10 y 30%. Renault se lamentaba de que la producción diaria era de entre 45 y 145 unidades, cuando debería haber sido de 230 autos. La situación continuó hasta mediados de 1977 con promedios similares, por momentos superiores, hasta el punto que para los empresarios esa baja de la producción fue considerada como "normalidad".[31] Aunque en menor cantidad, las acciones obreras de este tipo continuaron durante todo el período.[32]

Las manifestaciones obreras se orientaban a lo defensivo: reclamar por la desaparición de un obrero, en contra del aumento de los precios de la comida del comedor y de los alimentos de primera necesidad por la inflación,[33] pero principalmente por la pérdida de poder adquisitivo de los salarios. El pedido de aumento salarial apuntaba a la patronal aunque, por elevación, también al gobierno dictatorial. Por ello fueron recurrentes las críticas a los ministros de Economía como los responsables de la mala situación económica. Para ellos hubo palabras de repudio en los ingresos a la planta, gritos, silbatinas y cánticos entonados en el momento de cobrar la quincena.[34] Por ejemplo, en Fiat Concord, al momento del pago con aumento de enero de 1977, los "informantes" de la policía recogieron algunas expresiones como: "Hoy cobramos este sucio aumento y mañana tenemos que comenzar a sacar adelantos, para poder comer un poco de mortadela y seguir doblando el lomo, mientras el Gobierno y los patrones quedan bien con los extranjeros".[35]

En 1976 surgieron organizaciones como SMATA en la Resistencia, UOM en la Resistencia y CGT en la Resistencia, todas convocando a reorganizar a los trabajadores a partir de la conformación clandestina de comisiones obreras para canalizar los reclamos de las bases, para organizar sabotajes y redactar petitorios a las patronales.[36] Gran parte de estas acciones eran impulsadas por activistas obreros que también se encuadraban en partidos de izquierda revolucionaria, evidenciado en volanteadas, pintadas y otras acciones.[37] No solo los servicios de inteligencia señalaban a militantes de la organización Montoneros detrás de estas acciones, sino que el lenguaje de los volantes y pintadas remite al que utilizaba la izquierda revolucionaria, especialmente el formato de comisiones obreras clandestinas que fueron el sello del clasismo en los años anteriores.

Hasta mediados de 1977 estas organizaciones tenían una fuerte presencia en las fábricas, con pintadas en baños y en los muros externos en toda la zona del cordón industrial de Ferreyra.[38] En los baños de las fábricas aparecían con regularidad leyendas escritas con lápiz o tiza que expresaban amenazas contra directivos y capataces de distintas empresas y a otras autoridades como "Simo-Videla te quedan pocos días" o "A los gringos de Fiat les queda poco".[39] Otras pintadas se hacían para presentar reclamos salariales o sindicales, contra la intervención de los gremios o la reincorporación de los despedidos.[40]

La organización obrera clasista y combativa resistió con fuerza la represión política y económica de la dictadura, al menos en los primeros años. Para ejemplificar esto transcribimos parte de un documento que relata un conflicto suscitado en noviembre de 1976 en la fábrica Perkins-Motores Diesel

Livianos. Allí los trabajadores se encuadraban en un sindicato de fábrica que desde 1973 era conducido por obreros clasistas, y que en 1976 fue intervenido por los militares.[41] En el testimonio seleccionado se evidencia el gran peso que tenía la organización obrera, ya que hacía varios días venían realizando huelga de "brazos caídos" para reclamar un aumento de salario y habían logrado bajar la producción al 50% de su capacidad. Pero como esa acción no daba resultados, iniciaron una nueva modalidad que consistía en el paro total de actividad, de manera coordinada en toda la fábrica. Su fuerza era tan representativa que los supervisores y capataces no se animaban a ingresar al taller para obligarlos a trabajar, por temor a las represalias obreras:

> Los turnos ingresaron normalmente, pero fueron paralizadas ciertas líneas de modo que la producción fue mantenida en un 50 por ciento aproximadamente. (...) al ingreso del segundo turno, la empresa colocó en los transparentes, una comunicación, donde informaba, que abonará desde ese momento en que se iniciaron las medidas de fuerzas, de acuerdo a lo producido y en virtud de las disposiciones de la Ley 21.400. Esto no provocó ninguna reacción en el personal, salvo la natural expectativa del momento en que tomaron conocimiento. Siendo las 20:00 horas aproximadamente del día indicado, surgió una variante en la modalidad de la aplicación de las medidas de fuerzas, consistente que a una señal determinada paraban sorpresivamente la totalidad de los obreros, hecho que se había repetido en dos oportunidades. No se pudo establecer la duración de esta medida, debido a que el personal de supervisores y capataces fueron reticentes a informarlas, al parecer por temor. Sí pudo tomarse conocimiento que en una de estas oportunidades, uno de ellos trató de hacer trabajar a un obrero, que se encontraba en la terminal de una línea, pero este le respondió que tenía interés y necesidad de trabajar, pero si así lo hacía, temía por su vida. A la hora 03:00 de la madrugada del día siguiente (...) el personal continuaba trabajando a un ritmo del 50 por ciento de la producción, desconociéndose si continuaban con los paros sorpresivos, ya que el personal de vigilancia evita ingresar al interior de la planta por temor a las agresiones.[42]

La cita precedente es ilustrativa sobre la generalización de la medida de fuerza y el poder obrero en las líneas de producción, más allá de la represión estatal y patronal. Pero también ejemplifica la diversidad de concepciones por las cuales los trabajadores adherían al paro, entre la convicción y el temor. Es decir que la resistencia obrera no fue algo natural ni tampoco se trató de una actitud que tuvieron todos por igual. Este dato nos ubica en lo que Dicósimo llama "zonas grises": conductas y actitudes que expresaban rechazo, desacuerdo y desobediencia de un modo "discreto", ocasional y parcial, alternando con acuerdos y consentimientos.[43] Pero también, debido a la intencionalidad con que se produjo esta fuente, hay que considerar que la representación puede querer resaltar la no convicción obrera y la acción por miedo. También puede existir un sobredimensionamiento del temor, compartido entre capataces y obreros, para generar una imagen de violencia como algo externo a los sujetos identificables, que colabora en su conexión con lo irracional e incomprensible y, por lo tanto, legitima su represión.

Todo este tipo de acciones obreras fueron disminuyendo hacia 1979. A diferencia de la tesis sostenida en Pozzi que señala que a partir de ese momento se produjo un pasaje de actitudes fragmentarias de resistencia obrera a uno de mayor organización,[44] en Córdoba este cambio fue diferente, no solo considerando las prácticas obreras sino también por los cambios en las operaciones represivas del Estado. Fue aquel un momento bisagra porque se diluyó la represión política, aquella ejercida por el Estado en sus diferentes instituciones, y paralelamente se intensificó la represión económica, aquella que mencionamos en el apartado anterior. Esto puede deberse a la característica centralmente fabril de Córdoba, donde la "subversión" estaba focalizada, según evaluaban los militares. Así se manifiesta en la evaluación que hizo el Comandante del Tercer Cuerpo de Ejército, Gral. Luciano Benjamín Menéndez, cuando presidió una de las primeras reuniones de la Comunidad de Inteligencia regional frente a los principales jefes de Inteligencia de áreas militares y policiales de Córdoba. En los meses previos al golpe de Estado de 1976, Menéndez exhortó a sus correligionarios a profundizar las averiguaciones en los espacios considerados prioritarios: en primer lugar el gremial, según él, "predispuesto a ser captado para los fines de la subversión"; y en segundo a los intelectuales y sectores del Tercer Mundo.[45]

Pero hacia 1979, los mismos servicios de inteligencia reconocían que "los dirigentes radicalizados y de ideología extremista, prácticamente pueden ser considerados como erradicados o de actividad nula en estos momentos", tanto en las fábricas y sindicatos como en otros ámbitos.[46] La sangría de activistas y dirigentes se había logrado con bastante efectividad, aunque en los años siguientes siguieron apareciendo pintadas y panfletos en los baños de distintas fábricas, la Policía Federal consideraba que no eran un riesgo. Por ejemplo en 1979 circularon en Renault y Thompson Ramco volantes del "Movimiento de

Unidad Mecánicos de SMATA",[47] que recuperaba las tradiciones de la clasista Lista Marrón de 1972-1974, activando desde las bases a los trabajadores para reclamar aumentos salariales, mejores condiciones laborales (sobre todo en lo relativo al aumento de los ritmos de producción), elecciones de delegados de sección y comisiones internas, llamaban a realizar abandonos de tareas, reclamaban la libertad de los presos sin causa ni proceso y —algo muy importante para el período— la aparición de los desaparecidos.[48]

Debido a estas evaluaciones que hacían los servicios de inteligencia, se consideraba que había llegado el momento de normalizar los sindicatos, ya que no había grandes riesgos de acciones directas de las bases obreras. El poder sindical se reactivó desde las cúpulas tradicionales, que durante esos últimos años no habían tenido ninguna actividad pública. En esta coyuntura los documentos de inteligencia registran a aquellos referentes gremiales en diferentes reuniones, tratando de reunificar el movimiento obrero sobre todo a partir de su raigambre peronista. Ya desde 1978 los informantes policiales daban cuenta de encuentros entre Alejo Simó y Mauricio Labat con otros dirigentes sindicales nacionales, con el fin de "aunar criterios que hagan a una mayor cohesión político-gremial y así poder contrarrestar a potenciales opositores en el campo por ellos dirigido".[49] Ambos habían sido los artífices de la "recuperación" ortodoxa de la CGT local con el "Navarrazo", y luego de él habían escalado en la estructura de gobierno provincial.[50] La vinculación de Simó con el poder político le permitió dilatar la intervención de la UOM hasta 1979.[51]

Si bien la mayoría de los sindicatos se encontraban intervenidos, existían otros cuyos representantes habían sido prorrogados en sus mandatos por el Ministerio de Trabajo de la Nación, y que se aglutinaban en la autodenominada "Mesa de Trabajo". Este núcleo fue puesto en jaque después de la jornada nacional de protesta del 27 de abril de 1979, ya que los dirigentes de los sindicatos que adhirieron a la misma, en su mayoría identificados con el peronismo ortodoxo, fueron detenidos por esa declaración y sus mandatos no fueron prorrogados por la seccional local del Ministerio de Trabajo de la Nación.[52] Sin embargo, los reemplazantes fueron nombrados entre los miembros de las respectivas comisiones directivas, y siguieron actuando en la esfera pública.[53] La mayoría de los dirigentes sindicales peronistas de la "Mesa de Trabajo" respondía al núcleo nacional de "los 25", reconocían apoyar al gobierno por la "mensura de sus juicios y decisiones" y se declaraban "nacionalistas y prescindentes de las influencias tanto marxistas como capitalistas".[54] Sus reclamos se circunscribían a lo sectorial: el pedido de normalización de las organizaciones sindicales, de la CGT, la vigencia de la Ley de Convenios Colectivos, la derogación de la Ley de Prescindibilidad, la vigencia de la Ley de Contrato de Trabajo, de Obras Sociales y de Asociaciones Profesionales.[55]

Este nucleamiento se reunía regularmente en la sede del sindicato de la madera de Córdoba cuyo secretario general, luego del reemplazo por la declaración de la huelga de abril de 1979, era Miguel Ángel Correa. Él tenía una larga trayectoria como dirigente del peronismo cordobés, identificado con el sector ortodoxo. Había participado del Cordobazo de 1969 junto a Elpidio Torres y ambos habían sido detenidos y condenados por un Consejo de Guerra. En aquel entonces era secretario general de la CGT de los Argentinos, que en Córdoba tuvo la particularidad de estar formada por los peronistas ortodoxos y los sindicatos independientes. Cuando se reunificó la CGT, en 1970, Elpidio Torres fue elegido delegado regional (representante del peronismo legalista) y Correa fue el subdelegado. Formaba parte de la fracción ortodoxa de las 62 Organizaciones, junto a los metalúrgicos Alejo Simó y Cataldo Cuatrocchi, los taximetristas Mauricio Labat y Carlos Ortiz, Rito María Caro de Construcción, José Tula de Carne, José Oviedo y Héctor Somavilla de Correos, Bernabé Bárcena y Carlos Messa de Molineros, Juan Settembrino de Telefónicos, Luis Peña y Juan Angulo de Perkins, entre otros. Es decir, el núcleo que el día del "Navarrazo" restauró su dominación en la CGT regional para echar a los independientes y no alineados.

En sus memorias, el director de inteligencia de Córdoba capitán Héctor Vergez —hoy condenado por delitos de lesa humanidad—, reconoce que los gremialistas del peronismo ortodoxo fueron quienes más colaboraron en la "lucha contra la subversión". Él asegura que dieron su apoyo "sincero" y "constituían la contrapartida civil del sector militar".[56] Gracias a esa trayectoria y vinculaciones se consideró que eran la mejor opción para encabezar la CGT de Córdoba cuando esta se normalizó en 1981,[57] cuestión que requiere aún una indagación más profunda.

Conclusiones provisorias

Este trabajo presenta avances de una investigación en curso cuyo principal aporte es la revisión exhaustiva de una serie documental inexplorada hasta ahora, consistente en documentación interna producida por los servicios de inteligencia de la Policía Federal Argentina con sede en Córdoba. El análisis de esta serie de testimonios permite comprender el grado de preocupación que significaba para el bloque social dominante el activismo sindical clasista y combativo en las fábricas de Córdoba. También se hace evidente la conjunción entre el cambio de estructura económica —con los ajustes consecuentes sobre el nivel de empleo industrial, de salario y de condiciones laborales—, y la instalación del terrorismo de Estado en términos políticos vinculado a la represión.

A lo largo de este trabajo se indagó sobre las líneas de acción, expresiones identitarias y posiciones políticas de los distintos sectores del movimiento obrero de Córdoba. En ellas se observan una serie de condicionamientos que estuvieron ligados a esos cambios económicos y políticos mencionados que, aunque se produjeron a nivel nacional, en Córdoba presentaban especificidades acordes a los sujetos que interactuaron. En especial por la injerencia de las cúpulas sindicales peronistas ortodoxas, cuya vinculación con el poder político local —ejecutor del terrorismo estatal— se había iniciado desde el "Navarrazo" (1974). Gracias a esa posición lograron postergar las intervenciones en sus sindicatos, dejando un margen de acción y mediación bastante amplio en comparación con los dirigentes clasistas y combativos que habían quedado fuera de las estructuras sindicales desde 1974. A estos sectores les resultaba muy beneficiosa la tarea que había ejecutado el Estado de "limpiar" las fábricas de los sectores del activismo vinculados al clasismo, tarea en la que colaboraron activamente. Aquellos sectores identificados con el clasismo y prácticas combativas continuaron en actividad durante todo el período, aunque sus modalidades de acción fueron transformándose de acuerdo a las posibilidades que la estructura represiva permitía. Hasta 1978 fueron considerados un peligro por parte de las fuerzas represivas, tal como se demuestra en la documentación analizada. Pero desde 1979, sus interpretaciones sobre el fenómeno consideraban que el "peligro izquierdista" había terminado, y se abrieron las puertas a la normalización sindical que tuvo, como único protagonista legitimado, a los dirigentes peronistas ortodoxos.

Notas

1. Waldo Ansaldi y Verónica Giordano, coords., *América Latina: tiempos de violencias* (Buenos Aires: Ariel, 2014), 17-20.

2. *Nunca Más, Informe, Comisión Nacional sobre la Desaparición de Personas* (CONADEP) (Buenos Aires: Eudeba, 1984), 375; *Informe Comisión Nacional sobre*

la Desaparición de Personas (CONADEP) delegación Córdoba (Córdoba, 1984), 109.

3. María Laura Ortiz, *Con los vientos del Cordobazo. Los trabajadores clasistas en tiempos de violencia y represión* (Córdoba: Ed. Universidad Nacional de Córdoba, 2019), 352-406.

4. Pablo Pozzi, "Para continuar con la polémica sobre la lucha armada", *Lucha Armada en la Argentina 2* (2006): 44-53.

5. Juan Besse et al., *Memoria y trabajadores* (Buenos Aires: Universidad Nacional de Lanús, 2013).

6. Eduardo Basualdo, "La reestructuración de la economía argentina durante las últimas décadas de la sustitución de importaciones a la valorización financiera", en *Neoliberalismo y sectores dominantes. Tendencias globales y experiencias nacionales*, ed. por Eduardo Basualdo y Enrique Arceo (Buenos Aires: CLACSO, 2006), 123-77.

7. Victoria Basualdo, "Complicidad patronal-militar en la última dictadura argentina. Los casos de Acindar, Astarsa, Dálmine, Siderca, Ford, Ledesma y Mercedes Benz", *Engranajes*, suplemento especial (2006), http://comisionporlamemoria.net/bibliografia2012/Dictadura/Basualdo.pdf; Daniel Cieza, *El componente antisindical del terrorismo de Estado* (Buenos Aires: Ministerio de Justicia y Derechos Humanos de la Nación, 2012); Daniel Dicósimo, "Represión estatal, violencia y relaciones laborales durante la última dictadura militar en la Argentina", *Contenciosa* 1, n° 1 (2013): 1-16; Bruno Nápoli, M. Celeste Perosino y Walter Bosisio, *La dictadura del capital financiero. El golpe militar corporativo y la trama bursátil* (Buenos Aires: Ediciones Continente, 2014).

8. María Laura Ortiz, "La represión al clasismo en Córdoba: transformaciones coyunturales y continuidades estructurales (1969-1976)", en *América Latina. Violencia en la historia*, comp. por Igor Goicovic y Jacqueline Vasallo (Valparaíso: Editorial América en Movimiento, 2018), 97-115.

9. Vid. María Matilde Ollier, *El fenómeno insurreccional y la cultura política (1969-1973)* (Buenos Aires: CEAL, 1986), 9-12; María Cristina Tortti, "Protesta social y 'nueva izquierda' en la Argentina del 'Gran Acuerdo Nacional'", *Taller 6* (1998): 11-39.

10. Domingo Bizzi, Secretario adjunto SiTraC y militante del PRT, entrevista realizada por Laura Ortiz en Córdoba el 21 de diciembre de 2010; Susana Fiorito, secretaria SiTraC, entrevista realizada por Rubén Kotler en Córdoba el 21 de noviembre de 2010; Carlos Masera, Secretario general del SiTraC, entrevista realizada por Laura Ortiz en Córdoba el 14 de diciembre de 2010; Roberto Nágera, delegado de Transax, miembro de la Comisión Directiva de SMATA y delegado paritario, integrante del Movimiento de Recuperación Sindical y Lista Marrón del SMATA,

militante de Vanguardia Comunista, entrevista realizada por Laura Ortiz en Córdoba el 16 de junio de 2010.

11. Ortiz, *Con los vientos...*, 199-383.

12. El "Navarrazo" fue un golpe de Estado provincial iniciado por el Jefe de la Policía provincial, Teniente Coronel (re) Antonio Domingo Navarro, quien derrocó al gobierno de Córdoba que había sido elegido democráticamente diez meses antes. Vid. Alicia Servetto, *De la Córdoba combativa a la Córdoba militarizada, 1973-1976* (Córdoba: Ferreyra editor, 1998).

13. A fines de la década del sesenta, los ortodoxos se definieron así para remarcar su adhesión intransigente a los principios peronistas y distinguirse del sector legalista, más dispuesto a la negociación con el Estado y a competir por el liderazgo de Perón. Defendían el verticalismo como única forma de dar fidelidad incondicional a Juan Domingo Perón. Los legalistas se identificaban con una postura más progresista y, aunque también defendían la lealtad a Perón, cuestionaban la verticalidad a ultranza. Vid. James Brennan y Mónica Gordillo, *Córdoba rebelde. El Cordobazo, el clasismo y la movilización social* (Buenos Aires: Ed. De la Campana, 2008), 34-47. Con el tiempo el sindicalismo ortodoxo se convirtió en sinónimo de contrarrevolucionario, sobre todo por sus vinculaciones con los comandos parapoliciales que operaron en consonancia con el "Navarrazo". Ortiz, *Con los vientos...*, 131-38.

14. Cristina Mateu, "La resistencia obrera, del golpe de 1976 a la entrega menemista", en *Movimiento obrero argentina: aspectos y momentos históricos de la lucha política y sindical*, ed. por Cristina Mateu y Claudio Spieguel (Buenos Aires: Ed. Revista La Marea, 2016), 113-25; Nápoli, Perosino y Bosisio, *La dictadura del capital...*; Martín Schorr, "El poder económico industrial como promotor y beneficiario del proyecto refundacional de la Argentina (1976-1983)", en *Cuentas pendientes: los cómplices económicos de la dictadura*, ed. por Horacio Verbitsky y Juan Pablo Bohoslavsky (Buenos Aires: Siglo XXI, 2013), 275-98. Para una revisión de las distintas series estadísticas sobre las transformaciones en las condiciones materiales de los trabajadores durante el PRN, vid. el capítulo de Juan Pedro Massano y Andrés Cappannini de esta compilación.

15. Consejo Federal de Inversiones, Banco de la Provincia de Córdoba, *Diagnóstico y recomendaciones para el sector metalmecánico de la provincia de Córdoba*. Agosto de 1984, II-41, III-246, III-247.

16. Memorándum (Mem.) de la Policía Federal Argentina (PFA) DGI.cd. 83 "R", Córdoba, 30 de mayo de 1980; Mem. PFA DGI.cd. N° 104 "R", Córdoba, 31 de julio de 1980. Sobre el retroceso en materia de reconocimiento de trabajos insalubres durante el PRN vid. el capítulo de Luciana Zorzoli en esta compilación.

17. Radiograma (Rad.) de PFA DGI.cd. N° 443 S.I., Córdoba, 29 de agosto de 1979; Rad. PFA DGI.cd. N° 445 S.I., Córdoba, 4 de septiembre de 1979.

18. En 1979 el presidente de Renault Argentina en Córdoba, Michel Collin, daba información sobre la mejora en la rentabilidad de la empresa y anunciaba la producción de nuevos modelos de automóviles en condiciones de competir con otros productos importados. En su discurso defendía la apertura del mercado porque, según él, mejoraría la eficiencia local. Rad. PFA DGI.cd. N° 204 S.I., Córdoba, 1 de junio de 1979; Rad. PFA DGI.cd. N° 318 S.I., Córdoba, 20 de julio de 1979.

19. Mem. PFA DGI.cd. N° 104 "R", Córdoba, 31 de julio de 1980. Sobre el proceso de concentración industrial durante este período y cómo afectó a Fiat Córdoba, vid. el capítulo de Marianela Galli de esta compilación.

20. Rad. PFA DGI.cd. N° 889 S.I., Córdoba, 22 de diciembre de 1980.

21. Rad. PFA DGI.cd. N° 642 S.I., Córdoba, 18 de agosto de 1980; Rad. PFA DGI.cd. N° 208 S.I., Córdoba, 23 de marzo de 1981; Rad. PFA DGI.cd. N° 264 S.I., Córdoba, 8 de abril de 1981; Rad. PFA DGI.cd. N° 385 S.I., Córdoba, 28 de mayo de 1981; Rad. PFA DGI.cd. N° 415 S.I., Córdoba, 5 de junio de 1981; Rad. PFA 969 N° 600 S.I., Córdoba, 25 de agosto de 1981; Rad. PFA 969 N° 622 S.I., Córdoba, 1 de septiembre de 1981; Rad. PFA 969 N° 637 S.I., Córdoba, 8 de septiembre de 1981; Rad. PFA 969 N° 757 S.I., Córdoba, 22 de octubre de 1981; Rad. PFA 969 N° 824 S.I., Córdoba, 19 de noviembre de 1981.

22. Documentos desclasificados del archivo de la DIPPBA (Dirección de Inteligencia de la Policía de la Provincia de Buenos Aires), Carpeta SiTraC-SiTraM 1971, Comisión Provincial por la Memoria, La Plata.

23. María Laura Ortiz, "La represión a los trabajadores clasistas y combativos a través del discurso judicial (Córdoba, 1973-1977)", en *Desentrañando pasados, irrumpiendo el presente. Participación, representaciones y conflictos en la historia reciente*, coord. por Alicia Servetto (Córdoba: Ed. Ferreyra, 2019), 79-80.

24. Ortiz, *Con los vientos...*, 288-302.

25. Francisco Delich, "Desmovilización social, reestructuración obrera y cambio sindical", en *El poder militar en la Argentina, 1976-1981*, ed. por Peter Waldmann y Ernesto Garzón Valdés (Buenos Aires: Editorial Galerna, 1983), 101-16.

26. Pablo Pozzi, *La oposición obrera a la dictadura (1976-1982)* (Buenos Aires: Ed. Imago Mundi, 2008 [1988]).

27. Gabriela Águila, *Dictadura, represión y sociedad en Rosario, 1976-1983* (Buenos Aires: Prometeo, 2008); Ivonne Barragán, "Acción obrera durante la última dictadura militar: la represión en una empresa estatal. Astillero Río Santiago (1974-1984)", en *La clase trabajadora argentina en el siglo XX: experiencias de lucha y organización*, coord. por Victoria Basualdo (Buenos Aires: Atuel, 2011), 279-323; Basualdo, "Complicidad patronal-militar..."; Eleonora Bretal, "La época de los militares. Representaciones y clasificaciones de ex-obreros de Swift en torno a la violencia política y estatal", *Sociohistórica 36* (2015), https://www.sociohistorica.fahce

.unlp.edu.ar/article/view/SH2015n36a01; Andrés Carminati, "Experiencias de lucha y resistencia obrera durante la última dictadura militar: el Gran Rosario, 1976-1978", *Avances del CESOR* 9, n° 9 (2012): 33-53, http://www.ishir-conicet.gov.ar/archivos/avances9.pdf; Daniel Dicósimo, "Dirigentes sindicales, racionalización y conflictos durante la última dictadura militar", *Entrepasados 15* (2006): 87-105; Gabriela Gresores, "¿Resistió o no la clase obrera la política dictatorial y sus consecuencias? Algunas discusiones teórico-metodológicas y un caso", *Revista Escuela de Historia 8* (2009); Federico Lorenz, *Algo parecido a la felicidad. Una historia de la lucha de la clase trabajadora durante la década del setenta (1973-1979)* (Buenos Aires: Edhasa, 2013); Alejandro Schneider, "'Ladran Sancho...' Dictadura y clase obrera en la Zona Norte del Gran Buenos Aires", en *De la Revolución Libertadora al menemismo*, ed. por Hernán Camarero, Pablo Pozzi y Alejandro Schneider (Buenos Aires: Imago Mundi, 2000), 203-40; Silvia Simonassi, "'A trabajar y muzzarella'. Prácticas y políticas de disciplinamiento laboral en la industria metalúrgica de Rosario, 1974-1983", *Revista de Historia Regional 25* (2007): 57-82; Luciana Zorzoli, "Elementos para una nueva síntesis en los estudios sobre las organizaciones sindicales argentinas bajo el gobierno militar (1976-1983)", *Millars: Espai i historia 41* (2016), http://repositori.uji.es/xmlui/handle/10234/166732.

28. El acceso a este acervo se realizó en el Archivo Provincial de la Memoria de Córdoba (APM) que resguarda copias digitales del corpus. Debido a la confidencialidad de esta documentación, no se citarán nombres propios ni datos que puedan afectar la vida de las personas implicadas.

29. Rad. PFA DGI.cd N° 161 S.I., Córdoba, 13 de abril de 1976; Rad. PFA DGI.cd N° 559 S.I., Córdoba, 19 de diciembre de 1978; Rad. PFA DGI.cd. N° 23 S.I., Córdoba, 19 de enero de 1979; Rad. PFA DGI.cd N° 115 S.I., Córdoba, 31 de marzo de 1979, Mem. PFA DGI.cd N° 83 "R", Córdoba, 30 de mayo de 1980.

30. Mem. PFA DGI.cd N° 41 "R", Córdoba, c. abril 1976; Rad. PFA DGI.cd N° 157 S.I., Córdoba, 10 de abril de 1976; Rad. PFA DGI.cd N° 1008 S.I., Córdoba, 14 de diciembre de 1976; Rad. PFA DGI.cd N° 369 S.I., Córdoba, 11 de mayo de 1977; Mem. PFA DGI.cd N° 207 "R", Córdoba, 17 de diciembre de 1978.

31. Rad. PFA DGI.cd N° 157 S.I., Córdoba, 10 de abril de 1976; Rad. PFA DGI.cd N° 188 S.I., Córdoba, 22 de abril de 1976; Rad. PFA DGI.cd N° 216 S.I., Córdoba 5 de mayo de 1976; Rad. PFA DGI.cd N° 743 S.I., Córdoba, 5 de octubre de 1976; Rad. PFA DGI.cd N° 813 S.I., Córdoba, 19 de octubre de 1976; Rad. PFA DGI.cd N° 923 S.I., Córdoba, 12 de noviembre de 1976; Mem. PFA DGI.cd N° 235 "R", Córdoba, 23 de noviembre de 1976; Mem. PFA DGI.cd N° 253 "R", Córdoba, 21 de diciembre de 1976; Rad. PFA DGI.cd N° 60 S.I., Córdoba, 28 de enero de 1932.77; Rad. PFA DGI.cd N° 161 S.I., Córdoba, 8 de marzo de 1977; Rad. PFA DGI.cd N° 261 S.I., Córdoba, 4 de abril de 1977; Rad. PFA DGI.cd N° 647 S.I.,

Córdoba, 28 de julio de 1977; Rad. PFA DGI.cd N° 895 S.I., Córdoba, 6 de octubre de 1977.

32. Rad. PFA DGI.cd. N° 529 S.I., Córdoba, 9 de octubre de 1979; Rad. PFA DGI.cd. N° 564, Córdoba, 22 de octubre de 1979; Rad. PFA DGI.cd. N° 599 S.I., Córdoba, 5 de noviembre de 1979, Rad. PFA DGI.cd. N° 658, Córdoba, 20 de noviembre de 1979; Mem. PFA DGI.cd. 83 "R", Córdoba, 30 de mayo de 1980.

33. Por esto se generó la forma de "trabajo a hambre", que consistió en boicots a los comedores de fábrica ante los aumentos de los precios, no solo de los internos de la fábrica sino que también se hacía extensivo a los aumentos de la "canasta familiar". Rad. PFA DGI.cd N° 216 S.I., Córdoba, 5 de mayo de 1976; Mem. PFA DGI.cd N° 80 "R", Córdoba, 26 de mayo de 1976; Rad. PFA DGI.cd N° 538 S.I., Córdoba, 12 de agosto de 1976, Rad. PFA DGI.cd N° 523 S.I., Córdoba, 29 de junio de 1977; Rad. PFA DGI.cd N° 762 S.I., Córdoba, 31 de agosto de 1977; Rad. PFA DGI.cd N° 560 S.I., Córdoba, 22 de octubre de 1979.

34. Rad. PFA DGI.cd N° 216 S.I., Córdoba, 5 de mayo de 1976; Mem. PFA DGI.cd N° 83 "R", Córdoba, 2 de junio de 1976; Rad. PFA DGI.cd N° 262 S.I., Córdoba, 5 de abril de 1977; Rad. PFA DGI.cd N° 301 S.I., Córdoba, 15 de abril de 1977; Rad. PFA DGI.cd N° 568 S.I., Córdoba, 8 de julio de 1977; Rad. PFA DGI.cd N° 626 S.I., Córdoba, 22 de julio de 1977.

35. Rad. PFA DGI.cd N° 44 S.I., Córdoba, 21 de enero de 1977.

36. UOM: Unión Obrera Metalúrgica. Rad. PFA DGI.cd N° 651 S.I., Córdoba, 9 de septiembre de 1976; Rad. PFA DGI.cd N° 661 S.I., Córdoba, 15 de septiembre de 1976; Rad. PFA DGI.cd N° 760 S.I., Córdoba, 7 de octubre de 1976; Rad. PFA DGI.cd N° 972 S.I., Córdoba, 26 de noviembre de 1976; Rad. PFA DGI.cd N° 999 S.I., Córdoba, 7 de diciembre de 1976.

37. Jorge Argañaraz, obrero de Fiat y militante de Montoneros y CGT en la Resistencia, entrevista realizada por Laura Ortiz en Córdoba el 9 de mayo de 2015.

38. La zona de Ferreyra, ubicada al sudeste de la ciudad, se centraba en las plantas de Fiat y otras fábricas de menor tamaño como la planta de Motores Diesel Livianos-Perkins, las autopartistas Thompson Ramco y Luján Hermanos, las plantas de caucho Rubber, Goma Cord y Armando López, las metalúrgicas Tubos Transelectric y Rubol. La conexión con los barrios circundantes, identificados con una población obrera, permitió la articulación de los descontentos, evidenciado en la rebelión popular sucedida en marzo de 1971 y conocida como "Ferreyrazo" que derivó en el "Viborazo" unos días después.

39. Alejo Simó fue secretario general de la UOM y entre 1974 y 1976 fue el delegado regional del Ministerio de Trabajo. Era uno de los principales referentes del sindicalismo peronista ortodoxo. Jorge Rafael Videla fue el primer presidente de la Junta de Comandantes del gobierno militar. Rad. PFA DGI.cd N° 187 S.I.,

Córdoba, 22 de abril de 1976; Rad. PFA DGI.cd N° 311 S.I., Córdoba, 4 de junio de 1976; Rad. PFA DGI.cd N° 566 S.I., Córdoba, 20 de agosto de 1976; Rad. PFA DGI.cd N° 625 S.I., Córdoba, 3 de septiembre de 1976; Rad. PFA DGI.cd N° 666 S.I., Córdoba, 18 de septiembre de 1976; Mem. PFA DGI.cd N° 216 "R", Córdoba, 12 de octubre de 1976; Rad. PFA DGI.cd N° 830 S.I., Córdoba, 22 de octubre de 1976; Rad. PFA DGI.cd N° 200 S.I., Córdoba, 22 de marzo de 1977; Rad. PFA DGI.cd N° 259 S.I., Córdoba, 4 de abril de 1977; Rad. PFA DGI.cd. 115 S.I., Córdoba, 31 de marzo de 1979.

40. Rad. PFA DGI.cd N° 657 S.I., Córdoba, 20 de agosto de 1976; Mem. PFA DGI.cd N° 235 "R", Córdoba, 23 de noviembre de 1976; Rad. PFA DGI.cd N° 1011 S.I., Córdoba, 14 de diciembre de 1976; Rad. PFA DGI.cd N° 256 S.I., Córdoba, 4 de abril de 1977; Rad. PFA DGI.cd N° 355 S.I., Córdoba, 5 de mayo de 1977; Rad. PFA DGI.cd N° 398 S.I., Córdoba, 18 de mayo de 1977; Rad. PFA DGI.cd N° 437 S.I., Córdoba, 27 de mayo de 1977; Rad. PFA DGI.cd N° 471 S.I., Córdoba, 9 de junio de 1977; Rad. PFA DGI.cd N° 116 S.I., Córdoba, 10 de febrero de 1978; Rad. PFA DGI.cd N° 431 S.I., Córdoba, 7 de septiembre de 1978; Rad. PFA DGI.cd N° 475 S.I., Córdoba, 6 de octubre de 1978.

41. Jorge Torriglia y Lilia Fracaroli, *Una ruta al hombre nuevo. Memorias de luchas y conquistas del Sindicato de Perkins en los '70, en las voces de sus protagonistas* (Córdoba: Ed. Del Pasaje, 2016).

42. Rad. PFA DGI.cd N° 911 S.I., Córdoba, 11 de noviembre de 1976.

43. Daniel Dicósimo, "La resistencia de los trabajadores a la última dictadura militar. Un aporte a su conceptualización", *Avances del CESOR* 12 (2015): 71-93, http://web2.rosario-conicet.gov.ar/ojs/index.php/AvancesCesor/index.

44. Pozzi, *La oposición obrera...*, 74-87.

45. Mem. PFA DGI.cd. N° 1 "R", Córdoba, 4 de enero de 1976.

46. Rad. PFA DGI.cd. N° 38 S.I., Córdoba, 5 de febrero de 1979.

47. Rad. PFA DGI.cd. N° 443 S.I., Córdoba, 3 de septiembre de 1979.

48. Rad. PFA DGI.cd. N° 355 S.I., Córdoba, 2 de agosto de 1979; Rad. PFA DGI.cd. N° 404 S.I., Córdoba, 16 de agosto de 1979.

49. Rad. PFA DGI.cd. N° 394 S.I., Córdoba, 3 de agosto de 1978.

50. Ortiz, *Con los vientos...*, 130-33.

51. Rad. PFA DGI.cd. N° 268, Córdoba, 29 de junio de 1979; Rad. PFA DGI.cd. N° 279 S.I., Córdoba, 3 de julio de 1979.

52. Entre estos sindicatos se encontraban representantes de AOMA, AOITA, ATSA, ALECyT, Aguas Gaseosas, Alimentación, Camioneros, Caucho, Calzado, Cuero, Farmacia, Cerveceros, Mosaístas, Molineros, Madera, Fideeros, Pintura, Panaderos, Pasteleros, SMATA, Televisión, Telefónicos, Vidrios, SEP, UTA. Rad. PFA DGI.cd. N° 366 S.I., Córdoba, 6 de agosto de 1979; Rad. PFA DGI.cd. N°

443 S.I., Córdoba, 3 de septiembre de 1979. Para un análisis sobre la organización, el desarrollo y las repercusiones de la Jornada de Protesta Nacional del 27 de abril de 1979 en Buenos Aires vid. el capítulo de Mariana Stoler en esta compilación.

53. Por ejemplo, algunos de esos representantes fueron de los pocos que se reunieron con el Almirante (RE) Emilio Massera en su visita por Córdoba en 1979, luego de haber sido parte de la Junta de Comandantes del PRN. Rad. PFA DGI.cd. N° 421, Córdoba, 27 de agosto de 1979.

54. Rad. PFA DGI.cd. N° 76 S.I., Córdoba, 7 de enero de 1979.

55. Rad. PFA DGI.cd. N° 71 S.I., Córdoba, 5 de marzo de 1979.

56. Héctor Vergez, *Yo fui Vargas. El antiterrorismo por dentro* (Buenos Aires: Edición del autor, 1995), 125.

57. Rad. PFA DGI.cd. N° 175 S.I., Córdoba, 11 de marzo de 1981.

Bibliografía

Águila, Gabriela. *Dictadura, represión y sociedad en Rosario, 1976-1983*. Buenos Aires: Prometeo, 2008.

Ansaldi, Waldo, y Verónica Giordano, coords. *América Latina: tiempos de violencias*. Buenos Aires: Ariel, 2014.

Barragán, Ivonne. "Acción obrera durante la última dictadura militar: la represión en una empresa estatal. Astillero Río Santiago (1974-1984)". En *La clase trabajadora argentina en el siglo XX: experiencias de lucha y organización*, coordinado por Victoria Basualdo, 279-323. Buenos Aires: Atuel, 2011.

Basualdo, Eduardo. "La reestructuración de la economía argentina durante las últimas décadas de la sustitución de importaciones a la valorización financiera". En *Neoliberalismo y sectores dominantes. Tendencias globales y experiencias nacionales,* editado por Eduardo Basualdo y Enrique Arceo, 123-77. Buenos Aires: CLACSO, 2006.

Basualdo, Victoria. "Complicidad patronal-militar en la última dictadura argentina. Los casos de Acindar, Astarsa, Dálmine, Siderca, Ford, Ledesma y Mercedes Benz". *Engranajes,* suplemento especial (2006). http://comisionporlamemoria.net/bibliografia2012/Dictadura/Basualdo.pdf.

Besse, Juan et al., *Memoria y trabajadores*. Buenos Aires: Universidad Nacional de Lanús, 2013.

Brennan, James, y Mónica Gordillo. *Córdoba rebelde. El Cordobazo, el clasismo y la movilización social*. Buenos Aires: Ed. De la Campana, 2008.

Bretal, Eleonora. "La época de los militares. Representaciones y clasificaciones de ex-obreros de Swift en torno a la violencia política y estatal". *Sociohistórica* 36 (2015). https://www.sociohistorica.fahce.unlp.edu.ar/article/view/SH2015n36a01.

Carminati, Andrés. "Experiencias de lucha y resistencia obrera durante la última dictadura militar: el Gran Rosario, 1976-1978". *Avances del CESOR* 9, n° 9 (2012): 33-53. http://www.ishir-conicet.gov.ar/archivos/avances9.pdf.

Cieza, Daniel. *El componente antisindical del terrorismo de Estado*. Buenos Aires: Ministerio de Justicia y Derechos Humanos de la Nación, 2012.

Comisión Nacional sobre la Desaparición de Personas (CONADEP). *Nunca Más, Informe*. Buenos Aires: Eudeba, 1984.

Comisión Nacional sobre la Desaparición de Personas (CONADEP) delegación Córdoba. *Informe*. Córdoba, 1984.

Delich, Francisco. "Desmovilización social, reestructuración obrera y cambio sindical". En *El Poder militar en la Argentina, 1976-1981*, editado por Peter Waldmann y Ernesto Garzón Valdés, 101-16. Buenos Aires: Editorial Galerna, 1983.

Dicósimo, Daniel. "Dirigentes sindicales, racionalización y conflictos durante la última dictadura militar". *Entrepasados 15* (2006): 87-105.

———. "Represión estatal, violencia y relaciones laborales durante la última dictadura militar en la Argentina". *Contenciosa* 1, n° 1 (2013): 1-16.

———. "La resistencia de los trabajadores a la última dictadura militar. Un aporte a su conceptualización". *Avances del CESOR* 12 (2015): 71-93. http://web2.rosario-conicet.gov.ar/ojs/index.php/AvancesCesor/index.

Gresores, Gabriela. "¿Resistió o no la clase obrera la política dictatorial y sus consecuencias? Algunas discusiones teórico-metodológicas y un caso". *Revista Escuela de Historia 8* (2009).

Lorenz, Federico. *Algo parecido a la felicidad. Una historia de la lucha de la clase trabajadora durante la década del setenta (1973-1979)*. Buenos Aires: Edhasa, 2013.

Mateu, Cristina. "La resistencia obrera, del golpe de 1976 a la entrega menemista". En *Movimiento obrero argentina: aspectos y momentos históricos de la lucha política y sindical*, editado por Cristina Mateu y Claudio Spieguel, 113-25. Buenos Aires: Ed. Revista La Marea, 2016.

Nápoli, Bruno, M. Celeste Perosino y Walter Bosisio. *La dictadura del capital financiero. El golpe militar corporativo y la trama bursátil*. Buenos Aires: Ediciones Continente, 2014.

Ollier, María Matilde. *El fenómeno insurreccional y la cultura política (1969-1973)*. Buenos Aires: CEAL, 1986.

Ortiz, María Laura. *Con los vientos del Cordobazo. Los trabajadores clasistas en tiempos de violencia y represión*. Córdoba: Ed. Universidad Nacional de Córdoba, 2019.

———. "La represión al clasismo en Córdoba: transformaciones coyunturales y continuidades estructurales (1969-1976)". En *América Latina. Violencia en la historia,* compilado por Igor Goicovic y Jacqueline Vasallo, 97-115. Valparaíso: Editorial América en Movimiento, 2018.

———. "La represión a los trabajadores clasistas y combativos a través del discurso judicial (Córdoba, 1973-1977)". En *Desentrañando pasados, irrumpiendo el presente. Participación, representaciones y conflictos en la historia reciente,* coordinado por Alicia Servetto, 61-86. Córdoba: Ed. Ferreyra, 2019.

Pozzi, Pablo. "Para continuar con la polémica sobre la lucha armada". *Lucha Armada en la Argentina* 2 (2006): 44-53.

———. *La oposición obrera a la dictadura (1976-1982).* Buenos Aires: Ed. Imago Mundi, 2008 [1988].

Schneider, Alejandro. "'Ladran Sancho...; Dictadura y clase obrera en la Zona Norte del Gran Buenos Aires". En *De la Revolución Libertadora al menemismo,* editado por Hernán Camarero, Pablo Pozzi y Alejandro Schneider, 203-40. Buenos Aires: Imago Mundi, 2000.

Schorr, Martín. "El poder económico industrial como promotor y beneficiario del proyecto refundacional de la Argentina (1976-1983)". En *Cuentas pendientes: los cómplices económicos de la dictadura,* editado por Horacio Verbitsky y Juan Pablo Bohoslavsky, 275-98. Buenos Aires: Siglo XXI, 2013.

Servetto, Alicia. *De la Córdoba combativa a la Córdoba militarizada, 1973-1976.* Córdoba: Ferreyra editor, 1998.

Simonassi, Silvia. "'A trabajar y muzzarella'. Prácticas y políticas de disciplinamiento laboral en la industria metalúrgica de Rosario, 1974-1983". *Revista de Historia Regional* 25 (2007): 57-82.

Torriglia, Jorge, y Lilia Fracaroli. *Una ruta al hombre nuevo. Memorias de luchas y conquistas del Sindicato de Perkins en los '70, en las voces de sus protagonistas.* Córdoba: Ed. Del Pasaje, 2016.

Tortti, María Cristina. "Protesta social y 'nueva izquierda' en la Argentina del 'Gran Acuerdo Nacional'". *Taller* 6 (1998): 11-39.

Vergez, Héctor. *Yo fui Vargas. El antiterrorismo por dentro.* Buenos Aires: Edición del autor, 1995.

Zorzoli, Luciana. "Elementos para una nueva síntesis en los estudios sobre las organizaciones sindicales argentinas bajo el gobierno militar (1976-1983)". *Millars: Espai i historia* 41 (2016). http://repositori.uji.es/xmlui/handle/10234/166732.

CAPÍTULO 4

Industria automotriz, procesos de trabajo, conflictividades y represión contra trabajadores en las fábricas de Fiat Córdoba en Argentina durante los años setenta

Marianela Galli
FLASCO

Introducción

EN ESTE CAPÍTULO BUSCAREMOS reflexionar de qué manera se vinculan las transformaciones económicas y productivas ocurridas en la industria automotriz durante los años setenta con la agudización de las conflictividades entre el capital-trabajo que culminaron con la escalada de persecución y represión contra los trabajadores y sus organizaciones a partir del estudio de caso de la fábrica Fiat Argentina ubicada en Córdoba, Argentina. Partimos de la premisa que el proceso represivo constituyó el eslabón más violento y terrorífico de la escalada de conflictividad y alcanzó su punto más álgido con la última dictadura militar en Argentina (1976-1983). Con la llegada de los militares al poder político, el gobierno avanzó con una serie de cambios estructurales en materia económica, política y sindical que dieron pie a una nueva etapa del proceso de acumulación del capital basado en la valorización financiera que fue articulándose con la represión y el terror desatado contra miles de trabajadores, militantes políticos y gremiales y estudiantes.

En particular, nuestro foco estará puesto en desentrañar los actores, las estrategias y las dinámicas represivas de la alianza militar-empresarial, entre Fiat y las Fuerzas Armadas que, según los hallazgos provistos por el *Informe de responsabilidad empresarial en delitos de lesa humanidad. Represión a trabajadores durante el terrorismo de Estado*, es responsable de la detención y desaparición de al menos ciento dieciocho trabajadores y delegados gremiales de los centros fabriles de Fiat de todo el país.[1] Asimismo, examinaremos específicamente el grado de involucramiento y participación empresarial en la represión contra los trabajadores y activistas sindicales de las tres plantas fabriles cordobesas durante la dictadura militar.

Nuestra exposición se organiza a partir de dos apartados. En una primera parte, indagaremos sobre el proceso de reconversión de la rama automotriz en Argentina que, dentro de nuestro límite temporal, se caracterizó por seguir una tendencia hacia la concentración y centralización del capital donde observaremos que determinadas compañías, entre ellas Fiat, fueron más favorecidas que otras constituyéndose un mercado oligopólico de capital extranjero. Asimismo, señalaremos como la empresa de capitales italianos llevó adelante diferentes restructuraciones con el objetivo de incrementar su rentabilidad a través de estrategias financieras acordes con el nuevo patrón de valorización financiera instaurado durante la dictadura.

En un segundo apartado, pondremos en diálogo algunos de los cambios productivos y de organización del trabajo impuestos por la gerencia de la Fiat con el ascenso de un colectivo de trabajadores de base, aglutinados en la corriente sindical clasista y combativa, a las direcciones sindicales de SITRAC-SITRAM, lo que da inicio a una etapa de alta conflictividad y resistencia obrera en los albores de los años setenta donde los trabajadores sufrirán una fuerte persecución y represión hasta el final de la dictadura. En ese sentido, nos preguntamos: ¿cuándo es posible identificar el origen de la alianza represiva entre la empresa y las fuerzas armadas? ¿Qué intereses comunes compartían? ¿Cuáles fueron las dinámicas represivas que utilizaron para atentar contra los trabajadores y activistas gremiales? Y, ¿de qué manera esta alianza se potencia con la llegada del golpe militar?

La investigación está fundada en el análisis de documentos provenientes de diferentes fuentes archivísticas, principalmente del Archivo Provincial de la Memoria de Córdoba; el Archivo Nacional de la Memoria, institución dependiente de la Secretaría de Derechos Humanos del Ministerio de Justicia y Derechos Humanos de la Nación; y el Archivo Digital de SITRAC del Centro de

Estudios e Investigación en Ciencias Sociales (CEICS). Entre las fuentes orales, recuperamos las voces de los trabajadores, activistas sindicales, familiares de las víctimas y militantes políticos sobrevivientes que prestaron testimonio en diversas causas judiciales en el marco del proceso de juzgamiento por delitos de lesa humanidad y resultaron ser claves para comprender la conexión entre el proceso de conflictividad y el represivo. Asimismo, se realizaron entrevistas a ex trabajadores y se consultaron biografías de delegados sindicales de la Fiat que aparecen en diversas publicaciones e investigaciones.

Primera parte. La industria automotriz y los patrones de acumulación en Argentina: hacia un proceso de concentración y centralización del capital

En el marco de un proceso de integración mundial de la producción automotriz como una extensión lógica de la tendencia hacia la diversificación de las fuentes de abastecimiento,[2] grandes firmas transnacionales automotrices desembarcaron en Argentina entre los últimos años de la década del cincuenta y primeros de los sesenta, atraídas por una serie de leyes y políticas de promoción industrial y de inversión extranjera afines a la segunda etapa de Industrialización por Sustitución de Importaciones (ISI) bajo el gobierno de Arturo Frondizi.[3] Las empresas instalaron sus centros fabriles principalmente en los alrededores de las provincias de Córdoba y Buenos Aires, constituyendo dos epicentros del complejo industrial automotor y de las industrias derivadas tales como la autopartista. A la existente empresa estatal Industrias Aeronáuticas y Mecánicas del Estado (IAME S.A.), creada en 1952 bajo el gobierno peronista con el objetivo de promover una industria automotriz integrada de manera local, se radicaron en un primer momento las firmas extranjeras Kaiser, Fiat, Borgward y Mercedes Benz y, en un segundo momento, arribarían las transnacionales norteamericanas Ford, Chrysler, General Motors y las europeas Citröen, Renault y Peugeot. Fiat compró a IAME su fábrica de tractores instalada en la zona de Ferreyra, Córdoba en el año 1954, donde levantó sus tres establecimientos —Concord, Materfer y Grandes Motores Diesel (GMD)—. En torno a ella y a otras grandes empresas como Industrias Kaiser Argentina (IKA), se erigieron un conglomerado de fábricas y pequeños y medianos talleres para proveer auto partes y accesorios a los grandes complejos industriales.

Con el transcurso del tiempo, la industria automotriz se consolidó como una rama dinámica, con una fuerte presencia y participación del capital extranjero monopolista que producía a gran escala y empleaba a uno de cada diecinueve argentinos trabajadores.[4] La primera crisis que atraviesa el sector automotriz se inicia en 1966, año del golpe militar encabezado por el Gral. Onganía, y luego atraviesa una fase descendente hasta 1968, caracterizada por despidos masivos en todas las fábricas. Durante ese lapso, Fiat cesó a 736 obreros, que representaban un 28% de su total de mano de obra al iniciarse los licenciamientos, sin embargo, estos despidos no estaban relacionados únicamente con una caída en su producción sino también con un proceso de reorientación productiva de la firma que se centró en la fabricación de su línea de autos chicos y reorganizó su estructura fabril.[5]

En el marco de un escenario nacional de alta conflictividad y levantamientos populares siendo el más significativo, el Cordobazo de mayo de 1969, llegamos a los años setenta donde la situación de la industria automotriz mundial atravesaba una crisis de sobreproducción que se trasladaba a los países periféricos supeditados a las cadenas productivas y comerciales de Estados Unidos y Europa. En Argentina, esta crisis internacional confluyó con las dificultades que atravesaba la segunda etapa de la ISI relacionadas con la propia organización industrial como la escala reducida de las plantas, la falta de subcontratación y de proveedores especializados, la escasa competitividad internacional, entre otros.[6] Al momento de producirse el golpe militar del 24 de marzo de 1976, diez terminales (nueve transnacionales y una estatal) se disputaban la producción del país. Las mayores productoras eran Fiat, Ford, Mercedes Benz y Renault a las que le seguían Chrysler, Safrar, Citröen y General Motors. La fuerte caída de la actividad industrial y la apuesta por un modelo de valorización financiera impulsado por el gobierno de la dictadura, a partir de la reforma financiera de 1977, provocó el cierre de plantas fabriles, fusiones, estrategias de rentabilidad no enfocadas en la producción, aumento de las inversiones financieras y un recorrido con bruscas oscilaciones en las variables productivas. El primer trimestre de 1978 fue crítico para la actividad industrial con una caída de la producción de un 18% (en términos de su volumen físico) y un descenso de la ocupación de un 10,5%.[7] En ese marco General Motors decidió cerrar sus plantas e irse del país. Por el contrario, Fiat logró subsistir gracias a las relaciones comerciales y militares entre los altos directivos de la casa matriz y la Junta Militar[8] y a costa de la persecución y represión contra obreros, de despidos masivos y cierre de plantas como la de tractores en Sauce Viejo, Santa Fe.

En 1979 el gobierno de la dictadura creó un nuevo Régimen Especial para la Industria Automotriz que expresaba nuevas reglas de juego para el sector. Básicamente, estas consistieron en la eliminación de las restricciones a la importación de automóviles y la reducción de las exigencias sobre el contenido mínimo de fabricación local provocando un aumento de las importaciones permitidas de autopartes componentes del 4% al 12%, combinado con una disminución creciente de los aranceles del 85% en 1977 a 45% en 1980.[9]

Según la serie de datos estadísticos anuales elaborado por la Asociación de Fabricantes Automotores (ADEFA), la producción de 1983 (el último año de la dictadura) fue de 159.876 unidades, de los cuales 128.962 fueron automóviles y 30.914 vehículos comerciales, reflejando una disminución de la producción de un 66% respecto a los datos de 1975. La ocupación directa a finales de diciembre de 1983 era de 23.449 trabajadores, representando una caída de 42,9% respecto a 1975 y las horas-obreros trabajadas alcanzaron los 31,9 millones, casi la mitad que en 1975. Esta caída de la tasa de empleo se conjugó con un aumento notorio de productividad, que entre 1979 y 1984 se ubicó 1,5 puntos arriba respecto al período precedente: mientras que en 1976 cada obrero producía 3,87 unidades, en 1983 la relación era de 6,82.[10]

De las diez terminales automotrices quedaron solo cuatro reflejándose, de esa manera, un proceso de concentración y centralización del capital en la rama con consecuencias hasta el presente. La antigua empresa estatal Industrias Mecánicas del Estado S.A. (antes llamada IAME S.A.) fue cerrada y más de 2.000 operarios despedidos mientras que, en el sector privado, ya habían retirado su producción local General Motors, Citroën, Peugeot (que cede su licencia a Fiat) y Chrysler (que vendió su planta a Volkswagen y se instaló en el país por su estrategia de integración con Brasil). Las otras terminales automotrices que quedaron en el país (Ford, Fiat, Mercedes Benz y Renault) acapararon sus cuotas de mercado pero, a su vez, iniciaron profundos procesos de reestructuración en materia económica, productiva y financiera.[11] Una vez que absorbió a Peugeot, Fiat inició un proceso de reestructuración para reducir la estructura de la empresa que continuó incluso bajo su nueva denominación de SEVEL S.A. y la operación de venta del 85% del paquete accionario al grupo local SOCMA S.A. perteneciente a la familia Macri finalizada en 1982.[12] En esa línea, Schvarzer destacó que este proceso de reestructuración tuvo como principal objetivo lograr un incremento notable de la productividad.

Fiat disponía hacia 1980 de siete plantas, catorce mil puestos de trabajo y una capacidad acumulada cercana a los sesenta mil vehículos anuales.

Además, absorbió la planta Peugeot que le dejó sus licencias y marcas. Poco después la mayoría de las acciones de la empresa fueron vendidas a un grupo local al cual Fiat Internacional le cedió licencias técnicas y el uso de la marca. La nueva empresa se denominó SEVEL S.A. y el cambio de nombre y de dirigencia abrió paso a una restructuración con cierre de plantas y esfuerzos para mejorar la eficiencia fabril; con inversiones de treinta millones de dólares por año se logró que la productividad creciera a un ritmo de 15% anual. En 1988, Sevel retenía solo tres plantas y ocupaba seis mil personas; de ese modo, de cuatro unidades por cada trabajador armadas en 1980-81 había pasado a 11,5 en 1987-88.[13]

Para los trabajadores que siguieron en la empresa, algunos de estos cambios impactaron de manera negativa en su situación laboral. Muchos de ellos fueron altamente perjudicados en distintos aspectos. Por ejemplo, sufrieron la pérdida de años de antigüedad (al pasar a una empresa con una nueva integración societaria) y también padecieron dificultades cuando llevaron diversos reclamos ante la justicia laboral por discapacidades originadas en el trabajo por esa misma razón, la "desaparición" de la empresa contra la que se litigaba judicialmente.

Las principales automotrices adecuaron sus negocios al nuevo patrón de acumulación, instaurado durante la dictadura, que impuso como eje central a la valorización financiera.[14] De esa manera, sus tasas de ganancias se multiplicaron producto de complejas operaciones financieras así como también el total o parte de sus pasivos fueron condonados por el proceso de estatización de deudas del sector privado ideado por Domingo Cavallo.[15] Bajo esta lógica, Fiat recibió varios préstamos en dólares provenientes del exterior por medio de operaciones bancarias entre empresas propias y otras del grupo Macri.[16] Según investigaciones económicas, Fiat formó parte de los cincuenta grupos económicos con mayor deuda externa privada del país habiendo representado un 42.4% de la deuda privada total.[17]

Segunda parte. Procesos productivos, conflictividades y dinámicas represivas en las fábricas de Fiat Córdoba en los años setenta

Hasta la introducción de la robótica en los años ochenta, el régimen de producción que regía en la industria automotriz mundial era la manufactura moderna, que se caracterizaba por una organización del trabajo basada en la fragmentación de operaciones manuales (taylorismo) salvo por el traslado en la cadena transportadora de las piezas (fordismo). En ese sentido, la habilidad y cualificación del obrero constituyeron elementos fundamentales del modo de producción y organización del trabajo del sector automotriz mundial durante los años setenta. Dichas particularidades influyeron en la conformación de la organización sindical. En coincidencia con otros trabajos creemos que, como señala Harari,

> el protagonismo sindical de los obreros automotrices, más allá de sus orientaciones políticas, está relacionado con el tipo de organización del trabajo. Nucleados en grandes establecimientos y habiendo conservado cierto nivel de calificación, estaban en mejores condiciones para enfrentar a su patronal que otros sectores. El hecho de ser obreros manufactureros, donde la base del trabajo es subjetiva, hará que sus saberes y destrezas se conviertan en una barrera al control del capital sobre el trabajo.[18]

Las formas de organización del proceso productivo en las fábricas de Córdoba impactaron en la conformación y configuración del sindicalismo local en el que los principales sostenes del movimiento obrero cordobés en los años sesenta y setenta, fueron tres sindicatos: Luz y Fuerza (electricidad), el Sindicato de Mecánicos y Afines del Transporte Automotor (SMATA) y la Unión Obrera Metalúrgica (UOM).[19]

En las fábricas de Fiat, la patronal autorizó y alentó la formación de sindicatos por planta independiente de los gremios por rama de tradición histórica peronista: UOM y SMATA. De esa manera, surgieron el Sindicato de trabajadores de Concord (SITRAC) y el Sindicato de trabajadores de Materfer (SITRAM) que recibieron sus respectivas personerías jurídicas recién en el año 1964 bajo el gobierno de Illia que buscaba recortarle poder político al líder peronista de la CGT Nacional, Augusto Vandor. La experiencia de organización y lucha del Cordobazo en mayo de 1969 significó un motor para los trabajadores de base de las fábricas cordobesas, y especialmente en la Fiat, donde se concentraba un alto número de obreros que, con el transcurso de los meses, fueron alcanzando mayor conciencia de clase, nuevos modos de organización y coordinación en sus acciones a través de las asambleas y encuentros más amplios con otros sectores obreros como el Plenario de Gremios Combativos de la provincia. En los años previos al golpe militar, podemos identificar varios ciclos conflictivos entre la patronal y las comisiones internas en las fábricas de la Fiat. Si bien las primeras disputas que registramos se relacionan con los despidos masivos en 1968, fue a partir de marzo de 1970 cuando una lista gremial, conformada por trabajadores de base, de corte clasista y combativo, ganó las elecciones sindicales y asumió las direcciones de SITRAC y SITRAM llevando adelante una serie de reivindicaciones laborales y sindicales. Además de los temas salariales, se pusieron en discusión los niveles de productividad y se plantó resistencia a los premios a la producción, se denunciaron las condiciones de insalubridad y la falta de seguridad e higiene en las plantas fabriles, se rechazó la ausencia de garantías y libertades en las elecciones sindicales poniéndose de manifiesto las tensiones existentes con la burocracia sindical de la UOM. En síntesis, se trató de uno de los procesos de lucha y resistencia más ricos y relevantes de la historia obrera argentina en el cual los trabajadores llegaron a controlar los ritmos de producción, eliminar el acople de máquinas, realizar huelgas masivas, tomas de fábrica e incluso de rehenes.[20]

Origen y desarrollo de la alianza represiva empresarial-militar: el caso de Fiat y el Tercer Cuerpo del Ejército en los años previos al golpe militar de 1976

Desde los orígenes del Estado argentino, ya sea bajo cualquier régimen político (democracia o dictadura), encontramos numerosos casos de alianzas empresariales y político-militares que funcionaron conjuntamente para amedrentar a la clase trabajadora. En ese sentido, podemos citar algunos casos como la represión contra los obreros de La Forestal en 1910 hasta la puesta en marcha del plan de Conmoción Interna del Estado conocido como "Plan CONINTES" bajo el gobierno de Frondizi que, entre otros, fue dirigido contra los trabajadores del frigorífico Lisandro de la Torre. Sin embargo, bajo los regímenes dictatoriales encontramos que la presencia y el accionar de la alianza represiva adquiere rasgos sistemáticos y más brutales respecto a los períodos democráticos. Tal como lo revelan un conjunto de archivos históricos e investigaciones realizadas por diversas instituciones estatales y organismos de derechos humanos, los trabajadores representaron más de un 60% de las personas detenidas-desaparecidas y asesinadas durante la última dictadura.[21] El accionar represivo, junto con la derogación de un conjunto de leyes laborales y sindicales, formaron parte de un plan integral para lograr el disciplinamiento laboral y el desmantelamiento de las organizaciones sindicales, concretamente las más combativas, en vías de instaurar un nuevo orden económico, hegemonizado por el capital financiero, en el cual ninguna organización obrera, política o sindical sea capaz de resistir y/o enfrentar el proceso de desindustrialización.

El primer hecho represivo donde observamos una planificación y actuación conjunta entre la cúpula del Tercer Cuerpo del Ejército y la dirección de Fiat se produce en el marco del conflicto de la patronal con la dirección combativa del sindicato en 1971, hecho que coincidió con la asunción de José Uriburu (quien fue designado por el entonces presidente de facto Roberto Levingston) como interventor provincial para restablecer el orden luego de la experiencia del Cordobazo. La persecución contra las conducciones de SITRAC-SITRAM comenzó el mismo día que asume sus funciones pero se intensificó desde que el Ministerio de Trabajo provincial declaró la disolución de los sindicatos y la cancelación de sus personerías, cuestiones que desembocaron en la intervención militar de la fábrica y de ambas sedes sindicales (una de ellas ubicada dentro de la planta) el 26 octubre de 1971.[22] Una vez anulada la personería sindical, la dirección de la empresa efectivizó doscientos cincuenta y nueve despidos de personal[23] de los cuales un 95% eran miembros de las comisiones directivas y del cuerpo de delegados gremiales. Dicho conflicto desembocó en un proceso de judicialización que se extendió a lo largo de once años.[24] El rol del Estado (provincial) fue servir directamente a los intereses corporativos y dicha posición quedó demostrada por la acción mediadora de los funcionarios de la delegación de Córdoba del Ministerio de Trabajo a favor de la patronal.[25] En el marco de estas tensiones, los trabajadores de Fiat habían organizado una asamblea en la ruta 9, en las inmediaciones de la fábrica, donde se produjeron barricadas y enfrentamientos con la policía que asesinó a Adolfo Cepeda, un vecino del barrio de San Nicolás de Ferreyra. Estos acontecimientos fueron denominados como "Ferreyrazo" y representaron la antesala del "Viborazo" o "Segundo Cordobazo".

> La experiencia previa fue el Ferreyrazo, cuando mataron a Cepeda, la represión fue fuerte, viene el animal de Uriburu y bueno Sitrac asumió el papel político gremial propio de ese momento, todo Córdoba estaba en efervescencia y no quería a Uriburu, porque era un represor... Los discursos y acciones de Uriburu los repudiamos y denunciamos como represor, representante del gobierno... y eso no solo Sitrac, SMATA, y Luz y Fuerza sino todo el pueblo lo derrotó. La gente participó en las calles, fue mucha represión, gases, tiros, etc... se volteó a dos presidentes: Onganía y Levingston.[26]

A partir de ese hecho, y como demuestran los documentos de inteligencia, podemos aseverar que la empresa colaboró en la represión con las fuerzas militares y de seguridad a través de la provisión de información, especialmente de datos personales y laborales con que contaba sobre sus propios trabajadores y delegados gremiales (domicilios particulares, puestos y horarios de trabajo).[27] Esa entrega de información solía producirse a través de encuentros entre agentes de inteligencia de las Fuerzas Armadas con jefes y personal jerárquico de Fiat que luego servía para ejecutar las detenciones de los delegados gremiales[28] bajo un plan estratégico más amplio coordinado por el Comandante del Tercer Cuerpo del Ejército, el Gral. López Aufranc junto con los directivos de Fiat.[29]

Los delegados gremiales y miembros de la comisión interna, que habían sido cesanteados, decidieron conformar una "comisión de despedidos" con la finalidad de recaudar ayuda económica para las familias de aquellos delegados que se encontraban presos. Se reunían en diferentes locales que le prestaba SMATA (sindicato que apoyaban y promovían para que los trabajadores que continuaban en la Fiat se afiliasen a él), en la parroquia del barrio de Ferreyra o en casas particulares.[30] Una vez declarado el golpe militar del 24 de marzo, estos encuentros que por momentos eran clandestinos se llevaron a cabo completamente en la clandestinidad.

Si bien hasta aquí pusimos el foco en la característica represiva de la alianza entre las fuerzas militares y las empresas, no podemos dejar de mencionar que existieron otras iniciativas conjuntas en el plano económico y social, entre ellas, las tareas relacionadas con la "Acción Cívica".[31] En 1971, la empresa italiana y el Comando del III Cuerpo de Ejército, iniciaron el "Plan de Acción Cívica" que contemplaba mejoras en las condiciones infraestructurales en los barrios humildes y villas de emergencia cercanas a la planta de Ferreyra que, en general, se trataban de asentamientos recientes y relativamente espontáneos, fruto de la instalación de grandes y medianos complejos fabriles.[32] En ese sentido, y coincidiendo con Zapata, encontramos que "el comportamiento en alianza de la corporación empresarial con el poder militar dictatorial estuvo ligado a los propósitos de consumar diversas formas de disciplinamiento social y laboral, pero también perseguía vías de legitimación social entre sectores".[33]

Otro ciclo represivo se originó con la llegada del *Navarrazo*, el golpe policial ocurrido el 27 de febrero de 1974 donde fue destituido el gobierno constitucional de Córdoba produciéndose la detención de sesenta personas, entre las que se encontraban autoridades provinciales y dirigentes sindicales, y la ocupación por personal policial y civil de emisoras de radio y televisión.[34] Si bien el primer hecho criminal que registramos contra un trabajador de Fiat aconteció en diciembre de 1973,[35] apenas unos meses después del golpe policial fueron desaparecidos dos obreros y activistas gremiales que habían sido operarios de la fábrica.[36] A lo largo de ese mismo año es asesinado Alfredo "Cuqui" Curutchet,[37] abogado laboralista de SITRAC-SITRAM, en Buenos Aires por parte de la banda parapolicial Triple A, y también se produce el homicidio, en manos de miembros de la misma banda, de Atilio López, dirigente gremial de la Unión Transporte Argentino (UTA), que había sido vicegobernador de Córdoba hasta la irrupción del golpe policial.[38] Ambos hechos impactaron fuertemente en el mundo sindical y político cordobés. Durante los meses previos al golpe militar, la represión se fue recrudeciendo por medio de una seguidilla de secuestros, desapariciones y asesinatos de delegados y dirigentes gremiales pertenecientes a las tres plantas de Córdoba, la sede de El Palomar en Buenos Aires y la fábrica de tractores de Sauce Viejo en Santa Fe.[39]

El accionar represivo de la alianza empresarial militar durante la dictadura de 1976

Como recién se vio, la represión estatal y paraestatal estuvo presente desde antes del golpe militar y, de alguna manera, anticipaba lo que más tarde se transformaría en un plan sistemático de desaparición, tortura y exterminio. Desde la órbita estatal, las fuerzas armadas dispusieron, de forma cada vez más detallada, protocolos de represión para intervenir en el mundo del trabajo. A los pocos específicos reglamentos del Ejército, se sumaron directivas que ponían el foco sobre los actores sindicales y, posteriormente, detallaban la forma de irrumpir contra ellos trazando un estado de situación donde la figura del empresario se tornaba cada vez más visible y activa. Así, el "Plan de Capacidades Internas de la Armada" (Placintara) de noviembre de 1975 ponía entre sus objetivos principales la "ofensiva contra la subversión en todo el ámbito del territorio nacional para detectar y aniquilar las organizaciones subversivas". Los movimientos políticos y sindicales de las principales zonas industriales eran consideradas por las fuerzas militares como "excepcionalmente subversiva, en virtud de la concentración industrial y las tradiciones de lucha y organización sindical".[40]

Apenas un mes antes del golpe militar, el Ejército confeccionó su plan estratégico basado en las Directivas 404/75, con indicaciones de cómo recolectar información y detener a sindicalistas. Más tarde, creó las directivas 222/76 y 226/76 que se denominaron "Operación piloto en el ámbito industrial" y "Apoyo a la actividad laboral", respectivamente. En abril de 1977, redactó un anexo[41] a las directivas 504/77 en las que situó claramente el rol del empresario como "fuerza amiga".[42] Si bien el trabajo ideológico basado en la identificación de ciertos sectores y actores sindicales con la "subversión" fue una tarea de inteligencia central de la alianza represiva, es fundamental reconocer la colaboración de sectores sindicales ortodoxos.[43]

A dos meses del golpe, los frentes fabriles en Córdoba pasaron de estar bajo la responsabilidad del Ejército a la Fuerza Aérea y las distintas subáreas de la 311.[44] El accionar y circuito represivo de la provincia lo constituían la Escuela de Aviación Militar y la Escuela de Suboficiales de la Fuerza Aérea que se ubicaban en la Ruta Nacional N° 20 a pocos kilómetros del mayor Centro Clandestino de Detención, Tortura y Exterminio (CCDTyE) "La Perla". Además, la Fuerza Aérea tenía el control de paso al otro CCDTyE "La Ribera", ubicado en el Barrio Maldonado-San Vicente, y la vigilancia de las acciones en el área circundante.[45]

En las fábricas de Fiat, el golpe significó la irrupción de un proceso represivo más extensivo, sistemático y brutal en el cual se llevaron a cabo secuestros y desapariciones de trabajadores de todas las plantas. No solo perseguían a los trabajadores que tenían o tuvieran un rol gremial sino también aquellos que estuviesen involucrados en una militancia política activa contra la dictadura. Durante los meses de agosto y septiembre de 1976, se desató una oleada represiva coincidiendo con el momento en que Fiat Concord paralizó por tres semanas su producción y que, al reanudar su funcionamiento, redujo un 75% los salarios.[46] Según el *Informe de responsabilidad empresarial en delitos de lesa humanidad*, al menos 118 trabajadores y empleados (tanto activos como cesanteados), pertenecientes a las distintas plantas fabriles y oficinas administrativas de Fiat en todo el país fueron detenidos y/o secuestrados, de los cuales 52 se encuentran desaparecidos o fueron asesinados.[47]

Las conexiones entre Fiat y el destacamento de inteligencia 141 de Córdoba

El Destacamento de Inteligencia 141 "General Iribarren", una dependencia central del Tercer Cuerpo del Ejército, no solo concentraba información de inteligencia sino que organizaba la represión. Era el encargado de diseñar y ejecutar operaciones militares tanto clandestinas como públicas, estas últimas dentro de lo que llamaban "campañas de acción psicológica". Estaba dividido en cuatro secciones: Primera Sección Política, Segunda Sección Grupo Calle, Tercera Sección Grupos Especiales, y la Cuarta Sección Logística. El grupo Calle trabajaba con una red de informantes y agentes infiltrados en distintos ámbitos: organizaciones sociales, sindicales, estudiantiles, de base, así como en los lugares de trabajo (fábricas y empresas). Respecto a las fábricas automotrices, poseían estrechos vínculos con el personal jerárquico de las dos grandes empresas de la zona: IKA-Renault y Fiat.

Son numerosos los testimonios de sobrevivientes que, en sede judicial, coincidieron sobre la existencia de un vínculo fluido entre el personal del Destacamento de Inteligencia 141 y el Departamento de Personal de dichas empresas. Diversas declaraciones atribuyeron al Sgto. Hugo Herreras (alias Ferrero o Tarta) como la principal vía de contacto aunque también señalaron las relaciones con otros miembros de dicha dependencia.[48] Graciela Geuna y Liliana Callizo, ex presas políticas y sobrevivientes, declararon en diversas instancias acerca de sus propios cautiverios y de otros/as detenidos/as-desaparecidos/as en "La Perla" como así también explicaron detalladamente el funcionamiento y organización de la represión dentro de dicho centro clandestino. En varias oportunidades hicieron referencia a las relaciones entre los integrantes del Batallón de Inteligencia 141 y la Fiat:

> Herreras estaba particularmente vinculado al Departamento de Personal de Fiat que posee fábricas en la ciudad de Córdoba donde años anteriores, se desarrollaron tendencias combativas del sindicalismo. Aprovechaba su trabajo para investigar antecedentes de personas que solicitaban en fábricas como la Fiat. Este trabajo le era bien remunerado por parte de esas empresas. Herreras conformaba un grupo junto con Luis Manzanelli, Barreiro, Roberto Ludueña (civil) y Diedrich. Este último entra en el Destacamento en el año 1975 y fue responsable de la elaboración de la lista de personas a secuestrar la noche del golpe de Estado. Su segundo en esa tarea fue el civil, Roberto Ludueña. Para esto aprovecharon sus excelentes relaciones políticas con la burocracia sindical que les entregaba a los rojos de los sindicatos.[49]

Otra testigo señaló: "Herreras trabajó para el Departamento de Personal de Fiat ya que tenía muy buenas relaciones con el Directorio de dicha empresa".[50]

Piero Di Monti, otro sobreviviente de "La Perla", dio cuenta también en sus denuncias de los vínculos entre la Fiat y las áreas de inteligencia militar. Por otro lado, confirmó la intervención del Ejército en la planta de GMD mientras se intensificaban los conflictos sindicales:

> Durante períodos de conflicto laboral, facilitaron la intervención del Ejército, como ocurrió en G.M.D. y Kaiser donde las tropas reprimieron directamente dentro de los establecimientos. El suboficial Hugo Herreras, en 1977 investigaba a cuenta de Fiat el personal inscripto en las listas de ingreso para lo cual hacía investigaciones directas y recurría a los prontuarios de la Policía provincial y a los ficheros del Destacamento de Inteligencia 141.[51]

Las actividades de inteligencia eran cruciales para lograr una intervención militar exitosa (como por ejemplo, los hechos ocurridos en septiembre de 1976 en la planta de GMD) o para la utilización de los operativos de amedrentamiento contra los obreros que reclamaban por mejoras salariales y condiciones laborales. Para tales fines, las áreas de información de las fuerzas policiales realizaban tareas de vigilancia y seguimiento de las conflictividades laborales y de ciertos dirigentes gremiales que eran volcadas en partes diarios y mensuales. Esa información les servía para anticipar y manejar sus operativos aprovechando situaciones de tensión entre trabajadores y la patronal como, por ejemplo, las suspensiones de jornadas laborales y despidos de personal.[52]

Los "falsos conflictos" y los "operativos ventilador"

El escenario conflictivo laboral, consecuencia de la parálisis productiva, fue utilizado por la alianza represiva que intervenía con distintos tipos de operativos. Los llamados "falsos conflictos" servían como métodos o chivos expiatorios para justificar el accionar violento que, en más de en una oportunidad, venían acompañados de la acción del Ejército en el territorio fabril. El modus operandi consistía en que, cuando se aproximaba cualquier tipo de reclamo o demanda sindical (que tanto las personas infiltradas como personal de inteligencia detectaban de antemano e informaban al resto de la comunidad informativa), las mismas fuerzas armadas y policiales creaban o propiciaban un conflicto que, con el tiempo escalaba a un determinado grado de tensión, y después era utilizado como pretexto para realizar un operativo de despliegue militar en la fábrica y sus alrededores en pos de establecer "la paz y el orden".

En las inmediaciones de las plantas de Ferreyra, se produjo un episodio por el cual fue detenido un trabajador, "supuestamente" por tirar volantes con contenido político. Esta situación generó la solidaridad de sus compañeros que, reunidos en una asamblea, intentaron tomar la fábrica hasta que, horas más tarde, la planta fue intervenida por el Ejército.

> Viene un compañero y tira volantes de una agrupación enfrente de Concord y a los 20 minutos rodea la policía, hace parar el colectivo y los hacen bajar y preguntan ¿quién había tirado los volantes? Y entonces nadie responde y los policías dicen ¡los vamos a llevar a todos presos! Entonces uno dice: "Soy yo" pero agrega "A mí me los pusieron en el ómnibus cuando estaba durmiendo y cuando desperté los tiré". Es por eso que lo llevaron preso, entonces hicimos una asamblea y decidimos tomar la fábrica hasta que lo larguen al chango este y, a la media hora, yo digo nos van a venir a llevar en cana a todos, ya estaba Menéndez. Así que digo vámonos porque nos van a hacer cagar a todos...y yo salgo a las 8hs por la puerta (de la fábrica) y a las 8.10 entran todos del Ejército...Se repitió como fue en la Patagonia Rebelde, que los hacían poner en fila a todos los obreros y los cagaban a patadas...Y agarraron a todos los delegados que quedaron porque la mayoría se había escapado, y los llevaron presos y tuvieron siete días en el "Campo de la Ribera" torturándolos... Pero como ninguno estaba muy comprometido políticamente, ni eran gremialistas muy combativos, los largaron a los siete días.[53]

Otro dispositivo represivo utilizado por las Fuerzas Armadas durante la dictadura fueron los denominados "operativos ventilador". Se trataba de un eufemismo de fusilamiento que consistía en hacer aparecer a personas, que se encontraban secuestradas en cautiverio, para hacer simular un enfrentamiento contra una falsa acción guerrillera. De esa manera, los militares justificaban ante la sociedad el "accionar terrorista" contra el Estado.[54] En las inmediaciones de las fábricas de Fiat hallamos la presencia de este tipo de operativos para amedrentar a los trabajadores:

> Una sobreviviente dio cuenta de que el (militar) Barreiro se llevó (a un detenido) a las 4 am de "La Perla" hasta las fábricas de Fiat y fue ejecutado. En los diarios apareció como un enfrentamiento de dos cuadros montoneros que estaban repartiendo volantes pero fue una ejecución. Para la fecha de ejecución de Diego Hunziker preveían un conflicto en la Fiat, las

muertes de los militantes aparentemente servían como una de las formas del amedrentamiento.[55]

El mismo procedimiento fue utilizado por el Destacamento de Inteligencia con otra víctima de "La Perla" en las inmediaciones de las fábricas de Fiat:

> Con fecha 22 de setiembre de 1976, los ya referidos integrantes de la mencionada Tercera Sección o Grupo Operaciones Especiales u OP 3 —a excepción de Carlos Alberto Díaz, de licencia a partir del día 19 de setiembre de 1976—, retiraron de las dependencias de "La Perla" a J.C.P y procedieron a ultimarlo, siendo dicho proceder disimulado bajo la apariencia de un presunto enfrentamiento entre fuerzas militares y dos delincuentes subversivos que distribuían panfletos, producido supuestamente en la vía pública, en inmediaciones del complejo fabril Fiat y del que habrían resultado abatido los sediciosos.[56]

Los operativos "ventilador" desplegados en las inmediaciones de la fábrica solían coincidir con períodos en que la actividad productiva de la empresa caía y, como consecuencia, se generaba un aumento de los reclamos por parte de los trabajadores hacia la patronal. Así también lo reflejó el testimonio de una sobreviviente en las causas judiciales:

> En algunos casos, los procedimientos "ventilador" servían como medio para frenar una huelga (fs. 68), que en esos días era preocupación de los Servicios de Inteligencia de las Fuerzas Armadas y de Seguridad que operaban en Córdoba, el hecho de que el accionar de los activistas en el establecimiento Fiat continuara incrementándose (fs.13199/201), surgiendo concordantemente de los memorandos (glosados a fs. 13202/14) que, al tiempo de aquel probable simulacro, los obreros de Fiat Materfer cumplían una quita de colaboración en reclamo de aumento salarial, congelamiento de precios, vigencia de las leyes laborales, etc., habiendo disminuido la producción de esa empresa en un 40 a 50% durante ese mes de septiembre; como así también que los trabajadores de la empresa Fiat G.M.D. habían pretendido llevar a cabo una movilización exactamente aquel día 21 de setiembre de 1976, intento del cual desistieron a raíz de la rápida intervención del Ejército y la Policía y la detención de algunos agitadores.[57]

Los "falsos conflictos" y los "operativos ventilador" eran técnicas represivas comunmente utilizadas, por un lado, para disciplinar a los trabajadores fabriles bajo un orden productivo con nuevas reglas laborales y, por otro lado, el objetivo también fue enviar un mensaje hacia todo el activismo obrero y la militancia política de la provincia mediante la reproducción de la noticia en medios de comunicación locales dejando entrever que esto podría sucederles a quienes agitaran una huelga o una protesta.

Evidencias de responsabilidad empresarial en la represión contra trabajadores de la Fiat

En el *Informe de responsabilidad empresarial* se distinguen un conjunto de prácticas empresariales represivas que demostraron el involucramiento y la participación empresarial en la represión a trabajadores y activistas sindicales en el marco de cambios significativos en las relaciones laborales y en las dinámicas económicas y sociales que atravesaban las compañías. De un total de veinticinco casos de empresas investigadas, se observó que

> En un 88% se produjeron secuestros de trabajadores en las fábricas y el despido o retiro forzados de obreros activistas, en algunos casos ya asesinados o desaparecidos; en un 76% se comprobó la entrega de información privada de los trabajadores y listados de delegados a las fuerzas represivas; en un 72% se verificó la presencia y actividad militar de control, supervisión y amedrentamiento en las fábricas; en un 68% se observó la participación de oficiales de Fuerzas Armadas o de Seguridad en cargos directivos; en un 60% se demostró la existencia de agentes de inteligencia infiltrados; en un 56% se realizaron operativos militares en los predios fabriles; en un 52% se constató la presencia de cuadros empresariales en las detenciones, secuestros y hasta torturas; en un 48% se habilitaron instalaciones para el asentamiento de fuerzas represivas; en un 48% brindaron aportes económicos a las fuerzas represivas; en un 40% se utilizaron camionetas de la empresa para los operativos de detención o secuestro; en un 40% existió un control militarizado del ingreso a la planta fabril; en un 36% se manifestaron amenazas de directivos con el uso de la fuerza represiva; en un 36% se hicieron pedidos de intervención militar en conflictos; en un 32% se realizaron secuestros de trabajadores en el trayecto entre la empresa y la casa, y viceversa; en un 24% funcionaron centros clandestinos de detención en establecimientos de la empresa; en un 16% existió un control militarizado de la producción y en un 16% se produjo retención y tortura en espacios de la fábrica.[58]

En las plantas fabriles de Fiat Córdoba encontramos algunas de estas prácticas empresariales represivas. Se produjeron secuestros de trabajadores mientras ocupaban su puesto de trabajo dentro de la fábrica, es decir, que la empresa habilitó el ingreso y egreso de las fuerzas de tareas y tomó conocimiento de que se llevaban a un trabajador detenido. Este era N.G.L., delegado gremial, militante del PC y miembro de su comité provincial, quien fue secuestrado dentro de la planta de Fiat Concord en la localidad de Ferreyra, Córdoba.[59] Según testimonios y denuncias de sus familiares y compañeros, fue trasladado por fuerzas que declararon ser policías. También afirmaron que la empresa no solo participó del hecho sino que fue responsable de encubrirlo:

> A N.G.L. lo buscó en la empresa un grupo de personas que llegaron en un peugeot blanco. N.G.L. trabajaba en la Planta A equipo 1259 con matrícula interna 8596. El jefe de planta era un señor Masaglia y el auto que ese día conducía N.G.L., de propiedad de su madre, se encontraba estacionado en la playa de la empresa. Al peticionar en la Fiat la entrega de sus pertenencias, a los padres les informaron que él no tenía casillero asignado así que tampoco pudieron retirar ni el auto ni sus cosas y, cuando a los días se presentaron con un abogado, el auto había desaparecido de la playa de Fiat. Varios meses después la llaman (a la madre) de la seccional primera de la policía para identificar un vehículo que habían encontrado abandonado en las calles lleno de volantes de Montoneros chocado en varias partes, roto el baúl sin auxilio ni documentación.[60]

Hasta la etapa final de la dictadura, se demostró que el personal de seguridad de Fiat participaba directamente de las detenciones de trabajadores y militantes políticos en la puerta o en las inmediaciones de la fábrica y los solía entregar a la comisaría de la zona. Así ocurrió con el caso de M.A.P., trabajador de la fábrica Whelan y militante político que habría estado arrojando panfletos en las inmediaciones de la planta de GMD:

> El 22 de junio de 1982 a las 6hs enfrente a la fábrica GMD ubicada en Ferreyra, Córdoba, arrojaban panfletos refrendados por Política Obrera, fue detenido en la vía pública por personal de vigilancia del establecimiento fabril el llamado M.A.P., 29 años, nacido el 2/8/1952 de profesión tornero mecánico (cesante el 4 de junio de 1982 de la fábrica de carrocería Whelan ubicada en el Barrio San Vicente, Córdoba). El nombrado fue trasladado a la comisaría seccional 16 de la policía de Córdoba y derivado a la Dirección

General de Inteligencia de la Policía. M.A.P. se encontraba a disposición del área 311 y alojado en esa dirección.[61]

La provisión a las Fuerzas Armadas de los legajos de los trabajadores, que incluían información personal como sus domicilios y fotografías, era una práctica común utilizada incluso en tiempos previos al golpe. Durante la dictadura, hallamos que las fuerzas militares seguían demandando a las empresas la actualización de los datos personales —en especial, los domicilios— para poder concretar con éxito las detenciones: "Por indicación del Sr. Comandante del III Cuerpo del Ejército, se trató el tema de la actualización de los domicilios del personal de las fábricas dado que en la mayoría de los casos no están actualizados y lógicamente en el caso de los activistas se suministra un domicilio que no es verdadero".[62]

La utilización de dicha información en los interrogatorios ha aparecido en varios de los testimonios de quienes pasaron por los CCDyE "La Perla" y "La Ribera". Jorge Argañaraz, trabajador de Fiat Materfer, detenido en 1976 y posteriormente liberado en 1981, denunció que cuando cae en "La Perla" lo interrogaron con el álbum fotográfico provisto por la empresa:

> Cuando soy interrogado con los álbumes fotográficos de las tres plantas de Fiat ahí tenían los datos con las direcciones provistas por la empresa, ya que al ingresar como trabajador, éramos fotografiados para hacer el álbum y la credencial de ingreso y se nos exigía hacer un mapa del domicilio con la descripción de las calles para que el médico de planta llegara a las casas en caso de enfermedad.[63]
>
> Y lo que en el álbum fotográfico no estaba, porque me hicieron revisar todo el álbum varias veces y lo que yo veía que no estaban eran los que habían sido desaparecidos, solo estaban los que estaban buscando...e indagaban si tenía alguna relación, y yo decía que no, no los veía en la planta.[64]

Además, Argañaraz declaró que sus secuestradores, Acosta y Manzanelli —ambos miembros del Batallón de Inteligencia 141— conocían previamente el domicilio de sus padres, lugar donde iba a dormir debido a la persecución y amenazas constantes que recibía, y sostiene que esa información solo la han podido obtener a partir de los archivos que la empresa prestó a esa dependencia castrense.[65]

A modo de cierre

A lo largo de este trabajo intentamos poner en diálogo las transformaciones económicas y productivas que atravesó la industria automotriz durante los años setenta con las conflictividades entre el capital-trabajo y el accionar represivo desplegado por la alianza empresarial-militar, entre Fiat y el Ejército, contra trabajadores y delegados gremiales de dichas fábricas.

En primer lugar, analizamos algunos de los impactos que atravesó el sector automotriz tras un conjunto de medidas económicas y financieras impuestas por el gobierno de la última dictadura que acabaron por destronar al modelo de acumulación basado en la industrializacón por sustitución de importaciones, dando lugar a una hegemonía del capital financiero que terminó por subordinar al resto de los sectores de la economía argentina. La industria automotriz, dominada por el capital extranjero, sostuvo una tendencia hacia la concentración y centralización del capital donde algunas empresas fueron más beneficiadas que otras, entre ellas, Fiat. La fuerte caída de la demanda y producción automotriz, las diversas restructuraciones empresariales, las estrategias de negocios enfocadas, cada vez más, en captar la renta financiera y los procesos de endeudamiento dieron paso a cierres de plantas, despidos masivos, mayor precarización laboral y pérdida de derechos al mismo tiempo que se exacerbaba la violencia contra la clase trabajadora. En segundo lugar, destacamos que el modo de producción y la organización del trabajo en la industria automotriz influyeron en la conformación del sindicalismo, particularmente en la ciudad de Córdoba y sus alrededores donde se asentó uno de los mayores polos industriales del país integrado por fábricas metalúrgicas y automotrices, entre ellas Fiat e IKA-Renault. Durante la década del setenta, el proceso de organización y lucha obrera en Fiat tomó un gran impulso tras el ascenso de un grupo de trabajadores de base, que venían acumulando experiencias en el campo del sindicalismo clasista y combativo, a las direcciones sindicales de SITRAC-SITRAM. Sobre un escenario de alta conflictividad con la patronal se forja la alianza estratégica represiva entre la empresa y las fuerzas armadas que concibe como su enemigo central al obrero organizado. Si bien en los años previos al golpe militar encontramos casos de trabajadores asesinados y desaparecidos, es durante el período de la última dictadura cuando la violencia adquiere rasgos sistemáticos y extremadamente brutales. Al analizar algunos rasgos de las dinámicas represivas hallamos que la actividad de inteligencia, a través de la comunidad informativa, constituyó una tarea clave de la alianza represiva incluso antes del golpe militar, y que sirvió para desplegar el terror posterior. Por último, exploramos las prácticas represivas empresariales en las plantas fabriles de Fiat Córdoba durante la dictadura en las cuales identificamos la participación de gerentes y personal jerárquico en la provisión de recursos e información de los trabajadores provenientes de sus legajos personales, la habilitación para el ingreso y egreso de las fuerzas de tareas para secuestrar a obreros, el involucramiento directo de agentes de seguridad pivados de la empresa en las detenciones ilegales tanto dentro como en los alrededores de los centros fabriles, la presencia de agentes infiltrados en distintas plantas para hacer un seguimiento de los conflictos, señalar a trabajadores y delegados a secuestrar y colaborar con las fuerzas armadas o policiales en operativos en las puertas e inmediaciones de la fábrica.

La represión contra el movimiento obrero cordobés en los años setenta se instauró no solo con el objetivo de lograr un disciplinamiento laboral al interior de los establecimientos fabriles sino para socavar el carácter de clase que el proceso de organización y lucha estaba adquiriendo desde la irrupción del Cordobazo en mayo de 1969. En la actualidad, algunos hechos de la represión contra trabajadores y delegados gremiales de distintas fábricas ocurridos durante la última dictadura o en sus años previos son objeto de investigación y juzgamiento en el marco de las causas por delitos de lesa humanidad. En los fundamentos de la sentencia contra dos ex directivos de la empresa Ford y un militar que fueron condenados a distintas penas por 10, 12 y 15 años respectivamente por cometer delitos de lesa humanidad contra veinticuatro trabajadores, los jueces alegaron que el móvil central del proceso represivo estuvo dirigido a

> la eliminación de las comisiones internas de los sindicatos en las fábricas, símbolo de la fuerza obrera y de resistencia a las demandas de eficiencia, y éste fue un objetivo común entre empresarios y militares que de facto ocuparon el gobierno. El funcionamiento del mercado de trabajo era una dimensión más del proyecto de transformación social y económica que se ponía en marcha, lo que permite comprender el común denominador entre las veinticuatro víctimas, esto es su relación laboral con Ford.[66]

Si bien el caso de Fiat todavía no es materia de investigación judicial aún, los trabajadores y sus familias, víctimas de delitos de lesa humanidad, reclaman el juicio y castigo a los responsables empresariales y militares.

Notas

1. Ministerio de Justicia y Derechos Humanos de la Nación, Centro de Estudios Legales y Sociales —Cels—, y Facultad Latinoamericana de Ciencias Sociales —Flacso, sede Argentina— (organizaciones), *Responsabilidad empresarial en delitos de lesa humanidad. Represión a trabajadores durante el terrorismo de Estado* (Buenos Aires: Dirección Nacional del Sistema Argentino de Información Jurídica, 2015).

2. Robert Cohen, "La reorganización internacional de la producción de la industria automotriz" (Artículo presentado en la sesión de Economía Política de las Sociedades Industriales Avanzadas, Reunión de la Asociación Norteamericana de Ciencia Política, Washington, D.C, 1979).

3. La segunda etapa de sustitución de importaciones se dividió en dos sub-etapas: la primera que se extiende entre 1958 a 1963 y la segunda desde 1964 a 1974. Para profundizar sobre las características y dinámicas de las ISI y los tipos de Estado en Argentina ver Eduardo Basualdo, *Estudios de historia económica Argentina: desde mediados del siglo XX a la actualidad*, Economía política argentina (Buenos Aires: Siglo XXI Editores, 2010), 53-107.

4. José Nun, "Despidos en la industria automotriz argentina: estudio de un caso de superpoblación flotante", *Revista Mexicana de Sociología* 40, n.° 1 (1978): 66.

5. Nun, "Despidos en la industria automotriz argentina", 69.

6. Daniel Azpiazu, Eduardo Basualdo, y Miguel Khavisse, *El nuevo poder económico en la Argentina de los años 80* (Buenos Aires: Editorial Legasa, 1986), 176.

7. Eduardo Basualdo, *Estudios de historia económica Argentina: desde mediados del siglo XX a la actualidad*, Economía política argentina (Buenos Aires: Siglo Veintiuno Editores, 2010), 134.

8. Camillo Robertini, "Las relaciones bilaterales entre Italia y Argentina durante la última dictadura militar 1976-1983", *História Unicap* 3, n.° 5 (2016): 46-47, https://doi.org/10.25247/hu.2016.v3n5.p42-55; Elisabetta Croci Angelini y Silvia Sorana, "Armi e interesse commerciali: la complessità dei rapporti economici tra Italia e Argentina 1976-1983", en *Affari Nostri: diritti umani e rapporti Italia-Argentina 1976-1983*, ed. Claudio Tognonato (Roma: Ed. Fandango, 2012), 208-35.

9. Victoria Basualdo, "Complicidad patronal-militar en la última dictadura argentina: los casos de Acindar, Astarsa, Dálmine Siderca, Ford, Ledesma y Mercedes Benz", *Revista Engranajes de la Federación de Trabajadores de la Industria y Afines (FETIA)* 5 (2006). Además se eliminaron: 1-las prohibiciones de integración vertical (agudizando aún más la concentración económica); 2-las discriminaciones sobre el origen del capital de las empresas; 3- la posibilidad de fabricar nuevas autopartes; 4- las restricciones sobre la producción de nuevos modelos; 5- la instalación de nuevas fábricas automotrices; ver Juan Sourrouille, *El complejo automotor en Argentina:*

transnacionales en América Latina (México: Instituto Latinoamericano de Estudios Transnacionales: Ed. Nueva imagen, 1980), 73.

10. http://www.adefa.org.ar/es/estadisticas-anuarios

11. A raíz del cierre de IME S.A., Juan María Courard, Presidente de la FORD ARGENTINA, declaró públicamente que "Ford puede suplir el mercado dejado por IME" Gustavo L. Feder, *Un siglo de autos argentinos. De la promoción a la reconversión automotriz: fábricas de capital nacional* (Buenos Aires, Lenguaje Claro editora, 2019). Y en el marco de la ley de Reforma Financiera de 1977, Ford Argentina creó Ford Financiera S.A. que ofrecía financiamiento para la compra de automóviles (Plan Ovalo). Esta financiera pasó a generarle mayores dividendos que las ultilidades de la producción automotriz. Ver Jorge Schvarzer, *La industria que supimos conseguir* (Buenos Aires: Planeta, 1996).

12. Sobre el proceso de fusión de Fiat con Peugeot en Argentina y la venta al grupo local Socma S.A. ver Bruno Sebastian Perez Almansi y Alejandro Gaggero, "La diversificación del grupo empresarial Macri en el sector automotriz durante la última dictadura militar en Argentina", *América Latina en la Historia Económica* 27, n.º 2 (10 de febrero de 2020): 1019, https://doi.org/10.18232/alhe.1019.

13. Jorge Schvarzer, "La reconversión de la industria automotriz: un balance provisorio", *CICLOS. Instituto de Investigaciones en Historia Económica, Facultad de Ciencias Económicas* n.º 8 (1995): 9.

14. Según Kulfas y Schorr, "La valorización financiera permitió a los sectores concentrados del capital la posibilidad de movilizar su capital desde la esfera financiera hacia la productiva y desde esta última hacia la financiera, aprovechando rentabilidades extraordinarias según las especificidades de cada etapa del proceso económico y del ciclo político". Ver Matías Kulfas y Martín Schorr, "Deuda externa y valorización financiera en la Argentina actual", *Realidad Económica* n.º 198 (2003): 23.

15. El sistema ideado por Cavallo fue el eje de la transformación de la deuda externa privada en deuda pública, de la nacionalización y licuación de la deuda de las empresas privadas y además de la generación de mecanismos que fueron utilizados por los empresarios para fraguar autopréstamos que consistían en créditos en dólares solicitados a bancos del exterior para luego devolverlos en pesos al Estado argentino y así obtener ganancias monumentales.

16. A través de una firma creada para tales fines, denominada ISIN (vinculada a Fiat y Grupo Macri), con prácticamente dos pesos de capital inicial, se obtuvieron valiosos préstamos provenientes del Banco Gottardo (Suiza) por más de quince millones de dólares para la compra de acciones de Impresit-Sideco (grupo Macri) e ISIN terminó cediendo a Fiat Concord el crédito que mantenía con el grupo Macri por las ventas de esas acciones. En definitiva, Fiat Concord se hizo cargo de las deudas que ISIN mantenía con el exterior y esta operatoria implicó la transferencia de

prácticamente la totalidad de su activo y pasivo a Fiat Concord, incluso los beneficios del seguro de cambio que había contratado ISIN para que el Estado subsidiara la deuda. El 27 de diciembre de 1978, Fiat Concord modificó su objeto social y se convirtió en una empresa financiera y pasó a organizar los intereses del grupo en Argentina. A partir de ese momento, recibió nuevamente dos grandes préstamos del exterior, uno por un millón y medio de dólares y otro por ochocientos cincuenta mil de la firma Marketing & Management Services (MMS) de Panamá (también de Fiat) y que, en el año 1982, pasó a ser poseedora del 99.6% del capital accionario de Fidemotor S.A. (otra empresa perteneciente al grupo italiano que funcionaba desde 1951). Alejandro Olmos *La deuda externa privada. "El Grupo Fiat". Casos 4 y 5* (Buenos Aires: Archivo Digital del Archivo Nacional de la Memoria, Secretaría de Derechos Humanos, Ministerio de Justicia y Derechos Humanos de la Nación, 2014).

17. Ver Eduardo Basualdo, *Deuda externa y poder económico en la Argentina* (Buenos Aires: Editorial Nueva America, 1987), 159-82.

18. Ianina Harari, "La formación de una clase obrera calificada en los orígenes de la industria automotriz cordobesa", *Cuadernos de historia. Serie Economía y Sociedad* n.º 11 (2009): 62-63.

19. Sus máximos representantes sindicales para aquellos años fueron para el Sindicato Luz y Fuerza, Agustín Tosco; Elpidio Torres para SMATA y Alejo Simó en la UOM. Ver James P. Brennan, *El cordobazo: las guerras obreras en Córdoba, 1955-1976* (Buenos Aires: Editorial Sudamericana, 1996).

20. Para profundizar sobre los ciclos conflictivos y los procesos de lucha obrera en los centros fabriles de Fiat Córdoba durante los sesenta y setenta, ver Gregorio Flores, *Sitrac-Sitram: del cordobazo al clasismo* (Buenos Aires: Editorial Magenta, 1994) y el Archivo Digital de Sitrac del Centro de Estudios e Investigación en Ciencias Sociales (CEICS); Héctor Schmucler, Sebastián Malecki, y Mónica Gordillo, eds., *El obrerismo de pasado y presente: Documento para un dossier no publicado sobre SiTraCSiTraM* (La Plata: Ediciones Al Margen, 2009), https://www.overdrive.com/search?q=245C1EEA-570A-453D-ACD8-EA470B9B1DEB; Harari, "La formación de una clase obrera calificada en los orígenes de la industria automotriz cordobesa".

21. Ver Comisión Nacional Sobre la Desaparición de Personas (CONADEP), *Nunca Más. Informe de la Comisión Nacional Sobre la Desaparición de Personas* (Buenos Aires: Editorial Universitaria de Buenos Aires, 1984); el listado de trabajadores y sindicalistas detenidos y desaparecidos por la CTA; y Ministerio de Justicia y Derechos Humanos de la Nación, Centro de Estudios Legales y Sociales —Cels—, y Facultad Latinoamericana de Ciencias Sociales —Flacso, sede Argentina— (organizaciones), *Responsabilidad empresarial en delitos de lesa humanidad. Represión a trabajadores durante el terrorismo de Estado.*

22. Ese día el Tercer Cuerpo del Ejército detuvo a cincuenta delegados gremiales tanto en su lugar de trabajo como en sus domicilios sin orden judicial previa aunque vale destacar que dichas acciones venían produciéndose meses antes, en las cuales se llevaron detenidos a varios dirigentes sindicales. Entre ellos se encuentran los ex delegados Gregorio Flores, Domingo Bizzi, José Alfredo Ferrero, Miguel Ángel Rodríguez, Pedro Saravia y Vicente A. Camolotto, entre otros. Solicitada de Sitrac, 4/05/1971. Subarchivo 1, ficha 1, Doc.12. Archivo SITRAC en www.archivositrac.org.ar.

23. Los telegramas expresan como razones de despido para todos los casos: "Reiterada instigación y participación hechos gravemente injuriosos, culminados con paros ilegales, abandono de tareas y obstaculización de trabajo normal desde el 26 del corriente (octubre 1971)", Archivo Digital del Sitrac en CEICS: http://www.ceics.org.ar/.

24. El 29 de diciembre de 1971 se presentaron veintisiete demandas individuales exigiendo la incorporación del personal a la empresa y las últimas sentencias dictadas por el poder judicial datan de noviembre de 1982, coincidiendo con casi el final del período de la dictadura en Archivo Digital de SITRAC, CEIS. Ficha 10, Subarchivo "Despedidos 1971".

25. Los trabajadores denunciaban este ataque a través de comunicados de prensa "Los obreros de Fiat Concord y Materfer a la clase trabajadora y al Pueblo (1973): Que desde noviembre de 1971, el ex Ministro Rubén San Sebastián dicta un decreto anticonstitucional e ilegal con el cual nos encuadra arbitrariamente en la UOM, medida repudiada y rechazada una y mil veces por la totalidad de los obreros de ambas plantas. Se ignora un plebiscito realizado en Concord, en el cual se obtiene 1339 votos SMATA contra 177 votos para la UOM. Cuando se quiere repetir la experiencia en Materfer, los dirigentes de la UOM en complicidad con la guardia de la empresa y la policía impiden la efectivización del plebiscito a tiros a un compañero despedido" en Documento Allanamiento a Menéndez, Caja 6, Juzgado Federal Nro. 3 de Córdoba.

26. Torres, Santos Edmundo. Testimonio. Córdoba, 14 de marzo de 2010. Transcripción en Archivo oral de Memoria Abierta.

27. Domingo V. Bizzi, Mario Giménez, Héctor Eliseo Martínez, Carlos José Masera, José Francisco Páez, Juan Evaristo Giménez, Manuel Palacios, Eduardo Cortez, Carlos Bernabé Montes. Cabe destacar como orientadores del sector intelectual marcando la tónica de SITRAC-SITRAM: Alfredo Curuchet y Martín Marcos Federico (abogados) y Angelito Vicente Ceferino Giaccaglia (párroco de la iglesia en Ferreyra). El informe incluye escrito a mano los nombres de Suffi, Pagnanini, Oropel, Castello y Luna. Además, el documento hace referencia a sus domicilios, contactos y lugares de reunión, su posición ideológica y su activismo gremial como el cargo en el sindicato. En otro memorándum de la Comunidad Informativa, "Re-

unión de la Comunidad Informativa del Tercer Cuerpo del Ejército" del 13 julio de 1971, se menciona al cabo primero Colazo como encargado de hacer averiguaciones de los domicilios de los trabajadores. En Juzgado Federal Nro.3 Córdoba/Personal de Fuerzas Armadas y de Seguridad-Policía Federal (Delegación Córdoba).

28. "Comunico a Ud. que en la fecha me constituí en la fábrica de Materfer para entrevistar al Sr. SPARNOCCHIA, jefe de personal de dicha planta. La entrevista no fue posible dado que el mencionado jefe estaba reunido con el Sr. Director y otros jefes. En esta emergencia fui atendido por un Sr. de apellido MONTIVERE, quien fue mandado por el Sr. Sparnocchia y que es hombre de confianza de él. Le manifesté que necesitaba unos datos a lo que me contestó que era imposible por lo que no insistí". Nota de la Comunidad Informativa al Sr. Delegado, fechada del 20 de julio de 1971. Objeto: dar cuenta averiguación por Castello.

29. "Las detenciones respecto de los activistas subversivos de SITRAC-SITRAM serían dispuestos en el momento que lo crea conveniente el Gral. López Aufranc. Mantener la mayor reserva de este tipo de operativos. La idea es realizar las detenciones escalonadas partiendo de aquel grupo más peligroso. Fue ilustrada la Comunidad Informativa por el Comandante López Aufranc de los propósitos de la dirección de Fiat que consisten en establecer en las próximas 72hs el nivel exacto de producción y en el caso de establecerse normas en la misma, proceder al despido de los responsables de esta medida. Tienen firme propósito de incorporar a los cargos vacantes el personal que haga falta o promover aquellos que se encuentren en condiciones de así hacerlo. Se llegaría a incorporar dos por uno. Efectuar campaña de difusión para esclarecer ante la población el concepto de aumentos recibidos por el personal, como así también los beneficios que tienen" en Memo de la comunidad informativa en el cual se transcribe la conversación telefónica entre el oficial principal Ludueña y el oficial principal Sutil. Memorándum de la Comunidad Informativa, Córdoba, 14 de julio de 1971.

30. El Senado Provincial de Córdoba constituye una comisión especial bicameral para el tratamiento de un proyecto de reincorporación de despedidos el 6 de octubre de 1973. Ver borrador del anteproyecto presentado en conjunto con la Comisión Coordinadora de Despedidos en Archivo Digital de SITRAC, CEICS. Ficha 10, Subarchivo "Despedidos 1971".

31. Alicia Divinzenso reconstruyó los planes de "Acción Cívica" en Argentina y señaló que comenzaron a formalizarse desde 1963. Constituyeron planes desde los cuales el Ejército instituyó "misiones sociales" para vincularse con la sociedad civil y generar impresiones positivas. La autora también señala que estas prácticas persiguieron también, el disciplinamiento social y la legitimación militar. Ver Alicia Divinzenso, "La 'Acción Cívica' del Comando del II Cuerpo de Ejército. Un estudio sobre las relaciones cívico-militares en Rosario, 1960-1983" (tesis de maestría, Universidad Nacional General Sarmiento, 2016).

32. "Plan de Acción Cívica de Fiat se expuso al Intendente Crucet", *La Voz del Interior*, 14 de agosto de 1971.

33. Ana Belén Zapata, "Empresarios entre dictaduras. Prácticas, imaginarios y la agenda de la corporación empresarial para un "mañana industrial" en Bahía Blanca (1966-1983)", *Sociohistórica* n.º 42 (3 de diciembre de 2018): 3, https://doi.org/10.24215/18521606e059.

34. Beba C. Balvé y Beatriz S. Balvé, "Acerca de la cuestión obrera. Argentina 1969-1975", *Centro de Investigaciones en Ciencias Sociales (CICSO)*, 2009, 20.

35. Arnaldo Rojas, delegado y activista gremial es hallado muerto el 8 de diciembre de 1973 en aguas del Río Primero y había recibido amenazas previas. Información provista por una investigación del Área de Investigación del Espacio de Memoria y Derechos Humanos "La Ribera" y su caso aparece en el libro de A. Mariani y Jacobo A. Gómez. *La Perla: historia y testimonios de un campo de concentración* (Argentina: Ed. Aguilar, 2012).

36. Uno es Jacobo Sarudiansky, cesante de Fiat, activista gremial y militante del PC que se encuentra desaparecido y otro es Adolfo Lisandro Cipriano, desaparecido y liberado. Archivo Nacional de la Memoria, legajo SDH 4176, perteneciente a Jacobo Sarudiansky.

37. Legajo REDEFA 575 del Archivo Nacional de la Memoria, perteneciente a Alfredo Alberto Curutchet. Alfredo Curutchet fue abogado de SITRAC-SITRAM y de varios sindicatos y presos políticos. Cuando volvía a Buenos Aires de ver en el penal de Rio Gallegos a un grupo de presos de Catamarca, fue acribillado por las balas de la Triple A en Beccar, Provincia de Buenos Aires. Previamente estuvo preso en la cárcel de Rawson (Chubut) en 1971 con otro compañero abogado Martín Federico.

38. Ministerio de Justicia y Derechos Humanos de la Nación, Centro de Estudios Legales y Sociales —Cels—, y Facultad Latinoamericana de Ciencias Sociales —Flacso, sede Argentina— (organizaciones), *Responsabilidad empresarial en delitos de lesa humanidad. Represión a trabajadores durante el terrorismo de Estado*, 235.

39. Para profundizar sobre el proceso represivo durante los setenta en todas las plantas de Fiat en Argentina ver Camillo Robertini, *Quando la Fiat parlava argentino. Una fabbrica italiana e i suoi operai nella Buenos Aires dei militari* (Firenze-Milano: Le Monnier-Mondadori, 2019); Ministerio de Justicia y Derechos Humanos de la Nación, Centro de Estudios Legales y Sociales —Cels—, y Facultad Latinoamericana de Ciencias Sociales —Flacso, sede Argentina— (organizaciones), *Responsabilidad empresarial en delitos de lesa humanidad. Represión a trabajadores durante el terrorismo de Estado*, Caso Fiat, Vol. II; Carolina Brandolini y Diana Bianco, "Represión en el mundo del trabajo durante los 70. El caso de la empresa Fiat Concord Sauce Viejo", en *III Coloquio Internacional de Violencia Política en el siglo XX en la Universidad Nacional de Rosario*, 2019.

40. Ministerio de Justicia y Derechos Humanos de la Nación, Centro de Estudios Legales y Sociales —Cels—, y Facultad Latinoamericana de Ciencias Sociales —Flacso, sede Argentina— (organizaciones), *Responsabilidad empresarial en delitos de lesa humanidad. Represión a trabajadores durante el terrorismo de Estado*, 5.

41. En ese anexo, se observan distintas actitudes empresariales frente a la represión: desde aquel que va más allá de los límites planteados por el Ejército hasta aquel que es considerado "subversivo" por encubrir a las denominadas "bandas delincuentes".

42. Ministerio de Justicia y Derechos Humanos de la Nación, Centro de Estudios Legales y Sociales —Cels—, y Facultad Latinoamericana de Ciencias Sociales —Flacso, sede Argentina— (organizaciones), *Responsabilidad empresarial en delitos de lesa humanidad. Represión a trabajadores durante el terrorismo de Estado*, 5.

43. Algunos sectores del sindicalismo peronista ortodoxo formaron parte directamente de los grupos represivos o participaron en el "señalamiento" de los sectores clasistas o combativos a los servicios de inteligencia patronales o militares. Este tema se desarrolla en obras como Arturo Fernández, *Las prácticas sociales del sindicalismo: 1976-1982* (Buenos Aires: Centro Editor de América Latina, 1985); Pablo Pozzi, *Oposición obrera a la dictadura, 1976-1982* (Buenos Aires: Editorial Contrapunto, 1988); Federico Lorenz, *Algo parecido a la felicidad: una historia de la lucha de la clase trabajadora durante la década del setenta [1973-1978]*, Ensayo (Buenos Aires: Edhasa, 2013); Basualdo, "Complicidad patronal-militar en la última dictadura argentina" y "Aportes para el análisis del papel de la cúpula sindical en la represión a los trabajadores en la década de 1970", en *Cuentas pendientes: los cómplices económicos de la dictadura*, ed. Horacio Verbitsky y Juan Pablo Bohoslavsky, Singular (Buenos Aires: Siglo XXI Editores, 2013), 235-53, así como en otras fuentes históricas y testimonios judiciales.

44. El Tercer Cuerpo del Ejército se instituyó como autoridad máxima de la región, ejerciendo el control sobre diez provincias al mando de Luciano Benjamín Menéndez. A partir del golpe de Estado se profundizó la coordinación entre los diversos organismos de Inteligencia tanto de las fuerzas de Defensa como de las fuerzas de Seguridad, en las reuniones secretas y reservadas de la "Comunidad Informativa de Inteligencia", encargada de recopilar información, producir secuestros, llevar a las personas a los diversos centros clandestinos que se erigieron en la provincia para torturar, acumular más información y alimentar de este modo la maquinaria de horror y exterminio. Comisión Provincial de la Memoria de Córdoba, www.apm.gov.ar/em/estructura-represiva-estatal-en-córdoba.

45. Grupo de Trabajo sobre Archivos de las Fuerzas Armadas. Fuerza Aérea Ar-

gentina, Agrupación Córdoba (Buenos Aires: Dirección Nacional de Derechos Humanos y Derecho Internacional Humanitario, Ministerio de Defensa de la Nación, Argentina, 2010).

46. En la primera semana de septiembre de 1976 se produjo el primer gran conflicto sindical a partir de paros que paralizan la producción de cinco automotrices: Fiat, General Motors, Chrysler-Fevre, Mercedes Benz y Ford. Los principales motivos estuvieron vinculados con los aumentos salariales (ante la insuficiencia del ajuste gubernamental del 12%) y la exigencia de normalización de las jornadas de trabajo. El Ministro de Trabajo, Gral. Liendo, sancionó la ley 21.400 de Seguridad Industrial prohibiendo las medidas de fuerza. Comisión Argentina por los Derechos Humanos (CADHU), *Argentina: proceso al genocidio* (Buenos Aires: Editorial Colihue, 2014).

47. Ministerio de Justicia y Derechos Humanos de la Nación, Centro de Estudios Legales y Sociales —Cels—, y Facultad Latinoamericana de Ciencias Sociales —Flacso, sede Argentina— (organizaciones), *Responsabilidad empresarial en delitos de lesa humanidad. Represión a trabajadores durante el terrorismo de Estado*, 215.

48. Comisión Provincial de la Memoria (Córdoba: Archivo Provincial de la Memoria, Espacios para la Memoria y Promoción de Derechos Humanos "La Perla" y "La Ribera", 2012).

49. Geuna, Graciela Susana. Testimonio sobre campo militar de detención clandestina "La Perla", Ginebra, Suiza, 6 de marzo de 1984 visto en "Incidente de Recusación Cecchi, Aldo Carlos y otros p.ss.aa privación ilegítima de la libertad agravada" Juzgado Federal de Córdoba Nro.3 (Cuerpo 01), 206.

50. Juzgado de Instrucción Nro. 3 Córdoba. Expte. 11.546: Declaración Liliana Callizo sobre Campo La Perla del 5 de agosto de 1985.

51. Di Monte, Piero. Testimonio sobre el campo de detención "La Perla" del 27 de abril de 1984, Italia. Documento visto en la causa "Romero, Raúl y otros p.ss.aa. homicidio calificado, privación ilegítima de la libertad, tormentos agravados en perjuicio de varias víctimas", 179.

52. "Materfer suspendía personal de planta debido a una disminución en las ventas y confirmando que los suspendidos recibirían el 50% del salario de bolsillo (...) las suspensiones podrían revertirse en caso de concretarse un contrato con Ferrocarriles Argentinos para efectuar la reparación de 150 vagones". Cable firmado por Miguel Bonifacio, jefe de la delegación de la Policía de Córdoba, 26 de mayo de 1982.

53. Legajo CONADEP 5941, perteneciente a Carlos Héctor Paolini. Archivo Nacional de la Memoria.

54. Estos tipos de operativos se evidenciaron en el cuarto juicio por crímenes de lesa humanidad en Córdoba entre febrero y abril de 2012 a cargo del Tribunal

Oral Federal N.º 2. Cuando miembros del Comando Radioléctrico de la Policía de Córdoba lo utilizaron para simular un "enfrentamiento contra la guerrilla" en el caso de tres militantes de la Juventud Universitaria Peronista. Archivo Provincial de la Memoria de Córdoba.

55. Declaraciones de Claudio Orosz, abogado querellante de la Secretaría de Derechos Humanos del Ministerio de Justicia y Derechos Humanos de la Nación en "Barreiro en manos del Tío Sam" de Alejandra Dandan. Diario *Página 12*, 3 de abril de 2007.

56. Víctima Juan Carlos Perchante (desaparecido el 15 de septiembre de 1976) visto en "Hecho nominado" 57 que corresponde al hecho decimo cuarto del Requerimiento Fiscal de Instrucción de fs. 10778/835. Expediente "Raúl, Romero y Otros". Juzgado Federal Nro. 3 de Córdoba.

57. Declaración de Teresa Meschiatti visto en "Hecho nominado" 57 que corresponde al hecho décimo cuarto del Requerimiento fiscal de instrucción de fs.10778/835. Expediente "Raúl, Romero y Otros", Juzgado Federal Nro. 3 de Córdoba.

58. Ministerio de Justicia y Derechos Humanos de la Nación, Centro de Estudios Legales y Sociales —Cels—, y Facultad Latinoamericana de Ciencias Sociales —Flacso, sede Argentina— (organizaciones), *Responsabilidad empresarial en delitos de lesa humanidad. Represión a trabajadores durante el terrorismo de Estado*, 408-09.

59. Archivo Nacional de la Memoria. Legajo CONADEP 2247.

60. Sus padres denunciaron un mes antes, el 7 de agosto de 1976, que una bomba destruyó la fachada de su vivienda y que luego llegó un grupo armado que le propinaron una paliza a ella y su esposo. Formulada la denuncia ante el Juzgado de Instrucción de 5 Nominación de esta ciudad y practicadas las primeras medidas de investigación, la IV Brigada de Infantería Aerotransportada informó al tribunal que el día del hecho el área de Ferreyra, donde se encuentra la fábrica Fiat, estaba bajo "control operativo" del comando militar. Con ese pretexto, el magistrado actuante declaró su incompetencia y remitió las actuaciones a la Justicia Militar. Un año después el padre de la víctima, obtuvo del mismo juez militar —el teniente coronel Timoteo Gordillo—, la restitución del vehículo secuestrado. Replanteada la denuncia ante el Juzgado Federal Nº 1 de esta ciudad, el tribunal requirió al Juzgado Militar los antecedentes del caso. Increíblemente, la dependencia castrense respondió que no existían actuaciones labradas sobre N.G.L. Sin embargo, obra en poder de la Justicia el recibo firmado por el suboficial que retiró el expediente del Juzgado de Instrucción Provincial, y ese mismo suboficial ya ha reconocido su firma en la investigación que prosigue la Justicia Federal. (Causa Fierro, causa 13/84, caso 529 "L., N. G.").

61. Delegación de la Policía de Córdoba-Parte Informativo del 24 de junio de 1982. Asunto: Detención M.A.P. Firmado por Miguel Ángel Bonifacio —Jefe de Delegación Córdoba— Policía. Además, se hace referencia del caso de M.A.P, sobre las torturas y amenazas dirigidas contra él y su familia en el diario *La Voz del Interior* del 11 de julio de 1982 en la nota "Denuncian apremios ilegales contra dirigentes gremiales".

62. Archivo Provincial de la Memoria, Córdoba. Memo "DGI cd" N 68 "R", Córdoba, 12 de mayo de 1976. Reunión de la Comunidad Informativa presidida por el Gral. Sasiaiñ y representantes del D2, SIDE, SIA, Titular de la Escuela de Aviación, etc.

63. Argañaraz, Jorge Luis. Testimonio ante sede judicial por la megacausa La Perla, el 20 de octubre de 2010.

64. Argañaraz, Jorge Luis (extrabajador de Fiat Materfer y activista sindical). Entrevista realizada el 16 de abril de 2009 en Córdoba. Transcripción en Archivo Oral de Memoria Abierta.

65. Argañaraz, Jorge Luis, en conversación con la autora el 2 y 3 de diciembre de 2014 en la ciudad de Córdoba.

66. Los fundamentos de las causas 2855 y 2858 fueron emitidos por el Tribunal Oral en lo Criminal Federal N° 1 de San Martín, integrado por los Dres. OSVALDO ALBERTO FACCIANO, MARIO JORGE GAMBACORTA y EUGENIO J. MARTÍNEZ FERRERO, publicados el 15 de marzo de 2019 en la web del Centro de Informaciones Judiciales (CIJ): www.cij.gov.ar.

Archivos y fuentes consultadas

Archivo Digital del Archivo Nacional de la Memoria, Secretaría de Derechos Humanos, Ministerio de Justicia y Derechos Humanos de la Nación. https://www.argentina.gob.ar/derechoshumanos.

Archivo Digital de Sindicato de Trabajadores de Concord (SiTraC) del Centro de Estudios e investigación en Ciencias Sociales (CEICS). http://www.ceics.org.ar/archivo-digital-del-ceics-actualizar-con-links/archivo-digital-del-sitrac/.

Asociación de Fábricas de Automotores (ADEFA). http://www.adefa.org.ar/es/estadisticas-anuarios.

Archivo Intermedio del Archivo General de la Nación. https://www.argentina.gob.ar/interior/archivo-general/areas/departamento-archivo-intermedio.

Archivo Nacional de la Memoria. Legajos CONADEP, REDEFA y SDH. https://www.argentina.gob.ar/anm.

Archivo Oral de Memoria Abierta. http://memoriaabierta.org.ar/wp/.

Comisión Provincial de la Memoria, Archivo Provincial de la Memoria, Espacios para la Memoria y Promoción de Derechos Humanos "La Perla" y "La Ribera". 2012. Megacausa La Perla. Informe sobre el Juicio al Terrorismo de Estado. Córdoba. http://www.apm.gov.ar.

Fondo Documental CISEA-CESPA "Jorge Schvarzer", Serie Empresas-Subserie Automotrices, FIAT. Facultad de Ciencias Económicas, Universidad de Buenos Aires, Buenos Aires.

Grupo de Trabajo sobre Archivos de las Fuerzas Armadas. 2010. Fuerza Aérea Argentina, Agrupación Córdoba. Dirección Nacional de Derechos Humanos y Derecho Internacional Humanitario, Ministerio de Defensa de la Nación, Argentina.

Bibliografía

Almansi, Bruno, Sebastian Perez, y Alejandro Gaggero. "La diversificación del grupo empresarial Macri en el sector automotriz durante la última dictadura militar en Argentina". *América Latina en la Historia Económica* 27, n.º 2 (10 de febrero de 2020): 1019. https://doi.org/10.18232/alhe.1019.

Azpiazu, Daniel, Eduardo Basualdo, y Miguel Khavisse. *El nuevo poder económico en la Argentina de los años 80*. Buenos Aires: Editorial Legasa, 1986.

Balvé, Beba C., y Beatriz S. Balvé. "Acerca de la cuestión obrera. Argentina 1969-1975". *Centro de Investigaciones en Ciencias Sociales (CICSO)*, 2009, 20.

Basualdo, Eduardo. *Deuda externa y poder económico en la Argentina*. Buenos Aires: Editorial Nueva America, 1987.

———. *Estudios de historia económica Argentina: desde mediados del siglo XX a la actualidad*. Economía política argentina. Buenos Aires: Siglo XXI Editores, 2010.

Basualdo, Victoria. "Aportes para el análisis del papel de la cúpula sindical en la represión a los trabajadores en la década de 1970". En *Cuentas pendientes: los cómplices económicos de la dictadura*, editado por Horacio Verbitsky y Juan Pablo Bohoslavsky, 235-53. Singular. Buenos Aires, Argentina: Siglo XXI Editores, 2013.

———. "Complicidad patronal-militar en la última dictadura argentina: los casos de Acindar, Astarsa, Dálmine Siderca, Ford, Ledesma y Mercedes Benz". *Revista Engranajes de la Federación de Trabajadores de la Industria y Afines (FETIA)* 5 (2006).

Brandolini, Carolina, y Diana Bianco. "Represión en el mundo del trabajo durante los 70. El caso de la empresa Fiat Concord Sauce Viejo". En *III Coloquio Internacional de Violencia Política en el siglo XX en la Universidad Nacional de Rosario*, 2019.

Brennan, James P. *El Cordobazo: las guerras obreras en Córdoba, 1955-1976*. Buenos Aires: Editorial Sudamericana, 1996.

Cohen, Robert. "La reorganización internacional de la producción de la industria automotriz". Washington, D.C, 1979.

Comisión Argentina por los Derechos Humanos (CADHU). *Argentina: proceso al genocidio*. Buenos Aires: Editorial Colihue, 2014.

Comisión Nacional Sobre la Desaparición de Personas (CONADEP). *Nunca Más. Informe de la Comisión Nacional Sobre la Desaparición de Personas*. Buenos Aires: Editorial Universitaria de Buenos Aires, 1984.

Croci Angelini, Elisabetta, y Silvia Sorana. "Armi e interesse commerciali: la complessità dei rapporti economici tra Italia e Argentina 1976-1983". En *Affari Nostri: diritti umani e rapporti Italia-Argentina 1976-1983*, editado por Claudio Tognonato, 208-35. Roma: Ed. Fandango, 2012.

Divinzenso, Alicia. "La 'Acción Cívica' del Comando del II Cuerpo de Ejército. Un estudio sobre las relaciones cívico-militares en Rosario, 1960-1983". Tesis de maestría. Universidad Nacional General Sarmiento, 2016.

Feder, Gustavo L. *Un siglo de autos argentinos. De la promoción a la reconversión automotriz: fábricas de capital nacional*. Buenos Aires: Lenguaje Claro editora, 2019.

Fernández, Arturo. *Las prácticas sociales del sindicalismo: 1976-1982*. Buenos Aires: Centro Editor de América Latina, 1985.

Flores, Gregorio. *Sitrac-Sitram: del cordobazo al clasismo*. Buenos Aires: Editorial Magenta, 1994.

Harari, Ianina. "La formación de una clase obrera calificada en los orígenes de la industria automotriz cordobesa". *Cuadernos de historia. Serie Economía y Sociedad* n.º 11 (2009): 59-83.

Kulfas, Matías, y Martín Schorr. "Deuda externa y valorización financiera en la Argentina actual". *Realidad Económica* n.º 198 (2003): 21-49.

Lorenz, Federico. *Algo parecido a la felicidad: una historia de la lucha de la clase trabajadora durante la década del setenta [1973-1978]*. Ensayo. Buenos Aires: Edhasa, 2013.

Mariani, A., y Jacobo A. Gómez. *La Perla: historia y testimonios de un campo de concentración*. Argentina: Ed. Aguilar, 2012.

Ministerio de Justicia y Derechos Humanos de la Nación, Centro de Estudios Legales y Sociales —Cels—, y Facultad Latinoamericana de Ciencias Sociales —Flacso, sede Argentina— (organizaciones). *Responsabilidad empresarial en delitos de lesa humanidad. Represión a trabajadores durante el terrorismo de Estado*. Buenos Aires: Dirección Nacional del Sistema Argentino de Información Jurídica, 2015.

Nun, José. "Despidos en la industria automotriz argentina: estudio de un caso de superpoblación flotante". *Revista Mexicana de Sociología* 40, n.º 1 (1978): 55-106.

Olmos, Alejandro. *La deuda externa privada*. Buenos Aires: Archivo Digital del Archivo Nacional de la Memoria, Secretaría de Derechos Humanos, Ministerio de Justicia y Derechos Humanos de la Nación, 2014.

Pozzi, Pablo. *Oposición obrera a la dictadura, 1976-1982*. Buenos Aires: Editorial Contrapunto, 1988.

Robertini, Camillo. *Quando la Fiat parlava argentino. Una fabbrica italiana e i suoi operai nella Buenos Aires dei militari, 1964-1980*. Firenze-Milano: Le Monnier-Mondadori, 2019.

———. "Las relaciones bilaterales entre Italia y Argentina durante la última dictadura militar 1976-1983". *História Unicap* 3, n.º 5 (2016): 42-55. https://doi.org/10.25247/hu.2016.v3n5.p42-55.

Schmucler, Héctor, Sebastián Malecki, y Mónica Gordillo, eds. *El obrerismo de pasado y presente: Documento para un dossier no publicado sobre SiTraCSiTraM*. La Plata: Ediciones Al Margen, 2009. https://www.overdrive.com/search?q=245C1EEA-570A-453D-ACD8-EA470B9B1DEB.

Schvarzer, Jorge. *La industria que supimos conseguir*. Buenos Aires: Planeta, 1996.

———. "La reconversión de la industria automotriz: un balance provisorio". *CICLOS. Instituto de Investigaciones en Historia Económica, Facultad de Ciencias Económicas* n.º 8 (1995).

Sourrouille, Juan. *El complejo automotor en Argentina: transnacionales en América latina*. México: Instituto Latinoamericano de Estudios Transnacionales-Ed. Nueva imagen, 1980.

Zapata, Ana Belén. "Empresarios entre dictaduras. Prácticas, imaginarios y la agenda de la corporación empresarial para un "mañana industrial" en Bahía Blanca (1966-1983)". *Sociohistórica* n.º 42 (3 de diciembre de 2018): e059. https://doi.org/10.24215/18521606e059.

CAPÍTULO 5

En la guarida del lobo: resistencias y organización obrera en las Fábricas Militares de Villa María y Río Tercero (1976-1983)

Susana Roitman
UNIVERSIDAD NACIONAL DE VILLA MARÍA

Introducción

EN LÍNEA CON EL espíritu del libro, este trabajo explora la resistencia de trabajadores a la última dictadura militar. Se trata en este caso de dos fábricas militares situadas en el interior de la Provincia de Córdoba: la Fábrica Militar de Villa María (FMVM), productora de pólvoras y explosivos y la Fábrica Militar Río Tercero (FMRT) que al momento incluía dos plantas, una metalmecánica destinada a material ferroviario, tubos de gas, municiones y tanques, y otra química donde se producían ácidos nítrico y sulfúrico para uso civil y militar. Se trataba de establecimientos gerenciados de manera directa por el Ejército Argentino, fuerza represiva central del genocidio perpetrado. Pese a ello, un activismo obrero singular retomó tradiciones y planteó nuevas orientaciones sindicales en los intersticios fabriles. ¿Cómo fue posible que en la "guarida del lobo", en el brazo productivo de la fuerza represora quizá más sombría se proyectara la lucha obrera? Se procuran respuestas desde tres planos entrecruzados de análisis a) la represión b) la producción c) el activismo. Un breve recorrido por las fábricas, sus contextos y sus trabajadores, desde su instalación hasta la dictadura, facilitará la lectura propuesta.

Antecedentes

Las dos fábricas integraban al momento de la irrupción de la dictadura militar el complejo de la Dirección General de Fabricaciones Militares (DGFM), administrado por el Ejército y compuesto por catorce unidades productivas complementarias entre sí. El diseño y puesta en marcha de DGFM fueron impulsados por el general Manuel Savio, que la condujo desde 1936 hasta su muerte, en 1948. Estuvieron orientados por lo que Savio dio en llamar "movilización industrial", una política de defensa de raigambre prusiana, que fundaba su estrategia en lograr el autoabastecimiento para la industria bélica a partir de múltiples eslabones diseminados por el territorio nacional, integrados organizativamente. Savio suponía que la producción para la guerra impulsaría el desarrollo de la industria nacional y las economías regionales, lo cual redundaría en poblaciones que acompañarían eventuales operaciones bélicas. Se ungía así a las Fuerzas Armadas como motor principal del proyecto industrializador que asomó en Argentina desde la tercera década del siglo XX y se fortaleció en la cuarta con el advenimiento del peronismo, con el que el proyecto de Savio predeciblemente convergió.

El complejo DGFM abarcaba desde minas de hierro y azufre hasta fábricas de tanques y cañones, pasando por hornos de acero, fundición, forja, manufactura de pólvoras, alcoholes, municiones, morteros, fusiles y bombas. Extracción de minerales, siderurgia, química y metalmecánica eran las actividades que signaban cada establecimiento del complejo. Las unidades productivas operaron como instancias de procesos de proletarización, atractores de material humano para convertirlo en fuerza de trabajo explotada, dominada y con potencial organizativo.[1]

FMVM y FMRT se pusieron en marcha en 1943, separadas por 150 kilómetros, con un proyecto de complementación entre ambas, un nudo en el entramado más amplio de DGFM. Los ácidos producidos en Río Tercero eran la materia prima para la pólvora y explosivos fabricados en Villa María, que se utilizaban para las municiones de los tanques de guerra riotercerenses. Dentro de DGFM la fábrica de Río Tercero ocupó el segundo lugar en facturación y planta de personal, luego de los Altos Hornos de Zapla, mientras que la de Villa María se ubica en el centro de la tabla, con la mitad de producción y obreros que FMRT. La planta riotercerense mantuvo entre 1956 y 1983, años de los que tenemos registros, su plantilla de personal entre los

1.400 y los 1.700 trabajadores, mientras que la de Villa María osciló entre 600 y 800. Además de las diferencias de tamaño y procesos productivos es diverso el entorno en que se implantan y al que le dan su impronta. Mientras que Río Tercero es un pueblo muy pequeño al que la fábrica le da contenido productivo, demográfico, urbano y cultural; Villa María ya tenía su propio perfil productivo al que la fábrica sumó nuevas aristas.[2]

Tras la muerte de Savio, el espíritu de "movilización industrial" anclado en la política de defensa sufrió un quiebre. El complejo DGFM perdió su sentido inicial, y los militares sucesivamente a cargo desarrollaron políticas erráticas que abandonaron la lógica de la producción bélica como norte, e incursionaron en múltiples aventuras de producción civil con desiguales resultados. En la década del sesenta y del setenta, pese al discurso económico anti-estado prevaleciente, DGFM se sumó como accionista principal a un conglomerado de empresas estratégicas, entre las que sobresale la Sociedad Mixta Siderúrgica Argentina (SOMISA), principal productora de acero argentino en tiempos de industrialización.

Desde el nacimiento de las dos fábricas que estudiamos, coincidente con la irrupción del peronismo en la vida política, los trabajadores se afiliaron masivamente a la Asociación de Trabajadores del Estado (ATE), un gremio que nació en 1925 con el propósito de agrupar a los sectores productivos del Estado: puerto, hidráulicos y producciones militares, entre otros. Las seccionales sindicales acompañaron las decisiones productivas de las jerarquías castrenses, independientemente de sus orientaciones políticas, y colaboraron en la inculcación entre los trabajadores de la mística de la producción estatal, construyendo lazos que Soul denomina "comunidad de fábrica".[3] La confrontación de clases quedó opacada frente al sentido de pertenencia prevaleciente en la subjetivación política de los colectivos.[4]

En los años sesenta y principios de los setenta, Argentina se vio conmovida por luchas obreras intensas, con epicentro en el interior del país. La ciudad de Córdoba fue una avanzada en esas protestas y su momento más visible fue el Cordobazo, en 1969. La rebeldía tuvo sus ecos también entre los trabajadores estatales. De los establecimientos que nos ocupan, Río Tercero se asomó apenas a la ola de luchas, mientras que en Villa María se consolidó un grupo de trabajadores jóvenes, próximo ideológicamente al peronismo de izquierda, que se erigió en un núcleo activo de críticas a la patronal y a la burocracia sindical. En 1974, cuando luego de una sedición policial el terrorismo de Estado ya estaba instalado de facto en la Provincia de Córdoba,[5] estos jóvenes trabajadores contendieron en unas reñidas elecciones gremiales en las que se impusieron como nueva conducción de la seccional.

Entre tanto, en los agitados años de 1973 hasta 1976, en las reuniones plenarias de ATE que se realizaban en Buenos Aires, delegados combativos de distintas procedencias del país se conocían, conformaban un bloque y daban pelea. Los trabajadores de Villa María integraron ese grupo. Las tensiones desembocaron en el 75 en una conducción híbrida que mixturó rebeldes con consumados burócratas. Aunque el golpe de Estado de 1976 acalló las disidencias, quedaron lazos tendidos entre los rebeldes que se fortalecieron en la clandestinidad y fueron semillas de resistencia.

La doble vara de la represión

Si el propósito es reconstruir y valorar la resistencia obrera en tiempos de la dictadura militar, es preciso romper también la imagen de una máquina represiva sin resquicios. La sociedad como institución total es una distopía ficcional, pero sin condiciones de posibilidad. En ese sentido, en esta sección se propone complejizar la lectura de las prácticas represivas de los militares que dirigieron las fábricas estudiadas para dar cuenta de algunas fisuras que posibilitaron que el viejo topo cave sus galerías y emergieran núcleos activos de resistencia.

El punto de partida es el de discernir matices entre los militares procesistas. En efecto, sobre el trasfondo común de la Doctrina de Seguridad Nacional (DSN) que proponía aniquilar todo vestigio contestario, las Fuerzas Armadas no constituyeron un bloque sólido. Las fracturas internas expresaron tanto luchas interburguesas como elementos propios de la relativa autonomía castrense —disputas entre facciones por pertenencia a distintas fuerzas o cuerpos, posiciones jerárquicas, camadas, formación ideológica. Canelo estiliza las diferencias entre sectores militares durante el Proceso, y propone clasificar los jefes militares en tres grupos cuya distinción se funda en aristas ligadas tanto en la relación con intereses de fracciones de la burguesía cuanto en las facciones internas de las Fuerzas Armadas: los señores de la guerra, los tecnoburócratas y los liberales a ultranza.[6]

En el primer grupo encuadra a los comandantes de cuerpo; en el segundo los militares con cargos directivos en empresas del Estado; y en el tercero a aquellos que alentaron reformas estructurales de corte neoliberal para resolver la crisis orgánica del capital.

Los señores de la guerra y los tecnoburócratas tenían anclajes formativos e ideológicos comunes: compartían, con matices, un discurso "nacionalista" y "productivista" subrayando el rol estratégico del Estado y de las Fuerzas Armadas en la producción industrial, sobre la base de un país "pacificado", esto es, sin organizaciones ni demandas de clase. La distinción entre ambos grupos estribaba en el origen de su poder: el comando de tropas para los señores de la guerra, y las posiciones estratégicas en el Complejo Estatal Productivo para los tecnoburócratas. ¿Cómo localizar en esta taxonomía a los directivos de las fábricas y del complejo DGFM? Se propone que son al mismo tiempo señores de la guerra y tecnoburócratas. En efecto, como consecuencia de las ideas de Savio de conjugar defensa territorial con producción, casi todos los establecimientos tenían una guarnición militar en el mismo predio, que controlaba el territorio aledaño. Las jerarquías de mando de la guarnición se correspondían con las de la fábrica. De este modo se solapaban en un solo jefe los puestos de director y comandante de guarnición. Los gestores más altos de DGFM reforzaban este doble rol, pues bajo su comando se hallaban todas las guarniciones y bajo su gestión todas las fábricas.

Sugerimos aquí la hipótesis de una doble vara en las prácticas represivas de los jerarcas de las fábricas y de la DGFM: como burócratas empresarios consideraron la cesantía y el control del trabajo como mecanismos suficientes para el disciplinamiento interno; como jefes militares fueron responsables de secuestros, detenciones ilegales, desapariciones y torturas extrafabriles.

Por ejemplo, Diego Urricarriet y Oscar Gallino, director y subdirector de la DGFM durante la dictadura, diseñaron la estrategia de la "lucha antisubversiva" junto a Videla, Suárez Mason y Riveros.[7] Ambos han sido juzgados por crímenes de lesa humanidad: Urricarriet comandó el centro clandestino El Tolueno en la Fábrica Militar de Campana,[8] y Gallino actuó en pozo de Banfield y en El Tolueno.[9] Sin embargo, los datos disponibles muestran que no hubo una política de represión ilegal sobre los trabajadores de las plantas o de la administración central. De lo que se conoce hasta hoy, hay un desaparecido entre el total de las 14 fábricas dependientes de la DGFM y uno de SOMISA,[10] ambos secuestrados fuera de las plantas y sin que aparezca responsabilidad de DGFM en los respectivos juicios. En contraste, la Marina actuó en operativos donde desparecieron cuarenta y tres trabajadores de Astilleros Río Santiago (ARSA) que conformaba el complejo productivo de la Armada, gran parte de ellos dentro de la misma empresa. Esto implica que ambas fuerzas tuvieron una política diferencial con respecto a sus trabajadores.[11] En el

Área Material Córdoba, dependiente de la Fuerza Aérea, también con una tradición de larga y consolidada lucha, se registran hasta ahora siete desaparecidos ligados al quehacer gremial en la fábrica.[12]

¿Cómo entender esta dualidad? En el terreno de la conjetura podemos suponer que la adscripción a la DSN y el "pacto de sangre" involucraron activamente a los jerarcas de DGFM con el terrorismo de Estado pero, puertas adentro, es probable que la complicidad entre civiles y militares en redes delictuales de tráficos de armas y corrupción operaran en el sentido de evitar desapariciones que podrían romper un compacto armazón con resultados inciertos. Pero cualquiera sean los motivos, lo cierto es que hay evidencia disponible sobre la lasitud de la represión interna, que tuvo como instrumento principal la ley de prescindibilidad, sancionada y promulgada por la Junta Militar el 29 de marzo de 1976, que permitía la cesantía de los empleados públicos sin trámites ni avisos previos. Esta ley enunciaba en su artículo 3º: "Las bajas serán efectivizadas teniendo en cuenta la necesidad de producir un real y concreto proceso depurativo de la Administración Pública". En la lista de quienes podían ser prescindidos figuraban ante todo "Los que constituyan un factor real o potencial de perturbación del normal funcionamiento del organismo al cual pertenezcan".[13] Con este instrumento se despidieron cientos de trabajadores de los establecimientos, sin quitar vida ni libertad.

La doble vara es notable en la Fábrica de Villa María. Su director al momento del golpe, el coronel Mario Fornari, a cargo de unos ciento cincuenta soldados que conformaban la guarnición militar, liberó zonas para operativos de detenciones, secuestros y desapariciones, probablemente comandó algunos, utilizó las instalaciones de la fábrica para la estancia transitoria de detenidos ilegales y mantuvo activos vínculos con el circuito de la represión ilegal de la provincia. En cambio, para disciplinar a los trabajadores bajo sus órdenes despidió en dos tandas: la primera de veinte activistas en abril de 1976; la segunda de unos cuarenta en noviembre de 1977, tras la oleada de huelgas que recorrió el país y que describe Pablo Pozzi.[14]

En Río Tercero la doble vara operó también, aunque de modo más discreto. No hay evidencia de que la guarnición haya participado en operativos represivos, aunque esta afirmación debe ser puesta entre signos de preguntas.[15] La ley de prescindibilidad se aplicó solo a cinco trabajadores con conocida militancia en el peronismo de izquierda, quienes a diferencia de sus pares villamarienses no habían logrado desarrollo organizativo ni político.

Tanto en Villa María como en Río Tercero, directivos de la fábrica ocuparon el poder ejecutivo local para mantener silenciada cualquier demanda ciudadana y gestionar los asuntos locales.

En síntesis, el doble comando de las guarniciones y de las fábricas se ejerció de manera diferencial en la producción y en el territorio. En territorio operaron como "señores de la guerra", en las fábricas expulsaron al núcleo activista del lugar de trabajo, pero preservaron sus vidas y su libertad.

Producción militar en tiempos de desindustrialización

La política económica del Proceso de Reorganización Nacional, comandada por el Ministro de Economía Alfredo Martínez de Hoz, tuvo como objetivo desarticular la dinámica industrializadora de sustitución de importaciones que organizó las relaciones económicas del país desde los años treinta. El terrorismo de Estado empalma con esta reestructuración del capital concentrado. Esta reestructuración no hubiera obtenido consenso social para su aplicación en una democracia burguesa, dada la subjetivación política antagonista que prevalecía en amplios sectores sociales, subjetivación que impedía avances de largo aliento del capital concentrado hacia mediados de la década del setenta.[16]

Sin embargo, las posiciones gerenciales en las empresas públicas generaron colisiones de los jerarcas de DGFM con los "liberales a ultranza". Gallino, por ejemplo, contrastaba las políticas industrializadoras de Savio con las que "han tratado con desmedidas preferencias a las empresas financieras en desmedro de la asociación del capital, el trabajo, y la tecnología para la producción de riqueza".[17] Urricarriet, por su parte, señalaba que "reposar la confianza en que el equipamiento que exige un adecuado poder militar se podrá lograr en el extranjero en cualquier circunstancia de tiempo o de coyuntura política, conspira contra la seguridad de la Nación (...) es necesario mantener y acrecentar la capacidad de producir todo cuanto sea posible en nuestro país".[18]

Como gerentes, su administración fue atravesada por la corrupción y la incoordinación, pero con grandes inversiones destinadas a las fábricas y a algunos productos estrella.

Una referencia del poderío económico del complejo se puede visualizar en la *Revista Mercado* de noviembre de 1977, que dedica un largo artículo a la industria militar argentina.[19] Allí reparte elogios por igual a las tres armas y de cada una subraya su producto más avanzado: el Tanque Argentino Mediano del Ejército, el destructor Santísima Trinidad de la Armada, y el Pucará de la Aviación. El artículo dedica un recuadro especial a la estructura de DGFM.

Señala que la empresa era el complejo bélico más grande de Latinoamérica, y detalla que en la repartición trabajaban 14.000 personas, a las que se sumaban otras 16.000 de sociedades anónimas o mixtas en las que la Dirección participaba, especialmente SOMISA y las Petroquímicas. Estimaba también que la facturación anual del conjunto era de 1.200 millones de dólares.

En la debacle industrial que vivió el país, estas fábricas aparecen como islotes en expansión productiva, posibles porque el rubro "gasto militar" y el presupuesto para las empresas bajo su órbita fue elevado durante toda la dictadura. Los datos disponibles muestran cómo escala entre los años 1976 y 1982 el porcentaje de gastos destinado a la defensa con relación al período 1973-1975, y cómo hasta 1978, año de máxima tensión con Chile, se incrementa lo destinado a las fábricas, como se ve en el siguiente cuadro.

Scheetz advierte que estas cifras y otras sobre gastos militares tienen como base el presupuesto oficial, por lo que son cálculos conservadores puesto que no reflejan el tráfico ilegal de armas en el que estaba involucrado el Estado. En efecto, el negocio de las armas se instaló en el país al amparo de DGFM. La clandestinidad de la represión y la costumbre de "no rendir cuentas" promovieron el mercadeo en las sombras. Walter Goobar afirma que

> Fabricaciones Militares no descubrió la pólvora, pero descubrió que además de vender armamento podía vender los certificados de destino final que Estados Unidos, Europa Occidental e Israel necesitaban para poder triangular material bélico a uno u otro contendiente. Por medio de esos certificados falsos, la Argentina se convirtió en testaferro de las compras iraníes en el bazar occidental de las armas.[20]

El autor ubica a principios de la década del ochenta el comienzo del negocio y varios de nuestros testimonios lo confirman.

A este submundo oscuro se suma el descontrol del manejo del dinero obtenido por endeudamiento. Alejandro Olmos, en su exhaustiva investigación sobre quiénes y cómo contrajeron la deuda externa argentina, indica que

> Es importante señalar que los peritos determinaron casos —cuya gravedad no puede desconocerse— en que a pesar de incrementarse el endeudamiento externo por parte de algunas empresas públicas, se registraron en las mismas disminuciones de sus bienes de uso. Tal es el caso de ELMA en 1979; ENCOTel en 1980; Fabricaciones Militares entre 1977 y 1980; y Ferrocarriles Argentinos entre 1976 y 1980. Tales situaciones, afirman los

Gastos militares y aportes del tesoro a las empresas militares en el período 1973-1983.

Año	% presup. defensa destinado a empresas	% del PBI gastos defensa	% de defensa en gastos del gobierno central
1973	17	2,82	26,1
1974	20	3,04	26,2
1975	15	3,51	28,8
1976	18	4,1	32,9
1977	20	3,72	36,4
1978	24	5,17	37,1
1979	11	5,37	37
1980	10	5,83	41,1
1981	9	6,21	37,7
1982	12	5,63	31,5
1983	15	4	S/d

Fuente: Elaboración propia a partir de Gargiulo y Scheetz

peritos, suponen retiros de bienes de uso por importes mayores a las adquisiciones. *En el caso de Fabricaciones Militares —señalan— los hechos se reiteraron en demasía.*[21]

Al contrario de la propuesta estratégica de Savio de producción para la defensa nacional frente al enemigo externo, las armas apuntaron contra la marea contestaria social y se integraron a afiebradas aventuras bélicas. La corrupción puso su sello en todos los destinos.

Sin embargo, hubo diferencias significativas en las inversiones y la dinámica productiva entre los distintos establecimientos. De los dos que nos interesan, mientras Río Tercero creció, invirtió y diversificó su producción; Villa María apenas se desperezó de su obsolescencia.

Veamos una rápida enumeración de productos y procesos civiles y militares de FMRT en el período:

- El tanque Argentino Mediano (TAM), un proyecto que ha madurado por años y que finalmente se concreta en el 1974
- Tubos de gas domiciliario que se venden por decenas
- Vagones de carga ferroviaria, que se producen a un ritmo de tres por

día, en una línea de montaje ad hoc, diseñada por los propios técnicos de FMRT
- Modernización de la planta química en particular la instalación del ácido nítrico que permite triplicar la producción, alimentando a la vecina Petroquímica Río Tercero, empresa mixta con participación significativa de DGFM
- Incorporación de una planta de amoníaco

La ciudad se torna en aquel entonces en una gran atractora de trabajadores: la construcción de la usina nuclear de Embalse, la Petroquímica Río Tercero y la propia FMRT en pleno movimiento tienen un efecto demográfico visible. En efecto, la población de Río Tercero entre 1970 y 1980 pasó de 21.907 a 34.745 según los censos nacionales de los años respectivos, lo que implica un crecimiento del 58%. La Provincia de Córdoba arrojaba un modesto 16,9% para el decenio y sus ciudades oscilan alrededor de ese número, sin otro caso anómalo. Es que la industria bélica, la química y la energía nuclear son uno de los pocos rubros en expansión en el período y Río Tercero los concentra. Para los trabajadores que llegaban, la efervescencia productiva producía asombro. Claudio Recio, arribado por aquel tiempo, aporta la categoría de *marcianos* para pensar la diferencia entre Río Tercero y el resto del país

> ...era un lugar muy raro era como que éramos marcianos, pero ¿qué ocurrió en la fábrica? En esa época la gran necesidad de mano de obra que había no solamente en la fábrica militar, en todo Río Tercero, por la petroquímica Río Tercero, y la central nuclear, había trabajadores de todo el país en esa época, mientras en otros lados había unas crisis terribles, acá... yo vine con una mano atrás y otra adelante y a los 2 años tenía mi casa, por ejemplo...[22]

En Villa María también se produjeron renovaciones productivas, aunque más desordenadas. La principal inversión se realizó en la planta de éter en el año 1980, a la que se sumaron modernizaciones menores que no lograron poner al día los vetustos métodos de producción.

De cualquier modo, en los universos de estas fábricas y frente al atisbo de la represión mayor, el despido de compañeros apreciados y la acentuación de una lógica de mandos de estilo militar inadecuada para la producción, conjugados además al evidente delito económico, se fue resquebrajando la pertenencia a la "comunidad de fábrica" abriendo paso a la confrontación de los trabajadores con la patronal militar y con los obsecuentes y cómplices civiles.

Viejos y nuevos activismos: los puentes

En diciembre de 1976 se realizó un congreso nacional de ATE en La Falda, Córdoba. La intención era aprobar la memoria y balance, pero los "díscolos" pronunciaron algún discurso crítico, entonaron la marcha peronista y hasta se reunieron para discutir cómo echar al secretario general Juan Horvath, que apoyó sin fisuras el golpe de Estado. Al poco tiempo, Horvath, expulsó a los rebeldes de la conducción híbrida mientras por vía de sus nuevos amigos militares avaló cesantías e intervenciones gremiales.[23]

Pero en varias seccionales no fue posible acallar la rebeldía. Retomemos la atención sobre el grupo activista conformado en Villa María, jóvenes que en 1974, a destiempo, cuando en la Provincia de Córdoba ya había ingresado el terrorismo de Estado, habían ganado la conducción gremial y desarrollado una actividad de militancia intensa. Una parte fue cesanteada apenas iniciado el Proceso, pero el grueso estuvo en su lugar de trabajo hasta noviembre de 1977.

El relato de los trabajadores sobre ese año y medio produce desconcierto porque se mantuvo una activa vida sindical con asambleas que convocaban hasta 500 trabajadores en la sede gremial.

Juan Bussetti, uno de los militantes no cesanteados caracteriza así ese tiempo: "En las asambleas se llenaba el salón y venía Vivern [*el interventor de la CGT Villa María*] y un par de soldados más como veedores y se sentaban ahí a hablar con nosotros, la gente hacía la asamblea, y puteaba al que tenía que putear y los tipos escuchaban".[24] En este tiempo, una pequeña mutual dependiente del gremio se transformó en una herramienta clave para conservar la vida gremial y política. Comenta Osmar Zapata, un dirigente notable:

> Nosotros nos ingeniamos para hacer política desde la mutual. Por ejemplo, hasta la denominación de determinados servicios la cambiamos, por ejemplo cambiamos el nombre de préstamos personales a solidarios. El tema era el mano a mano que tenías con el compañero cuando venía a pedir el préstamo, "¿para que necesitas el préstamo?", preguntábamos... "Por la luz, por los zapatos, por las zapatillas de los chicos, porque no pude pagar alguna cosa". Estas cosas las habíamos imaginado, nos habíamos autoadoctrinado. Decíamos "Esta plata que te estás llevando, es algo que te faltó del sueldo, sino no tendrías necesidad de venir acá. Esto que no te está pagando el patrón, lo hacemos con el aporte con el conjunto de los afiliados

y te resuelven por el momento, pero el mes que viene vas a tener el mismo problema". Así planteábamos el problema salarial.[25]

Junto con la segunda oleada de cesantías se produce la intervención de la seccional Villa María de ATE, y de la mutual. Para el grupo de los que quedaron afuera comenzaron tres años de exilio interno. El grueso de los trabajadores de la fábrica temía la pérdida del empleo y la alcahuetería y, en consecuencia, evitaban hasta el saludo a los activistas con los que se cruzaban en las calles de la ciudad.

En clandestinidad, el núcleo militante operó en dos sentidos: por un lado, con los díscolos de otras seccionales; por el otro, con el puñado de activistas que conservaron el puesto por ser irreemplazables debido a su experticia. Por el primer andarivel, el de la red nacional, se fue realizando a partir de 1977 una construcción paciente y cuidadosa de una agrupación nacional clandestina de ATE. El 9 de diciembre de ese año se realizó el primer congreso clandestino en una iglesia de Buenos Aires.[26]

Concurrieron ese día miembros de 7 u 8 seccionales, Villa María entre ellas. Era un número pequeño con relación a las más de cincuenta existentes en el país, pero era un comienzo. Con un duro documento contra la dictadura, la política económica y la conducción nacional del gremio se dio por fundada la Agrupación Nacional de Unidad y Solidaridad de ATE (ANUSATE).

El segundo Congreso, en 1978, se realizó en Villa María y participaron entre 9 y 12 seccionales, según las versiones. La reunión tuvo lugar en una casa amplia y antigua en vías de refacción, en un barrio modesto de la vecina Villa Nueva. Sale de esquema una vez más imaginar cómo fue posible ese congreso en territorio de Fornari, con al menos un par de participantes sabedores de estar en listas de "buscados".[27]

Esta red de proyección nacional se anudó con la local de Villa María, donde los activistas cesanteados estaban ahora provistos de ideas, panfletos, periódicos y contactos. El estilo fue el de cabecera de puente. El núcleo que se preserva en la fábrica habilita el ingreso de propaganda y discusión. Al mismo tiempo se produce una situación que, otra vez, sorprende. Se trata de *la intervención de la intervención gremial*, que posibilitó que los cesanteados se instalaran en el gremio hasta desplazar en la práctica al interventor, cuyo principal interés era dormir la siesta. El grupo empezó a avanzar calladamente sobre el edificio desde la cocina hasta la secretaría y el avance espacial se acompañó con prácticas de gestión.

Cuenta Osmar Zapata:

Después que nos echaron primero nos fuimos pero después empezamos a entrar de a poquito a la sede gremial y al final nos metíamos en la cocina, al fondo. Era un sucuchín chiquitito en donde estábamos todos amontonados y el interventor se cagaba de risa "estos pelotudos todos amontonados". De la cocina nos cruzamos a la oficina de en frente, y de la oficina pasamos al saloncito y de ahí a la Secretaría General. Yo trabajaba, ponía clavos para hacer los techos de madera y cuando calculaba que había sacado para los garbanzos, agarraba la bicicleta y me iba para el sindicato. Llegábamos al sindicato, nos metíamos en la secretaría general y atendíamos allí a la gente. Llegaba el interventor, abría la puerta, "perdón", decía, te lo digo en serio. Era un burócrata, un tipo con una cultura sindical que ya se había acabado. Era un fantasma.[28]

En Río Tercero no fue necesaria la intervención: el secretario general de la seccional de ATE, Armando Querro, era de los que pensaban que el gremio era una dependencia de la fábrica. El pequeño núcleo activista del peronismo de izquierda, previo a la dictadura militar, se había desarticulado con las cesantías de junio de 1976. Todo continuó con un halo de "normalidad". Pero la incorporación de una cohorte de jóvenes, algunos locales pero la mayoría llegados desde afuera con el impulso de la efervescencia productiva, permitió conformar una nueva camada de activistas. Entre ellos se encontraban, por ejemplo, un joven con experiencias en las luchas automotrices de la ciudad de Córdoba de 1971, contratado en la FMRT por su experticia de oficio; otro cuya adolescencia rosarina lo puso en contacto con dirigentes estudiantiles y gremiales combativos; una trabajadora administrativa que estudió en Córdoba y allí conoció la militancia y el sentido de la unidad obrera-estudiantil.

Este grupo heterogéneo, de 10 o 15 integrantes, comenzó a juntarse y a pensar qué hacer. Disputar la conducción del gremio aparecía como la alternativa natural. Se conectaron con los cesanteados que les aportaron saber sobre la fábrica, el gremio, la política local y los secretos sobre lo que ocurría en el país. En una fábrica transitada por las lógicas de la corrupción empezó a abrirse paso otra lectura sobre las prácticas sindicales, que se extendió como círculos concéntricos entre buena parte de los 1.600 operarios de entonces.

En 1982, poco después de la derrota de Malvinas, se produjo el encuentro entre Villa María y Río Tercero.

Una noche que hacía como 3 grados bajo cero estábamos en la unidad básica y nos avisan que había unos muchachos, unos compañeros en una moto que venían de Villa María. De la Fábrica Militar de Villa María, nosotros estábamos adentro y con un par de compañeros salimos, uno de los que iba en la moto era De Genaro, había uno que tenía una moto grande, hacía tres mil grados bajo cero... Osmar Zapata era el otro... y bueno y nos comentaron que existía una agrupación que se llamaba ANUSATE, Agrupación Nacional de Unidad y Solidaridad de los Trabajadores del Estado, ellos en su cronograma, en su mapa que estaban armando esto, a Río Tercero la daban por perdida, pero bueno, nos engancharon a nosotros ahí, no tenían adónde ir a... y por azar nos engancharon a nosotros, éramos tres o cuatro.[29]

Poco tiempo después, tres riotercerenses concurrieron a un curso de ANUSATE que se desarrolló en una pequeña localidad de la sierra cordobesa. La lectura sobre la situación política, social y económica de los organizadores del curso los deslumbró. Como recuerda un entrevistado

Éramos tres ¿Vamos? ¿No vamos? ¿Vamos un rato?, y bueno, y allá fuimos, y caemos a Cuesta Blanca, dos días era, bueno, cuando escuchamos las lecturas... no, no, todos pibitos, todos cuadritos brillantes, nosotros éramos laburantes de acá que... bueno, yo no solamente quedé deslumbrado, se me incendió la cabeza a mí... en ese momento.[30]

Desde allí comenzaron un trabajo sistemático de propaganda y discusión con los trabajadores en el lugar de trabajo que culminó en diciembre de 1984, cuando en ambas fábricas ganó las elecciones la lista de ANUSATE, con un proyecto de democracia sindical inédito entre los trabajadores del Estado.

Conclusiones

La emergencia de ANUSATE en el panorama gremial argentino fue novedosa. Pero en el ámbito de las relaciones jerárquicas fabriqueras, a las que el sindicato se plegaba como si fuera una sección de fábrica más, la reorientación de las prácticas según el modelo de la autonomía sindical resultó tanto inesperada como improbable. Sorprendió a todos, incluyendo a la militancia. Pero no solo se trastornó la orientación de las prácticas sindicales, sino que en la "estructura del sentir"[31] adquirió nueva dignidad lo común de la clase, cuando la "comunidad de fábrica" se vio desgarrada por la corrupción y las complicidades. Podemos hablar entonces de un acontecimiento político, de los "improbable en un espacio de posibles".[32] Conviene reseñar el "estado de cosas" en que este irrumpió:

- La represión no se ensañó con la vida y la libertad de los núcleos combativos incipientes de Fabricaciones Militares. Solo se produjeron cesantías. Pero hacia fuera la DGFM tuvo un papel activo y cruento en el terrorismo de Estado. Se trata de lo que hemos llamado la *doble vara de la represión*.
- En la interna militar, DGFM tuvo peso propio y se comprometió en la expansión y modernización vía endeudamiento externo: proyectos especiales como el TAM, impulso de la producción para uso civil, y armamentos estimulan la modernización de la planta de Río Tercero. La corrupción en todos los niveles obstaculizó que las ingentes inversiones logren resultados sostenibles, si bien hubo logros parciales.
- Algunos trabajadores descubrieron la trama secreta de la represión clandestina. Pero ella no fue visible de un modo inmediato. En cambio, era transparente la red delictual que incluía desde el robo hormiga hasta la desaparición de camiones de productos o de insumos completos. Hartazgo, alcahuetería, complicidad, pero también militancia y sueños de otros horizontes resquebrajaron el sentido de pertenencia y la adhesión a la "comunidad de fábrica", para orientarse a una subjetivación política.
- La conducción nacional de ATE se alineó con la dictadura. Se produjo la intervención en Villa María, una seccional díscola, aunque recién a fines de 1977. En el año y medio que va desde el golpe de Estado hasta la intervención se sostuvo una intensa vida gremial, lo cual promovió la reflexión sobre la heterogeneidad espaciotemporal.
- Los cesanteados de Villa María integraron como parte central el armado clandestino de ANUSATE que se tejió con otras seccionales de Buenos Aires y Rosario, unas 7 u 8 en total.
- La expansión productiva produjo incorporaciones de personal. En Río Tercero, los "de afuera" traían experiencias (o intuiciones) de lucha y comenzaron a organizarse.
- En Villa María, la modalidad de acercamiento de los cesanteados a las bases fabriles tuvo el estilo cabecera de puente, a través de los

compañeros que aún conservaban su puesto de trabajo. Al mismo tiempo operaban al interior del gremio intervenido.
- En 1982 se produjo el encuentro entre activistas de Villa María y Río Tercero. Estos últimos se sumaron al armado de ANUSATE.
- El proceso de conformación de una nueva estructura del sentimiento recoge elementos emergentes y residuales, conecta tradiciones selectivas de lucha, generaciones y experiencias.

De la reunión de estas series, cuya enumeración no las agota, irrumpió la "recuperación gremial". Ha cambiado la lógica del campo, en pequeña escala. De manera profana, en la guarida del lobo, ha irrumpido el tiempo político.

Notas

1. Etienne Balibar, "¿De la lucha de clases a la lucha sin clases?", en *Raza, nación y clase*, de Imanuel Wallerstein y Etienne Balibar (Madrid: IEPALA, 1991), 240-83.

2. En Río Tercero se conforma una cuasi villa obrera, que incluye viviendas para operarios, técnicos y personal militar, claramente diferenciadas en su ubicación, su tamaño y su calidad constructiva. La cuestión educativa está cubierta con la Escuela de Aprendices, que tuvo en la historia de la fábrica un papel central en la formación de trabajadores. También el club deportivo, el cine-teatro y la posta sanitaria son partes de ello.

3. Julia Soul, "Procesos hegemónicos y cotidianeidad. Prácticas obreras en la privatización de la Sociedad Mixta Siderúgica Argentina", *Cuadernos de Antropología Social* 29 (2005): 85-102.

4. Modonesi entiende la subjetivación política en el sentido como proceso colectivo de distintas escalas en donde coexisten la subalternidad (aceptación o rechazo de lo dado), el antagonismo (cuestionamiento de lo dado), y la autonomía (autoorganización que promueva alternativas sobre lo dado) de manera diferencial, posibilitando una lectura sociológica de los movimientos sociopolíticos con raigambre en lecturas de clase. Massimo Modonesi, *Subalternidad, antagonismo, autonomía: marxismos y subjetivación* (Buenos Aires: Clacso-Prometeo Libros, 2010).

5. Se trata del motín policial conocido como "navarrazo", encabezado por el jefe de la Policía de Córdoba, Antonio Navarro, que en febrero de 1974 desplazó al gobernador electo Ricardo Obregón Cano, cercano al peronismo de izquierda. En setiembre de ese año fue asesinado el vicegobernador Atilio López por un comando paramilitar.

6. Paula Canelo, *El proceso en su laberinto: la interna militar: de Videla a Bignone* (Buenos Aires: Prometeo, 2008). La autora define su anclaje teórico en la "perspec-

tiva del actor" y rechaza las lecturas explicativas en términos de lógicas de acumulación del capital y de lucha de clases por considerarlas "instrumentales". Su taxonomía apela a criterios "exógenos", relación con los grupos sociales y "endógenos", ligazones familiares, etarias, educativas, grados, etc. Según nuestra interpretación esos criterios pueden ser leídos como los definidos por el entrecruzamiento con las lógicas del capital y la autonomía relativa de la corporación militar.

7. Rodolfo Fernández, *Autocrítica policial* (Buenos Aires: El Cid, 1983).

8. Irina Hauser, "Por un corral para Gallino", *Pagina 12*, 8 de septiembre de 2010.

9. Diego Martínez, "Avances en terreno desconocido", *Pagina 12*, 25 de enero de 2009.

10. Se trata de Juan Raúl Vázquez, secuestrado el 8 de diciembre del 1978, delegado en ECA y luego militante del frente militar de Montoneros, y Ricardo Corelli, el 5 de septiembre de 1976, delegado de Somisa. "Nuestros compañeros", Construyendo memoria, 8 de agosto de 2019, https://comisionddhh.mininterior.gob.ar/inicio/companierosC.php.

11. Iván Knopoff, "Atando lazos entre pasado y presente. Los memoriales sobre la última dictadura del Rancho Urutaú en el Astillero Río Santiago", *Aletheia* 16 (junio de 2018), http://www.aletheia.fahce.unlp.edu.ar/numeros/numero-16/articulos/atando-lazos-entre-pasado-y-presente.-los-memoriales-sobre-la-ultima-dictadura-del-rancho-urutau-en-el-astillero-rio-santiago.

12. Gustavo Bustillo, entrevista por Susana Roitman, 8 de julio de 2012.

13. Alejandra Schwartz, "Las leyes de la dictadura. Normativa de la exclusión" (XI Jornadas Interescuelas/Departamentos de Historia, San Miguel de Tucumán, Argentina, 19 al 22 de septiembre de 2007), http://cdsa.aacademica.org/000-108/714.pdf.

14. Pablo Pozzi, *La oposición obrera a la dictadura (1976-1982)* (Buenos Aires: Imago Mundi, 2008). También puede consultarse el capítulo de Carminati en esta compilación.

15. Al momento de escribir este artículo, el periodista de investigación Adrán Camerano se encuentra indagando en el funcionamiento de la Fábrica de Pólvora de José de la Quintana, dependiente de la de Río Tercero. Aunque sin funcionamiento productivo, existió un cuartel y hay testimonios de que allí operó un Centro Clandestino de Detención. *La mañana de Córdoba*, 29/3/2019.

16. Eduardo Basualdo, *Estudios de historia económica argentina. Desde mediados del siglo XX a la actualidad* (Buenos Aires: Siglo XXI, 2006).

17. "Fabricaciones Militares", *Boletin de Anusate*, noviembre de 1980.

18. Citado de *La Nación* de 10/10/79 en Paula Canelo, *El proceso...*, 128.

19. "Las industrias militares en la Argentina", *Revista Mercado*, marzo de 1977.

20. Walter Goobar, "Armas y pilotos argentinos en operaciones secretas", *Mira-*

das del Sur, 3 de agosto de 2014, http://www.miradasalsur.com.ar/edicion/324/mundo.

21. Alejandro Olmos, *Todo lo que usted quiso saber sobre la deuda externa argentina y siempre se lo ocultaron* (Buenos Aires: Peña-Lillo, 2006), 101. El subrayado es nuestro.

22. Claudio Recio, entrevista por Susana Roitman, 8 de noviembre de 2011.

23. Marcelo Paredes. *Un cauce: historia de ANUSATE* (Buenos Aires: Ediciones de la CTA, 2011).

24. Juan Bussetti, entrevista por Susana Roitman, 15 de agosto de 2011.

25. Osmar Zapata, entrevista por Susana Roitman, 10 de agosto de 2010.

26. El día anterior, en esa misma iglesia se habían reunido familiares de desaparecidos y la monja francesa Alice Domon a los fines de juntar fondos para una solicitada denunciando la situación. Alfredo Astiz, infiltrado en la naciente organización con el falso nombre de Gustavo Niño, había encabezado el operativo donde se detiene a la monja y a otros ocho familiares desaparecidos luego. También participó en esa reunión Azucena Villaflor, que es detenida y desaparecida en su casa el 10 de diciembre.

27. Paredes, *Un cauce...*

28. Osmar Zapata, entrevista por Susana Roitman, 10 de agosto de 2010.

29. Claudio Recio, entrevista por Susana Roitman, 8 de marzo de 2010.

30. Ibíd.

31. Raymond Williams, *Marxismo y literatura* (Barcelona: Península, 2000).

32. Daniel Bensaid, *Resistencias: ensayo de topología general* (Madrid: El viejo topo, 2006).

Bibliografía

Balibar, Etienne. "¿De la lucha de clases a la lucha sin clases?". En *Raza, nación y clase*, de Imanuel Wallerstein y Etienne Balibar, 240-83. Madrid: IEPALA, 1991.

Basualdo, Eduardo. *Estudios de historia económica argentina. Desde mediados del siglo XX a la actualidad.* Buenos Aires: Siglo XXI, 2006.

Bensaid, Daniel. *Resistencias: ensayo de topología general.* Madrid: El viejo topo, 2006.

Canelo, Paula. *El proceso en su laberinto: la interna militar: de Videla a Bignone.* Buenos Aires: Prometeo, 2008.

"Fabricaciones Militares". *Boletin de Anusate*, noviembre de 1980.

Fernández, Rodolfo. *Autocrítica policial.* Buenos Aires: El Cid, 1983.

Gargiulo, Roberto. "Gasto militar y políticas de defensa". *Desarrollo Económico* 28, N° 109 (junio de 1988): 89-104.

Goobar, Walter. "Armas y pilotos argentinos en operaciones secretas". *Miradas del Sur*, 3 de agosto de 2014. http://www.miradasalsur.com.ar/edicion/324/mundo.

Hauser, Irina. "Por un corral para Gallino". *Pagina 12*, 8 de septiembre de 2010.

"Las industrias militares en la Argentina". *Revista Mercado*, marzo de 1977.

Knopoff, Ivan. "Atando lazos entre pasado y presente. Los memoriales sobre la última dictadura del Rancho Urutaú en el Astillero Río Santiago". *Aletheia* 16 (junio de 2018). http://www.aletheia.fahce.unlp.edu.ar/numeros/numero-16/articulos/atando-lazos-entre-pasado-y-presente.-los-memoriales-sobre-la-ultima-dictadura-del-rancho-urutau-en-el-astillero-rio-santiago.

Martínez, Diego. "Avances en terreno desconocido". *Pagina 12*, 25 de enero de 2009.

Modonesi, Massimo. *Subalternidad, antagonismo, autonomía: marxismos y subjetivación*. Buenos Aires: Clacso-Prometeo Libros, 2010.

"Nuestros compañeros". Construyendo memoria, 8 de agosto de 2019. https://comisionddhh.mininterior.gob.ar/inicio/companierosC.php.

Olmos, Alejandro. *Todo lo que usted quiso saber sobre la deuda externa argentina y siempre se lo ocultaron*. Buenos Aires: Peña-Lillo, 2006.

Paredes, Marcelo. *Un cauce: historia de ANUSATE*. Buenos Aires: Ediciones de la CTA, 2011.

Pozzi, Pablo. *La oposición obrera a la dictadura (1976-1982)*. Buenos Aires: Imago Mundi, 2008.

Scheetz, Thomas. "Teoría de la gestión económica de las Fuerzas Armadas". *Ministerio de Defensa de la Nación*, 2011. https://www.flacsoandes.edu.ec/sites/default/files/agora/files/1348154844.doct_07_sheetz.pdf.

Schwartz, Alejandra. "Las leyes de la dictadura. Normativa de la exclusión". XI Jornadas Interescuelas/Departamentos de Historia-San Miguel de Tucumán, Argentina, 19 al 22 de septiembre de 2007. http://cdsa.aacademica.org/000-108/714.pdf.

Soul, Julia. "Procesos hegemónicos y cotidianeidad. Prácticas obreras en la privatización de la Sociedad Mixta Siderúgica Argentina". *Cuadernos de Antropología Social* 29 (2005): 85-102.

Williams, Raymond. *Marxismo y literatura*. Barcelona: Península, 2000.

CAPÍTULO 6

Trabajadoras/es y dictadura. Algunas notas a partir del caso mendocino

Laura Rodríguez Agüero
UNIVERSIDAD NACIONAL DE CUYO

Introducción

LAS DÉCADAS DEL SESENTA y setenta estuvieron caracterizadas por un clima de ebullición social, política y cultural, y por una significativa radicalización de importantes sectores de la población. En este proceso, la clase trabajadora jugó un rol fundamental al protagonizar diversas acciones como huelgas, manifestaciones, sabotajes, ocupaciones de los lugares de trabajo, y resistencias abiertas y solapadas, que fueron cristalizando en diferentes formas organizativas. Estas fueron tanto producto de la acumulación de experiencias y prácticas ligadas al proceso de luchas que se había abierto con el derrocamiento de Perón en 1955, como de una coyuntura que llevó a los/as trabajadores/as a poner en acto nuevas prácticas y formas de protesta. A su vez, hacia mediados de los setentas, la clase dominante llevaba décadas sin lograr contener la resistencia, e incluso la abierta ofensiva de los/as trabajadores/as. Así fue que en un contexto de crisis económica mundial y reestructuración capitalista comenzó a montarse un dispositivo represivo que incluyó mecanismos coercitivos legales e ilegales.

En esa dirección, durante la presidencia de Isabel Perón (1974-1976) comenzó a actuar la Triple A o AAA (Alianza Anticomunista Argentina), organizada y financiada por el ministro de Bienestar Social José López Rega. En Mendoza, la violencia paraestatal actuó a través de organizaciones tales como el CAM (Comando Anticomunista de Mendoza) y el Comando Moralizador Pío XII.[1] Es decir que ya desde mediados de 1974 los trabajadores y sus organizaciones fueron blanco de la represión, la cual se agudizó y desplegó de manera brutal a partir del 24 de marzo de 1976. En este trabajo, abordaremos algunas de las estrategias que apuntaron a disciplinar a colectivos de trabajadores/as movilizados/as. Para ello, analizaremos cuáles fueron algunas de esas estrategias que persiguieron desmontar formas de resistencia de los y las trabajadoras durante los meses previos al golpe de Estado, focalizándonos en tres de los sectores más movilizados del movimiento obrero local: estatales, contratistas de viña y bancarios. A su vez, partiendo de la idea de que la represión tuvo un carácter genérico que se manifestó en "castigos" diferenciales para las mujeres víctimas del terror, analizaremos algunas prácticas represivas en clase sexo genérica.

Intensificación de la represión paraestatal (1975)

El año 1975 implicó un momento de inflexión en el montaje del dispositivo represivo. Si bien en Mendoza se venían produciendo atentados desde 1973, durante 1975 el terror se agudizó y hacia fines de ese año, a partir de los "decretos de aniquilamiento" de octubre (2770, 2771, y 2772 de 1975), la represión adquirió rasgos similares a los de la dictadura. Fueron diversas las estrategias llevadas a cabo en pos de "normalizar" el proceso de trabajo y desactivar la resistencia—y ofensiva—de los/as trabajadores/as y sus organizaciones. A partir de la reconstrucción del ciclo de protestas realizado para nuestra tesis doctoral pudimos rastrear diferentes prácticas represivas tales como: detenciones, bombas, secuestros, vigilancia-inteligencia, intervenciones de sindicatos y cesantías a través de la aplicación de normas legales como la ley 20.840.[2] A continuación, reconstruiremos algunas de esas estrategias represivas: por un lado, la intervención de los sindicatos de contratistas de viña y estatales en los meses previos al golpe de Estado; y por otro, la persecución y represión de miembros de las CGI (Comisiones Gremiales Internas) de los bancos Mendoza y del Banco de Previsión Social (BPS).

Intervenciones de sindicatos: los casos de contratistas de viñas[3] y estatales

El escenario en el que ocurrieron las dos intervenciones que vamos a analizar es el siguiente. A fines de 1974, en el marco de una inminente crisis vitivinícola, la CGT local había sido tomada, a través de las armas, por el sector metalúrgico de Carlos Mendoza. En un artículo titulado "CGT. La unidad a tiros" del 14 de diciembre de 1975, la revista *Claves* relataba la "balacera" que durante la noche del 5 de diciembre se había vivido en la CGT cuando los metalúrgicos, cumpliendo una orden emanada a nivel nacional, le habían arrebatado la central a los petroleros. Esta fracción del sindicalismo, encargada según *Claves* de afrontar los efectos sociales de la crisis vitivinícola, así como de frenar un posible avance de las corrientes de izquierda (más aún luego la pérdida de la seccional de Villa Constitución en manos de esta), una vez "recuperada" la CGT salió a tomar por asalto los sindicatos díscolos.

La intervención del sindicato de contratistas de viña

La figura del contratista, desde su aparición, generó extensos y repetidos debates alrededor de su estatuto legal. Al ser una figura que solo existía en Mendoza y San Juan, no fue tenida en cuenta en la legislación laboral a nivel nacional, lo que llevó a permanentes litigios entre patrones y trabajadores. El problema surgió cuando, a medida que avanzaban los derechos laborales, los contratistas quisieron participar de los beneficios que los trabajadores adquirían. Inmediatamente la burguesía vitivinícola trabajó afanosamente para que los contratistas fueran considerados "autónomos" y no trabajadores, lo cual implicaba que no percibieran beneficios sociales.

A lo largo de gran parte del siglo XX, se produjeron constantes marchas y contramarchas alrededor del tema, tal señalaba Fabián Calle en una columna denominada "Las viñas de la discordia", publicada el 14 de agosto de 1969 en diario *Mendoza*. Pero a partir de 1969 la lucha de los trabajadores—a través del Sindicato Único de Contratistas de Viña—fue incesante. El reclamo fue siempre el mismo: ser reconocidos como trabajadores, junto con otras reivindicaciones como jornada de 8 hs, 300 días de trabajo estable, descanso de 24 hs semanales, vivienda sana, etc.[4] Este reclamo fue logrado a fines de 1974 cuando se sancionó la ley 20.589, a partir de la cual se dictó un Estatuto de contratistas de viñas y frutales de carácter nacional, que regulaba la figura como un contrato laboral especial, y que establecía los siguientes beneficios sociales: accidentes del trabajo, beneficios previsionales como trabajadores dependientes, obra social obligatoria, asignaciones familiares, indemnización por despido injustificado. Sin embargo, esa victoria pronto se vio opacada por la crisis económica e institucional que se avecinaba.[5]

En Mendoza, los efectos de la crisis económica internacional de mediados de los setenta se hicieron sentir en el aumento de los insumos para la agroindustria y en el cierre de fuentes de trabajo, sobre todo de talleres metalúrgicos. A ello se sumó la crisis del sector vitivinícola a partir de la caída de la demanda de vino y de una crisis de sobreproducción, que repercutió fuertemente en el resto de las actividades productivas. Dicha crisis se había desencadenado a fines de la década del sesenta, cuando el elevado ritmo de producción llevó a una significativa acumulación de stocks. Hacia mediados de 1975, los empresarios del campo decidieron dejar parrales sin trabajar, lo que provocó el despido de cientos de obreros rurales quienes, al vivir en las fincas, perdían el trabajo y la vivienda.

La lucha de los contratistas a través de su gremio, que históricamente había estado conducido por trabajadores pertenecientes al Partido Comunista, y que había sido incesante desde 1969; hacia setiembre de 1975 se fue tornando más virulenta. Frente a la no concurrencia por parte de la patronal a las reuniones paritarias, una manifestación de 400 obreros se presentó al diario *Mendoza*, el cual publicó una nota llamada "Fracasó la paritaria inicial de contratistas de viña" el 5 de setiembre de 1975. En ella, el secretario general Moretti declaró que las remuneraciones que recibían correspondían a 1973, "y que de no mejorar la situación realizarían un paro por tiempo indeterminado a partir del 11 de setiembre". Antes de esa fecha se realizó la primera reunión paritaria, que fue considerada "exitosa" por el secretario general, tal como quedó registrado en una nota del diario *Mendoza* del 14 de setiembre de 1975, ya que la patronal se había comprometido a pagar salario familiar a los contratistas que no tuvieran obreros a cargo.

Sin embargo, a comienzos de diciembre, se conoció el nuevo convenio colectivo para el año 1975, el cual establecía una serie de montos para la cosecha 1975-1976, que no concordaba con los reclamos de los trabajadores. De forma paralela, una comisión normalizadora apoyada por la CGT tomaba el sindicato "ante la incapacidad de la anterior conducción liderada por Moretti", anunciando que se convocaría a elecciones en 90 días a la vez que se exigía la aprobación del convenio. También de manera simultánea se constituía la Agrupación 17 de octubre, que tal como quedó registrado en una nota del diario *Mendoza* del 5 de diciembre de 1975 titulada "Lista de afiliados pide normalización del Sindicato", se proponía:

> recuperar el sindicato a fin de ponerlo al verdadero servicio del trabajador del surco, para que una vez por todas se termine el estado de desprotección sindical que durante 25 años se ha sufrido por la nefasta conducción

de un grupo de malos dirigentes que han llevado al contratista y su familia al estado económico más desesperante que se pueda estar, con los fines de cumplir las directivas de sus amigos rojos, y mantener a la clase trabajadora en la sumisión, la indigencia.

El mismo día del anuncio del convenio, de la toma del sindicato y de la aparición de la nueva agrupación, el local del gremio fue clausurado y custodiado por la policía. Frente a esta situación, los contratistas llamaron a un paro de 24 hs para el 9 de diciembre pidiendo la restitución del sindicato a las autoridades legítimamente electas a comienzos de febrero de 1974. El paro fue desautorizado por la comisión normalizadora.

El 14 de diciembre, una concentración organizada por quienes habían tomado por asalto la sede sindical recibió al secretario general de la CGT, Carlos Mendoza, quien anunció en una nota de *Mendoza* del 15 de diciembre que la semana siguiente el gremio sería intervenido, y que el interventor designado tenía experiencia en enfrentar "comunistas":

> las reclamaciones de los compañeros contratistas siempre fueron dejadas de lado porque eran acusados de comunistas, y yo sé que no son comunistas, son peronistas. Fueron los malos dirigentes los culpables de que la oligarquía tache a los contratistas de comunistas.

Las 62 Organizaciones de la regional Este repudiaron la toma del sindicato, también otros gremios del Este como empleados de comercio, UOCRA (Unión Obrera de la Construcción República Argentina), SOEVA (Sindicato de Obreros y Empleados Vitivinícolas y Afines) San Martín, Alimentación San Martín, y SOEVA La Paz.

Una vez en dictadura, el Estatuto aprobado en 1974 (ley 20.589) fue reemplazado por una nueva ley (22.163) que volvió a considerar al contratista como trabajador autónomo. Finalmente, en 1984, por medio de la ley 23.154 se restableció la vigencia de la ley 20.589, con algunas modificaciones.[6]

Estatales "los hijos del trueno"

Otro de los sectores que tuvo gran protagonismo en el ciclo de protestas a nivel local fueron los estatales, quienes luego del Mendozazo[7] fundaron el SOEP (Sindicato de Obreros y Empleados Públicos) que se constituyó en la experiencia gremial más radicalizada de la provincia. Además, fueron los impulsores de la Intersindical de Gremios Estatales, organización que propició enormes huelgas hacia comienzos de los setenta, y que logró la sanción del Estatuto del empleado público, aún vigente en la provincia. Este gremio dejó hondas huellas pese a su corta vida.

"Los hijos de trueno", como ellos/as mismas/os se denominaron haciendo alusión a que fueron hijos del Mendozazo, hacia 1974, en un contexto desfavorable para los sectores radicalizados de la clase trabajadora, se encontraron en la disyuntiva de disolverse para incorporarse a UPCN (Unión Personal Civil de la Nación) o ATE (Asociación Trabajadores del Estado). "Como UPCN no tenía representatividad a nivel provincial, estos ofrecían al SOEP su aparato, que cambiase su nombre y comenzase a trabajar para ellos".[8] Finalmente se decidió la afiliación a ATE, hecho que provocó preocupación en los sectores gremiales de la derecha peronista.

Al igual que en el caso de contratistas, en setiembre de 1975 los conflictos se agudizaron. A raíz de una serie de nombramientos que no respetaban lo establecido en el Estatuto-Escalafón, se produjeron nuevas tensiones con el gobierno[9] y la cúpula del gremio. Esta situación llevó a los dirigentes a reunirse con el interventor Rodríguez y a emitir un comunicado en el que se declaraban en estado de alerta "ante la violación del escalafón que vela por la carrera administrativa de los estatales mendocinos". Solicitaban que se diera marcha atrás con los nombramientos en Planeamiento y otras dependencias y la reglamentación del régimen de concursos, tal como quedó plasmado en la nota "Fueron denunciadas irregularidades de la comisión de ATE" aparecida el 21 de setiembre de 1975 en el diario *Mendoza*.

Frente a esta situación, se declaró un paro para el día 5 de setiembre por la correcta aplicación del escalafón y en protesta por los nombramientos. Una asamblea de 4.000 trabajadores/as reclamó por "el funcionamiento de organismos de contralor que impida irregularidades y la integración de una junta de reclamos con ATE como único representante de los estatales" tal como quedó registrado en la mencionada nota del diario *Mendoza*. También se incluyeron reclamos por la escala salarial, retroactividades, etc., y se decidió presentar un petitorio al interventor y declarar un paro para el 9 de setiembre en caso de no obtener respuesta.

El paro del día 9 fue desautorizado por el secretario general Roberto Miranda, con el respaldo de la CGT y de otros gremios (ATSA, Matadero Mendoza, municipales, UPCN, Irrigación, empleados legislativos y casino), los cuales, a través de un comunicado, condenaron la actitud de la asamblea. El acatamiento fue masivo, pese al anticipo oficial de que se descontarían los días de huelga, y a la suspensión del paro por parte del propio secretario general quien, por este motivo, fue separado del cargo y acusado de "traición", tal como lo reflejó *Mendoza* en su edición del día 10.

En un contexto de avanzada represiva sobre los sectores radicalizados del movimiento obrero, de enfrentamiento de los delegados con la conducción de ATE, y más aún ante el posible triunfo de los ex SOEP en las elecciones del sindicato, el 16 de setiembre fue tomada la sede del gremio. Esta maniobra fue impulsada por la CGT y realidad por la Agrupación Juan Domingo Perón de Empleados Estatales, con el fin de restituir al secretario Miranda en su cargo. Esta agrupación emitió un comunicado publicado el 17 de setiembre en *Mendoza,* en el que repudiaba la destitución de Miranda y denunciaba "la deliberada infiltración de la derecha y la izquierda, en los cuadros de conducción para desvirtuar la unidad de los trabajadores estatales, para el fracaso del gobierno provincial". También en la misma nota titulada "Fue tomada ayer la sede de ATE" denunciaba un "intencionado divorcio de la CGT (...) e irregularidades morales y actos de deshonestidad que comprometen la seguridad y bienestar de todos aquellos que trabajamos por ver nuestra patria liberada de los oportunistas de turno".

Finalmente, la situación fue resuelta con la intervención del gremio desde la conducción nacional. Comenta Fernando Rule, ex miembro de SOEP:

> A fines del 75 en ATE había un llamado a elecciones, conformamos lista opositora, las elecciones no se realizaron, el sindicato fue tomado a punta de pistola y se suspendieron (...) cuando fue intervenido el sindicato, el sector que toma el local es apoyado por la CGT, pero era parte de la misma conducción, fue un truco usado mucho en aquellos días (...) con la excusa de que había desinteligencia entre dos facciones, intervienen al sindicato.[10]

Luego de la toma del sindicato, la persecución de sus delegados/as se desplegó de manera brutal. De hecho, uno de los operativos previos al golpe de Estado, denominado en el transcurso del IV Juicio por Delitos de Lesa Humanidad "febrero del 76", tuvo como blanco a trabajadores estatales pertenecientes a ATE y al ex SOEP, y en algunos casos a la JTP y Montoneros. Víctimas de este operativo fueron los delegados estatales Miguel Ángel Gil, de la Comisión Nacional de Energía Atómica—CNEA—; y Marcos Ibáñez, de la Terminal de Ómnibus, quienes fueron asesinados. Además, otros sobrevivientes del mismo operativo eran delegadas/os en distintas reparticiones públicas: Silvia Ontiveros, de la Dirección de Comercio; Guido Actis, de Estadística y Censo; Fernando Rule, de la Dirección de Arquitectura; y Olga Vicenta Zárate, de ENTEL, entre otros/as. Luego del golpe, fueron víctimas del terrorismo de Estado: la delegada de la Dirección de Cooperativas, Raquel Moretti, desaparecida desde 1976; Edecio Villegas, activista de la Dirección de Comercio, desaparecido desde 1976; y María del Carmen Moyano, activista de la Dirección de Transporte, desaparecida embarazada.

Vigilancia y represión sobre las Comisiones Gremiales Internas de los bancos de Previsión Social y Mendoza[11]

En Mendoza, uno de los sectores de trabajadores más castigados por la represión fue el bancario. Desde el primer secuestro del integrante de la CGI del BPS Pablo Marín, en enero de 1975, hasta su desaparición definitiva, en noviembre de 1977, fueron numerosos los trabajadores víctimas de la represión. De hecho, podemos afirmar que la mayoría de los integrantes de las CGI de los bancos Mendoza y de Previsión Social fueron secuestrados y en algunos casos asesinados-desaparecidos por la dictadura.

Las CGI, una peculiaridad del gremio bancario, a nivel provincial solo se dieron en este gremio y en el marco del Mendozazo. Este hecho tuvo profundas implicancias organizativas para los trabajadores/as bancarios, ya que por un lado se fortalecieron las CGI, que encararon sostenidos planes de lucha que las enfrentaron con la conducción de la Bancaria; y por el otro, se realizaron tareas de tipo político-ideológico a través del impulso de una revista y una escuela propias.

El desarrollo de las CGI, que fue en ascenso, llevó a que fueran impulsados una serie de planes de lucha decididos en plenarios por delegados de base, muchos de los cuales fueron desautorizados por el secretario general Surballe. En abril de 1974 se desarrolló una histórica jornada de protesta, pese a la prohibición de realizar medidas de fuerza establecida en el Pacto Social. Durante la primera mitad de 1975 fueron numerosas las protestas por parte de diferentes sectores de trabajadores. A nivel nacional, en julio se produjo el "Rodrigazo", cuando en respuesta al tarifazo del ministro de economía Celestino Rodrigo, se llevaron a cabo dos huelgas generales que paralizaron el país. En ese candente clima social, los bancarios impulsaron distintas medidas de lucha.

Recordemos que, en junio de 1974, el gobernador Martínez Baca había sido destituido y se había producido un marcado avance de la derecha peronista sobre el gobierno provincial. La ofensiva sobre los/as militantes de base se tradujo en atentados con bombas, detenciones y asesinatos, perpetrados por las dos principales organizaciones paraestatales: el CAM y el Comando Moralizador Pío XII.[12]

> Cuentan ex bancarios que, en ese tenso clima, la vigilancia por parte de las fuerzas de seguridad y servicios de inteligencia era permanente. Señala el ex delegado Roberto Burgos:
> Es algo que nosotros sabíamos, había policías de civil en el banco que eran del D2 y nos tenían re fichados a todos, estaban para botonear nomás, no para custodiar el banco de los ladrones, era para botonear lo que había adentro. Convivían con nosotros día a día. Eran custodios de civil, todos sabíamos que iban a hacer ahí, eran épocas donde estábamos todos muy jugados.[13]

Estos custodios mencionados por Burgos, a partir de la información que obtenían, abrían legajos de los "sospechosos", y luego planeaban y llevaban a cabo los operativos de secuestros.

Otro ex bancario, Hermes Ocaña, delegado gremial del Banco de Previsión Social, recordó en su declaración el 2 de setiembre de 2014 en el marco del IV Juicio por delitos de Lesa Humanidad —la Megacausa—, que "antes del golpe, en el Banco se había formado un grupo de seguridad bancaria, pero que no era precisamente para seguridad del banco, sino para hacer inteligencia".[14] Aseguró que sus integrantes eran policías del Departamento 2 de Informaciones de la policía provincial (D2) e identificó a varios de ellos. También el delegado del banco Mendoza, Alberto Córdoba, comenta: "Había gente que trabajaba en el banco que sabíamos que pertenecían a los servicios o a la policía, en ese momento no nos importaba porque tampoco sabíamos lo que se venía. En la parte de personal había un gerente de personal que era colaborador".[15]

En la misma dirección, José Lozano, delegado del BPS recuerda la permanente vigilancia: "venía un gordito y nos decía que lo mandaban a tomar lectura y a botonear, él mismo se identificaba cumpliendo esa tarea".[16] Comenta Lozano que cuando fue detenido se sorprendió de la abultada información que tenían de él: "me leyeron la ficha de todas las intervenciones desde que yo era delegado, que fue a los pocos meses de entrar, creo que en el 70. Me comentaron todas las exposiciones que yo había hecho en las asambleas. Tenían un sistema de información bastante aceitado".[17]

En el último tercio de 1975, el creciente poder de las CGI, el malestar de los trabajadores debido al empeoramiento de la situación económica, y la agudización de la violencia por parte de las organizaciones parapoliciales, fueron tensando aun más la situación. En setiembre había sido detenido el bancario Vicente Antolín, quien fue llevado al Centro Clandestino de Detención D2, donde recibió golpizas y picana. Luego de permanecer 10 días en el D2 fue trasladado primero a la penitenciaría provincial y más tarde a la Unidad Penitenciaria Nº 9 de La Plata.

Para el mes de octubre, varios miembros de la Asociación Bancaria y delegados fueron víctimas de la represión paraestatal. Anselmo Barredo (secretario administrativo del sindicato y director gremial del banco Mendoza) y Luis Ocaña sufrieron atentados con bombas en sus domicilios. Por su parte, Francisco De Robledo (secretario de organización) y Fuad Surballe (secretario general) fueron detenidos. También fue desvalijada la casa del delegado del BPS y militante del PST Felipe Cervine. Frente a esta situación, La Bancaria envió un comunicado a los medios repudiando los atentados, exigiendo la libertad de los detenidos y anunciando un paro para el 14 de octubre de 10 a 11 hs.

En el Banco de Previsión, una asamblea que determinó el cese de la atención al público se expidió sobre la bomba colocada en la casa de Ocaña, y emitió un comunicado publicado el 18 de noviembre por *Mendoza,* en el que repudió "la agresión sufrida por nuestro compañero por parte de los verdaderos enemigos de la clase trabajadora" y denunció "las reiteradas amenazas y presiones ejercidas contra los miembros de este cuerpo de delegados". La persecución de delegados provocó en todos los casos rápidas reacciones por parte de las CGI, y medidas de lucha como huelgas y movilizaciones en apoyo a los militantes perseguidos.

Sobre el atentado con bomba en su casa, Ocaña señala:

Un día en el ascensor del banco había un anuncio: "o se van o los matamos a todos", no le dimos bola, serán unos locos dijimos. A las 2 de la mañana me ponen una bomba, y me llevan preso. Yo había alcanzado a sacar los chicos, estaba lleno de policías el techo de mi casa apenas explotó la bomba. En la casa de adelante vivía un suboficial mayor del ejército, le afanaron el banderín, los sables cruzados, esto fue en noviembre del 75. A las 7 de la mañana vinieron 400, 500 compañeros y me llevaron en andas como a Marín. Y a la noche ametrallaron la ventana de mi casa. El gerente de personal del banco me dijo, Cebolla tomátela porque te han venido a buscar.[18]

Pese a las amenazas, los atentados y la advertencia de los propios jefes, Ocaña volvió al banco y ese mismo día fue secuestrado: "Desaparecí 3 días y cuando volví, a la salida me secuestraron... Esto es para explicar, graficar, cómo pasamos de la rebeldía ante la cosa impuesta, de los sanguches de mortadela a una bomba en la puerta de la casa".[19]

En el mes de noviembre, el conflicto entre las CGI y la conducción del gremio se fue tornando más complejo. Frente a la pasividad del secretariado, que además mantenía cerrado el gremio, las CGI y cuerpos de delegados de los bancos de Previsión, Crédito de Cuyo, Nación, Mendoza, Hipotecario, Regional de Cuyo, BUCI, Los Andes, City, Hispano, Popular, Londres, Italia, Español, Agrario y Desarrollo, establecieron, en un plenario de 3.000 trabajadores un plan de lucha que contemplaba paros progresivos entre el 14 y 21 de noviembre, con suspensión parcial de actividades a partir de ese día. Pedían la derogación de la cláusula que permitía que los aumentos dados antes y después del acta de reajuste, firmada por la Asociación Bancaria, fueran absorbidos. En esa misma asamblea, realizada el 13 de noviembre, se expulsó al secretariado de la seccional Mendoza y se estableció que la mesa del plenario se hiciera cargo de la conducción del gremio hasta que se llevara a cabo un nuevo proceso eleccionario en un plazo no mayor a 90 días.

Las medidas de protesta fueron declaradas ilegales por el Ministerio de Trabajo, que a través de una resolución publicada por *Mendoza* el 18 de noviembre expresaba que las empresas bancarias habían denunciado por "abandono de tareas" al personal, a la vez que intimaban al mismo "a deponer las medidas adoptadas en forma inconstitucional y sin la participación de la entidad gremial que legalmente los representa (...) la cual no avala la medida dispuesta". Los trabajadores eran intimados a presentarse a trabajar "a partir de las 7 horas del día 18 de noviembre, bajo apercibimiento de ley". El diario *Mendoza* del 18 señalaba al respecto que la ilegalidad de la medida podía derivar en posibles cesantías de aquellos/as trabajadores que habían adherido.

Por su parte, la Asociación Bancaria, que había desautorizado las medidas, prohibido asambleas y cerrado con candado el local del gremio, a través de una solicitada, repudiaba el paro y revocaba el mandato de los integrantes de las CGI díscolas: "...ante las reiteradas violaciones al Estatuto cometidas por los delegados gremiales y las comisiones gremiales internas (...) se resolvió revocar el mandato de las siguientes comisiones internas y cuerpos de delegados: CITY-MENDOZA-REGIONAL-NACIÓN-BUCI-LONDRES-ESPAÑOL Y CRÉDITO DE CUYO". Frente a la tensa situación que se estaba viviendo, la CGT, a través de su titular Carlos Mendoza, salió en defensa de la entidad gremial en una nota publicada por el diario *Mendoza* también el 18, y llamó a la "reflexión" a los trabajadores, señalando que "existe una organización sindical a través de la cual se deben encauzar las preocupaciones vigentes. El paro fue cumplido de manera parcial, pero a partir de ese momento se prohibió a la "autodenominada Mesa Representativa de las Bases" reunirse en asamblea.

Pese a la prohibición, el 19 de noviembre un multitudinario plenario al que asistieron todos los bancos de Mendoza excepto Galicia, City Bank y Caja Nacional de Ahorro y Seguros, decidió que las medidas de fuerza fueran suspendidas, pero se mantenía el estado de alerta y se facultaba a la mesa normalizadora para realizar paros sorpresivos en caso de que trabajadores fueran despedidos o castigados. También se resolvió, tal como anunció *Mendoza* en una nota del 19: "Realizar un plebiscito de todo el gremio mendocino, a través de escribanos y en los lugares de trabajo, para ratificar la separación de los dirigentes anteriores (...), exigir un reajuste automático, según el alza del costo de vida (...) formular voto de repudio al 'empresario Carlos Mendoza' por la actitud frente al conflicto bancario". Pese al agudo enfrentamiento de las CGI con la conducción del gremio y la CGT, el gremio no fue intervenido, tal como ocurrió con otros como el de contratistas de viña y estatales. En este caso la estrategia aplicada fue el "terror".

La actitud persecutoria por parte de las patronales y la policía es recordada vívidamente por los bancarios de la época. José Lozano señala que, a principios de octubre de ese año, el jefe de policía vicecomodoro Santuccione lo citó junto a otros dos bancarios en su oficina, y les advirtió que de continuar con las movilizaciones "los liquidaría". Comenta Lozano: "el gerente general me hizo llamar a la casa matriz nueva en España y Gutiérrez y cuando llegué a la gerencia me detuvieron, entonces argumenté que iba al baño para avisarle a los compañeros que me llevaban y justo después apareció Ocaña y Cervine y se juntó toda la gente en la puerta de la oficina".[20] El episodio, que es descripto por Lozano como una puesta en escena del jefe de policía, comenzó cuando ellos entraron a su oficina: "Santuccione estaba de espalda, puso un disco de música clásica, y mirando el techo nos empezó a decir: fulano de tal, fulano de tal, como diciendo los conozco, sé que usted es fulano de tal. No nos decía el nombre como modo de saludo sino como para que supiéramos que él nos conocía".[21] A continuación, Santuccione les comentó estar al tanto de que ellos estaban en una medida de fuerza, y les advirtió que "desde hace un tiempo a esta parte, desde río San Juan hacia el sur, se han creado fuerzas parapoliciales para combatir todo este tipo de manifestaciones".[22] Y luego los increpó:

> ustedes habrán visto lo que ha venido ocurriendo aquí en el Challao, [donde aparecían personas asesinadas a diario] y nos advirtió que íbamos a correr igual suerte si no cambiábamos nuestra pelea. Y nos dio toda una lección de todo lo que él se proponía para que en Mendoza no hubiera gente indeseable ni por cuestiones morales ni por cuestiones políticas o gremiales.[23]

Las palabras del jefe de policía no tardaron en hacerse realidad. El 8 de diciembre, volviendo en auto de San Rafael junto a su esposa Laura Botella y su sobrino, Osvaldo Jara, Lozano se detuvo en una estación de servicio para cargar nafta y hacer compras, y al regresar ni sus familiares ni su coche estaban allí. Comenzó entonces una búsqueda desesperada en las comisarías de la zona, ya que los empleados de la estación le habían comentado haber visto un operativo policial. Finalmente, en una de las tantas dependencias a las que acudió, fue detenido y trasladado a Mendoza en un patrullero donde también estaba su sobrino. El destino de ambos y de su esposa Laura fue el CCD D2, lugar en el que fueron sometidos a torturas.

Hacia fin de año se produjeron nuevos episodios violentos. A la detención de Lozano se sumó la desaparición de José Vila, miembro de la Comisión Gremial Interna del Banco Mendoza y militante del PRT-ERP. Estos hechos motivaron nuevas medidas de protesta a partir del 10 de diciembre, las que fueron levantadas al día siguiente debido a que se consiguió una audiencia con la Secretaría General de la Gobernación para conocer los cargos contra Vila y Lozano. Vila, quien fue secuestrado en el banco Mendoza, en un operativo presentado como un supuesto "rescate de sus compañeros de organización", continúa desaparecido.

También en diciembre fue secuestrado—y continúa desaparecido—Napoleón Araneda, bibliotecario y trabajador del Banco Mendoza. Sabemos por Daniel Ubertone, compañero de Napoleón y militante de la JTP, que Araneda, quien se desempeñaba en tareas de mantenimiento, en una oportunidad sorprendió a todos tocando el piano, y a partir de ese momento fue pasado a la biblioteca de dicha entidad, lugar en el que se desempeñó hasta el momento de su secuestro el 12 de diciembre de ese año.

Una vez en dictadura fueron detenidos prácticamente la totalidad de los bancarios que fueron parte de las CGI y tuvieron militancia gremial: Daniel Ubertone, Alberto Córdoba, David Blanco, Eduardo Morales, Anselmo

Barredo, Roberto Burgos, Jorge Capella, Osvaldo Capitani, Enrique de Robledo, Arturo Galván, Héctor García, Hermes Ocaña, Felipe Cervine, Mario Santos. Y desaparecidos/as Pablo Marín, Ricardo Sánchez Coronel, Jorge Daniel Collado, Leonor Mercuri, Marta Saroff y Sabino Rosales, cuyo cuerpo fue encontrado en 2011 en una fosa común en el cementerio de la Capital de Mendoza.

Clase trabajadora, género y represión

En este apartado queremos hacer un breve análisis desde el punto de vista sexo genérico, tanto sobre la presencia/ausencia de mujeres en los sectores y experiencias gremiales abordadas, como en el despliegue de los dispositivos represivos.

Para los casos de contratistas y bancarios las mujeres no "aparecen" ni en los conflictos gremiales, ni como víctimas del aparato represivo en el primer caso. Dentro de las personas desaparecidas del gremio bancario hallamos dos mujeres que no tuvieron participación en el gremio, sino que se vincularon a una militancia de tipo socio-comunitario, hecho que también indica una división de roles militantes: los varones en lugares representación y de toma de decisiones, y las mujeres en militancias de base y en tareas vinculadas con lo social. En trabajos anteriores hemos dado cuenta del ingreso de mujeres a los bancos durante la época estudiada, pero ese crecimiento de la presencia femenina parece no haberse manifestado en representación gremial.[24]

El caso de contratistas es más complejo, por lo que nos detendremos en su análisis. La figura del contratista de viña se basaba en un régimen de auto explotación familiar y trabajo femenino —e infantil— no remunerado. El dueño de la tierra contrataba a un solo trabajador pero, en realidad, su esposa e hijos/as, desde temprana edad, realizan las tareas de la viña a la par del "contratado". Al respecto un ex contratista de viña, Juan Belmonte, señalaba:

> El contratista solo puede trabajar 5 hectáreas y con una familia numerosa con eso no alcanza, tiene que agarrar un contrato de por lo menos 10 hectáreas para poder más o menos sobrevivir y trabaja toda la familia porque solo no podría... se puede decir, que la familia trabaja gratis. La explotación de un solo hombre se convierte en la de toda una familia.[25]

Tal como sostiene Belmonte, el cálculo que realizaba la patronal era de 5 hectáreas por trabajador, aunque en ese cálculo estuviera implícito el trabajo de la familia. Es decir que, en el caso de contratistas, las mujeres trabajaban a la par del varón, solo que la burguesía vitivinícola usufructuaba su trabajo productivo de modo gratuito además del trabajo reproductivo, tampoco remunerado. Esta situación se veía agravada con el hecho de que los patrones se negaban a considerar a los contratistas trabajadores para evitar pagar beneficios sociales como el salario familiar. Respecto de la situación de las mujeres contratistas, rescatamos el concepto de Iris Young de "división del trabajo por género",[26] el cual nos permite comprender la estructura económica y las relaciones sociales de producción de una formación social en su conjunto, al visibilizar la explotación de clases y la opresión de las mujeres como aspectos del mismo sistema socioeconómico.

Un ex contratista, Luis Ocaña, advierte que la relegación e invisibilidad de estas trabajadoras estaba relacionada con el carácter supuestamente "complementario" del salario femenino:

> El trabajo de las mujeres era siempre de apoyo o suplemento económico que caía en familias donde no había muchas entradas, era un laburo extra, no un laburo, y así les pagaban. A las cosechas yo las vi hacer por un 60% de mujeres, hasta que descubrieron la veta de ir a buscar bolivianos...en los 60 empiezan a llegar camiones del norte, y después bolivianos de a poquito.[27]

Además, agrega Ocaña, debían realizar el trabajo reproductivo impago: "las mujeres trabajaban, pero además tenían que hacer las tareas de la casa, todo a mano, lavar a mano, amasar a mano...".[28] También otro ex contratista, Montaña, comenta: "mi mamá sufría mucho, tenía que lavarnos la ropa a mano, cocinarnos, mandarnos a la escuela, hacer todas las tareas de la casa y además trabajar en el campo".[29] En estos testimonios podemos ver, por un lado, el supuesto carácter secundario de la mano de obra femenina en el campo, y por otro, cómo era utilizada la división del trabajo por género pero también por etnia, cuando Ocaña señala la transición que se produjo hacia la década del sesenta de "mujeres a bolivianos/as".

Respecto de la idea del trabajo femenino como "complementario" al del varón, Young plantea que la marginalización de la mujer y su funcionamiento como fuerza laboral secundaria "es una característica fundamental y esencial del capitalismo", el cual recurre, en esa dirección, a criterios raciales y étnicos, pero sobre todo a la división por sexo. Los trabajos en los cuales las mujeres han dominado "en un determinado período han recibido, por lo general, menos remuneración y prestigio (...) De esta manera las mujeres han servido como fuerza laboral secundaria".[30]

Al respecto, Cerdá, al analizar el registro censal del trabajo femenino, muestra en los censos de 1869 y 1895 la desvalorización "y un desaliento a declarar las actividades femeninas como actividades productivas, indicando, nuevamente, el papel complementario y peyorativo con el que el Censo incorpora al trabajo femenino fuera del hogar".[31] Estos elementos, señala el autor, son relevantes al momento de analizar el caso de Mendoza donde predominaba "el empleo estacional, precario y familiar asociado a los ciclos agrícolas".[32] Además, señala que las tareas realizadas por el grupo familiar no eran remuneradas de forma individual, por lo que la mujer, al igual que niñas y niños, no percibían un salario y, por lo tanto, es presumible que no fueran consideradas estas tareas como "trabajo" sino como una "ayuda familiar". Si bien este estudio se refiere a los censos de fines del siglo XIX y comienzos del XX, la subestimación del trabajo femenino en la vitivinicultura como "trabajo productivo" y la idea de que el trabajo de mujeres y niños/as en la viña era "ayuda familiar", lejos de declinar continuó vigente, por lo menos, hasta la época aquí estudiada.

Por último, queremos enfatizar cómo a la naturalización del trabajo reproductivo femenino se le sumaba la naturalización del trabajo productivo impago, lo que se traducía en la doble explotación—de clase y género—de las mujeres que trabajan en el campo. En relación con esto último, Young advierte que "un análisis de la división capitalista del trabajo por género, que pregunte cómo se estructura el sistema mismo en términos de género, puede dar una explicación de la situación de las mujeres dentro del capitalismo como una función de la estructura y dinámica del mismo".[33]

Por otro lado, Federici advierte cómo el capitalismo transforma las diferencias en desigualdades. Así como se produce un "desarrollo desigual" desde el punto de vista regional, se producen formas desiguales de incorporación de los/las sujetos al mercado de trabajo: los varones a los sectores mejor pagos de la fuerza de trabajo y las mujeres o bien a la reclusión doméstica como par complementario del varón trabajador, o bien como trabajadoras a los sectores peor pagos, o directamente no remunerados, tal como ilustra este caso.[34] Entendemos que la situación de invisibilidad absoluta del trabajo productivo femenino en la viña explica la ausencia de mujeres en el Sindicato Único de Contratistas de viña.

De los tres casos analizados, el sector de estatales es el que registra mayor presencia femenina. A su vez, una experiencia sindical sumamente progresiva como fue el SOEP dio lugar a la participación gremial de mujeres en algunos puestos directivos. Tal es el caso de la secretaría de prensa, pero también en una comisión provisoria y en los cuerpos de delegados/as, en los que la participación femenina fue significativa. Esta presencia de mujeres en instancias gremiales estatales fue advertida por las fuerzas armadas y de seguridad, y ya en los meses previos a la dictadura la persecución de delegadas se puso en marcha. En el operativo de febrero de 1976 mencionado, por ejemplo, varias de las víctimas (secuestradas en el marco de la ley 20.840) fueron mujeres, y sufrieron según palabras de una de ellas, "el doble castigo" por ser militantes y mujeres.[35]

El terror sobre trabajadores y trabajadoras organizadas gremialmente fue brutal tanto en los CCD como en las cárceles legales de la dictadura. Sin embargo, entendemos que hubo un componente diferencial de género en la aplicación del terror. Como hemos señalado en trabajos anteriores, la perspectiva de género torna visibles objetos y prácticas sociales que lejos de ser secundarios adquieren un papel central en esta etapa. Pero al mismo tiempo esta no solo suma temas y problemas que antes no habían sido tenidos en cuenta, sino que además permite analizar ciertas aristas estructurantes del conjunto del proceso represivo estatal, que al igual que otras herramientas, contribuye con una explicación integral de los procesos históricos.[36]

En esa dirección, y partiendo de un análisis estructural genérico, se puede ver una diversidad de prácticas represivas en los distintos circuitos clandestinos o carcelarios. En el caso de las trabajadoras estatales mendocinas podemos afirmar que fueron sometidas a prácticas represivas diferenciales como la "desmaternalización" y la "violencia sexual" en el CCD D2 al que fueron llevadas luego ser secuestradas.[37] Respecto de la primera, la institución de la maternidad y el lugar de las mujeres como pilares de la misma, a la vez que era defendida y "militada" por el régimen como una de las bases de nuestra sociedad occidental y cristiana, era atacada brutalmente en los circuitos represivos clandestinos. El secuestro y la tortura de niños y niñas que incluyó la aplicación de electricidad a bebés y simulacros de fusilamientos, la separación de sus madres, la provocación de abortos y la quita de la patria potestad "por abandono", son solo una muestra de la política de desmaternalización a la que fueron víctimas las mujeres secuestradas en el D2.[38] Respecto de la violencia sexual, tal como ha sido demostrado en los sucesivos juicios de lesa humanidad, parece haber sido sistemática y continua en las celdas del D2. La mayor parte de las mujeres (entre ellas las delegadas gremiales) que estuvieron recluidas en ese CCD, y algunos varones, fueron sometidas a esa práctica represiva.

Algunas notas finales

En esta breve aproximación a las diversas estrategias represivas desplegadas sobre los/as trabajadores/as en Mendoza durante los momentos previos y posteriores al golpe queremos realizar algunos señalamientos.

En primer lugar, y en relación a contratistas, destacar cómo la crisis económica del año 1975 se tradujo, por un lado, en la destrucción de fuerzas productivas al no levantarse las cosechas y erradicarse viñas y parrales; y por otro lado, en el avance sobre las condiciones de trabajo, así como en la destrucción de instancias de organización autónomas de los trabajadores. Al igual que en otros casos, la burocracia sindical, en su lucha contra la "infiltración", fue la mano ejecutora de las políticas de tipo represivas y de combate de la "subversión" al interior del movimiento obrero.

En segundo lugar, y respecto de los/as trabajadores/as estatales, señalar que fueron percibidos por las fuerzas de seguridad y por la ortodoxia peronista como parte del conflicto por el control del gobierno. La necesidad que estos sectores tenían por controlar el aparato del Estado implicaba echar al gobernador Martínez Baca y a la "subversión" en el Estado. En esa dirección fue que los sectores gremiales y políticos de la ortodoxia peronista desplegaron una serie de maniobras que incluyeron la intervención de ATE (frente a un posible triunfo de los ex SOEP) y una caza de brujas contra los/as delegados que habían pertenecido a esa organización gremial.

En el caso de los bancarios, la brutal represión se debió a la importancia de los bancos en el funcionamiento del aparato productivo. Los dos principales bancos de la provincia, Mendoza y de Previsión Social, habían experimentado en su interior un exponencial desarrollo de las CGI que contaban con un enorme poder de convocatoria, y que durante 1974 y 1975 habían protagonizado vigorosos conflictos. El desarrollo de las CGI fue tal que la dirigencia de La Bancaria se vio desplazada en más de una oportunidad. Otro elemento a tener en cuenta cuando analizamos la represión sobre bancarios y estatales es la doble pertenencia—gremial y partidaria—de gran parte de los y las militantes. Montoneros y el PRT-ERP tuvieron una gran inserción ambos gremios.

En tercer lugar, queremos rescatar la importancia de analizar desde la perspectiva sexo genérica, tanto las experiencias organizativas como las prácticas represivas. Si bien en este trabajo el abordaje desde la dimensión genérica fue acotado, pudimos señalar por un lado algunas de las posibles causas que explicarían la "ausencia" y presencia de las mujeres en las experiencias gremiales analizadas; y por otro pudimos advertir sobre las posibilidades que se abren cuando se incorpora esta perspectiva al análisis de la represión estatal y paraestatal.

Por último, entendemos que achicar la escala de análisis nos permite observar cómo a escala local, a través de del terror, el secuestro, la desaparición forzada, la tortura, la violación y el silenciamiento, se intentó disciplinar y desarticular el poderoso movimiento de protesta y las experiencias de resistencia y organización que se habían abierto, desde vertientes políticas diversas, hacia fines de los años cincuenta.

Notas

1. Laura Rodríguez Agüero, "Ciclo de protestas, experiencias organizativas y represión paraestatal: Mendoza, 1972-1976" (tesis doctoral, Universidad Nacional de La Plata, 2013), http://www.memoria.fahce.unlp.edu.ar/tesis/te.889/te.889.pdf.

2. Rodríguez Agüero, "Ciclo de protestas…".

3. La figura del contratista de viñas, quien trabajaba una parcela de tierra a cambio de una mensualidad y del 18% de la producción anual, era contenida por un contrato que ligaba al trabajador con el propietario de la tierra, "a fin de 'compartir' riesgos y ganancias". Pero, como señalaba Fabián Calle en la columna "Las viñas de la discordia", publicada en diario *Mendoza* en 1969, "el contratista es socio en las pérdidas ya que no cobra la mayor parte de su trabajo si hay heladas o granizo". El contratista se hacía cargo de todas las labores culturales, poniendo su fuerza de trabajo y, en algunos casos también, los medios de labranza, a cambio de un porcentaje de la cosecha". Véase: Patricia Collado, "Singularidad del desarrollo agroindustrial vitivinícola en Mendoza. El comportamiento de la elite local (1950-1980)", *Realidad Económica* n° 222 (2006): 18. El hecho de ocupar un lugar estratégico en la estructura económica (hacia 1968 el 33,7% de los viñedos y 41,8% de la superficie vitícola de Mendoza eran explotados por el régimen de contratos) llevó a que fueran sometidos/as a condiciones de trabajo que ni siquiera cumplían con los requisitos mínimos de las relaciones de trabajo en términos capitalistas: vender la fuerza trabajo a cambio de un salario, además de ser sometidos a un régimen de autoexplotación tanto el contratado como su esposa e hijos/as, quienes desde temprana edad realizaban las tareas de la viña.

4. Benito Marianetti, *Las luchas sociales en Mendoza* (Mendoza: Ediciones Cuyo, 1970), 162.

5. Laura Rodríguez Agüero, "¿Trabajadores o empresarios? La lucha de los contratistas de viña, Mendoza 1969-1976", *Revista Electrónica de Fuentes y Archivos*

(*REFA*), Centro de Estudios Históricos "Prof. Carlos S. A. Segreti" Córdoba (Argentina), año 8, número 8 (2017): 217-36.

6. Carlos Livellara, "Contratos laborales que coexisten en la explotación de viñas y frutales" (IV Congreso de derecho laboral y relaciones del trabajo, Mendoza, octubre de 2012).

7. El 4 de abril de 1972 se produjo el Mendozazo cuando miles de trabajadores/as y estudiantes protagonizaron una multitudinaria manifestación y fueron brutalmente reprimidos/as. El saldo fue de tres muertos (Ramón Quiroga, Susana Gil de Aragón y Luis Mallea) y cientos de heridos y detenidos. El conflicto se extendió por varios días y provocó la renuncia del interventor Gabrielli y la suspensión de los aumentos de tarifas.

8. Fernando Rule, entrevista por Rodríguez Agüero, 13 de marzo de 2013.

9. El 25 de mayo de 1973 a nivel nacional asumía la formula Héctor Cámpora-Vicente Solano Lima; y a nivel provincial Alberto Martínez Baca, quien contaba con el apoyo de la tendencia revolucionaria del peronismo, y Carlos Mendoza, representante de la UOM (Unión Obrera Metalúrgica) y la derecha peronista, asumían como gobernador y vice. Al igual que en otras provincias donde el gobernador estaba ligado a la izquierda peronista, el hostigamiento por parte del peronismo ortodoxo fue constante. En abril de 1974 comenzó a organizarse el juicio político contra Martínez Baca, a partir de un supuesto ilícito contra la empresa Bodegas y Viñedos Giol, en el que estaba implicado el hijo del gobernador. A principios de junio, y luego de una larga sesión de la Cámara de Diputados, Martínez Baca cesaba temporalmente en sus funciones y en agosto era separado del cargo. Luego de su destitución, se hizo cargo de la gobernación por un lapso de dos meses Carlos Mendoza y posteriormente —hasta el golpe militar de marzo de 1976— la provincia sufrió las intervenciones federales de Antonio Cafiero, Luis María Rodríguez y finalmente del general retirado Pedro León Lucero.

10. Rule, entrevista.

11. La sección sobre trabajadores bancarios fue parte de una investigación llevada a cabo desde La Bancaria seccional Mendoza y fue parcialmente publicada en Laura Rodríguez Agüero, "Violencia estatal y paraestatal sobre trabajadores bancarios en Mendoza (1972-1977)", *Historia Regional* Sección Historia. ISP N° 3, Villa Constitución, Año XXXI, N° 39 (julio-diciembre 2018): 1-17.

12. Rodríguez Agüero, "Ciclo de protestas…".

13. Roberto Burgos, entrevista por Rodríguez Agüero, 1 de junio de 2016.

14. Hermes Ocaña, declaración testimonial audiencia 37, 2 de setiembre de 2014. Disponible en https://juiciosmendoza.wordpress.com/audiencia-37-imputados-implicados. Acceso el 4 de agosto de 2017.

15. Alberto Córdoba, entrevista por Rodríguez Agüero, 5 de setiembre de 2016.

16. José Lozano, entrevista por Rodríguez Agüero, 7 de junio de 2016.

17. Lozano, entrevista.
18. Luis Ocaña, entrevista por Rodríguez Agüero, 8 de marzo de 2013.
19. Ocaña, entrevista.
20. Lozano, entrevista.
21. Lozano, entrevista.
22. Lozano, entrevista.
23. Lozano, entrevista.
24. Laura Rodríguez Agüero, "Lucha, vigilancia y represión sobre las comisiones internas de los bancos Mendoza y de Previsión Social (1972-1977)", en *Hacia adentro. La Bancaria Seccional Mendoza. Acuarelas de sus luchas y desaparecidos/as (1969-1977)* (Mendoza: La Bancaria, 2016), 135-216.
25. Tamara Abdala *et al*, *La lucha de un contratista* (Tupungato, aula satélite, Luján de Cuyo, 2007). IES 9-009.
26. Iris Young, "Marxismo y feminismo, más allá del 'matrimonio infeliz' (una crítica al sistema dual)", *El cielo por asalto* Año II, N°4, Ot/Inv6bn (1992).
27. Ocaña, entrevista.
28. Ocaña, entrevista.
29. Ocaña, entrevista.
30. Young, "Marxismo y feminismo...", 12.
31. Juan Manuel Cerdá, "Los censos históricos como fuente para el estudio de la participación femenina en el mercado. El caso de la provincia de Mendoza a comienzos del siglo XX", *Mora* n.° 15 (2009): 12.
32. Cerdá, "Los censos históricos...", 12.
33. Young, "Marxismo y feminismo...", 12.
34. Silvia Federici, *Calibán y la bruja. Mujeres, cuerpo y acumulación originaria* (Madrid: Traficante de sueños, 2010).
35. Afirmación de la delegada gremial Silvia Ontivero en su declaración de el IV Juicio por Delitos de Lesa Humanidad de Mendoza.
36. Débora D'Antonio y Laura Rodríguez Agüero, "Una lectura de la represión desde los bordes de género" (Jornadas RER, UNLP, 22 de abril de 2017).
37. Laura Rodríguez Agüero, "Algunas notas sobre el carácter sexuado de la represión. Mendoza, 1976-1978" (V Jornadas de Historia, Género y Política en los setenta. En los (des)bordes de una década intensa, Buenos Aires, Centro Cultural Paco Urondo, CABA, 7, 8 y 9 de noviembre de 2018).
38. Rodríguez Agüero, "Algunas notas sobre el carácter...".

Bibliografía

Abdala, Tamara, Eva Aguilera, Sabrina Rosales, y Mariana Pupatto. *La lucha de un contratista*, IES 9-009. Tupungato, aula satélite, Luján de Cuyo, 2007.

Cerdá, Juan Manuel. "Los censos históricos como fuente para el estudio de la participación femenina en el mercado. El caso de la provincia de Mendoza a comienzos del siglo XX". *Mora* n.º 15 (2009): 12.

Collado, Patricia. "Singularidad del desarrollo agroindustrial vitivinícola en Mendoza. El comportamiento de la elite local (1950-1980)". *Realidad Económica* n° 222 (2006).

D'Antonio, Débora, y Rodríguez Agüero Laura. "Una lectura de la represión desde los bordes de género". Jornadas RER, UNLP, 22 de abril de 2017.

Federici, Silvia. *Calibán y la bruja. Mujeres, cuerpo y acumulación originaria*. Madrid: Traficante de sueños, 2010.

Marianetti, Benito. *Las luchas sociales en Mendoza*. Mendoza: Ediciones Cuyo, 1970.

Livellara, Carlos. "Contratos laborales que coexisten en la explotación de viñas y frutales". IV Congreso de derecho laboral y relaciones del trabajo, Mendoza, octubre de 2012.

Rodríguez Agüero, Laura. "Algunas notas sobre el carácter sexuado de la represión. Mendoza, 1976-1978". V Jornadas de Historia, Género y Política en los setenta. En los (des)bordes de una década intensa. Buenos Aires, Centro Cultural Paco Urondo, CABA, 7, 8 y 9 de noviembre de 2018.

———. "Ciclo de protestas, experiencias organizativas y represión paraestatal: Mendoza, 1972-1976". Tesis doctoral. Universidad Nacional de La Plata, 2013. http://www.memoria.fahce.unlp.edu.ar/tesis/te.889/te.889.pdf.

———. "Lucha, vigilancia y represión sobre las comisiones internas de los bancos Mendoza y de Previsión Social (1972-1977)". En *Hacia adentro. La Bancaria Seccional Mendoza. Acuarelas de sus luchas y desaparecidos/as (1969-1977)*, 135-216. Mendoza: La Bancaria, 2016.

———. "¿Trabajadores o empresarios? La lucha de los contratistas de viña, Mendoza 1969-1976". *Revista Electrónica de Fuentes y Archivos (REFA)* Centro de Estudios Históricos "Prof. Carlos S. A. Segreti" Córdoba (Argentina), año 8, número 8 (2017): 217-36.

———. "Violencia estatal y paraestatal sobre trabajadores bancarios en Mendoza (1972-1977)". *Historia Regional*. Sección Historia. ISP N° 3, Villa Constitución, Año XXXI, N° 39 (julio-diciembre 2018): 1-17.

Vega, Dante. "Las dos fases del terrorismo de Estado en Mendoza". En *El libro de los juicios*. Mendoza: EDIUNC, 2014.

Young, Iris. "Marxismo y feminismo, más allá del 'matrimonio infeliz' (una crítica al sistema dual)". *El cielo por asalto*, Año II, N° 4, Ot/Inv6bn (1992).

CAPÍTULO 7

Dictadura y clase trabajadora en Bahía Blanca. Avances respecto al disciplinamiento, la represión y la oposición obrera (1976-1983)

Ana Belén Zapata
UNIVERSIDAD DE BUENOS AIRES

EL 24 DE MARZO de 1976 efectivos del Ejército violentaron el local de la CGT de Bahía Blanca ubicada en pleno centro de la ciudad. Se había establecido la clausura de todas las entidades gremiales al igual que en el resto del país, y las mismas quedaron vigiladas por parte del personal militar.[1] Con el golpe de Estado, la Junta Militar por medio del comunicado n° 4 advertía a la población que "todas las fuentes de producción y lugares de trabajo, estatales y privadas a partir de la fecha serán considerados objetivos de interés militar".[2]

El espacio fabril, los establecimientos y zonas productivas, fueron considerados territorios a custodiar con especial atención y la militarización de los mismos se vivió en diversas partes del país. Incluso se verificó que en grandes empresas como la siderúrgica Acindar en Santa Fe, la automotriz Ford en la Provincia de Buenos Aires, el Ingenio La Fronterita de Tucumán, Astilleros Río Santiago, o la empresa de transportes salteña La Veloz del Norte fue habilitado el espacio privado y parte de sus instalaciones para la tarea represiva. Los sectores empresariales vinculados a muchas empresas de diversa actividad y ubicación geográfica dentro del país se valieron de la estrategia represiva del terrorismo de Estado para lograr disciplinar a su planta de trabajadores y terminar con situaciones y grados muy importantes de organización, lucha obrera y sindical, experimentados en los años inmediatamente anteriores. Si bien las fuerzas militares tomaron el poder con horizontes refundacionales de las relaciones sociales, económicas y políticas que se venían dando desde hacía décadas en el país, resulta inocultable y probado desde distintas investigaciones y avances de causas judiciales, que muchas empresas tuvieron grados de responsabilidad respecto a prácticas represivas concretas y definidas para recuperar un orden productivo en sus plantas.[3] En el caso de Bahía Blanca, la empresa *La Nueva Provincia* puede contarse entre las mismas, a partir de la entrega de información sobre sus trabajadores a las fuerzas militares para que estas reprimieran a sus empleados.[4]

La producción historiográfica respecto a la historia de la clase trabajadora argentina en relación a los años dictatoriales (1976-1983) ha ido creciendo de forma significativa y constante durante los últimos años. También se ha nutrido de los aportes del campo de la historia reciente, que ha demostrado ser un campo de estudios que suscita profundo interés en el público general y del mundo académico en particular. Las perspectivas que intentaron reponer en distintas escalas de análisis, y complejizar el análisis nacional desde la historia local y/o regional, han posibilitado muchos de los avances; así como también aquellos estudios que rescataron en su complejidad el espacio fabril en términos de escala más reducida aún, y en la cual se juegan cuestiones alusivas a la relación capital-trabajo, pero también a los procesos productivos y del trabajo en sí. Para el caso concreto de la Provincia de Buenos Aires, el acceso a los documentos del archivo de la ex DIPPBA, abrió una puerta enorme para un sinfín de investigaciones con preguntas y periodizaciones muy diversas, sobre todo —y en numerosos estudios— abocadas al trabajo que posibilita el material documental de la conocida MESA B del archivo. Las oportunidades de contar con un archivo de la represión de las características de DIPPBA claramente subsanan muchas de las dificultades del estudio del período dictatorial por escasez de fuentes documentales sobre la temática. Frente a todos estos avances, y como bien sostienen Simonassi y Schneider:

> Uno de los aportes más significativos ha sido poner en discusión el 24 de marzo de 1976 como un corte decisivo en la historia reciente de la clase trabajadora. En particular atendiendo a la represión desatada sobre los trabajadores desde el Estado y los grupos paramilitares, diversas pesquisas han subrayado la continuidad de las prácticas represivas, antes y después del golpe y han ahondado en las modalidades que la misma adquirió durante

los años 1974 y 1975. En efecto, tal como hemos relevado en el apartado anterior, se trata de ensayos que analizaron la conflictividad laboral y la radicalización política en relación estrecha con la represión estatal y paraestatal durante el tercer peronismo.[5]

En este trabajo nos proponemos reconstruir las lógicas que operaron a nivel local respecto de las formas de disciplinamiento y represión de la clase trabajadora durante los años dictatoriales en Bahía Blanca. Queremos contribuir desde el caso local a un conjunto de trabajos que abordan la temática y complejizan la escala nacional de análisis. Asimismo, y desde un abordaje aún preliminar, nos proponemos presentar algunos indicios respecto a las formas de oposición del sector obrero al poder dictatorial.

* * *

Las formas que adoptó el disciplinamiento social durante la última dictadura militar en la ciudad no deberían pensarse solo en términos vinculados al impacto generado por los grandes operativos represivos y el despliegue de fuerzas militares que se vivieron en las calles bahienses, dada la cercanía de las distintas guarniciones militares,[6] sino también en relación al disciplinamiento laboral y al de la clase trabajadora desde los secuestros, detenciones y desapariciones de dirigentes sindicales y obreros. Además, desde un claro y explícito replanteamiento de las formas organizativas que hasta ese entonces venían sosteniendo los distintos sindicatos.

Transcurridos dos días luego del golpe de Estado, desde el Comando de Subzona 51 se solicitó por medio del comunicado n° 7 la presencia en el V Cuerpo de Ejército de todos los sindicalistas de la ciudad y la zona, para una reunión a realizarse al día siguiente en sede militar. Se anunció que se trataría la "clausura de los sindicatos, cuidados de los bienes y obra social de los sindicatos".[7] Según anuncios públicos, a dicha reunión asistieron representantes de unas 122 organizaciones. Desde el comando militar se anunció la clausura de las distintas sedes sindicales, aunque se advirtió que las obras sociales seguirían funcionando y todas aquellas instalaciones vinculadas a los gremios comprendidas en servicios a los afiliados como consultorios, farmacias, almacenes, y comedores que se encontraran en edificios gremiales, deberían atravesar un proceso de inspección desde las fuerzas policiales, que labrarían actas respecto a los bienes pertenecientes a las organizaciones. Asimismo, los secretarios generales estuvieron obligados a entregar toda información vinculada al funcionamiento de obras sociales y de los empleados administrativos que trabajaban para tal fin.

Algunos sindicalistas de la época recordaban la reunión en la cual Adel Vilas, a la sazón 2° Comandante del V Cuerpo y el Comandante de la subzona 51, les había advertido que ya no estaban permitidas actividades de tipo asamblearias, ni ninguna clase de acción organizativa dentro de los sindicatos ni las fábricas. Además, recuerdan los dirigentes, tuvieron que pasar uno a uno ante autoridades del comando a dejar todos los datos sobre sus cargos ocupados hasta el momento dentro de las comisiones directivas. Otros hicieron alusión a las situaciones de secuestro de todo tipo de material documental de las entidades, libros de actas, libros contables, documentación de obras sociales, etc. O a las instancias en las cuales ellos buscaron casi "heroicamente" rescatar documentación de sus sedes gremiales antes que las mismas fueran saqueadas por los militares.

El 18 de junio de 1976 salió publicada la detención de quien hasta entonces cumplía funciones como secretario general de la CGT de Bahía Blanca, el sindicalista de URGARA, Rodolfo Ponce. Aunque su caso fue presentado desde la Junta Militar como parte de las sanciones a ex funcionarios por delitos de corrupción—ya que Ponce cumplía también funciones como diputado nacional por el FREJULI hasta marzo de 1976—, fue presentado públicamente de forma equiparable al de Isabel Perón, José Ber Gelbard, Lorenzo Miguel, Rogelio Papagno, Héctor Cámpora, Carlos Menem y José López Rega.

En términos represivos, si bien el Ejército y la Armada actuaron en conjunto y las víctimas circularon entre ámbitos represivos de ambas fuerzas, en general, cuando el accionar dependió del V Cuerpo trabajaron grupos de tareas específicos, como la conocida "Agrupación Tropas" que dirigió el teniente coronel Emilio Jorge Ibarra.[8] En estos casos, el centro clandestino de detención (CCD) de destino fue el complejo "La Escuelita". Y cuando los operativos dependieron de la Armada (ARA) las víctimas fueron llevadas al Buque ARA 9 de Julio o al predio de "Baterías". En algunos casos, las víctimas pasaron por lugares intermedios de detención como delegaciones policiales o de prefectura.

Por fuera del estricto aspecto represivo, se disciplinó la organización laboral/gremial desde distintas modalidades. Se suspendió el derecho a huelga y a cualquier tipo de actividad gremial ligada a medidas de fuerza, interrupción o disminución del trabajo que pudieran afectar la producción.[9] Y quedaron establecidas una serie de normativas contrarias a toda acción gremial. Podemos mencionar, por ejemplo, la ley 21.274 de prescindibilidad entre los empleados públicos;[10] la ley 21.278 que suspendió la vigencia del Estatuto del Docente; la ley 21.263 desde la cual se eliminó el fuero sindical; la ley 21.356 que prohibió las elecciones sindicales, las asambleas y en general toda actividad de tipo gremial; entre otras.[11]

Las elites empresariales locales. Aspiraciones, mandatos y los proyectos de desarrollo industrial para la ciudad durante la dictadura

Las agendas empresariales locales durante décadas se vieron influidas—cuando no delimitadas—por la línea editorial del diario local *La Nueva Provincia*. El mismo no solo ocupó un rol central en la divulgación de un discurso defensor de las iniciativas privadas y empresariales; también marcó el rumbo para estos actores consagrando en la época un "discurso de una Bahía Blanca hambrienta y merecedora de 'progreso industrial'... [y un] imaginario de una ciudad pujante, producto de la 'iniciativa privada' que—en lo posible—debía mantenerse independiente y crítica de aquellos gobiernos que no la potenciaran como tal".[12] Desde el diario se entendía que a partir del 24 de marzo de 1976 se habían consagrado los puntos de partida más importantes para una instancia "de recuperación económica". Y consideraba que se inauguraba una etapa inédita en la historia de las relaciones laborales y la productividad en el país. Una etapa donde Estado, capital y trabajo de forma "responsable" contribuirían al "ordenamiento de un desquicio económico y financiero que no registraba precedentes en el país".

El escenario que ofrecía desde sus páginas el diario, sobre todo desde editoriales, presentaba un país post-golpe en el cual, por ejemplo, los trabajadores estatales se agolpaban para ofrecerse a hacer horas extras "ad honorem". Desde un compromiso frente al que "las obligaciones de las distintas dependencias se encuentren exentas de atraso". Un país en el cual ya "no existían" los problemas disciplinarios y donde las normas de asistencia y conducta se cumplían a raja tabla significando un importante aumento de la producción. Para *La Nueva Provincia*, "nuevos y mejores" tiempos productivos habían llegado. Y el flamante escenario se correspondía con cambios en los ambientes laborales donde ahora reinaría la "paz, el orden y la seguridad" y en los cuales predominaba lo que "venía siendo una práctica olvidada" refiriéndose a la "dedicación al trabajo".

Desde los editoriales posteriores al día del golpe, el diario sostenía que el clima imperante en los establecimientos fabriles y comerciales de la ciudad era una "carrera por la productividad" en la cual los trabajadores "rivalizaban en rendir más y mejor, del mismo modo que acusaba un ritmo excepcional la tarea que tenía por escenario a las instalaciones portuarias y a la municipalidad local".[13] Al punto tal —señalaban— que se habían registrado situaciones de record de productividad en distintas industrias. Se criticaban las prácticas de "ausentismo sistemático" que —entendían— habían estado habilitadas por la Ley de Contratos de Trabajo, celebrando que:

> los niveles de asistencia han alcanzado cifras cercanas al cien por ciento, mientras que hasta principios de la semana anterior al 24 de marzo, el ausentismo no bajaba de un diez por ciento y a veces llegaba al 25 por ciento. Del mismo modo, en las empresas del Estado y reparticiones públicas las fuentes consultadas manifestaron que a partir de la gestión de la Junta Militar, la concurrencia al lugar de trabajo de las respectivas dotaciones se concretó sin las bajas habituales advertidas con anterioridad.[14]

Por otra parte, se aludía a una necesidad urgente de racionalización práctica y ordenada —pero no por eso menos drástica— de todo lo que comprendía el ámbito municipal, la comuna y el personal empleado por la misma. Las reparticiones debían dejar de ser lo que se entendía habían sido hasta antes del 24 de marzo, "un lugar donde el trabajo consiste en tomar café y charlar" para pasar a ser lugares de eficiencia. También se planteaba la necesidad de revisar todos los nombramientos de personal que se habían dado entre 1973 y 1976 estableciendo cesantías con el personal que no cumpliera sus obligaciones o aquellos que "se desempeñaban como custodios de dirigentes sindicales".

Sin embargo, quizás el aspecto más significativo respecto a las aspiraciones de las elites empresariales de la época a nivel local, tenía que ver con la proyección de hacer de Bahía Blanca una ciudad industrial. El proyecto empresarial y modernizador para la ciudad había surgido en el marco de las lógicas desarrollistas imperantes durante los gobiernos de llamada "Revolución Argentina" (1966-1973), y constituyó la agenda de estos sectores entre los años sesenta y setenta. Una agenda que debe ser analizada también desde una mirada sobre las prácticas del empresariado vinculadas a la llamada "lucha antisubversiva".[15]

El horizonte de lograr la industrialización regional y que marcara un nuevo perfil económico para la ciudad que permitiera trascender la mera actividad comercial preponderante, tuvo su expresión concreta con la construcción y la instalación de la Petroquímica Bahía Blanca. Dicho proyecto surgió a finales de los años sesenta y se terminó de plasmar con la instalación en plena dictadura militar, el 24 de noviembre de 1981, cuando se terminaron de habilitar las tres primeras plantas del complejo. Ese día, los medios locales anunciaron exultantes que la ciudad había dado "uno de los pasos fundamentales de su historia, el de la incorporación a la era industrial".[16]

En los años previos, el proyecto operó activamente dinamizando imaginarios de los sectores de poder y empresariales de la zona. Entre las representaciones y los imaginarios que circulaban se difundía la idea de que, si bien Bahía Blanca podría asumir características de gran nodo industrial, no estaba exenta de los peligros que representaban —planteado desde la prensa casi en términos conspirativos— el potencial "subversivo" de los obreros de la construcción. Se entendía que en este sector radicaba la posibilidad, o no, de finalizar la gran obra industrial que tenía a los sectores empresariales tan expectantes. Resulta significativo mencionar esto porque cuando se comienza a contabilizar y analizar cuáles fueron los colectivos obreros más castigados en términos represivos antes y después del 24 de marzo de 1976, encontramos que los obreros de la construcción fueron de los sectores mayormente afectados. Cabe mencionar incluso, que la seccional bahiense de la UOCRA fue uno de los primeros sindicatos que resultó disciplinado con anterioridad al golpe, ya que a principios de 1974 la UOCRA local (ligada por entonces a la JTP) resultó violentamente intervenida desde su sede central y a partir de prácticas de alianza entre las fuerzas militares y de seguridad de la ciudad y representantes de la ortodoxia peronista ligada a dicho sindicato.[17]

Las formas de discplinamiento laboral y represivo

Hemos sostenido en anteriores trabajos que es posible establecer algunas relaciones entre las modalidades de coacción represiva y el disciplinamiento laboral/fabril para el caso local si cruzamos, en términos analíticos, dimensiones como las lógicas represivas que operaron desde las distintas fuerzas sobre sectores de trabajadores específicos, con las vías desde las cuales se disciplinó a la clase trabajadora y a ciertos sectores asalariados vinculados a espacios de trabajo de impacto central en la economía bahiense. Entendemos que se persiguió la recuperación de situaciones de orden productivo dentro de establecimientos y espacios laborales emblemáticos y señalados en términos de relevancia y prioridad productiva.[18]

En términos locales la lógica represiva vinculada a la afectación de la clase trabajadora estuvo dirigida y focalizada en espacios de trabajo como el portuario, la Universidad Nacional del Sur, los medios de trasportes, las empresas proveedoras de energía y telecomunicaciones, el diario local *La Nueva Provincia,* y el territorio lindero a puertos donde se instalaría el Complejo Petroquímico Bahía Blanca. Dichos territorios, en tanto espacios laborales, fueron sometidos a un severo "ordenamiento productivo" que como primera medida encontró la instancia represiva de sus trabajadores.

La idea del "desorden" en ciertos ámbitos de trabajo o productivos circulaba en la sociedad bahiense incluso desde antes de 1976. En esa circulación, el rol del diario local *La Nueva Provincia* resultó central. Se aludía a la peligrosidad del sector obrero de la construcción respecto a la cuestión de la edificación del complejo de la Petroquímica Bahía Blanca. Aunque también algunos sectores castrenses veían con desconfianza la existencia de organizaciones del "delito común" que estaban funcionando a través del Puerto de Ingeniero White, y con las cuales relacionaban a los trabajadores portuarios que manipulaban las cargas de buques cerealeros.

Además del polo industrial y del espacio portuario, otros escenarios locales que adquirieron enorme relevancia social y simbólica para la ciudad en la época fueron la Universidad Nacional del Sur y el mismo diario *La Nueva Provincia*. Ambos espacios fueron productores de sentidos, de imaginarios, de ideas. Y habían sido foco de intensas situaciones de conflictividad laboral previas al golpe. Por otra parte, durante los años previos a 1976 la universidad era señalada—desde las fuerzas militares y desde el mismo diario—como una "usina subversiva" tras las actividades de trabajadores docentes y no docentes acusados de protagonizar la "penetración ideológica marxista" desde ciertas cátedras, propuestas de lecturas y bibliografía, programas de estudios, militancias políticas en el ámbito educativo. Hacia el interior de estos dos últimos escenarios, el accionar represivo por parte de la Armada resultó sustantivo. Respecto a la ofensiva de esta fuerza, desde la Marina ya se habían especificado los centros urbanos que se controlarían especialmente, a saber: Zarate, Ensenada, Berisso, Mar del Plata, Bahía Blanca, Punta Alta y Trelew-Rawson.[19] En efecto,

> el esquema organizativo de la fuerza, no se basó—como en el caso del ejército—en una división del territorio bajo su jurisdicción en Zonas, Subzonas o Áreas de defensa, sino en aquellas regiones circundantes a su propia infraestructura y "al agua" como su elemento natural de acción. El

PLACINTARA estableció que los comandos, organismos y dependencias de dicha fuerza constituirían, a los fines de combatir la subversión, una "sola Zona de Defensa".[20]

Para esta fuerza fue misión central "operar ofensivamente contra la subversión" con la finalidad de "contribuir a preservar el orden y la seguridad de los bienes, de las personas y del Estado". Por esto, se estableció un orden de prioridad respecto a la "protección de objetivos" frente al "enemigo subversivo", muchos en sí mismos fueron espacios laborales a controlar. Entre estos objetivos se jerarquizaron los medios de telecomunicación en primer lugar; los medios de agua y energía en segundo lugar, y luego de gas, combustible y transporte.[21] Esto último nos puede dar una pauta respecto a porqué el dominio de ARA en la zona no se vio exclusivamente restringido al espacio cercano al área de puertos, sino también otros espacios laborales en la ciudad como el caso de reparticiones estatales, el diario *La Nueva Provincia* y la universidad—cuyo interventor militar fue en efecto un capitán de navío durante 1976.

Fueron numerosos los trabajadores, miembros de comisiones internas y dirigentes sindicales que a escasos momentos del golpe resultaron detenidos. Las modalidades de los secuestros y las detenciones fueron diversas, y obedecieron a las distintas fuerzas militares y de seguridad que intervinieron y las vías de circulación y traslado de los detenidos a los distintos espacios represivos de la subzona.[22]

Algunos sindicalistas fueron llevados desde sus mismos gremios, luego de que estos quedaran intervenidos. Entre las detenciones emblemáticas encontramos las de sindicalistas locales como Abertano Quiroga, Secretario General de la Unión Obrera Metalúrgica (UOM). El caso de Roberto Bustos, ex Secretario General de la UOCRA, fue muy singular porque fue perseguido, y debió abandonar la ciudad tras encontrarse con que gran parte su familia fue detenida. La represión y persecución hacia trabajadores, sindicalistas y militantes del gremio de la UOCRA dejó en evidencia el carácter de "peligrosidad" que dicho sector del movimiento obrero organizado local tenía frente a la consideración de sectores de las fuerzas militares, pero también empresariales de la zona.

También fueron expresión de lo anterior la detención y tortura de trabajadores vinculados laboralmente con la obra de construcción de la Petroquímica Bahía Blanca, como fueron los casos de Néstor Junquera y Juan Carlos Monge.

Desde la Marina se secuestró y detuvo a muchos estibadores del SUPA, a empleados de la usina termoeléctrica, y empleados de la Empresa Nacional de Telecomunicaciones (ENTEL), así como también gremialistas y delegados de Luz y Fuerza de Punta Alta, trabajadores ferroportuarios de la zona de White, y a empleados de la Junta Nacional de Granos. Como parte de las operaciones de dicha fuerza, debemos incluir las tareas de inteligencia, y los secuestros y posteriores asesinatos de trabajadores gráficos del diario *La Nueva Provincia*, cuyos cuerpos aparecieron arrojados en las afueras de la ciudad a mediados de 1976.

Respecto a un disciplinamiento desde medidas del orden laboral, se pueden mencionar las intervenciones de los gremios: URGA del 20 de abril; y SUPE, luego del 12 de mayo y con Intervención Militar por parte del Capitán del Ejército Argentino Miguel Omar Villegas. Así como la de la propia Confederación General del Trabajo (CGT), la Unión Obrera Metalúrgica (UOM), la Unión Obrera de la Construcción (UOCRA), el Sindicato de los Gráficos (SAG), FATRE, el Sindicato Obreros de la Industria de la Carne, la Asociación del Personal de la JNG (APJNG), y el Sindicato de Vialidad.[23]

También debemos aludir a las cesantías de empleados públicos tras la aplicación de la prescindibilidad laboral, los despidos de empleados municipales de ATE, de trabajadores ferroviarios de las diversas estaciones y talleres con los que contaba la ciudad, y de trabajadores del ámbito educativo estatal (trabajadores docentes y no docentes). En especial aquellos vinculados a la Universidad Nacional del Sur. También sufrieron estas disposiciones trabajadores de la Junta Nacional de Granos y miembros del gremio URGARA, como cesantías por alegadas "razones de servicio".[24] En estos casos particulares hubo detenciones a empleados que se produjeron en la misma playa de estacionamiento del espacio laboral. Y durante abril de 1976 en la Junta se despidieron—con similar criterio, Ley 21.274—a más de 20 trabajadores.

Algunos avances preliminares sobre la oposición obrera bahiense a la dictadura de 1976-1983

Lejos de algunas lecturas tempranas, como las de Francisco Delich, que plantearon la hipótesis del inmovilismo obrero durante la dictadura, hoy contamos con trabajos que nos permiten no solo impugnar esta tesis sino también dar cuenta de las distintas particularidades que tuvieron las medidas de resistencia obrera en este nuevo contexto dictatorial. Estas medidas tendieron a la afectación sobre los procesos productivos con formas de acción molecular, encubierta, sabotajes o quites de colaboración que impactaran pero que a la vez apuntaban —por protección— a mantener el anonimato de quienes las llevaban a cabo en el contexto fabril.[25]

A nivel local —y hasta el momento— contamos con registros dispersos y fragmentarios para poder reconstruir las medidas de fuerza que diversos sectores de trabajadores pudieron consumar durante la dictadura. Algunos de estos registros nos hablan de quites de colaboración entre los metalúrgicos durante los primeros meses del golpe; de trabajos a reglamento en demanda de mejoras salariales en el personal del SOMU entre noviembre y diciembre de 1978; y también de algunas medidas de resistencia de ferroviarios.

Hacia fines de noviembre de 1978, los ferroviarios bahienses participaron de una medida de fuerza en reclamo de aumentos salariales en diálogo con las realizadas en otras jurisdicciones. El 22 de noviembre se paralizaron las tareas del personal en las cabinas norte y sur de la Estación Bahía Blanca Noroeste Ferrocarril Roca y abandonaron sus tareas los señaleros que cubrían ese turno. Desde La Fraternidad se adhirieron a la medida de fuerza.[26] A principios de abril de 1979 se realizó otro paro del personal ferroviario de Bahía Blanca, que abarcó las seccionales de Ingeniero White, Estación Sud, Noroeste, Maldonado y Spurr, fue una medida del personal de playa y señaleros en reclamo de mejoras salariales.

Encontramos también registros de protestas de choferes y conductores de empresas de colectivos de larga distancia por ajustes salariales en marzo de 1979; y de reclamos salariales en trabajadores del SAT en noviembre de ese mismo año. Con posterioridad, identificamos algunos reclamos en 1981 de trabajadores de la construcción de la empresa TECSA, por falta de pagos, despidos y suspensiones a 130 obreros en la obra del Hospital Regional de Bahía Blanca.

Consideramos necesario —aún desde los datos fragmentados con los que contamos— pensar estos procesos de oposición a la dictadura enmarcados en los distintos ciclos de protesta obrera a nivel nacional, y en clara discusión historiográfica frente a las lecturas que sostuvieron la inmovilidad/desmovilización de la clase trabajadora. Resulta necesario, por un lado, dejar de pensar el período dictatorial en términos monocordes. Es importante poder pensar analíticamente coyunturas o sub-períodos que ya algunos autores han establecido, por ejemplo entre marzo 1976-abril 1979, y mayo 1979-1983 tomando la Jornada Nacional de Protesta[27] del 27 de abril de 1979 como momento "bisagra" y de cambio.²⁸ Sin embargo, por otro lado, nos parece relevante también vigilar la propia construcción analítica respecto de las posibles periodizaciones que podamos marcar para delimitar ciclos de protesta/resistencia u oposición. Las periodizaciones deberían poder matizarse considerando las coyunturas regionales y particularidades locales que siempre resultan enriquecedoras al momento de complejizar las lecturas de los procesos históricos, y vigilar los análisis ante generalizaciones "porteñocéntricas", muchas veces injustas.

A la luz de lo anterior, nos parece interesante señalar un hecho de oposición a la dictadura a nivel local que se planteó incluso en los meses previos a la primera huelga general el 27 de abril de 1979,²⁹ y cuya significación implicó que los servicios de inteligencia le dedicaran numerosos informes y tareas de seguimiento. A principios de febrero de 1979, los representantes de distintas entidades sindicales—23 gremios locales—presentaron un petitorio al Interventor Regional de la CGT, el Teniente Coronel Ángel Julio Tegbi, desde el cual reclamaban distintos puntos centrales frente a las medidas dictatoriales de desmembramiento de las organizaciones. Los reclamos explícitos fueron: por una remuneración mínima de $200.000; para que vuelva a estar en vigencia la ley 14.250 de Convenciones Colectivas de Trabajo suspendida en ese entonces; que el Estado intervenga en estudios de costo, efectúe fijación de precios principalmente en los artículos de primera necesidad; que se mantenga la estructura orgánica y la representatividad de las organizaciones obreras y que en aquellas intervenidas se designaran comisiones normalizadoras a los efectos de acelerar los procesos de normalización de cada una, y plena vigencia de la ley 20.615 de asociaciones profesionales; que se mantengan las estructuras jurídico-administrativas respecto al funcionamiento de las obras sociales, y que fueran devueltas las obras sociales intervenidas a sus respectivos sindicalistas, entre otros puntos más. En especial, dentro del reclamo se demandaba la libertad inmediata de los trabajadores y sindicalistas detenidos: "Con relación a los detenidos gremiales (...) aun existen trabajadores argentinos detenidos, sin que se les haya imputado delito alguno o iniciado proceso legal, por lo que se solicita sean puestos en libertad en forma inmediata sin coartarles sus actividades privadas y/o sindicales".³⁰ Entre los gremios firmantes se encontraban: la Asociación de Empleados de Comercio; Sindicato Barracas de Lana; FOECYT; SMATA; Sindicato de sastres y costureras; UTA; Asociación viajantes del sur; Unión Obrera Molinera; Sindicato Fiderero Bahía Blanca; Sindicato único de Trabajadores de edificios, rentas y horizontales; SUPE; Sindicato de obreros mosaistas; FOETRA; Sindicato de cuidadores de cementerios; Sindicato obrero petroleros privados, Asociación viajantes de comercio; Obreros y empleados de la industria de la Carne; Sindicato de trabajadores municipales; Unión de trabajadores del espectáculo público; Unión Ferroviaria de Bahía Blanca; Trabajadores de Luz y Fuerza; y Unión Obrera Textil.

Como podemos observar, todas estas situaciones representaron no solo instancias de protesta y reclamos por demandas salariales puntuales, sino también expresaron una oposición hacia las distintas medidas dictatoriales y contra la política represiva que afectó a miles de trabajadores en el país.

Algunas ideas de cierre

En este trabajo nos abocamos a una mirada desde distintos ángulos respecto a distintas dimensiones: por un lado sobre el disciplinamiento y la represión a trabajadores en dictadura, y por otro lado a las formas de oposición que encontramos indiciariamente en la ciudad. Si bien tomamos el período dictatorial, entendemos críticamente el corte represivo fechado en el 24 de marzo ya que advertimos que —al igual que en otros puntos del país— el disciplinamiento y la represión hacia la clase trabajadora comenzó antes de 1976.

Asimismo, consideramos necesario evaluar los procesos de disciplinamiento y violencia represiva en intrínseca relación tanto de los procesos de conflicto y organización obrera que tuvieron lugar entre 1973 y 1976, así como con las tareas de inteligencia que realizaran las fuerzas sobre los trabajadores, y que muchas veces tuvieron directas consecuencias represivas. También entendemos que una clave de análisis sugerente para pensar la represión dictatorial atendiendo la dimensión de clase, es sostener una mirada atenta en relación a las prácticas, los discursos, representaciones e imaginarios de los sectores empresarios, ya que gran parte del proceso represivo a los trabajadores tuvo origen, causas o sentidos específicos a la luz de dichos aspectos. Centralmente en el nivel local que trabajamos, resultaron identificables ciertas prácticas y modalidades represivas hacia sectores de trabajadores que formaron parte de espacios productivos observados como prioritarios y/o relevantes en términos productivos para los sectores empresariales y de poder. Es así como territorios de la ciudad como el espacio portuario, la Universidad, los medios de trasportes, las empresas proveedoras de energía y telecomunicaciones, el diario local, o la zona de instalación de la Petroquímica; se consideraron focos de importancia sobre todo para la reinstauración de un "ordenamiento productivo" que resultara más acorde a los cambios económicos y al modelo de acumulación neoliberal a ser instaurado; además de que finalmente—y en numerosos casos—el mismo se resolvió desde un disciplinamiento enlazado al accionar represivo dictatorial.

Notas

1. *La Nueva Provincia*, 25/03/1976.
2. *La Nueva Provincia*, 25/03/1976.
3. Ministerio de Justicia y Derechos Humanos de la Nación, Centro de Estudios Legales y Sociales —Cels— y Facultad Latinoamericana de Ciencias Sociales —Flacso, sede Argentina— y Programa Verdad y Justicia, *Responsabilidad empresarial en delitos de lesa humanidad. Represión a trabajadores durante el terrorismo de Estado*, Bs.As. CELS/FLACSO/SDH/PVyJ (Posadas: Editorial Universitaria de la Universidad Nacional de Misiones, 2016).
4. Ministerio de Justicia y Derechos Humanos de la Nación, Centro de Estudios Legales y Sociales —Cels— y Facultad Latinoamericana de Ciencias Sociales —Flacso, sede Argentina— y Programa Verdad y Justicia, *Responsabilidad empresarial...* Tomo II: 375-404.
5. Alejandro Schneider y Silvia Simonassi, "Debates y perspectivas en torno a la historia reciente de los trabajadores en Argentina", en *La historia reciente en Argentina. Balances de una historiografía pionera en América Latina*, comps. Águila Gabriela, Laura Luciani, Luciana Seminara y Cristina Viano (Buenos Aires: Imago Mundi, 2018), 46.
6. En la ciudad de Bahía Blanca la represión dictatorial fue asumida desde las distintas fuerzas de importante presencia en la zona, en este sentido la ciudad fue un importante enclave militar donde se sistematizó la violencia represiva a partir de la coordinación sus distintas fuerzas y espacios de detención clandestinos y/o de detención transitoria de las víctimas. La ciudad perteneció a la zona 5° correspondiente al sur del país dentro del esquema que planteaba la división del territorio argentino en zonas, subzonas y áreas. También comprendió la subzona 51 a cargo del V Cuerpo de Ejército con asiento también en la ciudad, que además contó con la cercanía de la Base Naval Puerto Belgrano ubicada a unos 30 kilómetros del casco histórico de la ciudad. Siendo el asentamiento naval más grande del país, y a su vez, sede del Comando de Operaciones Navales que dirigía la operatividad de esta fuerza a nivel país y coordinaba las 11 fuerzas de tareas de la Armada Argentina.
7. *La Nueva Provincia*, 26/03/1976.
8. Ver Requerimiento de elevación a juicio causa V Cuerpo de Ejército Resolu-

ción MP 47/2009-expediente nro. 05/07 caratulado "Investigación de delitos de 'Lesa Humanidad' cometidos bajo control operacional del Comando Vto. Cuerpo de Ejército".

9. *La Nueva Provincia*, 3/04/1976.

10. Pablo Pozzi analiza que dicha ley persiguió la creación un potencial "ejército de reserva y mano de obra disciplinada". Véase Pablo Pozzi, *Oposición obrera a la dictadura* (Buenos Aires: Contrapunto, 1988).

11. Arturo Fernández, *Las prácticas sociales del sindicalismo (1976-1982)* (Buenos Aires: CEAL, 1985), 60-63.

12. Ana Belén Zapata, "Empresarios entre dictaduras. Prácticas, imaginarios y la agenda de la corporación empresarial para un 'mañana industrial' en Bahía Blanca (1966-1983)", *Sociohistórica* 42 (2018): e059. https://doi.org/10.24215/18521606e059.

13. *La Nueva Provincia*, 5/4/1976.

14. *La Nueva Provincia*, 5/4/1976.

15. Zapata, "Empresarios entre dictaduras..."

16. *La Nueva Provincia*, 24/11/1981.

17. Ana Belén Zapata, "Andamios de experiencias: conflictividad obrera, vigilancia y represión en Argentina. Bahía Blanca, 1966-1976" (tesis doctoral, UNLP, 2014).

18. Ana Belén Zapata, "Modalidades represivas en escala local y estrategias para recuperar un orden productivo. Aportes sobre disciplinamiento laboral durante la dictadura en Argentina (1976-1983)", *Nuevo Mundo Mundos Nuevos* [En ligne], Questions du temps présent, mis en ligne le 14 juin 2018.

19. Plan de Capacidades Internas de la Armada Argentina (PLACINTARA), 21 de noviembre de 1975, foja 47

20. Ivonne Barragán y Ana Belén Zapata, "Dictadura militar y represión a la clase trabajadora. La Armada Argentina, marco doctrinario y operaciones represivas en perspectiva regional para los casos de Ensenada y Bahía Blanca", *Diacronie. Studi di Storia Contemporanea* N. 24, 4 (2015): 4-5.

21. PLACINTARA, 21 de noviembre de 1975, foja 67

22. Zapata, "Modalidades represivas en escala local...".

23. Fondo Prefectura, Mem 8687 IF_I N°8 "C"/976. Bahía Blanca, fecha 14/06/1976.

24. Fondo Prefectura, Mem-8687-IFI_N°57 "ESC"/976 de fecha 27 /05/ 1976. En este documento se detallaba la situación de los gremios de la Junta Nacional de Granos y la Unión de Recibidores de Granos y Anexos (URGARA).

25. Ver al respecto Pozzi, *Oposición obrera...*; Ricardo Falcón, "Conflicto social y régimen militar. La resistencia obrera en Argentina", en *Sindicalismo y Regíme-*

nes militares en Argentina y Chile, eds. B. Galitelli y A. Thompson (Ámsterdam: CEDLA, 1982); Andrés Carminati, "Experiencias de lucha y resistencia obrera durante la última dictadura militar: el gran rosario 1976-78", *Avances del Cesor* IX.9 (2012): 33-53; Andrés Carminati, "Los trabajadores del cordón industrial del Gran Rosario ante la dictadura militar (1976-1983)" (tesis doctoral, Universidad Nacional de Rosario, 2017); Sabrina Ríos, "Trabajadores durante la dictadura militar (1976-1983). Prácticas y memorias desde un estudio de caso", en XI° JI/DH, UNT (Tucumán, 2007).

26. Archivo DIPBA, Mesa B, Carpeta 13, Legajo 57, Unión Ferroviaria Zona Sur. Fecha, 23 de noviembre 1978.

27. Ver el capítulo "Estrategias sindicales en disputa. Un análisis de la Jornada de Protesta Nacional, primera huelga general en dictadura" de Mariana Stoler en la presente compilación.

28. Como sostiene Pozzi, "si bien la huelga no logró detener el país, sí logró alterar sustancialmente la normalidad en el cinturón industrial del Gran Buenos Aires y de las principales ciudades del interior. La importancia de la medida no se debe tanto al número de obreros que hayan o no acatado el paro, sino más bien al hecho de que este fue llamado por un sector de la burocracia sindical, demostrando en concreto la presión que esta sentía para tomar medidas más combativas respecto del régimen". Pozzi, *Oposición obrera...*, 88.

29. Solo como referencia, cabe señalar que el impacto de esta huelga en la ciudad de Bahía Blanca fue minimizado por la prensa local. Desde el diario *LNP* se desestimó la repercusión del paro, señalando con énfasis que "prácticamente no tuvo adhesión en la ciudad la jornada de protesta convocada por la Comisión de los 25". La nota alusiva además de señalar la situación de "normalidad" que se habría vivido en los distintos establecimientos y espacios productivos de la zona, también detalló el operativo de "prevención" que se había apostado en la zona céntrica, con vehículos policiales, un carro de asalto en la plaza Rivadavia (plaza principal) además de los "habituales patrulleros del Comando Radioeléctrico que cumplen su tarea rutinaria en la zona bancaria". *La Nueva Provincia*, 28/04/1979.

30. Archivo DIPBA, Mesa B, Carpeta 13, Legajo 78: Panfletos gremialistas en Bahía Blanca. (Fecha 7/02/1979).

Bibliografía

AAVV. *Responsabilidad empresarial en delitos de lesa humanidad. Represión a trabajadores durante el terrorismo de Estado*, CELS/FLACSO/SDH/PvyJ. Posadas: Editorial Universitaria de la Universidad Nacional de Misiones, 2016.

Águila, Gabriela. *Dictadura, represión y sociedad en Rosario, 1976-1983. Un estudio sobre la represión y los comportamientos y actitudes sociales en dictadura*. Buenos Aires: Editorial Prometeo, 2008.

———. "Historia social, memoria y dictadura. El gran Rosario entre 1976 y 1983". Tesis doctoral. Universidad Nacional de Rosario, 2006.

Barragán, Ivonne, y Ana Belén Zapata. "Dictadura militar y represión a la clase trabajadora. La Armada Argentina, marco doctrinario y operaciones represivas en perspectiva regional para los casos de Ensenada y Bahía Blanca". *Diacronie. Studi di Storia Contemporanea* N. 24, 4 (2015): 4-5.

Carminati, Andrés. "Experiencias de lucha y resistencia obrera durante la última dictadura militar: el gran rosario 1976-78". *Avances del Cesor* IX.9 (2012): 33-53.

———. "Los trabajadores del cordón industrial del Gran Rosario antela dictadura militar (1976-1983)". Tesis doctoral. Universidad Nacional de Rosario, 2017.

Delich, Francisco. "Después del diluvio, la clase obrera". *Argentina hoy*, compilado por Alain Rouquié. México: Siglo XXI, 1982.

Falcón, Ricardo. "Conflicto social y régimen militar. La resistencia obrera en Argentina". En *Sindicalismo y Regímenes militares en Argentina y Chile*, B. Galitelli y A. Thompson, eds. Ámsterdam: CEDLA, 1982.

Fernández, Arturo. *Las prácticas sociales del sindicalismo (1976-1982)*. Buenos Aires: CEAL, 1985.

Pozzi, Pablo. *Oposición obrera a la dictadura*. Buenos Aires: Contrapunto, 1988.

Ríos, Sabrina. "Trabajadores durante la dictadura militar (1976-1983). Prácticas y memorias desde un estudio de caso". En XI° JI/DH, UNT, Tucumán, 2007.

Rodríguez Agüero, Laura. "Ciclo de protestas, experiencias organizativas y represión paraestatal: Mendoza, 1972-1976". Tesis de posgrado. UNLP, 2013.

Schneider, Alejandro, y Silvia Simonassi. "Debates y perspectivas en torno a la historia reciente de los trabajadores en Argentina". En *La historia reciente en Argentina. Balances de una historiografía pionera en América Latina*, compilado por Gabriela Águila, Laura Luciani, Luciana Seminara, y Cristina Viano. Buenos Aires: Imago Mundi, 2018.

Zapata, Ana Belén. "Andamios de experiencias: conflictividad obrera, vigilancia y represión en Argentina. Bahía Blanca, 1966-1976". Tesis doctoral. UNLP, 2014.

———. "Empresarios entre dictaduras. Prácticas, imaginarios y la agenda de la corporación empresarial para un 'mañana industrial' en Bahía Blanca (1966-1983)". *Sociohistórica* 42 (2018).

———. "Modalidades represivas en escala local y estrategias para recuperar un orden productivo. Aportes sobre disciplinamiento laboral durante la dictadura en Argentina (1976-1983)". *Nuevo Mundo Mundos Nuevos* [En ligne], Questions du temps présent, mis en ligne le 14 juin 2018.

CAPÍTULO 8

Repertorios represivos y repertorios de resistencia. Aproximaciones desde la experiencia de los obreros industriales de la Zona Sur del Gran Buenos Aires durante la última dictadura cívico-militar (1976 y 1981)

Jerónimo Pinedo
UNIVERSIDAD NACIONAL DE LA PLATA

"UN DÍA FUI A visitar a una compañera en Florencio Varela que se mantenía trabajando en Alpargatas y me dijo que las cosas en la empresa se habían puesto duras", relata Marta *Chiche* Selvaggio. Por entonces ella era una joven militante montonera platense que vivía en la clandestinidad y tenía como tarea recobrar contactos en las fábricas de la Zona Sur del Gran Buenos Aires. "Ahí ella me contó lo que pasaba adentro de la fábrica".

> Nos exigen más producción. No nos dejan hablar entre nosotras, tratan de dividirnos hasta con los salarios. Dan premio a unos sí y a otros no, como si no trabajáramos todos por igual. Es un régimen carcelario, no podemos tomar el descanso todos juntos, hay que turnarse para salir. Debemos permanecer en lugares visibles. Ahora también prohibieron traer bolsos a las secciones, ni siquiera podemos llevar un termo. (...) una de las últimas actividades que la Agrupación realizó dentro de la empresa, fue durante el conflicto del 79. Confeccionamos y distribuimos una cartilla que dio para hablar.[1]

La cartilla apareció colgada en las perchas del vestuario de la fábrica. Frente al avance de la disciplina industrial por efecto de la represión, el descontento se desplazaba hacia los microespacios y tomaba la forma de resistencias ocultas y esporádicas. Así como el comedor de la automotriz Peugeot se volvió un lugar para resistir y protestar mediante actos de indisciplina debido a la visibilidad y el encuentro que permitía entre obreros de diferentes secciones y personal de diverso nivel de jerarquía, los vestuarios, por la privacidad relativa que brindaban, se convirtieron en un intersticio donde establecer algún tipo de comunicación entre activistas y obreros que eludía el control inmediato que se ejercía sobre otros sectores de la planta. Difería en el tiempo, pero no los evitaba, porque finalmente esos volantes eran descubiertos y retirados por personal de seguridad y entregados a la policía como prueba de la "actividad subversiva" que requería, a su vez, más vigilancia y control. Dejar allí esos mensajes permitía que algunos obreros y obreras los leyeran antes de ser retirados y complicaba la labor policial de identificar a su portador. Existieron otras numerosas tácticas en el arte de mantener comunicado al activismo sindical con las bases en condiciones de clandestinidad: pasar pequeñas notas sobre medidas de fuerza en otras fábricas para informar a las y los trabajadores; dejar panfletos en las paradas del transporte público cercanas a los predios fabriles; pasar la voz entre los activistas que estaban afuera de los establecimientos y transmitirlo a los contactos con obreros que se mantenían trabajando; y hacer reuniones clandestinas a partir de festejar cumpleaños, partidos de fútbol, picnics en parques y plazas, caminatas ocasionales al costado de la vía. Todo podía ser útil para mantener viva la militancia en condiciones de clandestinidad. Estas prácticas sostenidas por un puñado de activistas durante los años de la más dura represión serían luego los soportes de acciones con una mayor densidad pública a partir de 1980: ollas populares, misas por los trabajadores despedidos, huelgas de hambre, peregrinaciones, concentraciones en las puertas de las fábricas, pintadas, transmisiones radiales clandestinas, etc.

El volante, una hoja de papel oficio escrita a máquina y mimeografiada, intentaba incidir en el malestar de las obreras de Alpargatas, recogía de modo somero el aprendizaje de tres años de una irregular, intermitente y discontinua resistencia ante las medidas empresariales que habían intensificado la explotación laboral a partir de 1976. También buscaba advertir sobre el riesgo de escalar los conflictos cuando se contaba con escasa organización[2] y evitar las denominadas "huelgas salvajes", que según los activistas habían sido muy desfavorables para los trabajadores involucrados en esas acciones espontáneas.[3]

...la experiencia nos demuestra que si vamos de entrada a un paro total la patronal no tiene problemas en cerrar las puertas de la fábrica ya que cuenta con la complicidad de los milicos. Sabe que con este salario afuera aguantamos poco tiempo y como no estamos organizados al no estar todos juntos perdemos fuerza. (...) la mejor forma de enfrentar a la patronal en estos momentos es desgastarla peleando en nuestro lugar de trabajo utilizando medidas para ir desorganizando la producción con quite de colaboración, no haciendo horas extras, sabotaje al producto terminado y no a la máquina para no afectar ningún compañero. Paros de brazos caídos sorpresivos y progresivos.[4]

Si en los primeros años de los setenta los dilemas de la militancia de izquierda pasaban por las relaciones entre activistas proletarizados y obreros, los enfrentamientos con las dirigencias sindicales y los riesgos del involucramiento de los dirigentes populares en las prácticas armadas de las organizaciones revolucionarias,[5] durante la dictadura el problema central era sobrevivir en la clandestinidad, no ser descubierto por las fuerzas represivas y mantener, dentro de lo posible, los lazos de comunicación entre activistas y bases obreras.

¿Qué forma asumió la represión en las fábricas durante la dictadura? ¿Cómo y por qué fueron cambiando esas prácticas de represión? ¿Cómo impactaron en el repliegue y la mutación de la acción colectiva de los y las trabajadoras? Victoria Basualdo investigó sobre la fábrica Alpargatas de Florencio Varela y encontró muchos elementos para analizar la experiencia de los y las trabajadoras durante la dictadura militar.[6] En el mismo sentido, recuperando la historia de los obreros de Rigolleau y Peugeot, me propongo ampliar ese cuadro de situación. A través de estos dos casos pretendo acercarme a la experiencia específica de los trabajadores industriales entre 1976 y 1981. Quiero mostrar que las variaciones en el repertorio de prácticas represivas estuvieron determinadas por una estrategia general de dominio global del espacio geográfico que puso especial foco en el ámbito industrial, y así fue como el terrorismo de Estado significó un cambio radical de la experiencia cotidiana de las clases populares en sus espacios de trabajo y residencia, incitando transformaciones de gran escala y largo plazo en sus prácticas de acción colectiva.

Militarización del ámbito urbano-industrial

Los límites no son un hecho material inmóvil, sino emplazamientos que cristalizan relaciones de poder. Para que existan, tiene que haber actores y aparatos que los establezcan y se tomen la tarea de estabilizarlos. El límite es el modo de obtener un control sobre el espacio y capturar los movimientos que se desarrollan en él. Es un hecho sociológico con una forma espacial y no un hecho espacial con efectos sociológicos.[7] Donde se establece una limitación, comienza una ofensiva y una defensiva. El ejercicio de una forma de dominación centrada en los límites convierte el espacio en un tipo determinado de territorio.

Las relaciones sociales configuran balances de poder que generan ganancias o pérdidas según la distribución favorable o desfavorable de equilibrios inestables entre los diferentes actores involucrados en una trama de encadenamientos interdependientes. El cambio y la acumulación en favor de uno de esos polos puede llevar a la construcción de monopolios, y al mismo tiempo, a esfuerzos para poner a prueba y desestabilizar las posiciones jerárquicas alcanzadas.[8]

Un actor o un conjunto de actores adquieren una posición privilegiada en el juego social en la medida que puede influir de modo determinante en el curso de desarrollo que siguen esas relaciones de interdependencia. Ahora bien, las relaciones funcionan de manera distinta según los cuatro niveles en las que se producen: las capacidades individuales, las relaciones interpersonales, los medios institucionales y las situaciones estructurales. El primer nivel indica el modo en que las personas entran en juegos de poder; el segundo, señala las interacciones entre distintos tipos de actores que pueden imponer o no su voluntad en la acción social; el tercero, es un poder de organización que controla los contextos y los medios con los cuales los actores dirigen o circunscriben sus acciones o las de los demás en determinados escenarios; el cuarto, es un poder estructural, no solo opera dentro de determinados escenarios o campos sociales, sino que puede organizar, dirigir y distribuir esos escenarios y las relaciones de fuerza que los configuran. Este último es un poder de gobierno o de acción sobre la acción.[9]

Lo que aconteció a partir del golpe militar no fue un simple aumento de la represión precedente: constituyó un cambio cualitativo que introdujo variaciones en el repertorio de las fuerzas represivas. La militarización del ámbito urbano industrial llevada adelante por la dictadura bajo la lógica del "dominio permanente del espacio" implicó una transformación radical de las relaciones de fuerza entre trabajadores y patrones que produjo un cambio de escala, territorio y lugar, afectando el escenario de acción colectiva del sector obrero y, al mismo tiempo, las respuestas obreras indujeron cambios parciales en el proceso de establecimiento de ese dominio sobre el espacio.

A pesar de la importancia de los procesos represivos previos al golpe [militar], debe destacarse que hasta 1976 la represión a los trabajadores presentó, como formas más frecuentes, la detención de obreros y dirigentes y los asesinatos aislados, aunque reiterados y crecientemente repetidos (...) aunque hay varios casos de trabajadores secuestrados a fines de 1975 y desaparecidos. El golpe [militar] marcó un quiebre significativo (...) Desde entonces y hasta 1979, se desarrolló una represión sin precedentes, tanto en términos cualitativos como cuantitativos (...) que tuvo como consecuencia que miles de trabajadores, dirigentes y activistas fueran asesinados, presos, desaparecidos, exiliados, al tiempo que se desarrollaban distintas formas de violencia en los lugares de trabajo, se prohibieran asambleas y reuniones y se profundizaron las estructuras de seguimiento, vigilancia y control.[10]

La etapa que abrió la dictadura militar estuvo signada por dos grandes aspectos. El primero fue el desarrollo de una batería de medidas y normativas esencialmente negativas dirigidas a conculcar derechos laborales, disciplinar al movimiento obrero, hacerlo retroceder en cuanto a su poder en la economía y la política y subordinarlo al proyecto político económico de la dictadura, afectando de manera radical las relaciones entre sindicatos, empresarios y Estado. Muchas de estas normativas actuaron como soporte de la política represiva[11] que permitía instalar a las Fuerzas Armadas en el poder y combatir cualquier tipo de resistencia que surgiera en las filas obreras.[12]

El segundo fue el redimensionamiento de la represión cuyo objetivo principal se centró, a partir de aquí, en el exterminio de los sectores combativos y el disciplinamiento del resto de las estructuras sindicales que implicó, desde un primer momento, la militarización de establecimientos laborales y espacios sindicales que buscaba asegurar la subordinación absoluta de los trabajadores a la dirección empresaria. Esa militarización implicaba: presencia visible de personal militar en las fábricas con tareas de vigilancia y control, operativos militares masivos o dirigidos específicamente contra algunos trabajadores, ubicación de cuadros militares en los directorios y otros cargos de jerarquía de las empresas, actividad de personal de inteligencia civil, militar o policial en relación con empresarios o con las estructuras de seguridad y control de las empresas, redadas y operaciones de detención, secuestro, tortura y desaparición. El nivel máximo fue la instalación de centros clandestinos de detención y tortura dentro de los espacios laborales o en predios vinculados directamente con las compañías.[13] La visibilidad y la espectacularidad de la presencia militar en los predios fabriles favorecía los efectos multiplicadores del terror.

Asimismo, las prácticas represivas contribuyeron a la estrategia empresarial de recobrar la autoridad sobre el proceso productivo e intensificar la explotación de la fuerza de trabajo como un modo de obtener mayores niveles de competitividad en su sector.[14] La utilización recurrente de la violencia estatal por parte de los empresarios para gestionar los conflictos con la fuerza laboral verificada a lo largo y ancho de la industria mostró un verdadero cambio de etapa en el proceso de explotación industrial de la fuerza de trabajo. Además de reprimir, contener, regular y conducir la acción contenciosa de los obreros, las fuerzas de seguridad serán utilizadas para asegurar una reconversión industrial regresiva cuya principal estrategia fue transferir los riesgos y los costos a la fuerza de trabajo, reduciendo el empleo, bajando salarios e intensificando la explotación. La utilización efectiva o la amenaza vehemente de las violencias estatales legales, para-legales y clandestinas que forzaron una nueva ecuación de los equilibrios de poder dentro de las fábricas al mismo tiempo que multiplicaban sus efectos fuera de ellas, buscaron recrear "la paz laboral de los cementerios".

> ...el temor, la incertidumbre y la parálisis que generaban los operativos militares y policiales más visibles y resonantes transmitían a las directivas empresarias una renovada autoridad. Las directivas de suspender las actividades sindicales, intensificar el trabajo o presentar la renuncia tenían ahora, apoyadas en veladas amenazas de violencia, una resonancia más imperativa. (...) la restauración de la autoridad empresaria sobre la producción buscaba mejorar la competitividad en el sector donde se desempeñaba la empresa en cuestión.[15]

El terrorismo de Estado en las fábricas configuró una forma específica de dominación y explotación que ya no se redujo a circunscribir las acciones de las clases subalternas en determinados escenarios, sino que operó una profunda reorganización y re-direccionamiento del escenario de acción y para ello se valió de un repertorio de prácticas represivas que se fueron desplegando en función de los desafíos que implicaba el repertorio de resistencias de la clase trabajadora.

Dominio del espacio geográfico

Entre finales de 1975 y principios de 1976 la articulación del ejercicio despótico del poder del Estado se organizó, entre otras maneras, a partir del "dominio [permanente] del espacio geográfico".[16] La Zona Sur del Gran Buenos Aires, junto a otras áreas urbanas industriales del país, fue puesta en foco para la edificación de una maquinaria estatal de captura del espacio y de las acciones de los sectores subalternos. Este no fue el único proceso de producción del espacio en manos de la dictadura que afectó las dinámicas de acción colectiva de las clases populares, pero sin duda la furiosa modificación del escenario provocó una mutación de la acción colectiva de la clase obrera industrial y dejó una marca imborrable en la experiencia de las clases populares sobre los extremos a los que podía llegar la dominación y la explotación.

La militarización de las fábricas fue uno de los fenómenos más evidentes de esta estrategia de control global y continuo del espacio. Pero como sugiere el testimonio que transcribimos más abajo, el dispositivo represivo tenía una secuencia más sofisticada. Desde el punto de vista de los obreros la situación había cambiado y podía percibirse en el mundo cotidiano tejido en torno a los barrios obreros, el transporte público y los lugares de trabajo.

> Era la primavera de 1977. Las razias policiales y militares se enfocaban fundamentalmente en el transporte público, en las barriadas populares, en las fábricas... había retenes militares que impedían llegar al trabajo a horario... se realizaban en las paradas de las puertas de las fábricas sin importar la hora; "voy a marcar tarde", se desesperaban los trabajadores; "no hay problema, está arreglado", respondían los represores a cargo de los operativos. La frase continuaba con un "nada de apurarse, hoy no hay descuentos". La revisión en el transporte público era cotidiana. Revisaban los bolsos, las carteras, y si había alguna sospecha demoraban al sospechado, procediendo a detenciones a granel. Podían ser a las 5 o 6 de la mañana, o a las 11 o 12 de la noche. A veces paraban los trenes entre estaciones y bajaban al pasaje por completo en medio de la oscuridad, y lo formaban contra las paredes de los vagones para someterlo a una minuciosa revisión que duraba una hora o más.
>
> En medio de este clima de terror los trabajadores de la sección moldería, en la fábrica Rigolleau, pararon por reclamos relacionados con modificaciones en los horarios de descanso, paso previo al quite de insalubridad y

ampliación del turno de seis a ocho horas. Moldería no era una de las secciones más numerosas de la fábrica, pero estaba integrada por obreros calificados: matriceros, ajustadores, torneros. El paro se inició en el turno mañana y las repercusiones llegaron apenas pasado el mediodía. La fábrica fue objeto de una ocupación ruidosa por fuerzas policiales y del ejército... dos decenas de uniformados blandiendo armas de puño corrían por la playa de carga adyacente a la puerta de entrada gritando órdenes y puteando a los trabajadores que se encontraban en el camino. Los patrulleros hacían ulular las sirenas mientras un cordón armado de uniformados y personas de civil rodeaban la planta haciendo ostensible el armamento pesado. Uno de los oficiales se acercó a un obrero que maniobraba con un montacargas y lo apuntó, ordenándole que se detuviera. El conductor, un joven grandulón y de buen humor, pareció marchitarse de golpe, levantó las manos, la expresión de su cara descompuesta por el miedo divirtió a los represores, que estallaron en carcajadas. "Seguí, pibe, no pasa nada", dijo el uniformado, contagiando de risa al resto de los esbirros que lo acompañaban. Minutos después, se estacionaron dos Falcon verde oliva con los escudos del ejército argentino en la puerta y tres camiones cargados de tropas en el patio de carga, despertando la curiosidad de los trabajadores del resto de las secciones. Los trabajadores de Revisación, Expedición, Automotores, Almacenes, miraban con curiosidad y espanto todo el operativo. Un oficial mayor cruzó la playa acompañado por el odiado jefe de personal hacia la sección moldería: lo acompañaban siete soldados con armas largas y tres personas de civil desconocidas. Los supervisores y capataces ordenaron a los trabajadores volver a sus puestos y continuar con la producción. La producción se reinició, mientras los Mercedes verdes y su carga se calentaban al sol. La zona de moldería fue cerrada con guardias armados y los efectivos policiales empezaron a recorrer las secciones. Miraban todo con curiosidad infantil, alguno hasta llegó a acercarse para preguntar sobre el funcionamiento de las máquinas y tomar alguna botella del "archa", quemándose la mano y largando una puteada, recibida con risa por parte de los obreros revisores. Las cosas en moldería no iban bien, el oficial exigía levantar el paro "o van todos presos", los obreros intentaban explicar la razón de su medida mientras veían las caras de los soldados armados; "me importa un carajo" sostenía el oficial mayor "el derecho de huelga está suspendido, ustedes no saben o son boludos". La militarización de Rigolleau duró apenas unos días, los compañeros de moldería fueron sacados de la fábrica en fila india, con los brazos cruzados sobre sus cabezas y subidos a camiones. Posteriormente fueron liberados y algunos despedidos.[17]

El control del espacio así era entendido desde el punto de vista operativo por los encargados de diseñar la estrategia represiva:

> La intensificación gradual y acelerada se materializará mediante dos tipos de actividades fundamentales: a) El dominio del espacio geográfico, logrado a través del despliegue (...) de fuerzas en dispositivos variables y la ejecución de patrullajes continuos, persistentes, aperiódicos en toda la jurisdicción (para) restringir la libertad de acción (...) crear sensación de inestabilidad (...) mostrar a la población en general la eficiencia de las fuerzas del orden (...) b) La centralización de la conducción y el incremento de las actividades de inteligencia... (para posibilitar) la continuidad de la acción y explotación oportuna de los éxitos obtenidos.[18]

Territorio y población

La relación entre represión, territorio y población tiene una historia que debemos considerar. La penetración de la doctrina contrainsurgente en la estrategia militar modificó la ecuación entre esos términos. La población, y ya no la frontera territorial que demarcaba los límites físicos de la soberanía estatal, pasó a ser el nuevo teatro de operaciones de la fuerza militar y la configuración del monopolio de un poder soberano. Este largo proceso de elaboración doctrinal, iniciado en el gobierno de Pedro Eugenio Aramburu, ganó articulación metodológica y práctica a medida que las Fuerzas Armadas fueron obteniendo más espacio para la intervención directa frente a los conflictos sociopolíticos, fueran estos vinculados a la lucha armada revolucionaria o a las manifestaciones y huelgas obreras. Durante la presidencia de Levingston, en ocasión del Viborazo, se dio un cambio fundamental, pasándose de la gradación de la intervención de las fuerzas represivas de acuerdo con la gravedad de la situación a la utilización inmediata de las fuerzas militares, de la declaración reactiva de zona de emergencia a declarar de manera preventiva zonas de defensa y/o seguridad. A partir del Operativo Independencia, en 1975, el concepto de aniquilamiento pasó a ordenar las prácticas represivas del ejército.[19] Mientras se iban produciendo esas enmiendas de la doctrina original, el concepto de población cobró progresivamente mayor complejidad, convirtiéndose en el objetivo de las prácticas represivas.[20] A partir de 1976, la aparición de fuerzas del ejército para intervenir en algún conflicto laboral en las grandes empresas se volvió habitual y cotidiano: "...debido a que la guerra revolucionaria era llevada adelante por un enemigo interno que se mimetizaba con la sociedad, el control de la población se constituía en el principal objetivo para las fuerzas represivas".[21] Al redefinir el control de la población como su principal objetivo, la estrategia militar introdujo un cambio en su concepción del territorio que tendió a ser menos una categoría definida por cualidades geográficas para pasar a convertirse en el espacio de asiento de un colectivo humano en cuyo interior era necesario distinguir cualidades sociales e ideológicas. La división territorial estaba diseñada para garantizar el control político militar de la población.

La planificación de la estrategia represiva se configuró a partir de una geografía que permitía totalizar y dividir el espacio, ligarlo a una operativización del despliegue de los dispositivos represivos y conectarlo con los procesos de producción de información de inteligencia. Todos esos elementos articulados permitían construir un instrumento de poder estructural capacitado para reorganizar de manera global el control y la movilización de la fuerza de trabajo. Silver llama "solución espacial" a este tipo de respuestas del capital frente a los desafíos del poder de movilización de la clase obrera[22] que deviene de su lugar de trabajo.[23] Pero a diferencia de lo planteado por Silver, en nuestro caso no fue resultado de un desenvolvimiento autónomo técnico productivo del capital sino que provino de la misma estrategia de represión estatal a la que se vincularon las empresas. La cuadriculación del espacio, dividido en zonas y subzonas, la organización de los actores de la inteligencia estatal como comunidades informativas, constituyeron los medios para disponer de una cartografía de la represión que permitía apretar las redes del orden. La "intensificación gradual y acelerada" dependía de someter a la ciudad a un diagrama. Totalización de una mirada sobre el espacio que hacía cada vez más eficiente "el despliegue permanente de fuerzas en dispositivos variables" que operaban conectando lo legal, lo ilegal y lo clandestino.[24]

Entre finales de 1975 y principio de 1976 aún quedaba un paso más en la captura agresiva del espacio. El cotejo entre las directivas secretas emitidas por la Comandancia General del Ejército entre octubre de 1975 y mayo de 1976, denominadas Directiva General 404/75 y Orden Parcial 405/76, nos dan un indicio de la mutación dentro de este diagrama reticulado que suponían el gobierno de una población múltiple y en movimiento.[25]

En efecto, si la directiva 404 delimitaba una geografía total recuperando una antigua zonificación militar del país originada en la incorporación de la doctrina francesa de la contrainsurgencia a finales de la década del cincuenta, la orden 405 delineaba una geografía parcial de las prioridades represivas, reubicando a las zonas urbanas industriales en el primer lugar. Así, el Gran Buenos Aires aparece en foco y se reconsidera la geometría del espacio propuesta en la directiva anterior, donde la nomenclatura Tucumán ocupaba el primer lugar. Este cambio de registro no debería desligarse de la mutación del contexto. A finales de 1975 las Fuerzas Armadas cerraban la represión a la guerrilla rural y a los trabajadores azucareros en el norte del país, en ese mismo momento los sectores obreros urbanos desplegaban su última experiencia masiva y abierta de protesta social en las fábricas y en las calles del Gran Buenos Aires en las jornadas de huelgas y movilizaciones de los meses de junio y julio contra las políticas económicas de Celestino Rodrigo hasta los primeros meses de 1976, cuando los trabajadores siguieron protestando contra las medidas de Eugenio Mondelli.

No obstante, no habría que entender esta orden como el comienzo de la represión en las áreas industriales, tarea que las organizaciones armadas de la derecha peronista, las patotas sindicales, las fuerzas policiales y el ejército ya habían emprendido en ocasión del Villazo y se había extendido a otras zonas de auge del conflicto social incluyendo los conurbanos de Córdoba, Rosario, Santa Fe, La Plata y Buenos Aires. Lo que sí podría aprehenderse de esta directiva es su aspecto condensador, el perfeccionamiento de una geometría del espacio ajustada a los propios cambios de escala, territorio y lugar que provocaba el avance de la represión.[26]

Si en la directiva del 75 las zonas de seguridad son nombradas como Tucumán, Capital Federal/La Plata, Córdoba, Rosario/Santa Fe, dejando en silencio cualquier clasificación del espacio que incluyera al Gran Buenos Aires, en 1976 la clasificación se vuelve más pormenorizada y se reencuadra haciendo hincapié en la subdivisión del aglomerado Gran Buenos Aires como subzona de operación. La máquina represiva se reorientaba en el espacio adoptando como prioridad la "guerrilla fabril", y suponía una reconsideración de sus clasificaciones espaciales. En la directiva del 75 el espacio es pensado sobre la base de una geometría que abarca el territorio nacional como se lo organiza en un mapa militar que contabiliza recursos y fuerzas, mientras que en el 76 la organización del espacio a la que se aspira adopta una forma más sociológica. Es definido, básicamente, por la presencia de la clase obrera industrial. También, en el año 1976 los jefes militares desarrollarán una serie de instrucciones secretas para operar en el ámbito industrial, conocidas como directivas 222/76 (Operación Piloto) y 226/76 (Apoyo a la actividad laboral), actualmente no disponibles pero que, como analizaremos en la directiva 504/77 donde son citadas, podemos deducir los temas que trataba.

La relectura militar del espacio copiaba las consideraciones de los servicios de inteligencia sobre el desplazamiento de los activistas revolucionarios que resistían el avance del régimen. Así, se escriben en mayúsculas las nuevas zonas prioritarias: CAPITAL FEDERAL Y GRAN BUENOS AIRES, GRAN LA PLATA, Región ribereña del RÍO PÁRANA desde ZÁRATE hasta SAN LORENZO y CÓRDOBA; los cordones industriales más importantes del país. Finalmente, la orden firmada por el General Viola se concentraba en especificar la clasificación espacial del Gran Buenos Aires en dos grandes zonas de defensa conformadas a partir de la agregación de sus distritos municipales, el norte del Gran Buenos Aires quedaría bajo la jurisdicción de la zona de defensa 4[27] y el oeste y el sur dentro de la zona de defensa 1, incluyendo a la Capital Federal.

La zona de defensa 1 contaba con siete subzonas y treinta y una áreas. Esta zona dependía del Primer Cuerpo del Ejército, cuyo comandante hasta 1980 fue el general Carlos Guillermo Suárez Mason. En esta jurisdicción, y bajo su mando, estaban los jefes de subzonas, pero también las autoridades de otras fuerzas armadas y de seguridad. Pero en los hechos, la zona 1 funcionó de manera descentralizada dado su tamaño y densidad demográfica. Mientras Suárez Mason se reservó el control de la subzona capital, el mando de las fuerzas represivas en el sur del Gran Buenos Aires recayó en el General Ramón Camps, jefe de la policía de la provincia. Quilmes, Florencio Varela y Berazategui, municipios donde estaban localizadas Alpargatas, Peugeot y Rigolleau, quedaron subsumidos dentro del denominado Circuito Camps, constituido este por veintinueve centros clandestinos de detención distribuidos en nueve partidos del conurbano bonaerense y La Plata donde se calcula estuvieron secuestradas alrededor de 1.500 personas.[28]

¿A qué respondía esta reorganización parcial de la estrategia represiva? Sin duda, una "reestructuración de las jurisdicciones para intensificar las operaciones", como la propia orden parcial se titula. Una puesta en foco y una centralización del mando bajo el control del ejército basada en una clasificación más detallada y una re-funcionalización de la experiencia acumulada. "Centralizar la conducción de las acciones de inteligencia y las operaciones de carácter inmediato en áreas geográficas de características similares. Operar con unidad de comando especialmente en el ámbito industrial".[29] Una cartografía que organizaba una estrategia de poder; desplegaba sus instrumentos de violencia, distribuía los dispositivos de captura, configuraba prácticamente la territorialización de la represión y disponía una reorganización radical del escenario de acción. Este complejo repertorio represivo cuyo andamiaje era al mismo tiempo legal e ilegal, construido en un largo proceso, sufrió nuevas enmiendas a la hora de desplegarse en los espacios sindicales y obreros. El ritmo temporal con el que se fueron sancionando normas y poniendo en práctica métodos represivos durante la propia dictadura estuvo influenciado por los desafíos colectivos de la clase obrera a las imposiciones del régimen. Como muestra Andrés Carminati en este mismo volumen, la virtual huelga general no declarada del año 1977 y los conflictos que se sucedieron con los obreros del sector automotriz en esa coyuntura configuraron un desafío de proporción para la dictadura y sus aliados patronales, generando, como veremos en lo que sigue, nuevos ajustes en las prácticas represivas.

El método más conveniente

El laconismo de las órdenes militares tenía como contrapartida un amplio y masivo proceso de dispersión operativa en el terreno. Este despliegue de fuerzas y violencia sobre los trabajadores que tenía como finalidad atemorizar y ejemplificar, utilizando a los espacios laborales y los transportes urbanos como un escenario público para hacer aparecer todo el poder represivo, se fue combinando con tácticas más veladas. Una de ellas fue la incorporación de personal de origen militar en los directorios y las gerencias de las grandes fábricas y, concomitantemente, el involucramiento de las empresas y su personal en la represión a sus propios trabajadores. Asimismo, se complementaban con una serie de especificaciones dirigidas especialmente a la represión en el ámbito laboral.

En la orden de operaciones 2/76 complementaria del Plan del Ejército se desarrollaba una somera evaluación de las primeras intervenciones y detenciones, gran parte de las cuales se produjeron en grandes operativos militares en fábricas. Quienes han investigado estos planes militares también mencionan la existencia de dos directivas secretas específicas, la 222/76 y 226/76.[30] La primera diseñada solamente para la zona de defensa 1, denominada Operación Piloto en el ámbito industrial y la segunda, de mayor alcance, denominada de Apoyo a la actividad laboral, ambas mencionadas en la directiva 504/77, redactada en abril de 1977. En esta misma directiva existe un extenso anexo específico dedicado a las operaciones en el ámbito fabril.

> El Ejército (…) llamaba la atención sobre el accionar de la guerrilla en el ámbito fabril, en abril de 1977, mediante el uso del descontento obrero por su situación económica (caída del salario real, leyes de prescindibilidad y de reforma de los convenios colectivos, nuevas pautas para la ley de asociaciones profesionales y bases "sicológicamente deterioradas" por el elevado nivel de vida) y el desprestigio de las intervenciones y dirigencias sindicales vigentes.[31]

En estas directivas se registran ciertas modificaciones que buscaban "perfeccionar" las operaciones en las áreas urbano-industriales. Se proponía entrar en una etapa de normalización de las relaciones laborales, que suponía prevenir la infiltración de la subversión y depurar ideológicamente las estructuras sindicales. Esta etapa de normalización no daba por finalizado el exterminio, sino que intentaba relacionar una forma más sofisticada de la política represiva y disciplinadora de la clase obrera con el inicio de una política laboral "positiva" que avanzara hacia lo que altos funcionarios de la dictadura consideraban "las relaciones normales entre empresarios y trabajadores".

> El Ejército accionará selectivamente sobre los establecimientos industriales y empresas del Estado, en coordinación con los organismos relacionados con el ámbito, para prevenir, neutralizar o anular situaciones conflictivas de origen laboral (…) Esta operación busca lograr estructuras del Estado, empresarias y obreras ideológicamente depuradas, representativas y ajustadas a su finalidades específicas, capacitadas para canalizar y satisfacer las legítimas aspiraciones de sus representados, que lleve al desarrollo de fluidas relaciones entre la parte empresarial y obrera y que permita lograr un eficiente funcionamiento del aparato productivo del país y un mejoramiento del clima económico.[32]

Después de haber diezmado a delegados, activistas y dirigentes, la dictadura se proponía mantener las comisiones internas que se evaluaran convenientes o crear nuevas que contaran con el apoyo inmediato de autoridades militares locales, el Ministerio de Trabajo y las empresas, cuidando al mismo tiempo su "representatividad" entre los trabajadores. Prevenir y erradicar los elementos subversivos era una de las caras de la moneda, la otra era la de construir nuevas estructuras de base. Por ello en esta etapa se preveía que las operaciones de eliminación fueran conducidas por los Comandos de Zona y la reorganización de las estructuras de base dependiera del Ministerio de Trabajo y sus delegaciones.

> Planear las formas en que se va a proponer la depuración marxista de las bases y estructuras de base (...) Erradicar los elementos subversivos empleando el método que resulte más conveniente para el éxito de la operación y para la ampliación de la información con vistas a la continuación del proceso. (...) Proponer los nuevos cuerpos de delegados y comisiones internas (...) Impartir instrucciones a las que deberán ajustarse la empresa y los obreros para evitar actividades subversivas y posibilitar un desarrollo normal de las tareas.[33]

La inteligencia militar ocupaba un rol central ya que se esperaba que brindara la información "exacta y oportuna" sobre la situación particular de cada establecimiento: personal directivo, conflictos vigentes, cuerpos de delegados, relación con los sindicatos, elementos subversivos existentes con sus respectivos domicilios particulares, existencia de coordinadoras de frentes fabriles, etc. Asimismo, se ordenaba un registro zonal de personas despedidas por antecedentes subversivos y se consideraba que las empresas deberían consultar a la autoridad militar para despedir o para incorporar personal. Al mismo tiempo, se establecía una pauta para que el trabajo de inteligencia se asentara en relaciones establecidas entre las autoridades militares, empresariales y sindicales.[34]

> Uno de los medios más idóneos para obtener información sobre la situación subversiva a nivel de las bases, es por intermedio de los dirigentes gremiales que hayan dado suficientes pruebas de lealtad y apoyo al accionar de las Fuerzas Legales. (...) se considera conveniente delegar la responsabilidad del contacto con empresarios y sindicalistas en un Oficial Superior o Jefe por grupo de 2 o 3 establecimientos.[35]

Esta etapa de normalización sindical se conectaba con una etapa más general de normalización del régimen que permitiera restar publicidad a la imagen de un país militarizado. En vísperas de la organización del Mundial de Fútbol de 1978 este reordenamiento parcial de la represión prescribía evitar en lo posible los grandes y espectaculares despliegues operativos de las fuerzas de seguridad en los espacios públicos. En correspondencia con el inicio de una nueva etapa política del Proceso de Reorganización Nacional donde se quería dar la imagen de finalización del período de guerra antisubversiva, que por cierto no era el fin de la represión sino su repliegue en formas con menor grado de exposición pública.[36]

> Para el caso de las detenciones deberá tratarse de que las mismas se efectúen fuera de las empresas, y en forma más o menos simultánea y velada. Las detenciones en los lugares de trabajo solo se efectuarán cuando no haya sido factible hacerlo en otro lugar u oportunidad. (…) deberá evitarse hacer ostentación de fuerza, al menos que tal acción sea imprescindible como factor de disuasión.[37]

Esta directiva buscaba operativizar una política ambiciosa: redefinir las condiciones económicas, sociales y políticas de la explotación de la mano de obra, en una extensión y una profundidad que no tenía antecedentes en la historia argentina. La continuación de la "ofensiva contra la subversión" en el ámbito industrial implicaba al menos tres novedades: en primer lugar, un mayor énfasis en velar las operaciones de secuestro de militantes y obreros bajo la recomendación de realizar las detenciones de manera simultánea en sus domicilios y evitar operaciones en los predios de las empresas; en segundo lugar, daba mayor impulso a la coordinación con los organismos del PEN, fundamentalmente el Ministerio de Trabajo, cuando a los Comandos de Zona les tocara intervenir en los conflictos laborales y en la misión de depurar y crear nuevas estructuras de base, aunque afirmando por encima de esos actores, la tutela de la autoridad militar zonal, que paulatinamente se iría retirando, una vez que las relaciones estuvieran consolidadas; en tercer lugar, representaba una visión más acabada de lo que se consideraba "un natural desenvolvimiento de las relaciones entre empresarios y trabajadores". El lenguaje era elocuente: erradicar y depurar, como política de exterminio hasta que, sucesivamente, se ingresaría en una etapa de normalización y consolidación de las estructuras normales.

Con hambre no se puede trabajar

Ahora podemos avanzar hacia la segunda pregunta que formulé en la introducción: ¿cuáles fueron las formas de organización y acción que se dieron los obreros dentro de las fábricas? Afortunadamente, en los últimos años contamos con un interesante cuerpo de investigaciones históricas que han abordado este nudo crucial de la historia de las clases populares. No debemos soslayar que la acción colectiva de los obreros en este período fue objeto de debate en el campo académico muy tempranamente. Ante la posición asumida por Delich[38] que postulaba el inmovilismo de la clase obrera durante los primeros años de la dictadura, Pozzi[39] contrapuso la idea de una fuerte oposición obrera que habría erosionado las bases de legitimidad del régimen. Esta contraposición, extremadamente dicotómica, ha sido revisada y matizada por varios estudios, que muestran las acciones colectivas y prácticas de resistencia, pero ponen en duda que todas ellas puedan englobarse en el difuso y cargado término de oposición. Además, estos estudios discuten que esa resistencia obrera haya sido el factor central del colapso del gobierno militar. Sin desconocer la relevancia de este debate no lo profundizaremos aquí.[40]

Con el material documental que tengo disponible quiero realizar una somera descripción de las formas de acción colectiva, resistencia o protesta que se produjeron en este período y ponerlos en relación con el contexto histórico, teniendo en cuenta las políticas específicas de los empresarios y del Estado. Para tener una vista panorámica de los conflictos en Zona Sur, podemos analizar una lista no exhaustiva de acciones colectivas entre 1976 y 1981:[41] en Safrar-Peugeot de Berazategui se registran conflictos en septiembre y noviembre de 1976, en marzo y octubre de 1977, en mayo de 1978 y en junio de 1979. En abril de 1977, en la Fábrica Alpargatas de Florencio Varela y en La Bernalesa, empresa textil de Bernal-Quilmes, en diciembre de 1980, en Ducilo, empresa textil de Berazategui, en julio de 1977, en Molinos Río de la Plata, empresa alimentaria de Avellaneda, en abril y noviembre de 1979 y en Rigolleau en diciembre de 1977.[42]

Vamos a tomar el caso de Peugeot. En septiembre de 1977 comienza a sentirse el malestar por los ritmos de trabajo impuestos en varias secciones de la fábrica que tenían el objetivo de elevar sus niveles de producción.

> Había aumentado en casi cuarenta coches por mes, siempre con el mismo personal y con los mismos medios. Eso se conseguía acelerando las líneas de producción y tomando los tiempos, exigiendo más esfuerzos a los operarios. Entonces en compensación se pedía una mejora salarial, seguiríamos trabajando a cuarenta coches más por mes, pero queríamos algo a cambio. Se pidió una mejorita salarial, paquetes de víveres para familias tipo y familia numerosa, todas cosas como para recibir una compensación a cambio de la mayor producción.[43]

En este contexto, en la sección Estampado los operarios cuestionaban los cupos de producción (gamas) exigidos por la empresa. El servicio de información de la policía identificó a un trabajador como el más activo en el reclamo y señaló "que en vistas de su accionar, se lo considera como un factor disolvente y agente izquierdista".[44] Al trabajador individualizado se le intentó aplicar medidas disciplinarias. El 1° de noviembre, ante la creciente exigencia de mayores cupos de producción las secciones Tapizado, Soldadura y Montaje realizaron un quite de colaboración, como lo hacían tradicionalmente los obreros automotrices si no eran satisfechas algunas demandas compensatorias al aumento de la productividad a costa de una mayor intensificación del esfuerzo físico. Este quite de colaboración fue acompañado por una sentada frente a las oficinas de la gerencia y de la Comisión Interna de Reclamos (C.I.R). Entre los obreros se resentía la pasividad que observaban en los representantes de la comisión y los presionaron para que se pusieran al frente de sus pedidos.

> ...se produjo un movimiento de reacción ante la conducta de la comisión interna y se los quiso sacar a la fuerza del lugar que tenían al que llamábamos "la cueva". Tal fue la presión que en un momento tuvieron que salir, tuve que intervenir con mucha energía junto con otros compañeros para evitar que los lastimaran, que los atacaran. Los agredieron físicamente, pero no llegó a mayores consecuencias. Hicimos el mayor de los esfuerzos y conseguimos que esta gente tomara nuestra representatividad y fuera a discutir con la empresa los puntos que nosotros queríamos imponer en esa asamblea auto-convocada. Porque la Empresa no nos reconoció autoridad ya que no teníamos representantes ni oficialmente éramos representantes. La empresa pedía hablar con nuestros representantes, nos obligó a traer a nuestros representantes a la discusión, de ahí en más fueron nuestros representantes legítimos entre comillas.[45]

La presión de los trabajadores del turno mañana se hizo sentir y se extendió el reclamo a toda la fábrica. El 9 de noviembre los miembros de la comisión elevaron al jefe de relaciones industriales Don Celso Frigerio, los petitorios de todas las secciones de la fábrica: Herramental, Tapicería y Pintura, Planta de Montaje, Mantenimiento Eléctrico, Mantenimiento Mecánico, Instalaciones, Cronometraje, Servicios Técnicos, Comedor, etc. "Es la primera vez que la totalidad de las secciones que componen este núcleo fabril presentan un mismo tipo de petitorio", comenta el informante de la policía, y calcula que los 4.500 operarios de la planta participaban de las demandas. El lenguaje diplomático de los miembros de la comisión interna pone de manifiesto una situación delicada: si en 1974 el sindicato acusaba a la empresa de poner en peligro las normales relaciones entre obreros y empresarios,[46] en este envío firmado por todos sus integrantes cuidan cada una de sus palabras que escriben a máquina en una hoja membretada del S.M.A.T.A.: "Solicitamos se agoten las instancias administrativas que posibiliten el diálogo convenido por las partes, que permitan acortar las espectativas (sic) y las especulaciones que giran en torno al mismo".[47]

En cada uno de los petitorios escritos de puño y letra y firmado por todos los operarios de cada sección de la planta se puede atisbar el lenguaje de la desesperación.

> ...los compañeros de Soldadura nos dirigimos a Ustedes haciéndoles saber de nuestras imperiosas necesidades, compañeros, nuestros magros salarios han llegado a un límite insostenible para solventar nuestras mínimas necesidades, por ello solicitamos un urgente incremento de los salarios. (...) una bonificación para recuperar lo perdido y el doble aguinaldo (...) Dan la seguridad y la firmeza de que lo solicitado se ajusta a la verdadera necesidad de nuestros hogares y que vemos con honda amargura que ya el hambre golpea nuestras puertas, pero que estamos dispuestos a trabajar en paz, solamente pedimos la comprensión de esta Empresa, que se engrandece y enriquece con nuestro trabajo y sacrificio diario.[48]

Los operarios de la sección Tapicería y Pintura solicitaban exactamente lo mismo "para poder sobrellevar la constante estampida de los precios de los artículos de la canasta familiar, mínimos e indispensables que cada uno ancia (sic) brindar a su familia y que a través de los malos momentos que atraviesa la clase trabajadora parece inalcanzable". En la sección Montaje escribían "es el deseo de todos los obreros trabajar en paz, pero sin la comprensión de la Empresa a nuestra angustiante situación estos deseos son imposibles de cumplir, pues con hambre no se puede trabajar". En Mantenimiento Eléctrico y Puesta a Punto decenas de trabajadores firmaron una escueta nota que suplicaba "un incremento salarial que satisfaga las necesidades de supervivencia, en más de un hogar nuestro se ha llegado a estados calamitosos". Se hablaba de pedidos y no de reclamos. Todos los movimientos se desarrollaban bajo la supervisión del Batallón de Comunicaciones 601 de La Plata, que había cercado la fábrica e intervenido en la negociación de los obreros con la empresa. El lenguaje había cambiado. Se hablaba de hambre, amargura, malos momentos, situaciones insoportables, se invocaba la miseria del hogar y la supervivencia de las familias. Se subrayaba la paz, pero al mismo tiempo se insinuaba la imposibilidad de trabajar en paz. La acción también era cuidada: una sentada, un pedido de diálogo con la empresa, petitorios firmados por todos. A fines de marzo, 20 trabajadores habían sido despedidos por la empresa acusados de "agitadores gremiales", aplicándoles la ley de Seguridad Industrial,[49] la cautela estaba más que justificada. Había cierto margen para la negociación, pero la conciencia del peligro podía entreverse en el cuidado de cada palabra utilizada, de cada acción realizada. A pesar de todos los recaudos posibles nadie se libraba del riesgo. Y mucho menos los que, como Felipe Maly, técnico electricista, "un obrero común, de esos de la casita, la familia, el autito y las vacaciones en San Clemente", como él mismo elige definirse en su testimonio ante un Juez de La Plata, se habían transformado, circunstancialmente, en voceros del "razonable pedido".

> Hicimos una sentada frente a las oficinas de la Empresa. Intervino el Cuerpo Militar de City Bell, vinieron, coparon la fábrica, nos rodearon, a la gente que estábamos haciendo el movimiento sin hacer nada, simplemente nos rodearon, nos tuvieron cercados, y nosotros seguimos con la sentada y bueno en un momento dije: esto no conduce a nada. Subí a las escalinatas de la oficina de la empresa y les dirigí la palabra a los compañeros, preguntándoles qué es lo que querían, qué era lo que pretendían y cómo podíamos encauzar las cosas y en ese momento intervino un coronel, que se abrió paso entre la gente, tuvimos una charlita con él y subimos a las oficinas y empezamos las conversaciones con la empresa.[50]

La empresa cedió parcialmente y otorgó los aumentos. Los trabajadores consideraron que la intervención del coronel les había resultado favorable. En 1978, en un nuevo conflicto volverán a solicitar la presencia de una autoridad militar para garantizar las tratativas, pero los resultados serán muy distintos. De algún modo, los obreros ya habían aceptado y, en cierta manera, naturalizado la intervención militar en los conflictos laborales. Por otra parte, que la empresa pudiera ceder a la apertura de una negociación en condiciones de excepción no implicaba que el control represivo sobre los obreros cesara, sino que podían reforzarse mutuamente. A fines de 1977 Maly fue secuestrado en su casa de la localidad de Plátanos y detenido-desaparecido en el Pozo de Quilmes[51] hasta que fue liberado y logró salir al exilio. El secuestro y la tortura de este obrero nos brinda un indicio de cómo operaban articuladamente las "negociaciones normales" que prescribían las directivas militares y las prácticas subrepticias del Estado terrorista.

El día que me secuestran y me torturan, a la tarde, cuando ya me había recuperado, había tomado un poquito de agua, habían pasado algunas horas; me dejaron vestirme y me llevaron a mi casa en Plátanos. Fue dramático, hoy lo veo y es un cuadro dramático. Aunque les parezca mentira, lo más dramático de todo fue el perro, apoyó la cabeza en mi falda, me vio los grillos en las manos y se largó a llorar. Empezó a ladrar con mucha bronca a los milicos, nunca lo había visto así al finado Napoleón, nunca lo había visto tan malo con nadie, me dejó tan impactado, me dejó marcado, es una imagen que se va a morir conmigo. La imagen de ese animal, adivinando mis penas, mis dolores, y queriendo atacar a los que me producían esas penas, eso fue patético, fue algo tremendo, nunca se me va a ir.[52]

Mientras el control continuo del espacio penetraba en todos sus rincones, volviendo extraño lo familiar, no quedaban lugares seguros en un territorio desbordado por la maquinaria de la represión cuyos andamiajes lo reorganizaban sin interrupción.

Arrojando pedazos de pan

Las demandas salariales de los trabajadores automotrices estaban condicionadas por algunos factores estructurales. El primer factor fue la decisión dictatorial de establecer los aumentos de salarios por vía de decretos y resoluciones del Ministerio de Economía. Además de quitar del juego de la negociación a los sindicatos, esta determinación tuvo un profundo impacto en los niveles de remuneración de la mano de obra industrial. Mientras el gobierno, en un contexto de alta inflación,[53] se ocupaba de fijar los niveles salariales por categoría,[54] luego en cada sector se abría la posibilidad de que las empresas más grandes de la industria pudieran ofrecer aumentos o mejoras salariales adicionales para sus planteles. Entre 1976 y 1981, de 291 conflictos analizados se registraron que en el 61,5% de las luchas sindicales tuvieron como motivación demandas salariales, mientras que 12,6% reclamaba por condiciones de trabajo, el 11% por falta o disminución del trabajo, el 7,4% ponía énfasis en la defensa de la organización sindical, el 2,8% rechazaba represalias patronales, el 2,5% se defendía contra la represión estatal o para-estatal y el 2,2% se desató en torno a reclamos por el comedor de planta. En cada uno de los conflictos los trabajadores dieron algún tipo de respuesta, el 33% fueron huelgas, que podían durar algunos minutos, horas o días, abarcando una sección o toda una fábrica, y los quites de colaboración alcanzaron el 32% de las respuestas obreras. Poco más del 10% respondió con diversas medidas de fuerza, boycots al comedor de planta, concentraciones internas y dos solitarias ocupaciones de planta. El porcentaje restante correspondió a petitorios y negociaciones.[55] Esta nueva situación en cuanto a la fijación de los salarios trasladó el conflicto al interior de cada fábrica y tuvo un efecto contradictorio sobre las acciones reivindicativas de los trabajadores.

> ...el confinamiento de la puja salarial a los establecimientos individuales dificultó una articulación de la protesta y las medidas de fuerza, pesando en su contra las diferencias respecto a los ingresos entre ramas de actividad, entre empresas grandes y pequeñas, en el interior de las escalas salariales de cada actividad y entre los obreros calificados y los peones.[56]

En este caso la empresa ofrecía un 20% más del nivel salarial fijado por el gobierno o adelantos a cuenta de futuros aumentos, lo que provocaba la necesidad de algún tipo de negociación con respecto al modo en que se aplicaban esos aumentos y también inquietudes entre las diferentes categorías de calificación y condiciones contractuales (mensualizados y jornalizados) sobre a cuántos y a quiénes alcanzarían las mejoras ofrecidas por la empresa. Como consecuencia de este modo de determinar las remuneraciones se produjo un efecto extendido sobre la mayor dispersión de los salarios y desigualdades intra-salariales entre trabajadores que podían compartir las tareas y la calificación, pero tenían condiciones diferentes de contratación.

Un segundo factor influyó específicamente en el sector automotriz. Desde 1974 hasta 1978, por efecto de las políticas estatales de promoción industrial y estímulo al mercado interno en el primer lustro de la década, la producción automotriz vivió un auge, para luego comenzar a derrumbarse entre 1979 y 1980, e ingresar en un proceso de re-conversión, cuando sus ventas experimentaron una fuerte caída y se produjo la retirada de varias empresas multinacionales del sector.[57] Peugeot fue incrementando la cantidad de unidades montadas por día en su planta de Berazategui de modo progresivo desde 1974 hasta 1979, cuando se produjo un derrumbe de su producción. Este auge suponía el factor anterior, continuar la tendencia de los primeros años de la dictadura en los que la demanda de fuerza de trabajo industrial estuvo siempre por encima del nivel de oferta de mano de obra. Por ello también se explica que la dirección empresaria, trabajando con una planta con plena utilización de sus capacidades instaladas y demandante neta de fuerza de trabajo en la zona, tuviera que tener en consideración algunas mejoras adicionales del salario.

Sin embargo, esas mejoras no alcanzaron nunca a conformar las necesidades y demandas de los obreros, situación demostrada por las numerosas quejas que se dieron en un contexto de persecución al activismo sindical y cierre de los canales tradicionales de negociación. Efectivamente, a partir de 1976 el salario real se derrumbó desde el nivel máximo que había alcanzado en 1974 y lo mismo ocurrió con el salario industrial promedio.[58] Pero se mantuvo la productividad de la mano de obra —aunque con un leve descenso en los primeros años— y la cantidad de horas trabajadas, provocando una sensible disminución del costo salarial. Los niveles de producción y productividad de la industria recayeron sobre un aumento de la explotación laboral. Los trabajadores desplegaron un repertorio de acciones resistentes defensivas, elección de delegados provisorios o "de hecho", en un proceso continuo de reconstrucción de la organización obrera atacada, presión sobre los representantes oficiales, medidas de fuerza a nivel de planta como paros breves o quites de colaboración, actos de indisciplina colectiva, excusas para no realizar las tareas o la elaboración de petitorios.[59]

En el mes de abril de 1978 otro conflicto sobrevino en Peugeot. Las protestas de los obreros tenían como epicentro sucesivos incidentes de indisciplina en el comedor de la fábrica. El día 5, personal jornalizado de las secciones de Pintura y Soldadura arrojaron la vajilla con la comida al piso en señal de protesta. La dirección de la empresa despidió a 12 trabajadores identificados como los responsables del incidente. La policía los registró en una lista con nombre, apellido, número de documentos y domicilio particular. El 20 de abril continuaron los conflictos, ante la demorada publicación oficial de los aumentos salariales dictados mediante decreto por el gobierno, las secciones de Tapicería, Soldadura y Montaje del turno mañana comenzaron un paro con permanencia en el lugar de trabajo. El malestar se extendió a todos los operarios de la fábrica, sobre todo entre aquellos que cobraban por jornada trabajada. Al asistir al comedor, cuatrocientos trabajadores se negaron a retirarse impidiendo el acceso de operarios de otras secciones que se habían acercado a almorzar. Haciendo bochinche con platos y cubiertos y arrojando pedazos de pan al personal jerárquico de la empresa exigieron que se escucharan sus pedidos de aumento salarial. La presencia de fuerzas militares del Batallón 601 y de tropas de infantería de la policía bonaerense se había vuelto periódica y recurrente, y el servicio de inteligencia policial informaba sobre los cambios de guardia del personal uniformado. Los trabajadores pidieron la presencia de un coronel de apellido Falcón para mediar en el conflicto. Pero esta vez la dirección de la empresa, junto con el delegado del Ministerio de Trabajo advirtieron a la comisión interna que si el personal no desalojaba el comedor pacíficamente serían retirados de la fábrica por las fuerzas del batallón. El 25 de abril nuevamente el personal de Soldadura y Pintura no quiso retirarse del comedor en protesta por los magros aumentos salariales brindados por la empresa, entonces la gerencia solicitó que la infantería y el ejército desalojaran las instalaciones. Al retirarse a sus sectores de trabajo, Soldadura y Pintura no desarrollaban sus tareas porque el personal de Montaje se negó a trabajar hasta no recibir el almuerzo y desde esa sección no les enviaban las unidades para terminarlas. Los trabajadores inventaron varias triquiñuelas para paralizar la producción durante todo el turno de la mañana. Nuevamente la dirección empresaria solicitó la intervención de las fuerzas de seguridad para sacar a los obreros de la fábrica. "Si mañana no vienen tranquilos no los dejamos entrar", les advirtieron desde la gerencia. Al otro día, el servicio policial informó que "las tareas se desarrollan normalmente durante el turno mañana". Luego de varios meses la policía volvió a notificar el 25 de agosto un paro de diez minutos y la elevación de un petitorio con un sencillo mensaje "necesitamos aumento de salario". Los márgenes de acción para manifestar las quejas se habían reducido al mínimo y ya se podía garantizar a los superiores, aunque con tres años de demora, "la efectiva normalización de las relaciones laborales".[60]

De la huelga a la olla

El 24 de septiembre de 1981 Peugeot cerró sus puertas. Hacía una semana que los obreros se encontraban en una huelga de brazos caídos reclamando una equiparación de sus salarios semejantes a los trabajadores de Mercedes Benz. Esa mañana 3.500 operarios no pudieron ingresar a cumplir sus tareas. Comenzaba el proceso de liquidación del complejo industrial más importante del sur del Gran Buenos Aires. La empresa había pasado a depender del Grupo Sevel controlado por Franco Macri que decidió concentrar sus actividades en la planta industrial de Fiat ubicada en el norte del conglomerado urbano.

El cierre de la fábrica se daba en un contexto de deterioro generalizado del entramado socioproductivo industrial de la zona sur que, con altibajos, se había desarrollado desde principios de siglo. Para 1985 se terminaron de perder cerca de quince mil empleos industriales en toda la zona y se redujo de manera significativa el número de establecimientos, afectando sobre todo a los de mayor tamaño; mientras tanto, la población sumada de Quilmes, Berazategui y Florencio Varela aumentó un 45%. Según el censo de población los tres distritos alcanzaron en 1980 una cifra cercana a los ochocientos mil habitantes. En el sector industrial se perdieron el 24% de los empleos que cayeron de 56.596 en 1974 a 43.000 en 1985. Una caída casi 10% superior al promedio para todo Gran Buenos Aires que se había ubicado en el 15%. A su vez, el cierre de establecimientos en la zona representó un 9,6%, el doble del promedio de Gran Buenos Aires que estuvo en torno al 4,7%.[61] El crecimiento demográfico y el deterioro del empleo se combinaron para crear una nueva situación social que no haría más que profundizarse con el correr de los años.

Esa misma primavera de 1981 los trabajadores despedidos acudieron a Gino Gardenal, que administraba la parroquia cercana al complejo fabril, para que intercediera por ellos. El cura les ofreció una misa y juntos organizaron una olla popular para alimentar a doscientas familias de algunos de los obreros del barrio que habían quedado en la calle. El sacerdote Irineo Dessy, que había nacido en Florencio Varela, lo recordó más tarde como "la toma de conciencia de una realidad inesperada y dolorosa, la gente perdía sus trabajos y no se recuperaban más, se instaló entre nosotros el hambre y duró mucho más de lo que pensábamos". La primera olla popular de la zona que luego dio lugar a un comedor que funcionó por décadas en las instalaciones de la parroquia, fue vigilada celosamente por la policía frente al temor de que pudiera ser un foco de "aglutinación y conflicto". Cada informe policial cerraba con una frase ritual: "se retiraron en orden con normalidad". De la crisis de un territorio industrial emergía una territorialidad de la pobreza y con ella nuevos lugares que, como empezó a sospechar la policía, podrían constituirse eventualmente en focos de "conflictividad social". Aparecía una nueva cartografía de la acción colectiva popular que exploramos en otro trabajo.[62]

A modo de cierre

La violencia organizada y planificada que se desató sobre las clases populares a partir de 1975 fue un componente central de la reestructuración capitalista de la sociedad argentina.[63] El tono alto de la protesta y el tono bajo de la resistencia son el contrapunto evidente de una mutación de la acción colectiva de los obreros industriales en la década del setenta. El cambio de escala, de las manifestaciones urbanas a los vestuarios y el comedor de la fábrica, también es claro. De las huelgas masivas y las tomas, a los brazos caídos y los bochinches de descontento, de una cartografía urbana de las protestas a una micro-figura de las resistencias, todo ello expresaba un profundo cambio de escenario, una nueva territorialidad construida a fuerza de un dominio permanente del espacio geográfico. Milton Santos señaló la importancia que tiene la espacialización de la técnica en la producción de los territorios, los lugares y las experiencias que los sujetos tienen de los mismos, creando un tiempo de lugar o un tiempo espacial.[64] Este autor se refiere a las técnicas productivas y cómo estas modifican y son modificadas por el lugar. Pero nosotros no hemos descripto una simple técnica productiva, sino un aparato de poder que re-configuró el territorio y con ello las acciones de quienes lo habitaban. No quiere decir que no hubiera transformaciones productivas, pero estas se presentaron subordinadas o incorporadas dentro de un poder estructural que actuando a una escala mayor las incluía al mismo tiempo que las desbordaba. Si seguimos el razonamiento de Santos, el espacio puede constituir un instrumento del cambio (regresivo) temporal. En un orden lógico y cronológico la transformación fue política (en el sentido de una geometría del poder) y luego económica, y no al revés. A la expansión, la extensión y la profundidad espacial de ese dominio se endosó la desarticulación del sector industrial de la zona.

El final no podía ser peor. Los obreros que habían resistido en un tono más bajo comparado con el de la primera mitad de la década del setenta la reorganización de las relaciones laborales y los mayores niveles de explotación, en un escenario transformado por la violencia, ya no pudieron impedir que los privaran de su fuente de trabajo. Si la mutación de la acción colectiva que implicaron las prácticas de resistencia punteó el ritmo de una rutinización de las relaciones extremadamente asimétricas entre los que habían obtenido el monopolio del control social en el espacio fabril y quienes habían sido forzados, sin escatimar violencia, a una posición de extrema subordinación, ahora, las decisiones de maximizar las oportunidades del mercado introducía a los y las trabajadoras en un proceso de profundo cambio de las condiciones laborales y de su poder de movilización.[65] Se iniciaba una etapa de la historia de las clases populares y del activismo social y político para la que casi nadie estaba preparado y pasaría mucho tiempo hasta que se hallaran algunas respuestas a las incógnitas que planteaba este giro inesperado de la historia.

Notas

1. Gonzalo Leónidas Chaves, *Rebelde acontecer: relatos de la resistencia peronista* (Buenos Aires: Colihue, 2015), 225.
2. Victoria Basualdo, *Labor and Structural Change: Shop-floor Organization and Militancy in Argentine Industrial Factories (1943-1983)* (tesis doctoral, Columbia University, 2010).
3. Pablo Pozzi, *Oposición obrera a la dictadura, 1976-1982* (Buenos Aires: Editorial Contrapunto, 1988).
4. Volante del Bloque Sindical del Movimiento Peronista Montonero BSMPM, 1979.
5. Federico Lorenz, *Algo parecido a la felicidad: una historia de la lucha de la clase trabajadora durante la década del setenta [1973-1978]* (Buenos Aires: Edhasa, 2013); Victoria Basualdo, "Militancia y organización obrera de base durante la primera mitad de los años setenta: una aproximación desde la historia oral al caso de Alpargatas en Florencio Varela", en *Historia reciente, género y clase trabajadora*, ed. Karin Grammático, Mariela Marini, y Wanda Wechsler (Buenos Aires: Imago Mundi, 2018).
6. Basualdo, *Labor and Structural Change...*
7. Georg Simmel, *Estudios sobre las formas de socialización* (Madrid: Alianza, 1991), 652.
8. Elias Norbert, *La civilización de los padres y otros ensayos* (Bogotá: Norma, 1998).
9. Eric R. Wolf, *Figurar el poder. Ideologías de dominación y crisis* (México: CIESAS, 2001), 20.
10. Victoria Basualdo y Alejandro Jasinski, "La represión a los trabajadores y el movimiento sindical, 1974-1983", en *Represión estatal y violencia paraestatal en la historia argentina reciente*, ed. Gabriela Águila, Santiago Garaño, y Pablo Scatizza (La Plata: Universidad Nacional de La Plata, 2016), 249, http://sedici.unlp.edu.ar/handle/10915/52481.
11. Luciana Zorzoli, "La normativa sindical entre la dictadura y el alfonsinismo, propuesta de sistematización", en *Clase obrera, sindicatos y Estado. Argentina (1955-2010)*, ed. Alejandro Schneider y Pablo Ghigliani (Buenos Aires: Imago Mundi, 2015), 147-69.
12. En las *Actas para el Proceso de Reoganización Nacional* se dispone la intervención de la CGT, congelan sus fondos y se suprimen los fueros sindicales, medidas reforzadas por el decreto 21.270 del 24 de marzo de 1976. Con el *Plan del Ejército (contribuyente al Plan de Seguridad Nacional)* se operativiza el golpe de Estado y se disponen los roles y los espacios a intervenir y ocupar por la fuerza, teniendo un lugar prioritario diversas organizaciones sindicales. El decreto 9/76 prohíbe las ac-

tividades político-gremiales, suspende la negociación colectiva y prohíbe cualquier forma de protesta. El decreto 21.261 suspende el derecho de huelga y toda otra medida de fuerza, paro, interrupción o disminución del trabajo que afecte la producción. En abril de 1976 el decreto 21.297 altera la ley de contratos de trabajo sancionada en octubre de 1974, derogando el 40% de sus artículos, consolidando un el retroceso de los obreros frente a la patronal y el Estado, produciendo efectos inmediatos en sus condiciones de trabajo: extensión de la jornada, cambios en las consideraciones socioambientales para la determinación de esa jornada —descansos, refrigerios—, supresión de la insalubridad, etc. En agosto de 1976 la ley 21.400 de Seguridad Industrial habilitó al Poder Ejecutivo a suspender medidas de acción directa concertada por los trabajadores, implicando penas de privación de la libertad, multas y pérdidas de salario. El decreto 21.259 reimplantó el derecho de residencia, el 21.356 facultó al Ministerio de Trabajo a intervenir y reemplazar delegados en los establecimientos fabriles, el 21.476 dejó sin efecto numerosos aspectos de los convenios colectivos de trabajo anteriores a 1976, y el 21.307 dio la facultad monopólica al Poder Ejecutivo de fijar las remuneraciones.

13. Basualdo y Jasinski, "La represión a los trabajadores...".

14. Daniel Dicósimo, "Represión estatal, violencia y relaciones laborales durante la última dictadura militar en la Argentina", *Contenciosa* n.º 1 (2013).

15. Dicósimo, "Represión estatal, violencia y relaciones laborales...", 5 y 11.

16. Directiva Secreta 405/76.

17. Cadabón, Daniel. "Fábricas militarizadas: de Rigolleau a Kraft-Terrabusi". (26 de octubre de 2009, sitio web del Partido Comunista de los Trabajadores). http://www.pctargentina.org/rigolleau101009.htm.

18. Directiva Secreta 405/76.

19. Esteban Damián Pontoriero, "De la guerra (contrainsurgente): la formación de la doctrina antisubversiva del Ejército argentino (1955-1976)", en *Represión estatal y violencia paraestatal en la historia argentina reciente*, ed. Gabriela Águila, Santiago Garaño, y Pablo Scatizza (La Plata: Universidad Nacional de La Plata, 2016), 44-68, http://sedici.unlp.edu.ar/handle/10915/52481.

20. Sebastián Chiarini y Rosa Elsa Portugueis, eds., *Plan Conintes. Represión política y sindical* (Buenos Aires: Ministerio de Justicia y Derechos Humanos de la Nación, Secretaría de Derechos Humanos, Archivo Nacional de la Memoria, 2014).

21. Pontoriero, "De la guerra (contrainsurgente)...", 48.

22. Beverly J. Silver, *Fuerzas de trabajo: los movimientos obreros y la globalización desde 1870* (Tres Cantos, Madrid: Akal Ediciones, 2005).

23. Erik Olin Wright, "Working-class Power, Capitalist-Class Interests, and Class Compromise", *American Journal of Sociology* vol. 105, no. 4 (jan. 2000): 957-1002.

24. Laura Lenci, "Violencia política y terrorismo de Estado, 1955-1983", en *Historia de la provincia de Buenos Aires. Tomo V: Del primer peronismo a la crisis del 2001*, ed. Osvaldo Barreneche (CABA-Gonnet: Unipe-Edhasa, 2015).

25. La confección de mapas como anticipación de la ocupación militar del espacio también puede verse en el Plan del Ejército donde se desarrolla minuciosamente la constitución de las zonas de defensa y se las vincula con la amenaza subversiva. Cfr. Directiva del Comandante General del Ejército N° 404/75 (Lucha contra la subversión) del 28 de octubre de 1975 Plan del Ejército (Contribuyente al Plan de Seguridad Nacional). 2012.

26. Para un estado del arte de los estudios sobre la represión en Argentina se puede consultar el análisis crítico de Gabriela Águila en "Represión y terror de Estado en la Argentina reciente: nuevos abordajes y perspectivas de análisis", *Ayer* 107, n.º 3 (2017): 47-71.

27. Para un estudio de esta zona de defensa se puede consultar: *El Estado Mayor del Comando de Institutos Militares. Zona de Defensa IV.* Buenos Aires: Ministerio de Justicia y Derechos Humanos de la Nación, 2015.

28. Lenci, "Violencia política y terrorismo de Estado, 1955-1983".

29. Directiva Secreta 405/76.

30. Mirta Mantaras, "El manual de la represión", *Página 12*, 24 de marzo de 1999. Acceso 30/04/2016. Ambas directivas están mencionadas en el Anexo 3 (Operaciones en el ámbito industrial) de LA DIRECTIVA DEL C.J.E N° 504/77 (Continuación de la ofensiva contra la subversión durante el período 1977/78), emitida por el E.M.G.E en Abril de 1977. Bajo el subtítulo donde se detallan las instrucciones de coordinación para operar en el ámbito industrial se explicita en el punto 4): "Para Cdo Z 1 el presente Anexo reemplazará a la Directiva 222/76 (Operación Piloto en el ámbito industrial)" y en el punto 5) "Si por la aplicación de las medidas ordenadas se produjeran reacciones de activistas y/o trabajadores que afectaren la producción o alteren el orden público, los Cdo Z ajustarán su proceder de acuerdo a lo expresado en la Directiva 226/76 (Apoyo a la actividad laboral)", Anexo 3, 8.

31. Basualdo y Jasinski, "La represión a los trabajadores...", 258.

32. Directiva 504/77, 2.

33. Directiva 504/77, 3 y 4. Al referirse al "método que resulte más conveniente" alude indirectamente a la habilitación de los grupos operativos de los Comandos de Zona de seguir utilizando las técnicas de secuestro, tortura, asesinato y desaparición de los cuerpos.

34. Tratándose de un práctica extendida, los y las trabajadoras denunciaron la existencia de listas negras tempranamente y en geografías disímiles, ver Arturo Fernández, *Las prácticas sociales del sindicalismo: 1976-1982* (Buenos Aires: Centro Editor de América Latina, 1985) y Pozzi, *Oposición obrera a la dictadura, 1976-1982*. Lo-

renz, en su trabajo *Algo parecido a la felicidad*, y Basualdo y Jasinski en "La represión a los trabajadores y el movimiento sindical, 1974-1983", muestran su existencia en la Zona Norte de GBA, y Dicósimo en "Indisciplina y consentimiento en la industria bonaerense durante la última dictadura militar. Los casos de Loma Negra Barker y Metalúrgica Tandil", *Sociohistórica* n.º 23-24 (2008): 13-37, en el interior de la Provincia de Buenos Aires, entre muchas otras investigaciones.

35. Directiva 504/77, 5 y 6.

36. Para un análisis de las etapas políticas de la dictadura se puede consultar Paula Canelo, *El proceso en su laberinto: la interna militar de Videla a Bignone* (Buenos Aires: Prometeo, 2008).

37. Directiva 504/77, 6 y 7.

38. Francisco Delich, "Después del diluvio, la clase obrera", en *Argentina, hoy, historia inmediata* (México: Siglo XXI Editores, 1982), 129-50.

39. Pozzi, *Oposición obrera a la dictadura, 1976-1982*.

40. Según Delich, la inmovilidad era debido a la ausencia de movilizaciones sindicales y/o obreras más allá de los conflictos que podían producirse en determinada fábrica o empresa. Esta observación finalmente se mostró mal informada, ya que desde 1977 se registran reclamos y acciones colectivas que atraviesan importantes sectores de la industria (Carminati en este mismo volumen). Más allá de eso, Delich pretendía marcar el contraste con las luchas obreras del período 1973-1975. Para una revisión de estas perspectivas se pueden leer los trabajos de Basualdo, Rodríguez y Barragán, *La clase trabajadora durante la última dictadura militar (1976-1983). Apuntes para una discusión sobre la resistencia obrera*, Memoria en las Aulas-Dossier nro. 13 (La Plata: Comisión Provincial por la Memoria, 2010) y Felipe Venero "Trabajadores y dictadura. Un balance crítico sobre la producción historiográfica", en *Clase obrera, sindicatos y Estado. Argentina (1955-2010)* (Buenos Aires: Imago Mundi, 2015), 129-47. Para estudios cuantitativos sobre la protesta obrera basados en fuentes periodísticas oficiales y clandestinas que fueron más allá de los específicos de cada empresa se pueden leer los trabajos de Gonzalo Leónidas Chaves, *Las luchas sindicales contra el Proceso, 1976-1980. Cinco años de resistencia* (Buenos Aires: Editorial La Causa, 1983) y Ricardo Falcón, "La resistencia obrera a la dictadura militar (una reescritura de un texto contemporáneo a los acontecimientos)", en *A veinte años del golpe: con memoria democrática*, ed. Hugo Quiroga y César Tcach Abad (Rosario: Homo Sapiens Ediciones, 1996).

41. Falcón, "La resistencia obrera a la dictadura militar...", 140-41.

42. La lista no es exhaustiva y solo indica la presencia de conflictos en las fábricas registrados en la prensa.

43. Testimonio de Alberto Felipe Maly, técnico electricista de la fábrica de Peugeot en Berazategui, 7 de julio de 2004 ante la Cámara Federal de Apelaciones

de La Plata, Juicios por la Verdad. Maly fue secuestrado por un grupo de tareas en 1977, estuvo detenido de forma ilegal en el Pozo de Quilmes, luego fue trasladado a la comisaría 3° de Lanús y finalmente puesto a disposición del Poder Ejecutivo en la Unidad Penal n° 9 de la ciudad de La Plata, permaneciendo en cautiverio hasta el 28 de septiembre de 1979. Al regresar en 1984, Maly dio su testimonio ante la CONADEP y el Juicio a las Juntas Militares. Allí relató cómo fue obligado, bajo amenaza de la vida propia y la de su familia, a tender una trampa a la esposa de su compañero de trabajo Eduardo Rosen, también desaparecido y asesinado. Además de Maly y Rosen, al menos dos obreros más de Peugeot, Jorge Guidi y alguien de apellido Piore, que reclamaron por la libertad de Maly, fueron secuestrados y desaparecidos. Cfr. *El Diario del Juicio*, Año I, n° 3, 11 de junio de 1985, 50. Buenos Aires: Editorial Perfil.

44. CPM-FONDO DIPPBA, tomo II, 38.

45. Maly, Alberto Felipe, "Técnico electricista de la fábrica de Peugeot en Berazategui, Testimonio del 7 de Julio de 2004 ante la Cámara Federal de Apelaciones de La Plata, Juicios por la Verdad", (La Plata, 2004). pp. s/n. http://www.desaparecidos.org/nuncamas/web/testimon/maly_20040707.htm

46. Jerónimo Pinedo, "Tramas y urdimbres: transformaciones de la acción colectiva popular en el sur del Gran Buenos Aires (1974-1989)" (tesis doctoral, Universidad de General Sarmiento e Instituto de Desarrollo Económico y Social, 2018), 77.

47. CPM-FONDO DIPPBA, tomo II, 47.

48. CPM-FONDO DIPPBA, tomo II, 48.

49. Decreto Ley sancionado por la dictadura en agosto de 1976, prohibía y penaba las medidas concertadas de acción directa, incluyendo el trabajo a desgano o los paros de brazos caídos.

50. Maly, Alberto Felipe, "Técnico electricista de la fábrica de Peugeot en Berazategui, Testimonio del 7 de Julio de 2004 ante la Cámara Federal de Apelaciones de La Plata, Juicios por la Verdad".

51. Centro Clandestino de Detención, Tortura y Exterminio (CCDTyE) y maternidad clandestina que funcionó en una dependencia de la Brigada de Investigaciones de la Policía de Quilmes, entre agosto de 1975 y enero de 1979. Formaba parte del circuito represivo comandado por el General Ramón Camps.

52. Maly, Alberto Felipe, "Técnico electricista de la fábrica de Peugeot en Berazategui, Testimonio del 7 de Julio de 2004 ante la Cámara Federal de Apelaciones de La Plata, Juicios por la Verdad".

53. En 1975 el índice de precios al consumidor saltó al 182,8% en su variación anual con respecto al 24,2% alcanzado en 1974, pero en 1976 superó el doble con respecto a 1975 llegando al 444%, luego bajó para mantenerse cerca del nivel de 1975, en 1977 la variación anual fue de 176% y en 1978 de 175,5%. En promedio la in-

flación se mantuvo en el 150%, muy por encima del 60% que había promediado en la década anterior según Orlando Ferreres, *Dos siglos de economía Argentina* (Buenos Aires: El Ateneo, 2010), 565.

54. La fijación de los salarios fue el instrumento central de Martínez de Hoz para controlar la inflación, no obstante, el nivel deliberadamente bajo de los salarios no alcanzó a disminuir la inflación por debajo del 150%. Ver Mario Rapoport, "Una revisión histórica de la inflación argentina y sus causas. Aportes de Economía Política en el Bicentenario de la Revolución de Mayo, mimeo", 2010, 10, http://www.mariorapoport.com.ar/uploadsarchivos/la_inflacio__n_en_pdf.pdf.

55. Estadísticas de resistencias en el lugar de trabajo presentadas y analizadas por Ricardo Falcón. Falcón, "La resistencia obrera...)", 126 y 129.

56. Daniel Oscar Dicósimo, "La oposición de los trabajadores al disciplinamiento productivo durante la última dictadura militar. Una reflexión conceptual", *páginas. Revista Digital de la Escuela de Historia de Rosario* n.° 1 (2008): 52.

57. Al mismo tiempo que se deprimía el mercado interno, las exportaciones de vehículos y partes (realizadas por las terminales), que habían saltado de 10 a 131 millones de dólares entre 1970 y 1974, oscilaron hasta llegar a 142 millones en 1977; luego, cayeron a 51 millones. General Motors, Peugeot, Citroën y Chrysler decidieron vender sus licencias y equipamientos a grupos empresarios locales aprovechando que el atraso cambiario les posibilitaba cederlas por un buen precio. Ver Jorge Schvarzer, *La industria que supimos conseguir* (Buenos Aires: Planeta, 1996), 301.

58. Tomando como base 100 el nivel de salario industrial de 1974, este cayó a 96,6 en 1975, 65,0 en 1976, 64,1 en 1977, y 63,2 en 1978 (ver Daniel Azpiazu, Eduardo M. Basualdo, y Miguel Khavisse, *El nuevo poder económico en la Argentina de los años 80*, Economía política argentina (Buenos Aires: Siglo XXI Argentina, 2004), 96. A valores de pesos del año 2009, el índice de salario industrial cayó desde los 4.021,66 pesos en 1975 a 2.634,32 en 1976, para no recuperar nunca más los niveles alcanzados en el período anterior. En 1977 el salario industrial promedio se compara con 2.513,34 y 1978 será el nivel más bajo de toda la serie llegando a 2.462 pesos. Y lo que es históricamente relevante, a partir de aquí se produce un quiebre regresivo en las tendencias seculares de la economía con respecto a la caída continua del salario real. Ferreres, *Dos siglos de economía Argentina*, 582.

59. Dicósimo, "La oposición de los trabajadores..."; e "Indisciplina y consentimiento...".

60. CPM, FONDO DIPPBA, tomo III, 44-81.

61. Censo Nacional de Población (CNP-1980) y Censo Nacional Económico (CNE-1985).

62. Pinedo, "Tramas y urdimbres: transformaciones de la acción colectiva po-

pular en el sur del Gran Buenos Aires (1974-1989)" (tesis doctoral, Universidad de General Sarmiento e Instituto de Desarrollo Económico y Social, 2018).

63. Delich, "Después del diluvio, la clase obrera"; Juan Villarreal, "Los hilos sociales del poder", en *Crisis de la dictadura argentina: política económica y cambio social, 1976-1983*, ed. Eduardo Jozami, Pedro Paz, y Juan Villarreal (Buenos Aires: Siglo XXI Editores, 1985), 201-83.

64. Milton Santos, *A naturaleza do espaço. Técnica e Tempo. Razão e Emoção* (San Pablo: Hucitec, 1996), 48.

65. Silver, *Fuerzas de trabajo*.

Bibliografía

Águila, Gabriela. "Represión y terror de Estado en la Argentina reciente: nuevos abordajes y perspectivas de análisis". *Ayer* 107, n.o 3 (2017): 47-71.

Azpiazu, Daniel, Eduardo M. Basualdo, y Miguel Khavisse. *El nuevo poder económico en la Argentina de los años 80. Economía política argentina*. Buenos Aires: Siglo XXI, 2004.

Basualdo, Victoria. *Labor and Structural Change: Shop-floor Organization and Militancy in Argentine Industrial Factories (1943-1983)*. Tesis doctoral. Columbia University, 2010.

———. "Militancia y organización obrera de base durante la primera mitad de los años setenta: una aproximación desde la historia oral al caso de Alpargatas en Florencio Varela". En *Historia reciente, género y clase trabajadora*, editado por Karin Grammático, Mariela Marini, y Wanda Wechsler. Buenos Aires: Imago Mundi, 2018.

Basualdo, Victoria, y Alejandro Jasinski. "La represión a los trabajadores y el movimiento sindical, 1974-1983". En *Represión estatal y violencia paraestatal en la historia argentina reciente*, editado por Gabriela Águila, Santiago Garaño, y Pablo Scatizza, 237-68. La Plata: Universidad Nacional de La Plata, 2016. http://sedici.unlp.edu.ar/handle/10915/52481.

Basualdo, Victoria, y Florencia Rodríguez e Ivonne Barragán. *La clase trabajadora durante la última dictadura militar argentina (1976-1983)*. Memoria en las aulas, Dossier n°13. Buenos Aires: Comisión Provincial por la Memoria, 2013.

Canelo, Paula. *El proceso en su laberinto: la interna militar de Videla a Bignone*. Buenos Aires: Prometeo, 2008.

Chaves, Gonzalo Leónidas. *Las luchas sindicales contra el Proceso, 1976-1980. Cinco años de resistencia*. Buenos Aires: Editorial La Causa, 1983.

———. *Rebelde acontecer: relatos de la resistencia peronista*. Buenos Aires: Colihue, 2015.

Chiarini, Sebastián, y Rosa Elsa Portugueis, eds. *Plan Conintes. Represión política y sindical*. Buenos Aires: Ministerio de Justicia y Derechos Humanos de la Nación, Secretaría de Derechos Humanos, Archivo Nacional de la Memoria, 2014.

Delich, Francisco. "Después del diluvio, la clase obrera". En *Argentina, hoy*, 129-50. México: Siglo XXI Editores, 1982.

Dicósimo, Daniel. "Indisciplina y consentimiento en la industria bonaerense durante la última dictadura militar. Los casos de Loma Negra Barker y Metalúrgica Tandil". *Sociohistórica* no. 23-24 (2008): 13-37.

———. "La oposición de los trabajadores al disciplinamiento productivo durante la última dictadura militar. Una reflexión conceptual". *páginas. Revista Digital de la Escuela de Historia de Rosario* no. 1 (2008): 17.

———. "Represión estatal, violencia y relaciones laborales durante la última dictadura militar en la Argentina". *Contenciosa* no. 1 (2013).

Elias, Norbert. *La civilización de los padres y otros ensayos*. Bogotá: Norma, 1998.

Falcón, Ricardo. "La resistencia obrera a la dictadura militar (una reescritura de un texto contemporáneo a los acontecimientos)". En *A veinte años del golpe: con memoria democrática*, editado por Hugo Quiroga y César Tcach Abad. Rosario: Homo Sapiens Ediciones, 1996.

Fernández, Arturo. *Las prácticas sociales del sindicalismo: 1976-1982*. Buenos Aires: Centro Editor de América Latina, 1985.

Ferreres, Orlando. *Dos siglos de economía Argentina*. Buenos Aires: El Ateneo, 2010.

Lenci, Laura. "Violencia política y terrorismo de Estado, 1955-1983". En *Historia de la provincia de Buenos Aires. Tomo V: Del primer peronismo a la crisis del 2001*, editado por Osvaldo Barreneche. CABA-Gonnet: Unipe-Edhasa, 2015.

Lorenz, Federico. *Algo parecido a la felicidad: una historia de la lucha de la clase trabajadora durante la década del setenta [1973-1978]*. Ensayo. Buenos Aires: Edhasa, 2013.

Pinedo, Jerónimo. "Tramas y urdimbres: transformaciones de la acción colectiva popular en el sur del Gran Buenos Aires (1974-1989)". Tesis doctoral. Universidad de General Sarmiento e Instituto de Desarrollo Económico y Social, 2018.

Pontoriero, Esteban Damián. "De la guerra (contrainsurgente): la formación de la doctrina antisubversiva del Ejército argentino (1955-1976)". En *Represión estatal y violencia paraestatal en la historia argentina reciente*, editado por Gabriela Águila, Santiago Garaño, y Pablo Scatizza, 44-68. La Plata: Universidad Nacional de La Plata, 2016. http://sedici.unlp.edu.ar/handle/10915/52481.

Pozzi, Pablo. *Oposición obrera a la dictadura, 1976-1982*. Buenos Aires: Editorial Contrapunto, 1988.

Rapoport, Mario. "Una revisión histórica de la inflación argentina y sus causas,

Aportes de Economía Política en el Bicentenario de la Revolución de Mayo, mimeo", 2010. http://www.mariorapoport.com.ar/uploadsarchivos/la_inflacio__n_en_pdf.pdf.

Santos, Milton. *A naturaleza do espaço. Técnica e Tempo. Razão e Emoção*. San Pablo: Hucitec, 1996.

Schvarzer, Jorge. *La industria que supimos conseguir*. Buenos Aires: Planeta, 1996.

Silver, Beverly J. *Fuerzas de trabajo: los movimientos obreros y la globalización desde 1870*. Tres Cantos, Madrid: Akal Ediciones, 2005.

Simmel, Georg. *Estudios sobre las formas de socialización*. Madrid: Alianza, 1991.

Venero, Felipe. "Trabajadores y dictadura. Un balance crítico sobre la producción historiográfica". En *Clase obrera, sindicatos y Estado. Argentina (1955-2010)*, editado por Alejandro Schneider y Pablo Ghigliani, 129-47. Buenos Aires: Imago Mundi, 2015.

Villarreal, Juan. "Los hilos sociales del poder". En *Crisis de la dictadura argentina: política económica y cambio social, 1976-1983*, editado por Eduardo Jozami, Pedro Paz, y Juan Villarreal, 201-83. Buenos Aires: Siglo XXI Editores, 1985.

Wolf, Eric R. *Figurar el poder. Ideologías de dominación y crisis*. México: CIESAS, 2001.

Wright, Erik Olin. "Working-class Power, Capitalist-Class Interests, and Class Compromise". *American Journal of Sociology* vol. 105, no. 4 (jan. 2000): 957-1002.

Zorzoli, Luciana. "La normativa sindical entre la dictadura y el alfonsinismo, propuesta de sistematización". En *Clase obrera, sindicatos y Estado. Argentina (1955-2010)*, editado por Alejandro Schneider y Pablo Ghigliani, 147-69. Buenos Aires: Imago Mundi, 2015.

Fuentes

BSMPM. 1979. Volante del Bloque Sindical del Movimiento Peronista Montonero, Archivo Personal de Gonzalo Leónidas Chaves.

Censo Nacional de Población (CNP-1980) y Censo Nacional Económico (CNE-1985).

Daniel Cadabón, *Fábricas militarizadas: de Rigolleau a Kraft-Terrabusi*, 26 de octubre de 2009, sitio web del PCT (Partido Comunista de los Trabajadores). http://www.angaunoticias.com.ar.

Documentos del Estado terrorista. Directiva del Comandante General del Ejército N° 404/75 (Lucha contra la subversión). Plan del Ejército (Contribuyente al Plan de Seguridad Nacional), compilado por Rosa Elsa Portugueis. 2012. Buenos Aires: Ministerio de Justicia y Derechos Humanos de la Nación, Secretaría de Derechos Humanos.

CPM-FONDO DIPBA, División Central de Documentación, Registro y Archivo, Mesa B, Factor Gremial, Carpeta 18 bis, Legajo 14 "Asunto: Safrar Peugeot", Tomo II.

CPM-FONDO DIPBA, División Central de Documentación, Registro y Archivo, Mesa B, Factor Gremial, Carpeta 18 bis, Legajo 14 "Asunto: Safrar Peugeot", Tomo III.

El Diario del Juicio, Año I, n° 3, 11 de junio de 1985. Buenos Aires: Editorial Perfil.

Viola Roberto Eduardo, Cdo J EJ (EMGE- Jef III Op), Directiva 504/77 (Continuación de la ofensiva contra la subversión durante el período 1977/1978), Anexo 3 (operaciones en el ámbito industrial), 20 de abril de 1977.

Directiva Secreta 405/76, Buenos Aires, 211800 May 76, Roberto Eduardo Viola, General de División, Jefe del EMGE.

Orden Parcial 405/76 "Reestructuración de jurisdicciones para intensificar las operaciones...".

Testimonio de Alberto Felipe Maly, técnico electricista de la fábrica de Peugeot en Berazategui, 7 de julio de 2004 ante la Cámara Federal de Apelaciones de La Plata, "Juicios por la Verdad".

CAPÍTULO 9

Los dirigentes sindicales y la última dictadura. Entre "interlocutores válidos" y "curadores" del patrimonio gremial

Daniel Dicósimo
UNIVERSIDAD NACIONAL DEL CENTRO

Introducción

ES COMÚN PRESUPONER QUE durante el "Proceso de Reorganización Nacional" los dirigentes de las seccionales de sindicatos nacionales se comportaron frente a los empresarios y el Estado según un continuum de actitudes que iría desde la representación tolerada por la dictadura, esto es, como "interlocutores válidos", a la pasividad resignada, o sea como simples administradores de las obras sociales y el patrimonio de las sedes gremiales. En nuestro estudio de las seccionales de la UOM Tandil y de AOMA Barker pudimos corroborar que este preconcepto parece corresponder a la realidad histórica.[1]

Pero, ¿por qué fue así? Tratándose de dos sindicatos que habían sido poderosos y a su manera combativos antes del golpe de Estado de 1976, cabe buscar explicaciones. La violencia estatal y paraestatal que se abatió sobre ellos es una razón importante, pero no la única, sobre todo en estos casos en que las izquierdas no habían conquistado posiciones significativas en su interior y por lo tanto la represión no se cobró un número decisivo de víctimas entre dirigentes, delegados y activistas. Otra razón para tener en cuenta es el impacto que tuvo el cambio de régimen político sobre los "recursos sindicales", entendidos como los recursos políticos, industriales y organizativos, quitándoles el peso y la densidad que habían tenido y que habían permitido a los sindicatos ejercer un gran poder de presión sobre los empresarios y el Estado.[2]

Estas variables no fueron las únicas que influyeron negativamente sobre las acciones externas de los gremios, la moderación de las mismas no se entiende acabadamente si no consideramos la relación entre ellas y la dinámica interna de la organización, lo que Santiago Duhalde llama "la política articulatoria interna", entendiendo por esto "que el establecimiento de las acciones externas de un sindicato debe ser considerado como el resultado de las contradicciones inscriptas en la estructura misma de la entidad gremial".[3] En este capítulo nos centraremos en la dinámica interna de la UOM Tandil y AOMA Barker y su relación con las acciones externas, teniendo como ejes la crisis de la representación sindical, la relación entre dirigentes seccionales y delegados de fábrica, y la tensión entre representación y representatividad.

La dinámica interna sindical y las acciones externas en un contexto de disciplinamiento laboral: la crisis de la representación sindical

En el caso del sindicato metalúrgico, la actividad reivindicativa a nivel nacional se paralizó como efecto de la coacción estatal y la aplicación de una legislación laboral y sindical regresiva, que afectaban a todo el movimiento sindical, pero en particular por la intervención de sus órganos administrativos nacionales. La seccional Tandil no fue una excepción. Su Comisión Directiva quedó reducida a solo dos miembros, el secretario general y el adjunto, y la red de comisiones internas y delegados que unía al sindicato con las fábricas de la ciudad fue desarticulada.

El 22 de marzo de 1976, la incertidumbre y el malestar que generaban entre los trabajadores las suspensiones y el atraso del pago de las quincenas se expresaron en una movilización de 1.200 obreros, que ocupó el sindicato y presionó al secretario general para que renunciara. Lo acusaron de no presionar a las empresas para que liquidaran correctamente el aumento salarial de enero y de deslealtad con los operarios que habían reclamado un régimen especial por la insalubridad en la principal fundidora, Metalúrgica Tandil; el día siguiente, 23 de marzo, el Congreso de Delegados aceptó su renuncia por mayoría. La intervención militar de la UOM lo confirmó en su cargo unos días después y las empresas lo convocaron como representante gremial en cada conflicto del período.

Las empresas locales reconocieron de buena gana a los dos secretarios como representantes de los trabajadores, y los convocaron para resolver problemas que afectaban a la producción. Cuando en los primeros meses de 1978 cayó bruscamente la demanda de autopartes provenientes de las terminales automotrices y la empresa se vio obligada a reducir la semana de trabajo de 45 a 32 horas, obtuvo del sindicato local un acuerdo para pagar solo un 75% de los jornales caídos, agradeciendo a sus dirigentes "el alto espíritu de comprensión y colaboración" que habían manifestado.[4]

A partir de este caso, y no descartamos que haya habido otros que no quedaron registrados, puede comprenderse qué significaba para los sindicalistas y los empresarios el papel del "interlocutor válido". Entre los meses de marzo y diciembre de 1976, estos últimos habían eliminado a la Comisión Interna y los delegados más activos de la planta a través del retiro voluntario, pero ese "vacío" no les garantizaba libertad absoluta para imponer su autoridad en materia de condiciones de trabajo. En efecto, durante 1977 Metalúrgica Tandil había intentado suprimir las pausas reglamentarias para el descanso en la sección de fusión, pero los trabajadores reaccionaron con una demanda judicial en el Tribunal del Trabajo y las repercusiones públicas del conflicto causó cierto malestar en el Comando de la 1º Brigada de Caballería Blindada asentada en Tandil, por lo cual la empresa se vio obligada a retroceder.[5]

La iniciativa de convocar al sindicato obedecía, por lo que se puede apreciar, a la necesidad de construir cierto consenso con el plantel obrero respecto a las directivas mediante la negociación, que incluía la concesión de algunos beneficios económicos, y de legitimar la aplicación de las mismas, evitando o moderando las tensiones y el rechazo que pudieran generar. No todos los dirigentes estaban calificados, desde el punto de vista empresario, para desempeñar ese rol; en este caso, el secretario general tenía a su favor una trayectoria y unos antecedentes reconocidos por el Directorio y, en consecuencia, por las fuerzas del orden.[6]

No obstante, hay otros elementos, además del perfil del secretario general, que nos permiten interpretar porqué la actuación de la seccional fue moderada y conciliadora en los conflictos que pronto surgirían. El sindicato, a nuestro entender, estaba condicionado en su accionar reivindicativo por una combinación de factores, como la división de la conducción gremial y política de la UOM, el alineamiento político de la mayoría de la misma con el gobierno militar y la reducción de los recursos financieros que sostenían los servicios sociales. Haremos una breve descripción de los mismos.

Marginado Lorenzo Miguel de la conducción,[7] una veintena de líderes seccionales dirigidos por Luis Guerrero (Avellaneda) intentó alinear el sindicato en la Comisión Nacional del Trabajo (CNT), un nucleamiento de perfil "participacionista", pero las filiales restantes optaron por integrarse en el agrupamiento peronista más combativo, la Comisión Nacional de los 25 (CN 25).[8] La seccional Tandil tomó partido por la primera facción, lo que en parte explica la actitud moderada, "responsable" y conciliadora que tendrá hacia la patronal en los conflictos laborales ocurridos en Metalúrgica Tandil entre 1978 y 1980.

Otro factor que condicionaba al sindicato era la disminución de los recursos financieros, provenientes de la cuota sindical y los aportes patronales, que mantenían funcionando tanto a la burocracia administrativa como al sistema de salud y servicios sociales. La dramática caída del volumen físico de producción que afectó al sector metalmecánico a partir del segundo semestre de 1978, consecuencia del estímulo que recibieron las importaciones de manufacturas al liberarse el tipo de cambio, repercutía sobre la Obra Social metalúrgica no solo por el aumento del desempleo y la pérdida de afiliados, sino también por la caída o el retraso de los aportes y contribuciones patronales.

La UOM optó por la vía del reclamo judicial para recuperar los aportes y contribuciones caídas, y las autoridades de las seccionales presentaron las demandas respectivas ante los Tribunales del Trabajo. En el tribunal local hay un registro de los esfuerzos que hizo la seccional Tandil, en particular desde 1978, para recuperar esos ingresos.[9] La mayoría de esas demandas judiciales tuvieron como destinatarias a pequeñas y medianas empresas metalúrgicas, la fracción del sector metalmecánico local más afectada por la apertura de las importaciones. La situación era tan crítica que el pago de las deudas acreditadas por el tribunal se retrasó, en algunos casos, de tres a seis años después de resuelto el juicio; y frecuentemente las autoridades judiciales debieron amenazar con el embargo preventivo de bienes, para que los propietarios comparecieran en las audiencias o cumplieran los acuerdos que habían establecido con el sindicato.

Más allá de la magnitud de la crisis, el retraso era en algunos casos la expresión de una vieja práctica empresaria de apropiación de las contribuciones sociales, alentada ahora por las circunstancias de coacción estatal y parálisis sindical: algunos empleadores habían retenido el aporte obrero a la obra social y la cuota sindical, sin depositarlo a posteriori en la cuenta bancaria de la UOM, una práctica notoria a partir del mes inmediatamente posterior al golpe de Estado. A partir de la intervención del tribunal de justicia, y previo acuerdo transaccional, la mayoría de las deudas fueron saldadas. Sin embargo, lo importante de esta información es que nos revela que las grandes empresas locales, como Metalúrgica Tandil, no estaban entre los deudores del sindicato y que fueron una valiosa fuente de recursos en una época de caídas y retrasos de los aportes patronales. Es probable que su conservación haya sido un objetivo prioritario de las autoridades sindicales, justificando la moderación que manifestaron durante los conflictos del período.

En el caso de la seccional Barker de AOMA, la crisis de su representación proviene de factores generales, que también afectaban a la UOM, como la coacción estatal, y de otros específicos, como el desconocimiento de esa representación por parte de la empresa y la reducción de su padrón de afiliados. La amenaza de las fuerzas de seguridad tuvo un impacto social y psicológico mayor en Barker y Villa Cacique que en Tandil, debido al reducido espacio urbano en que estaban concentrados los trabajadores y sus familias, y a que el ejército intervino al mismo tiempo en la actividad gremial, en el lugar de trabajo y en las viviendas obreras. La paralización que causó el operativo militar realizado el mismo día del golpe de Estado fue reforzada por la "limpieza", a través de retiros voluntarios, de los delegados de fábrica que se habían mostrado más activos durante el período anterior al 24 de marzo, dando origen a una "cultura del miedo" que no desaparecería por mucho tiempo.

También aquí la Comisión Directiva fue reducida de facto y recibió la orden de las autoridades militares de limitarse a la administración de la obra social, aunque AOMA no había sido intervenida.[10] Como consecuencia de ello se interrumpieron casi todas las actividades reivindicativas en la seccional, entre el 24 de marzo de 1976 y el mismo mes de 1977, predominando las actividades mutuales y la rutina administrativa. A pesar de ello, y a diferencia de la UOM Tandil, los dirigentes que habían sobrevivido a la "purga" inicial se convirtieron en blanco de las presiones de la empresa, que resultaron en el despido o el retiro voluntario de ocho sobre veinte de ellos entre junio de 1976 y julio de 1981. Lo significativo de esa "limpieza" es que no distinguió entre quienes habían manifestado posturas gremiales duras y un discurso "obrerista" y quienes se habían mostrado contemporizadores con la empresa.

Loma Negra aprovechó ese balance de fuerzas favorable para marginar al sindicato a un lugar irrelevante de las relaciones laborales y sociales, con actitudes como la de no permitirle participar de la adjudicación de viviendas para las familias obreras (un elemento clave de las prácticas empresarias paternalistas hacia su personal), no consultarlo sobre las directivas que afectaban al plantel obrero o rechazar, incluso ante la Justicia Laboral, la pertinencia de la representación gremial en su planta. Loma Negra no retenía la cuota sindical de los salarios de sus trabajadores ni admitía la prórroga de mandato de los dirigentes de AOMA Barker, conque el Ministerio de Trabajo de la Nación los había beneficiado a partir del 9 de agosto de 1978, argumentando que no tenía ninguna vigencia práctica ya que la actividad gremial había sido suspendida después del golpe de Estado. Por lo tanto, la empresa justificó el despido del secretario general, en 1981, afirmando que "ya no era un dirigente gremial, era solo un curador de los bienes del gremio, que no tenía estabilidad...".[11]

Por último, la representación fue menoscabada, esta vez por una vía indirecta, cuando dos sectores importantes del plantel laboral fueron separados del padrón sindical. En 1977 la empresa separó a los empleados administrativos, una de las secciones más numerosas de la fábrica, del convenio colectivo que los había reunido con los obreros y los ubicó en otro junto a los capataces, encargados de sección e ingenieros. Y en 1980, como parte de un programa de tercerización del mantenimiento de la planta de Barker, la firma desmanteló las secciones de servicios y alentó a su personal a formar pequeñas empresas independientes para ocuparse de los mismos; por lo tanto, los obreros y capataces de esas secciones cambiaron su relación de dependencia salarial con la firma y cancelaron su afiliación a AOMA.[12]

Los "interlocutores válidos" y los conflictos laborales

Las potencialidades y los límites de los dirigentes sindicales como "interlocutores válidos" de las empresas se pusieron de manifiesto en los conflictos laborales que sucedieron durante el Proceso. En el caso de la industria de Tandil, durante los primeros días de agosto de 1978, unos 148 trabajadores de la sección noyería de Metalúrgica Tandil rechazaron la derogación del régimen especial de seis horas, que la empresa fundamentaba en una pericia técnica realizada en 1977, y decidieron parar la producción de noyos por tiempo indeterminado.[13] El secretario general de la UOM local apoyó el rechazo del nuevo horario pero no la forma, porque perjudicaba a las otras secciones de producción, y recomendó que cumplieran solo las seis horas de trabajo vigentes hasta el cambio, pero no fue escuchado por los noyeros. Al cabo de una semana de paro, la mayoría de ellos aceptó el nuevo horario a cambio de un aumento salarial del 20%. Un grupo de veinticinco operarios que no aceptó la oferta fueron despedidos, entre el 16 y el 27 de enero de 1978, por "inadaptación" al nuevo régimen laboral.[14]

El dirigente seccional fue convocado por la misma empresa en marzo de 1979, cuando un pedido de incremento salarial provocó un paro en toda la planta, incluidos los empleados administrativos. Unos 435 obreros y empleados decidieron en una asamblea parar dos horas y elegir una comisión de tres representantes para negociar con la Gerencia General. En esa reunión, que no llegaría a un acuerdo, el dirigente gremial apoyó una propuesta empresaria alternativa y recomendó a los delegados que la aceptaran porque existía el riesgo de atraer la represión del ejército. Según varias fuentes, él había sido llamado al Comando de la 1° Brigada de Caballería Blindada y amenazado por algunos de los oficiales allí presentes con "triturarle los huesos" si no paraba el conflicto.[15]

Este se prolongó durante diez días, en los cuales hubo alrededor de 33 despedidos, hasta que las partes acordaron un incremento salarial satisfactorio, un préstamo y la reincorporación de los despedidos. En esa última negociación, el dirigente sindical planteó la oferta empresaria ante el delegado de los huelguistas y aseguró que la empresa tenía la "mejor predisposición al diálogo para encontrar una salida a esa gravísima situación". Es interesante observar que su papel en esta ocasión se había desplazado de "interlocutor válido" o "delegado de los obreros", representado en el conflicto de 1978, a mediador entre la firma y los delegados de los trabajadores en paro.

Un nuevo paro se realizó, entre marzo y abril de 1980, motivado por la decisión de Metalúrgica Tandil de prolongar la jornada laboral de 8 a 9 horas. El secretario general y los delegados "provisorios", que habían sido elegidos por secciones, colaboraron por primera vez en la organización de la medida de fuerza que, siguiendo su consejo, consistió en desobedecer el nuevo horario y cumplir solo 8 horas de trabajo. Para complementar la medida, el dirigente denunció en el Ministerio de Trabajo que la empresa había usado su facultad de dirección de modo "irracional", porque el cambio de horario alteraba modalidades esenciales y tradicionales del contrato de trabajo, exponiendo a los operarios a un esfuerzo físico sobrehumano.[16]

La actitud intransigente de la empresa, que inició una serie de despidos y anunció que reasignaría tareas, y el fracaso de su gestión ante el Ministerio de Trabajo, convencieron al secretario general de adoptar una estrategia conciliatoria, que implicaba suspender la medida de fuerza para facilitar la reincorporación de los despedidos. En ese punto terminó la colaboración entre el sindicato y los "delegados provisorios", estos mantuvieron la medida de fuerza mientras la UOM concentraba sus esfuerzos en convencer a los trabajadores de que levantaran el quite de colaboración, como se había comprometido con la empresa, y en la reincorporación de los despedidos.[17]

La situación dio un giro cuando la voluntad de resistencia de los trabajadores se agotó y un grupo de ellos solicitó, en una asamblea en el sindicato, que su dirigente buscara una solución negociada al conflicto. Este recuperó su posición de "delegado obrero" y de "interlocutor válido" ante la empresa, consiguiendo primero que aquéllos levantaran el paro y luego que la gerencia hiciera algunas concesiones salariales y una serie de promesas respecto a reincorporar algunos cesantes, introducir mejoras en el comedor de la planta y estudiar cuáles eran las tareas "de mayor esfuerzo". En algunas fuentes consta el corto alcance de esas soluciones: el incremento del 25% sobre los jornales fueron absorbidas por la inflación y la promesa de reincorporar a una parte de los despedidos tenía como contrapartida que los "beneficiados" perderían la antigüedad que habían sumado antes del conflicto.[18]

A diferencia de la industria metalúrgica de Tandil, en Loma Negra Barker los protagonistas excluyentes de la oposición a las directivas empresarias durante este período fueron los dirigentes de AOMA. En efecto, estos expresaron su desacuerdo respecto a una serie de cambios en las condiciones de trabajo y en las relaciones contractuales, y su resistencia a los ataques contra la organización sindical, pero sin el apoyo de los trabajadores que seguían siendo sus afiliados. Además de los cambios que ya mencionamos están la introducción de un tercer turno de trabajo y la desactivación de la guardia médica que funcionaba en la planta.

Ante casi todos ellos manifestaron formal o informalmente su oposición, como lo habían hecho antes del golpe de Estado, aunque ahora la relación de fuerzas había cambiado sustancialmente en su contra. A pesar de ello, en 1977 denunciaron la desactivación de la guardia médica en la delegación Tandil del Ministerio de Trabajo, por violar la ley 19.587 de Higiene y Seguridad. Estaban literalmente solos ante el poder de la empresa, su desacuerdo por la reubicación de los empleados administrativos fue desalentado por las autoridades nacionales del sindicato, que les advirtieron que "no podían poner ni siquiera un comunicado alertando a los compañeros".[19] Aquí vale una acotación sobre el significado de esta directiva de la central minera. La conducción de AOMA pasó en poco tiempo, después del golpe de Estado de 1976, de una posición "de avanzada y combativa" a otra en la que predomina la abstención reivindicativa, que se prolongará un año aproximadamente.[20] Este cambio de actitud es una adaptación a las nuevas relaciones de fuerza en el sector de la minería, donde el complejo militar-industrial era importante, y de la elaboración del cemento, en el cual las empresas habían recuperado la autoridad sobre los lugares de trabajo.

En marzo de 1977 AOMA se unió a otros sindicatos medianos, como aguas gaseosas, alimentación, estatales, telegrafistas y otros, que habían permanecido en una segunda línea del movimiento obrero y en su mayoría no estaban intervenidos. Su propósito era aunar esfuerzos para defender sus organizaciones y, al mismo tiempo, reclamar al gobierno militar aumentos de salarios, libertad para los detenidos sin causas, derogación de las leyes anti-sindicales y normalización de las organizaciones intervenidas y de las obras sociales. Ese grupo de sindicatos constituirá la Comisión Nacional de los 25 (CN 25), el núcleo más duro del sindicalismo peronista del período, aunque durante 1977 se limitó a la puja salarial y la defensa de las mismas organizaciones.

En ese marco puede entenderse que AOMA sostuviera un perfil bajo. Por ejemplo, en junio de ese año los dirigentes de Barker denunciaron ante el Ministerio de Trabajo y el Secretariado Nacional del sindicato minero que Loma Negra había despedido sin justa causa a miembros de la Comisión Directiva, delegados de sección y "algunos compañeros más". Los directivos nacionales se entrevistaron con un representante del grupo Loma Negra quien no solo confirmó los despidos, sino que aclaró que la mayoría habían sido "retiros voluntarios" y agregó que "en adelante no tomarían esas medidas sin justificación".[21] Aunque era evidente que la única causa de los despidos consistía en deshacerse de miembros de la organización sindical, considerados por la empresa como "elementos perturbadores", el Secretariado Nacional no hizo nada por obtener su reincorporación.

En los primeros días de 1978, la situación pareció dar un vuelco favorable para los dirigentes locales, como consecuencia de la entrevista que sostuvieron la conducción de la CN 25, entre quienes estaba el dirigente de AOMA, Carlos Cabrera, y el ministro de trabajo, el general Liendo. La misma era indicio del comienzo de un diálogo a través del cual las partes buscaban objetivos que no eran necesariamente compatibles entre sí. El agrupamiento sindical pretendía respuestas, mediante el tradicional recurso peronista de la apelación al Estado, a un tríptico de demandas: negociación colectiva, normalización de los sindicatos intervenidos y libertad a los detenidos sin proceso.[22] Por su parte, el ministro quería constituir un "interlocutor válido" en su relación con el mundo laboral, adoptando a la CN 25 como un representante legítimo y moderado de los trabajadores. Para ello estaba dispuesto a otorgarle una serie de privilegios, como negociar directamente con él la conformación de la delegación nacional a la asamblea de la OIT de ese año y cierto apoyo de los funcionarios de su área, incluidos los interventores en la CGT, en su relación con las empresas.

Este cambio parece haber alentado a los dirigentes de AOMA Barker en sus reclamos. Ya en enero de 1978 volvieron a denunciar en el Ministerio de Trabajo que la empresa había levantado la guardia médica de la planta y en marzo hicieron lo mismo con el despido de tres de los miembros de la Comisión Directiva.[23] Argumentaron que se trataba de despidos encubiertos, injustificados y abusivos, e iniciaron una demanda ante la justicia laboral por violación del fuero sindical y reclamando la "doble indemnización".[24] En esta misma época se registraron algunos efectos favorables del diálogo entre la CN 25 y Liendo, como la liberación, gracias a gestiones del ministro, del secretario general de AOMA Tandil, quien había sido detenido por el ejército debido a una supuesta filiación comunista, y la prórroga del mandato de los dirigentes de Barker.[25]

Menos palpables fueron los resultados de las denuncias ante el Ministerio de Trabajo, que Loma Negra recibió con su habitual indiferencia, en virtud de lo cual sus autores decidieron buscar interlocutores en otros espacios institucionales. Recomendados y acompañados por el interventor de la CGT delegación Tandil fueron recibidos en la ciudad de Buenos Aires, en abril de 1978, por autoridades nacionales de la intervención —un coronel del ejército que estaba "encargado del sector laboral" de la región central de la provincia. Allí repitieron los reclamos por "los abusos de la empresa y la ineficacia de las autoridades locales del Ministerio de Trabajo", y recibieron del oficial "amplias facultades" para denunciar los "hechos anormales" dentro de la planta de Barker.[26] A su regreso, entusiasmados por lo que creían sería beneficioso para la organización y para "salvaguardar al obrero de la planta y darle seguridad de mantener el trabajo con garantías", elaboraron un informe sobre la situación laboral en Loma Negra y lo elevaron a la CGT Tandil.

Poco después, iniciaron gestiones para entrevistarse con el mayor Roque Ítalo Papalardo, oficial encargado del área de Inteligencia del Comando de la 1ª Brigada de Caballería Blindada, quien según les habían informado tenía "estrecha relación laboral en lo que concierne al Ministerio de Trabajo y a los gremios".²⁷ Que los dirigentes de AOMA Barker no titubearan en entrevistarse con él, a pesar de su siniestra fama en el mundo sindical, nos indica hasta qué punto confiaban en la validez del diálogo con el ministro Liendo y en las oportunidades que abría. Para ponderar el clima optimista que se vivía en abril de 1978 cabe comparar estas iniciativas y la actitud temerosa que los mismos dirigentes habían demostrado entre 1976 y 1977. Las fuentes escritas no han registrado los pormenores de la reunión con el militar ni del envío del informe sobre Loma Negra a la CGT. Sabemos que esas iniciativas no tuvieron los resultados esperados: los dos miembros de la Comisión Directiva fueron despedidos entre mayo y agosto, y el secretario general en julio de 1981.

Tensión entre representación y representatividad sindical

Al ser convocado por Metalúrgica Tandil como "delegado de los obreros", en ocasión de acordar una reducción de la semana de trabajo (1978), el secretario de la UOM Tandil recuperaba el reconocimiento de su papel de representante de los trabajadores de esa empresa. No obstante, es necesario señalar que su representación tenía un carácter "automático", es decir que provenía de la personería gremial del sindicato metalúrgico, era producto de una tradición y un marco legal, pero ello no quiere decir que necesariamente estaba acompañada de representatividad.²⁸ En esa época, el dirigente seccional era despreciado por la mayoría de los trabajadores de la fábrica, quienes lo consideraban un "traidor" a la clase obrera. Las razones provenían de los años previos al golpe de Estado de 1976, pero su recuerdo no se borraría en todo el Proceso.

La revisión del régimen de insalubridad en noyería durante 1978 provocó un paro por tiempo indeterminado, aunque había sido desaconsejado por el secretario general y puso en evidencia que su autoridad no era respetada por los trabajadores. Aquél estaba preocupado, sobre todo, por la continuidad de la producción; según su testimonio: "(...) pararon noyería y causaron un perjuicio enorme, porque entonces paró automáticamente fundición, es decir que también enterraban a sus compañeros fundidores porque la empresa los suspendía por falta de trabajo".²⁹ Por otra parte, la sección noyería estaba dividida respecto al alcance de la medida de fuerza: quienes operaban las máquinas noyeras, más expuestos a gases, calor y polvo, eran partidarios del paro por tiempo indeterminado, mientras que los operarios de las líneas de ensamble de noyos, menos expuestos, aceptaron rápidamente la caída del régimen de horario reducido a cambio de un aumento salarial. El dirigente seccional no pudo articular esas diferencias en una táctica común, uniendo representación con representatividad, y ello puede atribuirse a la desconfianza que su presencia despertaba entre una parte importante de los trabajadores.[30]

La misma empresa convocó nuevamente al dirigente en 1979, cuando la insatisfacción por el nivel de los salarios provocó otro conflicto. Esta vez la situación era más compleja y ambigua, porque la representación obrera en la fábrica había evolucionado desde una situación en la que el secretario general fue llamado por la empresa como "delegado de los obreros", a otra en la que el personal había elegido delegados "provisorios" sin consultarlo y los había impuesto a la gerencia. Los obreros y empleados no lo participaron de ninguna de las instancias decisorias y organizativas del conflicto. El papel del dirigente pasó de ser un "interlocutor válido" a un "mediador" entre la empresa y los delegados elegidos en la asamblea y así participó de varias reuniones.

En el paro de 1980, motivado por la prolongación unilateral de la jornada de trabajo, el sindicato y los delegados "provisorios" colaboraron en la organización por primera vez desde el golpe de Estado. Hubo acuerdo en que la medida de fuerza consistiera en un "quite de colaboración", cumpliendo solo las ocho horas, y el secretario general justificó la desobediencia ante el Ministerio de Trabajo. Parecía haber unificado la representación histórica y legal del sindicato con la representatividad. En realidad, los delegados "provisorios" se habían acercado a la seccional no tanto por respeto a la autoridad de su dirigente, sino por una percepción menos optimista de la situación del mercado de trabajo en esa coyuntura histórica.[31] El debilitamiento de la resistencia y la división del colectivo obrero, como había sucedido en el paro de noyería, permitieron que creciera la figura del dirigente seccional como "delegado obrero" e "interlocutor válido" ante la empresa.

En las negociaciones sobre la reincorporación de los despedidos, el dirigente coincidió con la gerencia respecto a que la misma debía considerar los antecedentes laborales y la participación en la organización y conducción del conflicto. Asimismo, acordaba que la empresa pagara el 50% de la indemnización a quienes no desearan reingresar y que no habría compensación de ningún tipo para quienes no acreditaran antecedentes laborales meritorios, quedando liberados para reclamarla por vía judicial.[32] La mayoría de los no reincorporados reunían en sus legajos un considerable número de sanciones, en particular por impuntualidad, y una antigüedad superior a los diez años, lo que indica que la empresa aprovechó la oportunidad para deshacerse del personal que consideraba "conflictivo" y que, entre 1974 y 1976, había sido preservado por la estabilidad que garantizaba la Ley de Contrato de Trabajo de 1974.

Que el secretario general coincidiera con estos criterios no es casual, la combinación de indisciplina y experiencia laboral entre los despedidos—muchos de ellos activistas en los últimos conflictos—era problemática también para su autoridad. La predisposición a desafiar las directivas patronales que se consideraban injustas y un conocimiento pormenorizado de las tácticas tradicionales de la acción sindical, así como elementos para improvisar otras, daba vuelo propio a dichos activistas. Estos habían cuestionado la representatividad del dirigente seccional antes de 1976, pero el problema se había agravado después porque afectaba su condición de "interlocutor válido" de la empresa y debilitaba aún más su representación.

Con respecto al sindicato del cemento cabe preguntarse: ¿por qué sus dirigentes no tuvieron el apoyo del colectivo obrero en su lucha por defender la organización gremial? La respuesta parece estar en las actitudes que había construido la prolongada exposición a los elementos paternalistas, que constituían la forma de administrar su fuerza de trabajo por parte de Loma Negra. No tenemos espacio aquí para extendernos en este análisis. Sí cabe señalar que a comienzos de la década de 1970 el sindicato local entró en colisión con la identidad de ese colectivo al criticar la imagen del Patrón (Alfredo Fortabat) como un protector que daba amparo a sus trabajadores y a sus familias, tanto dentro como fuera de la fábrica.[33] En los comunicados y en las reuniones de Comisión Directiva se puede apreciar una actitud de suspicacia sobre las "oscuras" intenciones de la patronal, que expresaba la convicción de que esta subestimaba a la clase trabajadora como sujeto político y social, y que no vacilaría en dividirla para facilitar su explotación.

A pesar de ello, la persistencia de las prácticas empresarias paternalistas y su efecto profundo en la mentalidad y las actitudes obreras en la planta Barker, contribuyeron a la crisis del sindicato en cuanto a su representación antes del 24 de marzo de 1976. La búsqueda de satisfacciones relativas, en una situación de inflación creciente, llevó a los trabajadores a un acuerdo con la empresa sobre modos de trabajo que eran rechazados por el sindicato. En efecto, los planteles obreros de la fábrica de cemento y de la cantera de piedra caliza llegaron a un acuerdo con los jefes de sus secciones respecto al sistema de relevos y a la incorporación de un tercer turno de trabajo, en unos términos que no estaban contemplados en el Convenio Colectivo de Trabajo. Esa desobediencia, que fue duramente criticada por sus dirigentes, significaba algo más profundo: una ruptura entre representación y representatividad que se manifestaría con la quita de apoyo al sindicato durante todo el período en que estuvo bajo amenaza.

Las tensiones y rupturas entre representación y representatividad se expresaron también durante el proceso de normalización sindical.[34] Este comenzó, por iniciativa del mismo gobierno militar, luego de la derrota en la guerra de las Islas Malvinas y tuvo su punto culminante en 1984. La reorganización y normalización sindical era una necesidad institucional, que incluía a los dirigentes que habían permanecido una década en sus cargos por la prórroga de sus mandatos, a quienes pretendían reincorporarse a los mismos —luego de haber sufrido cárcel y exilio—, y a los que, emergentes del nuevo activismo de base, aspiraban a competir con las "burocracias". Las elecciones sindicales fueron convocadas desde el Estado, luego de sancionarse un proyecto de normalización largamente negociado entre el gobierno radical y los dirigentes sindicales peronistas, a partir de agosto de 1984.[35]

En la UOM el proceso de normalización consistió en elegir primero autoridades seccionales y delegados a un congreso nacional, que elegiría a posteriori a la dirección nacional. En las principales seccionales —Capital Federal, Avellaneda y Vicente López— que sumaban unos 70.000 afiliados, hubo lista única. Lorenzo Miguel obtuvo la mayoría de electores en el congreso nacional, merced a establecer alianzas con los líderes seccionales e integrar a la oposición. Un año antes de las elecciones, el dirigente local manifestó su intención de participar en las mismas para normalizar su cargo, que había sido ratificado por la intervención militar en 1976 y prorrogado varias veces desde esa fecha. Pronto surgió una oposición interna, la Lista Celeste, impulsada por Roberto Estanga, dirigente del gremio de camioneros que había sido afiliado y secretario adjunto de la UOM Tandil mucho tiempo atrás, senador provincial por el justicialismo e histórico "miguelista". La estrategia evidente era sumar electores que votaran a Lorenzo Miguel en el futuro congreso nacional del sindicato.

Para asegurar el triunfo local, la Lista Celeste recurrió a dos símbolos poderosos para los metalúrgicos tandilenses: por un lado, el nombre adoptado era el mismo de la lista que había enfrentado al dirigente seccional en las elecciones de 1972 y 1974, levantando las consignas de la democracia sindical y el activismo de base, y había obtenido una "victoria moral" en la última de ellas;[36] por otro lado, el candidato a secretario general, un inspector de producción en el área aluminio de Metalúrgica Tandil, tenía como atributo más importante ser hijo del último Intendente justicialista de la ciudad (1973-1976), resultando su apellido una clara apelación a la identidad política de la mayoría de los afiliados.[37] La Lista Celeste se ofrecía como opción al sector de metalúrgicos que consideraban al secretario general un "burócrata" y un "traidor", pero también pretendía dar una señal positiva a los afiliados peronistas que aún confiaban en el dirigente oficial. A la elección concurrió alrededor del 85% del padrón de afiliados, lo que es indicador de la expectativa que había creado la normalización institucional, y la oposición triunfó con el 65% de los votos.

Conclusiones

En los casos que hemos descripto en este capítulo, los sindicatos estuvieron presentes en la mayoría de los conflictos colectivos, no siempre en los inicios, pero sí en su desarrollo y resolución. En el caso específico de la UOM Tandil, tratándose de dirigentes con "buenos antecedentes", las empresas los reconocieron de buena gana como representantes de los trabajadores, y los convocaron para tratar y resolver problemas que afectaban a los mismos. Su presencia era considerada necesaria porque su capacidad de negociación y de mediación permitía construir consenso, ya sobre los hechos consumados, con respecto a las decisiones unilaterales de cambiar algún aspecto de la organización del trabajo. Para 1976 ya había una práctica consolidada en la cual el sindicato colaboraba en legitimar los cambios inconsultos mediante la presión y el otorgamiento de beneficios, evitando o moderando las tensiones y el rechazo que pudieran generar en el plantel obrero. En el caso de AOMA Barker, los dirigentes seccionales fueron defensores solitarios no solo de la condición obrera sino también de la propia representación sindical. Esta fue constantemente amenazada por la política de Loma Negra, consistente en marginar al sindicato de la esfera de la reproducción de la fuerza de trabajo (distribución de viviendas), y de ignorar su función de representante legal de los trabajadores.

No obstante ello, la moderación del sindicato metalúrgico en esos conflictos también puede explicarse por el estado de los "recursos sindicales" durante esta coyuntura. La UOM había sido intervenida por el gobierno militar, el marco legal en que actuaban los sindicatos estaba volviéndose desfavorable y la crisis de la industria a partir de 1979 se tradujo en una reducción de los recursos financieros que sostenían los servicios sociales. Tanto en el caso de los dirigentes metalúrgicos como de los del cemento, no es menor la incidencia de la práctica impuesta por el Ministerio de Trabajo de mantener en sus cargos a los dirigentes con "buenos antecedentes", prorrogando sus mandatos periódicamente por decreto siempre y cuando demostraran una actitud "responsable" ante la producción.

Además de la desfavorable situación de los "recursos sindicales", hemos visto que la dinámica interna de los sindicatos también condicionaría el comportamiento de sus dirigentes locales en la relación con las empresas y los "delegados provisorios" durante los conflictos. En una dimensión estructural de esa dinámica, la división de la conducción nacional metalúrgica y el alineamiento de muchas seccionales con el gobierno militar marcó un camino definido por la contención del conflicto, el "encapsulamiento" de los desacuerdos por el precio de la fuerza de trabajo en las normas permitidas y en el espacio de la justicia laboral y, en última instancia, por la legitimación de la autoridad empresaria sobre la producción. La moderación de los dirigentes sindicales del cemento, sobre todo entre 1976 y 1977, puede atribuirse a la línea política de AOMA. Como ya vimos, durante casi todo 1977 su expresión pública se enfocaría exclusivamente en la puja salarial y en la defensa de las organizaciones gremiales.

En una dimensión local de la dinámica interna, la actitud del dirigente seccional metalúrgico fue consecuente, de forma mediata, con su trayectoria política anterior al golpe, durante la cual se había ganado la confianza de las empresas y el desprecio de la mayoría de los obreros y empleados; e inmediata con los diferentes criterios respecto a cómo manejar los conflictos entre él y los "delegados provisorios", y entre los diferentes grupos de obreros, según su ubicación en el proceso de trabajo. La actitud de los "delegados provisorios", que tuvo el respaldo de gran parte del colectivo obrero, era proclive a reconstruir los órganos gremiales en el lugar de trabajo y ponerlos al servicio de la defensa de las "conquistas históricas" de la clase trabajadora, mientras que la de los dirigentes tendía sobre todo a la autopreservación. Estas lógicas se revelaron incompatibles entre sí; los objetivos y las prácticas no coincidían y las iniciativas conjuntas no prosperaron, agravando las tensiones entre representación y representatividad del sindicato.

También en el caso de AOMA podemos apreciar cómo la dinámica interna local determinó las acciones de sus dirigentes, tanto en sus formas como en sus resultados. La fractura entre estos y el colectivo obrero, por motivos materiales en la superficie (sistema de relevos y tercer turno de trabajo) pero identitarios en lo más profundo, privó al gremio de apoyo colectivo para medidas de fuerza que permitieran oponerse a las directivas empresarias sobre la condición obrera y la representación sindical. La alternativa más previsible era recurrir a la mediación del Ministerio de Trabajo, pero cuando esta se reveló ineficaz debieron apelar a interlocutores en otros espacios institucionales, que a primera vista parecerían insólitos en esa coyuntura: la intervención militar de la CGT y el comando zonal del ejército. Que los recibieran y escucharan son indicadores de las contradicciones internas sobre la representación sindical que cruzaban al gobierno militar y, en particular, al Ministerio de Trabajo. Pero el poder e influencia de la empresa, así como la debilidad de los dirigentes de AOMA Barker, hacían previsible el resultado del conflicto.

Notas

1. Tandil y Barker son dos localidades situadas en el sudeste de la Provincia de Buenos Aires.

2. Victoria Murillo, "La adaptación del sindicalismo argentino a las reformas de mercado en la primera presidencia de Menem", *Desarrollo Económico* Vol. 37, N.º 147 (1997): 419-46.

3. Santiago Duhalde, "El recurso organizacional. Un estudio de su incidencia en la vida sindical", en *Trabajadores y sindicatos en Latinoamérica*, comp. por Silvia Simonassi y Daniel Dicósimo (Buenos Aires, Imago Mundi, 2018), 213.

4. Metalúrgica Tandil S.A. Comunicado al Personal N.º 19, 5/5/78, en DIPPBA, Mesa B, Carpeta 115, legajo 9, folio 36.

5. Tribunal del Trabajo de Tandil, "Diferencia de haberes, De los Santos, Alfredo y otros, contra Metalúrgica Tandil", Expediente N° 461, legajo 19, 1977.

6. El propio dirigente de la seccional nos reveló que contaba con la confianza del Directorio de Metalúrgica Tandil. Asimismo, en el legajo que la DIPPBA dedicó a las elecciones internas seccionales de 1974 cuando fue reelecto en el cargo, el organismo de inteligencia se refiere a él como un dirigente "que goza de buen concepto y conducta". En DIPPBA, Mesa B, carpeta 115, legajo 18, folio 23.

7. Lorenzo Miguel fue arrestado en 1977 y permaneció alrededor de un año preso en diferentes lugares, hasta que le fue otorgado el arresto domiciliario en 1978.

8. La Comisión Nacional del Trabajo, creada en 1978, trató de reestablecer el diálogo con el gobierno militar, distanciándose del sector "confrontacionista" del sindicalismo de ese entonces, la CN 25. La UOM estará dividida hasta el 28 de julio de 1983, entre una facción liderada por Luis Guerrero y otra dirigida por Lorenzo Miguel. Arturo Fernández, *Las prácticas sociopolíticas del sindicalismo (1955-1985)* (Buenos Aires: CEAL, 1988), 75.

9. En el tribunal de Tandil existen 11 expedientes, caratulados "Cobro de aportes y contribuciones", que inició la Seccional Tandil entre los años 1977 y 1979.

10. AOMA Seccional Barker, *Libro de Actas de la Comisión Directiva*, 3/4/76.

11. Tribunal del Trabajo de Tandil, "Indemnización por violación de estabilidad gremial, Luis Páez contra Loma Negra", 1982, Foja 89.

12. AOMA Barker, *Actas de la Comisión Directiva*, 5/12/77 y 15/12/77.

13. La pericia de 1977 reconocía insalubridad en solo dos puestos de trabajo de la sección y en consecuencia el Ministerio de Trabajo dictaminó que la mayoría de los trabajadores, amparados en el régimen especial de horario reducido, deberían volver a una jornada laboral de ocho horas. El nuevo horario fue anunciado un año después del dictamen aprovechando una coyuntura de caída de la demanda y la producción.

14. Registro de Bajas del Personal de Metalúrgica Tandil, 1973-1983.

15. Testimonio del delegado por los empleados administrativos, que participó de la reunión con los empresarios y el secretario general; testimonio de este, ofrecido al autor y en DIPPBA, Mesa B, Carpeta 115, legajo 9, folio 4.

16. Tribunal del Trabajo de Tandil, "Carta del gerente de Relaciones Industriales de Metalúrgica Tandil al Ministerio de Trabajo", Expediente nº 1051, foja 151.

17. En el legajo de la DIPPBA que reúne los informes policiales sobre el conflicto se lee: "el mencionado gremio (UOM) ha tomado la responsabilidad de intimar a los renuentes, a efectos de que depongan su actitud...". En DIPPBA, Mesa B, Carpeta 115, legajo 9, folio 65.

18. Testimonios de operarios de la sección Usinado obtenidos el 5/3/1988, en DIPPBA, Mesa B, Carpeta 115, legajo 9, folio 69.

19. AOMA Barker, *Actas Comisión Directiva*, 15/12/77.

20. A comienzos de la década de 1970 AOMA había participado de la Mesa de Gremios Peronistas Combativos, liderada por el telefónico Julio Guillán.

21. AOMA Barker, *Actas Comisión Directiva*, 7/7/77.

22. Según Arturo Fernández, la relación predominante entre el Estado y el sindicalismo entre 1955 y 1985 fue la negociación, tanto durante gobiernos civiles como militares. Una de las vías privilegiadas de la misma fue el aparato estatal especializado en la Administración del Trabajo, donde se mantuvo —continuando el modelo instrumentado por Perón desde 1944— una estructura y un cuerpo de funcionarios estables y expertos en el diálogo con la dirigencia sindical. La interlocución con los sindicatos no siguió una trayectoria lineal ni rigurosamente técnica, pero en general sirvió para lograr acuerdos y "complicidades" que, siguiendo a Fernández, "contribuyeron a amainar las ofensivas anti-sindicales autoritarias y a facilitar las negociaciones de los diversos gobiernos constitucionales o de facto". Fernández, *Las prácticas sociopolíticas del sindicalismo...*, 105.

23. AOMA Barker, *Actas Comisión Directiva*, 22/3/78.

24. Además de la indemnización por "despido injustificado", se reclamó su dere-

cho a percibir los salarios por todo el tiempo que restaba para cumplir su mandato sindical y por un año más desde la finalización del mismo, como lo disponía la ley 20.616 de Asociaciones Profesionales de Trabajadores (artículos 49 y 50). No sabemos cuál fue el resultado de su gestión.

25. Testimonio del secretario general de AOMA Barker recogido por el autor.

26. AOMA Barker, *Actas Comisión Directiva*, 6/4/78.

27. Dicho oficial fue acusado y condenado a reclusión perpetua como responsable del asesinato del Dr. Carlos Moreno, asesor letrado de AOMA Loma Negra Olavarría, en el centro de detención clandestina "La quinta de Méndez" de Tandil, en el Juicio por la Verdad celebrado en dicha ciudad en el año 2012. Durante el mismo se conoció su trayectoria como ejecutor de secuestros, detenciones y torturas de muchos activistas sociales de la ciudad y la región.

28. Siguiendo a Drolas podemos definir a la representación como la atribución de ocuparse de las cuestiones propias de la condición obrera, dada por la tradición y un marco legal, y a la representatividad como "...la capacidad de homogeneizar lo heterogéneo", respectivamente. La personería gremial es clave para la representación pues le da una base legal, aunque esto no significa que en el sindicato beneficiado por ella "necesariamente se vean desplegados mecanismos legitimados de representatividad". Esta "es pensable como una potencia ratificada en el acto: la de aprehender o 'absorber' los intereses diversos y las demandas diferentes del grupo representado que, por definición es heterogéneo, pero se muestra homogéneo cuando cristaliza, siempre relativamente, en un colectivo-representativo". Ana Drolas, "Futuro y devenir de la representación sindical: las posibilidades de la identificación", en *El trabajo frente al espejo. Continuidades y rupturas en los procesos de construcción identitarios de los trabajadores,* comp. Osvaldo Battistini (Buenos Aires, Prometeo, 2004), 307.

29. Testimonio recogido por el autor.

30. Vale acotar que este dirigente no había apoyado la aplicación del régimen de horario reducido en noyería en 1975, lo que no había sido olvidado por los noyeros, y además en 1978 todavía había activistas de la oposición entre el personal de la sección.

31. A comienzos del año 1980, el empleo en la industria metalmecánica estaba cayendo debido a una pronunciada recesión, por lo tanto las opciones de tomar medidas de fuerza extremas que implicaban el riesgo del despido, o de considerarse despedido alegando que la empresa había hecho un ejercicio "irrazonable, abusivo o perjudicial" de su autoridad, para luego iniciar una demanda de una indemnización ante la justicia laboral, equivalían a la perspectiva sombría de someterse a un largo período de búsqueda de un nuevo empleo.

32. DIPPBA, Mesa B, Carpeta 115, legajo 9, folio 67.

33. Daniel Dicósimo, *Los trabajadores argentinos y la última dictadura. Oposición, desobediencia y consentimiento* (Tandil, Editorial UNICEN, 2016).

34. A continuación desarrollaremos solo el caso de la UOM, para la cual contamos con más información.

35. Héctor Palomino, "El movimiento de democratización sindical", en *Los nuevos movimientos sociales*, comp. por Elizabeth Jelin (Buenos Aires: CEAL, 1985), 39-42.

36. Decimos triunfo moral porque la Lista Celeste fue impugnada por una Junta Electoral controlada por el candidato oficialista, ante lo que llamó a votar en blanco como repudio, obteniendo la mayoría de los votos.

37. Entrevista realizada por el autor.

Bibliografía

Dicósimo, Daniel. *Los trabajadores argentinos y la última dictadura. Oposición, desobediencia y consentimiento*. Tandil: Editorial UNICEN, 2016.

Duhalde, Santiago. "El recurso organizacional. Un estudio de su incidencia en la vida sindical". En *Trabajadores y sindicatos en Latinoamérica*, compilado por Silvia Simonassi y Daniel Dicósimo. Buenos Aires: Imago Mundi, 2018.

Drolas, Ana. "Futuro y devenir de la representación sindical: las posibilidades de la identificación". En *El trabajo frente al espejo. Continuidades y rupturas en los procesos de construcción identitarios de los trabajadores*, compilado por Osvaldo Battistini. Buenos Aires: Prometeo, 2004.

Fernández, Arturo. *Las prácticas sociales del sindicalismo (1976-82)*. Buenos Aires: CEAL, 1984.

———. *Las prácticas sociopolíticas del sindicalismo (1955-1985)*. Buenos Aires: CEAL, 1988.

Murillo, Victoria. "La adaptación del sindicalismo argentino a las reformas de mercado en la primera presidencia de Menem". *Desarrollo Económico* Vol. 37, N.° 147 (1997): 419-46.

Palomino, Héctor. "El movimiento de democratización sindical". En *Los nuevos movimientos sociales*, compilado por Elizabeth Jelin. Buenos Aires: CEAL, 1985.

CAPÍTULO 10

"En defensa de nuestras fuentes de trabajo": replanteando la legalidad autoritaria y la resistencia obrera durante el Proceso de Reorganización Nacional

Edward Brudney
UNIVERSITY OF TENNESSEE (CHATTANOOGA)

I

ROBERTO NAVARRO, SECRETARIO GENERAL del sindicato de trabajadores automotrices (SMATA) de Morón, echó un vistazo hacia la multitud concentrada a las puertas de la fábrica de tractores Deutz Argentina. Han pasado más de cuatro años desde que las Fuerzas Armadas tomaron el poder mediante un golpe de Estado el 24 de marzo de 1976. Durante aquel tiempo, la dictadura sancionó decenas de leyes y decretos intentando eliminar el poder de la mayoría peronista sobre el movimiento obrero argentino y limitar la influencia social y política de las clases trabajadoras.[1] El ejército combinó estas políticas con una represión brutal, creando una atmósfera de terror a lo largo del país. Cuando Navarro auscultó a los cientos de trabajadores que estaban de pie en la esquina de Valentín Gómez y Tres Arroyos a las 6:00 del 27 de octubre de 1980, le pasaron todas estas cosas por la cabeza. Toda acción colectiva conllevaba riesgos muy altos, tanto física como profesionalmente, para quiénes eran partícipes de ellas. Una huelga que cerrara la fábrica—así fuera por 24 horas—podría ser desastrosa.

Aun así, cuando Navarro hizo la propuesta a los miembros del turno matutino, la respuesta fue inmediata y entusiasta. Los trabajadores aprobaron resonantemente la llamada a una huelga general en solidaridad con los más de 100 compañeros despedidos unos días antes. En lugar de dispersarlos, Navarro los mantuvo ahí, pidiéndoles que esperaran durante dos horas hasta que llegara el personal administrativo. A las 8:00, cuando el personal de oficina, los supervisores y los capataces llegaron a la entrada, con un notable gesto de apoyo entre trabajadores, decidieron por unanimidad unirse a las filas de los huelguistas.[2] Esto marcó el inicio de cinco días de conflicto. La mañana siguiente los obreros votaron ocupar la fábrica indefinidamente, tomando el control de la planta hasta que sus inquietudes por los despidos y por su propia seguridad laboral fueran satisfechas. Antes de resolverse, la confrontación involucraba a la policía municipal, el comandante local del Ejército, el Ministerio del Trabajo, el liderazgo nacional del sindicato de mecánicos y la magistratura federal, entre otras autoridades. A pesar de la participación de tan amplia gama de actores, este incidente permaneció hasta ahora marginalizado en los trabajos académicos sobre las relaciones y prácticas laborales durante la última dictadura (1976-1983).

La relativa falta de atención refleja dos tendencias dentro de la historiografía existente sobre el régimen autodenominado Proceso de Reorganización Nacional (PRN). Primero, la creencia de que, después del golpe la ley no funcionaba (o más bien no importaba), una creencia que se vio fortalecida por un abordaje enfocado principalmente en las prácticas represivas y la violencia estatal y paraestatal en los estudios sobre el trabajo durante la dictadura.[3] Colaboró quizás con la marginación de este caso el hecho de que este episodio no terminó en una matanza. De hecho, durante tres años de conflicto entre la empresa y su personal—en los que la toma de la fábrica fue un evento importante pero no aislado—no hay evidencia de violencia física en contra de la fuerza laboral. Las autoridades laborales del gobierno, la gerencia empresarial, los líderes sindicales, y los obreros de Deutz intentaron evitar tal represión apelando a las instituciones políticas y legales, especialmente del Ministerio de Trabajo, la justicia federal, y la misma Junta Militar vigente.[4] Estas apelaciones a favor de la intervención formal del gobierno complican la creencia común de que la dictadura suspendió uniformemente el dominio de la ley. Al contrario, sugieren importantes continuidades respecto a los patrones de conflicto y su resolución. La legalidad es un concepto complicado en los regímenes de facto, pero no deberíamos apresurarnos en descartar el poder discursivo de la esfera legal como una simple máscara para la violencia física.[5] El caso de Deutz Argentina requiere que nos replanteemos la relación entre los ciudadanos, las corporaciones y la ley, incluso (o especialmente) bajo el autoritarismo.

En segundo lugar, las acciones de los mismos trabajadores de Deutz Argentina son difíciles de clasificar y demandan un esfuerzo de interpretación particular. Esto porque incluso cuando desafiaron las leyes laborales establecidas después de 1976, arriesgando sus vidas en el proceso, conscientemente rechazaron la retórica política izquierdista y se distanciaron de los grupos militantes que vieron en esta lucha una oportunidad para desarrollar nuevas formas de oposición a la dictadura.[6] Esta actitud no se encaja en ninguna de las narrativas predominantes sobre la experiencia obrera durante el PRN, las cuales tienden a presentar a los trabajadores argentinos o como victimas inmovilizadas por la represión legal/extralegal o como oponentes heroicos cuya resistencia jugó un rol fundamental en la desestabilización del PRN.[7] Empero, ninguna de estas interpretaciones adecuadamente describe las condiciones que definían las prácticas y relaciones laborales en Deutz Argentina durante esta coyuntura. Ambas lecturas corren el riesgo de instrumentalizar a los trabajadores y al sindicalismo como meras herramientas dentro del debate inmovilidad/oposición y, por lo tanto, se arriesgan también a pasar por alto los matices y contradicciones de la vida en el lugar de trabajo bajo el autoritarismo.

Este capítulo propone dos argumentos relacionados—uno histórico y el otro historiográfico—contra estas aproximaciones. Primero, a pesar de haber ocurrido bajo un régimen militar excepcionalmente represivo, el conflicto de Deutz Argentina en 1980 no provocó una respuesta violenta por parte de las Fuerzas Armadas. Pese a que se trató de una prolongada y altamente visible movilización del personal, que violaba las leyes laborales promulgadas después del 24 de marzo, las fuerzas de seguridad no tomaron represalias. Diversos factores ayudan a explicar esta moderación, pero sugerimos que el discurso de los trabajadores es crucial para comprender el desarrollo y desenlace de la disputa. Segundo, aunque Deutz Argentina no es una metonimia de la experiencia de la clase trabajadora bajo la dictadura, argumentamos que este caso destaca detalles significantes, aunque usualmente pasados por alto, relacionados al funcionamiento de las leyes y las relaciones laborales de ese momento. La toma de la planta Deutz Argentina, aunque notable por su visibilidad, pone de manifiesto que amplios sectores de las clases trabajadoras peronistas no eran meramente observadores pasivos o activistas militantes. Los obreros se mostraron generalmente reacios a arriesgar sus vidas por ideologías—a pesar de las exhortaciones de los militantes de izquierda adentro y afuera de los lugares de trabajo—pero la amenaza de perder su empleo movilizó a cientos de aquellos mismos trabajadores a tomar acciones drásticas. Mientras tanto, esos mismos trabajadores de base, así como también los empresarios, los representantes sindicales y los funcionarios del gobierno buscaron en distintos momentos utilizar la legislación laboral para conseguir una resolución que les fuera favorable. A nuestro entender, esto muestra que, a pesar del estado de sitio, la ley mantenía su importancia en los conflictos laborales, incluso cuando su alcance y significado estaban abiertos al debate.

Debido a las tendencias historiográficas anteriormente descritas, casos como el de Deutz Argentina son a menudo omitidos de los debates históricos e historiográficos sobre los trabajadores durante el Proceso. De cualquier forma, ni la importancia continua de las instituciones legales ni las estrategias particulares empleadas por los obreros de Deutz Argentina deberían sorprendernos. Por un lado, como ha sido demostrado en cuanto al estudio de otros gobiernos militares a lo largo del siglo XX, la ley permaneció tanto como una preocupación clave así como una herramienta fundamental para los regímenes de facto en Argentina.[8] Por el otro lado, este argumento también está sustentado en una larga tradición de lecturas más matizadas sobre la formación de la conciencia de la clase obrera en la Argentina desde la aparición del peronismo a mediados de la década de 1940 y hasta el golpe de 1976.[9] Sin embargo, un análisis que recupere esos matices todavía está pendiente en el abordaje de las prácticas laborales del período 1976 a 1983. Aunque solo sea un ejemplo, este estudio del caso de Deutz Argentina puede constituir un importante punto de apoyo para una lectura alternativa de la experiencia y vida de la clase trabajadora bajo la última dictadura cívico-militar.

El capítulo se divide en dos partes. La primera explora los detalles históricos del conflicto en sí mismo, trazando el desarrollo de la confrontación entre el personal y la patronal de Deutz Argentina. El archivo de la Dirección de Inteligencia de la Policía de la Provincia de Buenos Aires (DIPPBA), desclasificado en 2005, ayuda a recrear este episodio con una combinación de reportes internos policiales, memos secretos, informes de vigilancia, y cobertura mediática. Estas fuentes esclarecen las operaciones diarias de las instituciones legales del Proceso.[10] La segunda parte (re)ubica esta lectura con respecto a los principales debates historiográficos en cuanto al trabajo, el legalismo, y el autoritarismo. La disputa en Deutz Argentina revela las dinámicas y contradictorias relaciones entre los obreros, los intereses industriales, y el gobierno. La oposición estratégica del personal de Deutz hacia los planes de la empresa y la posterior respuesta de la empresa hacia esa oposición subrayan el significado de la ley como un mecanismo para la resolución del conflicto incluso bajo un estado de sitio. Este estudio nos brinda un caso alternativo distinto a los generalmente abordados en la literatura existente, e indica el valor que tiene continuar las indagaciones sobre las interacciones entre los trabajadores de base, las estructuras sindicales, la administración empresarial y el Estado y sus instituciones.

II

Durante los primeros cuatro años del Proceso, la política implementada por el Ministro de Economía, José Alfredo Martínez de Hoz, buscaba reorientar la economía nacional hacia el sector financiero a costa de la industria doméstica. Su llamado "plan Martínez de Hoz" provocó una contracción aguda del sector industrial, cuyos efectos sobre la industria de tractores fueron especialmente graves. Las reformas financieras de 1977 eliminaron los créditos de desarrollo agrícola, lo cual dificultó al agro la adquisición de nuevas maquinarias, mientras que la eliminación del "Régimen del tractor" señalaba la reducción y eventual abolición de las tarifas protectoras, abriendo el mercado a una inundación de importaciones de los Estados Unidos y Europa.[11] Al mismo tiempo, el sector experimentó una disminución severa de personal, cayendo desde más de 10.000 trabajadores en 1975 a aproximadamente 2.800 por los inicios de 1980.[12]

Aunque Deutz Argentina soportó este periodo con menos despidos que sus competidoras, los rumores de despidos masivos e incluso el cierre permanente de la planta circulaban con creciente urgencia a los fines de los setenta. Poco tiempo después, los temores de los obreros se demostraron justificados. En abril de 1980, la empresa inició la primera ola de despidos que dentro de cinco meses redujeron el personal de unos 1.800 a tan solo 800.[13] Para setiembre, los empleados y la seccional Morón del SMATA habían organizado una serie de manifestaciones tanto en la fábrica como en la comunidad exigiendo que Deutz Argentina quedase en Haedo. El 17 de setiembre, cientos de obreros se reunieron en las puertas de la fábrica y condenaron tanto a la empresa como al régimen militar por fallar en la protección de la industria nacional, antes de quemar una efigie de Martínez de Hoz.[14] Dos semanas después, el 2 de octubre, alrededor de cien personas marcharon en silencio por las calles de Morón para protestar por la recién anunciada clausura de la fábrica, estipulada para finales de año. La marcha culminó con una misa especial en apoyo de los trabajadores en la Catedral de Morón, organizada por el Obispo Justo Oscar Laguna.[15] Sin embargo, estos esfuerzos no tuvieron influencia sobre la administración. El 24 de octubre, la empresa emitió 120 telegramas de despido, iniciando las rondas finales de desafectación que eliminarían a toda la fuerza de trabajo para el 31 de diciembre.

Deutz Argentina intentó minimizar el escándalo de los despidos al enfatizar la legalidad de su decisión y los generosos paquetes de indemnización. Aseguraron que las ventas caían en picada, había acumulación de inventario y que el panorama económico general tendía constantemente a ir hacia abajo.[16] Estas justificaciones no aliviaron la bronca del personal. El liderazgo local de SMATA declaró una movilización de emergencia en respuesta a los despidos. El 25 de octubre, la comisión interna hizo un último esfuerzo de involucrar al gobierno federal, pidiendo directamente al presidente de facto General Jorge Rafael Videla que interviniera a su favor. Advirtieron que "sostenemos que los únicos culpables de lo que suceda de ahora en adelante son el Gobierno Nacional por hacerse oídos sordos a nuestras exigencias, y los directores de Deutz, por haber boicoteado, con esta medida, cualquier solución probable buscada por nosotros los trabajadores".[17] Los obreros hicieron poco para disimular sus intenciones. Durante semanas, volantes y declaraciones públicas por parte de los empleados de Deutz y los sindicalistas locales amenazaron explícitamente con ocupar la fábrica si sus demandas seguían siendo desatendidas. La policía provincial, vigilando la situación de cerca, solicitaba actualizaciones de sus agentes tres veces al día. Sus comunicaciones internas demostraron que la toma ya no era cuestión de "si..." sino de "cuando".[18]

La espera no fue larga. La falta de respuesta, tanto del gobierno nacional como de la empresa, significó que para el 27 de octubre las tensiones habían alcanzado su punto de ebullición. La declaración de Navarro de un paro de 24 horas fue recibida con aprobación unánime por los obreros y el personal administrativo. La comisión de movilización, un cuerpo ad hoc elegido para oponerse el cierre de la planta, declaró que la culpa fue del régimen y afirmó que la negativa del gobierno a responder a sus peticiones había forzado su decisión. Anunció que la mañana siguiente el personal determinaría su curso de acción.[19] A las 05:30 del 28 de octubre, más de 800 empleados, entre ellos muchos quienes ya habían recibido sus telegramas de despido, se concentraron en la planta con el ex secretario general de SMATA, José Rodríguez, presidiéndoles. Rodríguez, una figura controversial que resistió retos a su autoridad durante la primera mitad de la década del setenta, mantuvo su popularidad en Deutz Argentina, donde empezó a trabajar en 1964 y desde donde ascendió a través de la estructura interna del SMATA. Los obreros de Deutz Argentina se identificaron con su versión del peronismo ortodoxo, mientras tendieron a rechazar políticas alternativas más izquierdistas duranta la década anterior.[20]

La reunión presidida por Rodríguez terminó con la decisión de los trabajadores de reanudar la producción, pero anunciaron que trabajarían "a tristeza" en solidaridad con sus compañeros despedidos. Más importante, después de cada turno los trabajadores no abandonarían la fábrica, efectuando una ocupación virtual hasta que, de acuerdo con la comisión de movilización, obtuvieran una solución a los problemas generados por el anunciado cierre de Deutz Argentina. Esta medida involucró no solo a los obreros sino también a los empleados administrativos, quienes llevaron a cabo sus deberes con normalidad (al contrario de "a tristeza"), finalizando sus turnos, y uniéndose a las filas de los ocupadores en lugar de irse a sus hogares. La única excepción fue el personal femenino, quienes, a las 19:00, se retiraban y volvían al día siguiente.[21] Mientras la jornada de trabajo se terminaba, el personal se preparaba para pasar la noche adentro del establecimiento.

A las 22:30, la policía municipal, presionada por la administración de Deutz Argentina, apareció a las puertas de la fábrica con varias patrullas y una camioneta. Un oficial policial entró en la planta para hablar con los líderes obreros, asegurándoles que si se iban inmediatamente y en paz no habría represalia ni de la empresa ni de las fuerzas de seguridad, pero amenazándolos con un desalojo forzado si se quedaban. Los trabajadores respondieron de forma rápida e inequívoca: no abandonarían el edificio, pero no resistirían si la policía los sacaba. La combinación de pacifismo y determinación creó un dilema para la administración y las fuerzas de seguridad. Como un posible enfrentamiento se veía poco probable, los trabajadores, los líderes sindicales, el directorio y la policía acordaron en intentar resolver la situación sin violencia. La policía se retiró, dejando a los empleados solos adentro.[22] Aunque las fuerzas de seguridad continuaron vigilando las condiciones de la fábrica de cerca durante los siguientes tres días, no volvieron a intervenir directamente.

La ocupación poco a poco ganó ritmo. El 29, el turno de la mañana reanudó su trabajo pero "a tristeza". Los cientos de personas que se quedaban en la planta pero que no trabajaban tampoco interrumpieron la producción. El personal femenino de Deutz Argentina llegaba cada mañana y se iba a las 19:00 cada noche, sin problemas. A pesar de la supervisión policial, amigos, familiares y sindicalistas pasaban regularmente a llevar comida y otros suplementos. No obstante, la relativa calma de la planta contrastaba marcadamente con la atmósfera en las calles. Haedo se convirtió rápidamente en el epicentro de organizaciones sindicales de toda Argentina. Una noche, delegados de taxistas, camioneros, trabajadores petroleros y metalúrgicos se unieron con los líderes de SMATA para llevar a cabo una protesta improvisada en las calles. La siguiente noche, miembros de la CGT Morón, junto con representantes de la Unión de Empleados del Tabaco, llevaron a los trabajadores de Deutz cientos de cigarrillos y otras necesidades.[23] Dirigentes sindicales de todo el país ofrecieron declaraciones de solidaridad y apoyo, en las que muchas veces aprovechaban para criticar las políticas económicas y laborales de la dictadura. Mientras crecía la atención nacional, las operaciones diarias de la fábrica continuaron, con los obreros trabajando "a tristeza" y durmiendo donde podían, cuando podían.

Desde la mañana del 27 de octubre, la administración y los trabajadores habían estado pidiendo la intervención federal, aunque con distintas expectativas. Si técnicamente la producción no había parado, la empresa acusaba a los trabajadores de violar varias leyes laborales, en particular la llamada Ley de Seguridad Industrial (Ley 21.400).[24] Entre el 28 y el 30, los directores de Deutz Argentina se reunieron varias veces, pero sus deliberaciones fracasaron debido al desacuerdo fundamental acerca del futuro de la firma: algunos miembros seguían estando a favor de cerrar las puertas a fin de año, mientras que otros esperaban mantener la planta abierta.[25] Quizás esperando evitar la responsabilidad de llegar a una resolución, el 29 de octubre la administración hizo una denuncia formal ante la justicia federal por la toma ilegal de las instalaciones, invocando la Ley 21.400. Paradójicamente, las solicitudes de la empresa por el apoyo gubernamental no evitaron que los trabajadores buscaran ayuda de las mismas autoridades. Navarro, en nombre de los empleados de Deutz, escribió directamente al General Roberto Viola, el Comandante en Jefe del Ejército y próximo presidente, solicitando una reunión urgente para informar a Viola, como el "futuro presidente de todos los argentinos", de los problemas que afectaban a Deutz Argentina, específicamente, y a los trabajadores por todo el país, más generalmente.[26] Si Viola alguna vez contestó, su respuesta se ha perdido en el tiempo.

Tres días después del inicio de la huelga, no se había llegado a ninguna solución. La decisión de la empresa de hacer una denuncia formal en contra de los obreros, apelando a la Ley 21.400, resultó el primer paso para resolver la confrontación, aunque no como quería la empresa. La queja llegó al magistrado federal de San Martín, el Dr. Moritan, quien rápidamente se informó sobre los detalles del caso.[27] El 30 de octubre, un día después de la denuncia, Moritan visitó la fábrica y entrevistó a los trabajadores, administradores, delegados de SMATA Morón y ejecutivos de Deutz Argentina. También arregló una reunión entre las facciones, en la cual cada parte planteó sus argumentos. Moritan luego emitió una suspensión hasta las 11:00 del día siguiente, asegurándoles que tendría su decisión para entonces. Con esta resolución provisional, el juez abandonó la planta, y los trabajadores, demostrando signos de fatiga después de más de dos días dentro de la planta, volvieron a sus puestos para esperar.[28]

A la mañana siguiente, Moritan volvió y pidió a la administración, empleados y líderes de SMATA que se reunieran. Después de lo que describió como un "análisis exhaustivo" de la situación, el juez falló en contra de aplicar la Ley 21.400. Determinó que, a pesar de haber ocupado la fábrica, los empleados habían cumplido con sus obligaciones ante la ley al mantener la producción mientras duró la toma.[29] Su decisión no mencionó el hecho de que habían trabajado "a tristeza", ni habló de la legalidad de la toma en sí misma (separándola de la Ley 21.400, que prohibía el paro y/o la interrupción de la producción). Sin embargo, después de hacer su declaración, Moritan no dio por finalizado su trabajo. Por el contrario, se puso a sí mismo como mediador del conflicto. Después de más de dos horas de deliberaciones en las oficinas de Deutz Argentina, la empresa y los trabajadores llegaron a un acuerdo.

Firmado por el Director de Relaciones Industriales en nombre de la empresa; Roberto Navarro y otros miembros de SMATA Morón; y la comisión interna de la planta representado a los obreros, el acuerdo consistió en cinco cláusulas. Las primeras tres detallaban las posiciones de Deutz Argentina, especificando los términos de reincorporación para los aproximadamente 40 empleados que habían sido despedidos, pero se habían negado a cobrar su indemnización, y dejando en claro que toda la fuerza de trabajo debería volver a sus actividades normales inmediatamente. La patronal subrayó aún más la temporalidad de la conciliación, reafirmando que la planta cerraría sus puertas al fin del año. No obstante, esta posición fue contradicha inmediatamente por la cuarta sección insertada por el sindicato y la comisión interna. Esta decía: "Los que suscriben la presente en representación de los trabajadores de Deutz Argentina dejan expresa constancia que proseguirán con la gestión emprendida tendiente a lograr que Deutz Argentina siga realizando actividad productiva en nuestro país".[30] Esto generó una obvia paradoja en la cual los obreros formalmente consentían al cierre de la fábrica mientras que reservaban (o al menos reclamaban) el derecho a resistirse a esa posibilidad.

Poco después de las 13:00 del 31 de octubre, luego de más de cien horas de conflicto, Roberto Navarro y los miembros de la comisión interna presentaron los detalles de la resolución a una asamblea de 800 empleados en la planta. Aunque los trabajadores reconocieron su victoria como parcial, después de dos horas de debate acordaron finalizar la ocupación y retomar la producción. El resto de la tarde se hizo un intento por limpiar el lugar, quitando las pancartas y la suciedad acumulada en los últimos cuatro días. A las 16:30, las líneas de producción se reanudaron y la administración revisó y reinicio las tarjetas de tiempo de todos. Por primera vez desde las 05:30 del 28 de octubre, los trabajadores de los turnos de la mañana y de la noche se retiraron a sus hogares, mientras que los miembros del turno de la tarde tomaron sus puestos regulares.[31] Esto marcó el fin de la toma de la fábrica, pero la conciliación duró apenas unas horas. Poco después, Navarro y la comisión interna emitieron una declaración pública acusando a la empresa de obstruccionismo e indiferencia hacia el destino de sus empleados. Elogiaron la "férrea voluntad" de los ocupantes durante los cuatro días de "heroica resistencia" y declararon (para) "QUE SEPA EL PAÍS: Que los trabajadores de Deutz Argentina, en defensa propia, con unidad, solidaridad y organización, han dado esta primera muestra de su decisión inquebrantable de defender su fuente de trabajo".[32] La lucha para preservar las fuentes de trabajo en Deutz Argentina continuaría.

III

Aunque sea solo un caso, este episodio resalta que la capacidad organizativa obrera—junto con la de los sindicatos—seguía como un aspecto crucial de las relaciones industriales aún bajo el régimen cívico-militar. La historia de Deutz Argentina sugiere que no todas las confrontaciones laborales terminaron en violencia y/o represión legal contra los partícipes. Demostrar el porqué de todo esto es una tarea más complicada. Una combinación de elementos y coyunturas específicos generó e influyó la evolución de esta protesta en aquel momento. Sin embargo, reconocer sus particularidades no significa que este caso carezca de significancia, pues por el contrario abre la puerta para pensar problemas de todo el período.

Varios factores ayudan a iluminar las dimensiones históricas de este incidente. Primero, 1980 no era 1977. Como estudios recientes han demostrado, la voluntad del régimen de usar violencia extralegal fue disminuyendo a medida que el Proceso avanzaba.[33] Después del 1978, la represión estatal y paraestatal continuó, pero se volvió mucho menos común. Paula Canelo identificó como factores centrales en este proceso la falta de cohesión dentro de la interna militar y la dinamización de la sociedad civil—incluso la presión resultada de las campañas sobre los derechos humanos—al fin de los setenta.[34] Junto con estos, la percibida necesidad de acciones tan drásticas disminuyó con la derrota resonante de la "subversión" durante los primeros doce meses de la dictadura. Sin embargo, las razones que posiblemente contribuyan a explicar la falta de violencia extralegal no necesariamente iluminan la falta de consecuencias legales para acciones que eran, objetivamente, ilegales. Los despidos, las listas negras, y las detenciones seguían siendo tácticas comunes para intimidar a los trabajadores, y hasta la violencia física, aun ya no tan frecuente, seguía siendo posible. Entonces, hay que evaluar otras circunstancias.

Un elemento significativo para esta historia fue la orientación política de los trabajadores de Deutz Argentina. El cismo dentro de SMATA al final de los sesenta correspondió a la división de la CGT, pero tuvo menos impacto dentro de la fábrica de Deutz Argentina. La mayoría del personal permaneció leal al liderazgo sindical ortodoxo y específicamente a su compañero, el entonces Secretario General José Rodríguez. A pesar de la intervención del sindicato por las autoridades militares en 1976, Rodríguez preservó mucho de su influencia con los obreros automotrices. Su línea de peronismo ortodoxo, aunque anatema para facciones de las Fuerzas Armadas, era menos propensa a provocar una respuesta severa comparada con las posiciones más radicales empuñadas por los grupos izquierdistas que habían desafiado a Rodríguez y la burocracia sindical para controlar el SMATA antes del 1976.[35] Además, el mismo Rodríguez mantenía lazos estrechos con el régimen a pesar de su separación como Secretario General por la intervención del SMATA. No se puede descartar la posibilidad de que estas conexiones con oficiales militares de alto rango también contribuyeran a la renuencia de las Fuerzas Armadas a utilizar métodos represivos en contra del lugar de trabajo de Rodríguez.

Aunque sea difícil recuperar la relación precisa entre Rodríguez, la empresa, y las fuerzas de seguridad, las fuentes sí iluminan otro aspecto de la reticencia a tomar medidas directas en contra de los trabajadores de Deutz Argentina. La llegada de la policía en la primera noche no culminó en violencia, pero tampoco resultó en una resolución. Después de esa confrontación, continuó la toma de la fábrica y las fuerzas de seguridad no volvieron a intentar desalojar a los obreros. Las comunicaciones internas policiales muestran que fue el comandante local del ejército, Brigadier Sigfrido Plessel quien ordenó a la policía municipal evitar el conflicto. De hecho, el mismo Plessel, preocupado por la posibilidad de que el desenlace resultara violento, se ofreció como mediador. No obstante, sus esfuerzos fracasaron cuando no pudo identificar a un portavoz para los trabajadores después de unos días de la ocupación. Miembros del turno de la mañana, de la tarde, y de la noche se habían entremezclado dentro de la planta junto con miembros del SMATA Morón y algunos afiliados de otros sindicatos. Plessel, evidentemente frustrado por el caos, suspendió sus intentos de mediación y estableció nuevos controles para el tránsito dentro y fuera de la fábrica. A las 05:00 del 30 de octubre, la policía local y la seguridad de Deutz Argentina comenzaron a verificar las identificaciones de todas las personas entrando y/o saliendo para asegurarse que aquellos que "no pertenecían" se quedaran afuera.[36] Por unas 36 horas, las fuerzas de seguridad manejaban las puertas, regulando el flujo de gente, mientras que cientos de personas continuaron su acción colectiva ilegal justo a su lado.

Sin lugar a duda, la cronología, el contexto sociopolítico, las conexiones entre Deutz Argentina y José Rodríguez, y la influencia de Plessel contribuyeron a que el conflicto no terminara en violencia. Empero, queremos sugerir un factor adicional que merece ser considerado. A lo largo de la confrontación, los trabajadores de Deutz Argentina describieron cuidadosamente sus acciones en un lenguaje que se hizo eco de la retórica misma de la dictadura. El impacto de este marco discursivo no puede ser evaluado precisamente dado que no existen detalles de las reacciones personales de los oficiales militares. Pero, podemos notar y evaluar cómo los obreros desplegaron e hicieron propios conceptos como la religión, la patria, la familia, y un ethos de humanismo cristiano como parte de su esfuerzo. Estas ideas corrían paralelas con la visión esbozada en los documentos fundadores del Proceso a tal nivel que no se podía pasar por alto.[37] Dentro de esta coyuntura histórica, su insistencia en que sus acciones fueron en defensa propia permitió que los trabajadores pudieran controlar la narrativa mediática y conseguir una ventaja retórica. Al reclamar los principios básicos de la dictadura para ellos mismos, el personal de Deutz Argentina creó nuevos espacios para defender sus fuentes de trabajo.

IV

Un análisis cuidadoso del lenguaje de los trabajadores de Deutz Argentina subraya el potencial de este caso para aportar nuevos datos no solo con respecto a explicaciones históricas del conflicto específico, sino también para los debates historiográficos sobre el papel de la clase trabajadora durante la última dictadura cívico-militar. Los discursos específicos que emplearon los representantes obreros y los líderes sindicales demuestran cómo los trabajadores de Deutz Argentina resisten clasificaciones fáciles como víctimas pasivas o activistas heroicos ligados a corrientes izquierdistas. Más bien, su marco retórico sugiere que distintos sectores de la clase trabajadora argentina encontraron (o crearon) espacios para distintos tipos de oposición, espacios que han escapado la atención de los estudios recientes sobre los trabajadores y el PRN.

Desde los inicios del conflicto a mediados de 1979, los empleados de Deutz Argentina reclamaron en un registro discursivo que enmarcara sus críticas a lo largo de los siguientes años. Esta retórica enfatizó nacionalismo, catolicismo y familia como pilares de la cosmovisión de los obreros. Una carta al Obispo de Morón del 11 de abril de 1980 detalló sus sacrificios por "nuestra Bendita Patria", afirmando su compromiso con "una doctrina humanista y cristiana, en donde todos los hombres puedan crecer y desarrollarse...(y) donde un trabajador, con el fruto de su trabajo, podía fundar una familia, con la frente alta al futuro, con la alegría de ver a sus hijos estudiando, progresando...".[38] Un mes después, en un panfleto distribuido al público, los trabajadores de Deutz Argentina lamentaron las políticas económicas del régimen, y recordaron a aquellos en el poder que "es delincuencia económica porque la soberanía no se defiende solamente a través de la fronteras, sino que también tenemos la obligación de defenderla económicamente dentro del país".[39] Para septiembre de 1980, su postura era aún más clara, lamentándose de la indiferencia del régimen, proclamando "Cuanto nos hubiera gustado que los gobernantes nacionales hubieran visto con entusiasmo como los obreros y empleados de Deutz preparábamos tractores para las Fuerzas Armadas, cuando estas lo solicitaron para ayudar a defender nuestra soberanía en el caso 'BEAGLE'".[40] Este lenguaje ayudó a construir una imagen particular que evocaba a la piedad, al compromiso familiar y al espíritu patriótico de los trabajadores. Conscientemente o no, este discurso se hizo eco de las declaraciones del mismo Videla en 1976 cuando describió el país que las Fuerzas Armadas buscaron construir después del golpe.

Los trabajadores limitaron sus reclamos a lo que podía considerarse defensa propia, pero el alto perfil de la movilización generó otras consecuencias. A finales de los setenta, ciertas formas de activismo obrero dentro de las fábricas habían resurgido, aunque sin el mismo peso que habían tenido durante la primera mitad de la década. Sectores de la izquierda militante buscaron confrontaciones abiertas contra la dictadura y exigieron la renuncia de casi todos los dirigentes sindicales por "complicidad". Durante los últimos meses de 1980, cuando el conflicto en Deutz Argentina se intensificó, varios grupos como el Movimiento Peronista Montonero, los Mecánicos Socialistas, los Trabajadores Comunistas de Morón, y la Coordinación de Sindicatos y Activistas del Oeste publicaron volantes reclamando la solidaridad con los trabajadores de Deutz Argentina y declararon que esta lucha iniciaría un movimiento político masivo de oposición al PRN.[41] Aunque hay poca evidencia de que estas organizaciones tuviesen una presencia fuerte dentro de la fábrica, durante meses exigieron una acción dramática en contra de la dictadura y también del capitalismo. Describieron un "plan de lucha" que pretendía unir a todos los miembros de SMATA en un colectivo en oposición al régimen y propusieron una movilización masiva (un llamado "Moronazo") por toda la Zona Oeste del Gran Buenos Aires.

Sin embargo, ninguno de estos planes parecía reflejar las posiciones del personal de Deutz Argentina. La militancia evidenciada por estos grupos contrastaba con el discurso nacionalista, familiar y explícitamente católico de los obreros. De hecho, los trabajadores de Deutz Argentina se esforzaron en múltiples ocasiones para distanciarse de otras organizaciones más radicales. Una semana antes de la huelga, ellos publicaron una solicitada en los periódicos nacionales titulada "Argentina no puede terminar sin una fábrica de tractores, ni los argentinos sin trabajo". El texto resumía el declive de la industria de tractores, culpando a los Ministros de Trabajo y Economía por sus políticas y por ignorar las necesidades de los trabajadores. Cerraba con la declaración de que

> Creemos fervientemente que la sana conjunción del Capital y trabajo es la única manera de generar riquezas para todos. REPETIMOS: PARA TODOS ESPECIALMENTE PARA LOS QUE TENEMOS EN EL SALARIO, NO UNA RENTA, SINO LA UNICA HERRAMIENTA VALIDA PARA SOSTENER A NUESTRAS FAMILIAS.[42]

Este marco discursivo apoyando al capitalismo—o una versión del capitalismo—es destacable. Por un lado, se puede interpretarlo como un intento prudente de enfatizar su no-activismo a la dictadura y así ganar algún apoyo del régimen (o al menos evitar represalias). Por otro lado, no se debería descontar la posibilidad de que esta creencia reflejaba fehacientemente las ideologías obreras dominantes en la planta. El peso duradero del peronismo ortodoxo sugiere que algunos aspectos de la consciencia obrera del periodo pre-1976—y hasta pre-1969—seguían vigentes aún bajo la dictadura.

Este énfasis sobre la retórica de los obreros de Deutz Argentina también provoca cuestiones alrededor de la idea del consentimiento en las relaciones laborales. Significativamente, las críticas lanzadas por los trabajadores no se enfocaron en la explotación del sistema laboral bajo el cual trabajaban, sino que subrayaron la falla de la empresa (y el Estado) en sostener los procesos de reproducción social que habían sido integrales al desarrollismo industrial argentino en las décadas previas. Las invocaciones repetidas de la estructura familiar y la relación entre trabajo y familia, el interés nacional, y el catolicismo demostraron la imbricación entre la labor en la fábrica y el mundo social en lo que los obreros estaban inmersos. Otra vez, el uso de estos discursos no debería sorprendernos. Tienen mucho en común con las ideas más integracionistas de los años cincuenta y sesenta, y también con los resultados de investigaciones sociológicas sobre las ideologías de la clase trabajadora peronista en los ochenta.[43] En los dos casos, el consentimiento de los trabajadores ha sido clave para entender la formación y funcionamiento de las formas de producción industrial y reproducción social. Sin embargo, este abordaje analítico raramente ha sido extendido al período de la última dictadura, aunque, como muestra el caso de Deutz Argentina, existe evidencia de que había continuidades importantes en ese sentido.

El tema del consentimiento, entonces, sugiere que el discurso de los trabajadores de Deutz Argentina no debería ser descartado como una mera complacencia o moderación para lograr empatía oficial. La creencia en "la sana conjunción del Capital y trabajo" reflejó la trayectoria histórica de consciencia de clase que se había desarrollado en la Argentina durante varias décadas. Después del golpe de 1955 que derrocó a Perón, los trabajadores argentinos articularon sus demandas y defendieron sus conquistas dentro de un marco de valores compartidos, incluso bajo regímenes militares. Esta posición retórica no era simplemente un intento de manipular las autoridades en cualquier momento, sino que representaba un pragmatismo calculado que predominaba dentro de muchos sectores del peronismo.[44] Los trabajadores de Deutz Argentina utilizaron discursos específicos como una respuesta a las circunstancias a las que se enfrentaban. Situar su retórica al lado de las tácticas y estrategias del peronismo permite dos conclusiones importantes. Primero, revela continuidades de pensamiento y praxis para sectores de la clase obrera quienes usaron décadas de experiencia negociando y luchando para defender su estatus como trabajadores bajo la dictadura sin emplear discursos explícitamente políticos. Segundo, sugiere que las dos interpretaciones predominantes sobre relaciones laborales bajo el PRN—las cuales tienden a describir los trabajadores o como oponentes heroicos o como víctimas inmovilizadas—han pasado por alto las experiencias de muchos obreros industriales. Estas conclusiones apuntan a la probabilidad de que otros sitios de trabajo también experimentaran procesos parecidos. La investigación académica sobre estas cuestiones es mínima, pero lo que hay señala que, al menos en cuanto los discursos y tácticas, Deutz Argentina está lejos de ser único.[45] Aunque esto no debería ser una sorpresa, la historia de Deutz Argentina demuestra la necesidad de nuevos enfoques en el estudio de las relaciones laborales bajo la última dictadura cívico-militar.

V

La noción de que la suspensión parcial de la ley constitucional efectivamente se tradujo en un rechazo general del Estado de derecho entre 1976 y 1983 refleja un entendimiento común, pero errado, del PRN como excepcional, como algo distinto de la trayectoria "normal" de la historia argentina. El corolario de esta suposición postula que las Fuerzas Armadas mantuvieron el control de la sociedad a través de la violencia sin que importase mucho el proyecto de gobernar.[46] Sin embargo, el uso de fuerza—aunque indudablemente brutal—no invalidó los intentos del régimen de construir legitimidad a través de la ley. De hecho, como el historiador John French sugirió en el caso de Brasil, los proyectos de terrorismo y de legalismo son muchas veces dos caras de la misma moneda.[47] Si bien la dictadura invirtió bastante tiempo y esfuerzo en la creación de un nuevo corpus legal, pocos estudios se han preocupado sobre cómo esta nueva legislación funcionaba y sobre cómo coexistía con las leyes establecidas bajo administraciones previas. Las acciones de los trabajadores y la gerencia de Deutz Argentina ayudan a iluminar precisamente las brechas y continuidades que caracterizaron a "la ley" durante esta coyuntura.

La preocupación por la ley es evidente desde el principio del conflicto. Siguiendo los despidos que provocaron la huelga y la subsecuente toma, la empresa justificó sus acciones apuntando que habían seguido el convenio colectivo al pie de la letra. De hecho, la patronal enfatizó que habían ido más allá de sus obligaciones legales bajo tales acuerdos, buscando reforzar lo legalmente correcto de su posición.[48] No obstante, este argumento expuso la tensión central en las apelaciones a "la ley" bajo la dictadura: la ambigüedad sobre cuáles leyes eran vigentes y cuáles no. Primero, el convenio al que la empresa refirió para justificar los despidos fue de junio de 1975. Después de tomar el poder, las Fuerzas Armadas suspendieron todo derecho de negociación colectiva y redujeron el poder sindical por varias otras medidas, pero dejaron en su lugar muchos de los acuerdos preexistentes. Eso significaba que, a pesar de su aplicación inconstante, los convenios pre-golpe técnicamente mantenían su vigencia. Segundo, la necesidad de la empresa de legitimar su decisión y específicamente su reconocimiento de la comisión interna como un interlocutor válido debería ser entendida como una excepción a lo que establecieron las Leyes 21.263 y 22.105, promulgadas en marzo de 1976 y noviembre de 1979, respectivamente. Estas dos leyes eliminaron formalmente el fuero sindical y las garantías asociadas que daban a los delegados sindicales ciertos derechos y protecciones. La abolición del fuero había dejado el estatus de los representantes a nivel de fábrica—inclusive los miembros de las comisiones internas—pobremente definido.

Las acciones que tomó Deutz Argentina sugieren que la empresa vio como valiosos elementos de las relaciones laborales pre-1976, incluso cuando contrastaban con la legislación de la dictadura. Su disposición al diálogo con la comisión interna, a pesar de su estatus jurídico incierto, indica que la empresa creía que estos canales podrían beneficiar tanto la producción como las relaciones públicas. Al mismo tiempo, la extensión del control patronal sobre las operaciones diarias es difícil de reconstruir. Según las leyes promulgadas en 1976, 1977 y 1979, decisiones sobre los salarios y beneficios, las horas extras, y hasta la jornada laboral frecuentemente fueron tomadas al nivel nacional. Este sistema se aplicó a trabajadores estatales y también a muchos que trabajaban en industria privada, y muchas veces se implementaron cambios por decreto sin mucha consideración para aquellos afectados (sea obreros o empresarios). Así, las viejas leyes y las nuevas coexistían inquietamente, y el potencial del corpus legal pre-golpe para servir como una instancia alternativa de autoridad permaneció presente.

Los reclamos de la aplicación de la ley por los trabajadores y la empresa, competitivos entre sí, demuestran esas referencias en disputa. Si Deutz Argentina apuntaba al convenio de 1975 para justificar el despido de 120 empleados, los trabajadores podían entonces usar el mismo acuerdo para defender su quite de colaboración, por lo que se negaban a trabajar horas extras.[49] Esto porque el convenio establecía que las horas extras no debían ser obligatorias y que los trabajadores tenían, aunque nominalmente, el derecho de rechazar tales exigencias. El hecho de que la misma Deutz Argentina invocara la legislación pre-1976 cuando les placía complicaba su habilidad para protestar por su uso por parte del personal, incluso cuando eso retaba a las políticas laborales de la dictadura. También, ambos lados trataron de reivindicarse ante las leyes promulgadas después del golpe, más notablemente la Ley 21.400, conocida como la Ley de Seguridad Industrial. Aunque fue una parte del amplio corpus legal del régimen que buscaba disminuir el poder de las organizaciones laborales, el texto de esta legislación prohibía interrupciones a la producción por los trabajadores y la empresa, significando que las huelgas y los "lockouts" eran proscriptos. Como se notó previamente, Deutz Argentina apeló a esta ley al pedir terminar la ocupación. No obstante, cuatro meses antes, los obreros habían invocado la misma legislación en contra de la empresa por suspender la producción durante el mes de junio sin pagar los días caídos.[50] Que la ley no fuera aplicada en ninguno de los dos casos revela las contradicciones persistentes dentro de la esfera legal.

Esta paradoja se ilustra con más claridad por la decisión de la empresa de hacer su denuncia en la justicia federal de San Martín, solo para que el juez fallara en su contra a pesar de la evidencia de que los obreros habían violado la Ley 21.400. La pregunta de por qué este caso no llegó a los Tribunales del Trabajo merece consideración aquí. Dos factores ayudan a explicarlo. Primero, la empresa—y no los trabajadores—inició el procedimiento y es casi seguro que haciéndolo esperaban evadir la intervención de los Tribunales del Trabajo, cuya reputación históricamente sugería simpatía hacia las quejas de la clase obrera. Segundo, incluso antes del golpe, la jurisdicción de los Tribunales estaba limitada generalmente a casos individuales y no incluía acciones colectivas, lo que significaba que la disputa de Deutz Argentina no necesariamente encajaba en la órbita de autoridad de los Tribunales.[51] Por lo tanto, a pesar de la existencia de una estructura institucional dedicada a resolver disputas laborales, el caso terminó frente a la corte federal de San Martín.

Es destacable que después de la decisión del juez Moritan, ninguna otra autoridad gubernamental intentó intervenir ni hacer ningún esfuerzo con respecto a la aplicación de la Ley 21.400 ni las otras medidas legales que la huelga y la ocupación habían violado.[52] La cobertura mediática y la gran cantidad de memos de la DIPBA demuestran la visibilidad del conflicto en su momento, pero existe poca evidencia documental para explicar el pensamiento del juez. Su fallo complica la lectura de la dinámica entre el viejo marco legal y el nuevo sin ofrecer una mirada interna sobre cómo la Justicia entendió su rol. Un limitado análisis de las decisiones judiciales durante los años finales del PRN indica una tendencia incrementada hacia los fallos que no se alineaban con los intereses del régimen.[53] Empero, mientras la represión estatal había dejado de ser una herramienta tan común como fue durante 1976 y 1977, en 1980 el colapso del gobierno militar permanecía generalmente imprevisto. Aunque lejos de ser conclusiva, la intervención de Moritan aquí sugiere que incluso antes del fin del Proceso, la justicia federal no apoyaba simplemente los intereses principales de la dictadura cívico-militar.

Reconocer los cambios legales después del 24 de marzo de 1976 no debería impedirnos ver continuidades importantes, tanto en como las personas hacían sus reclamos a las instituciones legales y con respecto a qué temas, como en el funcionamiento de algunas de esas instituciones. El nivel en el que los trabajadores de Deutz Argentina creyeron que sus peticiones públicas por apoyo a Videla o a otros miembros de la Junta Militar darían frutos es imposible de establecer, aunque estos gestos puedan parecer más simbólicos que prácticos. Pero sí podemos plantear que cuando la empresa invocó a la Ley 21.400 en su queja en contra de los trabajadores, lo hizo asumiendo que la decisión judicial sería a su favor. El hecho de que no haya sido así, y que la empresa no haya tratado disputar el fallo de primera instancia, no deberá pasar desapercibido. Hasta el acuerdo que puso fin a la toma utilizó el convenio colectivo como marco para establecer las obligaciones legales de ambos lados e hizo eco de las negociaciones históricas entre los trabajadores y la empresa durante las décadas previas. Deutz Argentina muestra que en algunos casos, personas y corporaciones todavía actuaban como si creyeran que la ley laboral representaba un espacio de autoridad, incluso cuando reconocían que no tenía el mismo peso que tuvo antes del golpe.

Es instructivo también considerar las consecuencias de esta actitud hacia la ley. Primero, la fe en las estructuras legales tanto de los obreros como de la patronal fue de alguna forma errada. Las peticiones repetidas por la intervención del Ministerio de Trabajo no se contestaron, mientras que la decisión de Moritan de no aplicar la Ley 21.400 pareció ignorar la letra de la ley y frustró las esperanzas empresariales. Segundo, que esas solicitudes, juntas con las demandas obreras por ayuda del presidente, del Ministro de Trabajo, y de otros militares de alto rango, no provocaron ninguna respuesta concreta reveló la incapacidad—o quizá la renuencia—de la dictadura para efectivamente aplicar las medidas que había promulgado. El tiempo y esfuerzo invertido por el PRN en la creación de un nuevo corpus legal que redefiniría cómo los individuos y algunos organismos colectivos—como la clase obrera—entendían su relación con el Estado no se tradujo en la voluntad de aplicar consistentemente las nuevas leyes, y subrayó la desconexión entre la autoridad legal del régimen y su legitimidad práctica. Los trabajadores de Deutz Argentina probablemente no intentaran exponer esta fisura, pero sus acciones demostraron que después de más de cuatro años, las Fuerzas Armadas todavía se enfrentaban a retos persistentes a su poder de control sobre—y/o en transformar—las dinámicas de la fábrica.

VI

Este capítulo introduce dos elementos que complementan las investigaciones sobre las relaciones laborales durante el Proceso de Reorganización Nacional. Las aproximadas cien horas del conflicto del 27 al 31 de octubre presentan una oportunidad para (re)considerar las estrategias usadas por trabajadores argentinos para defenderse legal, económica, política y socialmente y también expone el mandato de la ley bajo el autoritarismo. Siguiendo a Michel-Rolph Trouillot, el caso de Deutz Argentina pone en entredicho las interpretaciones previas de historia laboral sobre dos ejes: tanto el "lo que pasó" y el "lo que se dice que pasó".[54] Para Trouillot, la historia no existe en el pasado sino es consistentemente reconstruida en diálogo con el presente. El "lo que se dice que pasó" interviene en el "lo que pasó", cambiando los significados asociados. En Deutz Argentina, un conflicto laboral prolongado y visible en (o cerca de) el apogeo del poder del régimen cívico-militar no terminó en violencia física sino con una victoria obrera, aunque esa victoria fuera limitada. Esto plantea preguntas acerca del mandato de la ley y de la dictadura, particularmente sobre cómo varias instituciones funcionaban y cuáles fueron las consecuencias de la legislación laboral dentro de las fábricas. Reconstruir el pasado a través de este caso de estudio ofrece un complemento crítico a los análisis existentes, contribuyendo a la elaboración de una versión más matizada del "lo que se dice que pasó".⁵⁵ La historia de Deutz Argentina demuestra que resaltar las experiencias de esos trabajadores que tomaron medidas dramáticas mientras rechazaban posiciones abiertamente izquierdistas sin sufrir represión estatal, lleva a un cambio de perspectiva con respecto a la relación entre las organizaciones de obreros y el gobierno militar.

Esta interpretación pone nuevo énfasis sobre "la ley", subrayando cómo diversos actores y grupos buscaron calificar sus acciones como "legales" o "legítimas" según varios estándares que desafiaban la uniformidad. En este contexto, considerar la ley no más una pantalla de humo que ocultaba la desposesión y la violencia pasa por alto los significados que los ciudadanos y el mismo Estado invertían en el sistema legal, incluso en el momento en el que la Constitución fue formalmente suspendida. Tal conjetura tal vez corra el riesgo de ignorar el objetivo más significativo de la dictadura: la reorganización nacional. Indudablemente, la ley después del 24 de marzo no funcionó de la misma forma que antes del golpe, ni los argentinos se relacionaron con el gobierno de la misma manera. Empero, en vez de aceptar esto como suficiente prueba para la simple destitución de la significancia de la ley, sería más productivo reconocer que sí ocurrió una suerte de transformación y explorar cuidadosamente los significados de tal cambio.

El enfoque en las estructuras y prácticas de "la ley" y en aquellos trabajadores quienes se opusieron visiblemente a la dictadura sin incurrir represalias distingue este análisis con respecto a la literatura existente sobre este período. Como se señaló al comienzo de este capítulo, las interpretaciones dominantes han tendido a subrayar la dicotomía de trabajadores como víctimas pasivas o héroes cuasi revolucionarios, sin prestar mucha atención al ámbito institucional en el cual se desarrollaron los conflictos y confrontaciones laborales. Sin embargo, sospechamos que los obreros, las empresas, y hasta el régimen cívico-militar estaban más dispuestos a reconocer sitios de autoridad con raíces en la época pre-golpe que lo que las y los historiadores han aceptado. Esto también puede incluir, tal como demostró la historia de Deutz Argentina, los convenios colectivos pre-1976, el acceso a y uso de la justicia federal, o incluso la idea de la legalidad misma, evidenciada por los repetitivos y contradictorios intentos de apelar a la Ley 21.400. Este argumento requiere una agenda investigativa más amplia que la que puede desarrollarse en un solo artículo, pero los eventos durante cuatro días en Morón a finales de octubre 1980 apuntan a la necesidad de un estudio más profundo de varios de los conflictos laborales ocurrido durante la última dictadura cívico-militar.

Notas

1. En este capítulo, referimos a la legislación dictatorial tal como las autoridades del Proceso la describieron. Así, el uso de "ley", "decreto", y/o "decreto-ley" refleja su caracterización en las fuentes oficiales que publicó la dictadura. También, creemos que tal uso de estos términos complica la noción de que leyes promulgadas por medidas no democráticas son de necesidad ilegitimas. Tomar en serio al Proceso como un proyecto político —un objetivo del presente trabajo— implica también reconsiderar la legislación de ese proyecto.

2. "Cumple un paro de 24 horas como protesta el personal de Deutz", *La Razón* 27/10/1980; CPM-Fondo DIPBA, División Central de Documentación, Registro y Archivo, Mesa "B", Factor Gremial, Carpeta 82, Legajo 32 [en adelante "Archivo DIPBA"], 358, 377-78.

3. Muchos trabajos sobre el movimiento laboral y/o sindicatos bajo la dictadura han enfatizado casos en los que las fuerzas de seguridad, a menudo con la complicidad o participación patronal, secuestraban, torturaban, desaparecían y asesinaban a trabajadores argentinos. Ver, entre otros, Victoria Basualdo, "Complicidad patronal-militar en la última dictadura argentina: los casos de Acindar, Astarsa, Dálmine Siderca, Ford, Ledesma y Mercedes Benz", *Revista Engranajes* No. 5 (marzo 2006); Federico Lorenz, *Los zapatos de Carlito: una historia de los trabajadores navales de Tigre en la década del setenta* (Buenos Aires: Grupo Editorial Norma, 2007); Federico Lorenz, *Algo parecido a la felicidad: una historia de lucha de la clase trabajadora durante la década del setenta (1973-1978)* (Buenos Aires: Edhasa, 2013). Unas excepciones incluyen Daniel Dicósimo, "Dirigentes sindicales, racionalización y conflictos durante la última dictadura militar", *Revista Entrepasados* Vol. 15, No. 29 (2006); Luciana Zorzoli, "La normativa sindical entre la dictadura y el alfonsinismo, propuesta de sistematización", en *Clase obrera, sindicatos y Estado Argentina*, Alejandro Schneider y Pablo Ghigliani, eds. (Buenos Aires: Imago Mundi, 2015).

4. Las peticiones al Ministerio del Trabajo estaban dirigidas tanto a los altos funcionarios, como el Ministro, General Llamil Reston, así como a la Dirección Nacional de Relaciones de Trabajo, un organismo dentro de la jerarquía ministerial que lidiaba de forma más directa con los conflictos laborales.

5. Teemu Ruskola, "Raping Like a State", *UCLA Law Review*,Vol. 57, No. 5 (June 2010).

6. Este caso, como otros parecidos, contribuye al debate sobre la manipulación y/o la participación de sectores obreros en la política izquierdista revolucionaria de la época. Mientras que sostenemos que estas políticas no ganaban peso con la mayoría de trabajadores en Deutz Argentina, no queremos sugerir que no tenían adherentes. Para un análisis de esta cuestión, ver Federico Lorenz, "No nos subestimen

tanto. Experiencia obrera, lucha armada y lecturas de clase", Jornada académica: Partidos armados en la Argentina de los setenta, 2007. Disponible en: http://historiapolitica.com.

7. Con respecto a la primera posición, ver, entre otros, Francisco Delich, "Desmovilización social, reestructuración obrera y cambio sindical", en *Sociedad civil y autoritarismo: el problema de la participación política y social en América Latina ante los proyectos neoliberales y las transformaciones que éstos inducen* (Buenos Aires: Crítica y Utopía, 1982). Para la segunda, ver especialmente Pablo Pozzi, *Oposición obrera a la dictadura (1976-1982)* (Buenos Aires: Imago Mundi, 1988). Este enfoque en resistencia también enfatiza la desconexión entre la masa del pueblo y la llamada burocracia sindical, adjudicándole a la primera "autenticidad" y pintando a la última como desconectada de sus bases. Ver Pablo Pozzi, "Argentina 1976-1982: Labour Leadership and Military Government", *Journal of Latin American Studies* Vol. 20, No. 1 (May 1988). Para un análisis de estos debates, ver Felipe Venero, "Trabajadores y dictadura. Un balance crítico sobre la producción historiográfica", en *Clase obrera, sindicatos y Estado*, Alejandro Schneider y Pablo Ghigliani, eds. (Buenos Aires: Imago Mundi, 2015).

8. Ver, entre otros, Guillermo O'Donnell, *Bureaucratic Authoritarianism: Argentina 1966-1973 in Comparative Perspective* (Berkeley, CA: U of California P, 1988); Juan Manuel Palacio, "El grito en el cielo: La polémica gestión de los tribunales de trabajo en la Argentina", *Estudios Sociales* No. 48 (2015); Florencia Osuna, "'El Ministerio de Onganía'. Un análisis de la conformación del Ministerio de Bienestar Social (1966-1970)", *Anuario de la Escuela de Historia* Año 8, No. 11 (2017).

9. Daniel James, *Resistance and Integration: Peronism and the Argentine Working Class, 1946-1976* (Cambridge: Cambridge UP, 1988); Juan Carlos Torre, *La vieja guardia sindical y Perón: sobre los orígenes del peronismo* (Buenos Aires: Editorial Sudamericana, 1990); Peter Ranis, *Argentine Workers: Peronism and Contemporary Class Consciousness* (Pittsburgh, PA: U of Pittsburgh P, 1992).

10. El archivo de la ex DIPBA está administrado por la Comisión Provincial de la Memoria (CPM), basada en La Plata. Está disponible debido a la decisión del gobierno provincial de legárselo a la CPM. Existe un peligro fundamental en usar evidencia recolectada por las fuerzas de seguridad estatales sin reflexión crítica, pero también brindan una oportunidad única para expandir nuestro entender del funcionamiento legal dictatorial. Para más sobre la historia del archivo mismo, ver Patricia Funes, "Desarchivar lo archivado. Hermenéutica y censura sobre las ciencias sociales latinoamericanas", *Iconos, Revista de ciencias sociales* No. 30 (enero 2008).

11. Archivo DIPBA, 120-22.

12. Archivo DIPBA, 114-19.

13. Archivo DIPBA, 114-19.

14. Archivo DIPBA, 294, 295-97, 299. Ver también "Protestas por el anunciado

cierre de Deutz Argentina", *La Prensa* 18/9/1980; "Los obreros de Deutz realizaron una asamblea y formularon agrias críticas", *Convicción* 18/9/1980.

15. Archivo DIPBA, 322, 325; "Deutz: Desfile obrero en Morón", *Diario Popular* 3/10/80; "Efectuóse una marcha de protesta por el cierre de la empresa Deutz", *La Prensa* 3/10/80; "Ruego de obreros a Dios", *Crónica* 3/10/1980.

16. Archivo DIPBA, 347-48, 349, 352-53, 354.

17. "Gremialistas denuncian despidos en Deutz", *Convicción* 26/10/1980.

18. Archivo DIPBA, 346, 347-48, 349, 351, 352-53.

19. "Cumple un paro de 24 horas como protesta el personal de Deutz", *La Razón* 27/10/1980.

20. Sobre peronismo ortodoxo, ver James, *Resistance and Integration*.

21. Archivo DIPBA, 368, 371. Ver también "Deutz ocupada por los obreros", *Diario Popular* 29/10/1980; "Ocuparon los obreros de Deutz la fábrica de Haedo", *El Día* 29/10/1980; "La fábrica Deutz sigue ocupada", *Diario Popular* 30/10/1980.

22. Ver "Procura la policía el desalojo de la planta ocupada de la Deutz", *La Razón* 29/10/1980; "La fábrica Deutz sigue ocupada", *Diario Popular* 30/10/1980.

23. Archivo DIPBA, 382-83. Ver también "Deutz: Recurren a Viola", *Crónica* 30/10/1980.

24. Ley 21.400, promulgada el 3 de septiembre de 1976, prohibía toda forma de acción directa por parte de los trabajadores, incluyendo cualquier medida que amenazara o interrumpiera el ritmo normal de producción. La ley también proscribía los "lockouts" patronales o cualquier táctica similar que pudiera afectar a la producción. Las posibles penalizaciones a la violación de la ley incluían multas, pérdidas salariales, despidos, y hasta diez años de prisión.

25. Archivo DIPBA, 380-81.

26. Ver también "Deutz: Recurren a Viola", *Crónica* 30/10/1980.

27. Los detalles concretos sobre Moritan son escasos. Parte del esfuerzo de las Fuerzas Armadas de "reorganizar" la nación involucraban una reformación dramática del sistema judicial, incluyendo la suspensión y/o despido de jueces de varios niveles (municipal, provincial y federal). Al tiempo de escribir resultó imposible encontrar más información sobre la trayectoria profesional de Moritan.

28. Archivo DIPBA, 377-78, 380-81.

29. Archivo DIPBA, 380-81. Ver también "Cesó la ocupación de Deutz", *Clarín* 1/11/1980.

30. Archivo DIPBA, 421-22. La cláusula final explicaba que el acuerdo había sido alcanzado con la aprobación de todos los sectores y fue notariado el 31 de octubre de 1980.

31. Archivo DIPBA, 394, 395, 404-05. Ver también "Arreglo en Deutz", *Crónica* 1/11/80.

32. Ver "Los obreros de Deutz desalojaron la fábrica", *Diario Popular* 1/11/80; "Arreglo en Deutz", *Crónica* (1/11/80).

33. Ver en particular, Paula Canelo, *El Proceso en su laberinto: la interna militar de Videla a Bignone* (Buenos Aires: Prometeo Libros, 2008). Ver también Marcos Novaro y Vicente Palermo, *La dictadura militar (1976-1983): del golpe de Estado a la restauración democrática* (Buenos Aires: Paidós, 2003), especialmente los capítulos 2 y 4.

34. Canelo, *El Proceso en su laberinto*.

35. Ver James, *Resistance and Integration*; James Brennan, *The Labor Wars in Córdoba, 1955-1975: Ideology, Work, and Labor Politics in an Argentine Industrial City* (Cambridge, MA: Harvard UP, 1994); James Brennan, "*Clasismo* and the Workers: The Ideological-Cultural Context of '*Sindicalismo de Liberación*' in the Cordoban Automobile Industry, 1970-1975", *Bulletin of Latin American Research*, Vol. 15, No. 3 (1996).

36. Archivo DIPBA, 385-86.

37. Ver *Documentos básicos para el Proceso de Reorganización Nacional* (Buenos Aires, 1976).

38. Archivo DIPBA, 110-13.

39. Archivo DIPBA, 169.

40. Archivo DIPBA, 312-13.

41. Archivo DIPBA, 303, 307, 328, 412.

42. "La Argentina no puede quedarse sin fábrica de tractores ni los argentinos sin trabajo", *Clarín* 17/10/1980.

43. James, *Resistance and Integration*, caps. 3-4; Ranis, *Argentine Workers*.

44. James, *Resistance and Integration*. Este pragmatismo obrero en un momento en el que la mayoría de los estudios han enfatizado el carácter unificado y oposicional de la clase trabajadora no debería sorprendernos dado la historia más larga de los trabajadores argentinos en el siglo XX. Vale la pena recordar aquí la famosa advertencia de E.P. Thompson sobre los riesgos de buscar la conciencia que la clase trabajadora supuestamente debería tener, pero que raramente tiene. E.P. Thompson, *The Making of the English Working Class* (New York, NY: Vintage Books, 1966), 10.

45. Aunque queda fuera del enfoque de este artículo, una retórica similar rodea a las movilizaciones de los trabajadores de Luz y Fuerza en Buenos Aires en 1976 y 1978, y en Mercedes Benz Argentina en 1979 y 1980, entre otros. Nacionalismo, familia y religión eran frecuentemente pilares para los trabajadores en cuanto a su articulación del descontento con sus salarios y condiciones de trabajo.

46. No todos los autores han asumido esta posición abiertamente, pero la falta de investigación de estas preguntas legales (en comparación con los numerosos es-

tudios que analizan la dictadura a través de la violencia, la política económica, o hasta las relaciones laborales) evidencia el nivel de aceptación implícita que existe sobre esta noción.

47. John French, *Drowning in Laws: Labor Law and Brazilian Political Culture* (Chapel Hill, NC: U of North Carolina P, 2004), 153.

48. Archivo DIPBA, 354.

49. Convención Colectiva de Trabajo No 8/75 "E".

50. Ver "Cien despidos en Deutz", *Diario Popular* 5/29/1980; "Deutz: Tratan situación", *Clarín* 6/4/1980; "Fracasó una reunión por un pleito laboral", *La Nación* 6/6/1980.

51. Ver Palacio, "El grito en el cielo". Es difícil de explicar por qué los mismos trabajadores de Deutz Argentina aparentemente nunca llevaron un caso a los Tribunales Laborales. Aún se está investigando el funcionamiento y efectividad de los Tribunales durante el PRN, una cuestión que queda fuera del enfoque del presente artículo.

52. Parece que los oficiales del Ministerio del Trabajo, la Dirección Nacional de Relaciones Laborales y las fuerzas de seguridad locales estaban contentos de dejar la responsabilidad sobre los hombros de Moritan. Ver Archivo DIPBA, 377-78.

53. Gretchen Helmke, "The Logic of Strategic Defection: Court-Executive Relations in Argentina under Dictatorship and Democracy", *The American Political Science Review* Vol. 96, No. 2 (June 2002).

54. Michel-Rolph Trouillot, *Silencing the Past: Power and the Production of History* (Boston, MA: Beacon Press, 1995), 1 y 2.

55. Trouillot, *Silencing the Past*.

Bibliografía

Archivos:

Comisión por la memoria—Fondo DIPBA ("Archivo DIPBA")

Fuentes periodísticas:

Clarín
Convicción
Crónica
Diario Popular
El Día
La Nación
La Prensa
La Razón

Fuentes primarias publicadas:

Documentos básicos para el Proceso de Reorganización Nacional. Buenos Aires, 1976.

Convención Colectiva de Trabajo No 8/75 "E." Buenos Aires, 1975.

Fuentes secundarias:

Basualdo, Victoria. "Complicidad patronal-militar en la última dictadura argentina: los casos de Acindar, Astarsa, Dálmine Siderca, Ford, Ledesma y Mercedes Benz". *Revista Engrajes* no. 5 (marzo 2006).

Brennan, James. *The Labor Wars in Córdoba, 1955-1976: Ideology, Work, and Labor Politics in an Argentine Industrial City.* Cambridge, MA: Harvard UP, 1994.

———. "Clasismo and the Workers: The Ideological-Cultural Context of 'Sindicalismo de Liberación' in the Cordoban Automobile Industry, 1970-1975". *Bulletin of Latin American Research* vol. 15, no. 3 (1996).

Canelo, Paula. *El Proceso en su laberinto: la interna militar de Videla a Bignone.* Buenos Aires: Prometeo Libros, 2008.

Delich, Francisco. "Desmovilización social, reestructuración obrera y cambio sindical". En *Sociedad civil y autoritarismo. El problema de la participación política y social en América Latina ante los proyectos neoliberales y las transformaciones que éstos inducen.* Editado por Francisco Delich. Buenos Aires: Crítica y Utopía, 1982.

Dicósimo, Daniel. "Dirigentes sindicales, racionalización y conflictos durante la última dictadura militar". *Revista Entrepasados* vol. 15, no. 29 (2006).

French, John. *Drowning in Laws: Labor Law and Brazilian Political Culture.* Chapel Hill, NC: U of North Carolina P, 2004.

Funes, Patricia. "Desarchivar lo archivado. Hermenéutica y censura sobre las ciencias sociales latinoamericanas". *Iconos, Revista de ciencias sociales* no. 30 (enero 2008).

Helmke, Gretchen. "The Logic of Strategic Defection: Court-Executive Relations in Argentina Under Dictatorship and Democracy". *The American Political Science Review* vol. 96, no. 2 (junio 2002).

James, Daniel. *Resistance and Integration: Peronism and the Argentine Working Class, 1946-1976.* Cambridge: Cambridge UP, 1988.

Lorenz, Federico. *Algo parecido a la felicidad: una historia de lucha de la clase trabajadora durante la década del setenta (1973-1978).* Buenos Aires: Edhasa, 2013.

———. "No nos subestimen tanto. Experiencia obrera, lucha armada y lecturas de clase". Jornada académica: Partidos armados en la Argentina de los setenta, 2007. Disponible en: http://historiapolitica.com

———. *Los zapatos de Carlito: una historia de los trabajadores navales de Tigre en la década del setenta.* Buenos Aires: Grupo Editorial Norma, 2007.

Novaro, Marcos, y Vicente Palermo. *La dictadura militar (1976-1983): del golpe de Estado a la restauración de la democracia*. Buenos Aires: Paidós, 2003.

O'Donnell, Guillermo. *Bureaucratic Authoritarianism: Argentina 1966-1973 in Comparative Perspective*. Berkeley, CA: U of California P, 1988.

Osuna, Florencia. "El Ministerio de Bienestar Social entre el onganiato y la última dictadura (1966-1983)". *Estudios Sociales del Estado* vol. 3, no. 6 (2017).

Palacio, Juan Manuel. "El grito en el cielo: la polémica gestión de los tribunales de trabajo en la Argentina". *Estudios Sociales* no. 48 (2015).

Pozzi, Pablo. "Argentina 1976-1982: Labour Leadership and Military Government". *Journal of Latin American Studies* vol. 20, no. 1 (mayo 1988).

———. *Oposición obrera a la dictadura (1976-1982)*. Buenos Aires: Imago Mundi, 1988.

Ranis, Peter. *Argentine Workers: Peronism and Contemporary Class Consciousness*. Pittsburgh, PA: U of Pittsburgh P, 1992.

Ruskola, Teemu. "Raping Like a State". *UCLA Law Review* vol. 57, no. 5 (June 2010).

Thompson, E.P. *The Making of the English Working Class*. New York, NY: Vintage Books, 1966.

Torre, Juan Carlos. *La vieja guardia sindical y Perón: sobre los orígenes del peronismo*. Buenos Aires: Editorial Sudamericana, 1990.

Trouillot, Michel-Rolph. *Silencing the Past: Power and the Production of History*. Boston, MA: Beacon Press, 1995.

Venero, Felipe. "Trabajadores y dictadura. Un balance crítico sobre la producción historiográfica". En *Clase obrera, sindicatos y Estado. Argentina 1955-2010*. Editado por Alejandro Schneider y Pablo Ghigliani. Buenos Aires: Imago Mundi, 2015.

Zorzoli, Luciana. "La normativa sindical entre la dictadura y el alfonsinismo, propuesta de sistematización". En *Clase obrera, sindicatos y Estado. Argentina 1955-2010*. Editado por Alejandro Schneider and Pablo Ghigliani. Buenos Aires: Imago Mundi, 2015.

CAPÍTULO II

Por una historia del obrero común y de la aceptación cultural de la última dictadura cívico-militar[1]

Camillo Robertini

UNIVERSIDAD DE BUENOS AIRES

Introducción

EL OBJETIVO DE ESTE trabajo es analizar las actitudes sociales y las memorias del mundo del trabajo respecto de la última dictadura cívico-militar. Este ensayo se inserta en el marco de la necesaria actualización del debate acerca de la experiencia de la clase trabajadora en dictadura, que ha sido impulsada por el encuentro que se ha llevado a cabo en la Universidad Nacional de La Plata en julio de 2018. A raíz del seminario, que ha testimoniado el estado de salud de los estudios sobre trabajo y dictadura, he tenido la posibilidad de exponer una ponencia acerca de la compleja relación existente entre conflictividad y consenso bajo un régimen autoritario.

En estas páginas me propongo ofrecer nuevas claves de lectura para contestar a viejas preguntas: ¿es posible pensar y analizar la historia de la dictadura a partir del concepto de consenso? La clase obrera argentina, o algunos colectivos de trabajadores, ¿de qué manera vivieron los siete años de dictadura? Más allá del conflicto, ¿es posible pensar en el consenso obrero hacia el plan reaccionario impulsado por el gobierno militar?

Estas preguntas resultan fundamentales por dos motivos: en primer lugar, para poder evaluar hasta qué punto los estudios sobre la represión del movimiento obrero han alcanzado en profundidad la experiencia de los trabajadores y si, en consecuencia, es posible decir algo más en el marco del panorama historiográfico, es decir, si existen rincones, temas y puntos de vistas inexplorados por la historiografía; en segundo lugar, para establecer un diálogo entre los estudios que, a partir de la década del ochenta, han abordado el tema del consenso bajo los fascismos europeos.

En tercer lugar, estos interrogantes aparecen hoy fundamentales ya que, en un contexto sociopolítico que parece haber preferido el olvido a la memoria, la pregunta por el consenso nos indica la necesidad de analizar las formas cotidianas a través de las cuales los sectores populares y las clases medias normalizaron y apoyaron el accionar de la dictadura cívico-militar. A la hora de realizar un balance de los resultados alcanzados, destacados referentes de la Historia reciente han afirmado con fuerza la necesidad de investigar la "otra cara" de la dictadura, abordando el mundo de los represores, de las derechas, de aquellos sectores "grises" y de los sentimientos de quienes no vivieron el golpe como un hecho negativo, o que incluso fueron parte de las instituciones que perpetraron el terrorismo de Estado.[2]

Si bien es necesario seguir colocando la lupa sobre los casos de represión y violación de los Derechos Humanos, y por ende sobre la búsqueda de las responsabilidades sociales, es preciso "evitar el abuso imperialista de la pregunta por la resistencia o la complicidad. Considerar el peso de las rutinas, la indiferencia, las representaciones de larga data no ligadas de un modo lineal a la política, resulta entonces indispensable para comprender la dimensión de la cotidianidad".[3] Resulta indispensable, entonces, pensar la experiencia de los sujetos como una historia de los sentimientos y de las actitudes que no es posible encasillar en categorías éticas que establecen un corte neto entre víctimas y represores, "buenos" y "malos".

A partir del análisis de la experiencia de una comunidad obrera del Gran Buenos Aires en dictadura,[4] expondré algunas reflexiones a través de las cuales propongo repensar lo cotidiano en dictadura a partir de los conceptos de "aceptación cultural", "matriz consensual" y de "consenso social"[5] respecto del plan autoritario llevado a cabo en primera instancia por el tercer gobierno peronista y luego por el gobierno del autodenominado Proceso de Reorganización Nacional. El estudio de caso que aquí presento no pretende contraponerse a la literatura existente, sino inaugurar un plano paralelo de análisis de los estudios sobre la dictadura.

Este capítulo se divide en tres apartados: en el primero se resume de qué forma la literatura cinética abordó la historia de los trabajadores en dictadura;

en el segundo se plantea la propuesta analítica de trabajar con la categoría del "obrero común"; en el tercero se analizan las memorias de obreros no politizados para abordar el tema de la "aceptación cultural" de la dictadura por parte de este segmento de la clase obrera.

Se propone como hipótesis que hubo (amplios) sectores del mundo del trabajo que aceptaron y percibieron la presencia militar como una "solución" necesaria para una "vuelta al orden" en contra del "enemigo de la Nación".[6] Dichos sectores, en consecuencia, no vivieron la dictadura como un hecho negativo, sino como una opción política viable y hasta legítima. La dictadura, sin embargo, fue propugnada por distintos sectores de la sociedad argentina y las fuerzas represivas para desarticular el proceso político y reivindicativo que, desde el mayo de 1969, había transformado la clase trabajadora en un potencial agente revolucionario en la Argentina de los setenta.[7]

Breve estado de la cuestión

Como manifiesta buena parte de la producción que se ha dedicado al análisis de las actitudes sociales de los argentinos durante la dictadura, la pregunta por el consenso ha aparecido desde principio como una de las más urgentes.[8] Entender las formas a través de las cuales, antes del 24 de marzo de 1976, los militares se transformaron en una opción política viable para algunos sectores de la población, y como se construyó un consenso social a través de políticas represivas y encuestas de opinión, ha sido una cuestión planteada en distintos trabajos.[9]

Si bien desde los primeros momentos del período posdictatorial se demostró la necesidad de dar una respuesta a la pregunta acerca del consenso respecto del proyecto autoritario de los militares, esta pregunta ha sido eludida en los estudios referidos al mundo del trabajo.[10]

Esta, viceversa, ha sido estudiada en el marco de trabajos cuyo objetivo era, a partir de la década del ochenta, rescatar una mirada general sobre la sociedad argentina y sus sectores medios en dictadura.[11]

Es posible identificar, grosso modo, dos momentos fundamentales dentro de los estudios sobre clase trabajadora que han marcado una tendencia: el primero coincide con los años de la recuperación de la democracia y la denuncia de los crímenes de la dictadura, mientras que durante el segundo (que abarca los años 2003-2015) se ha impulsado la constitución del campo de estudio de la historia reciente.[12]

A partir de la vuelta a la democracia los expertos de historia sindical trataron de realizar un balance a propósito del papel que el movimiento obrero organizado había jugado durante la dictadura. ¿Qué lugar había ocupado la dirigencia sindical durante el llamado "Proceso"? ¿Había acompañado el lento desgaste del gobierno militar? ¿O, al contrario, se había transformado en un sostén de este? ¿Fue el movimiento obrero el motor del derrocamiento del gobierno militar? O, en cambio, ¿se limitó a observar los acontecimientos de la última dictadura?

Esta cuestión, más allá de expresar una simple inquietud intelectual, se desprendía de la denuncia que Raúl Alfonsín había hecho pública durante la campaña presidencial de 1983 acerca de un supuesto "pacto sindical-militar". Por su parte, un grupo de historiadores marxistas dentro de lo cuales se destacaba Pablo Pozzi fue determinante para afirmar el paradigma de la "resistencia obrera a la dictadura".[13] Mediante un enérgico cuestionamiento de la tesis según la cual la clase obrera se había desmovilizado, Pozzi reivindicaba la historia de aquellos sectores —minoritarios— de la izquierda clasista que habían encabezado las movilizaciones político-obreras previas al golpe de Estado.[14]

La producción académica en las décadas siguientes ha retomado el propósito de estudiar el mundo del trabajo a partir de las experiencias clasistas y revolucionarias y, con mayor profundidad que antes, se ha enfocado en el estudio de casos locales.[15] Estos trabajos, no se han concentrado solamente en la experiencia del movimiento obrero organizado en Capital Federal y en el Gran Buenos Aires,[16] sino que se han volcado a la reconstrucción de historias locales en distintos puntos del territorio nacional, devolviendo una mirada más compleja sobre el conjunto de la clase trabajadora argentina.[17] Una particularidad de esta bibliografía tiene que ver con la elección del obrero "varón, urbano y organizado"[18] cual tipo ideal y sujeto privilegiado de los distintos análisis.

La consecuencia inevitable de la tipificación de los trabajadores como sujetos organizados, políticamente definidos e involucrados en el proceso de radicalización político-sindical y, a menudo, víctimas del terrorismo de Estado, ha sido la invisibilización de otros sectores obreros. Aquellos trabajadores de base, no organizados y políticamente menos "conscientes" de las vanguardias que, si bien no se reconocieron en las prácticas conflictivas de las vanguardias, eran parte de la clase trabajadora, no han sido considerados suficientemente.

El énfasis puesto en la historia de los sectores politizados del mundo del trabajo ha indudablemente aportado elementos novedosos, como la ruptura de las viejas periodizaciones (por ejemplo, las que hacían coincidir el comienzo del terrorismo de Estado con el golpe de 1976) que no tomaban en cuenta la memoria de los trabajadores y el uso de distintas fuentes, desde las de inteligencia hasta las orales.[19]

El deseo de recuperar la historia de las experiencias clasistas y revolucionarias a menudo ha determinado una narración histórica "esenciali[sta] [la cual] supone no solamente que la clase está siempre presente (como el sol a la mañana) sino que resiste permanentemente".[20] Esta, si bien resulta útil a la hora de evaluar el papel de la izquierda revolucionaria durante la década del setenta, en pocos casos ha sumado elementos útiles para la reconstrucción de la vivencia y la experiencia ordinaria de los trabajadores. Es así como la voluntad de leer la experiencia de la clase trabajadora por su potencial revolucionario ha hecho que del trabajador industrial de la década del setenta se transformara en algo ejemplar: un guion, una experiencia y una suma de estereotipos que, solo marginalmente, nos informa sobre los mundos del trabajo—plurales y ambiguos—de aquel entonces.

Esta tendencia se confirma también a través de los estudios más recientes que, ignorando actitudes sociales respecto de la dictadura que no fuesen resistencia o indisciplina y respondiendo a la necesidad de establecer la histórica responsabilidad de las empresas en relación a los delitos de lesa humanidad, ha puesto énfasis casi exclusivamente en los casos en los cuales los trabajadores fueron víctimas de la dictadura.[21]

El obrero común: una propuesta interpretativa

La necesidad de reflexionar sobre la experiencia cotidiana, rutinaria y corriente de los argentinos en dictadura, si bien se ha planteado recientemente en distintos encuentros científicos, nunca se ha transformado en una propuesta capaz de convocar a grupos de investigaciones, encuentros o jornadas académicas. Esta afirmación, si es parcialmente correcta para los estudios sobre historia reciente que se han ocupado de clase media y vecinos de Centros de detención clandestino, lo es aún más para los estudios de trabajo.[22]

Es preciso apuntar que el análisis del proceso represivo durante la dictadura militar tal como fue vivido por el conjunto de la sociedad, es decir, considerando no solamente los sujetos involucrados con la etapa de politización previa al golpe sino también los sectores no politizados en ella presentes, no es enteramente novedoso.

Poco después de la vuelta a la democracia, Guillermo O'Donnell hizo pública la intención de escribir una historia de la vida cotidiana durante la dictadura desde una perspectiva "micro", enfocada en el análisis de las "texturas celulares, de lo cotidiano".[23] En el texto preparatorio para un libro que nunca vio la luz, el sociólogo planteó la idea de acercarse a la experiencia media de los argentinos en dictadura a partir del testimonio brindado por "mozos de bar, taxistas, empleados de almacén, kiosqueros y a esa miríada de pequeños-grandes personajes del cotidiano de Buenos Aires".[24]

Sobre el final de la década del noventa, el proyecto de estudiar la experiencia cotidiana de los sectores populares —de la gente común— en dictadura tomó consistencia también en el marco de un equipo coordinado por María Ruth Sautu en el Instituto de Investigaciones Gino Germani. En un artículo dedicado al análisis de la memoria del golpe se afirmaba la necesidad de estudiar la experiencia vivida por la "gente común", por "aquellos que no tenían participación política".[25] A través del recurso a la historia oral, acompañado por un abordaje sociológico, el grupo de investigación entrevistó a distintas personas que, desde un punto de vista subjetivo, expresaron las ambigüedades y las formas a través de las cuales se enunciaban memorias "positivas" de la última dictadura cívico-militar.[26] Sin construir una artificial división entre el mundo de la política y la gente común, este trabajo rescató opiniones y memorias que hacían evidente el pensamiento y la forma de reflexionar sobre el pasado reciente de los sectores no hegemónicos de la sociedad.

El problema de escribir una historia de los trabajadores comunes ha aparecido desde el comienzo de la década del sesenta en el marco de la *New Labour History* británica. En 1966, insatisfecho por la historia del movimiento obrero realizada hasta ese entonces, Edward P. Thompson señaló que esta debía tener en cuenta no solo a los grupos políticamente organizados sino también a quienes no optaron por una vía políticamente activa. En su célebre ensayo "History from below", afirmó la necesidad de abordar la historia de la "*common people*" —de la gente común o corriente—[27]que, si bien no suele representar los modelos ideales pensados por los historiadores, describe la experiencia material y la vivencia de personas cuyos "ideales [...] fueron quizás pura fantasía; sus conspiraciones sediciosas, posiblemente temerarias. Pero ellos vivieron en esas épocas de extrema inquietud social y nosotros no".[28]

A raíz de las intuiciones metodológicas contenidas en la propuesta de la "Historia desde abajo", la posibilidad de incorporar la voz y la experiencia de las clases subalternas se ha transformado —globalmente— en un elemento ineludible de la moderna historiografía social.[29]

En este ensayo—en estrecha relación con el trabajo que estoy realizando acerca de la memoria de trabajadores comunes en dictadura—resulta necesario formular la siguiente pregunta: ¿es posible—y sobre todo de qué forma—utilizar la categoría del obrero común para abordar las memorias de los trabajadores que vivieron la última dictadura cívico-militar?

En primer lugar, podemos contestar que, salvo casos puntuales[30] este abordaje es necesario ya que la historia de los trabajadores argentinos en dictadura se ha concentrado en el análisis de las experiencias organizadas, clasistas, opositoras y en la represión de colectivos obreros. Los investigadores que han estudiado estos temas a menudo han aplicado un prejuicio metodológico: analizar la historia del movimiento obrero a partir de las experiencias de las "vanguardias revolucionarias" y de las organizaciones sindicales, ya que serían las que representan la "auténtica" experiencia de los trabajadores.[31] Estos tipo de estudios, como señaló Eric J. Hobsbawm, no abarcaban la experiencia de todos los trabajadores ya que tomaban en cuenta "no cualquier tipo de personas corrientes, sino aquellas que podrían considerarse antepasados [del] movimiento: no los trabajadores en cuanto tales, sino más bien, los cartistas, los sindicalistas o los militantes obreros —se hacía entonces necesario no ocultar detrás de las historias oficiales del partido, del sindicato o de la agrupación— la historia de la gente corriente".[32]

Extrapolando las observaciones de Hobsbawm al caso argentino se abren innumerables pistas de investigación a recorrer. Ya que la historiografía que analizamos se volcó al estudio de los sectores politizados y de las víctimas "directas" del terrorismo de Estado, abordar las memorias comunes, las experiencias no conflictivas y cotidianas de la gente común significa introducirse en un campo de estudios relativamente inexplorado.[33]

A continuación, expondré el estudio de caso de la comunidad obrera de la Fiat Concord de El Palomar (Provincia de Buenos Aires) que analizo retomando la enseñanza de la historia del trabajo británica. El eje central de mi análisis se puede resumir alrededor de la idea de estudiar la experiencia de los trabajadores y su conciencia no como si fuera una "cosa", algo estructural y materialmente determinado, como "una formula matemática", como "debería ser", sino como es realmente: una relación entre hombres y mujeres determinada por el espacio y por el tiempo; fragmentaria, incoherente, marcadas por sucesos y retrocesos.[34]

Cuando comencé mi trabajo de campo sobre los obreros de la Fiat Concord en Argentina,[35] en el marco de mi investigación doctoral, las preguntas por las actitudes sociales no conflictivas y por la memoria de los trabajadores comunes todavía estaban planteadas. Mi hipótesis inicial apuntaba a analizar las formas a través de las cuales se expresaban las memorias de los trabajadores a propósito del autoritarismo. En aquel momento esperaba encontrarme con relatos que reflejasen el paso de la dictadura y la represión sufrida por el movimiento obrero.

Conocer, encontrar, frecuentar y entrevistar a los ex trabajadores me hizo replantearme los interrogantes originarios de mi investigación y me impulsó a pensar otros planos investigativos y a formular nuevas preguntas.

Durante un largo trabajo de campo, conociendo y frecuentando a aquellos obreros que no tuvieron militancia político/sindical, y que en general no hicieron de la militancia política un rasgo determinante de su propia vida, me encontré con relatos que subrayaban la gratitud hacia Fiat, el respeto por sus disciplinas y una actitud pasiva con respeto de la política.[36]

Hablar de conciencia de clase, de oposición obrera a la dictadura, de indisciplina y huelgas, a menudo generaba momentos de tensión durante los encuentros. Los ex trabajadores preferían hablar acerca de la organización del tiempo libre de Fiat, de los campeonatos de fútbol y del *welfare* empresario brindado por la marca italiana.

Al regreso de mi primera estancia de investigación, de Buenos Aires a Firenze, decidí focalizar mi estudio sobre el imaginario, los relatos y las representaciones de aquel grupo de obreros comunes. Ellos, lejos de reconocerse en ese obrero "ideal", en el explotado que toma conciencia y se rebela, expresaban una identidad conservadora y apolítica muy alejada de las representaciones de las movilizaciones del Cordobazo o de las obras gráficas de Carpani. En consecuencia, centré mi investigación en este segmento de trabajadores comunes que se autorepresentaba como integrado al sistema empresario/político y que, en general, compartía las lógicas del sistema de explotación capitalista.

A medida que iba avanzando con el trabajo de campo y realizaba numerosas entrevistas, pude identificar algunos puntos alrededor de los cuales se había consolidado el imaginario positivo de los obreros de una gran empresa multinacional: la dedicación al trabajo, el agradecimiento a la empresa, las aspiraciones de ascenso social, el sueño de alcanzar algún día la clase media, transformando la familia obrera en un pequeño núcleo clasemedista.

La existencia de memorias no conflictivas se interrelaciona con otros tipos de narraciones, las cuales —mayormente estudiadas y reproducidas— hacen hincapié en el conflicto. Como ya he expresado, no se intenta negar *tout court* el lugar ocupado por el conflicto durante la dictadura en la vida de los obreros.

Sin embargo, emergen relatos que nos colocan frente a "obreros comunes" y que nos obligan a pensar en la interrelación entre las memorias que giran en torno a los conflictos y aquellas que se presentan como no conflictivas.

Si es posible identificar algunas características básicas del obrero políticamente activo, más consciente y sindicalmente organizado, una definición del obrero común como simple negación de estos elementos no resulta suficiente. A raíz de numerosas entrevistas, de la frecuentación de testimonios y vecinos, de acercarme a las memorias de los ex Fiat sin juzgar a los testimonios, he recogido algunas definiciones nativas útiles para describir un grupo sociológica e históricamente no homogéneo.[37]

Muchas veces, cuando el grabador estaba prendido y estratégicamente puesto en la mesa del comedor o de un bar, frente a mis preguntas que expresaban las preocupaciones de un historiador que trabajaba con historia reciente, recibí respuestas al parecer "obvias": "éramos gente común", "gente que labura", "personas comunes y corrientes", "gente que no anda en cosas raras". Estas definiciones nativas—que se refieren a cómo se perciben los mismos entrevistados—hacen que la categoría del obrero común cobre sentido. A partir de estas autodiscursividades y de los relatos que las acompañaban utilicé dicha categoría, teniendo en cuenta que, por un lado, es resultado de una construcción identitaria no conflictiva y, por el otro, una categoría útil para describir un amplio espectro de actitudes sociales, prácticas cotidianas y memorias no homogéneas. A raíz de mi trabajo de campo, he podido identificar algunos tópicos que, repetidos por muchos entrevistados, definen el "sentido común" y la identidad de estos trabajadores.

En primer lugar, podemos afirmar que muchas veces la identidad "común" se construye en oposición a aquella del trabajador contestatario. Sin embargo, si bien los obreros que se autodefinen como "comunes" no hicieron de la conflictividad un elemento recurrente de su propia vida cotidiana, estos últimos no fueron completamente ajenos a las medidas de fuerza ni a la indisciplina. El segundo aspecto distintivo de esta categoría tiene que ver con la relación que establecen los obreros con el lugar de trabajo. El imaginario positivo en el trabajo, así como el agradecimiento hacia la empresa, es un sentimiento y una actitud resultante por un lado de la aceptación del sistema industrial y de las lógicas de la explotación y, por el otro, de un proceso de construcción impulsado por la empresa y por el Estado a través de los medios de comunicación y del *welfare* empresario. La identidad filoempresaria es entonces un elemento promovido por la fábrica y, al mismo tiempo, retroalimentada por la sociedad y por los mismos trabajadores. La autodefinición como "gente que labura", "negros laburantes", "trabajadores responsables", alude al discurso fordista y empresario alentado por las grandes corporaciones y por la sociedad argentina de la década del sesenta y setenta Esta marca identitaria que se plasma en la autopercepción como trabajadores está fuertemente determinada por el contraste con los compañeros "que no laburan", "los vagos", "los que hacían quilombo", y por el rechazo hacia estos obreros politizados. Esta dicotomía entre "buenos" y "malos" representa unos de los circuitos discursivos más comunes que es posible observar en las autorepresentaciones de los ex Fiat. Esta dualidad se hace patente también a la hora de adherir o no a proyectos político-sindicales clasistas y revolucionarios que, siguiendo el hilo de sus memorias, son percibidos como ajenos a la realidad y antagónicos respecto del genérico sentido común. La realidad social, para los entrevistados, se define a menudo como el mantenimiento del *status quo,* así como de las normas básicas de la convivencia social, de la propiedad privada y de la explotación capitalista.

De las entrevistas también se desprende la importancia otorgada al cumplimiento de las tareas en la fábrica, a la aceptación de la disciplina del trabajo y a la subordinación a los superiores; se trata de actitudes que los entrevistados consideran como "obvias" y "naturales". El discurso identitario del obrero común está fuertemente influenciado por la relación que establece con la empresa, con la familia y la sociedad, en un intento de integración y ascenso social que lo empuja hacia el conformismo social más radical. Si la identidad de los colectivos obreros organizados y conflictivos se puede medir a partir del triunfo de las luchas libradas en la fábrica, el obrero común se identifica con el éxito de la empresa por la cual está contratado. La naturalización de la realidad sociopolítica de la época, así como los conformismos sociales y sexuales aparecen como rasgos relevantes de esta autoconstrucción. Podemos entonces concluir que la experiencia (y la memoria) del obrero común es el resultado, por un lado, de la aceptación de las reglas y normas del sistema fordista y, por el otro, del imaginario familiar y conservador alentado por la empresa.

La aceptación cultural de la dictadura y la memoria del golpe

Fue un tiempo de guerra de guerrilla, donde los montoneros ponían una bomba, o mataban, o secuestraban y se escondían, lo mismo que los militantes de las 3A.

Memorando de Francesco Antonio, Córdoba, 2015.

Si consideramos las posturas, las ideas, las memorias y los imaginarios de los obreros comunes y los proyectamos sobre los oscuros años de la última dictadura cívico-militar, podemos imaginar cómo los ex Fiat, en lugar de describir altos momentos de lucha, transmiten una generalizada sensación de miedo y silencio respecto de la dictadura. En las entrevistas emerge patentemente la imagen de la desmovilización, de vidas que se volcaron a la defensa de los intereses del grupo familiar restringido y que vieron la desarticulación de aquella solidaridad de clase que había marcado los años anteriores al golpe.

En el caso de los trabajadores de Fiat, la represión sufrida por los colectivos obreros organizados y los grupos clasistas fue rotunda. Entre 1976 y 1980, Fiat Concord militarizó sus espacios nombrando como jefe de la planta a un militar, el Mayor Antonio Ruiz, y estableciendo que, además de la "ordinaria" seguridad industrial, cada sector de la planta automotriz contara con un jefe de seguridad procedente del adyacente Colegio Militar de la Nación.[38] En investigaciones recientes se destaca que fueron por lo menos 15 los desaparecidos de la planta de Tres de Febrero.[39]

Estos hechos representan una base sobre la cual es posible proyectar los relatos y los recuerdos de los obreros comunes. Durante el trabajo de campo he podido observar que, si bien los testimonios estaban siempre dispuestos a hablar de la experiencia en Fiat, de su vida cotidiana y de la sociabilidad obrera, a la hora de mencionar cuestiones "políticas", y sobre todo hechos conectados a la última dictadura, las cosas cambiaban. El miedo instalado por el gobierno autoritario y la general incertidumbre se observan a partir de la forma elusiva con la cual los entrevistados se referían al período dictatorial. Ese miedo es una característica constante en los recuerdos de los ex Fiat, a pesar de que los hechos relatados hayan acontecido hace más de cuatro décadas. El silencio acerca de la dictadura,[40] sin embargo no ha sido la única respuesta con la que me he encontrado mientras intentaba explorar ese pasado represivo.

Articuladas las memorias de los entrevistados en la permanente tensión entre pasado y presente, entre la elaboración y la reelaboración, varios obreros hicieron referencia a las razones por las cuales el golpe de Estado fue "justificado" y "necesario".

Había mucha gente que esperaba [el golpe], lo esperábamos... También los sectores laborales. Había un paro de ómnibus y ahí... Había un paro y ellos iban, se hacían cargo del colectivo... El 24 de marzo no lo recuerdo perfectamente... estaba cuando termina Isabel Martínez de Perón y todo eso, que *el país se venía abajo* con todo lo que hacían y las cosas que había y los militares se hacen cargo del gobierno mediante comunicados por radio, por televisión. [...] No hubo tanto movimiento, ni la gente se opuso, como que la gente no se peleó con él [el golpe] tampoco, había mucha gente que esperaba que los militares cambien las cosas, no hay que equivocarse en eso, mucha gente lo creía...[41]

Los meses anteriores al 24 de marzo muy a menudo fueron representados en los recuerdos de ex trabajadores como una época de "caos", de "bombas" y de "descontrol". Estas representaciones del clima de progresivo crecimiento de la protesta social representan pues la base y la justificación de las razones por las cuales se dio el golpe de Estado. "Y antes había huelgas, bombas... luego paz".[42] La aceptación de la dictadura como un "mal menor", algo capaz de "salvar" la comunidad de trabajo de la violencia revolucionaria, representada como "irracional" e injustificable, es uno de los principales vehículos a través de los cuales se naturalizó la violencia ejercida por el Estado terrorista. La dinámica discursiva binaria que presupone la existencia de un "nosotros" enfrentado a "los otros" es otro engranaje fundamental del consenso social hacia el accionar represivo. Este, mas allá de ser el resultado de un discurso elaborado en el seno de los vértices del Estado militar, representa una forma de percibir lo real que es propia de los sectores populares.[43]

A raíz de la realización de más de cuarenta entrevistas de historia de vida he podido detectar algunas tendencias generales a propósito de cómo algunos sectores adentro de las clases populares vivieron esa etapa político-social que, si bien no tienen un valor de muestra y se refieren a un caso de estudio concreto, son capaces de develar las actitudes sociales consensuales y no conflictivas. Así como el conformismo social radical representa unos de los fundamentos presentes en las biografías de los entrevistados, la aceptación del monopolio de la violencia ejercida por los aparatos represivos del Estado es otro pilar que sostiene la autoconstrucción del obrero común.

Las temporalidades político-sociales, en general, no representan una preocupación concreta para los entrevistados, que en sus memorias fijan cronologías que suelen seguir criterios "perceptivos". Es así que, si bien la dictadura se instaló en el poder en 1976, los testimonios frecuentemente hacen referencia a la "época de la violencia" como un espacio memorial que abarca los años que van desde el Cordobazo a la guerra de Malvinas (1969-1982). Extendiendo temporalmente la Teoría de los dos demonios—aplicada generalmente a los años dictatoriales—las memorias populares de los años anteriores al último golpe de Estado están marcadas por el enfrentamiento entre "dos bandos" en el contexto de un país "pacífico", en el cual los sectores no politizados de la sociedad habrían sido "víctimas" que asistieron inermes al estallar de la "violencia": "Nosotros estábamos realmente, honestamente, estábamos siempre en el medio. No estábamos ni de un lado ni del otro".[44]

La sensación general que emerge al escuchar la voz de muchos ex trabajadores es la de la "necesidad" de una vuelta al orden y el restablecimiento de las "naturales" jerarquías sociales y morales. De esta manera, el golpe de Estado se transforma en una opción política válida. Fundamentalmente, se observa que el "desgobierno" de Isabel Perón, el Rodrigazo y la crisis económica post-73 determinan la necesidad de un "cambio".

La sociedad argentina vivía, desde la década del treinta, un continuo protagonismo de las fuerzas armadas, que se presentaron (y autorepresentaron) como un actor político "legítimo".

Una de las principales características del gobierno militar fue, a partir de la Guerra Fría, su carácter anti-obrero y anti-popular. Sin embargo, no estuvo libre de ambigüedades y de tendencias "progresistas".[45] Los militares en el Cono sur no carecieron, en palabras de Hobsbawm, de "Caudillos de derecha que se transformaban en líderes obreros (en Argentina y Brasil), ideólogos fascistas que se incorporaban a un sindicato de mineros de izquierda para hacer una revolución que repartiera la tierra a los campesinos".[46]

Si retomamos nuevamente las memorias consensuales de la dictadura, otro carácter que aparece con fuerza en los testimonios es la naturalización de las prácticas violentas del Estado y la justificación de la desaparición de compañeros y vecinos: "¿Cuándo estaban los milicos? Y, varias veces cuando hicimos paro vinieron los milicos adentro y nos sacaban corriendo afuera, pero nunca pasó nada. Era estricto... En la época militar no se hablaba de política... no se podía... Pero mal no estábamos...".[47]

"A pesar de la dictadura, yo siempre digo que la he vivido bien",[48] "La dictadura se esperaba... pero yo por mi edad estaba más abocado a lo que es trabajar. ¿Por qué? Porque era joven, *no andaba en nada*, era solo trabajar y bueno, ¿Qué es lo que pasó? ¡no sé!...".[49]

La aceptación de la violencia, el "nunca pasó nada", se articula en las memorias de muchos a partir de la idea binaria según la cual la desaparición y la violación de los Derechos Humanos representa el obvio y "justo" castigo infligido por el poder del Estado autoritario exclusivamente contra los "malos".

"En la planta, para mí, siempre fue... hubo muy buena gente. Muy buena gente. *Había muy pocos jorobados*. Así que te vienen y te embroman la vida. Los elegían muy bien, en esa época se elegían bien. Al personal, se los investigaba, iban a la casa a ver cómo vivían. A mí me investigaron en todos lados, iban a casa a ver cómo... Te investigaban seriamente". "Yo puedo hablar por mi pensamiento, nunca he sido de estar metido en *cosas raras*, muy pacífico, pero había gente que sí... En general yo nunca fui de estar metido así como en conflictos, nada de eso, mi vida fue trabajar y nunca haber estado en un colegio como caudillo, como esto, como aquello".[50]

A partir del testimonio de Alberto se hace evidente que la división entre "buenos" y "malos" cumple una función alegórica, ya que se puede sustituir por la dicotomía entre obreros politizados y no politizados. A través de esta visión elemental y simplicista se observa un proceso de justificación de la violencia que, si bien afecta al conjunto social, se transforma en la punición que el Estado autoritario y paternalista, como si se tratara de un padre de familia, inflige a sus hijos indisciplinados. Todo aquello que no coincide con una "normalidad" despolitizada, rutinaria y obediente es percibido como un riesgo para el orden social y la salvaguardia del *status quo*. Es así que esta dinámica discursiva culpabiliza al destinatario del accionar represivo, proyectando sobre este último la causa de su triste final. Los discursos justificativos se sintetizan en las expresiones del "por algo habrá sido", "algo habrá hecho", que cobra un contundente y siniestro sentido social. A través de estas formulaciones, los sujetos que no sufrieron en carne propia la violencia directa del Estado terrorista encuentran una justificación "racional" por la cual ellos no desaparecieron y otros compañeros sí.[51]

Identificar solamente en las filas de los trabajadores politizados a las víctimas del accionar represivo de la dictadura es una forma elemental de trazar una línea evidentemente arbitraria y virtual entre el mundo de aquellos que "por estar metidos en algo raro" corrieron el riesgo de ser víctimas de la dictadura, y la "gente común" que, por su carácter de supuesta despolitización y lejanía con mundo militante, pensaban que no corrían peligro alguno.

Muy a menudo, la visión binaria entre buenos y malos, politizados y no politizados, obreros comunes y militantes políticos, se puede apreciar a partir de las "memorias equivocadas".[52] Estas se definen como memorias que transmiten recuerdos falaces, que ubican en otros lugares fragmentos de experiencia vivida que, al límite entre deseo e imaginación, describen una realidad "mágica", verosímil y a la vez no acontecida. Estos recuerdos, sostiene Portelli, representan perlas para los investigadores, ya que nos dan acceso directo no a la memoria de cómo se dio un hecho, sino al imaginario, a la esperanza y a la forma de mirar a la realidad propia del entrevistado. De este modo, cuando Hugo relata que en la "época de los milicos" en el establecimiento de Fiat "se infiltraron también los Tupamaros... [que] no eran de los nuestros...",[53] él nos está diciendo algo en lo cual cree profundamente. Si bien sabemos que esta afirmación no es fácticamente verdadera, podemos realizar una ulterior lectura de esta memoria puntual. En ella, es posible observar cómo resurge la dicotomía nosotros/los otros. El proceso mental a través del cual Hugo identifica al militante político como alguien ajeno a la comunidad de trabajo del obrero común lo lleva —casi como un reflejo— a sostener que, ya que no eran "de los nuestros", los militantes políticos eran extranjeros, uruguayos y por ende tupamaros.

Por otra parte, de las entrevistas surge con claridad otra cuestión: la necesidad por parte de los entrevistados de establecer una separación entre ellos y el mundo de la militancia y de las víctimas del terrorismo de Estado. Dicho distanciamiento voluntario hace que los entrevistados lleguen al punto de negar el carácter autoritario del gobierno militar.

"Yo sé que hicieron muchas cosas malas, pero yo, de esas cosas malas, personalmente no las he vivido. Aparte no se sabía en ese momento que pasaban. A mí una vez sola me pararon: 'documento'; mostré el documento y me fui a trabajar, nada más... en ese momento se caminaba por la calle tranquilo, no estaba bueno todo lo que pasaba detrás, pero hoy no se puede caminar tranquilo".[54]

En la misma línea, Roberto afirma: "Uno estaba tan abocado al trabajo que eso se había hecho como algo normal, no que era algo extraordinario como después con el tiempo que pasó se dio cuenta uno que sí lo fue".[55]

En la memoria de Roberto se puede observar cómo la dictadura consiguió transformarse en algo normal, cotidiano y no extraordinario. En palabras del entrevistado, esta se "había hecho normal" algo que, solamente algunos años después, se dieron cuenta que no lo era.

En los recuerdos fragmentarios de estos dos "peones de línea" (según la categoría establecida por la patronal), aparecen varios elementos útiles para analizar las actitudes consensuales acerca de la dictadura. En ambos casos, podemos observar que, si bien no hay una negación total de los aspectos traumáticos, violentos y autoritarios de la dictadura —sobre todo en un contexto actual en el cual la condena social del gobierno de facto es casi unánime— los testimonios expresan una general satisfacción por las políticas de "seguridad" y disciplina llevadas a cabo por la dictadura. Esta aceptación de la dictadura y de sus prácticas represivas choca con el conocimiento acumulado hasta la fecha y hace que los entrevistados contextualicen sus propias memorias, y justifiquen las razones por las cuales estuvieron conformes con el gobierno de facto.

Las galerías de autorepresentaciones de trabajadores comunes en dictadura —hasta el momento— nos ha servido para exponer, desde un punto de vista subjetivo, de qué forma un grupo de trabajadores no politizados recuerda los siete años de dictadura. La ausencia de relatos conflictivos deja el paso a reconstrucciones del pasado fundadas en la aceptación cultural de los valores y de las políticas llevadas a cabo por el gobierno cívico-militar. Estos relatos no conflictivos representan una fuente fundamental, un punto de vista privilegiado sobre el mundo de las clases subalternas, sobre todo si proyectamos estos relatos en un contexto de estudios que se ha preocupado en la mayor parte de los casos por analizar las experiencias clasistas, opositoras e insurreccionales.

El estudio de las memorias de los trabajadores no politizados constituye un desafío: analizar y entender las formas a través de las cuales una dictadura abiertamente anti-obrera se transformó en algo aceptable, normal. Los relatos de los obreros comunes iluminan también elementos cotidianos no necesariamente políticos de las vivencias de este sector obrero. A través de sus memorias es posible observar más claramente que la clase trabajadora "no debe ser necesariamente antifascista o revolucionaria", ya que esa misma no expresa una "naturaleza" dada, definitiva, inmutable en el tiempo, a-histórica, sino que sus niveles de conciencia y conflictividad se determinan en medida del tiempo y del espacio.[56]

El mencionado problema de la aceptación de una dictadura rotundamente anti-obrera por parte del mundo del trabajo había sido abordado por Antonio Gramsci en los *Quaderni dal carcere*. Él había hecho hincapié en la compleja relación y tensión existentes —bajo cualquier régimen autoritario— entre la coerción ejercida en contra de los sectores populares y el consenso de estos últimos hacia el régimen. Gramsci identificó en el "conformismo social" generalizado y en el espíritu pasivo de las clases subalternas dos factores del "éxito" del régimen fascista que, si no había integrado a los trabajadores, por lo menos los había desmovilizado.[57] El problema del consenso, lejos de justificarse solamente como el éxito de la propaganda sobre los sectores populares, fue planteado por el pensador italiano en los términos de la urgencia de una reflexión a propósito de las formas de la "psicología popular" de los trabajadores que habían aceptado el régimen de Mussolini.

Es necesario superar la justificación del consenso obrero respecto de una dictadura como resultado del adoctrinamiento y la hegemonización de los trabajadores través de las típicas herramientas del control social (tales como la propaganda y la represión). Ya Luisa Passerini subrayó la necesidad de estudiar ese consenso como la auténtica y libre adhesión de las subjetividades a un proyecto político-social represivo, admitiendo que "existieron bases subjetivas sobre las cuales pudo articularse el consenso hacia el fascismo".[58]

En este contexto, es relevante retomar el concepto de "matriz consensual" utilizado por la historiadora italiana, ya que expresa el sentido de una categoría que, lejos de demostrar una participación activa en relación a las políticas autoritarias del Estado "se configura como el conjunto de las actitudes sociales y de las creencias que constituyen la base del orden social".[59] La indiferencia hacia la política, el gobierno y el destino de los compañeros desaparecidos no se configura como una forma de indisciplina, sino, al contrario, como una actitud social que respeta el monopolio de la violencia por parte del Estado.

La aceptación del dominio de las fuerzas productivas sobre el mundo del trabajo no es una novedad instalada por la última dictadura argentina, así como no lo fue en el caso de los fascismos europeos. Dicha aceptación responde a una tendencia de *longue durée*. La nacionalización de las masas, la construcción de conciencias a través del sistema escolar, la elaboración de la ética del trabajo, el conformismo sexual, la transformación de las costumbres de los ciudadanos comunes, construye exitosamente ciudadanos dispuestos a aceptar las reglas jerárquicas impuestas desde el Estado.[60] La conformidad con este sistema a menudo se transforma en un sentido común generalizado que, si bien es el resultado de una articulada construcción,[61] aparece como obvio y natural a los ojos de los sujetos que lo reproducen, como un *habitus*.[62]

Para los trabajadores de la Fiat, según lo que podemos observar a partir de las entrevistas recogidas, la aceptación de los valores conservadores y reaccionarios de la aceptación de la dictadura fue coherente con la modelación de ciudadanos "comunes" como hecho de larga duración. La aceptación de las reglas del juego implicaba también el rechazo hacia las organizaciones guerrilleras que, en palabras del obrero Francesco Antonio, "ponían bombas y se escondían".[63] Siguiendo las memorias de los obreros comunes, el hecho de que compartieran los valores conservadores de la dictadura iba de la mano con el repudio hacia las organizaciones guerrilleras y los sindicalistas clasistas. Este se funda en una percepción de los proyectos clasistas como ajenos a la realidad de la época y a un uso "irracional" de la violencia.

Conclusiones

En este trabajo se han problematizado algunas cuestiones relativas al abordaje de la memoria de obreros comunes en dictadura. En primer lugar, la experiencia de los sectores no politizados de la sociedad en dictadura ha aparecido como un tema que necesita mayor atención por parte de los investigadores. El esfuerzo por analizar la experiencia cotidiana de la clase trabajadora, no considerando solamente la historia de las "vanguardias" más conscientes, se ha volcado a la necesidad de definir a un segmento del mundo del trabajo escasamente tomado en cuenta por la historiografía, que aquí definimos como "el obrero común". A lo largo del texto, la pregunta acerca de la legitimidad y la utilidad de concentrar el análisis en las formas y memorias consensuales ha cobrado relevancia.

En segundo lugar, las memorias de los ex trabajadores de un establecimiento industrial del Gran Buenos Aires describen las formas consensuales y el sentido común a través de los cuales se vehicularon discursividades muy a menudo cercanas al negacionismo acerca de los crímenes de la última dictadura. Mediante el análisis de las trayectorias de vida, las emociones y las memorias de este sector del mundo del trabajo, resulta necesario preguntarse por la relación que este sector de la clase trabajadora estableció con los colectivos obreros mayormente politizados.

A través del análisis de las series de entrevistas y de relatos acerca de la dictadura, es posible observar que la "matriz consensual" emerge como una temática relevante. Esta, sin embargo, no constituye una negación del paradigma resistencial y opositor (mayormente analizado por la historiografía), sino un amplio espectro de actitudes sociales, pensamientos, formas de reproducir su propia cotidianeidad dentro del cual se pueden apreciar posiciones situadas en dos extremos: desde compartir el proyecto genocida de la dictadura hasta experiencias de activa oposición al accionar militar. Entre consenso y disenso, pues, existe una serie de posibles actitudes (el conformismo, la apatía, la indiferencia y la indisciplina) que definen la compleja cuestión de lo cotidiano bajo una dictadura y la relación entre conciencia, clase e integración con el sistema político.[64]

El último aspecto que atraviesa este trabajo es el papel jugado por las empresas en el proceso de transformación de los sujetos en "cuerpos dóciles". Entender de qué forma y por qué los trabajadores aceptan el sistema fordista, sus disciplinas y reglas es fundamental a la hora de abordar la aceptación cultural de un orden que, más allá de ser político y de estar imbricado con las instituciones del Estado, es productivo.

La aceptación cultural del sistema industrial y político es, por un lado, resultado de la atenta política paternalista impulsada por las empresas y, por el otro, la expresión de una adhesión voluntaria, de la agentividad de un sector obrero que se muestra conforme con los modelos hegemónicos. Estas actitudes, en lugar de responder únicamente a una disciplina proveniente de la empresa y del Estado, dialogan también con los modelos culturales y los sentidos comunes presentes en la sociedad argentina de la década del setenta y ochenta.

Para concluir, es posible afirmar que investigar la experiencia no conflictiva de la clase trabajadora en dictadura plantea un desafío metodológico. Aquí proponemos, en cambio, pensar al mundo del trabajo no solamente desde el punto de vista del conflicto, sino también desde la memoria, el género, la experiencia barrial y todas aquellas facetas de la vida cotidiana.

Notas

1. Este artículo es una relaboración de una ponencia titulada "Memoria obrera y 'aceptación cultural' de la dictadura. Una propuesta interpretativa". Un avance de este texto ha sido discutido en el marco del seminario "Historia oral y memorias del trabajo" que dicté en la Universidad Nacional de La Plata, Maestría en Historia y Memoria, entre abril y mayo de 2019. Agradezco los comentarios de los estudiantes.

2. Santiago Garaño y Esteban Pontoriero, "'Esta sangre es inmensamente fecunda'. Un análisis de los funerales de los militares 'caídos' en la llamada 'lucha contra la subversión'(1973-1974)", *Quinto sol* n° 22/2 (2018).

3. Daniel Lvovich, "Vida cotidiana y dictadura militar en la Argentina: un balance historiográfico", *Estudos Ibero-Americanos* n° 43/2 (2017): 264-74.

4. Camillo Robertini, "'Gente que labura', operai in Argentina durante la dittatura. Vita quotidiana, soggettività e memoria: il caso della Fiat Concord, 1976-1983" (tesis doctoral, Università degli Studi di Firenze, Università degli Studi di Siena, 2016); Camillo Robertini, *Quando la Fiat parlava argentino. Una fabbrica italiana e i suoi operai nella Buenos Aires dei militari* (Firenze-Milano: Le Monnier-Mondadori, 2019).

5. Luisa Passerini, *Fascism in Popular Memory: The Cultural Experience of the Turin Working Class* (Cambridge: Cambridge UP, 1987).

6. Marina Franco, *Un enemigo para la nación* (Buenos Aires: FCE, 2012).

7. Inés Izaguirre, *Lucha de clases, guerra civil y genocidio en Argentina 1973-1983* (Buenos Aires: EUDEBA, 2009).

8. Véase: Alain Rouquié, "Dictadores, militares y legitimidad en América Latina", en *Dictaduras y dictadores. Crítica y utopía latinoamericana de Ciencias Sociales* n° 5 (1981) y Hugo Quiroga, *El tiempo del "Proceso": conflictos y coincidencias entre políticos y militares, 1976-1983* (Rosario: Homo Sapiens, 2004).

9. Guillermo O'Donnell, *El Estado burocrático: triunfos, derrotas y crisis* (Buenos Aires: Editorial de Belgrano, 1982); Daniel Lvovich, "Dictadura y consenso ¿Qué podemos saber?", *Puentes* n° 6/17 (2006); Emilio Crenzel, "Una encuesta de opinión pública en Tucumán bajo la dictadura. Una aproximación indicial", *Telar* n° 7/8 (2016): 92-109; Julia Risler, Laura Schenquer, "La realización de sondeos y encuestas de opinión pública durante la gestión del General Viola en la última dictadura militar (1981)", *Sociohistórica* n° 42 (2018): 1-16.

10. Rouquié, *Dictadores...*

11. Marcos Novaro y Vicente Palermo, *La dictadura militar, 1976-1983: del golpe de Estado a la restauración democrática* (Buenos Aires: Paidós, 2003).

12. Gabriela Águila, "Represión y terror de Estado en la Argentina reciente: nuevos abordajes y perspectivas de análisis", *Ayer* n° 107/3 (2017).

13. Pablo Pozzi, *Oposición obrera a la dictadura* (Buenos Aires: Contrapunto, 1988).

14. Pablo Pozzi y Alejandro Schneider, *Los setentistas, izquierda y clase obrera (1969-1976)* (Buenos Aires: EUDEBA, 2000).

15. Véanse: Federico Lorenz, *Los zapatos de Carlito: una historia de los trabajadores navales de Tigre en la década del setenta* (Buenos Aires: Norma, 2007); Mónica Gordillo, *Actores, prácticas, discursos en la Córdoba combativa: una aproximación a la cultura política de los 70* (Córdoba: Ferreyra, 2001); Ivonne Barragán, "Los sacrificios que requiere la nación. Gestión empresarial militar de empresas públicas. La Armada argentina en el Astillero Río Santiago (1953-1973)", *Revista de Historia Industrial. Economía y Empresa* n° 27/72 (2019): 177-202; Agustín Santella y Andrea Andújar, *El Perón de la fábrica éramos nosotros. Las luchas metalúrgicas de Villa Constitución 1970/1976* (Buenos Aires: Desde el Subte, 2007).

16. Entre otros, cfr: Alejandro Schneider, *Los compañeros: trabajadores, izquierda y peronismo (1955-1973)* (Buenos Aires: Imago Mundi, 2005).

17. Ivonne Barragán, "Prácticas empresariales y conflictividad obrera. El caso de un astillero estatal, astillero Río Santiago", *Anuario digital de la Escuela de Historia* n° 4 (2013): 295-312; Ana Belén Zapata, "Modalidades represivas en escala local

y estrategias para 'recuperar un orden productivo'. Aportes sobre disciplinamiento laboral durante la dictadura en Argentina (1976-1983)", *Nuevo Mundo Mundos Nuevos* [En línea], Cuestiones del tiempo presente, Puesto en línea el 14 junio 2018, consultado el 21 julio 2019, http://journals.openedition.org /nuevomundo/72155.

18. Mirta Lobato y Juan Suriano, "Problemas e interrogantes de la historia de los trabajadores", *Estudios de trabajo* n° 32 (2006): 55-79.

19. Silvia Simonassi y Alejandro Schneider, "Debates y perspectivas en torno a la historia reciente de los trabajadores en Argentina", en *La historia reciente en Argentina. Balances de una historiografía pionera en América Latina,* ed. por Gabriela Águila, Laura Luciani, Luciana Seminara y Cristina Viano (Buenos Aires: Imago Mundi, 2018), 33-47.

20. Lobato y Suriano, *Problemas e interrogantes...*

21. Victoria Basualdo, "The Argentine Dictatorship and Labor (1976-1983): A Historiographical Essay", *International Labor and Working-Class History* N° 93 (2018): 8-26.

22. Mariana Caviglia, *Dictadura, vida cotidiana y clases medias: una sociedad fracturada* (Buenos Aires: Prometeo, 2006); Mauro Greco, "Investigando el hombre (y mujer) común y corriente ante acontecimientos radicales: perpetradores, vecinos, jueces y testigos. Nómadas", *Critical Journal of Social and Juridical Sciences* n° 50/1 (2017).

23. Guillermo O'Donnell, "Democracia en la Argentina: micro y macro", *Helen Kellogg Institute for International Studies, University of Notre Dame* (1983).

24. Ibid.

25. V. Dabenigno, B. Freidin, S. Masseroni, A. Navarro y N. Liberalotto, "Hacer memoria. Recordando el golpe militar de 1976", en *El método biográfico. La reconstrucción de la sociedad a partir del testimonio de los actores,* ed. Ruth Shautu (Buenos Aires: Editorial de Belgrano, 1999), 130.

26. Ibid.

27. En la traducción al castellano se utiliza la expresión "Gente corriente", que resulta menos neutra de "common people", en este texto entonces preferí usar la expresión "gente común".

28. Edward P. Thompson, "History from below", *Times Literary Supplement* n° 7/4 (1966).

29. Peter Burke, ed. *Formas de hacer historia* (Madrid: Alianza, 1993).

30. Eleonora Bretal, "Memorias y experiencias de obreros/as de la carne sobre una época 'brava': 'los compañeros que se iban yendo'", *Theomai* n°24 (2011): 44-70.

31. Izaguirre, *Lucha de clases...*

32. Eric J. Hobsbawm, "History from Below: Some Reflections", en *History from Below: Studies in Popular Protest and Popular Ideology in Honour of George Rude*, ed. George F. E. Rudé y Frederick Krantz (Montreal: Concordia University, 1985), 63-73.

33. Va subrayado el trabajo desarrollado con originalidad por Sebastián Carassai, *Los años 70 de la gente común* (Buenos Aires: Siglo XXI, 2013), tomando en cuenta las observaciones de Emilio Crenzel, "Sebastián Carassai, Los años setenta de la gente común. La naturalización de la violencia, Buenos Aires, Siglo XXI", *Nuevo Mundo Mundos Nuevos. Nouveaux mondes mondes nouveaux-Novo Mundo Mundos Novos-New world New worlds*, 2013.

34. Edward P. Thompson, *The Making of the English Working Class* (London: Vintage Books, 1963), 28-29.

35. El sitio *Fiat El Palomar, una historia de trabajo y de memoria,* recopila parte de la documentación y de las entrevistas realizadas entre 2014 y 2019, https://sites.google.com/view/fiatpalomar/la-historia, (último acceso: 1-4-2019).

36. Hago referencia al presente en la prensa empresaria. Cfr: https://sites.google.com/view/fiatpalomar/los-documentos/la-revista-nosotros, (ultimo acceso: 1-4-2019).

37. Camillo Robertini, "Gente que labura, operai in Argentina durante la dittatura. Vita quotidiana, soggettività e memoria: il caso della Fiat Concord (1976-1983)" (tesis doctoral, Università degli Studi di Firenze, Università degli Studi di Siena, 2016), 135-50, https://flore.unifi.it/handle/2158/1080112#.XUgqKpMzZos.

38. Robertini, "Gente que labura...".

39. Victoria Basualdo, et al. *Responsabilidad empresarial en delitos de lesa humanidad. Represión a trabajadores durante el terrorismo de Estado* (Posadas: EDUNAM, 2016), 215-48.

40. Alessandro Portelli, "Las funciones del olvido: escritura, oralidad tradición", en *Los usos de olvido. Recorridos, dimensiones y nuevas preguntas*, eds. Patricia Flier y Daniel Lvovich (Rosario: Prohistoria, 2014).

41. Entrevista a Roberto.

42. Entrevista a Alberto.

43. Julia Risler, *La acción psicológica. Dictadura, inteligencia y gobierno de las emociones (1955-1981)* (Buenos Aires: Tinta Limón, 2019), 87-96.

44. Entrevista a Eugenio.

45. Rouquié, *Militares...*

46. Eric J. Hobsbawm, *Viva la revolución. Il secolo delle utopie in America Latina* (Milano: Rizzoli, 2016), 395-96.

47. Entrevista a Eugenio.

48. Entrevista a Roberto.

49. Entrevista a Emilio.
50. Entrevista a Alberto.
51. Bretal, *Memorias y experiencias de obreros…*
52. Alessandro Portelli, "Las funciones del olvido: escritura, oralidad tradición", en *Los usos de olvido*.
53. Entrevista a Hugo.
54. Entrevista a Eugenio.
55. Entrevista a Roberto.
56. Passerini, *Fascismi in popular…*
57. Alessio Gagliardi, "Tra rivoluzione e controrivoluzione. L'interpretazione gramsciana del fascismo", *Laboratoire italien. Politique et société* n°18 (2016): 7.
58. Luisa Passerini, "Soggettività operaia e fascismo: indicazioni di ricerca dalle fonti orali", en *Annali della Fondazione Feltrinelli* (Milano: Feltrinelli, 1979), 297-98.
59. Ibid.
60. Norbert Elias, *The Civilizing Process* (New York: Pantheon, 1939).
61. Michel Foucault y Alcesti Tarchetti, *Sorvegliare e punire: nascita della prigione* (Torino: Einaudi, 1976).
62. Pierre Bourdieu y Jean-Claude Passeron, *Reproduction in Education, Society and Culture* Vol. 4 (Thousand Oaks: Sage, 1990).
63. Memorando de Francesco Antonio.
64. Mario Canali, "Repressione e consenso nell'esperimento fascista" en *Modernità Totalitaria,* ed. Emilio Gentile (Roma-Bari: Laterza, 2008).

Bibliografía

Águila, Gabriela. "Represión y terror de Estado en la Argentina reciente: nuevos abordajes y perspectivas de análisis". *Ayer* n° 107/3 (2017).
Barragán, Ivonne. "Prácticas empresariales y conflictividad obrera. El caso de un astillero estatal, astillero Río Santiago". *Anuario digital de la Escuela de Historia* n° 4 (2013): 295-312.
———. "'Los sacrificios que requiere la nación'. Gestión empresarial militar de empresas públicas. La Armada argentina en el Astillero Río Santiago (1953-1973)". *Revista de Historia Industrial. Economía y Empresa* n° 27/72 (2019): 177-202.
Basualdo, Victoria. "The Argentine Dictatorship and Labor (1976-1983): A Historiographical Essay". *International Labor and Working-Class History* N° 93 (2018): 8-26.
Basualdo, Victoria, et al. *Responsabilidad empresarial en delitos de lesa humanidad. Represión a trabajadores durante el terrorismo de Estado.* Posadas: EDUNAM, 2016.

Bourdieu, Pierre, y Jean-Claude Passeron. *Reproduction in Education, Society and Culture* Vol. 4. Thousand Oaks: Sage, 1990.

Bretal, Eleonora. "Memorias y experiencias de obreros/as de la carne sobre una época 'brava': 'los compañeros que se iban yendo'". *Theomai* n°24 (2011): 44-70.

Burke, Peter, ed. *Formas de hacer historia*. Madrid: Alianza, 1993.

Canali, Mario. "Repressione e consenso nell'esperimento fascista". En *Modernità Totalitaria*, editado por Emilio Gentile. Roma-Bari: Laterza, 2008.

Carassai, Sebastián. *Los años 70 de la gente común*. Buenos Aires: Siglo XXI, 2013.

Caviglia, Mariana. *Dictadura, vida cotidiana y clases medias: una sociedad fracturada*. Buenos Aires: Prometeo, 2006.

Crenzel, Emilio. "Una encuesta de opinión pública en Tucumán bajo la dictadura. Una aproximación indicial". *Telar* n° 7/8 (2016): 92-109.

———. "Sebastián Carassai, Los años setenta de la gente común. La naturalización de la violencia, Buenos Aires, Siglo XXI". *Nuevo Mundo Mundos Nuevos. Nouveaux mondes mondes nouveaux-Novo Mundo Mundos Novos-New world New worlds* (2013).

Dabenigno, V., B. Freidin, S. Masseroni, A. Navarro y N. Liberalotto. "Hacer memoria. Recordando el golpe militar de 1976". En *El método biográfico. La reconstrucción de la sociedad a partir del testimonio de los actores*, editador por Ruth Shautu. Buenos Aires: Editorial de Belgrano, 1999.

Elias, Norbert. *The Civilizing Process*. New York: Pantheon, 1939.

Franco, Marina. *Un enemigo para la nación*. Buenos Aires: FCE, 2012.

Foucault, Michel, y Alcesti Tarchetti. *Sorvegliare e punire: nascita della prigione*. Torino: Einaudi, 1976.

Gagliardi, Alessio. "Tra rivoluzione e controrivoluzione. L'interpretazione gramsciana del fascismo". *Laboratoire italien. Politique et société* n°18 (2016).

Garaño, Santiago, y Esteban Pontoriero. "Esta sangre es inmensamente fecunda. Un análisis de los funerales de los militares 'caídos' en la llamada 'lucha contra la subversión' (1973-1974)". *Quinto sol* n° 22/2 (2018).

Gordillo, Mónica. *Actores, prácticas, discursos en la Córdoba combativa: una aproximación a la cultura política de los 70*. Córdoba: Ferreyra, 2001.

Greco, Mauro. "Investigando el hombre (y mujer) común y corriente ante acontecimientos radicales: perpetradores, vecinos, jueces y testigos. Nómadas". *Critical Journal of Social and Juridical Sciences* n° 50/1 (2017).

Hobsbawm, Eric J. "History from Below: Some Reflections". En *History from Below: Studies in Popular Protest and Popular Ideology in Honour of George Rude*, editado por George F. E. Rudé y Frederick Krantz, 63-73. Montreal: Concordia University, 1985.

———. *Viva la revolución. Il secolo delle utopie in America Latina.* Milano: Rizzoli, 2016.

Izaguirre, Inés. *Lucha de clases, guerra civil y genocidio en Argentina 1973-1983.* Buenos Aires: EUDEBA, 2009.

Lobato, Mirta, y Juan Suriano. "Problemas e interrogantes de la historia de los trabajadores". *Estudios de trabajo* n° 32 (2006): 55-79.

Lorenz, Federico. *Los zapatos de Carlito: una historia de los trabajadores navales de Tigre en la década del setenta.* Buenos Aires: Norma, 2007.

Lvovich, Daniel. "Dictadura y consenso ¿Qué podemos saber?". *Puentes* n° 6/17 (2006).

———. "Vida cotidiana y dictadura militar en la Argentina: un balance historiográfico". *Estudos Ibero-Americanos* n° 43/2 (2017): 264-74.

Novaro, Marcos, y Vicente Palermo. *La dictadura militar, 1976-1983: del golpe de Estado a la restauración democrática.* Buenos Aires: Paidós, 2003.

O'Donnell, Guillermo. "Democracia en la Argentina: micro y macro". *Helen Kellogg Institute for International Studies, University of Notre Dame* (1983).

———. *El Estado burocrático: triunfos, derrotas y crisis.* Buenos Aires: Editorial de Belgrano, 1982.

Passerini, Luisa. *Fascism in Popular Memory: The Cultural Experience of the Turin Working Class.* Cambridge: Cambridge UP, 1987.

———. "Soggettività operaia e fascismo: indicazioni di ricerca dalle fonti orali". En *Annali della Fondazione Feltrinelli.* Milano: Feltrinelli, 1979.

Portelli, Alessandro. "Las funciones del olvido: escritura, oralidad tradición". En *Los usos de olvido. Recorridos, dimensiones y nuevas preguntas,* editado por Patricia Flier y Daniel Lvovich. Rosario: Prohistoria, 2014.

Pozzi, Pablo. *Oposición obrera a la dictadura.* Buenos Aires: Contrapunto, 1988.

Pozzi, Pablo, y Alejandro Schneider. *Los setentistas, izquierda y clase obrera (1969-1976).* Buenos Aires: EUDEBA, 2000.

Quiroga, Hugo. *El tiempo del "Proceso": conflictos y coincidencias entre políticos y militares, 1976-1983.* Rosario: Homo Sapiens, 2004.

Risler, Julia. *La acción psicológica. Dictadura, inteligencia y gobierno de las emociones (1955-1981).* Buenos Aires: Tinta Limón, 2019.

Risler, Julia, y Laura Schenquer. "La realización de sondeos y encuestas de opinión pública durante la gestión del General Viola en la última dictadura militar (1981)". *Sociohistórica* n°42 (2018): 1-16.

Robertini, Camillo. "Gente que labura, operai in Argentina durante la dittatura. Vita quotidiana, soggettività e memoria: il caso della Fiat Concord (1976-1983)". Tesis doctoral. Università degli Studi di Firenze, Università degli Studi di Siena, 2016. https://flore.unifi.it/handle/2158/1080112#.XUgqKpMzZos.

———. *Quando la Fiat parlava argentino. Una fabbrica italiana e i suoi operai nella Buenos Aires dei militari, 1964-1980*. Firenze-Milano: Le Monnier-Mondadori, 2019.

Rouquié, Alain. "Dictadores, militares y legitimidad en América Latina". En *Dictaduras y dictadores. Crítica y utopía latinoamericana de Ciencias Sociales* n° 5 (1981).

Santella, Agustín, y Andrea Andújar. *El Perón de la fábrica éramos nosotros. Las luchas metalúrgicas de Villa Constitución 1970/1976*. Buenos Aires: Desde el Subte, 2007.

Schneider, Alejandro. *Los compañeros: trabajadores, izquierda y peronismo (1955-1973)*. Buenos Aires: Imago Mundi, 2005.

Simonassi, Silvia, y Alejandro Schneider. "Debates y perspectivas en torno a la historia reciente de los trabajadores en Argentina". En *La historia reciente en Argentina Balances de una historiografía pionera en América Latina,* editado por Gabriela Águila, Laura Luciani, Luciana Seminara y Cristina Viano, 33-47. Buenos Aires: Imago Mundi, 2018.

Thompson, Edward P. "History from Below". *Times Literary Supplement* n° 7/4 (1966).

———. *The Making of the English Working Class*. London: Vintage Books, 1963.

Zapata, Ana Belén. "Modalidades represivas en escala local y estrategias para 'recuperar un orden productivo'. Aportes sobre disciplinamiento laboral durante la dictadura en Argentina (1976-1983)". *Nuevo Mundo Mundos Nuevos* [En línea], Cuestiones del tiempo presente, Puesto en línea el 14 junio 2018, consultado el 21 julio 2019. http://journals.openedition.org/nuevomundo/72155.

Entrevistas realizadas en el Gran Buenos Aires:

Entrevista a Alberto.
Entrevista a Eugenio.
Entrevista a Roberto.
Entrevista a Emilio.
Entrevista a Hugo.

Sitio de la investigación:

Fiat El Palomar, una historia de trabajo y de memoria, https://sites.google.com/view/fiatpalomar/la-historia (último acceso: 1-4-2019).

CAPÍTULO 12

Estrategias sindicales en disputa. Un análisis de la Jornada de Protesta Nacional, primera huelga general en dictadura

Mariana Stoler
UNIVERSIDAD AUTÓNOMA DE MADRID

I

SIGUIENDO A NICOLÁS IÑIGO Carrera, podemos afirmar que la huelga general "es el momento en que la mayoría de la clase obrera se mueve, (...) permite ver a qué convocatoria responde, cuáles son las metas por las cuales se moviliza la mayoría de la clase obrera".[1] Por esto, es preciso insertar el estudio de la Jornada de Protesta Nacional (JPN) dentro del análisis del conjunto de los conflictos laborales que se sucedieron desde el 24 de marzo de 1976 en adelante y, a su vez, contemplar la posibilidad de existencia de alguna continuidad con el período previo a la dictadura. Asimismo, debido a que la convocatoria y el acatamiento de la huelga fueron hechos solamente por una parte del sindicalismo, es preciso colocar este estudio dentro del análisis de las relaciones intra-sindicales en el período, prestando atención a las continuidades y rupturas respecto del anterior.

La JPN fue la primera huelga general convocada en el período dictatorial; no obstante, distó de ser el primer conflicto laboral.[2] Como está demostrado ya por la bibliografía,[3] la actividad de protesta de los obreros en las fábricas existió desde el mismo día del golpe. A grandes rasgos podría caracterizarse la protesta de las bases como clandestina, atomizada a cada fábrica, defensiva, adaptándose a la coyuntura, generalmente de acatamiento compacto, carente de proclamaciones partidarias, con reclamos mayormente salariales y en defensa de las comisiones internas, objetivo principal de la represión en las fábricas. Sus metodologías combinaron formas tradicionales y no tradicionales.[4] Así, la actividad de protesta en los lugares de trabajo debe ser considerada como contexto y antecedente de la JPN. En marzo y abril de 1979 se sucedieron numerosos conflictos en fábricas, muchos de los cuales resultaron exitosos para los trabajadores. El "Panorama Sindical" del diario *La Prensa* del 8 de abril, por ejemplo, indica que "se percibió en diversas esferas del poder un estado de alerta, ante la proliferación de conflictos laborales, que llegaron incluso a inquietar la tranquilidad pública lograda después de muchos y dolorosos sacrificios".

La intervención del sindicato en los conflictos fabriles no fue lineal. En muchos de los que reseñan los diarios, los trabajadores reclamaron específicamente la participación del sindicato y la comisión interna en las negociaciones con la patronal y/o el gobierno, y en otros fue el sindicato, desde un comienzo, quien lideró las negociaciones. También existieron casos en los que los trabajadores no quisieron que el sindicato participe en las negociaciones. Es posible observar que el mismo sindicato tuvo actitudes muy diferentes frente al mismo reclamo en distintas fábricas. Probablemente esto dependiera de la conducción de la seccional en cuestión.[5]

Las diferentes actitudes del sindicato respecto a los conflictos responden a las circunstancias particulares de cada contexto y es difícil establecer una generalización. El estado de las relaciones entre los trabajadores de una región con los dirigentes de su seccional antes del golpe del 24 de marzo pudo ser, también, un determinante del tipo de relación y vínculo entre ambas partes. La represión a la comisión interna de las fábricas, el tipo de conflicto, la relación entre los trabajadores y su patronal, la participación o no del gobierno como mediador fueron determinantes del rol jugado por la seccional sindical y de la relación que a futuro tendrían los trabajadores con ella. Es por ello que destacamos la importancia de un análisis que considere las particulares regionales y su conexión con el ámbito nacional.[6]

La política laboral y represiva de la dictadura tuvo como objetivo el debilitamiento del poder sindical en Argentina. El ataque a sus bases de poder se realizó de distintas formas: el terrorismo de Estado, la intervención a los sindicatos y a la CGT, el desplazamiento de las comisiones internas, la anulación de la ley 14.250 de convenciones colectivas, la disímil actuación ministerial frente a cada conflicto laboral, etcétera. El rol del dirigente intermedio se vio fuertemente debilitado por la política laboral. Al cortar las instancias de negociación y al intervenir los sindicatos,[7] la dictadura fomentó la división entre bases y dirigencia. Los dirigentes intermedios, correas de transmisión entre ambas, guardianes de la identidad corporativa, fueron quienes más sufrieron los embates contra la unidad sindical. Fueron las víctimas privilegiadas de una política laboral irregular que negociaba en ocasiones directamente con los trabajadores de una fábrica particular o que intentaba cooptar a los dirigentes nacionales.

Los conflictos fabriles desde el momento del golpe parecen no haber estado articulados o centralizados a pesar de la existencia de coincidencias de algunas de estas acciones en tiempo y espacio geográfico en varias oportunidades.[8] No obstante, es posible observar el intento de dirigentes intermedios por mantener unida la organización sindical solicitando a las bases una participación orgánica y, también, remarcando la necesidad de coordinar y centralizar las protestas para así favorecer la negociación. La acción de gran parte de estos dirigentes en busca de la unidad y coordinación de la actividad sindical fue incansable. Como lo marcaba *Diario Popular* el 8 de abril de 1979,

> Sucesión de pronunciamientos sindicales que piden soluciones o alertan sobre las consecuencias que puede deparar el mantenimiento de la actual situación (...) la agudización de los problemas económicos de los trabajadores (...) está agitando progresivamente en los niveles de base, desde los cuales se plantean medidas de fuerza directas y en algunos casos sin conducción centralizada.

Así, solicitaron entrevistas con autoridades tanto a nivel nacional como provincial,[9] emitieron comunicados dirigidos a esas mismas autoridades apoyando los reclamos de las bases[10] y fueron produciendo la unidad de hecho del sindicalismo al firmar un comunicado conjunto de sindicatos de una misma zona o provincia.[11]

Resumiendo, el golpe de Estado no generó el cese de la conflictividad laboral sino su reversión hacia los lugares de trabajo y el empleo de nuevas formas de lucha por parte de los trabajadores. Asimismo, la relación entre las bases obreras y los dirigentes de seccionales varió según las circunstancias. Si bien es posible afirmar, como lo hace parte de la bibliografía, que dirigentes sindicales sostuvieron una política que minimizaba el enfrentamiento con el gobierno y las patronales, su actividad fue permanente por más que no haya sido de confrontación abierta. Hay que recordar que el sindicalismo argentino tuvo, durante la segunda mitad del siglo XX, un comportamiento basado en la negociación o en presionar para luego negociar. Las negociaciones entre los dirigentes sindicales y distintas figuras del gobierno pueden enmarcarse en esta línea pero considerando el impacto que la represión y la amenaza de detención o intervención del sindicato[12] podían causar sobre ellos. De esta manera, creemos que no es correcto hacer una equiparación lineal entre confrontación y accionar huelguístico en este contexto represivo.

Complejizando aún más el panorama sindical y el de sus relaciones internas, se encuentra la división de la dirigencia nacional en varios agrupamientos. Los mayoritarios en el momento de la JPN eran la Comisión de los 25 (C25) y la Comisión Nacional de Trabajo (CNT).

Desde la historiografía se ha caracterizado a la CNT como "participacionista" y a la C25 como "confrontacionista" en alusión a su posición y metodología frente al gobierno dictatorial. En cambio, nosotros creemos pertinente considerar que las diferencias entre estos dos nucleamientos radicaban mayormente en qué tipo de sindicalismo defendía cada uno. La CNT defendía un sindicato de tipo profesionalista, mientras que los 25—especialmente las corrientes verticalistas y ortodoxas que estaban en su seno—defendían la participación del sindicalismo como un actor político en la vida nacional. No obstante, hay que destacar, como sostiene Arturo Fernández,[13] que ambos nucleamientos dieron prioridad a la negociación antes que al conflicto y que reprodujeron prácticas ya tradicionales en el sindicalismo argentino como, por ejemplo, el pragmatismo. Resumiendo, creemos que la diferenciación que existía entre los dos nucleamientos tenía más que ver con el tipo de sindicalismo que cada uno buscaba que con las formas o prácticas que cada sector tenía para manifestarse: la confrontación o la participación.

Por otra parte, en la bibliografía se afirma que la C25 pasó a la confrontación en el momento en que surgió un nucleamiento con una posición de mayor connivencia con el régimen,[14] y que, para ello, se apoyó en el movimiento de las bases que resistían los embates de la política laboral y económica de la dictadura.[15] Este tipo de análisis separa los intereses y acciones de las bases y de la dirigencia, asociando a esta última, generalmente, un accionar siempre burocrático y en busca de su propio beneficio. Además, realiza una correspondencia lineal entre confrontación y actividad huelguística que, como ya mencionamos, no consideramos correcta en este contexto.

Si se hace un breve repaso histórico, es posible observar un proceso de diferenciación entre las dos estrategias en la dirigencia obrera desde los inicios de la dictadura.[16] La relación con el Estado dictatorial generó una diferenciación y división en todo el movimiento sindical. En la dirigencia nacional, estas tendencias fueron perfilándose y definiéndose mutuamente en una disputa que fue en ascenso durante el periodo.

Desde el comienzo de la dictadura y a partir de la intervención a la CGT, distintos líderes sindicales nacionales buscaron con ahínco la realización de un plenario general de gremios para elegir a una conducción representativa del movimiento sindical. Las reivindicaciones de los dirigentes nacionales fueron las mismas desde el primer momento: libertad a los presos gremiales sin causa, normalización de las organizaciones sindicales, libertad sindical, ley 14.250 de convenios colectivos, ley de Asociaciones Profesionales, ley de Obras Sociales, revisión de la política económica y de salarios. Sin embargo, las formas en que se buscó dar vía a esas reivindicaciones difirieron. Así, comenzaron a definirse las dos prácticas, por una parte, la acción inmediata y, por la otra, la conformación primero de una nueva dirección para luego pasar a la acción.

En 1977 se formó la Comisión de los 25 Gremios (C25) que agrupaba a sindicatos medianos que en 1976 estaban en la segunda línea. En un primer momento, fue la representante de la mayoría de los sindicatos adheridos a la CGT. Estaba integrada por diferentes corrientes internas que tenían desavenencias políticas entre sí. La "Comisión de los 5" era su mesa directiva y representaba a cada una de estas corrientes: los verticalistas, los ortodoxos, los participacionistas, los anti-verticalistas o "Grupo de los 8" y los independientes. Las dos primeras estaban ligadas al partido peronista y a la ex presidenta Isabel Martínez de Perón. Los anti-verticalistas, por su parte, estaban ligados al dirigente sindical Victorio Calabró. Ya en 1977, una delegación de la American Federation of Labor and Congress of Industrial Organizations (AFL-CIO) reivindicó a la C25 como la verdadera conducción sindical argentina, sin embargo la representatividad de estos líderes estaba sometida a lo que ocurría dentro de sus propios gremios.[17]

En abril de 1978 se creó un nuevo nucleamiento obrero, la Comisión de Gestión y Trabajo (CGyT), integrado por dirigentes representativos de los gremios intervenidos más poderosos. Surgieron diferencias entre ambos nucleamientos a la hora de formar la delegación obrera para asistir a la Asamblea anual de la Organización Internacional del Trabajo (OIT). Mientras que la C25 sostenía que "el gobierno debía 'flexibilizarse' ante los reclamos salariales para posibilitar una mejor actuación de la delegación ante el foro internacional", la CGyT afirmaba que se debía asistir sin condicionar al gobierno "como un gesto patriótico"[18] frente a lo que se denominaba como campaña "anti-Argentina". Se observa así una diferencia de propuestas de relación con el gobierno.[19]

En el marco de la Asamblea de la OIT de 1978, Liendo, entonces ministro de Trabajo, dio inicio a una etapa de restablecimiento de la actividad laboral avanzando en la normalización del sindicalismo. En este contexto se conformó la CNT que agrupaba a los integrantes de la CGyT junto a verticalistas disidentes y a independientes. Este nucleamiento estaba integrado por entidades obreras intervenidas y no intervenidas. Así, el panorama sindical quedó dividido en dos grandes grupos, la CNT y la C25. Esto generaba el reacomodamiento de distintos líderes sindicales: parte del grupo de los independientes de los 25 se sumó a la CNT y otra parte decidió mantenerse al margen de ambos nucleamientos.

La principal crítica de la C25 a la CNT fue que no respetaba a las conducciones vigentes antes de marzo de 1976, ya que la CNT había decidido que "los representantes de los grandes gremios intervenidos en sus cuerpos directivos deben ser dirigentes de seccionales en actividad, con mandatos escritos surgidos de los plenarios de secretarios generales de las seccionales de todo el país de cada organización".[20]

Como se observa, las diferencias dentro de la dirigencia sindical existieron desde el primer momento de la dictadura, aunque fueron haciéndose cada vez más notorias. Las negociaciones constantes con el gobierno, el intercambio con los organismos sindicales internacionales, el rechazo a asistir a la Asamblea anual de la OIT por la demora en la normalización sindical, la publicación de proclamas y declaraciones, son algunos de los elementos en los que se fue perfilando el carácter del agrupamiento de los 25. Como dijimos, desde esta corriente se defendía un sindicalismo de tipo partidista, político, similar al existente antes del golpe. Por su parte, la CNT, postulaba un sindicalismo más de tipo "profesionalista". Se observa el carácter procesual de esta delimitación sindical ya que los realineamientos de dirigentes fueron constantes durante el período. Hay que destacar que los dirigentes se movieron motivados por las luchas de poder dentro de sus propias organizaciones sindicales, buscando en su pertenencia a alguno de los dos nucleamientos mayoritarios un apoyo que les permitiera inclinar a su favor las relaciones de fuerza en su gremio. Estos realineamientos también se producían dentro de los nucleamientos. Recordemos que la C25 estaba integrada por diferentes corrientes que no compartían los mismos objetivos políticos. Los sectores ortodoxo y verticalista fueron los máximos defensores del sindicalismo vinculado a los partidos políticos, esto se reflejó en su construcción del Movimiento Sindical Peronista, virtual recreación de las 62 Organizaciones.

Creemos imprescindible ligar las acciones de los nucleamientos nacionales a las de las bases. Más allá de los intereses propios de un grupo de dirigentes, las relaciones dentro de la organización sindical están en un proceso de cambio constante. La estructura sindical está determinada por un complejo de relaciones de fuerza y alianzas que son parte constitutiva de los intereses colectivos inmediatos de los trabajadores. Estas relaciones de fuerza, además, están determinadas por la lucha de clases. Entonces, más allá del interés particular de los dirigentes—que existe y es de consideración—la constitución del liderazgo y de sus características está sujeta a las fuentes de poder dentro de la organización sindical. Es posible concluir entonces que el liderazgo sindical no es algo dado y perpetuo, sino que está en un proceso de constitución constante y no lineal siempre mediatizado por la participación de la dirigencia.

Como hemos visto, la relación entre las bases trabajadoras y los dirigentes de seccional variaban de una fábrica a otra dependiendo del contexto. Esto llevaba, junto con los determinantes propios de la dictadura, al conflicto y realineamiento dentro de los gremios. Así, creemos que es imposible entender la convocatoria y realización de la JPN si no se analizan todos los planos y niveles de la organización en su conjunto, por separado, pero entendiéndolos siempre en interacción, sea esta directa o indirecta. La JPN se inscribe en la disputa por la hegemonía del sindicalismo argentino. Cada estrategia contenía alianzas, objetivos, metodologías y liderazgos. El rol jugado por las bases obreras fue fundamental: con sus acciones coadyuvaron a la construcción de una expectativa de acción sindical, de objetivos y de alianzas. La JPN constituye entonces un momento en el que puede visualizarse el proceso histórico en el que se fueron esbozando los lineamientos de la identidad corporativa de los trabajadores en esta nueva etapa.

II

En febrero de 1979 asume como nuevo titular de la cartera laboral Llamíl Reston, quien tenía menor predisposición al diálogo con los sindicalistas que su predecesor. El cambio en la política laboral y económica, y la lucha contra la inminente sanción de la reforma a las leyes de Asociaciones Profesionales y de Obras Sociales eran objetivos comunes a ambos nucleamientos. Sin embargo, la posición de la C25 se veía amenazada por una posible unidad con un nucleamiento con sindicatos más poderosos y frente a la sanción de la nueva legislación laboral. La JPN se inscribe dentro de la disputa por el liderazgo del sindicalismo unificado.

En las negociaciones por la unidad cada nucleamiento presentó un objetivo y una metodología diferente. La C25 propuso la "unidad en la acción", es decir, la unidad del sindicalismo en acciones precisas contra las políticas que estaba adoptando la dictadura sin necesidad de llegar previamente a la normalización sindical. La CNT, por su parte, propuso la "unidad en la conducción", ya que proclamaban la necesidad de lograr una conducción unificada antes de la normalización sindical para, luego, considerar la realización de cualquier tipo de acción. Estas negociaciones solo lograron un programa de ocho puntos que salió publicado en los diarios el día 27 de marzo.[21] Estos puntos eran los mismos que venían reclamándose desde el comienzo de la dictadura.

Finalmente, la noche del 21 de abril, las tratativas de unidad fueron interrumpidas por la convocatoria de la C25 a una Jornada de Protesta Nacional para el viernes 27. Así, este nucleamiento reafirmaba contundentemente su posición de unidad en la acción a pesar de los rumores sobre la existencia de diferencias en su seno.[22]

En el documento de la convocatoria puede verse el esfuerzo de la C25 por justificar la adopción de una medida que desafiaba prohibiciones de la dictadura apelando a la necesidad de mantener y defender la unidad nacional amenazada, a su entender, por la política económica.[23] Haciéndose eco de las protestas ya existentes y llevadas adelante por los trabajadores, afirmaban su "decisión de colocarnos a la cabeza de la protesta que se generaliza para unificarla en la decisión de una protesta nacional", resaltando así su responsabilidad como dirigentes de dar cauce al malestar obrero.

Extendían el llamado "a todos los sectores nacionales" que "ven deterioradas y anuladas sus posibilidades de supervivencia", y proponían una alianza de sectores para enfrentar la política económica de la dictadura.

Por último, no cerraban la puerta al diálogo con las autoridades al afirmar que "nuestra predisposición de diálogo constituye una profunda convicción hacia el país". Sin embargo, cuando decían que "no hacemos del diálogo un propósito en sí mismo" intentaban diferenciarse de la CNT al mostrarse como un sindicalismo más confrontativo.

El documento de la convocatoria fue entregado sin firmas a la prensa. Esto, por un lado, demuestra el temor a represalias que existía entre los dirigentes y, por otro, abre ciertas dudas sobre la capacidad orgánica de convocatoria del sindicalismo en ese contexto. El temor era justificado: el 24 de abril todos los integrantes de la conducción de la C25 fueron arrestados al salir de la Dirección Nacional de Relaciones Laborales a donde habían sido convocados para ratificar o rectificar la convocatoria a la huelga.[24] A pesar de las detenciones,[25] una comisión provisional de los 25 ratificó la convocatoria y sumó a sus reclamos la libertad de los detenidos. Esta comisión provisional fue prevista por los dirigentes que decidieron convocar a la huelga ya que asumían que serían detenidos.[26]

Por su parte, la CNT, mediante un comunicado, descalificó el llamado a la Jornada por considerarla una confrontación que, precisamente, atentaba contra la unidad nacional que la C25 decía defender. Sostenían que la JPN estaba deslegitimada por ser inconsulta.[27] La convocatoria a la JPN colocaba a los dirigentes de la CNT en una posición difícil, si acataban la medida se posicionaban detrás de la C25 aceptando de hecho su propuesta de unidad en la acción; pero, si no lo hacían, podrían dar una imagen de falta de comprensión de la grave situación atravesada por los trabajadores.

En el enfrentamiento entre ambos nucleamientos el apoyo de las bases, la relación con organismos internacionales, con el gobierno y con los líderes de los partidos políticos se convirtieron en elementos que podían inclinar la balanza en la relación de fuerzas. La contracara de este proceso fue la constante influencia que intentó ejercer el ministro de Trabajo sobre la constitución de un nuevo liderazgo sindical acorde con los preceptos establecidos por el gobierno militar. En su estrategia, la CNT buscó apoyarse en su relación con el gobierno. En cambio, los conflictos en las distintas fábricas y gremios junto con la inminencia de una nueva Asamblea anual de la OIT fueron elementos en los que los 25 se apoyaron para convocar a la JPN.[28]

Pablo Pozzi destaca que en 1979 se produjeron varios hitos que demuestran el avance en la acumulación de fuerzas del movimiento obrero, por ejemplo, en marzo se produjo la primera toma de fábrica en dictadura en la acería Ohler.[29] Los conflictos fabriles más renombrados recogidos por la prensa nacional en marzo de 1979 fueron Renault, IME y Santa Rosa, mientras que en abril fueron Alpargatas, Olivetti y Decker. Sin embargo, distaron de ser los únicos. Ya en enero la C25 había declarado al movimiento obrero en estado de alerta debido a las inquietudes salariales transmitidas por los secretarios generales. Esto le valió una advertencia del interventor de la CGT. También, durante el mes de marzo y principios de abril, afloraron comunicados de los dirigentes intermedios instando a la unidad del movimiento sindical.

Dentro de cada uno los sindicatos las repercusiones de la convocatoria a la Jornada fueron muy diferentes y hasta es posible encontrar situaciones contradictorias, lo que demuestra la complejidad de las relaciones sindicales en ese momento. Es por esto que consideramos equivocado limitar el análisis de la adhesión o no al paro en función únicamente de una respuesta orgánica. Es posible demostrar que mientras algún sindicato nacional llamaba a no adherir a la huelga, distintas seccionales provinciales de ese sindicato convocaban a ausentarse de los puestos de trabajo y que fábricas dentro de esa misma región mostraban porcentajes desiguales de ausentismo.[30] Los canales de comunicación al interior del sindicalismo estaban alterados por la represión, la intervención y las prohibiciones existentes. Asimismo, en una mutua determinación, la división y la disputa imperante en los sindicatos se trasladaba al plano de las más altas esferas y, a su vez, los dirigentes intermedios se alineaban en algún gran nucleamiento para inclinar la balanza en las relaciones de fuerza dentro de su propia organización. Antes del golpe de Estado, dentro del sindicalismo argentino se manifestaban divisiones y disputas por el liderazgo. Creemos que es posible trazar una continuidad entre estos conflictos y los existentes en la dictadura, aún si no consideramos las posturas clasistas y combativas que fueron objeto principal de la represión. La política económica, laboral y represiva de la dictadura impartió una particular determinación sobre la estructura sindical y el desarrollo de estos conflictos. El ejemplo de la UOM es elocuente.[31]

Evidenciándose la complejidad de las relaciones sindicales, se sucedieron comunicados y declaraciones de sindicatos nacionales, provinciales, regionales y, además, de varias agrupaciones al interior de los sindicatos, dando a conocer su apoyo o rechazo a la medida. Por otro lado, la no adhesión a la JPN pudo deberse a muchos condicionantes y no necesariamente a su rechazo: la represión, la falta de organización a nivel fabril, el terror, la necesidad de directivas más precisas, la existencia de un conflicto previo que marcara otros objetivos inmediatos para los trabajadores de una determinada fábrica, etcétera.

III

Desde los primeros minutos del 27 de abril comenzó el acatamiento a la huelga que tuvo, de acuerdo a la información reunida,[32] distintas formas de manifestarse. Se observa, por ejemplo, que los trabajadores de Pirelli del turno noche no se presentaron a trabajar, mientras que los trabajadores de la metalúrgica Santa Rosa del mismo turno, se retiraron de sus puestos cuando comenzó la JPN. Lo mismo hicieron los obreros de la papelera Scholnick de Zárate. Por su parte, los trabajadores de Esso Zapa de Campana, si bien adhirieron a la huelga, lo hicieron garantizando un servicio mínimo que no afectara la producción en ninguno de los turnos. Sin embargo, esto debe haber sido difícil de concretar ya que se ausentó de la planta un 80% del personal.

En algunas fábricas el acatamiento al paro no fue del 100% de los trabajadores sino que adhirieron secciones, tal como ocurrió con la sección Cerámica de la empresa Ferrum de Lanús. En otras la adhesión fue por turnos, como en el caso de La Cantábrica, donde el turno noche habría tenido un ausentismo del 30% mientras que en el turno tarde habría sido total.

En otros casos se realizaron una suerte de asambleas en el ingreso al establecimiento antes de cada turno, como pasó en Good Year en el turno noche después de la cual se retiró el 100% del personal. En Chrysler de Monte Chingolo, 150 trabajadores permanecieron en la puerta de la fábrica instando a los trabajadores a no comenzar sus labores. Luego fueron dispersados por la policía.

En otra forma de adhesión al paro, los trabajadores de líneas de colectivos de La Plata decidieron trabajar a reglamento. Por su parte, los ferroviarios mostraron un fuerte acatamiento. Se paralizaron las líneas Mitre y Roca, el Sarmiento funcionó con servicio interrumpido y en otras líneas hubo fuertes demoras debido al paro total de señaleros. La Unión Ferroviaria y La Fraternidad habían dado libertad de acción a sus afiliados.

La militancia obrera y su represión fueron descritas en informes de inteligencia que indican que se encontraron distintos panfletos en varios lugares de la Provincia de Buenos Aires. Por ejemplo, de la CGT en la Resistencia y de la Lista Verde Unidad Automotriz en inmediaciones de la fábrica de Peugeot en Berazategui. Otros que decían "Perón Vive" y que solicitaban la libertad de Isabel Perón fueron encontrados en los alrededores de la planta de O.F.A. en Villa Elisa. En la sección Trafilación de la metalúrgica Santa Rosa, en uno de los baños, se encontró un volante de la Coordinadora de Zona Oeste y en la planta Palomar de Fiat Concord fue arrestado un obrero que estaba pegando un volante de Política Obrera. Además, se encontraron más de estos volantes en los baños de dicho establecimiento.

Las reacciones de la patronal no se hicieron esperar. Desde antes del día del paro, por ejemplo, la empresa CORCEMAR intimó a sus trabajadores a no parar el día 27. Una empresa maderera de Tigre, FAGLOMAD, envió telegramas de despido a algunos de sus trabajadores, entre ellos tres delegados. La patronal de la destilería Y.P.F. de Ensenada, en un intento de desalentar el paro, estableció el día 27 como día de pago y decidió impedir que el personal tomara franco por licencia los días 27 y 30 de abril. La empresa Safrar-Peugeot de Berazategui, por su parte, resolvió impedir el acceso de aproximadamente 650 trabajadores el día sábado para evitar que cualquier trabajador realizara horas extras.

La policía estuvo desplegada por todo el territorio provincial con el fin de prevenir algún atentado o manifestación. Según la información disponible se habrían registrado dos atentados, uno en La Plata y otro en Martínez, ambos a colectivos, uno de ellos con arma de fuego.

Según afirma la DIPPBA, las tareas comenzaron a normalizarse alrededor de las 22:00 horas.

Analizando el nivel de acatamiento, se encuentra que distintos informes internos de esa Dirección de Inteligencia elaborados el mismo día 27, afirman que la huelga solo habría afectado a un 3,7% de la población laboral de la Provincia. También los medios de comunicación se encargaron de sostener que la JPN había tenido un escaso acatamiento.[33] En cambio, la C25 afirmaba que en la Capital Federal y en el Gran Buenos Aires la medida habría tenido un 75% de cumplimiento.[34] Por su parte, la Rama Sindical del Movimiento Peronista Montonero citaba una información de un corresponsal del diario español *Arriba* que afirmaba que "una breve recorrida por el sector industrial del Gran Buenos Aires, permitió a este corresponsal verificar que al menos en esa zona, no menos de dos millones de trabajadores adhirieron al paro".[35]

Todas las fuentes coinciden en destacar las fuertes adhesiones del sector automotriz, metalúrgico y del riel. En cambio, existen discrepancias sobre el nivel de acatamiento en el interior del país. Mientras los diarios *Clarín* y *La Opinión* del 28 de abril afirmaban que la repercusión era casi nula, excepto en algunas papeleras y molinos de Santa Fe, la información recopilada por el Movimiento Peronista Montonero destacaba adhesiones en otras provincias y en otras industrias.[36]

Por último, de acuerdo a un documento de la embajada de Estados Unidos, "una fuente industrial informada avisa que la huelga es más efectiva que lo que los líderes industriales habían anticipado".[37] Esto mismo declaró el sindicalista Ricardo Pérez, "descontábamos que no iba a ser un éxito, sin embargo, fue acompañada por más trabajadores que los que calculábamos".[38]

Resumiendo, el acatamiento y la metodología de ejecución fueron dispares. Donde se realizó se observa cierto nivel de organización de las bases. La represión policial fue intensa, como lo demuestran los allanamientos a fábricas y las detenciones de obreros. La presencia de volantes políticos o de agrupaciones y listas sindicales en las fábricas, demuestra los contactos que existían entre obreros y distintas agrupaciones.

IV

La respuesta represiva del gobierno no se hizo esperar. Junto con la detención de los principales dirigentes de la C25, envió un cuestionario a organizaciones sindicales para obtener información sobre el plazo de vigencia de los mandatos de sus titulares, y sobre la actividad de sus trabajadores en las distintas zonas y fábricas durante la JPN, según publicaba *La Nación* el 2 de mayo. Las detenciones de dirigentes de seccionales continuaron en mayo.[39] Ese mismo mes, el Ministerio de Trabajo resolvió la caducidad de los mandatos y la exclusión de dirigentes de la C25.[40]

La JPN y la detención de los dirigentes de los 25 produjeron cierto reacomodamiento de fuerzas dentro del movimiento sindical. Por una parte, se acentuaron los rumores sobre una división de este nucleamiento entre los verticalistas, ortodoxos y las otras corrientes internas,[41] debido a la aparente existencia de diferencias sobre la convocatoria a la huelga y la actitud a adoptar frente a la CNT y al gobierno en relación a la concurrencia a la Asamblea anual de la OIT. Recordemos que cinco de los dirigentes de la C25 que permanecían detenidos pertenecían a las corrientes verticalista y ortodoxa. El gobierno fomentaba las diferencias entre estos sectores.[42] Por otra parte, la CNT reiteraba su propuesta de unidad en la conducción buscando el apoyo de las entidades confederadas en la CGT[43] e intentando establecer alianzas con las corrientes participacionista, independiente y del "Grupo de los 8" que parecían dirigir el destino de los 25. Si la CNT lograba pactar con estos sectores, su liderazgo en el movimiento obrero estaría prácticamente garantizado.

Sin embargo, la disputa por la hegemonía del movimiento sindical no estaba cerrada. Como se ha dicho, dado que en la CNT se agrupaban las organizaciones sindicales más importantes del país, ya sea por su número de afiliados o por el peso de su industria en la economía, contaría con mayor fuerza en la futura unidad. Por otra parte, mientras la CNT insistía en nombrar en sus cuerpos directivos a dirigentes en actividad, aunque gran parte de sus miembros vinieran de sindicatos intervenidos, la C25 reclamaba para sí la legitimidad por contar con dirigentes electos por el voto de sus representados. Además, la C25 tenía el apoyo y el reconocimiento de los organismos sindicales internacionales. La llegada al país de dirigentes sindicales extranjeros para solicitar la libertad de los líderes encarcelados significó un elemento importante en la disputa hegemónica ya que solo buscaron reunirse con los 25. Este virtual desconocimiento del peso de la CNT en el sindicalismo nacional, especialmente cuando varios de sus integrantes eran, asimismo, miembros de organismos sindicales internacionales, llevó a este nucleamiento a justificar su posición y accionar.[44]

El gobierno y los medios de comunicación sostuvieron que la JPN había fracasado y que el movimiento sindical se había debilitado. La insistencia en esta postura junto con advertencias de la prensa al gobierno sobre decisiones a adoptar en materia de política laboral, son reflejo del tenor del desafío sindical. La convocatoria a la Jornada contenía en sí misma, más allá de las cifras del acatamiento, un componente de fuerte cuestionamiento político a la dictadura que la convertía, por ese motivo, en un hecho altamente relevante. Así se manifestó en diversos editoriales de los diarios, como por ejemplo el 28 de abril[45] en *El Nacional*:

> ...después del paro general ya nada será igual. Creer que el éxito del paro era únicamente obtener una paralización del ciento por ciento, es desconocer lo que ha ocurrido en el país en los últimos años y desconocer la naturaleza del movimiento obrero. (...) los cuadros estaban en las peores condiciones organizativas. No obstante, se pusieron en movimiento, pese a las dificultades y a la confusión, y lo que lograron es satisfactorio para ellos, sobre todo porque los ha hecho crecer, le ha devuelto movilidad y comunicación. Ha roto el inmovilismo y ese es el mejor acierto de que se haya dispuesto la medida pese a que las condiciones no eran las óptimas.

La velocidad que se impartió a la sanción de las reformas a la Ley de Asociaciones Profesionales y de Obras Sociales puede ser considerada como una respuesta a la JPN.

La convocatoria a la huelga y sus consecuencias deben también ubicarse en el marco de las negociaciones por la conformación de la delegación obrera para la Asamblea anual de la OIT que comenzaron a mediados de mayo. Argentina ya había recibido amenazas de sanciones por parte de este organismo debido a su política sindical. Además, distintos organismos internacionales presionaban al gobierno por la libertad de los sindicalistas que convocaron a la huelga y, por su parte, dirigentes de la C25 amenazaban con no concurrir a Ginebra.

El 23 de mayo se realizó un plenario, convocado por el interventor de la CGT, donde finalmente se decide asistir a la Asamblea. Participaron la totalidad de los secretarios generales de los gremios no intervenidos y un representante, designado por su interventor, de cada una de las organizaciones intervenidas. Además de definir la asistencia y los integrantes de la delegación, pactaron una serie de puntos programáticos y decidieron continuar con el tratamiento de la unidad.[46]

La delegación elegida estaba representada por igual cantidad de miembros de la CNT y de los 25, sin embargo algunos de los dirigentes verticalistas-ortodoxos declinaron nombrar delegados ya que no querían participar junto a la CNT. Se puede observar, tanto en las jornadas previas como en el curso del plenario, la existencia de tres corrientes diferenciadas. Primero, el bloque constituido por la CNT que logró imponer una representación compuesta por partes iguales entre ambos agrupamientos consiguiendo, además, la titularidad de la delegación. Segundo, los participacionistas / "Grupo de los 8" / independientes, que, si bien no lograron imponer un esquema de integración de la delegación por tercios, afirmaron su individualidad para gestiones de unificación futuras. Por último, los verticalistas-ortodoxos que, ante el fracaso de su búsqueda de la totalidad de la representación obrera, decidieron marginarse de la delegación, sin intención aparente de participar en conversaciones por la unidad hasta que se recuperase la libertad de sus líderes. La diferenciación de la dirigencia nacional en tres corrientes es una clara consecuencia de la JPN.

Hay que destacar la intención del gobierno dictatorial de acudir con una delegación completa a la OIT. Para ello debió negociar con los sindicalistas a pesar del desafío que había implicado la realización de la JPN, y lo hizo inclusive con miembros de la Comisión de los 25. Este nucleamiento, si bien parecía el más débil, contaba, como se ha visto, con el apoyo de los organismos sindicales internacionales que amenazaban con denunciar a la Argentina en la OIT por su política sindical. La fuerte repercusión internacional de las detenciones generó malestar en el gobierno hasta el punto de causar la ausencia del ministro de Trabajo de la asamblea de la OIT por temor a eventuales sanciones y denuncias.[47]

Otra consecuencia de la Jornada de Protesta fue la multiplicación de los espacios de apertura para el movimiento obrero a nivel fabril, de esta manera los trabajadores comenzaron a ocuparse con mayor ímpetu en la recuperación de sus estructuras gremiales. Esto fue observado por los partidos de izquierda que instaron a sus militantes a acompañar esta reconstrucción y a ganar mayores espacios.[48] El componente de crítica sindical estuvo presente en los conflictos fabriles más resonantes del mes de mayo, Textil Oeste y el paro total y sorpresivo de 24 horas de los ferroviarios. Si bien la relación orgánica entre dirigencia nacional y bases es difícil de corroborar y medir, a partir del desarrollo de estos conflictos es posible hablar de un diálogo indirecto entre todos los componentes del cuerpo sindical donde las acciones de una parte iban determinando los pasos a seguir de los demás actores. Por su parte, los distintos sindicatos y seccionales continuaron con la emisión de comunicados y reuniéndose con autoridades nacionales para hacer escuchar sus reclamos salariales, de mejoras de condiciones laborales y de defensa de la organización sindical. El reclamo por la libertad de los sindicalistas de todos los niveles detenidos por convocar a la JPN fue generalizado.

Conclusiones

El estudio de los antecedentes, convocatoria y consecuencias de la JPN nos permite afirmar, por una parte, que la realización de la Jornada se apoyó y viabilizó en las movilizaciones obreras preexistentes y, por otra parte, que su convocatoria fue impulsada por un sector de la dirigencia sindical con el fin de dirimir disputas por el liderazgo y la estrategia del movimiento.

La JPN no puede explicarse sin la actividad conflictiva previa de trabajadores y dirigentes, fue su expresión. Estos conflictos laborales, que tomaron diferentes formas e intensidades, fueron los que mantuvieron viva a la organización sindical en los años de dictadura. La acumulación de fuerzas que produjeron estos conflictos fue la que generó la posibilidad de realización de una Jornada de Protesta.[49]

Al insertar el análisis dentro del estudio de los conflictos y las relaciones intra-sindicales del período pudimos observar que la posición de los obreros y de los dirigentes sindicales varió según las características particulares de cada conflicto. Esto dependió de distintos factores, entre ellos, las relaciones previas que los trabajadores de cada fábrica tenían con su seccional, las características especiales de cada conflicto, las relaciones con la patronal y el tipo de intervención encarada por el gobierno. Esto se trasladaba a todos los niveles de la organización. Si atendemos a la interacción entre las diferentes particularidades y dinámicas de lo local, lo regional y lo nacional, veremos que el proceso fue bastante complejo.

La ofensiva contra el sindicalismo y la clase no alcanzó únicamente a las corrientes revolucionarias, sino que apuntó hacia la desorganización de los trabajadores en un intento de modificar las relaciones entre burguesía y proletariado. Por ello, si se reduce el análisis a una diferenciación de objetivos y estrategias entre las bases obreras y la dirigencia sindical, asumiendo que esta última siempre frenará el avance de las primeras, no se podrán contemplar y comprender las variaciones de posiciones, metodologías y dinámicas de los trabajadores en su conjunto.

En este sentido, no creemos que la huelga haya sido convocada para encauzar las luchas que venían llevando las bases. Si bien, como dijimos anteriormente, las protestas desarrolladas en los lugares de trabajo generaron la acumulación de fuerzas que viabilizó la Jornada, también hemos visto que, distintos sectores del sindicalismo se movilizaron constantemente ya sea negociando y peticionando a las autoridades, así como ampliando los vínculos con los organismos sindicales internacionales. La adopción o construcción de una posición de confrontación más abierta con la dictadura interesaba a un amplio espectro del sindicalismo, en donde cabían bases, dirigentes y líderes intermedios.

Distintas formas de concebir al sindicalismo atravesaban todos los niveles de organización de los obreros, de esta manera, el acatamiento debe entenderse como un momento de sincronización en la defensa de la institución y organización sindical. Sin embargo, la participación en la huelga no implicó, necesariamente, el apoyo al sector convocante de la dirigencia sindical o la correspondencia ideológica con él, sino una correspondencia entre objetivos y demandas.

Esto nos lleva a nuestra segunda conclusión sobre la convocatoria a la JPN y la cuestión de la disputa hegemónica en el sindicalismo. El análisis de las relaciones intra-sindicales nos mostró que existían disputas por la hegemonía dentro del sindicalismo peronista que pueden encontrarse en el conflicto entre la C25 y la CNT. En este sentido, afirmamos que la JPN fue convocada como parte de esa disputa por el liderazgo del sindicalismo. El apoyo de las bases, la relación con los organismos sindicales internacionales, la relación con el gobierno y con los partidos políticos se convirtieron en elementos que inclinaban la balanza de la relación de fuerzas. La C25 supo ver que la movilización de las bases existente viabilizaría la realización de la Jornada lo que le permitiría una plena diferenciación de la CNT.

A nuestro entender, la diferenciación de la dirigencia sindical tradicionalmente hecha por la historiografía entre una corriente confrontacionista y otra participacionista puede diluir la riqueza dinámica del proceso sindical. Esta diferenciación está basada en sus prácticas y no en sus diferentes objetivos: la defensa de un rol político del sindicalismo, por un lado, y la defensa de un sindicalismo de tipo profesionalista, por el otro. Así, esta diferenciación entre dos estrategias tiene más que ver con la forma en que se concebían las relaciones entre el sindicalismo y el Estado que con las formas que cada sector tenía de expresarlas. La negociación siguió siendo la metodología predilecta de las dirigencias, como lo fue durante la segunda mitad del siglo XX.

De esta manera, la caracterización que se haga de los grandes nucleamientos determinará cómo se piensa a la JPN y sus consecuencias.

Esto ocurre especialmente cuando se afirma que la huelga del 27 de abril marcó "el fin del repliegue"[50] del sindicalismo en la dictadura y que fue posible gracias al salto a la confrontación de un sector de la dirigencia motivado por la posición dialoguista del otro sector. No puede pensarse que la Jornada supusiera el "fin del repliegue" ya que, como se ha visto, el conflicto tuvo múltiples manifestaciones en el período y no se reflejó únicamente en la convocatoria a huelgas del tipo tradicional. Asimismo, no puede reducirse la actividad de la clase únicamente al accionar de la dirigencia. Las diferentes concepciones sobre las relaciones entre el sindicalismo y el gobierno existieron desde el día del golpe y fue la lucha de clases la que determinó el avance o profundización en una determinada vía. En este sentido, debe considerarse la mutua determinación que tuvieron todos los actores dentro de la organización sindical.

Los 25 no plantearon un antagonismo directo contra el régimen hasta 1981 cuando, como sostiene Luciana Zorzoli, comenzaron a "posicionarse como sector crítico del gobierno, consciente de que la acumulación de problemas iba hacia una crisis económica inevitable".[51] Asimismo, también hay que resaltar que estuvieron ausentes de sus demandas planteos por la desaparición de trabajadores; en el texto de convocatoria a la Jornada no se encuentra ninguna denuncia de este tipo ni confrontación abierta con la dictadura, más allá de las ya clásicas críticas a su política económica y sindical. No obstante, no hay que menospreciar el impacto político que suponía la convocatoria a una huelga en momentos en que estaba prohibido. Además, como ya mencionamos, diferentes concepciones sobre las relaciones entre el sindicalismo y el gobierno existieron desde el día del golpe y, en este sentido, debe entenderse la convocatoria a la Jornada de Protesta Nacional. Como se ha visto en este trabajo, ya en abril de 1979 pueden observarse dos estrategias diferentes dentro de la dirigencia sindical nacional. La JPN generó una definición más clara en las dirigencias, en especial dentro de la C25. Así, una de las principales consecuencias de la Jornada, a nuestro juicio, fue el desprendimiento de la Comisión de los 25 de los participacionistas / independientes / "Grupo de los 8" debido a su desacuerdo con el objetivo de conservación del rol político del sindicalismo detentado por los verticalistas y ortodoxos. Entonces, creemos fundamental diferenciar entre los objetivos de los dos nucleamientos y sus prácticas. Así, podremos entender mejor sus disputas más allá del grado de conflictividad abierta que haya manifestado cada nucleamiento frente al régimen.

Por último, cabe preguntarse por las consecuencias de la JPN. Distintos autores[52] sostienen que este acontecimiento dividió en dos al período en cuanto a las formas de organización y lucha. Así, la convocatoria a la Jornada expresaría una organización del movimiento sindical ausente en años anteriores que se traduciría en una mayor centralización y coordinación de la protesta en los años siguientes. Como hemos visto, no es posible establecer una generalización sobre las relaciones dentro de los gremios ya que dependieron del contexto y de las relaciones de poder internas a cada organización. Esta cuestión, junto con la política laboral y represiva de la dictadura y la forma en que fue realizada la convocatoria a la huelga abren el interrogante sobre la capacidad de acción orgánica que tenía el sindicalismo en abril de 1979. Un estudio específico sobre cada gremio nos permitiría comprender de forma más completa los procesos de centralización y reestructuración sindical que se dieron en el período. Sin embargo, es preciso subrayar que la convocatoria y la huelga se mantuvieron aún después de que la dirigencia de los 25 fuera detenida. Ellos, previendo su detención, formaron una comisión provisoria que comenzó a actuar de inmediato tras su arresto. Esto demuestra que no hubo improvisación en la convocatoria. No obstante, el llamado a la huelga por medio de los diarios y la propuesta de realizarla quedándose en casa, abre el interrogante sobre la capacidad de organicidad y capilaridad de los 25 en ese momento. Asimismo, las bases, como se ha visto, cumplimentaron la medida de diversas formas de acuerdo a las condiciones de cada lugar.

Además, coincidimos con Zorzoli cuando sostiene que no es correcta la idea de "un escenario general y continuo de confrontación sindical con la dictadura desde abril de 1979".[53] Esto se debe, a nuestro juicio, a varios factores. Primero, las consecuencias de la represión sobre el movimiento sindical tras la realización de la JPN. Segundo, si bien esta huelga tuvo un significativo impacto político fue realizada principalmente, como se demostró en este trabajo, para disputar la hegemonía del movimiento sindical y no enfrentando directamente a la dictadura. Tercero, la dirigencia sindical nacional no pudo llegar nunca a la unidad de prácticas, ni siquiera cuando se asoció en la CUTA, un fallido intento de unidad sindical que duró apenas unos meses. Creemos que la creación de este nuevo nucleamiento fue consecuencia de la sanción de las reformas de las leyes de Asociaciones Profesionales y de Obras Sociales más que de la Jornada de Protesta.

Resumiendo, el análisis de la Jornada nos muestra que fue convocada como un elemento más en la disputa por la hegemonía sindical, pero que solo fue posible gracias a la acumulación de fuerzas a partir de los conflictos llevados adelante por los trabajadores en las fábricas, por las constantes peticiones y negociaciones entabladas por los dirigentes de todos los niveles de la organización y por las relaciones establecidas por el movimiento sindical argentino con sus pares de organismos internacionales. Por otra parte, el análisis de la huelga permite observar la complejidad de las relaciones intra-sindicales en ese momento. Así, afirmamos que no es posible comprender la JPN si no se analizan todos los planos y niveles de la organización sindical en su conjunto, entendiéndolos siempre interactuando directa o indirectamente. A pesar de haber sido convocada solo por una fracción de la dirigencia sindical, quienes respondieron a este llamado no necesariamente compartían con la C25 la totalidad de su estrategia, sin embargo, percibieron en esta acción la oportunidad de aunar fuerzas en pos de la defensa de la organización sindical y de distintas conquistas obreras. De esta manera, creemos que la JPN debe ser entendida como un momento de correspondencia entre distintos sectores del sindicalismo. Más allá de los números de acatamiento, no debe considerarse que la primera huelga general en el período dictatorial haya sido un fracaso,[54] como lo demuestra el hecho de que el gobierno debió seguir negociando con la C25 después de la huelga. La JPN tuvo una trascendencia política muy importante, abrió un espacio de legalidad de hecho más amplio del que habían ido logrando las luchas obreras anteriores, significó el reacomodamiento de distintas vertientes sindicales al interior del movimiento obrero y un gran paso para la recuperación de las instituciones gremiales en todos los niveles.

Notas

1. Iñigo Carrera Nicolás, entrevista por Gabriela Scodeller y Pablo Ghigliani. Ver Gabriela Scodeller y Pablo Ghigliani, "La burocracia sindical: del concepto a la historia. Entrevista con Nicolás Iñigo Carrera", *Nuevo Topo. Revista de historia y pensamiento crítico* n.º 7 (201): 122.

2. Como otros capítulos de este libro destacan, ver por ejemplo, Carminati en este mismo volumen.

3. Al respecto ver Arturo Fernández *Las prácticas sociales del sindicalismo (1976-1982)* (Buenos Aires: Centro Editor de América Latina, 1985); Pablo Pozzi, *Oposición obrera a la dictadura* (Buenos Aires: Editorial Contrapunto, 1988); Ricardo Falcón, "La resistencia obrera a la dictadura militar. (Una reescritura de un texto contemporáneo a los acontecimientos)", en *A veinte años del golpe. Con memoria democrática*, comp. por Hugo Quiroga y César Tach (Rosario: Homo Sapiens Ediciones, 1996); Alejandro Schneider, "'Ladran Sancho...' Dictadura y clase obrera en la Zona Norte del Gran Buenos Aires", en *De la Revolución Libertadora al menemismo. Historia social y política argentina*, compilado por H. Camarero [et al.] (Buenos Aires: Ediciones Imago Mundi, 2000); Gonzalo L. Chaves, "Las luchas sindicales contra El Proceso. 1976-1980: Cinco Años de Resistencia", en *1976-1983 La resistencia obrera a la dictadura* (Buenos Aires: CTA, 2006), http://www.bibliotecacta.org.ar/bases/pdf/BCD00002.pdf; y Victoria Basualdo, Ivonne Barragán y Florencia Rodríguez, *Dossier: La clase trabajadora durante la última dictadura militar argentina (1976-1983): apuntes para el análisis de la resistencia obrera* (La Plata: CPM, 2010), http://www.comisionporlamemoria.org/investigacion yense%C3%B1anza/dossiers/con%20issn/dossier14versionfinal.pdf, entre otros.

4. Pozzi afirma que "en base a la experiencia histórica forjada bajo dictaduras anteriores (...) se aplicarían métodos de lucha y organización más acordes con la represión desatada y la falta de organización legal". En este sentido, el autor observa que se ensayaron "nuevos métodos y desemplavado viejos, para llegar a las mejores formas de oponerse al régimen". Con la intención de no dejar "blancos que facilitaran la represión", los trabajadores recurrieron "a la experiencia de la 'Resistencia Peronista' (...), y (...) un grado importante de innovación. Así, en base a la experiencia y al ejemplo, se concreta a través de 1976 una serie de formas de lucha que se ajusta a una correlación de fuerzas desfavorable y a la represión salvaje: 'trabajo a tristeza', trabajo a reglamento, quite de colaboración y principalmente el sabotaje". Pozzi, *Oposición obrera...*, 70 y 81 respectivamente.

5. Un ejemplo son las diferentes actuaciones de la Unión Obrera Metalúrgica en los conflictos de Santa Rosa en La Matanza y de Olivetti en Morón.

6. Como viene haciendo Daniel Dicósimo en su estudio sobre la posición de los dirigentes sindicales seccionales de metalúrgicos y mineros del centro de la Provincia de Buenos Aires durante la última dictadura, ver Dicósimo, *Los trabajadores argentinos y la última dictadura. Oposición, desobediencia y consentimiento* (Tandil: Universidad Nacional del Centro de la Provincia de Buenos Aires, 2017) y el trabajo de ese mismo autor en el presente volumen.

7. Corresponde advertir, como lo hace Luciana Zorzoli, que las intervenciones a sindicatos no causaron todas el mismo efecto, ni tampoco generaron de por sí la paralización de la acción sindical. Luciana Zorzoli, "Las intervenciones a organizaciones sindicales durante la última dictadura militar argentina: un estudio cuantitativo", *Desarrollo Económico* vol. 57, n° 223 (2018).

8. Falcón, "La resistencia obrera...", 127.

9. "La actividad sindical continúa suspendida, lo que no impide que delegaciones de dirigentes se mantengan en fluida comunicación con las autoridades competentes, tanto en forma oficial como privada", escrito por "Observador", "Posible coincidencia de un cronograma institucional y de uno gremial", en el diario *La Prensa*, 8 de abril.

10. Los comunicados eran firmados por agrupaciones de sindicatos de distintas industrias de una misma provincia o por listas al interior de los sindicatos.

11. Como informaba el diario *Clarín* el 16 de abril, "Reciente reunión de la mayor parte de los gremios rosarinos, sumamente divididos por disputas internas; de los gremios de Zona Norte del GBA, donde se unieron filiales de organizaciones nacionales adheridas a la CNT y a los 25 (...): elementos de la realidad han actuado últimamente para borrar muchas de las tradicionales barreras existentes en el seno del gremialismo".

12. Si bien, como mencionamos anteriormente, no es correcto realizar una generalización sobre los efectos de las intervenciones sobre los sindicatos, creemos que la amenaza de intervención a la organización sindical pudo condicionar las acciones de algunos dirigentes sindicales y que, una vez realizada la intervención, la existencia de un interventor —ya fuera militar o civil— o la reafirmación por parte de la intervención de algunos secretarios generales en sus cargos determinó, asimismo, las relaciones y disputas de poder dentro de esas organizaciones.

13. Fernández, *Las prácticas...*

14. Abós, *Las organizaciones...*

15. Pozzi, *Oposición...* ; y Fernández, *Las prácticas...*

16. Fernández, *Las prácticas...*; y Santiago Senén González, *Diez años de sindicalismo argentino, de Perón al Proceso* (Buenos Aires: Ediciones Corregidor, 1984).

17. Senén González, *Diez años...*, 77.

18. Senén González, *Diez años...*, 86.

19. Cabe resaltar que, más allá de estas diferencias en relación a cómo actuar en la Asamblea anual de la OIT, ninguno de estos dos nucleamientos denunció las desapariciones de compañeros obreros y dirigentes sindicales ante esta organización internacional. En este sentido, y como bien destaca Zorzoli, estos dirigentes sindicales conformaron "un frente único con el gobierno militar y los empresarios para dificultar el avance de las investigaciones y los posibles castigos que pudiera tener el gobierno por su política represiva. Fueron, sin embargo, sumando progresivamente sus voces a las disidencias contra los planes económicos del PRN". Luciana Zorzoli, "La OIT y las dictaduras latinoamericanas: una aproximación al Caso 842 contra Argentina", *Anuario del Instituto de Historia Argentina* 17.1 (2017): 15, https://doi.org/10.24215/2314257Xe037.

20. Senén González, *Diez años...*, 99.

21. Según publicó *Diario Popular* el día 27 de marzo de 1979, los puntos acordados fueron los siguientes: 1- Restitución del poder adquisitivo del salario y plena vigencia de la ley 14.250; 2- Ley de Asociaciones Profesionales; 3- Ley de Obras Sociales; 4- Libertad para las actividades sindicales y derogación de las disposiciones limitativas. Anulación de la prescindibilidad; 5- Normalización sindical y de las obras sociales; 6- Terminante oposición a las modificaciones de los aportes provisionales legales y convencionales; 7- Libertad de detenidos; 8- Defensa de la economía e industria nacional.

22. En el diario *La Nación* del 17 de abril se afirmaba que verticalistas y ortodoxos se mostrarían partidarios de rechazar la propuesta de la CNT, mientras que antiverticalistas, participacionistas e independientes serían proclives a aceptarla.

23. La política económica "carcome la base de la unidad nacional, haciendo que las fuerzas armadas sean empujadas hacia el enfrentamiento con los sectores nacionales mayoritarios de todos los estratos de la vida nacional. (...) la política económica impide el diálogo constructivo". Documento titulado *Comisión Nacional de los 25 Gremios*, en CPM-FONDO DIPPBA.

24. Según afirmaba el diario *La Nación* del 24 de abril, los dirigentes detenidos debieron responder si "integraban la Comisión de los 25, si la Comisión había dispuesto el paro, si habían participado de la reunión que dispuso el paro, si sabían que violaban las leyes vigentes, si firmaron y avalaron el paro y qué actitud iban a adoptar".

25. A propósito de las detenciones y de su impacto internacional ver Zorzoli, "La OIT y las dictaduras latinoamericanas"; y Victoria Basualdo, "The ILO and the Argentine Dictatorship (1976-1983)", en *ILO Histories Essays on the International Labour Organization and Its Impact on the World during the Twentieth Century,* ed. por Jasmien van Daele (New York: Peter Lang, 2010), 401-13.

26. "La Comisión de los 25 había creado un comité de huelga y un comité de

reemplazo para cuando fueran 'en cana' los primeros", declaraciones de Pascual Albanese en O. Callelo y D. Parcero, *De Vandor a Ubaldini / 2* (Buenos Aires: Centro Editor de América Latina, 1984), 193.

27. "La C.N.T. manifiesta su inquietud frente a la Jornada de Protesta recientemente anunciada por la Comisión de los 25, ante la posibilidad de que las legítimas razones de insatisfacción de los trabajadores argentinos puedan ser arriesgadas en una confrontación de fuerzas, que no demuestren la unanimidad de ese sentido popular. Adoptar la medida en forma unilateral y apresurada (…) inhabilita la convocatoria formulada". En CPM-FONDO DIPPBA.

28. Como bien analizó Victoria Basualdo, el espacio de la OIT resultaba de extrema importancia para el régimen militar argentino, "la presencia de una delegación tripartita fue preferida y promovida por todos los medios, ya que la participación de delegados de la patronal y de los trabajadores (…) junto con el gobierno daba la impresión de apertura y pluralismo" Basualdo, "The ILO and the Argentine Dctatorship", 411. Zorzoli también resaltó la importancia del espacio de la OIT, al respecto ver "La OIT y las dictaduras latinoamericanas".

29. Pozzi, *Oposición obrera...*, 87.

30. Ejemplo de ello es lo sucedido en la fábrica Santa Rosa de La Matanza donde el acatamiento a la huelga fue total en los tres turnos, mientras que el secretario general de la seccional de la UOM, Abdalá Baluch, miembro de la mesa directiva de la CNT, había llamado a no acatar la medida.

31. Existían en su seno posiciones enfrentadas sobre qué actitud tomar frente a la intervención. Es posible que por esta vía se hayan manifestado también conflictos previamente existentes dentro del sindicato. En 1978, en un plenario general los secretarios generales resolvieron adherir a la CNT. Esta determinación se tomó tras una votación muy pareja, 28 votos contra 25. La adhesión a la CNT, no obstante, no fue total ya que hubo secretarios generales que participaron de la C25. Las diferencias dentro de la UOM volvieron a manifestarse en relación con la convocatoria a la JPN. Santiago Senén González y F. Bosoer, *El hombre de hierro. Augusto Vandor. José Rucci. Lorenzo Miguel. Naldo Brunelli* (Avellaneda: Ediciones Corregidor, 1998), 110.

32. Hemos utilizado para este apartado información obtenida en la Dirección de Inteligencia de la Policía de la Provincia de Buenos Aires. Para una sistematización de esta información ver Mariana Stoler, "Sentimos sobre nosotros la mirada inquietante de los trabajadores. Análisis de la Jornada de Protesta Nacional, 27 de abril de 1979" (tesis de licenciatura, Universidad de Buenos Aires, 2015).

33. El 28 de abril, los titulares de *Clarín* expresaban "fue parcial el paro en el conurbano y en los FF.CC.; normalidad en Capital e interior" y los de *La Opinión*, "parcialmente y sin alteraciones se cumplió la jornada de protesta. Dispar ausentismo en el Gran Buenos Aires y escasa significación en las provincias".

34. Rama Sindical del Movimiento Peronista Montonero. "Crónica de la resistencia sindical argentina. Resumen de publicaciones periodísticas argentinas del mes de abril de 1979", abril de 1979. Colección sobre el Exilio Argentino, CeDinCi (cd 21).

35. Rama Sindical del Movimiento Peronista Montonero, "Crónica de la resistencia sindical argentina", abril.

36. Rama Sindical del Movimiento Peronista Montonero, "Crónica de la resistencia sindical argentina", abril.

37. Comunicados de la Embajada de Estados Unidos, www.desclasificado.com.ar

38. Calello y Parcero, *De Vandor a Ubaldini / 2*, 184.

39. Como ejemplo véase la detención de dos dirigentes gremiales en Paraná en relación con la Jornada de Protesta como publican los diarios *La Nación*, *Crónica* y *Diario Popular* el día 20 de mayo.

40. Esto se aplicó sobre R. García, verticalista (taxistas); D. Lorenzo, independiente (alimentación); J.L. Castillo, verticalista (conductores navales); y E. Micó, participacionista (vestido).

41. Al respecto es interesante citar en extenso declaraciones de Roberto Digón dirigente de los 25: "fuimos muchos detenidos, pero quedamos seis solos detenidos, que fuimos los que bancamos la huelga, es decir, porque todos los demás se iban desdiciendo, que tenían que reunirse los cuerpos orgánicos, que tenían el gremio intervenido aunque ellos no habían declarado la huelga. (...) Cabrera cambió la declaración por pedido de varios de nosotros. (...) El cambio de declaración era, quienes decíamos que sí, que habíamos declarado la huelga y decir no, yo ahí acepté lo que dijo la mayoría pero lo llevo a los cuerpos orgánicos. Por ejemplo, él lo podía llevar porque no estaba intervenido, con lo cual, al decir a los cuerpos orgánicos, seguías en el proceso pero te dejaban en libertad". Red de Archivos Orales de la Argentina Contemporánea. *Entrevista a Roberto Digón* [video digital]. Programa de Historia Política, Instituto de Investigaciones Gino Germani, Universidad de Buenos Aires, Buenos Aires, 25 de septiembre de 2005.

42. El ministro del Interior afirmaba que la liberación de nueve dirigentes de la C25, tres de ellos miembros de la comisión ejecutiva, se habría producido tras una declaración donde negaban haber convocado a la JPN.

43. Como salió publicado en *Clarín* el 15 de mayo de 1979, "...agotaremos todas las instancias para lograr la unidad, y luego, sobre esa base y otras que determine (...) la realidad concreta del momento, tendremos que encontrar los medios, para convocar a todas las asociaciones regionales para considerar planes de trabajo activos".

44. En este sentido debe leerse el comunicado publicado por la CNT el día 15 de mayo en el diario *La Nación*, donde repasaba su actividad desde los inicios de la organización hasta la JPN.

45. *La Razón* del mismo día, por su parte, publicaba "independiente de sus exiguos resultados numéricos, el paro dispuesto por un sector de los 25 ha constituido el hecho político de mayor trascendencia —y quizás el primero— producido fuera del Poder en el curso de los últimos treinta y siete meses".

46. El plenario decidió "ratificar nuestra inquebrantable decisión de continuar la lucha permanente en defensa de los intereses vitales de los trabajadores y de sus organizaciones" señalando los siguientes puntos: libertad de detenidos sin causa ni proceso; plena vigencia de las leyes 20.615 y 18.610 de asociaciones profesionales y de obras sociales sindicales; restablecimiento pleno e inmediata vigencia de la ley 14.250; inmediata normalización de los gremios intervenidos y derogación de toda legislación limitativa de la actividad sindical, y restitución de los mandos a los dirigentes privados de ellos con motivo de los últimos acontecimientos, como lo reflejaban los diarios *Clarín* y *Crónica* el 23 de mayo.

47. El 31 de mayo se conoció la inasistencia de Reston a la Asamblea General de la OIT, según publicó el diario *Clarín*, "en razón de que 'debe atender importantes asuntos de su competencia y otros compromisos', según lo señaló ayer un comunicado oficial". Sin embargo, la revista *Sonos* del 8 de junio sostuvo que "hay quienes afirman que en realidad Reston no viajó por recomendación del subsecretario de Trabajo (...) quien el jueves 24 le habría comunicado desde Ginebra la existencia de un clima 'poco propicio'. Es que ese mismo día el Consejo de Administración de la OIT, por expreso pedido del Comité de Libertad Sindical, había incluido en el temario de la asamblea el punto 'Información y memoria sobre la aplicación de convenios y recomendaciones internacionales'. Y es precisamente en ese capítulo donde se han radicado denuncias contra nuestro país por 'violación sindical'".

48. "...cuando ahora enfatizamos la situación a partir del 27, es porque vemos que se abren mayores perspectivas que nunca para nuestro trabajo estructural, de recuperación sindical (...) ahora existen mayores posibilidades de reunir c[ompañe]ros. para un asado, para charlar y para organizar, que (...) antes del mismo 27. (...) ese proceso de ascenso se venía produciendo en las filas obreras pegó un salto el 27 y eso posibilita mucho más nuestro trabajo". Partido Socialista de los Trabajadores, *Boletín interno* N° 40, 30 de mayo de 1979. Una evaluación de este proceso es presentada por Leandro Molinaro en este volumen.

49. Pozzi, *Oposición obrera...*

50. Abós, *Las organizaciones...*, 46.

51. Luciana Zorzoli, "Elementos para una nueva síntesis en los estudios sobre las organizaciones sindicales argentinas bajo el gobierno militar (1976-1983)", *Revista Millars. Espai i Historia* vol. XLI, n.° 2 (2016): 84.

52. Chaves, "Las luchas sindicales..."; y Basualdo, Barragán y Rodríguez, *Dossier...*

53. Zorzoli, "Elementos para una nueva síntesis...", 85.

54. Fernández, *Las prácticas...*, 52.

Bibliografía

AA.VV. *Nuevo Topo. Revista de historia y pensamiento crítico* N° 7 (Buenos Aires, septiembre/octubre 2010).

Abós, Á. *Las organizaciones sindicales y el poder militar (1976-1983)*. Buenos Aires: Centro Editor de América Latina, 1984.

Aguirre, F., y Werner, R. *Insurgencia obrera en la Argentina, 1969.1976. Clasismo, coordinadoras interfabriles y estrategias de izquierda*. Buenos Aires: Ediciones IPS, 2007.

Basualdo, V. "Dictadura militar, sindicalismo combativo y relaciones internacionales: apuntes para una historia reciente de los trabajadores". En *Antología*, Central de Trabajadores Argentinos. Buenos Aires: CTA, 2006.

———. "The ILO and the Argentine Dictatorship (1976-1983)". En *ILO Histories Essays on the International Labour Organization and Its Impact on the World during the Twentieth Century*, editado por Jasmien van Daele, 401-13. New York: Peter Lang, 2010.

Basualdo, Victoria, I. Barragán y F. Rodríguez. *Dossier: La clase trabajadora durante la última dictadura militar argentina (1976-1983): apuntes para el análisis de la resistencia obrera*. La Plata: CPM, 2010. http://www.comisionporlamemoria.org/investigacionyense%C3%B1anza/dossiers/con%20issn/dossier14version final.pdf.

Calello, O., y D. Parcero. *De Vandor a Ubaldini / 2*. Buenos Aires: Centro Editor de América Latina, 1984.

Chaves, Gonzalo. "Las luchas sindicales contra El Proceso. 1976-1980: Cinco Años de Resistencia". En *1976-1983. La resistencia obrera a la dictadura*, Central de Trabajadores Argentinos, 11-19. Buenos Aires: CTA, 2006. http://www.bibliotecacta.org.ar/bases/pdf/BCD00002.pdf.

Dicósimo, D. "Dirigentes sindicales, racionalización y conflictos durante la última dictadura militar". *Revista Entrepasados* Año XV, n° 29 (2006). http://www.historiapolitica.com.ar/datos/biblioteca/dicosimo.pdf.

———. *Los trabajadores argentinos y la última dictadura. Oposición, desobediencia y consentimiento*. Tandil: Universidad Nacional del Centro de la Provincia de Buenos Aires, 2017.

Falcón, R. "La resistencia obrera a la dictadura militar. (Una reescritura de un texto contemporáneo a los acontecimientos)". En *A veinte años del golpe. Con memoria democrática*, compilado por Hugo Quiroga y César Tach, 123-41. Rosario: Homo Sapiens Ediciones, 1996.

Fernández, Arturo. *Las prácticas sociales del sindicalismo (1976-1982)*. Buenos Aires: Centro Editor de América Latina, 1985.

Ghigliani, Pablo. "Los usos de la noción de derrota en la historia reciente del movimiento obrero". Ponencia presentada en V Jornadas de Sociología de la Universidad Nacional de La Plata, 2009.

Hyman, R. *Relaciones industriales. Una introducción marxista*. España: H. Blume Ediciones, 1981.

Pozzi, Pablo. *Oposición obrera a la dictadura*. Buenos Aires: Editorial Contrapunto, 1988.

Schneider, A. "'Ladran Sancho...' Dictadura y clase obrera en la Zona Norte del Gran Buenos Aires". En *De la Revolución Libertadora al menemismo. Historia social y política argentina*, compilado por H. Camarero [et al.]. Buenos Aires: Ediciones Imago Mundi, 2000.

Senén González, S. *Diez años de sindicalismo argentino, de Perón al Proceso*. Buenos Aires: Ediciones Corregidor, 1984.

Senén González, S., y F. Bosoer. *El hombre de hierro. Augusto Vandor. José Rucci. Lorenzo Miguel. Naldo Brunelli*. Avellaneda: Ediciones Corregidor, 1998.

Stoler, M. "Sentimos sobre nosotros la mirada inquietante de los trabajadores. Análisis de la Jornada de Protesta Nacional, 27 de abril de 1979". Tesis de licenciatura. Universidad de Buenos Aires, 2015.

Torre, J. C. *El gigante invertebrado. Los sindicatos en el gobierno, Argentina 1973-1976*. Buenos Aires: Siglo XXI Editores, 2004.

Zorzoli, Luciana. "Elementos para una nueva síntesis en los estudios sobre las organizaciones sindicales argentinas bajo el gobierno militar (1976-1983)". Revista *Millars. Espai i Historia* vol. XLI, n.º 2 (2016): 69-96.

———. "Las intervenciones a organizaciones sindicales durante la última dictadura militar argentina: un estudio cuantitativo". *Desarrollo Económico* vol. 57, N° 223 (enero-abril 2018).

———. "La OIT y las dictaduras latinoamericanas: una aproximación al Caso 842 contra Argentina". *Anuario del Instituto de Historia Argentina* 17.1 (2017) https://doi.org/10.24215/2314257Xe037.

Documentos

Comisión de los 25 (1978, diciembre 19): "Texto del discurso pronunciado en la cena organizada por la "Comisión de los 25" en la Ciudad de Buenos Aires el día 19 de diciembre de 1978".

Comunicados de la Embajada de Estados Unidos, recuperados de www.desclasificados.com.ar.

CPM-FONDO DIPPBA División Central de Documentación, Registro y Archivo, Legajo 17657 Tomo 1, Dirección de Inteligencia de la Policía de la Provincia de Buenos Aires. Comisión Provincial por la Memoria.

CPM-FONDO DIPPBA División Central de Documentación, Registro y Archivo, Legajo 17659, Dirección de Inteligencia de la Policía de la Provincia de Buenos Aires. Comisión Provincial por la Memoria.

Partido Comunista Revolucionario de la Argentina (2011): "Guion del Comité Central", en Partido Comunista Revolucionario de la Argentina, Documentos del PCR/Tomo 4, recuperado de www.pcr.org.ar/nota/guión-del-comité-central.

Partido Socialista de los Trabajadores (1979): "Situación nacional. Insistimos sobre el paro del 27 de abril. La situación de la clase obrera y el gobierno" en *Boletín interno* 30.05.79 N° 40.

Rama Sindical del Movimiento Peronista Montonero (1979): "Crónica de la resistencia sindical argentina. Resumen de publicaciones periodísticas argentinas del mes de abril de 1979", abril de 1979, en Colección sobre el Exilio Argentino, cd 21, CeDinCi.

Rama Sindical del Movimiento Peronista Montonero (1979): "Crónica de la resistencia sindical argentina. Resumen de publicaciones periodísticas argentinas del mes de mayo de 1979", mayo de 1979, en Colección sobre el Exilio Argentino, cd 10, CeDinCi.

Red de Archivos Orales de la Argentina Contemporánea (2005, Septiembre 25). "Entrevista a Roberto Digón" [video digital]. Programa de Historia Política, Instituto de Investigaciones Gino Germani, Universidad de Buenos Aires, Buenos Aires.

Diarios y revistas

Colección de marzo, abril, mayo y junio de 1979 de...
Buenos Aires Herald
Clarín
Crónica
Denuncia
Diario Popular
La Nación
La Opinión
La Prensa
La Razón
Revista Evita Montonera
Revista Mercado
Revista Somos

CAPÍTULO 13

¿Un empate agónico? Las acciones de las bases en Capital Federal y Gran Buenos Aires en la etapa final de la última dictadura militar (junio 1982-diciembre 1983)

Leandro Molinaro
UNIVERSIDAD DE BUENOS AIRES

EN UN CLIMA POLÍTICO y cultural que marginaba del ámbito académico a quienes investigaban las características del movimiento obrero en Argentina, la obra *La oposición obrera a la dictadura (1976-1982)*, del historiador Pablo Pozzi, representó un haz de luz para las siguientes generaciones.[1] Escrita originalmente en 1988, exhibió las características de la conflictividad protagonizada por el movimiento obrero entre los inicios del autodenominado "Proceso de Reorganización Nacional" (PRN) en 1976 y la movilización organizada por la Confederación General del Trabajo (CGT) el 30 de marzo de 1982. Además, presentaba una novedosa mirada sobre la clase obrera que tenía en cuenta sus aspectos culturales, apoyándose en testimonios orales de activistas que habían sido parte de la conflictividad de ese momento histórico. Partiendo de la crítica a la obra de Francisco Delich,[2] quien afirmaba que durante la última dictadura militar el movimiento obrero se había mantenido inmóvil, Pozzi sostenía que, por el contrario, las acciones llevadas a cabo por la clase asalariada habían obturado los objetivos de transformación social y económica del "Proceso". Incluso, postulaba que esta oposición obrera había impedido que las diferentes fracciones de la burguesía rompieran el "empate hegemónico", concepto esgrimido por Juan Carlos Portantiero para explicar la situación de la lucha de clases en la sociedad argentina tras el golpe de Estado de 1955.[3]

Si bien con el paso del tiempo esta obra ha recibido diferentes críticas,[4] para nuestra investigación el principal aporte de *La oposición obrera...* reside en que centralizaba parte del análisis en la lucha en los sitios laborales. A pesar del plan sistemático de terrorismo de Estado y las transformaciones estructurales del período, Pozzi mostraba la capacidad del movimiento obrero para llevar a cabo medidas desde los lugares de trabajo para poner escollos a la ofensiva empresarial desatada con la última dictadura militar. Intentando continuar con esta línea de análisis, en este escrito nos detenemos en el período inmediatamente posterior al final de *La oposición obrera...*, los últimos 18 meses del PRN, enfocándonos en las luchas impulsadas "desde abajo" en la región del Área Metropolitana de Buenos Aires (AMBA).[5]

En una coyuntura de descomposición del poder político militar durante el cual el movimiento obrero tuvo una activa participación, nuestra intención principal reside en analizar las rupturas y continuidades existentes con los años previos en cuanto a sus formas de lucha y organización.[6] En particular, prestamos especial atención a los conflictos protagonizados por las organizaciones en los sitios laborales. Aunque también analizamos las acciones impulsadas por las bases que no contaban con representantes en los lugares de trabajo, o que fueran elegidos en el marco del enfrentamiento con la patronal. Todo ello sin descuidar, por un lado, las características del activismo presente en los establecimientos productivos o de servicios, y, por otro, la relación entre las bases y la dirigencia gremial.

Por razones de espacio, circunscribimos nuestro análisis a la conflictividad en gremios de importancia: metalúrgicos, mecánicos, bancarios y conductores del transporte automotor. Estructuramos el texto comenzando con un breve esbozo sobre la coyuntura política y económica del país en el epílogo de la última dictadura cívico-militar. En el apartado central, describimos los principales conflictos organizados "desde abajo" en los gremios antes mencionados. Finalizamos este escrito con una reflexión que busca articular los avances de nuestra investigación con los aportes realizados por Pozzi en su obra.

El *"Proceso" en retirada*

Tras la derrota militar en las islas del Atlántico Sur, el autodenominado "Proceso de Reorganización Nacional" se batió en retirada. La situación política y económica era compleja. El general Leopoldo Galtieri fue reemplazado en la presidencia por el general Reynaldo Bignone en julio de 1982, siendo inicialmente apoyado por el ejército sin el respaldo del resto de las armas. La crisis era profunda y el repudio a la dictadura incluía a vastos sectores sociales. Bignone negoció con los políticos agrupados en la Multipartidaria, y en particular con la Unión Cívica Radical (UCR) y el Partido Justicialista (PJ), una salida electoral que terminaría decantando en octubre de 1983.

En términos económicos, Argentina se caracterizaba en este período por su alto índice inflacionario. En 1982 la inflación fue del 209% anual y los salarios reales del sector industrial cubrían solo el 50% de la canasta familiar. Durante 1983, los salarios reales crecieron aunque se mantuvieron un 12,5% por debajo de los valores de 1975. La inflación continuó siendo elevada (433,7% anual),[7] aunque la tasa de desocupación se mantuvo baja.[8]

En esta coyuntura el movimiento obrero encabezó numerosas medidas de fuerza que incluyeron paros, movilizaciones, ollas populares, ocupaciones de lugares de trabajo, quite de colaboración y trabajo a reglamento. Muchas de estas acciones fueron impulsadas por las bases. Ya sea por organizaciones en el sitio laboral, varias de ellas ilegalizadas en los años previos, o surgidas al calor de estas luchas. También encontramos acciones fogueadas por activistas por dentro o fuera de estas organizaciones. Las causas giraron en torno a los reclamos por aumentos salariales, la recuperación de conquistas eliminadas por el PRN, y en oposición a suspensiones y despidos. A ello debemos sumarle el reclamo por parte de la dirigencia sindical de la devolución de las obras sociales y asociaciones intervenidas por el Estado, en su mayoría, a partir del golpe cívico-militar de 1976.

Los agrupamientos político-sindicales que conducían los gremios a nivel nacional y regional, o que lo habían hecho hasta mediados de 1970, no se encontraron al margen de estos conflictos. Algunos de ellos encabezaron medidas de fuerza en pos de recuperar atribuciones perdidas en los inicios de la última dictadura. Los principales nucleamientos dirigenciales se habían conformado a partir de diferentes tácticas frente al "Proceso": la Comisión de los 25, la Comisión Nacional de Trabajo (CNT) y la Comisión de los 20. Los dirigentes de estos nucleamientos, a su vez, se diferenciaban de acuerdo a su relación con el Estado, y con respecto a las internas del peronismo a nivel gremial a los que la mayoría pertenecía. Estas clasificaciones eran relativas ya que sus miembros podían cambiar de sector según la relación con los gobiernos de turno, y también por la dinámica interna de los sindicatos.[9] La competencia por el liderazgo llevaba a que dirigentes de un mismo gremio estuviesen alineados en diferentes agrupamientos con el fin de acumular fuerzas contra sus opositores internos.[10] Estas divisiones internas y la proscripción efectuada por el "Proceso" habían debilitado al principal nucleamiento peronista hasta el golpe de 1976, las 62 Organizaciones. Si bien este fue reconstruido tras la liberación de la cárcel del dirigente metalúrgico, Lorenzo Miguel, en abril de 1980, perdió gran parte de la influencia y apoyo que gozaba anteriormente.[11]

En noviembre de 1980 la Comisión de los 25 impulsó la refundación de la CGT encabezada por el cervecero Saúl Ubaldini (que recibiría el nombre de CGT Brasil por la calle porteña donde se encontraba su sede). Su aparición enfrentaba la expresa prohibición estatal a cualquier confederación de tercer grado, tal como quedaba establecido en la ley 22.105 de Asociaciones Gremiales sancionada en 1979. Debido a su discurso crítico hacia el régimen castrense esta central era considerada por un sector de la opinión pública como el ala "combativa" del movimiento sindical. En particular, los dirigentes de uno de sus nucleamientos, la Comisión de los 25, recibían la denominación de "ultraduros".[12] Por su lado, la CNT, en alianza con la Comisión de los 20, formó la CGT Azopardo (liderada por el secretario general del sindicato plástico, Jorge Triaca) durante el conflicto bélico en Malvinas.[13] Esta central era caracterizada como abiertamente conciliadora con el régimen militar. Con diferentes posicionamientos ambas confederaciones llevaron adelante en simultáneo tres huelgas generales durante el período analizado: el 6 de diciembre de 1982, el 28 de marzo de 1983 y el 4 de octubre de 1983.

Además de activistas pertenecientes a diferentes vertientes del peronismo tradicional, encontramos la presencia en diferentes gremios de agrupaciones políticas que habían logrado sobrevivir a la represión dictatorial de los años previos: Partido Comunista (PC); los ilegalizados Partido Socialista de los Trabajadores, que a finales de 1982 se reconvertiría en el Movimiento Al Socialismo (MAS); el Partido Comunista Revolucionario (PCR) cuyo sello legal sería, a partir de 1983, Partido del Trabajo y del Pueblo; el Partido Obrero (PO) que hasta 1982 recibía el nombre de Política Obrera; e Intransigencia y Movilización Peronista (IyMP), identificada con el peronismo de izquierda.

También observamos otras corrientes políticas como el Partido Intransigente (PI), escisiones del viejo Partido Socialista, y el radicalismo.

Frente a los reclamos del movimiento obrero, el gobierno militar ya no contaba con el consenso social necesario para llevar a cabo una represión sistemática como en los años previos. En la mayoría de los casos, tampoco era factible aplicar la Ley de Seguridad Industrial (Ley 21.400) que prohibía toda medida de fuerza ya que, en esta coyuntura de debilidad política del régimen, su puesta en práctica podría traer como consecuencia una radicalización de los conflictos. Por ello, apeló principalmente a mecanismos de negociación con sectores de la dirigencia sindical. Una táctica consistió en pactar la normalización de los sindicatos y las obras sociales intervenidas por el Estado.[14] Este procedimiento también era de suma importancia para un sector de peso de la burguesía como la Unión Industrial Argentina (UIA), la cual en julio de 1982 había solicitado al ministro de Trabajo, Héctor Villaveirán, poner en marcha la normalización sindical con el objetivo de tener interlocutores válidos con los cuales negociar diferentes problemáticas.[15] Una arista de la negociación entre el gobierno y las cúpulas sindicales salió a la luz en septiembre de 1982 cuando, a último momento, la CGT Azopardo decidió levantar un paro general anunciado para el día 23. A cambio de la suspensión, los jerarcas de esta central lograron acordar en el Ministerio de Trabajo la formación de comisiones normalizadoras en todos los sindicatos intervenidos tanto a nivel nacional como regional.[16] En la mayoría de los casos la formación de comisiones transitorias ahondó las luchas facciosas entre nucleamientos dirigenciales al interior de los gremios, las cuales se entrecruzaban con las disputas por espacios de poder entre la CGT Brasil y la CGT Azopardo. También tuvo repercusiones en la competencia electoral a nivel nacional entre la UCR y el PJ.[17] Según datos de noviembre de 1982, existían 134 organismos gremiales intervenidos militarmente.[18] A cambio, el gobierno buscaba apaciguar los elevados niveles de conflictividad del período.

La otra táctica del poder ejecutivo nacional durante el tramo final del "Proceso" consistió en implantar de forma sistemática la llamada "Ley de Conciliación Obligatoria".[19] Esta medida estatal suponía un arbitraje que obligaba a las partes a retrotraerse a la situación previa al inicio de la disputa. En la práctica, se transformó en un intento por parte del Estado de suspender la protesta para aplacar a los obreros en conflicto, y abrir un espacio de negociación entre el Ministerio de Trabajo y los sectores sindicales y patronales. Esto permitía que la parte empresaria restableciera el funcionamiento normal de las empresas en litigio o que el Estado pudiera reanudar las actividades en sectores públicos afectados por acciones directas. El empleo de esta norma era parcial ya que, por lo general, el gobierno no obligaba a los representantes de la burguesía a su cumplimiento como sí lo hacía con la parte obrera. En los conflictos ocurridos en establecimientos laborales que presentaban ciertos niveles de radicalización no se retornaba a la situación previa a la disputa.

Un acercamiento a la conflictividad del período

A partir del entrecruzamiento de diversas fuentes escritas, realizamos un muestreo sobre las acciones directas protagonizadas por el movimiento obrero durante el período en el área metropolitana de Buenos Aires.[20] Registramos 183 medidas de fuerza impulsadas por las bases entre mediados de junio de 1982 y los primeros días diciembre de 1983. Verificamos que 115 de ellas fueron promovidas por organizaciones de base existentes o surgidas durante el conflicto. En cuanto a área y sector laborales, 140 fueron realizadas en el sector privado y las 43 restantes en el estatal. Asimismo, preponderaron las acciones directas en el área de servicios: 102 frente a 84 del industrial.

Los tipos de acción directa mostraban una tendencia ya presente desde 1978: paros, tomas, trabajo a reglamento, quite de colaboración, movilizaciones y asambleas en horario laboral. A ello debemos sumarle en este período la instalación de ollas populares en diversos conflictos por despidos masivos. También en casos puntuales hubo activistas que iniciaron huelgas de hambre por despidos o por internas entre diferentes agrupaciones sindicales en el armado de la comisión normalizadora de su sindicato.[21]

A continuación analizamos la particularidad de algunos de estos conflictos. Por razones de espacio, nos circunscribimos a acciones "desde abajo" tomadas en gremios de importancia debido a su peso en el ámbito de la producción (metalúrgicos y mecánicos), por la cantidad de trabajadores involucrados en las acciones (mecánicos y bancarios), y la cantidad de acciones directas realizadas (bancarios, metalúrgicos y conductores del transporte automotor).

Bancarios

En la cúspide de nuestro muestreo encontramos al gremio bancario con el 14% de las acciones impulsadas por las bases en este período. La gran mayoría de estas medidas ocurrieron durante julio de 1983, en un contexto que combinó el reclamo de los empleados de aumento salarial, recuperación de conquistas perdidas y reincorporación de despedidos por razones gremiales y políticas, con la suspensión de elecciones de la Asociación Bancaria (AB) que implicaba el seguro triunfo de la Comisión Transitoria liderada por la Lista Blanca. Esta última surgió de la alianza de trece agrupaciones que incluía a representantes de la CGT Brasil y la CGT Azopardo (aunque no adhería oficialmente a ninguna de estas centrales), diferentes nucleamientos de la UCR con presencia en el gremio y al PC.[22] Su principal dirigente era el peronista Juan José Zanola, quien había sido secretario de prensa de AB hasta el golpe de Estado, y, luego, asesor de los diferentes interventores militares desde 1977. La seccional Buenos Aires (Capital Federal y GBA), que contaba con la mayoría de los afiliados de la Bancaria, estaba en manos de otro dirigente de la Lista Blanca, el radical Juan José Tejerina.[23] Además, esta agrupación tenía el apoyo de una gran cantidad de organizaciones internas que funcionaban en diferentes entidades con mandato prorrogado desde el golpe de 1976.[24]

El conflicto gremial más relevante por cantidad de empleados involucrados ocurrió en julio, a pocos días de las elecciones nacionales del gremio. Alrededor de 3.000 trabajadores de la casa matriz del Banco Provincia de Buenos Aires (que contaba con un total de 16.000 empleados), ubicada en Capital Federal, realizaron tres días de paros parciales en demanda de aumentos salariales y por la pérdida de ventajas en los últimos años: haberes por arriba del promedio y facilidades para la obtención de viviendas. A esta lucha se sumaron otras sucursales del Gran Buenos Aires y La Plata que enviaron delegados con mandato al lugar. En la casa matriz las medidas de fuerza, tomadas en asambleas masivas, fueron impulsadas luego de años de inacción. Durante el conflicto, fue desconocida la comisión provisoria del banco que respondía a Juan José Zanola. En su lugar fue elegida una nueva comisión de reclamos (integrada por seguidores de Zanola, pero también por activistas del PC, del MAS, el PI e independientes) con mandato revocatorio para negociar con la patronal, es decir, el gobierno bonaerense. Al día siguiente, los empleados del Provincia levantaron la protesta al conseguir un aumento del 70% del sueldo de bolsillo más otros beneficios. Los directivos del banco tuvieron que renunciar ante este resultado.[25]

El mismo día del final del conflicto en el Provincia, 14 de julio, debían efectuarse las elecciones sindicales pero fueron suspendidas por disputas intraburocráticas, principalmente entre Zanola y la agrupación liderada por Juan Ezquerra, ex secretario general del gremio hasta 1976, que había sido dejada afuera del armado de la comisión transitoria.[26] Diferentes tensiones se fueron acumulando en el gremio: la suspensión de las elecciones, las internas entre dirigentes, y entre la conducción de la normalizadora y las agrupaciones opositoras con presencia en algunas organizaciones de base. Todo ello sumado a los reclamos de los empleados sin respuesta de las patronales (ya sean organismos estatales o privados) ni de la dirigencia de la Bancaria, en una coyuntura de creciente inflación. Este coctel explosivo generaría un gran conflicto que se desarrollaría entre los meses de julio y septiembre. En este sentido, la experiencia en el Provincia resultó ser la avanzada a la que se sumarían una gran cantidad de trabajadores de otras entidades. En los últimos días del mes de julio hubo una ola de paros en una gran cantidad de bancos de Capital Federal y Gran Buenos Aires, destacándose por cantidad de empleados involucrados el Banco Ciudad (3.000 empleados) y Banco Ganadero (1.200).[27]

Las medidas tuvieron una aceptación elevada en las entidades en conflicto. Tenemos registro de que, en la mayoría de ellas, estas decisiones fueron tomadas en asambleas que contaron con una amplia participación. En ellas surgían delegados que se sumaban a las organizaciones internas ya existentes, las cuales funcionaban con mandato prorrogado desde los inicios del "Proceso" y que en su mayoría respondían al zanolismo y sus aliados (Tokyo, Tornquist, BEAL). En otras entidades estos nuevos representantes constituyeron una estructura gremial inexistente desde el golpe de Estado de 1976 (Ciudad y Ganadero). También hubo casos como el del Banco Casa donde los reclamos fueron encabezados por una comisión interna constituida en los meses previos al conflicto, o, como en el Banco de Italia y Río de la Plata donde la antigua organización interna, que respondía a Zanola, lideró la protesta presionada por los empleados de su casa matriz.[28]

La principal consecuencia de este rico proceso de lucha consistió en el surgimiento de nuevos delegados, principalmente durante los meses de julio y agosto de 1983, ya sea en bancos donde no existía organización o donde esta era escasamente representativa. El PC calculaba que habían sido elegidos 700 nuevos delegados durante este período, mientras que el MAS señalaba que 130 de ellos habían surgido en el Banco Provincia durante el conflicto antes mencionado.[29] Estos representantes, en su mayoría empleados jóvenes (menores de 35 años), carecían de experiencia en la organización del gremio. Muchos de ellos habían ingresado en los primeros años del "Proceso" con la reforma financiera de Martínez de Hoz que había multiplicado la cantidad de entidades. En la coyuntura inaugurada tras la derrota militar en Malvinas, los nuevos delegados encabezaron las demandas de sus compañeros. Aunque pareció ser una consecuencia "natural" de la lucha, en ello tuvieron alguna influencia las agrupaciones de izquierda con presencia minoritaria en el gremio (como el PC, el MAS y el PO), las cuales alentaban la organización de las bases para enfrentar a la patronal y también, en el caso de las organizaciones trotskistas, a la dirigencia sindical que, desde sus perspectivas, en lugar de encabezar estos reclamos, buscaba frenarlos.[30] No obstante, la debilidad organizacional de esta nueva camada de delegados pareció haber sido producto de su heterogeneidad política. Los había de distintas agrupaciones, otros no pertenecían a ninguna de ellas o, en otros casos, no formaban parte orgánicamente de las mismas. Los intentos de partidos de izquierda presentes en el gremio de darles una dirección no parecen haber sido exitosos.[31]

Esta renovación no pudo desplazar a las antiguas organizaciones internas de algunos bancos que contaban con mandato prorrogado desde el golpe de Estado y debían su permanencia a las negociaciones de la vieja dirigencia con el gobierno militar. En el contexto de conflictividad, la Lista Blanca buscó pactar con Ministerio de Trabajo el levantamiento de la suspensión de las elecciones gremiales. No resulta casual que, tras llegar a un acuerdo con el gobierno y la banca privada, un fallo judicial de la Sala Primera de la Cámara de Apelaciones de Trabajo dejase sin efecto la suspensión de las elecciones, las cuales fueron reprogramadas para el mes de octubre.[32]

Finalmente, en las elecciones gremiales solo se presentó la Lista Blanca ya que las agrupaciones opositoras decidieron abstenerse de participar en repudio a las maniobras fraudulentas elaboradas por la comisión normalizadora. Zanola se consagró, así, como secretario general a nivel nacional.[33] Tras las huelgas y esta elección, la conducción sindical intentó, a veces exitosamente y otras no, desplazar a los noveles delegados.

Conductores de transporte automotor

Otro de los gremios con mayor cantidad de acciones directas impulsadas "desde abajo" fue el de los trabajadores de transporte automotor (10% de nuestro muestreo). Los conductores de colectivos de corta distancia de Capital y GBA llevaron a cabo numerosas acciones directas debido a despidos luego de protestas ante incumplimientos por parte de la patronal (líneas 5, 91, 102, 127), por cierre de la empresa (líneas 90, 142, 747), expulsión de delegados (líneas 33, 118), y medidas ante atraso en el cobro de haberes o malas condiciones laborales (líneas 304, 745).³⁴ En muchos casos, las patronales recurrieron a carneros o matones para atemorizar a los trabajadores en disputa. Como práctica de resistencia y de visibilización, las ollas populares se multiplicaron en las cabeceras de las líneas, en las cuales los trabajadores recibían la solidaridad de los vecinos de la zona y partidos políticos. En todos los casos, la dirigencia de la Unión de Tranviarios Automotor (UTA) intentó canalizar la protesta con gestiones en el Ministerio de Trabajo. En los casos de cierres logró que otras líneas se hicieran cargo de ese recorrido, lo cual implicaba la reincorporación de algunos choferes. Tal como sucediera en la línea 90 y, luego de un largo conflicto, en la 142 donde los operarios instalaron por dos meses una olla popular.³⁵

No obstante, el caso más singular fue Subterráneo de Buenos Aires, tanto por el enfrentamiento entre sus aproximadamente 3.000 trabajadores y la Municipalidad de la Ciudad (que auspiciaba como representante patronal), como por las tensiones existentes entre los primeros y la dirigencia de la UTA. A la necesidad de aumento de haberes, se agregaba el reclamo de recuperar la jornada de 6 horas por insalubridad derogada por la dictadura en 1980. Entre 1981 y 1983 habían elegido 36 delegados de base que conformaron una mesa de representantes donde confluían activistas de diferentes corrientes políticas, y era reconocida por el sindicato.³⁶ Tanto los jerarcas de la UTA como estos representantes negociaban en conjunto con el Ministerio de Trabajo y los funcionarios de la Municipalidad. No obstante, en momentos álgidos, la cúpula gremial presionó y amenazó a delegados que no se plegaban a sus directivas. Varios ejemplos ilustran esta dinámica. Un primer caso fue el paro de 24 horas del 15 de marzo de 1983, impulsado por el personal, a pesar de la oposición de la dirigencia y del gobierno. Este último declaró ilegal al paro. No obstante, debido a la intransigencia de las bases, el sindicato terminó avalando el cese, lo cual trajo como resultado un aumento salarial.³⁷

Un segundo caso aconteció meses después cuando la mesa de representantes llevó a cabo una movilización para reclamar nuevamente por el régimen de 6 horas que no fue avalada por la dirección de la UTA.³⁸ Un tercer suceso ocurrió cuando un delegado nombrado por la comisión directiva del gremio, de profesión boxeador, golpeó a uno de los representantes de base del subte D. Los compañeros de este último reaccionaron con un paro por tiempo indeterminado en la línea.³⁹ Fue levantado, luego de dos días de huelga, cuando la empresa estatal trasladó al pugilista a otro destino laboral desconocido (para sus ex compañeros).

Por último, en noviembre, la dirigencia impulsó trabajo a reglamento por seis días en todas las líneas que fue acatado ampliamente. Sin embargo, hubo críticas cuando la dirigencia levantó la medida sin consultar al personal a través de una asamblea.[40] Las tensiones y enfrentamientos entre los trabajadores del subte y la dirigencia de UTA no fueron resueltas en este período y se mantendrían tras la reapertura democrática.

Metalúrgicos

Las medidas en el gremio metalúrgico de la zona metropolitana de Buenos Aires representaron un 9% en nuestro registro. En su mayoría ocurrieron durante 1983 en pequeños y medianos talleres (entre 40 y 200 obreros), principalmente de la Zona Sur de la GBA. La combinación de transformaciones estructurales con la represión estatal y la ofensiva patronal habían afectado profundamente el gremio, aumentando el desempleo, interviniendo a nivel nacional el sindicato y eliminando una gran cantidad de organizaciones de base. Sobre la situación en los lugares de trabajo, el PC señalaba que la seccional de Capital Federal de la Unión Obrera Metalúrgica (UOM) contaba con 1.600 delegados antes del golpe de Estado, mientras que en 1983 solo había alrededor de 200.[41]

No obstante, en este período fueron comunes medidas defensivas como paros parciales o totales ante atrasos salariales (establecimientos Galimberti, Ferroductil, Astarsa,[42] Tubos Argentinos, Dril-met, Juntas Meyro y Packing)[43] o por despidos (Borghetti, Tornellería del Sur, Pemsa y Royo).[44] Ante estas situaciones, otros de los repertorios de lucha utilizados por los metalúrgicos fueron la olla popular (Adabor)[45] y la toma de establecimiento (Wecheco y Lanís).[46] En la mayoría de los casos, no parece haber existido organización en el lugar de trabajo, aunque las seccionales de la UOM (en manos de distintas vertientes de la antigua conducción gremial) intervinieron en los conflictos negociando con las patronales y el Ministerio de Trabajo. La cúpula gremial continuaba teniendo presencia en la vida cotidiana de los establecimientos. Aunque, también, en algunas fábricas encontramos delegados o activistas opositores presentes en los conflictos. En los mismos podemos observar una actitud colectiva que reclamaba una postura más férrea de la dirigencia hacia la patronal (Adabor, Pemsa y Royo).[47]

La intervención de la UOM en todos estos pleitos no se tradujo en un intento de llevar a cabo medidas de fuerzas gremial. Con el sindicato bajo intervención militar a nivel nacional, los nucleamientos dirigenciales estaban más compenetrados en competir por espacios de poder tanto dentro del sindicato como al interior del PJ. Los principales contendientes en esta interna eran la agrupación liderada por Lorenzo Miguel, secretario general hasta 1976, y Luis Guerrero, líder de la seccional Avellaneda. El paro nacional del 2 de diciembre de 1983, convocado por la comisión normalizadora (liderada por Miguel y formada por las principales agrupaciones del sindicato en agosto de 1983) fue producto de las rencillas internas entre los líderes sindicales.[48]

Muchos metalúrgicos no comprendieron el motivo de la protesta, en reclamo de demandas salariales, a un gobierno que estaba a pocos días de extinguirse tras años de pocas medidas impulsadas por la dirigencia.[49] Asimismo, algunas de las organizaciones internas que no habían sido desarmadas por el régimen militar y que respondían a la conducción transitoria de la UOM, estaban desprestigiadas por la pasividad detentada en los últimos años.[50] La táctica de la dirigencia consistió en intentar la realización de reuniones informativas en los lugares de trabajo. En algunos casos esta metodología fue aceptada por los obreros,[51] pero en otros ocurrió lo contrario. Fueron realizadas asambleas resolutivas donde los trabajadores aparecían divididos y los activistas opositores (de partidos de izquierda y peronistas enfrentados a la conducción de la comisión normalizadora) parecieron haber tenido influencia, tanto en el rechazo al objetivo de la cúpula sindical de no debatir, como en la adhesión masiva al paro. Por ejemplo, el PO y el PC remarcaban que en Siat (Valentín Alsina, Zona Sur del GBA), se habían llevado a cabo dos asambleas: en la primera, organizada por la dirigencia y de carácter informativo, los obreros se opusieron y decidieron no acatar el llamado al paro. Al día siguiente, activistas que integraban la comisión interna impulsaron un nuevo cónclave pero de carácter deliberativo y resolutivo. Así lograron convencer al resto de los trabajadores de apoyar la huelga para preservar la unidad del gremio.[52] Por su lado, el MAS resaltaba el activismo de la empresa Santa Rosa (La Matanza, Zona Oeste del GBA), donde se había dado un proceso de elección de nuevos delegados en los últimos meses. Un día antes de la huelga, ellos fueron los que impulsaron entre los trabajadores la adhesión a la misma, pero bajo amenaza de no acatar nunca más una medida de esta forma. En las asambleas realizadas allí, varios trabajadores exigieron la renuncia de algunos miembros de la comisión interna que habían sido elegidos a dedo por la cúpula gremial.[53]

Finalmente, el paro metalúrgico tuvo un amplio acatamiento en casi todo el país.[54] Para que la medida tuviera éxito en el AMBA parece haber sido un factor a tener en cuenta la tarea de los activistas opositores en algunas fábricas. Ante esta situación, las bases estaban fragmentadas entre los que aceptaban pasivamente las directivas de la dirigencia, aquellos que rechazaban sus métodos pero que igualmente se plegaron a la medida, y otros que después de años de silencio dirigencial se mostraban escépticos o indiferentes ante la realización de protestas impulsados por la cúpula.

Mecánicos

Las tensiones entre distintas vertientes del activismo se pueden apreciar más directamente en el Sindicato de Mecánicos y Afines del Transporte Automotor (SMATA). Aunque esta asociación estaba bajo intervención militar a nivel nacional, en Capital Federal y Gran Buenos Aires las seccionales se encontraban dirigidas por la Lista Verde cuyo principal dirigente era José Rodríguez (secretario general del sindicato hasta 1976). También tenían inserción otras agrupaciones que habían dirigido el gremio, como Lealtad a Kloosterman (con mayor presencia en otras regiones del país), sectores del peronismo de izquierda (agrupados en IyMP) y diferentes corrientes de izquierda (PCR, MAS, PO y PC) que habían conservado cierta inserción de forma clandestina. Todo ello en un momento histórico en el cual las empresas automotrices venían llevando a cabo en los últimos años una drástica reducción del personal e imponiendo aumentos en la productividad. En nuestro muestreo encontramos que los mecánicos protagonizaron el 9% de las acciones directas impulsadas por las bases en este período, tanto en grandes terminales como en autopartistas. Por duración del conflicto y trabajadores involucrados, los dos pleitos más relevantes ocurrieron en las terminales automotrices de Mercedes Benz (MB) y Volkswagen (VW).[55]

En la planta de Mercedes Benz, que contaba con 1.800 operarios y estaba situada en González Catán (Zona Oeste, GBA), encontramos medidas de fuerza para resistir despidos y suspensiones entre agosto y octubre de 1982. La comisión interna de reclamos (CIR) y el cuerpo de delegados motorizaron movilizaciones, asambleas y paros de dos horas por turno (entre 28 y el 30 de septiembre) para oponerse a suspensiones y el despido de 650 empleados (6 de ellos delegados).[56] En este caso el Ministerio de Trabajo dictó la conciliación obligatoria, lo cual llevó a que la dirigencia del SMATA de la seccional levantara un paro que se iba a realizar en solidaridad con los operarios de MB. Tras las negociaciones en la cartera laboral, la patronal ofreció aumentar el monto de las indemnizaciones, dar un subsidio por seis meses para los despedidos y permitir que los cesantes pudieran anotarse para reingresar en la empresa en la medida que las condiciones de producción lo permitieran.[57] En una asamblea realizada a inicios de octubre, la mayoría de los obreros decidió dejar librado a la decisión individual la oferta de los jerarcas de Mercedes Benz. De los 422 operarios representados por el SMATA, solo 90 se inscribieron para ser reincorporados. Estas posiciones generaron fracturas entre los trabajadores: algunos de los que participaron de la lucha tildaron de "desagradecidos" a los que aceptaron la propuesta de la patronal.[58] En la asamblea efectuada el 21 de octubre, los obreros decidieron delegar a la CIR las gestiones por el resto de los cesantes.[59] La empresa solo terminaría reincorporando a 43 obreros.[60]

Algunos meses después (y con 600 trabajadores menos), el deterioro salarial reactivó la lucha. Luego de realizar una serie de paros y movilizaciones en febrero de 1983, el conflicto se agudizó en junio.[61] A la decisión de los operarios de realizar trabajo a desgano ante el magro aumento salarial, la empresa respondió con suspensiones masivas. Una vez transcurrido el tiempo de la suspensión, los obreros volvieron con la misma medida sin amilanarse ante nuevas suspensiones.[62] Al mismo tiempo, el Ministerio de Trabajo dictó la conciliación obligatoria, aunque esta vez no fue acatada por los trabajadores.[63] Ante esta postura, la empresa terminó cediendo, otorgando un mayor aumento de haberes.[64] La resolución de este conflicto representó el logro más importante para los obreros de MB tras años de retrocesos.

En la terminal de Volkswagen en Monte Chingolo (Zona Sur del GBA), que contaba con 900 obreros, se produjo la huelga más larga de este período, 21 días de duración, entre febrero y marzo de 1983. Probablemente fue el conflicto de mayor importancia del período debido a su duración, cantidad de operarios involucrados, repercusión generada y por sus consecuencias al interior del gremio. La medida de fuerza fue decidida luego de que la compañía decidiera despedir masivamente tanto en este establecimiento como en su otra terminal ubicada en San Justo (Zona Oeste, GBA). La lucha fue encabezada por la organización de base que contaba con miembros del PO (uno de los principales líderes de la huelga fue Claudio Kohan, miembro de la comisión interna y de ese partido), las agrupaciones peronistas Lealtad a Kloosterman e IyMP, y activistas independientes. En el establecimiento también había delegados de la Lista Verde, algunos militantes del PC y uno del MAS.[65] En los inicios de la huelga, los obreros de Monte Chingolo instalaron una olla popular (donde vivieron por 86 días entre 20 y 30 de los trabajadores despedidos), realizaron movilizaciones y un acto en la estación Lanús, obteniendo la solidaridad de vecinos y entidades políticas, sindicales y sociales.[66]

Desde un principio, los dirigentes de la Lista Verde desalentaron la huelga interna de Monte Chingolo: se reunieron con algunos trabajadores del establecimiento a espaldas de los delegados opositores para generar divisiones entre ellos,[67] negociaron la reincorporación de obreros que eran afines a la Lista Verde, y prometieron impulsar un paro de toda las seccionales de GBA de cuatro horas para el 3 de marzo, que luego se levantaría tras negociar la aplicación de la conciliación obligatoria con el Ministerio de Trabajo. La cartera laboral consiguió, así, la suspensión del paro de las seccionales de Buenos Aires y Capital Federal pero no obligó a la empresa a volver al momento previo al estallido del conflicto.[68]

La aplicación del arbitraje estatal, y su aceptación por los obreros en asamblea, hizo naufragar la huelga. El desgaste por el largo conflicto había hecho mella en Monte Chingolo. Por una parte, las reincorporaciones que venía llevando a cabo la empresa alimentaron las esperanzas de muchos trabajadores de que los despidos pudieran ser revertidos a partir de la negociación entre cúpulas. Por otro lado, hubo divisiones en el grupo de operarios que querían mantener la huelga: un sector liderado por Kohan impulsaba la toma del establecimiento, mientras que otro estaba a favor de continuar con el cese pero sin la ocupación. Esta falta de acuerdo hizo posible que se impusiera la moción de los dirigentes de la Lista Verde de levantar el paro.[69]

El 3 de mayo, al finalizar el período de conciliación, votaron no realizar nuevas medidas de fuerza. La decisión no careció de polémicas. En la asamblea se hizo una primera votación a mano alzada en la que ganó la moción de continuar con la lucha. No obstante, por presión de los dirigentes de la Lista Verde, los trabajadores se dividieron y un grupo insistió con volver a votar pero mediante urna. En esta elección, que sería la definitiva, ganó la postura de no realizar medidas de fuerza (350 votos a 250). Si bien durante la lucha lograron reducir la cantidad de despidos, 27 operarios no pudieron reingresar, entre ellos los delegados opositores a la Lista Verde de Monte Chingolo.[70] El epílogo victorioso para la patronal y la dirigencia de la Lista Verde alejó los fantasmas de un rebrote de un activismo combativo en uno de los gremios donde las agrupaciones clasistas y combativas habían florecido en los años de radicalización social previos al golpe de Estado de 1976.

Un mes después del final de la pugna en la terminal de Monte Chingolo de VW, el gobierno militar devolvió las riendas del SMATA a la antigua conducción. Pactaron la creación de una comisión normalizadora, cuyos cargos fueron repartidos entre dirigentes que habían conducido el sindicato en la década anterior y que pertenecían la agrupación de Rodríguez (que tendría mayoría de integrantes), Lealtad a Kloosterman y 22 de mayo.[71] Luego de meses de negociaciones entre estas corrientes y el Ministerio de Trabajo, resulta posible argumentar que la resolución del conflicto y el rol jugado por los nucleamientos dirigenciales, principalmente la Lista Verde, contra la organización de base de VW Monte Chingolo aceleró los tiempos para concluir con la intervención militar, e influyó en el reparto desigual de cargos de la comisión en favor de la agrupación de Rodríguez.

Palabras finales

Este trabajo pretendió realizar un repaso sobre los principales conflictos en cuatro gremios en la región del AMBA durante los meses finales de la última dictadura cívico-militar. No desconocemos que lo mostrado aquí es solo un recorte de toda la conflictividad del período. Resta reseñar una gran cantidad de medidas de fuerza de diferentes gremios en esta y otras regiones. Por lo tanto, las conclusiones esbozadas aquí deben ser tomadas como provisorias, siendo necesario complementarlas con un análisis más amplio.

Al comienzo de este escrito nos propusimos encontrar puntos de continuidad y ruptura entre el período analizado en *La oposición obrera...* y nuestro espacio temporal. Un primer aspecto a señalar reside en que la capacidad de organización de los trabajadores frente a la ofensiva de la burguesía y el Estado continuó tras la Guerra de Malvinas. Incluso las medidas llevadas a cabo parecen haberse profundizado en una coyuntura de descomposición del poder político militar. Estas prácticas se encuentran más cercanas al concepto de "resistencia" y ya no de "oposición", en los términos esbozados por Pozzi (basándose en trabajos de Tim Mason sobre la clase obrera alemana durante el nazismo), dado que estas medidas de fuerza mostraban objetivos explícitos: recuperar el salario real y las conquistas perdidas en los años recientes, y resistir despidos y suspensiones. En todo caso, las acciones directas impulsadas desde los sitios laborales analizadas evidencian que la clase trabajadora mostraba un nivel de organización ya existente en los años previos, como en los casos de los operarios de terminales automotrices y los trabajadores del subterráneo. Asimismo en muchos lugares de trabajo donde no había organización interna, la misma lucha generó las condiciones para que surgieran nuevas camadas de delegados, tal como pudo observarse, principalmente, en el gremio bancario. La posibilidad de organización o reorganización y las prácticas de lucha en los lugares de trabajo en este período parecen reafirmar lo planteado por Pozzi acerca de que las tradiciones de resistencia en el movimiento obrero no habían podido ser aniquiladas por la última dictadura militar.

Como admitía este autor en el prólogo a la segunda edición de su libro (escrito en 2008), la conflictividad obrera durante el "Proceso" no puede ser caracterizada de espontánea. Nuestro trabajo demostró que las corrientes de izquierda y de diferentes vertientes del peronismo contaban con inserción en numerosos sitios laborales. Algunas agrupaciones lograron sobrevivir al plan sistemático de terrorismo estatal y otras se integraron o negociaron con los jerarcas del PRN. Muchas de ellas actuaron como correa de transmisión de prácticas de lucha y resistencia existente desde décadas atrás. Ahora bien, no sin tensiones. Como pudimos observar, las dirigencias gremiales peronistas dispuestas a recuperar las riendas de las asociaciones intervenidas a nivel nacional buscaron en algunos casos expulsar a sus opositores de los gremios, tal como pudimos observar en el SMATA.

La relación entre bases y dirigencias, en particular con respecto a la cuestión de la normalización sindical, nos sirve para marcar una especificidad del período final de la dictadura con respecto a los años anteriores. La debilidad del régimen castrense aceleró la búsqueda de la normalización a nivel nacional para contener la conflictividad obrera. A diferencia de los años previos, los líderes sindicales recuperaron centralidad en su rol como mediadores tolerados por el poder político y económico en su lucha contra clase trabajadora. En los casos de metalúrgicos, mecánicos y bancarios la canalización o desactivación de la protesta obrera por parte de las antiguas conducciones gremiales estuvo relacionada con su intención de recobrar el control del sindicato a nivel nacional. Esto nos lleva a concluir que estos dirigentes actuaron como una capa social con intereses propios que no siempre coincidían con las aspiraciones de los trabajadores. En estos casos, y también en el de los trabajadores del subterráneo porteño, cuando las bases se organizaban en abierta oposición a estos liderazgos se encontraban con una burocracia sindical que los enfrentaba y no dudaba en aliarse con el Estado y la clase dominante en contra de los reclamos obreros.

También observamos que en las medidas de fuerza impulsadas "desde abajo" donde la participación de los trabajadores era activa y la cúpula gremial corría el riesgo de que escaparan a su control, las diferencias entre los nucleamientos gremiales predominantes no fueron sustanciales. Por ejemplo, la Lista Verde del SMATA adhería a la Comisión de los 25, este último considerado como el sector "ultraduro" de la "combativa" CGT Brasil. No obstante, tuvo una postura conciliadora con el gobierno militar y, en el caso de Volkswagen (Monte Chingolo), abiertamente contraria a las bases que no respondían a sus posiciones.

Esto no debe interpretarse como una simplificación, que se le suele atribuir a quienes utilizan el concepto de burocracia sindical, de definir a esta casta como una entidad ajena y opuesta a la de los trabajadores de bases.[72] Tampoco afirmamos que la dirigencia gremial deba caracterizarse en este período como pasiva y cómplice de los militares, crítica que se le ha realizado al trabajo de Pozzi.[73] En los gremios y período analizados las cúpulas enfrentaron con medidas de fuerza al gobierno militar utilizando la clásica táctica de "golpear para negociar". Asimismo, también intervinieron en conflictos localizados a través de seccionales bajo su control o contando con activistas en esos lugares de trabajo con resultados dispares, como ilustramos en los casos de establecimientos metalúrgicos, en algunas sucursales bancarias y en líneas de colectivos de corta distancia. Ahora bien, cuestiones tales como el proceso de normalización sindical y el ataque a algunas organizaciones de base opositoras nos lleva a concluir que debemos estar atentos a los objetivos, tácticas, estrategias e intereses que diferencian a estas cúpulas de las bases.

Por último, cabe una observación sobre la subsistencia del empate hegemónico a pesar de la ofensiva patronal acontecida durante la última dictadura, uno de los argumentos más audaces del libro *La oposición obrera...* Incluso en otra obra, Pozzi, junto a Alejandro Schneider,[74] infiere que el mismo recién se quebró entre 1990 y 1993, tras las hiperinflaciones y la reforma neoliberal del menemismo con derrotas obreras tales como las ocurridas en el proceso de privatización de empresas estatales. Sin descartar esta afirmación, nos preguntamos si el empate hegemónico no comenzó a resquebrajarse en el período abierto tras la Guerra de Malvinas con el aislamiento o expulsión de delegados combativos de algunos gremios por el accionar conjunto entre patronales, Estado y dirigencias sindicales, como ocurriera en el conflicto de VW (Monte Chingolo) o en diferentes entidades bancarias. De ser así, podría concluirse que lo que la clase dominante no logró con el plan sistemático de terrorismo de Estado pudo complementarlo, luego, con otras tácticas negociadoras, cuestión a seguir analizando a partir de la reapertura democrática.

Notas

1. Pablo Pozzi, *La oposición obrera a la dictadura (1976-1982)* (Buenos Aires: Imago Mundi, 2008).

2. Francisco Delich, "Desmovilización social, reestructuración obrera y cambio sindical", en *El poder militar en la Argentina 1976-1981*, comp. por Peter Waldmann y Ernesto Garzón Valdés (Buenos Aires: Galerna, 1983), 101-16.

3. Juan Carlos Portantiero, "Clases dominantes y crisis políticas en la Argentina", en *El capitalismo argentino en crisis*, comp. por Oscar Braun (Buenos Aires: Siglo XXI, 1973), edición en PDF.

4. María Cecilia Cangiano, "Pensando a los trabajadores: la historiografía obrera contemporánea argentina entre el dogmatismo y la innovación", *Boletín del Instituto de Historia Argentina y Americana "Dr. Emilio Ravignani"* N° 8 (1993): 117-32; Daniel Dicósimo, "La oposición de los trabajadores al disciplinamiento productivo durante la última dictadura militar. Una reflexión conceptual", *Páginas* N° 1 (2008): 52-67; Pablo Ghigliani, "Luz y Fuerza a las políticas de la dictadura: los conflictos de 1976 y 1977", *Historia Regional* N° 30 (2012): 51-71; Felipe Venero, "Trabajadores y dictadura. Un balance crítico sobre la producción historiográfica", en *Clase obrera, sindicatos y Estado. Argentina (1955-2010)*, comp. por Alejandro Schneider y Pablo Ghigliani (Buenos Aires: Imago Mundi, 2015), 129-47.

5. Hacia la década de 1980 la región del AMBA abarcaba Capital Federal y 19 partidos situados en el Gran Buenos Aires (GBA): Almirante Brown, Avellaneda, Berazategui, Esteban Echeverría, Florencio Varela, Gral. San Martín, Gral. Sarmiento, La Matanza, Lanús, Lomas de Zamora, Merlo, Moreno, Morón, Quilmes, San Fernando, San Isidro, Tigre, Tres de Febrero y Vicente López.

6. En términos historiográficos, solo algunas obras se han enfocado en la conflictividad entre capital y trabajo durante el último año y medio del PRN: Álvaro Abós, *Las organizaciones sindicales y el poder militar (1976-1983)* (Buenos Aires: CEAL, 1984); Carlos Abrahan, "1982: movilización y huelga general en Salta, a través de la prensa escrita durante la dictadura militar", *Escuela de la Historia* vol. 8, N° 2 (2009); Victoria Basualdo, "Labor and Structural Change: Shop-floor Organization and Militancy in Argentine Industrial Factories (1943-1983)" (tesis doctoral, Columbia University, 2010); Ianina Harari y Sebastián Guevara, "Los efectos de la política represiva de la dictadura militar sobre la acción obrera: un análisis de los conflictos en Mercedes Benz entre 1973 y 1983", *E-L@tina* vol. 13, N° 50 (2015): 1-13; María Florencia Lascano Warner, "Cambios y continuidades en la historia de los trabajadores industriales argentinos (1973-1983). Una aproximación a través del caso de Ford Motor Argentina S.A." (tesis de magister, Universidad Nacional de General Sarmiento, 2012), http://www.ungs.edu.ar/ms_ungs/wp-content/uploads/2013/07/Tesis_Lascano-Warnes-Mar%C3%ADa-Florencia.pdf; Leandro

Molinaro, "El reposicionamiento de la burocracia sindical en el ocaso del 'Proceso' (julio de 1982-diciembre de 1983)", *Archivos de historia del movimiento obrero y la izquierda* N°8 (2016): 33-53; Leandro Molinaro, "Alrededor de ochenta días de lucha sin vueltas. El conflicto en el establecimiento de Volkswagen en Monte Chingolo (febrero-mayo de 1983)", *A contracorriente. Una revista de historia social y literatura de América Latina* Vol. 14, N° 3 (2017): 86-109; Carla Sangrilli, "La normalización sindical entre la dictadura y los comienzos de la democracia (1979-1984)", *Estudios Sociales* N° 39, (2010): 147-70; Luciana Zorzoli, "La normativa sindical entre la dictadura y el alfonsinismo, propuesta de sistematización", en *Clase obrera, sindicatos y Estado. Argentina (1955-2010)*, comp. por Alejandro Schneider y Pablo Ghigliani (Buenos Aires: Imago Mundi, 2015), 149-71. Como ocurre con el trabajo de Pozzi, la mayoría de las investigaciones centradas en el movimiento obrero durante el "Proceso" concluyen sus análisis del período en 1982, previo a la guerra en los archipiélagos del sur: Rafael Bitrán y Alejandro Schneider, "Dinámica social y clase trabajadora durante la dictadura militar de 1976-1983. Estudio de la Zona Norte del Gran Buenos Aires en particular de las fábricas Del Carlo y Ford Motors", en *Nuevas tendencias en el sindicalismo: Argentina y Brasil*, Leoncio Rodríguez et al. (Buenos Aires: Biblos-Simón Rodríguez, 1992); Andrés Carminati, "La dirección de SOMISA durante la última dictadura militar 1976-1983. Del restablecimiento de la disciplina en el trabajo al fundamento de la república democrática", *H-industri@. Revista de historia de la industria, los servicios y las empresas en América Latina* N° 8 (2011): 1-22; Daniel Dicósimo, "Dirigentes sindicales, racionalización y conflictos durante la última dictadura militar", *Entrepasados* N° 29 (2006): 87-105; Ricardo Falcón, "La resistencia obrera a la dictadura militar (una reescritura de un texto contemporáneo a los acontecimientos)", en *A veinte años del golpe. Con memoria democrática*, comp. por Hugo Quiroga y César Tcach (Buenos Aires: Homo Sapiens, 1996), 123-41; Alejandro Schneider, "'Ladran Sancho...' Dictadura y clase obrera en la Zona Norte del Gran Buenos Aires", en *De la Revolución Libertadora al Menemismo*, comp. por Hernán Camarero, Pablo Pozzi y Alejandro Schneider (Buenos Aires: Imago Mundi, 2000): 203-240; Arturo Fernández, *Las prácticas sociopolíticas del sindicalismo* (Buenos Aires: Centro Editor de América Latina, 1988); Julio Godio, *Historia del movimiento obrero argentino 1955-1990. De la Resistencia a la encrucijada menemista* (Buenos Aires: Legasa, 1991); Héctor Palomino, "Los cambios en el mundo de trabajo y los dilemas sindicales", en *Dictadura y Democracia (1976-2001), Tomo X de Nueva Historia Argentina*, dirigido por Juan Suriano (Buenos Aires: Sudamericana, 2005), 377-442; Santiago Senén González y Fabián Bosoer, *La lucha continúa... 200 años de historia sindical en la Argentina* (Buenos Aires: Javier Vergara editor, 2012); Juan Suriano y Mirta Lobato, *La protesta social en la Argentina* (Buenos Aires: Fondo de Cultura Económica, 2003).

7. Fuente sobre inflación anual: Victor Bulmer-Thomas citado en Mario Rapo-

port, "Una revisión histórica de la inflación argentina y de sus causas", en *Aportes de la Economía Política en el Bicentenario*, comp. por Santiago Fraschina y Juan Manuel Vázquez Blanco (Buenos Aires: Prometeo, 2011), 135-65. Fuente sobre evolución del salario real: Mariana González, "Los salarios en Argentina: una perspectiva de largo plazo" (XXIV Congreso ALAS, Perú, 2003).

8. Los porcentajes fueron 3,7% en 1982 (5,6% de subempleo), y 3,1% en 1983 (4,9% de subempleo). Datos tomados de: Eduardo Basualdo, *Estudios de historia económica argentina desde mediados del siglo XX a la actualidad* (Buenos Aires: Siglo XXI, 2006).

9. Sobre las características de los nucleamientos sindicales durante la última dictadura véase: Abós, *Las organizaciones sindicales...*; y Fernández, *Las prácticas...*

10. Pozzi, *La oposición...*

11. Godio, *Historia del...*

12. Esta caracterización como "ultraduros" de la Comisión de los 25 puede observarse, por ejemplo, en *La Nación*, 21-2-1983; y *La Nación*, 28-2-1983.

13. Godio, *Historia del...*

14. Los intentos de iniciar una normalización sindical habían comenzado tiempo atrás de forma tenue durante el gobierno del general Leopoldo Galtieri, aunque este proceso se vio interrumpido rápidamente por el desembarco militar en las Malvinas. Sangrilli, "La normalización sindical...."; Zorzoli, "La normativa sindical...".

15. *La Nación*, 14-7-1982.

16. *Crónica* (1era. edición), 23-9-1982.

17. Raúl Alfonsín, en ese momento precandidato a presidente por la UCR, denunció la existencia de un supuesto pacto militar-sindical que involucraba a miembros de la jerarquía castrense con sindicalistas peronistas con peso en la estructura partidaria del PJ como Lorenzo Miguel, Rogelio Papagno, y Herminio Iglesias. *La Nación*, 26-4-1983, 8.

18. *Prensa Obrera* N° 16, 18-5-1983; *Qué Pasa* N° 91, 10-11-1982; y *Solidaridad Socialista* N° 2, 17-11-1982.

19. La ley de "Resolución de Conflictos Colectivos de Trabajo" fue sancionada durante la presidencia de Arturo Frondizi (Ley 14.786, 9-1-1959). Más tarde fue modificada por el gobierno militar de Juan Carlos Onganía (Ley 16.936, 26-8-1966), cuyo artículo noveno disponía que si un trabajador no cumplía con el laudo estatal podía ser despedido con causa por la patronal. Durante el tercer mandato de Juan Domingo Perón, el Poder Legislativo, a pedido del viejo caudillo, restableció esta norma (Ley 20.638, 11-1-1974).

20. Los datos cuantitativos fueron obtenidos del entrecruzamiento de los diarios nacionales *Crónica* y *La Nación*, y los periódicos de diferentes partidos de izquierda: PC, PCR, PO y MAS. Tomamos los conflictos donde tenemos registra-

das acciones directas que paralizaron total o parcialmente los sitios laborales: paros totales o parciales, movilizaciones, asambleas en los lugares de trabajo; así también como la instalación de ollas populares o huelga de hambre ante despidos. No aspiramos a cubrir la totalidad de la conflictividad pero creemos que la cantidad de medidas relevadas resulta de utilidad para el análisis del período.

21. Detectamos huelgas de hambre en diferentes ámbitos: Volkswagen Monte Chingolo, Empresa Nacional de Correos y Telecomunicaciones (ENCOTEL), la Unión Trabajadores Gastronómicos (seccional Capital), una obra en la Facultad de Odontología de la UBA de la Empresa Prealco S.A., Standard Electric, Sanatorio Güemes, línea de colectivo 118 y el Instituto Nacional de Servicios Sociales para Jubilados y Pensionados.

22. El PC, en un principio, fue crítico del bloque formado por Zanola. Lo acusaba de querer imponer una normalización "desde arriba hacia abajo con métodos cada vez más cuestionados por los trabajadores". En junio de 1983 daría un giro de 180°: para las elecciones nacionales del gremio se integró a la Lista Blanca (con tres candidatos propios), justificando este cambio de posición por "coincidencias programáticas". *Qué Pasa* N° 118, 25-5-1983; y *Qué Pasa* N° 123, 29-6-1983.

23. *Qué Pasa* N° 75, 21-7-1982; y *Solidaridad Socialista* N° 36, 4-8-1983.

24. *Qué Pasa* N° 118, 25-5-1983.

25. *Crónica* (1era. edición), 15-7-1983; *Crónica* (1era. edición), 16-7-1983; *Solidaridad Socialista* N° 34, 21-7-1983; *Prensa Obrera* N° 25, 21-7-1983; *Solidaridad Socialista* N° 35, 28-7-1983; *Solidaridad Socialista* N° 36, 4-8-1983; *Solidaridad Socialista* N° 37, 11-8-1983; y *Qué Pasa* N° 130, 17-8-1983.

26. Ezquerra logró que un juez suspendiera los comicios tras denunciar que ex integrantes de la comisión normalizadora, luego de renunciar para poder presentarse como candidatos, habían seguido actuando administrativamente firmando cheques para desviar fondos y, así, financiar la campaña de la Lista Blanca. *La Nación*, 18-7-1983.

27. *Crónica* (1era. edición), 22-7-1983; *Crónica* (1era. edición), 27-7-1983; *Crónica* (1era. edición), 28-7-1983; *Crónica* (1era. edición), 29-7-1983; *Crónica* (1era. edición), 6-8-1983; y *Prensa Obrera* N° 28, 12-8-1983.

28. Crónica (1era. edición), 28-7-1983; Solidaridad Socialista N° 35, 28-7-1983; Prensa Obrera N° 26, 28-7-1983; Solidaridad Socialista N° 36, 4-8-1983; Prensa Obrera N° 27, 4-8-1983; y Solidaridad Socialista N° 37, 11-8-1983.

29. Solidaridad Socialista N° 35, 28-7-1983; y Qué Pasa N° 130, 17-8-1983.

30. Prensa Obrera N° 2, 28-12-1982; Solidaridad Socialista N° 13, 17-2-1983; y Solidaridad Socialista N° 25, 19-5-1983.

31. No obstante, existieron reuniones horizontales entre diferentes organizaciones internas organizadas por agrupaciones de izquierda: "Y nosotros empezamos a

participar en todas las reuniones. Donde una cierta izquierda hacía reuniones de delegados, nosotros entrábamos. Y había una cierta izquierda. Por ejemplo, los pibes del Banco Crédito Argentino, que después hicieron un arreglo con la gente, no sé si de Tejerina o quién. También los del Nueva Era donde estaba la izquierda. Los pibes del Banco Alas que también tuvieron un conflicto… Eh… el banco Credicop que era muy particular porque el banco era del PC, el delegado era del PC y hablaba con el PC (risas). Por supuesto, el PC estaba ahí, en que se apoyaba en la izquierda pero también miraba con deseos los sillones del sindicato". Hernán Díaz (ex militante del PO y delegado del Banco Ganadero en ese período), en conversación con el autor, enero de 2019.

32. *Crónica* (1era. edición), 8-9-1983, 8; y *Qué Pasa* N° 132, 31-8-1983.

33. *Crónica* (1era. edición), 12-10-1983.

34. *Crónica* (1era. edición), 10-10-1982; *Crónica* (1era. edición), 14-10-1982; *Crónica* (1era. edición), 3-2-1983; *Solidaridad Socialista* N° 14, 24-2-1983; *Solidaridad Socialista* N° 40, 1-9-1983; *Prensa Obrera* N° 32, 22-9-1983; *Crónica* (1era. edición), 30-9-1983; *Crónica* (1era. edición), 30-9-1983; *Crónica* (1era. edición), 12-10-1983; *Qué pasa* N° 138, 12-10-1983; *DIL* Año XVII, 2a época, N° 207, oviembre de 1983; *Crónica* (1era. edición), 22-11-1983; *Crónica* (1era. edición), 7-11-1982; *Crónica* (1era. edición), 15-11-1983; *Crónica* (1era. edición), 16-11-1983; *Crónica* (1era. edición), 17-11-1983; *Crónica* (1era. edición), 20-12-1983; *Crónica* (1era. edición), 31-12-1983; *Crónica* (1era. edición), 3-1-1984; *Crónica* (1era. edición), 25-1-1984; *Prensa Obrera* N° 39, 17-11-1983; *Qué pasa* N° 147, 14-12-1983; y *Solidaridad Socialista* N° 49, 17-11-1983.

35. La dirigencia de UTA también intervino en conflictos ocurridos en empresas de transporte de larga distancia: Cóndor, La Estrella y Río de la Plata y Rojas por incumplimiento de la patronal en el pago de aumentos de haberes. *Crónica* (1era edición), 10-6-1983; *DIL* Año XVI, 2da época, N° 202, junio de 1983.

36. Según el MAS, la forma de elección de estos delegados fue realizada por recolección de firmas entre el personal. Cualquier trabajador tenía derecho a ir a las reuniones de mesa para realizar propuestas, aunque solo los delegados contaban con derecho a voto. *Solidaridad Socialista* N° 4, 2-12-1982.

37. *Crónica* (1era. edición), 15-3-1983; *Crónica* (1era. edición), 16-3-1983; *Crónica* (1era. edición), 17-3-1983; *Crónica* (1era. edición), 22-3-1983; *La Nación*, 16-3-1983; *Qué Pasa* N° 109, 23-3-1983; *Qué Pasa* N° 110, 30-3-1983; *Qué Pasa* N° 112, 13-4-1983; *Solidaridad Socialista* N° 16, 17-3-1983; *Solidaridad Socialista* N° 7, 24-3-1983; y *Hoy servir al pueblo* N° 3, 23-3-1983 al 5-4-1983.

38. *Solidaridad Socialista* N° 31, 30-6-1983.

39. *Crónica* (1era. edición), 16-9-1983; *Crónica* (1era. edición), 17-9-1983; *Solidaridad Socialista* N° 43, 22-9-1983; y *Hoy servir al pueblo* N° 16, 21-9 al 4-10-1983.

40. *Crónica* (1era. edición), 11-11-1983; *Crónica* (1era. edición), 12-11-1983; *Crónica* (1era. edición), 15-11-1983; *Crónica* (1era. edición), 19-11-1983; *Crónica* (1era. edición), 20-11-1983; *Crónica* (1era. edición), 22-11-1983; y *Solidaridad Socialista* N° 49, 17-11-1983.

41. En ello también tuvieron cierta responsabilidad los dirigentes de esa región que, pese a que la seccional no se encontraba intervenida por el régimen castrense, en el último tramo del PRN no impulsaban elecciones de delegados de planta. *Qué Pasa* N° 118, 25-5-1983.

42. El caso del astillero Astarsa (Tigre, Zona Norte del GBA) resulta diferente por dos variables. Primero porque era un establecimiento de alrededor de 1.700 operarios. Segundo, debido a que allí confluían trabajadores afiliados a la UOM, al Sindicato Obrero de la Industria Naval (SOIN), a la Asociación de Supervisores de la Industria Metalmecánica de la República Argentina (ASIMIRA) y a la Asociación Argentina de Empleados de la Marina Mercante (AAEM). *Crónica* (1era. edición), 16-9-1983; *Crónica* (1era. edición), 9-10-1983; *Solidaridad Socialista* N° 40, 1-9-1983; y *Qué Pasa* N° 132, 31-8-1983.

43. *Crónica* (1era. edición), 21-1-1983; *Qué Pasa* N° 101, 26-1-1983; *Crónica* (1era. edición), 5-7-1983; *Solidaridad Socialista* N° 32, 7-7-1983; *Crónica* (1era. edición), 15-7-1983; *Crónica* (1era. edición), 16-7-1983; *Solidaridad Socialista* N° 20, 14-4-1983; *Crónica* (1era. edición), 2-5-1983; *Crónica* (1era. edición), 15-7-1983; *Crónica* (1era. edición), 16-7-1983; y *Qué pasa* N° 129, 10-8-1983.

44. *Crónica* (1era. edición), 24-8-1983, 9; *Crónica* (1era. edición), 6-10-1983, 8; *Prensa Obrera* N° 23, 7-7-1983; y *Prensa Obrera* N° 15, 6-5-1983.

45. *Solidaridad Socialista* N° 51, 1-12-1983; *Solidaridad Socialista* N° 52, 8-12-1983; y *Solidaridad Socialista* N° 53, 19-1-1984.

46. *Solidaridad Socialista* N° 22, 28-4-1983; *Qué Pasa* N° 107, 9-3-1983; y *Crónica* (1era edición), 1-6-1983.

47. *Prensa Obrera* N° 23, 7-7-1983; *Prensa Obrera* N° 15, 6-5-1983; *Solidaridad Socialista* N° 52, 8-12-1983; y *Solidaridad Socialista* N° 53, 19-1-1984, 6.

48. Tras la derrota del PJ en las elecciones presidenciales del 30 de octubre de 1983, Lorenzo Miguel fue señalado como uno de los "mariscales de la derrota" al ser vicepresidente primero del partido y uno de los impulsores de la candidatura presidencial de Luder. En los días subsiguientes al triunfo alfonsinista, las seccionales dominadas por los opositores a Miguel pidieron su renuncia a la conducción de la Comisión Transitoria, entre ellas las de Avellaneda, Vicente López y La Plata. *Crónica* (1era. edición), 5-11-1983; *La Nación*, 14-11-1983; *Crónica* (1era. edición), 29-11-1983.

49. La última huelga lanzada por la UOM había sido el 14 de diciembre de 1982 (impulsado por el sector encabezado por Luis Guerrero).

50. *Solidaridad Socialista* N° 51, 1-12-1983; y *Prensa Obrera* N° 41, 1-12-1983.

51. El PC señalaba que este tipo de reuniones informativas fueron realizadas en empresas como la automotriz Fiat (Caseros, Zona Oeste del GBA) y fábrica de envases Centenera (Capital Federal). En Fiat esta asamblea fue la primera desde el golpe de Estado. A pesar de no tener voz ni voto, los obreros de ambas empresas se plegaron al paro. *Qué Pasa* N° 146, 7-12-1983.

52. *Qué Pasa* N° 146, 7-12-1983; y *Prensa Obrera* N° 42, 8-12-1983.

53. *Solidaridad Socialista* N° 52, 8-12-1983.

54. De la totalidad de las seccionales, solamente no se plegaron San Martín (Zona Oeste del GBA), San Nicolás (Provincia de Buenos Aires, donde se encontraba SOMISA), Concordia (Entre Ríos), Puerto Madryn (Chubut). Tampoco se sumó el personal de las empresas afincadas en Tierra del Fuego.

55. Para más detalles sobre el conflicto en la planta de Monte Chingolo de Volkswagen en este período véase: Molinaro, "Alrededor de...". Sobre la conflictividad en la planta de Mercedes Benz: Harari y Guevara, "Los efectos de...".

56. *Crónica* (1era. edición), 25-9-1982; *Crónica* (1era. edición), 28-9-1982; y *Qué pasa* N° 87, 12-10-1982.

57. Harari y Guevara, "Los efectos de...".

58. *Crónica* (1era. edición), 5-10-1982; *Crónica* (1era. edición), 7-10-1982; *Crónica* (4ta. edición), 8-10-1982; *Qué pasa* N° 87, 12-10-1982; y *Política Obrera* N° 333, 12-10-1982.

59. Harari y Guevara, "Los efectos de...".

60. *Crónica* (1era. edición), 22-10-1982.

61. *Crónica* (1era. edición), 17-2-1983, 6; *Crónica* (1era. edición), 17-3-1983, 6; y *Crónica* (1era. edición), 19-3-1983.

62. *Prensa Obrera* N° 19, 8-6-1983; *Crónica* (1era edición), 11-6-1983; y *Solidaridad Socialista* N° 30, 23-6-1983.

63. *Prensa Obrera* N° 22, 30-6-1983.

64. Harari y Guevara, "Los efectos de...".

65. Sobre la inserción de diversas agrupaciones en la planta de VW Monte Chingolo tomamos como referencia: DIPBA, Mesa B, Carpeta 66, Legajo 42. Tomo I; Claudio Kohan (militante del PO, operario en la planta de Monte Chingolo desde 1978, cuando aún pertenecía a Chrysler, a 1983, y delegado entre 1980 y 1983), en conversación con el autor, enero de 2017; Lucio Trombatore (activista independiente, peronista, operario en la planta de Monte Chingolo desde 1974 hasta 1983, y delegado entre 1982 y 1983), en conversación con el autor, enero de 2017.

66. La vecindad de Monte Chingolo y entidades políticas, sociales y sindicales aportaron dinero y gran cantidad de alimentos. DIPBA, Mesa B, Carpeta 66, Legajo 42. Tomo I; *Crónica* (1era. edición), 15-2-1983; *Crónica* (1era. edición), 16-2-1983; *Crónica* (1era. edición), 17-2-1983; *Prensa Obrera* N° 10, 25-3-1983; y *Hoy Servir al Pueblo* N° 2, del 9-3 al 22-3-1983.

67. Uno de los delegados de la planta relata que "un día nos vamos algunos muchachos al sindicato de Avellenada del SMATA. Cuando vamos, nos reciben con una amabilidad. 'Pasen, pasen, los están esperando arriba'. Yo ni conocía el lugar [...] Y cuando llegamos arriba, vimos a algunos compañeros despedidos y algunos compañeros de adentro reunidos con gente del sindicato. Nada que ver con lo que nosotros íbamos ahí, con lo que estábamos planeando. Cuando los vi, la desilusión total. Porque vi gente que yo la consideraba derecha y qué se yo. No quiere decir que no sean derechos, pero sentí una desilusión...". Lucio Trombatore, en conversación con el autor, enero de 2017.

68. *Prensa Obrera* N° 7, 4-3-1983.

69. Claudio Kohan, en conversación con el autor, enero de 2017; Lucio Trombatore, en conversación con el autor, enero de 2017; y *Prensa Obrera*,N° 8, 11-3-1983.

70. *Crónica* (1era. edición), 4-5-1983; *Crónica* (1era. edición), 6-5-1983; *Solidaridad Socialista* N° 23, 5-5-1983; y *Prensa Obrera* N° 15, 6-5-1983.

71. *Hoy servir al pueblo* N° 9, 15-6 al 28-6-1983.

72. Sobre esta caracterización del debate sobre "burocracia sindical", véase: Alejandro Belkin y Pablo Ghigliani, "Burocracia sindical: aportes para una discusión en ciernes", *Nuevo Topo Revista de Historia y Pensamiento Crítico* N° 7 (2010): 103-15.

73. Venero, "Trabajadores y...".

74. Pablo Pozzi y Alejandro Schneider, *"Combatiendo al capital". Crisis y recomposición de la clase obrera argentina (1982-1992)* (Buenos Aires: El Bloque Editorial, 1994).

Bibliografía

Abós, Álvaro. *Las organizaciones sindicales y el poder militar (1976-1983)*. Buenos Aires: CEAL, 1984.

Abrahan, Carlos. "1982: movilización y huelga general en Salta, a través de la prensa escrita durante la dictadura militar". *Escuela de la Historia* vol. 8, N° 2 (2009).

Basualdo, Eduardo. *Estudios de historia económica argentina desde mediados del siglo XX a la actualidad*. Buenos Aires: Siglo XXI, 2006.

Basualdo, Victoria. "Labor and Structural Change: Shop-floor Organization and Militancy in Argentine Industrial Factories (1943-1983)". Tesis doctoral. Columbia University, 2010.

Bitrán, Rafael, y Alejandro Schneider. "Dinámica social y clase trabajadora durante la dictadura militar de 1976-1983. Estudio de la Zona Norte del Gran Buenos Aires en particular de las fábricas Del Carlo y Ford Motors". En *Nuevas tendencias en el sindicalismo: Argentina y Brasil*, Leoncio Rodríguez et al. Buenos Aires: Biblos-Simón Rodríguez, 1992.

Cangiano, María Cecilia. "Pensando a los trabajadores: la historiografía obrera contemporánea argentina entre el dogmatismo y la innovación". *Boletín del Instituto de Historia Argentina y Americana "Dr. Emilio Ravignani"* N° 8 (1993): 117-32.

Carminati, Andrés. "La dirección de SOMISA durante la última dictadura militar 1976-1983. Del restablecimiento de la disciplina en el trabajo al fundamento de la república democrática". *H-industri@. Revista de historia de la industria, los servicios y las empresas en América Latina* N° 8 (2011): 1-22.

Delich, Francisco. "Desmovilización social, reestructuración obrera y cambio sindical". En *El poder militar en la Argentina 1976-1981*, comp. por Peter Waldmann y Ernesto Garzón Valdés, 101-16. Buenos Aires: Galerna, 1983.

Dicósimo, Daniel. "Dirigentes sindicales, racionalización y conflictos durante la última dictadura militar". *Entrepasados* N° 29 (2006): 87-105.

———. "La oposición de los trabajadores al disciplinamiento productivo durante la última dictadura militar. Una reflexión conceptual". *Páginas* N° 1 (2008): 52-67.

Falcón, Ricardo. "La resistencia obrera a la dictadura militar (una reescritura de un texto contemporáneo a los acontecimientos)". En *A veinte años del golpe. Con memoria democrática*, comp. por Hugo Quiroga y César Tcach, 123-41. Buenos Aires: Homo Sapiens, 1996.

Fernández, Arturo. *Las prácticas sociopolíticas del sindicalismo*. Buenos Aires: Centro Editor de América Latina, 1988.

Ghigliani, Pablo. "Luz y Fuerza a las políticas de la dictadura: los conflictos de 1976 y 1977". *Historia Regional* N° 30 (2012): 51-71.

Godio, Julio. *Historia del movimiento obrero argentino 1955-1990. De la Resistencia a la encrucijada menemista*. Buenos Aires: Legasa, 1991.

González, Mariana. "Los salarios en Argentina: una perspectiva de largo plazo". XXIV Congreso ALAS, Perú, 2003.

Harari, Ianina, y Sebastián Guevara. "Los efectos de la política represiva de la dictadura militar sobre la acción obrera: un análisis de los conflictos en Mercedes Benz entre 1973 y 1983". *E-L@tina* vol. 13, N° 50 (2015): 1-13.

Lascano Warner, María Florencia. "Cambios y continuidades en la historia de los trabajadores industriales argentinos (1973-1983). Una aproximación a través del caso de Ford Motor Argentina S.A.". Tesis de Magister. Universidad Nacional de General Sarmiento, 2012. http://www.ungs.edu.ar/ms_ungs/wp-content/uploads/2013/07/Tesis_Lascano-Warnes-Mar%C3%ADa-Florencia.pdf.

Molinaro, Leandro. "Alrededor de ochenta días de lucha sin vueltas. El conflicto en el establecimiento de Volkswagen en Monte Chingolo (febrero-mayo de 1983)". *A contracorriente. Una revista de historia social y literatura de América Latina* Vol. 14, N° 3 (2017): 86-109.

———. "El reposicionamiento de la burocracia sindical en el ocaso del 'Proceso' (julio de 1982-diciembre de 1983)". *Archivos de historia del movimiento obrero y la izquierda* N°8 (2016): 33-53.

Palomino, Héctor. "Los cambios en el mundo de trabajo y los dilemas sindicales". En *Dictadura y Democracia (1976-2001), Tomo X de Nueva Historia Argentina*, dirigido por Juan Suriano, 377-442. Buenos Aires: Sudamericana, 2005.

Portantiero, Juan Carlos. "Clases dominantes y crisis políticas en la Argentina". En *El capitalismo argentino en crisis*, comp. por Oscar Braun. Buenos Aires: Siglo XXI, 1973.

Pozzi, Pablo. *La oposición obrera a la dictadura* (1976-1982). Buenos Aires: Imago Mundi, 2008.

Rapoport, Mario. "Una revisión histórica de la inflación argentina y de sus causas". En *Aportes de la Economía Política en el Bicentenario*, comp. por Santiago Fraschina y Juan Manuel Vázquez Blanco, 135-65. Buenos Aires: Prometeo, 2011.

Sangrilli, Carla. "La normalización sindical entre la dictadura y los comienzos de la democracia (1979-1984)". *Estudios Sociales* N° 39, (2010): 147-170.

Schneider, Alejandro. "'Ladran Sancho...' Dictadura y clase obrera en la Zona Norte del Gran Buenos Aires". En *De la Revolución Libertadora al Menemismo*, comp. por Hernán Camarero, Pablo Pozzi y Alejandro Schneider, 203-40. Buenos Aires: Imago Mundi, 2000.

Senén González, Santiago, y Fabián Bosoer. *La lucha continúa... 200 años de historia sindical en la Argentina*. Buenos Aires: Javier Vergara editor, 2012.

Suriano, Juan, y Mirta Lobato. *La protesta social en la Argentina*. Buenos Aires: Fondo de Cultura Económica, 2003.

Venero, Felipe. "Trabajadores y dictadura. Un balance crítico sobre la producción historiográfica". En *Clase obrera, sindicatos y Estado. Argentina (1955-2010)*, comp. por Alejandro Schneider y Pablo Ghigliani, 129-47. Buenos Aires: Imago Mundi, 2015.

Zorzoli, Luciana. "La normativa sindical entre la dictadura y el alfonsinismo, propuesta de sistematización". En *Clase obrera, sindicatos y Estado. Argentina (1955-2010)*, comp. por Alejandro Schneider y Pablo Ghigliani, 149-71. Buenos Aires: Imago Mundi, 2015.

CAPÍTULO 14

La relación capital-trabajo en el Estado empresario. Un análisis de los indicadores laborales en las empresas públicas

Lucas Daniel Iramain
UNIVERSIDAD NACIONAL DE SAN MARTÍN

Débora Ascencio
UNIVERSIDAD DE BUENOS AIRES

Introducción

DURANTE LA ÚLTIMA DICTADURA cívico-militar argentina (1976-1983), la política económica y laboral implementada posibilitó la reestructuración del régimen social de acumulación y la consiguiente redefinición de la relación capital-trabajo. Esta restructuración estuvo signada por las políticas represivas características del período, pero también por diversas formas de resistencia que la clase obrera argentina opuso al autodenominado "Proceso de Reorganización Nacional".

Los trabajos clásicos de la economía política argentina analizaron los mecanismos por los cuáles el nuevo patrón de acumulación desplazó a la industria como eje ordenador, articulador y dinamizador de las relaciones económicas, políticas y sociales, para dar lugar a la *valorización financiera* y su lógica de rentabilidades de corto plazo. Esto introdujo importantes transformaciones en la estructura económico-social: concentración y centralización del capital y redistribución regresiva del ingreso. En este sentido, los objetivos refundacionales del "Proceso" operaron sobre el disciplinamiento de la clase trabajadora en una verdadera revancha clasista.[1]

Existen numerosos trabajos que dan cuenta de dichos cambios estructurales, cuyos análisis se centran en lo ocurrido en el ámbito de las grandes empresas privadas y particularmente en el sector industrial. Sin embargo, aún son escasos los estudios que se focalizan en las transformaciones del sector público en general y de las empresas públicas en particular, a pesar de la gran relevancia que mantuvo el Estado empresario en la estructura productiva durante el período.

En ese sentido, este trabajo analiza las transformaciones operadas en la relación capital-trabajo al interior del Estado empresario argentino, en el marco de la implementación de la política económica y laboral de la última dictadura cívico-militar. El interés radica en examinar los cambios en el ámbito de las empresas públicas a la luz de las lecturas clásicas sobre las transformaciones estructurales en el régimen de acumulación y la clase trabajadora en general. Para ello, se examinará una serie de indicadores socioeconómicos que dan cuenta del disciplinamiento operado sobre los trabajadores y las trabajadoras de las principales empresas públicas bajo la órbita de la Sindicatura General de Empresas Públicas (SIGEP), sin perder de vista las nuevas formas de resistencia surgidas al interior de dichas entidades.

El primer apartado describe las principales transformaciones acaecidas en el conjunto de la clase trabajadora argentina a partir de la política económica implementada particularmente bajo la gestión de Martínez de Hoz como ministro de Economía (1976-1981). En el segundo apartado se analiza lo ocurrido dentro de las principales empresas públicas argentinas bajo la órbita de la SIGEP, a partir de lo acontecido en términos de salarios, empleo y productividad laboral, dando cuenta de las especificidades del Estado empresario. Por último, se examina lo ocurrido en términos de conflictividad gremial, así como los indicadores vinculados al nivel de ausentismo que dan cuenta del proceso de disciplinamiento de la clase trabajadora dentro de las firmas públicas.

Política económica y revancha clasista

La política económica de la última dictadura cívico-militar introdujo un drástico cambio estructural que permitió la consolidación de un nuevo patrón de acumulación de capital, basado en el desplazamiento de la industria como el principal pivote de la economía local. La apertura comercial y la liberalización del mercado de capitales (reforma financiera de 1977 mediante), sentaron las bases para la instalación del proceso de valorización financiera[2] como eje rector de la economía, basado en las actividades especulativas de corto plazo.

En consonancia con este cambio estructural, la industria dejó de ser el eje ordenador, articulador y dinamizador de las relaciones económicas, políticas y sociales. En los primeros años del golpe se cerraron más de 20.000 establecimientos fabriles, el producto bruto del sector cayó cerca del 20% entre 1976 y 1983, y se redujo el peso relativo de la actividad manufacturera en el conjunto de la economía pasando del 28% en 1975 al 22% en 1983.[3] Ello supuso una profunda transformación de la relación capital-trabajo, donde el salario perdió el atributo de ser un factor indispensable para asegurar el nivel de demanda y la realización del excedente.

El deterioro del salario real fue la piedra angular sobre la que operó la regresividad distributiva, con una caída cercana al 40% con respecto a los niveles vigentes en 1974. La alteración de los precios relativos vía devaluación del peso que superó el 80%, supuso una importante transferencia de ingresos en detrimento de los asalariados y a favor de los exportadores de bienes y los productores agropecuarios, sumado a la reducción de las retenciones agropecuarias. La liberación de los precios, el congelamiento de los salarios nominales y la supresión de los derechos políticos de los trabajadores, las trabajadoras y sus organizaciones sindicales, contribuyeron a una disminución de los ingresos de los asalariados en el PBI de casi 25 puntos porcentuales, una magnitud sin precedentes en la historia económica argentina. Mientras en 1974 la participación de los salarios en el PBI era del 45%, para 1982 la misma se ubicaba en el 22%.[4]

Por otra parte, el gobierno otorgó flexibilidad a las empresas respecto a los salarios fijados oficialmente, motivo por el cuál en muchas industrias las luchas de los trabajadores y trabajadoras permitieron la obtención de salarios superiores a los autorizados, generando cierta heterogeneidad y dispersión salarial al interior de la clase trabajadora. Además, los trabajadores y trabajadoras del sector público se vieron más afectados por la caída del salario real frente a los del sector privado y existieron fuertes diferencias salariales entre las industrias localizadas en Capital Federal y Gran Buenos Aires y las del interior; entre los trabajadores de plantas grandes, medianas y pequeñas; de acuerdo a la rama industrial y, dentro de una misma rama entre las diferentes categorías profesionales. Las brechas salariales entre las diversas capas de trabajadores y de acuerdo a divisiones regionales tendieron a producir un efecto de fragmentación y diferenciación en el seno de la clase obrera.[5]

En cuanto al nivel de empleo, la transformación estructural más importante destacada por los análisis clásicos fue la reducción del empleo industrial en un 26% entre 1975 y 1980, dado que hasta 1976 este sector había sido un creador neto de empleo. Sin embargo, a lo largo de todo el período bajo análisis, las tasas de desempleo fueron relativamente bajas, debido a la expansión de rubros tales como los servicios y la construcción. El dinamismo de este último se debió, en gran medida, a las obras públicas de infraestructura emprendidas por el régimen (v.g. las obras viales) y la especulación inmobiliaria. Por otra parte, el crecimiento del cuentapropismo fue una de las principales formas de reducción de las cifras de desempleo: mientras que en 1974 los trabajadores y trabajadoras por cuenta propia representaban el 18,8% de la población económicamente activa (PEA), en 1980 representaban el 23,8% de la misma.[6] Este fenómeno se explica en gran medida por el mantenimiento del régimen de despidos que permitía al trabajador contar con una indemnización que facilitaba la instalación de un pequeño negocio propio. En síntesis, el empleo estuvo caracterizado por una reestructuración en su composición que supuso una caída en la calidad de los puestos de trabajo generados: la proporción de obreros industriales de la PEA se redujo, aumentando el peso de los trabajadores de los servicios y la construcción. Por otra parte, se produjo un incremento del cuentapropismo, así como de los subempleados marginales.[7]

Las interpretaciones en torno a lo ocurrido en términos de empleo durante la última dictadura no estuvieron exentas de debate. Por un lado, existen lecturas que le atribuyen a la dictadura el mantenimiento de la situación de cuasi pleno empleo por razones tácticas y/o ideológicas.[8] En el otro extremo, se destacan las posturas que identifican en la evolución de la tasa de desocupación, el encubrimiento de la verdadera magnitud de la expulsión de la mano de obra,[9] enfatizando el efecto desaliento en la búsqueda de empleo, producto de la acentuada reducción de salarios y el elevado costo relativo que implicaba su búsqueda en un contexto de escasas oportunidades.[10]

Por otra parte, se produjo un sensible aumento de la productividad laboral que, a diferencia de la década anterior, no estuvo relacionada con la expansión de la capacidad productiva sino con una mayor explotación de los trabajadores tanto por la extensión de la jornada laboral como por una mayor intensidad del trabajo, especialmente en las grandes firmas oligopólicas de capital extranjero y local.[11] Esto se tradujo en la absorción por diversos mecanismos de gran parte del aumento de la productividad a manos de los capitalistas y la consecuente disminución de la participación de los asalariados en el ingreso nacional.[12]

Empleo, salarios y productividad laboral en el ámbito de las empresas públicas[13]

A partir de marzo de 1976, las Fuerzas Armadas asumieron pregonando el principio de subsidiariedad del Estado,[14] sin embargo, lo esencial en cuanto a la magnitud del Estado empresario característico del modelo anterior se mantuvo con pocos cambios. El Estado continuó operando en el grueso de los servicios y sectores básicos capital-intensivos, dejando el resto de las actividades en manos del capital privado. Solo los sectores productivos y empresas privadas que pasaron a integrar la órbita estatal a causa de la ola de quiebras a fines de los sesenta fueron reprivatizados, mientras que el grueso de las empresas públicas se mantuvo en pie.[15] Las tendencias privatistas se cristalizaron, en lo esencial, en la llamada política de privatización periférica,[16] que no logró afectar el rol preponderante de las empresas públicas en la economía argentina. Por el contrario, ofrecieron nuevas oportunidades operativas al capital privado que vivirá al amparo de la consolidación de ámbitos privilegiados de acumulación.[17]

Así las cosas, la intervención económica del Estado durante la última dictadura tuvo un carácter contradictorio. La gestión de Martínez de Hoz asumió pregonando la necesidad de reducir el tamaño del Estado y disminuir su injerencia en la vida económica; sin embargo, el Estado asumiría cada vez más actividades y su magnitud crecería a través de la expansión del denominado complejo económico estatal-privado.[18] En efecto, la "solución de compromiso" ensayada fue la ya referida política de privatización periférica, la cual operó como una suerte de "prenda de paz" entre las distintas fracciones que se hallaban enfrentadas en el seno del elenco gubernamental de la última dictadura.

En ese sentido, cabe destacar que el "Proceso" se vio atravesado por diferentes tensiones, disputas y conflictos, no solo entre las distintas armas que integraban la Junta Militar, sino también al interior de cada arma,[19] como así también entre ciertos sectores militares que se oponían a la política económica de Martínez de Hoz.[20] Empero, dentro del gabinete económico de Martínez de Hoz también se suscitaron discrepancias entre posturas más liberales y/o neoliberales versus posturas más proclives a defender la industria nacional y las empresas públicas.[21] Es decir, existieron tensiones en todas las instancias institucionales. Además, habría que añadir la resistencia obrera de ciertas fracciones de la clase trabajadora a la política económica y represiva de la última dictadura, incluso en el ámbito de las empresas públicas.

Asimismo, es dable señalar que en función de esas tensiones, disputas y controversias dentro del elenco gubernamental del "Proceso", se produjo la mencionada expansión económica del Estado subsidiario[22] mediante el incremento del gasto público[23] y la concreción de ciertas estatizaciones relevantes como la de la Compañía Ítalo Argentina de Electricidad en 1979, que pasaría a formar parte de la estructura de la firma pública Servicios Eléctricos del Gran Buenos Aires (SEGBA).

De allí que la gestión económica de Martínez de Hoz haya sido considerada, antes que como una gestión plenamente neoliberal, una administración de la política económica de carácter liberal-corporativo.[24] Debido a que implicó una compleja amalgama entre componentes netamente liberales, tales como la apertura económica, la liberación de precios y el intento de llevar a cabo el mentado principio de subsidiariedad del Estado, con otros elementos de cuño corporativo e intervencionista, plasmados de manera prominente en el aumento del gasto público y el déficit fiscal, así como también la puesta en marcha de un nuevo régimen de promoción industrial nacional en 1977 (junto con la instauración de una serie de regímenes de fomento industrial provinciales como el de La Rioja de 1979)[25] y la fuerte injerencia de los principales actores militares y empresariales ya sea en el diseño e implementación de buena parte de las políticas económicas aplicadas durante el período, o bien por su capacidad de lobby, presión y/o veto sobre las medidas económicas desplegadas desde el Palacio de Hacienda.[26]

Ahora bien, y luego de la digresión precedente, a fin de dar cuenta de una de las dimensiones de la política económica y laboral de la dictadura en el ámbito particular de las empresas públicas, a continuación se analiza el desempeño en términos de salarios, empleo y productividad laboral en el marco de dichas firmas. En cuanto a la muestra, se examinan los casos de siete empresas públicas[27] pertenecientes a los sectores energético y de servicios estratégicos, bajo la órbita de la Sindicatura General de Empresas Públicas (SIGEP),[28] organismo que reemplazó en el control de las firmas públicas a la Corporación de Empresas Nacionales (CEN).[29] Las empresas públicas aquí examinadas se encuentran en el *ranking*[30] de las 200 empresas más grandes del

Tabla 1. *Ranking* de empresas públicas dentro de la cúpula empresaria argentina, 1975-1983

Años	YPF	Gas del Estado	FA	SEGBA	AyEE	ENTEL	OSN
1975	1	8	10	6	19	5	s/d
1976	1	3	9	6	11	7	s/d
1977	1	4	11	7	10	5	28
1978	1	2	11	4	9	3	29
1979	1	5	12	8	3	4	25
1980	1	6	14	4	9	3	19
1981	1	3	18	4	9	8	46
1982	1	2	19	4	6	15	20
1983	1	3	28	6	8	11	103

Fuente: Elaboración propia en base al volumen de ventas, datos proporcionados por la revista *Prensa Económica*, varios números.

país para el período bajo análisis. Por ejemplo, la petrolera estatal YPF ocupó durante todo el período el primer lugar en el *ranking* de la cúpula empresaria argentina. A su vez, Gas del Estado, SEBGA, Agua y Energía Eléctrica ascendieron o se mantuvieron dentro del *ranking* de las 10 empresas más importantes. En cambio, los casos de Ferrocarriles Argentinos y Obras Sanitaras de la Nación y en menor medida ENTEL, ceden posiciones en el seno de la cúpula entre 1976-1983.

"Racionalización" de la dotación de trabajadores

A lo largo de casi todo el período bajo consideración,[31] se constata un significativo descenso de la ocupación en el sector público nacional, quebrando la tendencia alcista que se había consolidado desde los inicios de la década de 1970. La caída, tal como se constata en la tabla n° 2, de -13,8% entre 1974 y 1983 es aún más pronunciada si se toma en cuenta únicamente el período de Martínez de Hoz (1976-1981) alcanzando un descenso de -23%.[32]

El proceso de expulsión de mano de obra para las empresas bajo la órbita de la SIGEP fue aún más intenso: mientras que en 1974 las firmas ocupaban 393.942 agentes, en 1983 la dotación de personal se redujo a 301.043. Es decir, que se produjo una caída del -23,6% entre puntas. Empero, la caída es mucho más abrupta si se toman como referencia los años 1975 a 1982. Allí se verifica

Tabla 2. Evolución de la ocupación en el sector público nacional, 1974-1983 (en valores absolutos, índice base 1974 = 100 y porcentajes)

Años	Ocupación en el sector público nacional*		
	Cantidad de agentes	Índice base 1974 = 100	Variación interanual %
1974	890.929	100,0	
1975	950.160	106,6	6,6
1976	951.195	106,8	0,1
1977	934.493	104,9	-1,8
1978	857.646	96,3	-8,2
1979	782.094	87,8	-8,8
1980	762.751	85,6	-2,5
1981	745.045	83,6	-2,3
1982	747.431	83,9	0,3
1983	768.053	86,2	2,8
Var. 1983-1974	-122.876		-13,8

*Incluidas las empresas públicas Fuente: elaboración propia en base a Orlando Ferreres, *Dos siglos de economía argentina 1810-2010* (Buenos Aires: Fundación del Norte y el Sur, 2010).

una merma del orden -32%. Lo cual demuestra, siguiendo la tabla n° 3, que el descenso de personal fue sostenido año tras año durante el golpe militar, volviendo a recuperar el crecimiento recién en 1983, año en que el porcentaje de ocupación creció un 4,2% con respecto al año inmediatamente anterior.

Cuando se analiza la evolución de la dotación de personal por empresa, es dable constatar que en los siete casos que componen la muestra también se produjo una reducción de los planteles laborales. Los casos más moderados en términos de reducción de personal son los de ENTEL y Gas del Estado (tabla n° 4). En el primer caso es, en términos relativos, donde se verificó una menor disminución en la cantidad de ocupados, ubicándose en el -1,7% entre puntas: desciende de 48.667 trabajadores en 1974 a un plantel de 47.833 empleados en 1983. La merma es sostenida durante los primeros años, con una ulterior moderación del descenso a partir de 1980. No obstante, al igual que en el caso de la ocupación total de las empresas de la SIGEP, si se considera el sub-período 1975-1982 la caída es más pronunciada aún. Ya que en 1975 la empresa pública

Tabla 3. Ocupación del total de las empresas públicas bajo la órbita de la SIGEP (en cantidades, índice base 1974 = 100 y porcentajes)

Años	Ocupación en las empresas públicas (SIGEP)		
	Cantidad de agentes	Índice 1974 = 100	Variación interanual %
1974	393.942	100,0	
1975	424.923	107,9	7,9
1976	419.371	106,5	-1,3
1977	373.472	94,8	-10,9
1978	344.478	87,4	-7,8
1979	332.594	84,4	-3,4
1980	309.554	78,6	-6,9
1981	296.623	75,3	-4,2
1982	288.828	73,3	-2,6
1983	301.043	76,4	4,2
Var. 1983-1974	-92.899		-23,6

Fuente: Elaboración propia en base a datos de la Sindicatura General de Empresas Públicas, "Síntesis estadística anual de las empresas públicas, año 1983" (Buenos Aires, 1984).

de telecomunicaciones contaba con una dotación de personal de 50.543 trabajadores, mientras que en 1982 solo disponía de un plantel laboral de 45.441 empleados, lo cual implicó un decrecimiento del -10%.

Por su parte, el caso de Gas del Estado arroja una caída en la dotación de personal de -6,2% entre 1974 y 1983, siendo más atenuada la baja a partir de 1978 (de hecho, en 1979 se registró un aumento en la cantidad de trabajadores de la firma estatal de distribución y comercialización de gas), para que, finalmente, se opere un nuevo recorte significativo del plantel laboral en el transcurso de 1982.

Ahora bien, cuando se considera el caso de SEGBA (tabla n° 5), se observa una caída del -23% entre 1974 y 1983, pasando de una dotación de personal de 26.140 trabajadores en el primero de esos años a un plantel laboral de 20.130 al finalizar la dictadura. En ese sentido, se verifica que la disminución fue sostenida a lo largo de casi todo el período, con la excepción del año 1979, donde aparece una recuperación del 7,2% con respecto al año anterior;[33] em-

Tabla 4. Ocupación de ENTEL y Gas del Estado (en cantidades, índice base 1974 = 100 y porcentajes)

Años	ENTEL Cantidad	ENTEL Índice base 1974 = 100	ENTEL Var. interanual %	Gas del Estado Cantidad	Gas del Estado Índice base 1974 = 100	Gas del Estado Var. interanual %
1974	48.667	100,0		10.436	100,0	
1975	50.543	103,9	3,9	10.906	104,5	4,5
1976	48.786	100,2	-3,5	10.367	99,3	-4,9
1977	45.880	94,3	-6,0	10.035	96,2	-3,2
1978	46.414	95,4	1,2	9.984	95,7	-0,5
1979	44.547	91,5	-4,0	10.443	100,1	4,6
1980	45.280	93,0	1,6	10.469	100,3	0,2
1981	45.761	94,0	1,1	10.299	98,7	-1,6
1982	45.441	93,4	-0,7	9.749	93,4	-5,3
1983	47.833	98,3	5,3	9.791	93,8	0,4
Var. 1983-1974	-834		-1.7	-645		-6.2

Fuente: Elaboración propia en base a datos de la Sindicatura General de Empresas Públicas, "Síntesis estadística anual de las empresas públicas, año 1983".

pero al año siguiente volverá a manifestarse un nuevo descenso que se prolongará hasta las postrimerías del régimen dictatorial. Para el caso puntual de YPF, en 1983 la dotación de personal con respecto a la de 1974 era -23,3% inferior, pasando de contar con una dotación de personal de 50.555 trabajadores a otra de 32.772 hacia el final del "Proceso". El desgranamiento fue persistente durante todo el período, aunque con menor intensidad a partir de 1979. A su vez, en el caso particular de Ferrocarriles Argentinos, el menoscabo en la dotación de personal fue del -26,9% entre puntas, con una caída pronunciada hasta 1982.

Dos de los casos más acentuados en términos de reducción de los planteles laborales fueron los de las empresas Agua y Energía Eléctrica, y Obras Sanitarias de la Nación (tabla n° 6). Si bien se relacionan con una situación distinta de las anteriores firmas públicas consideradas, se incluyen en la presentación de los datos a fin de no escamotear la información respectiva. En efecto, en ambos casos se trata de situaciones excepcionales que cabe distinguir del resto

Tabla 5. Ocupación de YPF, SEGBA y FA (en cantidades, índice base 1974 = 100 y porcentajes)

Años	YPF			SEGBA			Ferrocarriles Argentinos		
	Cantidad	Índice base 1974 = 100	Var. interanual %	Cantidad	Índice base 1974 = 100	Var. interanual %	Cantidad	Índice base 1974=100	Var. interanual %
1974	42.736	100,0		26.140	100,0		141.016	100,0	
1975	50.555	118,3	18,3	26.334	100,7	0,7	153.308	108,7	8,7
1976	48.783	114,1	-3,5	24.815	94,9	-5,8	154.949	109,9	1,1
1977	43.488	101,8	-10,9	23.355	89,3	-5,9	126.039	89,4	-18,7
1978	37.623	88,0	-13,5	21.205	81,1	-9,2	111.339	79,0	-11,7
1979	35.521	83,1	-5,6	22.734	87,0	7,2	106.393	75,4	-4,4
1980	33.602	78,6	-5,4	21.774	83,3	-4,2	96.935	68,7	-8,9
1981	32.265	75,5	-4,0	21.080	80,6	-3,2	95.804	67,9	-1,2
1982	31.363	73,4	-2,8	20.301	77,7	-3,7	96.095	68,1	0,3
1983	32.772	76,7	4,5	20.130	77,0	-0,8	103.102	73,1	7,3
Var. 1983-1974	-9.964		-23,3	-6.010		-23,0	-37.914		-26,9

Fuente: Elaboración propia en base a datos de la Sindicatura General de Empresas Públicas, "Síntesis estadística anual de las empresas públicas, año 1983".

Tabla 6. Ocupación de AyEE y OSN (en cantidades, índice base 1974 = 100 y porcentajes)

Años	Agua y Energía Eléctrica			Obras Sanitarias de la Nación		
	Cantidad	Índice base 1974 = 100	Var. interanual %	Cantidad	Índice base 1974 = 100	Var. interanual %
1974	18.904	100,0		26.712	100,0	
1975	26.044	137,8	37,8	26.296	98,4	-1,6
1976	25.611	135,5	-1,7	26.410	98,9	0,4
1977	23.254	123,0	-9,2	24.167	90,5	-8,5
1978	21.496	113,7	-7,6	23.288	87,2	-3,6
1979	20.317	107,5	-5,5	22.323	83,6	-4,1
1980	19.468	103,0	-4,2	13.644	51,1	-38,9
1981	12.207	64,6	-37,3	10.396	38,9	-23,8
1982	10.967	58,0	-10,2	9.537	35,7	-8,3
1983	10.567	55,9	-3,6	9.434	35,3	-1,1
Var. 1983-1974	-8.337		-44,1	-17.278		-64,7

Fuente: Elaboración propia en base a datos de la Sindicatura General de Empresas Públicas, "Síntesis estadística anual de las empresas públicas, año 1983".

de los casos de las empresas públicas de la muestra bajo estudio, dado que gran parte de esa mengua se explica por la transferencia de la prestación de los servicios esenciales desde el Estado nacional hacia las provincias y la absorción por parte de estas del personal desafectado, en muchos casos sin las correspondientes transferencias de las partidas presupuestarias[34] (en el marco del ya referido "principio de subsidiariedad estatal", la "privatización periférica", y la "descentralización" y "provincialización" de ciertos servicios básicos). No obstante, pese a este fenómeno específico de traspaso del servicio hacia las jurisdicciones provinciales (y que es dable no confundir con los verdaderos procesos de racionalización laboral), no deja de ser llamativa la magnitud de la caída en comparación con las ya de por sí significativas disminuciones de los planteles de las restantes empresas públicas analizadas.[35]

En ese sentido, cabe subrayar que en AyEE la contracción de la plantilla laboral fue bastante pronunciada, dado que la disminución fue del -44,1% entre 1974 y 1983, o, en otros términos, la caída de la dotación alcanzó los 8.337

puestos de trabajo.[36] Ahora bien, si la comparación se efectúa para el lapso 1975-1983, la caída es más abrupta aún, ya que es cercana al -60%; es decir, en 1975 había una dotación de 26.044 trabajadores, mientras que en 1983 el plantel laboral era de 10.567 empleados. A su vez, para OSN la reducción del personal ocupado fue del orden del -64,7% entre 1974 y 1983, lo cual supuso una merma de 17.278 puestos de trabajo durante ese lapso.[37]

Salarios y productividad laboral

La drástica reducción del nivel de salario real durante la última dictadura cívico-militar constituye un punto de inflexión en la historia económica argentina, que operó como la piedra angular del proceso de redistribución regresiva del ingreso. Las empresas que integraban la SIGEP formaron parte de este fenómeno que buscó desplazar los tradicionales aumentos salariales masivos (a partir de la supresión de los convenios colectivos de trabajo), por una suerte de "jerarquización" de los puestos de trabajo. El propósito explícito expresado por la SIGEP radicaba en retener al personal más "calificado".[38]

Tal como se observa en la tabla nº 7, el nivel del salario real bruto medio cayó casi un -6% entre 1974 y 1983 para el conjunto de las empresas de la muestra. Aquí se vuelve a tomar como índice base 1974 como parte de una decisión metodológica, debido a los episodios de hiperinflación característicos de 1975 signados por el llamado "Rodrigazo" de junio de ese año.[39] Ahora bien, la caída del salario real no tuvo un desempeño lineal ni en términos temporales ni por empresa. La caída fue muy pronunciada, sobre todo en el bienio 1976-1977, pero luego se fue recomponiendo año tras año hasta llegar a un pico de recuperación en 1980, incluso, para algunos casos, por encima de los niveles más altos registrados en los años previos al golpe militar. Sin embargo, en los años venideros vuelve a deteriorarse el salario real con una fuerte caída en 1982. Con el retorno de la democracia a fines de 1983 se vuelve a retomar el sendero de crecimiento de las remuneraciones. En cuanto al análisis por empresa, lo primero que se observa es que el deterioro en términos reales fue generalizado (con la sola excepción de ENTEL, aunque la productividad de esta empresa creció mucho más que los salarios) para todas las empresas de la muestra. No obstante, las entidades más afectadas fueron las pertenecientes al subsector eléctrico (SEGBA, registró una caída del salario real del -25,2% entre puntas, mientras que AyEE, evidenció una merma de los ingresos reales de sus trabajadores de -26,5% entre 1974 y 1983

Tabla 7. Evolución de los salarios reales promedio (índice base 1974 = 100)* y el producto por ocupado** de las empresas públicas seleccionadas

Años	YPF		Gas del Estado		SEGBA		AyEE		Ferro-carriles Argentinos		ENTEL		OSN		Total empresas públicas SIGEP	
	Salarios	Prod.	Salarios	Prod.	Salarios	Prod.	Salarios	Prod.	Salarios	Prod.	Salarios	Prod.	Salarios***	Prod.	Salarios	Prod.
1974	100,0	100,0	100,0	100,0	100,0	100,0	100,0	100,0	100,0	100,0	100,0	100,0	100,0	100,0	100,0	100,0
1975	82,1	81,7	97,1	95,8	94,1	96,7	104,6	80,6	109,5	90,2	103,1	94,1	116,0	106,2	104,0	90,1
1976	56,6	85,7	72,6	106,6	63,7	100,6	62,8	86,3	83,5	89,5	75,6	95,9	86,6	106,2	73,6	91,4
1977	47,8	103,4	77,2	108,3	57,5	128,1	67,6	105,6	80,2	100,3	71,0	103,5	77,5	118,0	70,3	108,1
1978	68,8	125,0	75,5	111,0	62,6	148,0	68,1	117,4	80,3	107,1	93,3	112,5	77,1	123,4	79,5	121,0
1979	82,0	138,6	78,0	114,2	63,1	179,5	82,2	150,4	102,5	116,5	97,1	121,6	78,9	129,8	90,2	139,2
1980	95,5	151,9	92,5	121,4	74,2	173,9	84,0	159,5	116,8	121,9	112,4	131,0	89,9	120,7	102,1	152,3
1981	87,0	159,2	82,0	123,8	77,3	183,7	83,6	220,5	93,5	109,0	106,3	132,7	79,0	156,1	90,4	153,2
1982	70,7	159,8	69,3	130,9	64,0	169,4	39,1	244,2	71,9	119,7	82,4	145,9	75,8	170,5	71,6	155,1
1983	99,3	152,4	89,6	139,7	74,8	166,4	73,5	262,7	95,2	133,0	110,2	148,3	s/d	171,4	94,2	153,7
Var. % 1983-1974	-0,7	52,4	-10,4	39,7	-25,2	66,4	-26,5	162,7	-4,8	33,0	10,2	48,3	-24,2	71,4	-5,8	53,7

* Los salarios fueron calculados en base al salario real bruto medio, deflactados en base al Índice de Precios al consumidor del INDEC. En el cuadro se exhibe su evolución tomando cómo índice base el año 1974.
** El producto por ocupado fue calculado tomando el producto por empresa a costo de factores en millones de $ de 1970 y luego dividido por la cantidad de trabajadores de cada firma pública.
*** La variación porcentual del salario real de OSN corresponde al período 1974-1982.
Fuente: Elaboración propia en base a datos proporcionados por Sindicatura General de Empresas Públicas, "Síntesis estadística anual de las empresas públicas, año 1983" y Fundación de Investigaciones para el Desarrollo, "Coyuntura y desarrollo, Anexo Estadístico XVII" (FIDE, 1984).

Un ejercicio comparativo ilustrativo surge cuando se analiza la relación productividad-salarios para la muestra de empresas públicas consideradas. A partir de 1976, la productividad estuvo siempre por encima del salario. En este sentido, el aumento en el valor agregado generado por las firmas públicas se debía a los cambios operados en la estructura de precios relativos (devaluación del tipo de cambio y aumento de tarifas) y a la disminución de la participación de los ingresos de los trabajadores en la repartición de este valor agregado (a causa de las reducciones de personal y la caída de los salarios reales). En este sentido, se produjo un aumento fenomenal del "superávit bruto de explotación" en el conjunto de las empresas públicas bajo la órbita de la SIGEP.[40]

La revancha clasista en los lugares de trabajo: conflictos gremiales y ausentismo

Las transformaciones estructurales en materia de salarios, empleo y productividad laboral en el ámbito de las empresas públicas bajo la órbita de la SIGEP tuvieron su correlato al interior de las firmas, tanto en la merma de la conflictividad laboral como en el mayor "disciplinamiento" de la fuerza de trabajo. En este apartado, se analizan los indicadores cantidad de conflictos gremiales y la tasa de ausentismo, que permiten evaluar algunos aspectos relevantes en torno a la *revancha clasista* en los lugares de trabajo de las firmas estatales. Por las características de la información disponible y la escala de análisis que aquí se propone, este tipo de indicadores no permite captar algunas formas de resistencia más "subterráneas" características del período. Sin embargo, existen aportes historiográficos destacables[41] que matizan la idea de disciplinamiento ya que si bien el cambio estructural redujo las posibilidades de lucha y organización de la clase trabajadora argentina, las formas de resistencia obrera al PRN no desaparecen, sino que adoptan características específicas.

La última dictadura cívico-militar se dedicó a elaborar y sostener una política laboral coactiva tendiente a disciplinar y fragmentar al movimiento obrero que se había mostrado con una alta capacidad de presión, movilización y negociación. Estos mecanismos operaron sobre dos planos: la represión abierta y directa y la legislación laboral. En el plano normativo, comenzó a instrumentarse desde el mismo 24 de marzo de 1976 una nueva legislación laboral, con el objetivo de debilitar y dividir aún más al movimiento obrero organizado, socavando las "conquistas históricas" de los trabajadores y trabajadoras argentinas. La inmediatez del accionar del gobierno de facto sobre los asuntos laborales da cuenta del profundo carácter clasista del golpe. Respecto de la represión, cabe señalar un "período alto", intenso y extremadamente cruento hasta marzo de 1981, en el que las Fuerzas Armadas con complicidad y colaboración activa del sector empresarial, se abocaron, por un lado, a inmovilizar al conjunto de la clase trabajadora, dictando duras normas represivas y prohibitivas del derecho de huelga, interviniendo las principales organizaciones sindicales, apresando dirigentes "moderados" y prohibiendo la actividad gremial; y por otro lado, a exterminar a la minoría combativa, cuya influencia radicaba en las comisiones internas de un cierto número de empresas. En este caso, se secuestraron dirigentes de base y trabajadores que habían manifestado adhesión a posiciones radicalizadas, no siempre relacionados con organizaciones armadas.[42] A partir de 1981 y con mayor énfasis luego de la derrota en la guerra de Malvinas, la crisis del "Proceso" se hace notoria, y tiene lugar un "periodo bajo" del accionar represivo hacia el movimiento obrero, ampliándose el espectro de la acción sindical.

En cuanto a la cantidad de conflictos gremiales en las empresas públicas bajo la órbita de la SIGEP, es posible identificar un desempeño en forma de "u", con una fuerte caída en los primeros años del golpe y cierta recomposición de la tendencia desde 1982 en adelante, con el piso más bajo de conflictividad gremial en 1981. Esta evolución de los conflictos gremiales en las empresas públicas coincide con los "dos momentos" en la política represiva mencionados en el párrafo anterior.[43]

Tal como se observa en la tabla n° 8, cuando se considera la evolución de las tasas vinculadas a los conflictos gremiales, es menester considerar que las mismas están expresadas en términos relativos con respecto a la cantidad de días-hombre trabajadas libres de conflictos gremiales. La caída de la tasa de conflictos gremiales manifiesta una baja muy pronunciada en el primer año de la dictadura (-87,2%) con respecto a 1975, año caracterizado por una intensa conflictividad laboral. Hacia 1977 se observa un leve repunte de los conflictos gremiales con respecto al año previo, pero al año siguiente vuelve a profundizarse la caída hasta llegar al 0% en 1981. A partir de 1982, a la par de la pérdida de legitimidad de las Fuerzas Armadas y la merma en las políticas represivas, se produce un incremento de los conflictos gremiales con un fuerte repunte con la vuelta de la democracia. Hacia 1984 la tasa de conflictos gremiales era de 0,72%, ubicándose por encima incluso de los niveles de 1975 (0,53%), dando cuenta de la evolución en forma de "u". En este derrotero entre puntas hay

Tabla 8. Evolución de los conflictos gremiales en las empresas públicas de la SIGEP, 1975-1984

Años	Tasas %	Total días-hombre por conflictos gremiales	Variación interanual %
1975	0,53%	521,0	
1976	0,07%	66,8	-87,2
1977	0,12%	111,9	67,5
1978	0,03%	23,6	-78,9
1979	0,04%	32,5	37,9
1980	0,01%	5,3	-83,6
1981	0,00%	2,6	-50,7
1982	0,18%	138,1	5.151,9
1983	0,62%	489,4	254,4
1984	0,72%	597,2	16,1
Var.% 1984-1975			35,8

Fuente: Elaboración propia en base a datos de Sindicatura General de Empresas Públicas, "Ausentismo en las Empresas Públicas. Período 1975-1984" (Buenos Aires, 1985).

que considerar que la tasa puede verse afectada por la caída del empleo, dado que en 1975 el nivel de empleo en las empresas públicas era mayor al vigente en 1984. Más aún, cuando se observa la cantidad de días-hombre absoluta de conflictos gremiales, también se constata un incremento: en 1975 se ubicó en 521 y en 1984 en 597,2, superando los niveles agudos del "Rodrigazo".

En cuanto las tasas de ausentismo en las empresas públicas bajo la órbita de la SIGEP, es posible considerar que la misma fue mermando a lo largo de todo el período. Tal como se observa en la tabla nº 9, mientras que en 1975 el porcentaje de ausentismo era de 18,10%, hacia 1983 dicho porcentaje había disminuido a 13,75%. Es decir, que el nivel de ausentismo en el conjunto de las empresas públicas bajo la órbita de la SIGEP se redujo un 24% durante la última dictadura cívico-militar argentina. Cuando se considera la evolución del ausentismo año tras año se evidencia que, coincidentemente con la periodización de los autores que analizan la oposición obrera a la dictadura, los primeros años del "Proceso" fueron más intensos en términos de disciplinamiento de la mano de obra. Así, la caída en el porcentaje de ausentismo fue muy profunda desde 1976 hasta 1979 (particularmente pronunciada en 1977),

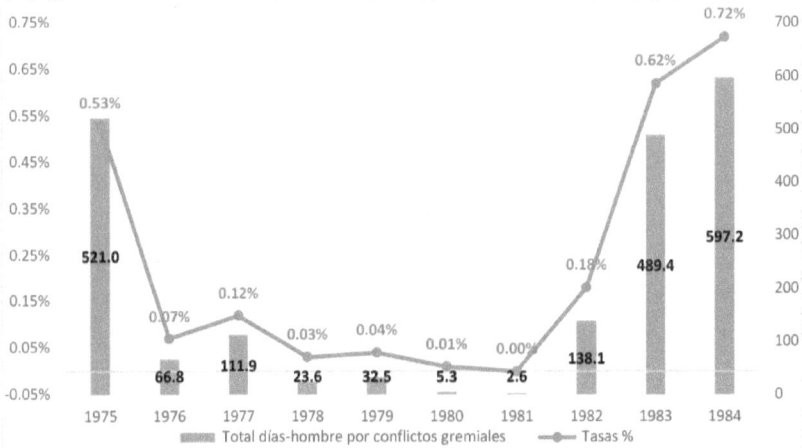

Gráfico 1. Evolución de los conflictos gremiales en las empresas. Fuente: Elaboración propia en base a datos de Sindicatura General de Empresas Públicas, "Ausentismo en las Empresas Públicas. Período 1975-1984".

Tabla 9. Evolución del ausentismo total en las empresas públicas SIGEP, 1975-1983*

Años	Porcentaje de ausentismo total %	Índice base 1975 = 100	Variación interanual %
1975	18,10	100,0	
1976	17,79	98,3	-1,71
1977	15,85	87,6	-10,91
1978	15,04	83,1	-5,11
1979	14,85	82,0	-1,26
1980	14,52	80,2	-2,22
1981	13,36	73,8	-7,99
1982	13,18	72,8	-1,35
1983	13,75	76,0	4,32
Var.% 1983-1975			-24,03

*Nota metodológica: Se parte de una dotación de personal o dotación física que es "todo aquel personal que en el período considerado se encuentra en relación de dependencia con la Empresa, aún cuando permanezca inactivo por alejamiento transitorio de sus tareas". Este total de personal se multiplica por el total de días trabajados en el mes y se obtiene entonces el total mensual de "días-hombre". El porcentaje total de ausentismo en cada mes, se obtiene relacionando el total de días-hombre correspondiente a las ausencias por todo concepto, con respecto al total de días-hombre de la dotación física:

Total ausencias x 100
Dotación física

Fuente: Elaboración propia en base a datos de la Sindicatura General de Empresas Públicas, "Ausentismo en las Empresas Públicas. Período 1975-1984".

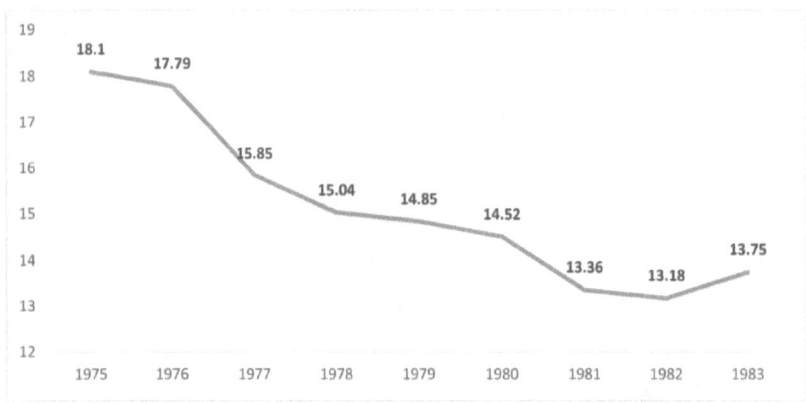

Gráfico 2. Evolución del ausentismo total en las empresas públicas SIGEP, 1975-1983. Fuente: Elaboración propia en base a datos de Sindicatura General de Empresas Públicas, "Ausentismo en las Empresas Públicas. Período 1975-1984".

menguando un poco la profundidad de la caída en los años venideros y recuperando una tendencia alcista en 1983.

Reflexiones finales

El análisis de los principales indicadores vinculados al impacto de la política económica y laboral de la última dictadura cívico-militar argentina en el ámbito de las empresas públicas bajo la órbita de la SIGEP manifiesta, en líneas generales, continuidad con lo ocurrido en el desempeño general de la economía avalando las lecturas clásicas sobre la relación capital-trabajo, aunque con algunas especificidades que vale la pena detallar a continuación.

En cuanto a la dotación de personal, en todas las firmas bajo la órbita de la SIGEP aparece una reducción de los planteles laborales del -23,6% entre 1974 y 1983, guarismo que se ubica muy por encima de lo ocurrido en el conjunto de la economía, donde los niveles de empleo se mantuvieron relativamente estables, aunque con una pérdida en la calidad del empleo generado (más precarios por el crecimiento del cuentapropismo, los subempleados y los sectores de los servicios y la construcción por sobre la industria). Cuando se consideran los casos por empresa, la caída en la dotación de personal es generalizada, aunque varía su intensidad. Algunas empresas tuvieron una reducción moderada como los casos de ENTEL o Gas del Estado, mientras que en otras la caída fue más contundente como los casos de Ferrocarriles Argentinos, Agua y Energía Eléctrica y Obras Sanitarias de la Nación que, tal como se señaló en el apartado correspondiente, sufrieron un proceso aún más intenso de "racionalización" de sus planteles laborales asociado, en lo esencial, a la denominada "privatización periférica", "descentralización" y la "provincialización" de ciertos bienes y servicios básicos provistos por las empresas públicas nacionales que estaban bajo la órbita de la SIGEP. Este fenómeno resulta particularmente destacable a la luz de la comparación con las lecturas tradicionales sobre las transformaciones operadas en el régimen de acumulación, centradas en la pérdida de empleo industrial privado, en parte porque se ha explorado relativamente poco la evolución de los indicadores laborales de las firmas de propiedad estatal. Los resultados presentados en este trabajo destacan la drástica reducción de los planteles laborales en las empresas públicas como un elemento central del cambio estructural en la relación capital-trabajo durante la última dictadura cívico-militar, aspecto generalmente desatendido en las lecturas sobre las consecuencias de la política económica del "Proceso".

En lo relativo al salario real, si se considera la evolución entre puntas, se produjo una caída cercana al -6% entre 1974 y 1983 para el total de empresas públicas de la SIGEP, es decir, mucho más atenuada que la caída observada en el conjunto de la economía, específicamente en el sector privado industrial. No obstante, se evidenciaron situaciones muy diversas que marcan, entre otras cuestiones, una importante dispersión salarial como un mecanismo que quiebra la relativa homogeneidad en los niveles de ingresos de la clase trabajadora y fuertes rebajas de los salarios en los primeros años del golpe militar, que luego se fueron recuperando, en gran medida, gracias a las múltiples formas de resistencia de la clase obrera (a veces más "subterránea" y otras veces más manifiesta y abierta) y al concomitante deterioro del gobierno dictatorial tras la derrota en la guerra de Malvinas en 1982 y a la posterior recuperación democrática a fines de 1983. Por otro lado, no se puede soslayar que el manejo discrecional de los ingresos salariales de los trabajadores y las trabajadoras de las empresas públicas, al haberse restringido las negociaciones paritarias,[44] operó como uno de los principales mecanismos de distribución regresiva del ingreso, en consonancia con lo acaecido en el resto de la economía. Esta caída del salario real se manifestó con mucha más fuerza durante los primeros años hasta 1978 inclusive (coincidentemente con las drásticas medidas de congelamiento de los salarios nominales y de liberación de precios en un contexto de alta inflación como el que caracterizó a los primeros momentos de la gestión de Martínez de Hoz, además de ser los años con los niveles más intensos y cruentos de represión) y a partir de entonces se morigera la caída; de hecho se registra cierta recuperación de los salarios reales hacia 1980, para luego volver a experimentar un fuerte descenso hasta 1982. Además, se produjo un aumento de la productividad laboral en todos los casos examinados y en niveles muy significativos. Dicho incremento, por producirse conjuntamente con una caída del salario real y/o de la cantidad de personal ocupado, constituye como indicador *proxy* de la intensificación en la explotación de la fuerza de trabajo y del análogo aumento de los excedentes a disposición de las firmas estatales.[45]

Estas políticas impactaron en la capacidad de organización de los trabajadores y trabajadoras en sus lugares de trabajo. La drástica caída de la conflictividad gremial coincide con el período intenso de represión entre 1976-1981 y retoma la tendencia alcista a partir de 1982. Por su parte, el deterioro sostenido de la tasa de ausentismo a lo largo de todo el período pone en evidencia el proceso de la "racionalización" de los planteles laborales.

Por último, la calidad de la intervención estatal se ve deteriorada frente a la evolución del empleo y el salario real en las empresas públicas. El continuo cambio de funcionarios y los bajos niveles de remuneraciones provocaba continuas rupturas e ineficiencias en el sector público. Además, el proceso de privatización periférica contribuyó a la pérdida de autonomía relativa del Estado debido, entre otras cuestiones, a la fuerte injerencia de ciertas figuras emblemáticas del empresariado local en el seno del elenco gubernamental de la dictadura, en especial, como lo ejemplifica el caso paradigmático de Martínez de Hoz al frente del Ministerio de Economía (y de la SIGEP) durante el período 1976-1981. En ese sentido, no solo existió presencia de funcionarios públicos vinculados estrechamente con el capital concentrado interno (conglomerados extranjeros de larga data que operaban en la economía argentina y grupos económicos locales de origen nacional), que participaron directa y/o indirectamente en el diseño e implementación de las políticas económicas, sino, en lo fundamental, fueron ellos mismos y los grupos empresarios a los que estaban relacionados los que se vieron beneficiados por gran parte de esas políticas (v.g. regímenes de promoción industrial, "patria contratista" vinculada a las grandes obras públicas de infraestructura, seguros de cambio y estatización de los pasivos externos privados, tarifas preferenciales de los servicios públicos para los grandes grupos económicos, etc.).

Todo ello, en el marco de los continuos vaivenes, tensiones y disputas que coexistieron dentro del gabinete económico (entre liberales tradicionales y liberales tecnocráticos, o entre ambas fracciones liberales y los directivos civiles y militares de las principales empresas públicas fiscalizadas por la SIGEP), entre el equipo económico y ciertas fracciones militares (v.g. las críticas acerbas del Almirante Massera a la gestión económica de Martínez de Hoz), y al interior de la propias Fuerzas Armadas (por ejemplo, la controversia histórica en el seno del Ejército entre el ala "liberal" y el ala "nacionalista").

Notas

1. Daniel Azpiazu, Eduardo Basualdo, y Miguel Khavisse, *El nuevo poder económico e la Argentina de los años 80* (Buenos Aires: Siglo XXI, 1986); Daniel Azpiazu, Martín Schorr, y Victoria Basualdo, *La industria y el sindicalismo de base en la Argentina*, Cara o ceca (Buenos Aires: Atuel, 2010); Victoria Basualdo, "Complicidad patronal militar en la última dictadura argentina. Los casos de Acindar, Astarsa, Dálmine-Siderca, Ford, Ledesma y Mercedes-Benz", *Engranajes*, suplemento especial, 2006; Eduardo Basualdo, *Estudios de historia económica argentina. Desde mediados de siglo XX a la actualidad* (Buenos Aires: Siglo XXI, 2010); Eduardo Basualdo, "El legado dictatorial. El nuevo patrón de acumulación de capital, la desindustrialización y el ocaso de los trabajadores", en *Cuentas pendientes. Los cómplices económicos de la dictadura*, ed. Horacio Verbitsky y Juan Pablo Bohoslavsky (Buenos Aires: Siglo XXI, 2013); Horacio Boneo, "Regímenes políticos y empresas públicas: algunas cuestiones vinculadas al ámbito y dimensión del sector productivo estatal", *Estudios CEDES* 3, n.º 7 (1980): 5-35.

2. Eduardo Basualdo, *Sistema político y modelo de acumulación. Tres ensayos sobre la Argentina actual* (Buenos Aires: Cara o ceca, 2012); Basualdo, *Estudios de historia económica argentina...*; Jorge Schvarzer, *Implantación de un modelo económico. La experiencia argentina entre 1975 y el 2000* (Buenos Aires: AZ Editora, 1998).

3. Azpiazu, Basualdo, y Khavisse, *El nuevo poder económico...*; Horacio Ciafardini, "Argentina 1976-1983: La estrategia de desindustrialización de la dictadura", en *Textos sobre economía política e historia*, de Horacio Ciafardini (Rosario: Amalevi, 2002).

4. Basualdo, "El legado dictatorial...".

5. Victoria Basualdo y Federico Lorenz, "Los trabajadores industriales argentinos en la primera mitad de la década del '70: propuestas para una agenda de investigación a partir del análisis comparativo de casos", *Revista Digital de la Escuela de Historia* 4, n.º 6 (2012); Victoria Basualdo, "Debates sobre la última dictadura argentina, y el papel de empresas y trabajadores" (I Seminario Internacional Mundos do Trabalho e Ditaduras no Cone Sul, Río de Janeiro, 2015).

6. Adolfo Canitrot, "La disciplina como objetivo de la política económica. Un ensayo sobre el programa económico del gobierno argentino desde 1976", *Desarrollo Económico* 19, n.º 76 (1980): 453-75.

7. Basualdo, "Debates sobre la última dictadura argentina..."; Sabrina Yael Ríos, "El movimiento obrero durante la última dictadura militar, 1976-1982" (Universidad Nacional de General Sarmiento, 2015).

8. Al respecto, Canitrot sostiene: "Se ha hecho referencia al veto explícito en 1976 e implícito después, de las Fuerzas Armadas a todo programa que significara un desempleo extenso y prolongado de la fuerza de trabajo. Para este veto se invocaron razones tácitas de seguridad, pero su génesis hay que buscarla en la ideología de las Fuerzas Armadas. Por un lado, la visión de la clase trabajadora como una clase destinada a ocupar una posición social subordinada pero protegida y, por otro lado, una concepción del orden y progreso donde no cuentan contradicciones dialécticas, de tal modo que los conflictos entre acumulación y distribución, pleno empleo e inflación, orden y movilidad social, etcétera, solo aparecen como resultados de una coordinación insuficiente". Adolfo Canitrot, "Orden social y monetarismo", *Estudios CEDES* 4, n.o 7 (1983): 50.

9. Para ilustrar este fenómeno, Basualdo compara la evolución de la tasa de desocupación (que luego de un incremento en mayo de 1976 tendió a disminuir) con la evolución de la tasa de actividad, donde se comprueba un aumento a lo largo de la serie. Para el autor, aquí se hace evidente que la desocupación aumentó ininterrumpidamente a lo largo de 1976, llegando en el mes de octubre a prácticamente duplicar el registro del mismo mes del año anterior. Con posterioridad, no se identifica un descenso sino una estabilización en valores que rondan el 6,2%. Basualdo, "El legado dictatorial...".

10. Nicolás Arceo et al., *Empleo y salarios en la Argentina. Una visión de largo plazo* (Buenos Aires: Capital Intelectual, 2008); Basualdo, "El legado dictatorial...".

11. Para el período entre 1974 y 1983 Azpiazu, Basualdo, y Khavisse identifican un aumento de la jornada media de trabajo en la industria manufacturera equivalente al 5,9%. Azpiazu, Basualdo, y Khavisse, *El nuevo poder económico...*

12. Basualdo, "Debates sobre la última dictadura argentina..."; Azpiazu, Basualdo, y Khavisse, *El nuevo poder económico...*; Martín Schorr, "Cambios en la estructura y el funcionamiento de la industria argentina entre 1976 y 2004: análisis sociohistórico y de economía política de la evolución de las distintas clases sociales y fracciones de clase durante un período de profundos cambios estructurales" (tesis doctoral, Buenos Aires, FLACSO, 2005).

13. Si bien el período de análisis es 1976-1983, en la mayoría de los cuadros y gráficos presentados se ha optado por tomar como punto de partida el año 1974, a los efectos de tener una referencia más adecuada a la hora de ponderar los cambios

acaecidos bajo el "Proceso" respecto de las dotaciones de personal, los salarios y la productividad de las empresas públicas, y otros indicadores económicos y sociales. Es menester aclarar que, en la mayoría de los casos (cuando se encontraban disponibles las series históricas de datos), se ha tomado como punto de referencia el año 1974 para analizar la evolución de los distintos indicadores considerados en este capítulo, ya que constituye el último año de vigencia plena de la industrialización por sustitución de importaciones (ISI) y además de ser el año previo a la instauración —"Rodrigazo" de junio de 1975 mediante— de un régimen de alta inflación que dificulta la realización de comparaciones y estimaciones adecuadas.

14. Este principio de subsidiariedad estatal quedaría ilustrado de manera cabal en la frase "achicar el Estado es agrandar la Nación". Lucas Iramain, "Política económica en la dictadura. La orientación y calidad de la intervención económica del Estado en el sector vial. La actuación de la Dirección Nacional de Vialidad (DNV) (Argentina, 1976- 1981)", Documentos de investigación social, 2014.

15. Claudio Belini y Marcelo Rougier, *El Estado empresario en la industria argentina. Conformación y crisis* (Buenos Aires: Manantial, 2008); Marcos Kaplan, "El Estado empresario en Argentina", *El trimestre económico* 36, n.º 141 (marzo de 1969): 69-111; Jorge Schvarzer, "Empresas públicas y desarrollo industrial en Argentina", *Economía de América Latina* 3 (1979): 45-68; Alberto Ugalde, "Las empresas públicas en Argentina" (Seminario sobre Planeamiento y Control del Sector de Empresas Públicas, Brasilia: Comisión Económica para América Latina, 1983), http://200.9.3.98/bitstream/handle/11362/28187/S8300484_es.pdf?sequence=1&isAllowed=y.2008

16. Este término alude al traspaso al capital privado de algunas actividades subsidiarias de las empresas estatales sin modificar los alcances y estructuras de estas, ver Schvarzer, "Empresas públicas y desarrollo industrial en Argentina".

17. Ana Gabriela Castellani, *Estado, empresas y empresarios: la construcción de ámbitos privilegiados de acumulación entre 1966 y 1989* (Buenos Aires: Prometeo, 2009).

18. La noción de complejo económico estatal-privado refiere al conjunto de relaciones establecidas entre el sector público (organismos y/o empresas) y el sector privado (empresas privadas o mixtas) de manera variada. Entre estos vínculos se destacan la construcción de grandes obras de infraestructura, la producción de bienes intermedios de uso difundido, las telecomunicaciones, la exploración y explotación de hidrocarburos, etc. Schvarzer, "Empresas públicas y desarrollo industrial en Argentina".

19. Por ejemplo, la histórica controversia en el seno del Ejército entre militares liberales y militares nacionalistas, industrialistas y estatistas que eran reticentes a la privatización plena de las empresas públicas; ya sea por cuestiones ideológicas afin-

cadas en mantener una sólida base industrial en aras del defensa nacional (sobre todo, en un contexto como el de la última dictadura caracterizado por la entonces inminente conflagración bélica con Chile y la persistente hipótesis de conflicto con Brasil) y/o bien por cuestiones más pragmáticas signadas por el hecho de que las firmas públicas eran una fuente de recursos económicos ("coto de caza" y/o "botín de guerra") y políticos fundamentales para los militares que las controlaban, tales como los elencos directivos de la Dirección General de Fabricaciones Militares (DGFM) o, incluso muchos presidentes, gerentes y/o interventores de las empresas estatales bajo la órbita de la Sindicatura General de Empresas Públicas (SIGEP) también pertenecían a las filas castrenses.

20. Paula Canelo, "La política contra la economía: los elencos militares frente al plan económico de Martínez de Hoz durante el Proceso de Reorganización Nacional (1976-1981)", en *Empresarios, tecnócratas y militares. La trama corporativa de la última dictadura*, de Alfredo Pucciarelli (Buenos Aires: Siglo XXI, 2004); Paula Canelo, *El proceso en su laberinto. La interna militar de Videla a Bignone* (Buenos Aires: Prometeo, 2008).

21. A modo de ejemplo, basta considerar los recambios en el gabinete económico que se produjeron a fines de 1978 y comienzos de 1979 (v.g. la renuncia del secretario de Estado de Desarrollo Industrial, Raimundo Podestá), tras la aplicación de una nueva y más radical estrategia de apertura comercial de sesgo importador, en conjunción con la instrumentación desde el 20 de diciembre de 1978 del enfoque monetario del balance de pagos (la "tablita cambiaria"), el cual supuso un fuerte rezago del tipo de cambio que, combinado con la reducción de los aranceles y paraaranceles de importación, abarrotó el mercado local de productos extranjeros, coadyuvando de ese modo al creciente proceso de desindustrialización de la economía argentina. Lucas Daniel Iramain. "Expansión del complejo económico estatal-privado y conformación de ámbitos privilegiados de acumulación durante la gestión liberal-corporativa. Los casos del sector vial y de la industria siderúrgica (Argentina, 1976-1981)" (Tesis de Doctorado en Ciencias Sociales, Facultad de Ciencias Sociales, Universidad de Buenos Aires, 2012), 260.

22. Jorge Schvarzer, *La política económica de Martínez de Hoz* (Buenos Aires: Hyspamérica, 1986).

23. El comportamiento del gasto público durante casi todo el período de la dictadura presentó un fuerte componente contracíclico (es decir, en los años de recesión y/o caída del nivel de actividad la relación del gasto público con respecto al PBI fue creciente, mientras que en los pocos años en que se registró cierto crecimiento y/o recuperación del producto dicha relación se redujo). Empero, como la cantidad de años recesivos durante el lapso bajo estudio fue superior a los años de crecimiento (o en rigor, de cierta recuperación), el sector público incrementó su participación

no solo con relación al PBI sino también en términos absolutos. No obstante, la alteración más significativa no fue solo en términos cuantitativos sino también en lo atinente a la composición interna del gasto público. En efecto, las partidas presupuestarias destinadas a rubros como salud y educación se contrajeron notablemente. En cambio, evidenciaron un aumento sustancial las erogaciones en materia de armamentos y equipos para la defensa. Además, muchas de las obras que se realizaron mediante la inversión pública fueron obras "faraónicas" de poca o nula incidencia en términos del desarrollo económico y social del país, como la infraestructura para el campeonato mundial de fútbol de 1978 o la construcción de autopistas de la ciudad de Buenos Aires. Mario Rapoport, *Historia económica, política y social de la Argentina (1880-2000)* (Buenos Aires: Macchi, 2003).

24. Alfredo Pucciarelli, "La patria contratista. El nuevo discurso liberal de la dictadura militar encubre una vieja práctica corporativa", en *Empresarios, tecnócratas y militares. La trama corporativa de la última dictadura*, de Alfredo Pucciarelli (Buenos Aires: Siglo XXI, 2004).

25. Azpiazu, Schorr, y Basualdo, *La industria y el sindicalismo de base en la Argentina.*

26. Todo ello sin contar otras políticas económicas de corte "heterodoxo" como la llamada "tregua de precios" de abril a julio de 1977, que implicó el establecimiento de un control de precios sobre las empresas líderes por 120 días, lo cual se halla en contraste con la retórica liberal del equipo económico que pretendía que fuera la "mano invisible" del mercado, con el "libre" juego de la oferta y la demanda, la que fijara los precios de referencia de los distintos bienes y servicios Basualdo, "El legado dictatorial...".

27. Yacimientos Petrolíferos Fiscales (YPF), Gas del Estado, Ente Nacional de Telecomunicaciones (ENTEL), Agua y Energía Eléctrica (AyEE), Obras Sanitarias de la Nación (OSN), Ferrocarriles Argentinos (FA) y Servicios Eléctricos del Gran Buenos Aires (SEGBA).

28. La creación de la Sindicatura General de Empresas públicas (SIGEP) se debió a una iniciativa del Ministerio de Economía en el marco de las disputas con la Dirección General de Fabricaciones Militares. Esas tensiones se debían a que las empresas públicas controladas por esa dirección eran sindicadas, desde la cartera económica, por no cumplir con la presentación de sus balances anuales, lo cual dificultaba el efectivo conocimiento de la estructura de costos con que operaban. Lucas Daniel Iramain, "La política laboral de la ultima dictadura cívico-militar argentina en el ámbito de las empresas públicas", *Anuario IEHS* 29 y 30 (2014): 71-96.

29. La Corporación de Empresas Nacionales (CEN) fue un ente público argentino de carácter autárquico, dependiente del Ministerio de Economía, que agrupó, supervisó y coordinó a todas las empresas públicas del país. Fue creado por ley

20.558 en 1974, durante la tercera presidencia de Juan Domingo Perón, y disuelta por ley 21.801 en 1978, durante el autoproclamado Proceso de Reorganización Nacional y reemplazada por la Sindicatura General de Empresas Públicas (SIGEP) en el mismo año (Ley 21.801/78), organismo que mantenía su dependencia del Ministerio de Economía y cuyo director era el propio ministro. El cambio implicó abandonar los objetivos de desarrollo previstos en la ley de 1973 y la coordinación estratégica para lograrlos, ya que con el nuevo marco normativo las principales funciones de la SIGEP eran las de control y seguimiento del desempeño de las firmas, y de información y asesoramiento al Ministerio (artículos 4 y 5, Ley 21.801/78).

30. Considerando sus volúmenes de facturación y la inserción estratégica en diferentes segmentos de mercado considerados clave. Ana Gabriela Castellani y Lucas Daniel Iramain, "El deterioro del Estado-empresario. Transformaciones estructurales y desempeño de las empresas públicas argentinas durante la última dictadura (1976-1983)", *América Latina en la Historia Económica* 25, n.° 2 (2018): 46.

31. Siguiendo el criterio temporal explicitado en la nota 13 del presente capítulo.

32. Lucas Daniel Iramain, "Privatización periférica, descentralización y regionalización. El desempeño de ENTEL en la gestión liberal-corporativa de Martínez de Hoz (1976-1981)", *Ciclos en la historia, la economía y la sociedad* 24, n.° 45 (2015): 15.

33. El incremento en la dotación de personal de SEGBA durante el año 1979 se debe, en lo esencial, a la absorción de los trabajadores de la firma privada Compañía Ítalo Argentino de Electricidad, que fuera estatizada en el transcurso de ese mismo año.

34. Ricardo Aronskind, *¿Más cerca o más lejos del desarrollo? Transformaciones económicas en los '90* (Buenos Aires: Libros del Rojas, 2001); Ricardo Aronskind, *Controversias y debates en el pensamiento económico argentino* (Buenos Aires: Universidad Nacional de General Sarmiento, 2008).

35. Lucas Iramain, "Privatización periférica, descentralización y regionalización...".

36. En efecto, en el caso puntual de AyEE (empresa estatal que operaba el despacho de cargas del Sistema Interconectado Nacional), cabe destacar que gran parte de la "racionalización" de su plantel laboral estuvo asociada no solo con la política de privatización periférica, sino también con la concomitante "provincialización" de ciertos servicios esenciales que prestaban algunas importantes empresas públicas. Es decir, la transferencia sin cargo que AyEE debió efectuar hacia las provincias de los servicios de subtransmisión, distribución y generación aislada dentro de las respectivas jurisdicciones donde la empresa estatal operaba. Dicha transferencia fue posibilitada por la Resolución Conjunta N° 9 y 1.332 de los Ministerios del Interior y Economía respectivamente, fechada el 3 de diciembre de 1979 y ratificada ulteriormente por el Decreto del Poder Ejecutivo Nacional N° 258 del 3 de enero

de 1980. Si bien dicha normativa excluía expresamente la "provincialización" de las instalaciones de interconexión provincial y la generación vinculada a ella, "no obstante la claridad del texto, se produjeron excepciones y Agua y Energía debió transferir a la provincia de Córdoba todo su parque de generación y de interconexión entre plantas y en el caso de la provincia de Buenos Aires el centro de generación de Mar del Plata, en este caso en forma onerosa. Estas excepciones complicaron las transferencias ya que otras provincias pretendieron en mayor o menor grado instalaciones que conceptualmente no correspondían, y que Agua y Energía debió satisfacer". Fundación de Investigaciones Económicas Latinoamericanas (Buenos Aires: Sudamericana-Planeta, 1987).

37. De manera análoga al caso de AyEE, gran parte de esa disminución del plantel laboral de OSN se explica por la transferencia de la prestación del servicio de agua potable y saneamiento desde el Estado nacional hacia las provincias. Castellani y Iramain, "El deterioro del Estado-empresario...".

38. Castellani y Iramain, "El deterioro del Estado-empresario...".

39. Hace referencia a la política de ajuste ortodoxo encarada por el ministro de Economía, el ingeniero Celestino Rodrigo, durante la presidencia de María Estela Martínez de Perón (Isabel Perón) en junio de 1975. Básicamente, la misma consistió en una abrupta devaluación del tipo de cambio (se pasó de una tasa cambiaria de 15 pesos por dólar a otra de 30 pesos por la misma cantidad de la divisa norteamericana), seguida de un notable incremento en los precios y tarifas públicos (en el caso de la nafta se llegó a un aumento del 200%). Simultáneamente, se le ofrecía a los sindicatos una suba salarial inferior al 40%. Esto implicó un salto exponencial en los niveles de inflación. Guido Di Tella, *Perón-Perón. 1973-1976* (Buenos Aires: Hyspanoamérica, 1985).

40. Boneo, "Regímenes políticos y empresas públicas...".

41. Entre los trabajos más destacados sobre la temática se encuentran: Victoria Basualdo, *La clase trabajadora argentina en el siglo XX: experiencias de lucha y organización*, 6 (Buenos Aires: Cara o ceca, 2011); Basualdo y Lorenz, "Los trabajadores industriales argentinos en la primera mitad de la década del '70... "; Pablo Pozzi, *Oposición obrera a la dictadura* (Buenos Aires: Contrapunto, 1988); Daniel Dicósimo, "Dirigentes sindicales, racionalización y conflictos durante la última dictadura militar", *Entrepasados* 15, n.º 29 (2006): 87-105; Daniel Dicósimo, *Los trabajadores argentinos y la última dictadura militar. Oposición, desobediencia y consentimiento* (Buenos Aires: UNICEN, 2016).

42. Basualdo, "Complicidad patronal militar en la última dictadura argentina..."; Arturo Fernández, *Las prácticas sociales del sindicalismo (1976-1982)* (Buenos Aires: Centro Editor de América Latina, 1985).

43. Algunos trabajos, entre los que se destacan los de Pozzi y Falcón, establecen

que entre 1976 y 1979, los conflictos laborales se caracterizaron por ser más bien moleculares, sin coordinación sindical y con preeminencia de delegados provisorios y comisiones clandestinas. Los nuevos métodos aparecen como respuesta ante la ausencia de interlocutores válidos o dirigentes visibles dada la brutal represión. A partir de 1979, crecen los conflictos (con el hito de la "Jornada Nacional de Protesta"), el año siguiente hay un intento fallido de reunificación del movimiento obrero y continúan desarrollándose los conflictos por empresa. Entre 1981 y 1983 se fortalece el sector industrial de "los 25" y se realiza la histórica movilización de "Pan, Paz y Trabajo", así como la reconstrucción de la Confederación General del Trabajo (CGT). Pozzi, *Oposición obrera a la dictadura...*; y Ricardo Falcón, "La resistencia obrera a la dictadura militar. Una reescritura de un texto contemporáneo a los acontecimientos", en *A veinte años del golpe. Con memoria democrática*, de Hugo Quiroga y César Tcach (Rosario: Homo Sapiens Ediciones, 1996)

44. Por ejemplo, mediante el dictado de la Ley 21.307 del 7 de mayo de 1976, que apuntaba a "desalentar los incrementos de remuneraciones al margen de los que disponga el Estado", lo cual, en rigor, implicaba, la prohibición de las negociaciones colectivas de salarios tanto el sector público como privado. Cfr. *Anales de Legislación Argentina* (1976), tomo XXXVI-B, 1089-91; Héctor Recalde "Supresión de los derechos de los trabajadores", en *Cuentas pendientes. Los cómplices económicos de la dictadura*. Ed. Por Horacio Verbitsky y Juan Pablo Bohoslavsky (Buenos Aires: Siglo XXI, 2013), 260.

45. Ello no quiere decir que dichos excedentes hayan sido necesaria y efectivamente apropiados por las empresas públicas. Es muy probable que, dados los cambios permanentes en la estructura de precios y rentabilidades relativas de la economía argentina durante el período bajo estudio y los manejos discrecionales en la fijación de las tarifas de las firmas estatales, se haya producido una importante transferencia de recursos desde estas empresas hacia los consumidores y/o usuarios privados de los servicios públicos. A su vez, resulta plausible conjeturar que los principales beneficiarios de dicha transferencia hayan sido las grandes empresas privadas industriales y comerciales vía el pago de tarifas más bajas que las abonadas por los clientes residenciales. Cfr. Castellani e Iramain, "El deterioro del Estado-empresario...".

Bibliografía

Abós, Álvaro. *Las organizaciones sindicales y el poder militar (1976-1983)*. Buenos Aires: Centro Editor de América Latina, 1984.

Arceo, Nicolas, Ana Paula Monsalvo, Martín Schorr, y Andrés Wainer. *Empleo y salarios en al Argentina. Una visión de largo plazo*. Buenos Aires: Capital Intelectual, 2008.

Aronskind, Ricardo. *Controversias y debates en el pensamiento económico argentino*. Buenos Aires: Universidad Nacional de General Sarmiento, 2008.

———. *¿Más cerca o más lejos del desarrollo? Transformaciones económicas en los '90*. Buenos Aires: Libros del Rojas, 2001.

Azpiazu, Daniel, Eduardo Basualdo, y Miguel Khavisse. *El nuevo poder económico e la Argentina de los años 80*. Buenos Aires: Siglo XXI, 1986.

Azpiazu, Daniel, Martín Schorr, y Victoria Basualdo. *La industria y el sindicalismo de base en la Argentina*. Cara o ceca. Buenos Aires: Atuel, 2010.

Basualdo, Eduardo. *Estudios de historia económica argentina. Desde mediados de siglo XX a la actualidad*. Buenos Aires: Siglo XXI, 2010.

———. "El legado dictatorial. El nuevo patrón de acumulación de capital, la desindustrialización y el ocaso de los trabajadores". En *Cuentas pendientes. Los cómplices económicos de la dictadura*, editado por Horacio Verbitsky y Juan Pablo Bohoslavsky. Buenos Aires: Siglo XXI, 2013.

———. *Sistema político y modelo de acumulación. Tres ensayos sobre la Argentina actual*. Buenos Aires: Cara o ceca, 2012.

Basualdo, Victoria. *La clase trabajadora argentina en el siglo XX: experiencias de lucha y organización*. 6. Buenos Aires: Cara o ceca, 2011.

———. "Complicidad patronal militar en la última dictadura argentina. Los casos de Acindar, Astarsa, Dálmine-Siderca, Ford, Ledesma y Mercedes-Benz". *Engranajes*, A treinta años del golpe militar, 2006.

———. "Debates sobre la última dictadura argentina, y el papel de empresas y trabajadores". Presentado en I Seminario Internacional Mundos do Trabalho e Ditaduras no Cone Sul, Río de Janeiro, 2015.

Basualdo, Victoria, y Federico Lorenz. "Los trabajadores industriales argentinos en la primera mitad de la década del '70: propuestas para una agenda de investigación a partir del análisis comparativo de casos". *Revista Digital de la Escuela de Historia* 4, n.º 6 (2012).

Belini, Claudio, y Marcelo Rougier. *El Estado empresario en la industria argentina. Conformación y crisis*. Buenos Aires: Matantial, 2008.

Bieber, León, y Néstor Garzón Valdés. "El movimiento obrero argentino a partir de 1976. Observaciones al trabajo de Francisco Delich". En *El poder militar en la Argentina, 1976-1981*, de Peter Waldman. Buenos Aires: Galena, 1982.

Boneo, Horacio. "Regímenes políticos y empresas públicas: algunas cuestiones vinculadas al ámbito y dimensión del sector productivo estatal". *Estudios CEDES* 3, n.º 7 (1980): 5-35.

Canelo, Paula. "La política contra la economía: los elencos militares frente al plan económico de Martínez de Hoz durante el Proceso de Reorganización Nacional (1976-1981)". En *Empresarios, tecnócratas y militares. La trama corporativa de la última dictadura*, de Alfredo Pucciarelli, Buenos Aires: Siglo XXI, 2004.

———. *El proceso en su laberinto. La interna militar de Videla a Bignone*. Buenos Aires: Prometeo, 2008.

Canitrot, Adolfo. "La disciplina como objetivo de la política económica. Un ensayo sobre el programa económico del gobierno argentino desde 1976". *Desarrollo Económico* 19, n.º 76 (1980): 453-75.

———. "Orden social y monetarismo". *Estudios CEDES* 4, n.º 7 (1983).

Castellani, Ana Gabriela. *Estado, empresas y empresarios: la construcción de ámbitos privilegiados de acumulación entre 1966 y 1989*. Buenos Aires: Prometeo, 2009.

Castellani, Ana Gabriela, y Lucas Daniel Iramain. "El deterioro del Estado-empresario. Transformaciones estructurales y desempeño de las empresas públicas argentinas durante la última dictadura (1976-1983)". *América Latina en la Historia Económica* 25, n.º 2 (2018): 46.

Ciafardini, Horacio. "Argentina 1976-1983: la estrategia de desindustrialización de la dictadura". En *Textos sobre economía política e historia*, de Horacio Ciafardini. Rosario: Amalevi, 2002.

Delich, Francisco, Peter Waldman, y Néstor Garzón Valdés. "Desmovilización social, reestructuración obrera y cambio sindical". En *El poder militar en la Argentina, 1976-1981*. Buenos Aires: Galena, 1982.

Di Tella, Guido. *Perón-Perón. 1973-1976*. Buenos Aires: Hyspanoamérica, 1985.

Dicósimo, Daniel. "Dirigentes sindicales, racionalización y conflictos durante la última dictadura militar". *Entrepasados* 15, n.º 29 (2006): 87-105.

———. *Los trabajadores argentinos y la última dictadura militar. Oposición, desobediencia y consentimiento*. Buenos Aires: UNICEN, 2016.

Falcón, Ricardo. "La resistencia obrera a la dictadura militar. Una reescritura de un texto contemporáneo a los acontecimientos". En *A veinte años del golpe. Con memoria democrática*, de Hugo Quiroga y César Tcach. Rosario: Homo Sapiens Ediciones, 1996.

Fernández, Arturo. *Las prácticas sociales del sindicalismo (1976-1982)*. Buenos Aires: Centro Editor de América Latina, 1985.

Ferreres, Orlando. *Dos siglos de economía argentina 1810-2010*. Buenos Aires: Fundación del Norte y el Sur, 2010.

Fundación de Investigaciones Económicas Latinoamericanas. Buenos Aires: Sudamericana-Planeta, 1987.

Fundación de Investigaciones para el Desarrollo. "Coyuntura y desarrollo, Anexo Estadístico XVII". FIDE, 1984.

Iramain, Lucas. "Política económica en la dictadura. La orientación y calidad de la intervención económica del Estado en el sector vial. La actuación de la Dirección Nacional de Vialidad (DNV) (Argentina, 1976- 1981)". Documentos de investigación social, 2014.

Iramain, Lucas Daniel. "La política laboral de la ultima dictadura cívico-militar argentina en el ámbito de las empresas públicas". *Anuario IEHS* 29 y 30 (2014): 71-96.

———. "Expansión del complejo económico estatal-privado y conformación de ámbitos privilegiados de acumulación durante la gestión liberal-corporativa. Los casos del sector vial y de la industria siderúrgica (Argentina, 1976-1981)". Tesis de Doctorado en Ciencias Sociales, Facultad de Ciencias Sociales, Universidad de Buenos Aires, 2012.

———. "Privatización periférica, descentralización y regionalización. EL desempeño de ENTEL en la gestión liberal-corporativa de Martínez de Hoz (1976-1981)". *Ciclos en la historia, la economía y la sociedad* 24, n.° 45 (2015): 15.

Kaplan, Marcos. "El Estado empresario en Argentina". *El trimestre económico* 36, n.° 141 (marzo de 1969): 69-111.

Novaro, Marcos, y Vicente Palermo. *La dictadura militar 1976/1983*. Buenos Aires: Paidós, 2003.

Pozzi, Pablo. *Oposición obrera a la dictadura*. Buenos Aires: Contrapunto, 1988.

Pucciarelli, Alfredo. "La patria contratista. El nuevo discurso liberal de la dictadura militar encubre una vieja práctica corporativa". En *Empresarios, tecnócratas y militares. La trama corporativa de la última dictadura*, de Alfredo Pucciarelli. Buenos Aires: Siglo XXI, 2004.

Rapoport, Mario. *Historia económica, política y social de la Argentina (1880-2000)*. Buenos Aires: Macchi, 2003.

Recalde, Héctor. "Supresión de los derechos de los trabajadores", en Cuentas pendientes. Los cómplices económicos de la dictadura, ed. Por Horacio Verbitsky y Juan Pablo Bohoslavsky, 255-272. Buenos Aires: Siglo XXI, 2013.

Ríos, Sabrina Yael. "El movimiento obrero durante la última dictadura militar, 1976-1982". Universidad Nacional de General Sarmiento, 2015.

Schorr, Martín. "Cambios en la estructura y el funcionamiento de la industria argentina entre 1976 y 2004: análisis sociohistórico y de economía política de la evolución de las distintas clases sociales y fracciones de clase durante un período de profundos cambios estructurales". Tesis doctoral. FLACSO, 2004.

Schvarzer, Jorge. "Empresas públicas y desarrollo industrial en Argentina". *Economía de América Latina* 3 (1979): 45-68.

———. *Implantación de un modelo económico. La experiencia argentina entre 1975 y el 2000*. Buenos Aires: AZ Editora, 1998.

———. *La política económica de Martínez de Hoz*. Buenos Aires: Hyspamérica, 1986.

Sindicatura General de Empresas Públicas. "Ausentismo en las Empresas Públicas. Período 1975-1984". Buenos Aires, 1985.

———. "Síntesis estadística anual de las empresas públicas, año 1983". Buenos Aires, 1984.

Torrado, Susana. *Estructura social de la Argentina 1945-1983*. Buenos Aires: Ediciones de la flor, 1994.

Ugalde, Alberto. "Las empresas públicas en Argentina". Brasilia: Comisión Económica para América Latina, 1983. http://200.9.3.98/bitstream/handle/11362/28187/S8300484_es.pdf?sequence=1&isAllowed=y.

CAPÍTULO 15

Revisitando las "condiciones materiales de la clase obrera". Actualizaciones y debates en torno al capítulo 2 de *Oposición obrera a la dictadura* de Pablo Pozzi

Juan Pedro Massano
UNIVERSIDAD NACIONAL DE LA PLATA

Andrés Cappannini
UNIVERSIDAD NACIONAL DE LA PLATA

Introducción

CUANDO PABLO POZZI PROLOGÓ su *Oposición obrera a la dictadura* 20 años después de su primera edición,[1] recogió el guante y contestó muchas de las objeciones que le hicieron la mayoría de los fructíferos debates que la obra suscitó entre intelectuales, militantes y activistas durante ese lapso. Sin embargo, en lo que atañe estrictamente a lo que en aquella se suscribía como las *condiciones materiales de la clase obrera*, aquellas que "constituyeron la base material objetiva de la resistencia del movimiento obrero a la dictadura", su revisión dos décadas después solo mereció la consideración de su aridez para la lectura y discusión del público trabajador.

A pesar del interesante tratamiento de las fuentes disponibles en la época, los materiales sobre las modificaciones en el mercado de trabajo o la evolución del salario real y su relación con las políticas económicas han sido objeto de profusas investigaciones. Asimismo, también hubo avances y nuevas discusiones en torno a la relación entre estos fenómenos y las condiciones de la acción sindical durante el Proceso de Reorganización Nacional (PRN). Sin embargo, estos avances conformaron análisis que no necesariamente estuvieron vinculados con una visión ligada a la reestructuración capitalista como eje explicativo, como sí lo fueron los trabajos pioneros de los cuales el de Pozzi formó parte, y que luego fueron relegados.

En el debate acerca de la relación entre la última dictadura y la clase trabajadora, la lectura que logró erigirse como *mainstream* en primer lugar, expresada sobre todo en los trabajos de Francisco Delich, se centró en la noción de "quietismo" de los trabajadores en el contexto del PRN. Quietismo favorecido tanto por la brutalidad de la represión, como por un conjunto de transformaciones estructurales que "herían de muerte" la centralidad de los trabajadores y el movimiento obrero en la política del capitalismo argentino. Estas transformaciones estructurales fueron interpretadas, por lo general, en una clave fuertemente vinculada con la literatura sobre la denominada "transición democrática", y por lo tanto como el conjunto de "herencias" que la dictadura dejaba al juego político de la democracia en ciernes.

El mejor ejemplo de este tipo de literatura seguramente sea "Después del diluvio, la clase obrera",[2] del propio Delich. Con todo, esta visión se expandió rápidamente a través de un conjunto de valiosos estudios sociológicos que tendían a consolidar la imagen de que la dictadura había sido exitosa en su objetivo de desarticular aquello que podía ser leído como las "bases estructurales" del protagonismo político de trabajadores y sindicatos desde la década del cuarenta. Junto con Delich, quizás el trabajo más representativo sea el de Villarreal,[3] aunque esta visión también se sostuvo, en términos generales, en trabajos posteriores.[4] En estos enfoques clásicos, entonces, las transformaciones estructurales ocurridas entre 1976 y 1983 tendieron a ser interpretadas como resultados deliberados de la política dictatorial, y al mismo tiempo tratadas como una unidad, como herencia de aquel "diluvio".

Como es sabido, la crítica clásica de Pozzi a estos enfoques se centró primordialmente en rechazar la imagen del "quietismo obrero", recolectando evidencias acerca de la conflictividad obrera durante el período, pero además situándola en una interpretación que le atribuía un mayor protagonismo político en determinar las marchas y contramarchas de la política militar, así como finalmente su retirada. Para esto, compartía con otros historiadores del movimiento sindical de la época,[5] una primer periodización de la conflictividad obrera durante la dictadura. Es conocido que esta periodización diferencia una primera etapa de mayor represión, con una conflictividad más capilar, que prácticamente no consigue superar el ámbito de establecimientos particulares; respecto de una segunda etapa, desde 1979, en la cual la conflictividad obrera comienza a lograr expresarse en conflictos de mayor dimensión, destacándose en ese recorrido las huelgas generales de 1979 y marzo de 1982.

Ahora bien, en la construcción de su respuesta a la postura de Delich, Pozzi lidiaba además, secundariamente, con el problema de las transformaciones estructurales, y es en ese análisis, así como en su relación con la conflictividad obrera, que pretendemos centrarnos aquí para plantear al menos algunos problemas.

La ocasión para centrarnos en la lectura de Pozzi de las transformaciones estructurales consiste, como veremos, en que los debates posteriores volvieron mayormente sobre el problema de la conflictividad obrera en la dictadura aportando no solo nuevas evidencias, sino además nuevos elementos para la interpretación. Pero, en cambio, o bien dejaron en segundo plano la relación entre la conflictividad y las transformaciones estructurales del período (seguimos en esto a Grigera),[6] manteniendo a lo sumo caracterizaciones generales que en buena medida siguen llevando las marcas de aquel consenso de la "transitología"; o bien, cuando intentaron aproximarse un poco más a esa vinculación, lo hicieron a través de estudios de casos (característica compartida por la mayor parte de los estudios posteriores), que si bien presentan aportes, no permiten dar cuenta de las tendencias generales del período.

Los problemas que plantearemos, partiendo de aquel capítulo dos de Pozzi, son los siguientes: en primer lugar, a pesar de que su trabajo se estructuraba en torno a la periodización de la conflictividad, reconociendo dos fases bien diferenciadas (1976-1979; 1979-1983), su capítulo sobre las transformaciones estructurales, que argumentalmente representan la base material de esa conflictividad, no presenta una periodización comparable. En buena medida, y de manera muy similar a los enfoques con los cuales discutía, Pozzi también trataba las "condiciones materiales" de la experiencia obrera en la dictadura como una unidad.

El segundo problema, se relaciona al mismo tiempo con los indicadores seleccionados y el carácter teórico del argumento utilizado por Pozzi para sustentar la relación entre la conflictividad y sus bases materiales: la limitación de la competencia en el mercado de trabajo (segmentación), por la cual los trabajadores calificados, en especial aquellos empleados en la industria manufacturera, retenían una capacidad de resistencia relativamente a salvo de las transformaciones generales del mercado de trabajo.

Para ello, entonces, presentaremos los avances empíricos que la literatura especializada ha desarrollado atinentes a las transformaciones en el mercado de trabajo, poniéndolos en debate con los supuestos que los problemas descriptos implican. Luego, concluiremos con las líneas de indagación que se abren a partir de este ejercicio, a fin de recuperar aquella perspectiva original—creemos que en algún punto renovada—que, alternativamente, fue desplazada de los estudios sobre los cambios estructurales o cristalizada en consensos sobre la conflictividad del período.

La periodización de las "condiciones materiales"

A pesar de matices en las periodizaciones existentes, se mantiene aquel consenso acerca de una diferenciación en dos "etapas" de la conflictividad durante la dictadura, con la huelga de 1979 como parteaguas entre ellas. Los límites de esta periodización en términos de constataciones empíricas y heterogeneidades internas ya han sido discutidos.[7] Sin embargo, queremos señalar que aún queda pendiente una reflexión sobre cuánto de las condiciones materiales de la experiencia obrera se tiene en cuenta a la hora de periodizar.

Siendo rigurosos, el problema de la periodización de las "condiciones materiales" y su relación con la periodización de la conflictividad no puede analizarse prescindiendo, como mínimo, de una tercera periodización, a saber, la de la represión. Sin desconocer esto, que sin dudas añade considerable complejidad al problema, en este trabajo nos proponemos centrarnos en la cuestión de las "condiciones materiales".

En este sentido y como adelantábamos, consideramos que comporta un problema tomar los resultados de la dictadura en la estructura social y el mercado de trabajo como homogéneos y unívocos para todo el PRN, tal como quedan cristalizados hacia la salida democrática de 1983. Es usual que se sostenga que esos resultados son frutos exclusivos de los objetivos políticos del PRN y las políticas específicas que este implementó para alcanzarlos. Sin negar la importancia de los objetivos dictatoriales y sus políticas, el problema es que de esa manera tienden a oscurecerse las influencias de coyunturas particulares relevantes a la hora de analizar sus impactos específicos en las condiciones materiales, como por ejemplo la de la crisis internacional de la deuda durante los primeros años de la década del ochenta,[8] a la que le prestaremos particular atención.

Así, si miramos las "condiciones materiales" de la clase trabajadora, entendiendo por esto básicamente las condiciones del mercado de trabajo o las tendencias en la estructura social, podríamos reconocer una serie de coyunturas diferenciadas, que exceden el período dictatorial, pero al mismo tiempo lo comprenden, atravesándolo. Cómo mínimo, cabría diferenciar entre un período inicial de inestabilidad y diversos intentos de reforma, cuyo inicio podría situarse a mediados de 1975 con el Rodrigazo, y su final aproximadamente en 1980, con los primeros síntomas de la crisis bancaria. Este primer período se quebraría con la eclosión de la crisis de la deuda externa en 1981, y las respuestas ensayadas frente a la misma, primero por la dictadura y luego por el gobierno de Alfonsín (por ejemplo, mayor devaluación de la moneda, elevación de aranceles aduaneros, estatización de buena parte de la deuda externa privada, etc.).

Darle centralidad a la coyuntura de eclosión de la crisis de la deuda externa es, a nuestro entender, de la mayor relevancia para una periodización adecuada de las "condiciones materiales" de la experiencia obrera durante la época. Por un lado, lo es porque la misma representa, en muchos aspectos, un punto de inflexión por sí mismo en la historia del capitalismo argentino, habiendo dejado un cúmulo de legados "estructurales" de mediano y largo plazo. Por otro, lo es porque, en su momento de mayor profundidad en 1981-1982, representa una crisis de inusitada magnitud, un verdadero "pozo histórico", comparable en ese sentido con las grandes crisis posteriores de 1989-1990 y 2001-2002. En él, coyunturalmente, algunas de las variables de la estructura social tradicionalmente mencionadas por la literatura sobre "dictadura y clase obrera" adquieren dimensiones catastróficas, que no necesariamente tenían antes de dicha crisis, y que tampoco en todos los casos se sostienen con posterioridad.

Tenemos en cuenta, igualmente, que algunos aspectos muy relevantes de las "condiciones materiales" de los trabajadores sí registran un punto de quiebre más nítido con la implantación de la dictadura en 1976. Entre estos aspectos debemos contar tanto los niveles de salario real, como la distribución funcional del ingreso. En efecto, en lo que respecta a estas variables, las primeras grandes caídas se registran entre 1976 y 1977, en el momento de mayor represión. La recuperación parcial de los salarios reales entre 1979 y 1980 queda lejos de los niveles de 1974; y la crisis de la deuda, por su parte, hace retornar los valores a los niveles del comienzo de la dictadura o levemente inferiores.

Por un lado, la caída de los salarios reales en esos primeros años de la dictadura estuvo sostenida ante todo por la combinación del terrorismo de Es-

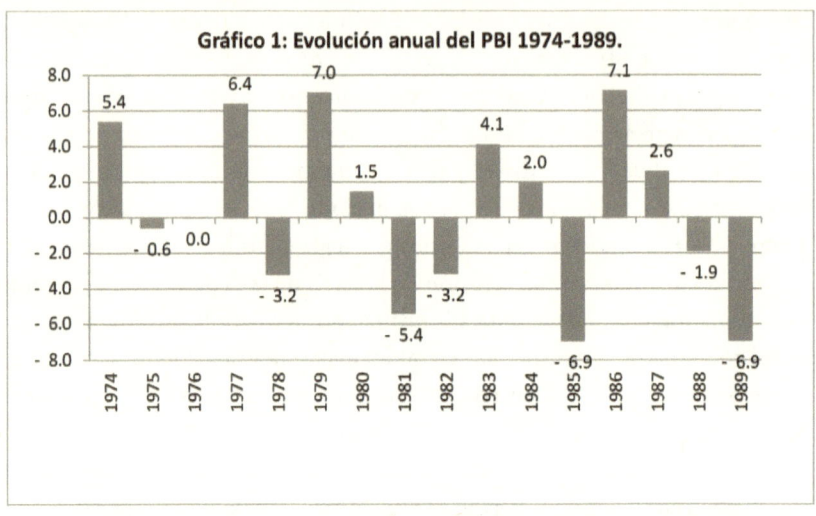

Gráfico 1: Evolución anual del PBI 1974-1989. Fuente: Elaboración propia en base a datos de CEPAL.

tado y la suspensión de paritarias,[9] sin conseguir relanzar la acumulación de capital más allá de algún semestre de recuperación coyuntural. En cambio, la nueva retracción en los primeros años de la década del ochenta respondía además a una contracción económica de mayor dimensión, no solo por su profundidad, sino porque abarcaba a prácticamente todos los capitalismos latinoamericanos.

En cualquier caso, este impacto diferencial de la crisis de la deuda se replica con numerosos indicadores, algunos de los cuales discutiremos a continuación. El problema resultante de cara a nuestros objetivos, entonces, siempre es doble. Por un lado, la lectura "entre puntas" de los cambios estructurales en la dictadura (o bien en combinaciones que finalizan en 1981-1982), tiende a generar cierto efecto distorsivo en las interpretaciones, en la medida en que algunas tendencias aparecen magnificadas, mientras que otras se pierden de vista. Esto conlleva un problema más amplio de interpretación, en tanto y en cuanto la eclosión de la crisis de la deuda queda subsumida como factor explicativo en la dictadura. Se pierde de vista, con ello, no solo la especificidad del momento de eclosión de la crisis de la deuda como coyuntura (así como de los valores que asumen las variables de mercado de trabajo y estructura social en la misma); sino también los impactos específicos de mediano y largo plazo que la misma tuvo en el decurso posterior del capitalismo argentino. Aquí nos centraremos especialmente en la primera de esas problemáticas.

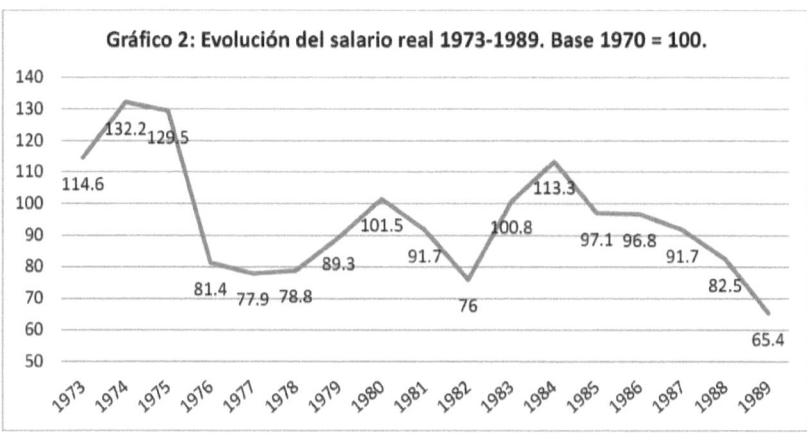

Gráfico 2: Evolución del salario real 1973-1989. Base 1970 = 100. Fuente: Elaboración propia en base a datos presentados por Graña y Kennedy[10] (2008).

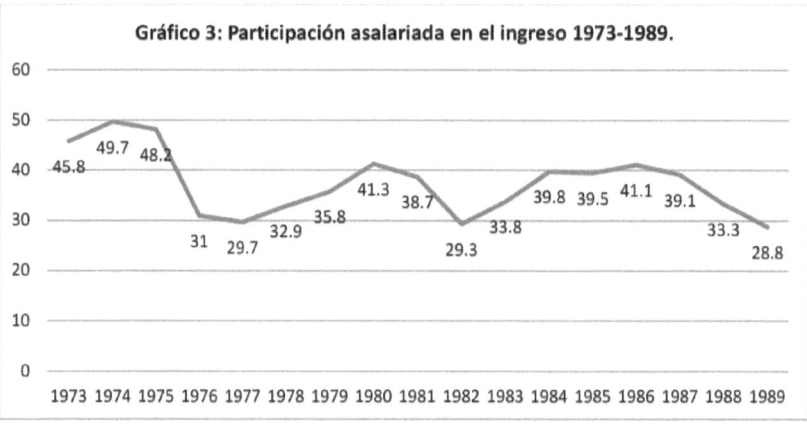

Gráfico 3: Participación asalariada en el ingreso 1973-1989. Fuente: Elaboración propia en base a datos presentados por Graña y Kennedy (2008).

Quizás la más relevante de las transformaciones donde la crisis de la deuda cobra importancia sea la profundidad de la "desindustrialización", entendida en uno de sus aspectos, como la "crisis de la industria". En este sentido, hasta 1980 por lo menos, la evolución del valor agregado industrial, en términos reales, fue claramente de estancamiento, representando en aquel año un valor índice de 96,6 para un valor de 1974 (alto en términos históricos) igual a 100. Es cierto que no se trata de un período de crecimiento industrial. Sin embargo, la gran caída de la industria local a nivel agregado, se produjo recién

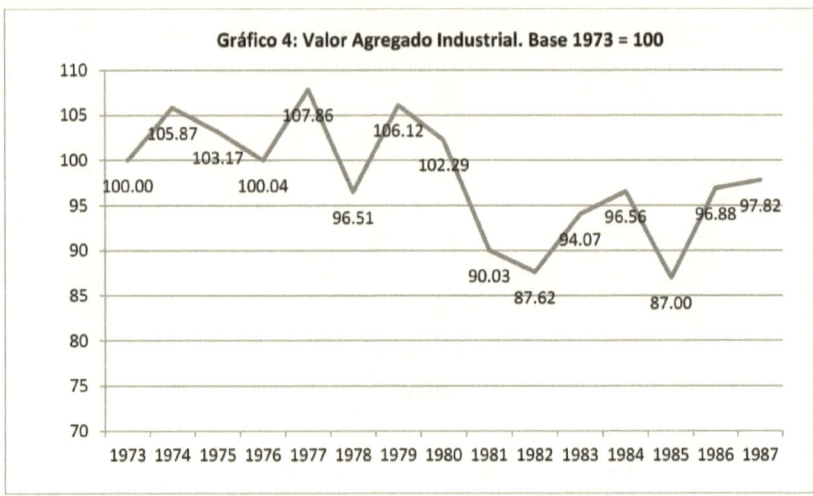

Gráfico 4: Valor Agregado Industrial. Base 1973 = 100. Fuente: Elaboración propia en base a CEPAL.

en el contexto de la crisis de la deuda, durante los años 1981 y 1982, cuando el valor agregado sectorial cayó un 14,5% en términos reales respecto a 1980 (datos de CEPAL, a precios de 1986).

La evolución de la desindustrialización del empleo para este período presenta algunos problemas de divergencias entre las fuentes disponibles, que a nuestro entender no han recibido la debida atención en la literatura sobre el tema, si bien había sido parcialmente señalada con anterioridad.[11] Una de las fuentes más habitualmente utilizadas a tal efecto es la Encuesta Industrial, la cual sugiere una significativa caída en el índice de obreros ocupados, superior al 30% entre 1974 y 1984. Sin embargo, de los Censos Económicos surge, en cambio, un leve crecimiento del 3,3% del empleo asalariado industrial entre 1973 y 1984.[12] Al mismo tiempo, fuentes de otra naturaleza, tales como la Encuesta Permanente de Hogares (EPH), sugieren para Gran Buenos Aires tendencias de fuerte disminución absoluta en el empleo industrial durante la época, próximas a las arrojadas por la Encuesta Industrial.

En una posición intermedia, los datos estimados por Kydiba y Vega[13] a partir de CEPAL, sugieren una caída del empleo asalariado en la industria manufacturera del orden del 8% entre 1974 y 1983, y del 13% si sumamos construcción, minería, y electricidad, agua y gas.

En cualquier caso, y respecto a la evolución del empleo industrial a lo largo

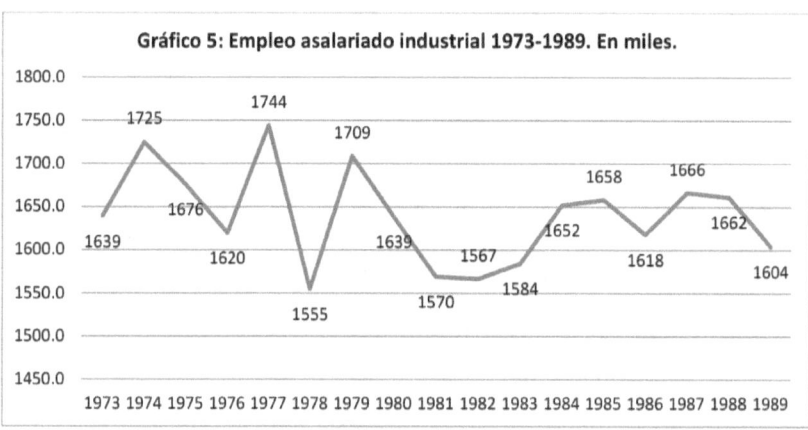

Gráfico 5: Empleo asalariado industrial 1973-1989. En miles. Fuente: Elaboración propia en base a estimaciones de Kydiba y Vega (2015).

de la dictadura, las fuentes y estimaciones mencionadas tienden a coincidir en identificar al menos dos momentos especialmente intensos de disminución: el primero durante los primeros años del PRN, de manera concomitante con la mayor crudeza de la represión; el segundo durante la eclosión de la crisis de la deuda, durante la cual, como mencionamos, la producción industrial se desmoronó.

Esta contraposición entre las fuentes deja en duda en qué medida la recuperación corta de 1983-1984 había permitido recomponer los volúmenes de empleo industrial, tal como sugieren los censos económicos. Con todo, es evidente que a largo plazo el empleo industrial continuó con una tendencia descendente, tanto en términos absolutos como relativos, de la misma manera en que lo hizo, en este último aspecto, en la mayor parte de los países de medianos y altos ingresos.[14]

Las cuestiones relativas a las fuentes sobre empleo industrial condicionan al mismo tiempo las lecturas que pueden hacerse acerca de la evolución de la productividad del sector. Guiándose por la Encuesta Industrial, por ejemplo, los investigadores de FLACSO[15] estimaron un fuerte aumento de la relación producto-ocupados en la industria durante la dictadura, que a pesar de algunas oscilaciones mantuvo su tendencia a lo largo del período. Así, según estos investigadores, la productividad agregada a 1980 era 29,8% superior a la de 1974, mientras que en 1983, tras una caída coyuntural en 1981, sobrepasaba en 37,6% el máximo nivel alcanzado durante el tercer gobierno peronista. De

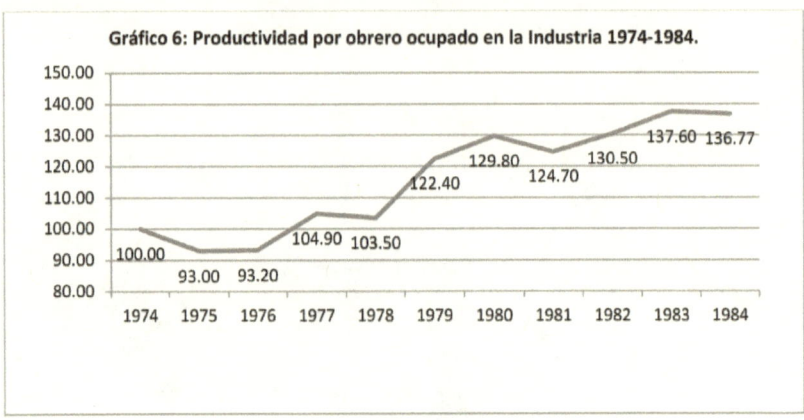

Gráfico 6: Productividad por obrero ocupado en la Industria 1974-1984.
Fuente: Elaboración propia en base a datos de Encuesta Industrial presentados por Azpiazu y Schorr (2010).

cualquier manera, estos valores están afectados por la valoración de la evolución del empleo industrial, el cual según esta fuente, como dijimos, presentó una caída estrepitosa.

En cualquier caso, la especificidad de este dato respecto al objetivo de periodizar las "condiciones materiales" de la experiencia obrera durante la dictadura, consiste en que permite situar el momento de mayor incremento de la "productividad por ocupado" en 1979-1980, alcanzando un nuevo piso que se mantuvo durante la coyuntura de crisis de la deuda.

El impacto específico de la eclosión de la crisis de la deuda se manifiesta, de manera incluso más pronunciada, en el caso de la construcción. Esta actividad que durante la segunda mitad de la década del setenta había experimentado una fuerte expansión, y por lo tanto representado una fuente alternativa de empleo para muchos trabajadores, con el advenimiento de la crisis de la deuda se desplomó. Si para 1980 alcanzaba un valor agregado 29% superior al de 1974, en cambio en 1983 alcanzaba valores 22% inferiores a los de tres años antes.

En buena parte de las investigaciones sobre la época, la expansión del cuentapropismo era interpretada, junto con la construcción, como factores que explicaban el relativo declive del desempleo durante la dictadura, a pesar de los numerosos despidos en las empresas públicas (en especial en los ferrocarriles)[16] y la reducción de los planteles industriales. Sin embargo, ya durante la dictadura se había comenzado a poner en tela de juicio la "verosimilitud" de las cifras oficiales sobre desempleo,[17] toda vez que la tasa de participación en el mercado de trabajo mostraba una retracción significativa respecto a 1974-

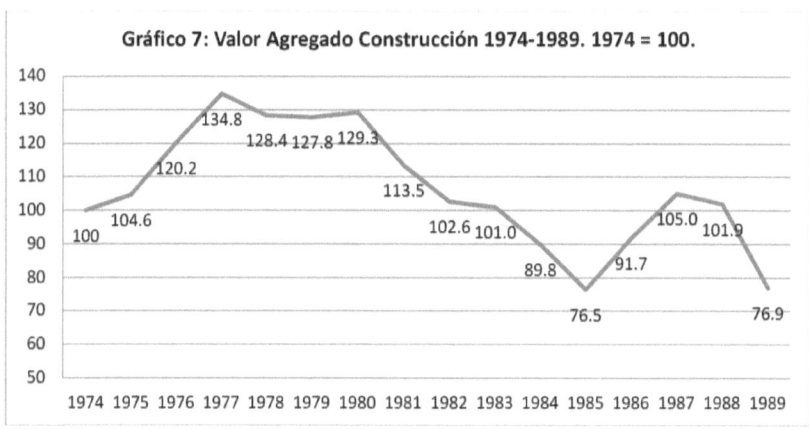

Gráfico 7: Valor Agregado Construcción 1974-1989. 1974 = 100. Fuente: Elaboración propia en base a datos de CEPAL.

1975, dando lugar a la hipótesis de un fuerte efecto "desaliento", por el cual buena parte de los desocupados quedaban ocultos en la inactividad. Estudios posteriores reforzaron esta hipótesis, subrayando especialmente la caída de las tasas de participación para varones en edades centrales.[18] Dado que el período de referencia utilizado en la EPH para determinar la condición de actividad de las personas en ese momento era de solamente una semana, es posible que, en un contexto tan poco favorable, la encuesta tendiera a clasificar como "inactivos" a aquellos desocupados que, durante la semana puntual en que se efectuaba el operativo, no habían buscado activamente empleo.

Nosotros agregaríamos, para considerar específicamente la dinámica de la estructura social en la dictadura, la necesidad de descomponer temporalmente la evolución tanto de la desocupación abierta como del cuentapropismo. En efecto, por lo que respecta a la primera, como ya lo había señalado correctamente Pozzi, la desocupación volvió a aumentar a partir de 1980, y se profundizó especialmente durante 1981-1982, en el marco de la crisis económica.

Como sabemos, la evolución posterior de la tasa de desocupación abierta, durante la década del ochenta, siguió una tendencia ascendente, esta vez acompañada por el incremento de la tasa de participación en el mercado de trabajo.

Si seguimos los datos de EPH relevados por Ariño,[19] sin embargo, la recuperación de la tasa de actividad en las áreas urbanas se registró recién en la segunda mitad de la década del ochenta. Lo significativo durante la dictadura fue que la tasa de actividad registró su mayor caída precisamente durante la

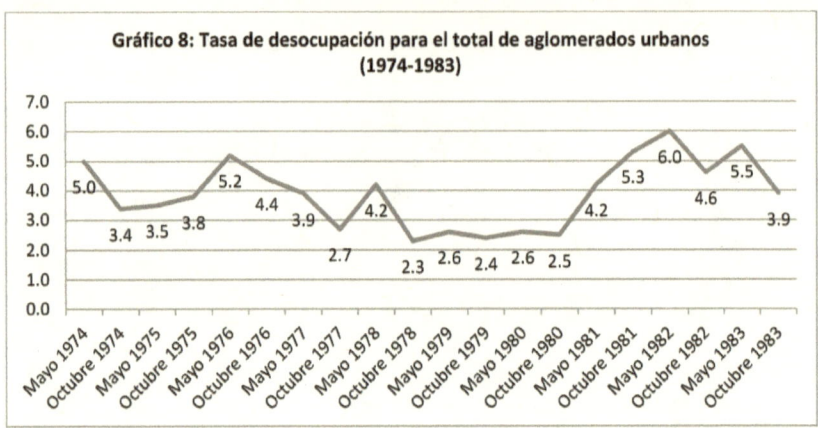

Gráfico 8: Tasa de desocupación para el total de aglomerados urbanos (1974-1983).
Fuente: Elaboración propia en base a datos de EPH-INDEC.

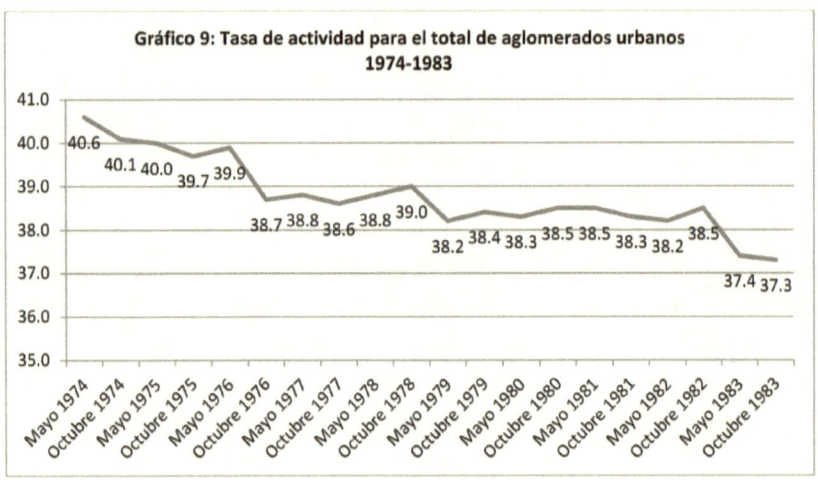

Gráfico 9: Tasa de actividad para el total de aglomerados urbanos (1974-1983).
Fuente: Elaboración propia en base a datos de EPH-INDEC.

coyuntura de la crisis de la deuda, mientras la desocupación abierta crecía. En efecto, la tasa de actividad en la región Gran Buenos Aires registraba una caída de 1,9 puntos porcentuales entre 1980 y 1983, precedida por una caída algo menor (1,1 puntos) entre 1974 y 1980.[20]

A este respecto, como bien había observado Basualdo,[21] de haberse mantenido constante la tasa de actividad registrada en mayo de 1975, los niveles de desocupación durante la dictadura hubieran resultado superiores, alcanzando

Gráfico 10: Empleo asalariado y total en la construcción 1970-1989. En miles. Fuente: Elaboración propia en base a estimaciones de Kydiba y Vega (2015).

el 9,2% en la coyuntura de la crisis de la deuda. En la medida en que la baja de la desocupación en 1976-1979 fue acompañada por la baja en la tasa de actividad, y ambos guarismos aumentaron en forma conjunta después de la dictadura, queda pendiente la pregunta de hasta qué punto ese crecimiento de la desocupación durante el gobierno de Alfonsín (de 4,4% en octubre de 1984 a 8,1% en mayo de 1989) representa un fenómeno propio de esa coyuntura, o en cambio un mero "blanqueo estadístico" de un fenómeno anterior, que las estadísticas oficiales habían fallado en capturar.

Pero así como la construcción no siguió una tendencia uniforme durante toda la dictadura, tampoco lo hizo nítidamente la proporción de cuentapropistas. En efecto, si bien la tendencia fue ascendente durante toda la dictadura, algunos datos sugieren que la mayor parte de esta expansión se registró antes de la crisis de la deuda. Siguiendo a Ariño,[22] para el Gran Buenos Aires (GBA), la proporción habría crecido de un 18,2% en 1974 a un 23,1% en 1980, para caer levemente a un 21,5% en 1983. Este dato resulta verosímil en la medida en que una porción significativa de los cuentapropistas se desempeña en la construcción, la cual, como dijimos, experimentó una fuerte recesión.

Por lo pronto, el comportamiento de la desocupación abierta y del cuentapropismo en la coyuntura de la crisis de la deuda sugiere que la explicación habitual citada más arriba (la expansión del cuentapropismo como sustituto del desempleo) se aplica mejor, en realidad, al período de la dictadura anterior a la crisis de la deuda, mientras que durante la etapa de eclosión de esta última, por el contrario, crece la desocupación al tiempo que tiende a reducirse la incidencia del cuentapropismo.

Lógicamente, también otros indicadores, como los niveles de pobreza por ingresos, registraron incrementos particularmente intensos en el contexto de la crisis de la deuda. Siguiendo a Arakaki,[23] la pobreza por ingresos en el GBA, que en octubre de 1974 afectaba al 4,57% de las personas, había crecido hasta un 7,13% en igual mes de 1980. Sin embargo, este indicador se triplicaría hasta alcanzar a un 21,5% de la población de la región en octubre de 1982.[24] Con la salida de la dictadura los niveles de pobreza disminuirían parcialmente (14% en 1985), pero retomarían su tendencia ascendente para alcanzar nuevos picos históricos en el contexto de la hiperinflación (38% en octubre de 1989).

Con respecto a las tendencias a la feminización del empleo, que Pozzi recuperaba en su trabajo, si bien está bien documentada la existencia de una tendencia de largo plazo, tanto anterior como posterior a la dictadura en tal sentido, algunos datos basados en EPH[25] sugieren, con todo, cierta retracción coyuntural del fenómeno durante el período de la crisis de la deuda. Esto se verificaría tanto en términos de la tasa de actividad de mujeres de entre 15 y 64 años (caería 2,4 puntos entre 1980 y 1983, para recuperarse luego hacia 1985), como en términos de la tasa de empleo para el mismo grupo (caída de 2,4 puntos entre los mismos años), al menos para la región metropolitana de Buenos Aires.

Habiendo llegado a este punto quizá sea pertinente reponer, en base a los datos examinados en los párrafos precedentes, algún criterio preliminar de periodización de las "condiciones materiales" de la experiencia obrera, que contenga pero enmarque el período institucionalmente cubierto por la dictadura militar.

En este sentido, cabría como mínimo distinguir entre una primera coyuntura, marcada de un lado por el estancamiento y la creciente inestabilidad económica del capitalismo argentino, y del otro por una brutal ofensiva del capital contra el trabajo, así como por una serie de intentos de reforma y reestructuración que, sin embargo, no consiguen relanzar el ciclo de acumulación de capital de manera consistente. Esta coyuntura comenzaría durante 1975, antes del inicio de la dictadura, y se prolongaría por lo menos hasta 1980, cuando aparecen los primeros síntomas de la crisis financiera. Por otro lado, tendríamos entonces entre 1980 y 1981 el comienzo de una nueva coyuntura, marcada ahora por la eclosión de la crisis de la deuda externa, en un marco internacional diferente al prevaleciente durante la segunda mitad de la década del setenta. Entre 1981 y 1982, entonces, la crisis del capitalismo argentino alcanzaría una profundidad inusitada hasta el momento, para experimentar, entre 1983 y 1984, la primera de las "recuperaciones cortas" que marcaría el largo período de estancamiento económico y alta inflación de la década del ochenta.

Con esta periodización creemos que podemos desligarnos del problema que implica tomar como un bloque homogéneo los resultados de la experiencia dictatorial para las "condiciones materiales". Este está relacionado con un segundo problema: la falta de explicitación de la lógica de la relación conflictividad-condiciones. Si la periodización de la conflictividad no se articula fácilmente con la de las "condiciones materiales", debería haber una reflexión sobre ello. Ahora bien, si se persiste en tomar los resultados como un bloque homogéneo, se tiende a desvirtuar el análisis en 3 dimensiones interrelacionadas: a) se oscurece el lugar de la crisis de la deuda y su papel en la formación y transformación de las condiciones materiales; b) un balance general de las transformaciones en las "condiciones materiales", igualmente implicaría algún criterio de balance parcial de estas para cada periodo de la conflictividad; y c) las condiciones materiales se excluyen como criterio de periodización interna (son solo la herencia) siendo desplazadas por la conflictividad como criterio de periodización único del cual las condiciones son su resultado.

Hemos llegado a problematizar la periodización de las "condiciones materiales". Ahora, en segundo lugar, nos queda pendiente explicitar algunos de los presupuestos de la relación condiciones materiales-conflictividad.

Problemas adicionales: la segmentación como base de la capacidad de resistencia

El segundo problema, de cara a nuestros objetivos, es justamente la relación entre los cambios en las condiciones materiales y la conflictividad. Es generalmente aceptado que una de las transformaciones más importantes ocurridas durante la dictadura es la desindustrialización. En los enfoques clásicos,[26] además, se la suele sostener como factor clave en la destrucción de la capacidad de resistencia y protagonismo de la clase obrera, en tanto la estructura social se vuelve más "heterogénea por abajo". Ahora bien, la superposición de las periodizaciones debería llevarnos a tomar nota de que es precisamente en el contexto de mayor desindustrialización de la dictadura (1979-1983) cuando la conflictividad obrera alcanza sus mayores dimensiones, llegando al enfrentamiento abierto con el régimen en la huelga general de marzo de 1982. Este tipo de observaciones nos impulsa a repensar la manera en que se conectan los cambios en las "condiciones materiales" con los cambios en la conflictividad. Un posible camino pasaría por indagar la probabilidad de que esa presencia de mayores niveles de conflictividad en una coyuntura supuestamente menos favorable, descansara sobre una mayor proporción de conflictos defensivos.[27]

En el caso de Pozzi, la tesis que presenta sobre la relación condiciones materiales-conflictividad, descansa sobre la noción de una "segmentación" de la capacidad de resistencia de la clase trabajadora en términos de la calificación/rama. Para nuestro autor, por la segmentación del mercado de trabajo entre los trabajadores de industrias de desarrollo tecnológico avanzado, y los del sector secundario tecnológicamente periférico, habría una absorción diferencial del trabajo calificado y no calificado. En tanto esta absorción diferencial permitió a los trabajadores industriales una mayor capacidad de resistencia, los mismos habrían resultado golpeados en menor medida que sus pares de la construcción o los peones rurales. Según el argumento de Pozzi, la limitación de la competencia dentro del mercado de trabajo, junto con la baja en el salario real industrial, hizo que "la presión de la mano de obra disponible se canalice por otros rubros, y presione principalmente sobre el sector terciario más que sobre el secundario". Esto habría permitido "mantener la unidad obrera" en un momento de posible "quiebre de la solidaridad".[28]

Entonces, la segmentación del mercado de trabajo sería el mecanismo que permite dar una "base estructural" a la capacidad de resistencia de los obreros industriales, y eso se expresa en el mantenimiento relativo del nivel salarial con respecto al resto de los trabajadores, a pesar de su disminución en términos reales.

Evaluar si el mercado de trabajo en la Argentina de la dictadura estaba segmentado, o incluso en qué medida lo estaba, excede las posibilidades de este trabajo. Sin embargo, creemos que es posible hacer algunos señalamientos al respecto.

En primer lugar, la paradoja es que este tipo de nociones de segmentación, desde un punto de vista estrictamente teórico, es compartido en cierto modo por las posiciones que sostienen, contrariamente a Pozzi, que los cambios estructurales de estos años, lejos de ser la base material de la resistencia obrera, fueron la de su debilitamiento.[29]

En segundo lugar, Pozzi basa su argumento acerca de la capacidad diferencial de resistencia fundamentalmente en un único indicador, a saber, los niveles salariales relativos, los cuales cayeron menos para los trabajadores industriales que para otras ramas de actividad. La dificultad estriba en que, tal como constata el propio Pozzi, los trabajadores manufactureros, al mismo tiempo, sufrieron una importante cantidad de despidos en sus distintas ramas internas. Así, no hay motivos para sostener que una variable de los resultados de los cambios en el mercado laboral—el mantenimiento relativo del nivel salarial—es más determinante a la hora de hacer un balance de la capacidad diferencial de resistencia de este segmento que otras como la capacidad de resistir despidos o modificaciones en la organización e intensidad de la producción.

En efecto, cuando Pozzi trabaja el problema del desempleo visible, señala que durante los primeros años de la dictadura no se generó un desempleo masivo a pesar de la reestructuración. Sin embargo, al mismo tiempo se señala que el número de obreros ocupados en distintas ramas industriales se redujo entre 1976 y 1978 un 16,8%.[30] Los trabajadores industriales desplazados habrían encontrado trabajo en las actividades sin protección frente a la competencia y con menor presencia de organización sindical: la construcción (con una mayoría de trabajadores no agremiados dada la transitoriedad del trabajo), y el cuentapropismo (por definición sin agremiación). Como dijimos más arriba, existe además cierto solapamiento entre ambas categorías.

Si los obreros industriales no pudieron resistir los despidos masivos, metodológicamente debemos preguntarnos por el indicador que se está tomando para constatar y medir una capacidad de resistencia diferencial. Quizá sea conveniente para este fin cruzar los diferentes indicadores (salarios, empleo, condiciones de trabajo, etc.) para cada uno de los segmentos más que tratarlos por separado.

Por un lado, esto nos llevaría a tener que relativizar la capacidad y/o el éxito de la resistencia de los trabajadores industriales: incluso si la baja del salario real industrial fue inferior a la de otros sectores, la masividad de los despidos y el aumento de la productividad por ocupado sugieren que de todas maneras hubo una significativa caída del gasto laboral y el costo laboral unitario en la industria local durante la dictadura.

Nuevamente, si solo enfatizamos el nivel salarial perderíamos la unidad que le da el proceso de desindustrialización esgrimido a estas modificaciones del mercado de trabajo. Así, debemos repensar desde esta unidad la paradoja aparente que se presenta: cuando más se extendieron los efectos de la desindustrialización —es decir, cuando menor es el segmento con mejores condiciones de resistencia—, se constata la fase de mayor conflictividad obrera.

Por último, también son discutidos los motivos de la evolución del salario real. Los repuntes salariales registrados entre 1979 y 1980 serían, para Pozzi, el efecto de la mejora de la economía mundial pero, sobre todo, de la alta conflictividad obrera de esos años. Estas luchas tuvieron como característica particular el hecho de haber logrado muchos incrementos "en negro", dado que no eran decretados por el Poder Ejecutivo. Las fuentes que utiliza el autor para asegurarlo son "las crónicas periodísticas de la época".[31] Sin embargo, esta explicación de la suba del salario real en la coyuntura de esos años puede ser relativizada si se tiene en cuenta que las fuentes que prueban la presión de las bases a las dirigencias para profundizar la oposición al gobierno dictatorial inician en 1982.[32] Una interpretación alternativa de los efectos de la huelga de 1979 puede encontrarse en Fernández,[33] quien sostiene que el paro tuvo escasos resultados en modificar la evolución económica y salarial. Por otro lado, Graña y Kennedy[34] sostienen que sí hay un repunte salarial entre 1979-1980, pero que el mismo se explica mejor por la apreciación cambiaria resultado de la "tablita" de Martínez de Hoz, y que su completa reversión no se da por modificaciones en la conflictividad social (que, justamente, en esos años aumenta), sino por la crisis de la deuda.

En todo caso, sostener la idea de un mercado de trabajo segmentado, fuera como base de la conflictividad o del debilitamiento, requeriría poder precisar cuál es la naturaleza de las barreras que se establecen a la competencia entre sectores de trabajadores. En la medida en que esas barreras sean más "estructurales", es probable que sean relativamente más infranqueables. Pero en tanto y en cuanto dichas barreras sean puramente "institucionales" (menos basadas en calificaciones específicas de difícil acceso), es probable que resulten más contingentes, y por lo tanto más vulnerables a cualquier incremento de la competencia en el mercado de trabajo en general.

Desde un punto de vista teórico, el mismo argumento podría defenderse en términos del posible mayor "poder de negociación estructural en el lugar de trabajo",[35] por parte de los trabajadores industriales y respecto a sus pares de otras ramas. Esto permitiría en principio evitar algunas de las dificultades eventuales de un argumento basado estrictamente en la dinámica del mercado de trabajo, tal como el de la segmentación. Es preciso no olvidar, además, que las hipótesis más extremas acerca de la segmentación en el mercado de trabajo (lo que en este caso supondría una protección total de los trabajadores industriales respecto a la competencia), suelen ir de la mano con alguna hipótesis de "dualismo estructural".[36]

Por lo demás, deberíamos revisar la posibilidad de que esa noción de segmentación fuerte dependa de suponer que los procesos de trabajo son constantes en cuanto a sus características técnicas y/o a las calificaciones que requieren. El hecho de que, considerada sincrónicamente, una determinada posición en el mercado de trabajo sea relativamente "inmune" a la competencia de otros trabajadores, no la convierte *per se* en inmune a cualquier proceso de reestructuración capitalista que pueda reducir sustantivamente la cantidad de puestos en el segmento "protegido", o bien modificar técnicamente los procesos para exponer a sus trabajadores a una mayor competencia.

En otro orden, no debemos olvidar que las teorías de la segmentación del mercado de trabajo y la dualización de la estructura productiva, tanto en sus versiones pensadas para los países centrales,[37] como en aquellas pensadas para los países periféricos,[38] fueron elaboradas apoyándose en alguna versión de las tesis del capital monopolista, y teniendo como horizonte teórico capitalismos mayormente nacionales. Sin embargo, en lo que respecta al mercado de trabajo durante la dictadura, habría que preguntarse si el grado de competencia entre trabajadores puede pensarse únicamente en términos del mercado de trabajo nacional, incluso en los sectores tecnológicamente más avanzados. Esto porque el proceso reestructurador implicó una fuerte apertura comercial como una de sus características centrales, en el marco de una creciente internacionalización que afectaba las condiciones de los trabajadores industriales (con procesos, por ejemplo, de relocalización productiva). En efecto, si bien el proceso de internacionalización de la producción industrial capitalista era todavía incipiente durante el período, el protagonismo de los países asiáticos en la exportación de productos industriales crecía a pasos acelerados, y se afianzaría a lo largo de la década del ochenta, modificando las condiciones que hasta el momento habían sostenido las experiencias de industrialización sustitutiva en América Latina. El punto es que podría inferirse, de estas transformaciones, la emergencia de una nueva fuente de competencia para los trabajadores de los sectores transables como la industria, si bien indirecta.

Reflexiones finales

Luego de los debates presentados podemos cerrar con una serie de reflexiones atinentes a líneas de indagación posibles que se abren.

En primer lugar, consideramos pertinente recuperar aquella perspectiva que asociaba las dimensiones de la reestructuración capitalista, la conflictividad obrera y el contexto represivo para analizar la experiencia obrera durante la última dictadura militar. Es decir, consideramos posible y actual la necesidad de desarrollar marcos de análisis macrosociales, que trasciendan los estudios de caso y los enmarquen en tendencias de largo plazo, tal y como se plantearon los estudios clásicos de la conflictividad durante el período.

Sin embargo, a la luz de las críticas y actualizaciones que se han desarrollado sobre todo en los últimos años, resulta claro que es preciso renovar algunos de los presupuestos teóricos, así como el tratamiento metodológico de las fuentes (y las fuentes mismas) con los cuales en un principio se trabajó para dar cuenta de estas tendencias de largo plazo y sus efectos en la experiencia obrera. Así, desde lo que hemos visto a lo largo de estas páginas, podemos entonces aportar algunas advertencias y recomendaciones a la hora de emprender nuevos estudios desde esta perspectiva.

En primer lugar, es recomendable problematizar cómo se sitúan coyunturalmente los casos de estudio y las fuentes tratadas. Es decir, ha de explicitarse que las distintas dimensiones que atañen a la experiencia obrera (reestructuración, conflictividad, represión, organización, legislación laboral, intervención y normalización de gremios, etc.) tienen distintas temporalidades, al tiempo que también existen diferencias internas a esas dimensiones. Para la que nos compete, pudimos ver, como ejemplo, las distintas temporalidades que atañen a la evolución de la reestructuración capitalista y sus efectos en el mercado de trabajo, dentro de algunas de las distintas ramas de actividad (construcción, industria manufacturera, etc.).

En segundo término y en el mismo sentido, cuando se tienen en cuenta las modificaciones en componentes de la estructura social como la dinámica del mercado de trabajo, es necesario igualmente no tomar como un bloque homogéneo los resultados de la experiencia del PRN. Como vimos, se pueden señalar ciertas especificidades de la coyuntura que implican diferencias en la explicación de los comportamientos de variables de importancia. Por caso, pudimos ver las diferencias y especificidades de la etapa abierta con la crisis de la deuda, respecto al período inicial de la dictadura militar.

Finalmente, resulta de suma utilidad explicitar los presupuestos teóricos que permiten articular una lectura conjunta de esas distintas temporalidades. Articular la evolución de la conflictividad laboral con la de las "condiciones materiales" comporta una dificultad tal que impide una lectura casi lineal como la que plantearon los estudios clásicos sobre el tema desde Delich.

En un primer momento, es el grado de despliegue represivo del terrorismo de Estado el que parece explicar mejor por qué, a pesar de empeorar las "condiciones materiales" no se despliega una fuerte conflictividad. Pero, por otro lado, dado que la crisis de la deuda presenta características especialmente agudas en términos de "condiciones materiales desfavorables" y, al mismo tiempo, presenta los niveles de conflictividad más altos del período y disminución del despliegue represivo, pareciera confirmarse una lectura lineal. Sin embargo, el carácter de esas condiciones desfavorables refiere al mayor desarrollo de la "desindustrialización", es decir, a la merma de las condiciones que en la argumentación permitían una mayor capacidad de resistencia. En este sentido, pudimos ver que una argumentación basada en el supuesto de la segmentación del mercado de trabajo, como base para un diferencial de capacidad de resistencia, presenta problemas teóricos para ese ejercicio de articulación. Resulta por tanto indispensable repensar la manera en que ambas dimensiones se conectan.

Notas

1. Pablo Pozzi, *La oposición obrera a la dictadura. 1976-1982*, 2 ed. (Buenos Aires: Imago Mundi, 2008).

2. Francisco Delich, "Después del diluvio, la clase obrera", en *Argentina Hoy*, compilado por Alain Rouquié (Buenos Aires: Siglo XXI, 1982), 129-50.

3. Juan Villarreal, "Los hilos sociales del poder", en *Crisis de la dictadura argentina. Política económica y cambio social 1976-1983*, editado por Eduardo Jozami *et al* (Buenos Aires: Siglo XXI, 1985), 97-139.

4. Entre otros, José Nun, "Cambios en la estructura social de la Argentina", en *Ensayos sobre la transición democrática en la Argentina*, compilado por José Nun y Juan Carlos Portantiero (Buenos Aires: Editorial Punto Sur, 1987), 117-37; Héctor Palomino, *Cambios ocupacionales y sociales en Argentina, 1947-1985* (Buenos Aires: CISEA, 1987); y Susana Torrado, *Estructura social de la Argentina 1945-1983* (Buenos Aires: Ediciones de la Flor, 1994).

5. Especialmente, Álvaro Abós, *Las organizaciones sindicales y el poder militar (1976-1983)* (Buenos Aires: Centro Editor de América Latina, 1984).

6. Juan Grigera, "Esperando a E. P. Thompson. Desindustrialización y formación de clases sociales en Argentina (1976-2001)", *Mundos do Trabalho* vol. 5, n°10 (2013): 71-88.

7. Ver, por ejemplo, Felipe Venero, "Trabajadores y dictadura. Un balance crítico de la producción historiográfica", en *Clase obrera, sindicatos y Estado. Argentina (1955-2010)*, compilado por Alejandro Schneider y Pablo Ghigliani (Buenos Aires:

Imago Mundi, 2015), 129-47; y Luciana Zorzoli, "Elementos para una nueva síntesis en los estudios sobre las organizaciones sindicales argentinas bajo el gobierno militar (1976-1983)", *Millars: Espai i historia* vol. 41, núm. 2 (2016): 69-96.

8. Véase especialmente el capítulo 5 de Luis Bértola y José Antonio Ocampo, *Desarrollo, vaivenes y desigualdad. Una historia económica de América Latina desde la Independencia* (Secretaría General Iberoamericana, 2010).

9. Acerca de las especificidades de la "etapa normativa" en la que la ley 21.307 se enmarca, sugerimos consultar: Luciana Zorzoli, "La normativa sindical entre la dictadura y el alfonsinismo, propuesta de sistematización", en *Clase obrera, sindicatos y Estado. Argentina (1955-2010)*, compilado por Alejandro Schneider y Pablo Ghigliani (Buenos Aires: Imago Mundi, 2015), 149-71.

10. Juan Manuel Graña y Damián Kennedy: «Salario real, costo laboral y productividad. Argentina 1947-2006. Análisis de la información y metodología de investigación». Documentos de trabajo 12. (CEPED, Instituto de Investigaciones Económicas, Facultad de Ciencias Económicas, Universidad de Buenos Aires, 2008).

11. Gabriel Yoguel, "La dinámica del empleo industrial desde la crisis del modelo sustitutivo", en *El desempeño industrial argentino más allá de la sustitución de importaciones*, editado por Bernardo Kosacoff (Buenos Aires: CEPAL, 2000), 185-205.

12. Daniel Azpiazu y Martín Schorr, "La industria argentina en las últimas décadas: una mirada estructural a partir de los datos censales", *Realidad económica* n° 259 (2011): 12-41.

13. Susana Kidyba y Daniel Vega, "Distribución funcional del ingreso en la Argentina, 1950-2007", *Estudios y Perspectivas* 44 (Santiago de Chile: CEPAL, 2015).

14. José Gabriel Palma, "Four Sources of De-industrialization and a New Concept of the Dutch Disease", en *Beyond Reforms: Structural Dynamics and Macroeconomic Vulnerability*, editado por José Antonio Ocampo (Stanford UP and World Bank, 2005), 71-116; Fiona Tregenna, "Manufacturing Productivity, Deindustrialization, and Reindustrialization", Working Paper No. 2011/57 (United Nations University, 2011).

15. Daniel Azpiazu y Martín Schorr, *Hecho en Argentina* (Buenos Aires: Siglo XXI, 2010).

16. Palomino, *Cambios ocupacionales...*

17. Luis Beccaria y Álvaro Orsatti, "Sobre el tamaño del desempleo oculto en el mercado de trabajo urbano de la Argentina", *Desarrollo Económico* vol. 19, no. 74 (1979): 251-67.

18. Rosalía Cortés, "El empleo urbano argentino en los '80. Tendencias recientes y perspectivas", en *Mucho, poquito o nada. Crisis y alternativas de política social en los 90*, ed. por Eduardo Bustelo (Buenos Aires: UNICEF-CIEPP-Siglo XXI, 1990), 223-54.

19. Mabel Ariño, "Transformaciones en el mercado de trabajo (PEA, Empleo, Salario, Ingresos)", en *El costo social del ajuste (Argentina 1976-2002)*, Tomo I, ed. por Susana Torrado (Buenos Aires: Edhasa, 2010), 63-101.

20. Ariño, "Transformaciones en el mercado de trabajo...".

21. Eduardo Basualdo, *Estudios de historia económica argentina* (Buenos Aires: Siglo XXI, 2006), 122.

22. Ariño, "Transformaciones en el mercado de trabajo...".

23. Agustín Arakaki, "La pobreza en Argentina 1974-2006. Construcción y análisis de la información", Documento de trabajo n° 15 (Buenos Aires: CEPED, 2011).

24. Lamentablemente, dado que sus datos están construidos a partir de las bases usuarias de la EPH, no están disponibles para todos los años, en especial para 1976-1977, cuando, dada la magnitud de la caída de los salarios reales, parcialmente recuperados en 1980, cabe suponer que los niveles de pobreza pueden haber sido algo mayores que los registrados en este último año.

25. Datos tomados de Ariño, "Transformaciones en el mercado de trabajo...".

26. Delich, "Después del diluvio..."; Villarreal, "Los hilos sociales del poder...".

27. Agradecemos a Juan Grigera por habernos señalado esta posibilidad, exceptuándolo, por supuesto, de toda responsabilidad sobre nuestras conclusiones al respecto.

28. Pablo Pozzi, *La oposición obrera a la dictadura. 1976-1982* (Buenos Aires: Editorial Contrapunto, 1988), 61.

29. Delich, "Después del diluvio..."; Villarreal, "Los hilos sociales del poder...".

30. Pozzi, *La oposición obrera...*, 51.

31. Pozzi, *La oposición obrera...*, 48-50.

32. Zorzoli, "Elementos para una nueva síntesis en los estudios...".

33. Arturo Fernández, *Las prácticas sociales del sindicalismo (1976-1982)* (Buenos Aires: CEAL, 1985).

34. Graña y Kennedy, "Salario real...".

35. Erik Olin Wright, "Working-class Power, Capitalist-Class Interests, and Class Compromise", *American Journal of Sociology* Vol. 105, number 4 (2000): 957-1002; Beverly Silver, *Fuerzas de trabajo. Los movimientos obreros y la globalización desde 1870* (Madrid: Akal, 2005).

36. Clara Marticorena, "¿Masa marginal o ejercito industrial de reserva? Consideraciones sobre marginalidad y sobrepoblación relativa", en *El país invisible. Debates sobre la Argentina reciente*, compilado por Alberto Bonnet (Buenos Aires: Continente, 2011).

37. Peter Doeringer y Michael Piore, *Internal Labor Markets and Manpower Analysis* (Nueva York: M. E. Sharpe, 1971); David Gordon, Michael Reich y Richard Edwards, *Trabajo segmentado, trabajadores divididos*, (Madrid: Ministerio de

Trabajo y Seguridad Social, 1982).

38. José Nun, Juan Carlos Marín y Miguel Murmis, "La marginalidad en América Latina. Informe preliminar", Documento de trabajo (Buenos Aires: Instituto Torcuato Di Tella, Centro de Investigaciones Sociales, 1968); Víctor Tokman y Emilio Klein, comps., *El subempleo en América Latina* (Buenos Aires: CLACSO/El Cid Editor, 1979).

Bibliografía

Abós, Álvaro. *Las organizaciones sindicales y el poder militar (1976-1983)*. Buenos Aires: Centro Editor de América Latina, 1984.

Arakaki, Agustín. "La pobreza en Argentina 1974-2006. Construcción y análisis de la información". Documento de trabajo n°15. Buenos Aires: CEPED, 2011.

Ariño, Mabel. "Transformaciones en el mercado de trabajo (PEA, Empleo, Salario, Ingresos)". En *El costo social del ajuste (Argentina 1976-2002)* Tomo 1, ed. por Susana Torrado, 63-101. Buenos Aires: Edhasa, 2010.

Azpiazu, Daniel, y Martín Schorr. *Hecho en Argentina*. Buenos Aires: Siglo XXI, 2010.

———. "La industria argentina en las últimas décadas: una mirada estructural a partir de los datos censales". *Realidad económica* n°259 (2011): 12-41.

Basualdo, Eduardo. *Estudios de historia económica argentina*. Buenos Aires: Siglo XXI, 2006.

Beccaria, Luis, y Álvaro Orsatti. "Sobre el tamaño del desempleo oculto en el mercado de trabajo urbano de la Argentina". *Desarrollo Económico* vol. 19, no. 74 (1979): 251-67.

Bértola, Luis, y José Antonio Ocampo. *Desarrollo, vaivenes y desigualdad. Una historia económica de América Latina desde la Independencia*. Secretaría General Iberoamericana, 2010.

Cortés, Rosalía. "El empleo urbano argentino en los '80. Tendencias recientes y perspectivas". En *Mucho, poquito o nada. Crisis y alternativas de política social en los 90*, ed. por Eduardo Bustelo, 223-54. Buenos Aires: UNICEF-CIEPP-Siglo XXI, 1990.

Delich, Francisco. "Después del diluvio, la clase obrera". En *Argentina Hoy*, compilado por Alain Rouquié, 129-50. Buenos Aires: Siglo XXI, 1982.

Doeringer, Peter, y Michael Piore. *Internal Labor Markets and Manpower Analysis*. Nueva York: M. E. Sharpe, 1971.

Fernández, Arturo. *Las prácticas sociales del sindicalismo (1976-1982)*. Buenos Aires: CEAL, 1985.

Gordon, David, Michael Reich y Richard Edwards. *Trabajo segmentado, trabaja-*

dores divididos. Madrid: Ministerio de Trabajo y Seguridad Social, 1982.

Graña, Juan Manuel, y Damián Kennedy. "Salario real, costo laboral y productividad. Argentina 1947-2006. Análisis de la información y metodología de investigación". Documentos de trabajo 12. Centro de Estudios sobre Población Empleo y Desarrollo, Instituto de Investigaciones Económicas, Facultad de Ciencias Económicas, Universidad de Buenos Aires, 2008.

Grigera, Juan. "Esperando a E. P. Thompson. Desindustrialización y formación de clases sociales en Argentina (1976-2001)". *Mundos do Trabalho* vol. 5, n°10 (2013): 71-88.

Kidyba, Susana, y Daniel Vega. "Distribución funcional del ingreso en la Argentina, 1950-2007". *Estudios y Perspectivas* núm. 44 (2015). Santiago de Chile: CEPAL.

Marticorena, Clara. "¿Masa marginal o ejercito industrial de reserva? Consideraciones sobre marginalidad y sobrepoblación relativa". En *El país invisible. Debates sobre la Argentina reciente*, compilado por Alberto Bonnet. Buenos Aires: Continente, 2011.

Nun, José. "Cambios en la estructura social de la Argentina". En *Ensayos sobre la transición democrática en la Argentina*, compilado por José Nun y Juan Carlos Portantiero, 117-37. Buenos Aires: Editorial Punto Sur, 1987.

Nun, José, Juan Carlos Marín, y Miguel Murmis. "La marginalidad en América Latina. Informe preliminar". Documento de trabajo. Buenos Aires: Instituto Torcuato Di Tella, Centro de Investigaciones Sociales, 1968.

Palma, José Gabriel. "Four Sources of De-Industrialization and a New Concept of the Dutch Disease". En *Beyond Reforms: Structural Dynamics and Macroeconomic Vulnerability*, editado por José Antonio Ocampo, 71-116. Stanford UP and World Bank, 2005.

Palomino, Héctor. *Cambios ocupacionales y sociales en Argentina, 1947-1985*. Buenos Aires: CISEA, 1987.

Pozzi, Pablo. *La oposición obrera a la dictadura. 1976-1982*. Buenos Aires: Editorial Contrapunto, 1988.

———. *La oposición obrera a la dictadura. 1976-1982*. 2da. Edición. Buenos Aires: Imago Mundi, 2008.

Silver, Beverly. *Fuerzas de trabajo. Los movimientos obreros y la globalización desde 1870*. Madrid: Akal, 2005.

Tokman, Víctor y Emilio Klein (comps.). *El subempleo en América Latina*. Buenos Aires: CLACSO/El Cid Editor, 1979.

Torrado, Susana. *Estructura social de la Argentina 1945-1983*. Buenos Aires: Ediciones de la Flor, 1994.

Tregenna, Fiona. "Manufacturing Productivity, Deindustrialization, and Reindustrialization". Working Paper No. 2011/57. United Nations University, 2011.

Venero, Felipe. "Trabajadores y dictadura. Un balance crítico de la producción historiográfica". En *Clase obrera, sindicatos y Estado. Argentina (1955-2010)*, compilado por Alejandro Schneider y Pablo Ghigliani, 129-47. Buenos Aires: Imago Mundi, 2015.

Villarreal, Juan. "Los hilos sociales del poder". En *Crisis de la dictadura argentina. Política económica y cambio social 1976-1983,* editado por Eduardo Jozami, Juan Villarreal y Pedro Paz, 97-139. Buenos Aires: Siglo XXI, 1985.

Wright, Erik Olin. "Working-class Power, Capitalist-Class Interests, and Class Compromise". *American Journal of Sociology* Vol. 105, number 4 (2000): 957-1002.

Yoguel, Gabriel. "La dinámica del empleo industrial desde la crisis del modelo sustitutivo". En *El desempeño industrial argentino más allá de la sustitución de importaciones,* editado por Bernardo Kosacoff, 185-205. Buenos Aires: CEPAL, 2000.

Zorzoli, Luciana. "Elementos para una nueva síntesis en los estudios sobre las organizaciones sindicales argentinas bajo el gobierno militar (1976-1983)". *Millars: Espai i historia* vol. 41, núm. 2 (2016): 69-96

———. "La normativa sindical entre la dictadura y el alfonsinismo, propuesta de sistematización". En *Clase obrera, sindicatos y Estado. Argentina (1955-2010),* compilado por Alejandro Schneider y Pablo Ghigliani, 149-71. Buenos Aires: Imago Mundi, 2015.

CAPÍTULO 16

Insalubridad y jornada laboral antes y durante el "Proceso"

Luciana Zorzoli
CARDIFF UNIVERSITY

❦

"...de los diecisiete años que llevo de trabajó acá, todos los compañeros que murieron, todos, la defunción decía 'paro cardíaco' así que quiere decir que todos los cardíacos vienen a trabajar a INSUD...

¡NO! ¡NO PUEDE SER! Debe ser con respecto a la misma enfermedad de esto del saturnismo que estamos sufriendo nosotros... que antes no se destapaba la olla, pero, ¡ahora como se destapó la olla! ¡Ese es el tema!"

Villafañe (referente de la Comisión Interna de INSUD) en una conversación entre obreros durante una olla popular registrada por Raymundo Gleyzer, 1974.

Presentación

ESTE CAPÍTULO BUSCA APORTAR al conocimiento de las transformaciones que sufrieron las y los trabajadores en los años en que gobernó la Argentina la dictadura militar autodenominada "Proceso de Reorganización Nacional" (PRN), centrándonos en lo que sucedió con la jornada laboral legal antes y durante el golpe militar. El punto de partida es necesariamente más amplio, pues para entender el tema cabalmente hacen falta algunos antecedentes históricos sobre la cuestión de la insalubridad laboral en el país y reconocer el peso que la cuestión de las "condiciones de trabajo" tuvo en la politización y movilización obrera a partir de los años sesenta.

El contexto es relevante además pues se da con la *Edad de oro* del capitalismo como escenario y en el marco de un crecimiento económico e industrial sin precedentes en Argentina,[1] acompañado por las sombras de una larga proscripción política y de rupturas históricas, como la Revolución cubana, que alentaban los contactos entre izquierda, nacionalismo y peronismo. Un momento de expansión que termina más o menos abruptamente, con el cambio de la situación internacional a partir de la crisis del petróleo y el despliegue neoliberal.

La importancia social que adquirió la actividad obrera en aquellos años no siempre ha sido destacada en los estudios que cubren el período previo a la dictadura militar, y sufrió en la postdictadura una invisibilización aún mayor por motivos que han sido ya debatidos.[2] Sin embargo, muchos de los trabajos sobre esa actividad muestran que el tema "condiciones de trabajo" fue central, no solo en el desarrollo del sindicalismo "clasista" y en las demandas subyacentes a jornadas como el Cordobazo,[3] sino también en el período inmediato posterior, cuando el peronismo triunfa en las elecciones presidenciales con la fórmula Cámpora-Solano Lima, en 1973.

Para graficar el impacto que esas demandas tuvieron más allá del ámbito industrial y del sindicalismo "de transformación" puede verse la creación, dentro de la Universidad de Buenos Aires, del Instituto de Medicina del Trabajo (IMT). El IMT buscaba, según sus propios documentos, atender la inquietud creciente sobre la salubridad y la seguridad laboral, una inquietud que rodeaba muchas de las demandas obreras en el país. Era el producto de una nueva gestión académica (surgida del proceso de normalización institucional que siguió al retorno de la democracia) que se propuso, entre otras cosas, dar "cursos de capacitación obrera" e investigar la salud en las fábricas considerando que "luego de 1955 (...) se verificó un deterioro progresivo de la salud del trabajador".[4]

Casi en simultáneo la revista *Pasado y Presente* publicó un número sobre los "problemas del movimiento obrero" prestando especial atención a las manifestaciones y reclamos post-elecciones y a su asociación con la cuestión de las condiciones de trabajo.[5] Pocos meses más tarde, el documentalista Raymundo Gleyzer, con su incansable genio y compromiso militante, documentó uno de esos conflictos, el de la metalúrgica INSUD en La Matanza, del que participaron también médicos del IMT.[6]

El análisis de esas "nuevas demandas con nuevos métodos" se desarrolló con rapidez. Francisco Delich, por ejemplo, consideró que la creciente importancia de la cuestión de las condiciones de trabajo era un subproducto del dinamismo de sectores particulares de la economía. Fue la expansión de algunas ramas la que permitió el desarrollo de modelos de organización sindical "de planta", distintos de la centralización sindical típica del peronismo que se había desarrollado desde los años cuarenta, que además, creía Delich, se encontraba en crisis. La organización de base, mucho más homogénea, permitía según él planteos a la vez más radicales y muy concretos sobre el control de las condiciones de erogación de la fuerza de trabajo.[7] Desde entonces, los debates sobre qué se desarrollaba en el corazón de esas demandas por las condiciones de trabajo continuaron y aún siguen vigentes,[8] yuxtapuestos ahora con los estudios sobre el período inmediato posterior, marcado por la represión y la derrota de esas luchas.[9]

Este trabajo expondrá algunos de los avances que permitió esa movilización obrera en relación con los reconocimientos de insalubridad y la jornada laboral legal en los años sesenta y qué pasó con ellos después de marzo de 1976.

Este análisis concreto de una de las formas en las que se produjo el retroceso de la posición obrera es complementario con otras debatidas en este mismo volumen que hacen a la redefinición de la relación capital-trabajo, a la fuerte pérdida del poder adquisitivo del salario y al retroceso de la participación de las y los asalariados en la distribución del ingreso nacional.

El capítulo se organiza del siguiente modo. Primero se introducen algunos antecedentes y preguntas sobre la cuestión de la insalubridad laboral en Argentina, para luego presentar una mirada general y nacional de cómo fueron afectadas las condiciones de trabajo y estas jornadas laborales en particular bajo el PRN. Al final se comparten algunas conclusiones preliminares y puntos de contacto entre lo que aquí se trata y un balance más general del período.

Insalubridad laboral en Argentina: algunos antecedentes históricos

Según la literatura, la protección estatal para quienes se desempeñaran en condiciones de trabajo consideradas insalubres comenzó a regir en Argentina en septiembre de 1929, producto de la sanción de la Ley 11.544.[10] La ley era el producto de una intensa y larga disputa entre un movimiento obrero dinámico y politizado y una clase dominante cada vez más preocupada por aquello que se denominó "la cuestión social". La Argentina no estaba al margen, además, del debate internacional sobre la regulación del trabajo que se presentaba como respuesta a las demandas obreras en los países centrales.[11] Incluso antes, como señaló Juan Suriano, se buscaron ejemplos y saberes que ayudaran al país a "avanzar" en el tratamiento de la cuestión social.[12]

De hecho, los antecedentes a la Ley 11.544 datan de comienzos de siglo, y la demanda por la reducción de la jornada laboral y el debate por las condiciones en las que la misma se desarrollaba, de antes.[13] Es preciso señalar que no era unánime entonces, ni entre la clase obrera ni al interior de la clase dominante, la búsqueda de una legislación estatal para afrontar las tensiones y antagonismos de la relación laboral. Eso explica, al menos en parte, la tardía sanción de la ley, veintidós años después de la creación del Departamento Nacional de Trabajo.[14]

Cinco años antes de la sanción de la Ley de Jornada de Trabajo, sin embargo, en septiembre de 1924, se sancionó una ley específica sobre el trabajo de las mujeres y los niños cuya relevancia no siempre es puesta en contacto con aquella. Esta ley continuó la particularización de las condiciones de participación de las mujeres en el mercado laboral que había comenzado a debatirse a fines del siglo XIX, y que se plasmó en 1907 con la primera ley al respecto, la 5.291 de Trabajo de Mujeres y Menores, cuya impronta aún sigue vigente.[15]

La participación de las mujeres en el mercado de trabajo desde finales del siglo XIX y especialmente, las presiones que impuso la inserción de Argentina en el mercado mundial y la creciente industrialización de comienzos del siglo XX, trajeron y reprodujeron nuevas pautas en la división sexual de tareas, reorganizando en parte los estereotipos de género. Con particularidades, el trabajo femenino fue entendido entonces como algo excepcional, justificado por situaciones de necesidad, de naturaleza transitoria y siempre complementaria. Esa pretendida naturaleza del trabajo femenino se esgrimía como razón de la diferencia salarial a favor de los varones y la exclusión de las mujeres de algunos sectores y tareas.[16] Según muchas especialistas, tanto estas prácticas como sus narraciones eran necesarias para la construcción normativa de una identidad femenina articulada en forma excluyente en torno a la maternidad, los quehaceres domésticos, la crianza de hijos y el cuidado de dependientes dentro del hogar.[17] En oposición, claro, a una identidad masculina cimentada en la posesión de fuerza, en lo público y en la provisión material.

En ese marco, el trabajo, especialmente el que se daba dentro de las fábricas, se presentaba como un riesgo físico y moral para las mujeres, que ponía en peligro la construcción de una sociedad sana y competía con las identidades normativas. Fueron esos peligros los que justificaban su urgente y particular legislación, para proteger (sic) y reglamentar la capacidad reproductiva biológica y social de las mujeres, y es por esa razón que se prohibía a las mismas ser empleadas en tareas consideradas insalubres.[18]

Que la legislación estableciera la prohibición no quiere decir, claro está, que las mujeres no se desempeñaran en esas tareas. Sin embargo, puede pensarse—a pesar de que en este como en otros aspectos el cumplimiento de la ley fue muy pobre y la órbita de incumbencia limitada—que la mera existencia de la prohibición contribuyó aunque sea en parte en los procesos de discriminación salarial y segregación ocupacional de las mujeres. La posterior sanción de la Ley de Jornada Laboral produjo además inconvenientes y solapamientos con la ley de trabajo femenino, especialmente en dos aspectos: la relación con la cantidad de horas que podían trabajar las mujeres mayores de 18 años y en la cuestión de las tareas insalubres, legislando sobre un subconjunto de tareas que era desarrollado comúnmente por mujeres. Si el primer aspecto fue resuelto con una autorización ejecutiva que modificaba el espíritu de la Ley y autorizaba el trabajo de mujeres mayores dentro del régimen de la Ley 11.544, no sucedió lo mismo con las tareas insalubres, cuya situación paradojal se mantuvo.

Esta situación y el mismo proceso de puesta en práctica de la Ley de Accidentes y Enfermedades del Trabajo a partir de su reglamentación en enero de 1916, y especialmente, la sanción de la Ley de Jornada de Trabajo y el establecimiento a partir de 1929 de una jornada legal más corta para quienes desarrollaban actividades cuyo ambiente estuviera "viciado", produjeron un dominó de consecuencias jurídico-institucionales y moldearon aspectos relevantes de las relaciones laborales en el país, no siempre tenidos en cuenta.

Sobre la puesta en práctica del reconocimiento de insalubridad

Antes de dedicarnos al período de nuestro interés en este capítulo, es importante considerar cómo fue el proceso de puesta en práctica del reconocimiento de las tareas insalubres que marcó el camino para lo que vendría después.

El decreto reglamentario de la Ley de Jornada de Trabajo establecía qué lugares o qué tareas eran consideradas insalubres ya fuera porque el trabajo era con materiales de alta toxicidad, o se realizaba en ambientes dañinos.[19] Más allá de las establecidas *prima facie*, era el Estado el responsable de la determinación de cuáles ambientes eran insalubres, tanto por medio de inspecciones espontáneas o "por pedido de los interesados". El Estado se ubicaba así como autoridad en la materia, y se ponía como receptor de las demandas obreras y garante del cumplimiento de las condiciones especiales dictadas por la ley. Se admitía, al mismo tiempo, que la cuestión de la insalubridad estaba en desarrollo y era sujeta, como el concepto mismo de salud, a modificaciones.

A partir de la sanción de la ley, las demandas se incrementaron —como era de esperar— y la presencia de quejas y reclamos muestra que los conflictos no tardaron en expresarse. En los medios obreros las menciones fueron recurrentes y en la esfera estatal, ahora puesta en el centro de las disputas, también se registraron demandas.

En 1936, por ejemplo, las Grandes Fábricas Argentinas "GRAFA" le solicitaron al Departamento Nacional del Trabajo que el personal que trabajaba en las salas de cardado cumpliera una jornada de ocho horas y no de seis, como había quedado establecido en la ley de 1930 (ver art. 6 inc. 12 de la "Reglamentación de la Ley de Jornada de Trabajo" en *Boletín Oficial*, 2 de abril 1930). La empresa contaba entonces con 3.000 trabajadores —que eran mayormente mujeres— y como otras grandes empresas textiles vivía un proceso de expansión y lidiaba con una creciente organización de base.[20] La demanda de GRAFA indicaba que, amparado por el texto de la ley, parte del colectivo de trabajadores hacía una jornada reducida, algo que desde la mirada empresaria no estaba justificado. Contrariando los pronósticos, el Departamento de Trabajo rechazó el pedido empresario vía un acto del Poder Ejecutivo Nacional. Allí sostuvo que solo cuando las empresas crearan ambientes adecuados de trabajo y redujeran por ende el riesgo de enfermedades como la neumoconiosis, podría reverse la calificación de insalubre para el sector. Más aún, la disposición indicó que solo después de una "exposición detallada de las condiciones en que se realiza el trabajo de cardado" por parte de los establecimientos y previa inspección técnica, el Departamento podría declarar eliminadas (o no) las condiciones de insalubridad que permitían jornadas más cortas sin reducción de salario.[21]

Pese al énfasis escrito, el cumplimiento de la ley no estuvo garantizado y los conflictos reaparecieron innumerables veces, no solo por el reconocimiento de las tareas sino también por el cumplimiento efectivo sobre aquellas que ya tenían reconocimiento legal. La Unión Obrera Textil, por ejemplo, refiriéndose a GRAFA en su órgano de prensa, decía que había elevado "un memorial al Departamento Nacional del Trabajo para que se haga cumplir con la Ley de jornada legal en las tintorerías industriales" denunciando que las disposiciones no se cumplían y en la mayoría de los establecimientos se trabajaban "jornadas de 9, 10 y hasta 12 y 16 horas".²²

Sin pretender una generalización, puede pensarse que las demandas y contrademandas de GRAFA revelan la continuidad de los conflictos que hicieron posible la misma sanción de la ley. Traen preguntas además sobre como continuó la exclusión legal de las mujeres de la realización de las tareas insalubres cuando estas fueron ocupando más espacio en los reclamos obreros. Si esto está pendiente de dilucidar para quien suscribe, lo que sí permite ver es la creciente complejidad que adquirió el tema de la insalubridad tanto al interior de la fuerza de trabajo y también para los aparatos burocráticos del Estado, que decidirían de allí en más aspectos relevantes de la relación laboral y del "universo empleable" de la fuerza de trabajo en algunos sectores o dedicado a algunas tareas.

Las condiciones de trabajo en disputa

La llegada del peronismo reorganizó y complejizó aún más ese rol estatal, priorizando y redefiniendo la cuestión de la salud de la población en el marco de la promoción de una ciudadanía social.

Durante el peronismo, como se sabe, el Estado fue el garante y organizador de la expansión de la atención pública de la salud en general y del desarrollo y cumplimiento de las leyes de protección obrera en particular.²³ Lo hizo articulando conflictividad, demandas y respuestas en un ideario de realización colectiva y nacional "armónica" (o armonizable) a partir de acentuar y favorecer una identidad colectiva obrera-peronista, además de negando otras y tensionando las representaciones de género para conjugar a la mujer-madre con una mujer obrera-con-derechos, cuya existencia subordinada era sujeta también de protección.

La cuestión de la insalubridad laboral y las inspecciones del ámbito fabril se reintegraron entonces como una parte de esa estrategia de política social y sanitaria del peronismo, que se vinculó cada vez más a los problemas del desarrollo y de la productividad, especialmente en el segundo mandato de Perón. Las inspecciones y la elaboración de informes sobre los ambientes de trabajo realizados por la Dirección de Higiene y Medicina del Trabajo (hasta 1948) fueron centrales en la declaración de tareas insalubres por parte del Poder Ejecutivo, junto con una batería de medidas tendientes a la expansión de la política y del sistema sanitario nacional.

De allí en más, la atribución de policía en relación con la declaración de insalubridad pasó a manos de la Secretaría de Trabajo y Previsión, en el marco de la rearticulación de los temas sanitarios y de salud con aquellos de productividad y desarrollo que empezaban a ser el centro de gravedad.[24] Según Victoria Haidar, hay un antecedente de esto, que es la actuación de los médicos de fábrica. Fueron ellos quienes, a partir de la década del treinta, comenzaron a inscribir la cuestión de la salud obrera en una gramática económica, mostrando la importancia de la prevención de accidentes y elaborando un discurso persuasivo "que conectaba la salud con la disminución de los costos y el aumento de la productividad", antes incluso de que el tema fuera una "prioridad nacional".[25] Claro que en ese caso, la persuasión iba dirigida hacia las patronales, y no más allá.

El establecimiento de un régimen de prohibición para la participación de las mujeres en tareas consideradas insalubres no se modificó, sin embargo, durante aquellos años y el eje articulador siguió siendo la compatibilización del trabajo femenino con su función como madre y garante de la reproducción social.

El golpe militar de 1955 y la proscripción de Perón y el peronismo implicaron, entre otras cosas, un cambio radical en esa orientación estatal. Se basaban en una búsqueda de subordinación de la clase obrera, en un contexto de enorme hostilidad, que intentó "volver atrás las agujas del reloj" en relación con la posición de las y los trabajadores.

La política de salud no quedó al margen de la transformación que promovían civiles y militares con la llamada "Revolución Libertadora". Desde entonces, la prédica de los derechos y el "progreso común" se vio reemplazada por el tecnicismo modernizante, que buscaba el desarrollo económico bajo la directiva autoritaria en el marco de una funcional subordinación obrera. La cuestión de la productividad se asoció entonces a la de la disciplina que se integró a la lista de problemas "nacionales" a resolver por medio del debilitamiento del poder obrero.

Ese orden post-1955 fue una de las muchas cosas que fueron sacudidas con las jornadas de protesta de mayo de 1969 que tuvieron su primer epicentro en la provincia de Córdoba. Si las oscilaciones entre autoritarismo y democracia restringida que caracterizaron el orden político desde la proscripción del peronismo habían buscado una fórmula viable de ordenamiento social (con un orden industrial "pre-peronista" como ideal), el Cordobazo bien puede entenderse como una negativa a ese orden y la proyección de una alternativa, aunque fuera una alternativa en proceso de construcción.

Como se mencionó, conflictos emblemáticos de ese período tuvieron como eje el reclamo por el reconocimiento de la insalubridad laboral en los espacios de trabajo, que siguió —a pesar del tiempo transcurrido y de las enormes transformaciones del país— perteneciendo en forma exclusiva y como "potencial derecho" al mundo masculino.

En su análisis sobre el peso que tuvo el tema en los conflictos obreros post-Cordobazo, Elizabeth Jelin señaló que los mismos no podían disociarse de un contexto donde la reclasificación de tareas o de la reinterpretación de cláusulas de convenios vigentes fue una estrategia para discutir salarios de manera indirecta, especialmente a partir de 1973 y producto del "Pacto Social".[26] Investigaciones más recientes demuestran, sin embargo, que si bien la cuestión salarial estaba presente (y puede haber incentivado la búsqueda de reconocimientos que permitían acortar la jornada laboral legal y real en una situación de demanda de mano de obra) el entramado que hizo posible esas disputas fue mucho más diverso y más rico.[27] No solo porque, como decía el artículo de *Pasado y Presente*, eran un intento de "explotar" las nuevas condiciones políticas abiertas por el Cordobazo y la victoria electoral del peronismo, sino también porque buscando que se expresara un nuevo balance de poder en el interior de la fábrica, los conflictos se inscribían en una disputa sobre el control del trabajo y en otras, más o menos generalizadas, sobre cuál debía ser la estrategia popular (y obrera) de allí en más y hacia donde podía dirigirse la movilización social en marcha.

Las indagaciones con las que contamos hasta hoy indican que el sindicalismo "de transformación" fue el que más desarrolló estas demandas, pero esto no quiere decir que el sindicalismo "de integración",[28] representado por los sectores del peronismo ortodoxo, se hayan mantenido al margen de los reclamos por las condiciones de trabajo, algo que como veremos a continuación requiere de una mayor investigación.[29]

Condiciones de trabajo y disciplinamiento obrero (1976-1983)

Es sabido que a partir de la madrugada del 24 de marzo de 1976 los portones de las fábricas y talleres fueron ocupados por las tanquetas militares manifestando un cambio profundo en el equilibrio de poder, que había tenido sí antecedentes en casi sino todo el territorio nacional (algunos emblemáticos, como el llamado Operativo Independencia en Tucumán o en Villa Constitución en el año 1975). El restablecimiento de la disciplina a partir del terror sembrado en las primeras semanas del golpe, con su baja del ausentismo y la "recuperación de la autoridad" y el poder de dirección de la patronal, dieron lugar, como bien señala Daniel Dicósimo,[30] a un replanteo de aspectos más

Imágen 1: Puerta de INSUD durante una olla popular por la declaración de las tareas insalubres, extraída del documental "Me matan si no trabajo..." (Gleyzer, 1974).

profundos del mundo del trabajo con miras a que la victoria circunstancial se convirtiera en una verdadera reorganización de la vida laboral del país con efectos en el largo plazo.

Los años demostrarían que la euforia inicial del "frente único" conformado por la iglesia católica, los empresarios y los militares no impidió que resurgieran elementos de fricción en los años posteriores al golpe. Pero esas fricciones (y el descalabro general en que se sumió el gobierno militar después de la derrota en la guerra contra el Reino Unido en el Atlántico Sur) no revirtieron, ni mucho menos, el golpe asestado a la clase obrera y a los sectores populares del país.

El control del aparato del Estado para operar esos cambios era una condición imprescindible, no solo para poder aplicar un plan terrorista de escala nacional y de ocupación territorial *total* sino para, asociado a importantes empresas y con el respaldo de la clase dominante en su conjunto, controlar a la fuerza laboral. También, y como se verá a continuación, para promover y legalizar ese "nuevo orden" industrial.

A la violencia, el asesinato, la desaparición y apropiación de menores, se sumaron entonces una batería de herramientas legales y el establecimiento de nuevas condiciones de contrato y trabajo que daban por tierra con conquistas históricas y con algunas del período inmediatamente anterior.[31]

Pese a la tradición de los estudios sobre estos temas, hacer visible esa trama no ha sido tan sencillo, entre otras cosas, porque requiere mirar aspectos más o menos específicos y reconstruir procesos a partir de fuentes documentales que no siempre estuvieron disponibles. Implica además, poner el foco en la intersección entre aspectos administrativos, legales y político-sociales y en áreas del Estado que formaron parte de la orquesta de gobierno militar a su particular manera (como es el caso del Ministerio de Trabajo, especialmente bajo la gestión de general Horacio Liendo) y que requieren todavía de investigación y reflexión.

La indagación que se presenta a continuación continúa el usufructo de una base de datos construida sobre las disposiciones del Ministerio de Trabajo[32] en ese período, enriquecida en este caso con una base de datos de la Superintendencia de Riesgos de Trabajo, que permitió ampliar el registro de los cambios registrados en la extensión de las jornadas laborales legales, considerando no solo los dispuestos por el ministerio sino también por la Dirección Nacional de Higiene y Seguridad en el Trabajo y las oficinas de Administración del Trabajo con jurisdicción local.

De conjunto, y como se verá a continuación, esas disposiciones implicaron la extensión de la duración de la jornada laboral legal de seis a ocho horas (sin aumento de salarios) o legalizaron una situación impuesta desde el golpe militar, cuando esos reconocimientos de insalubridad fueron unilateralmente desconocidos por las patronales que los entendían como parte de "los excesos" que alentó desde fines de los años sesenta lo que denominaban "la guerrilla fabril" y que permitió el tercer gobierno peronista.

El gráfico que presentamos a continuación permite ver las dos grandes tendencias del período considerándolas nacionalmente a partir de contabilizar los trámites que declaraban una tarea "insalubre"[33] o "normal".[34]

Por un lado, pueden verse las significativas conquistas en términos de reconocimiento de insalubridad y reducción de las jornadas laborales en los años que van desde 1973 hasta marzo de 1976 (por razones de presentación, los años se agruparon como 1973-1975). Por otro lado, y casi inversamente proporcional, se expone el volumen de las disposiciones que declararon como "normales" tareas que habían obtenido el reconocimiento de insalubres o que se encontraban en trámite cuando el golpe militar se hizo del poder (1976-1983).

Gráfico 1: Elaboración propia en base a las resoluciones del Ministerio de Trabajo y la recopilación de datos de la Dirección Nacional de Higiene y Seguridad en el Trabajo.

La pesquisa demuestra, además, que los reconocimientos dados por el tercer gobierno peronista son mayoritariamente el subproducto de trámites iniciados a partir de 1969, lo que permite confirmar que las disputas de ese período buscaron conquistar un nuevo orden dentro de los espacios de trabajo y una reorganización de la actividad productiva y no desconocieron las vías administrativas y legales para hacerlo.

Gracias al registro de los establecimientos y de las secciones afectadas en los mismos podemos, más aún, identificar con certeza el vínculo entre los lugares donde se redujeron las horas de trabajo entre 1973-1975 y los que luego las perdieron, confirmando que el ataque que se llevó adelante en este plano desde 1976 tenía como objeto revertir las conquistas post-Cordobazo, y no simplemente cambiar la orientación hacia el futuro.

Los reclamos no provenían, como quizás podría pensarse, solo desde el mundo industrial y el empleo privado. Los ferrocarriles nacionales Mitre, Belgrano, Roca, San Martín, Urquiza y Sarmiento, por ejemplo, tuvieron importantes conquistas. Entre 1959-1972 habían logrado el reconocimiento de insalubridad solo 14 secciones, y entre 1973 y 1975 el número ascendió a 51. Esos reconocimientos fueron revertidos casi en su totalidad entre 1976 y 1983 (el 77% fue revertido), como sucedió también con los Subterráneos de Buenos Aires, que habían logrado el reconocimiento de las tareas insalubres para todas las líneas en 1973, y las perdieron por una disposición ministerial en 1980.

Las zonas donde esos reconocimientos se ganaron (primero) y se perdieron (después) son también de interés para una presentación aunque sea inicial del tema. En primer lugar, porque permiten descartar la hipótesis de que este movimiento fue relevante principalmente en Córdoba —como sugirió Jelin y puede pensarse si se lo asocia con exclusividad a determinados sectores económicos, zonas del país y formas de organización del trabajo— y que su importancia nacional fue limitada. Por el contrario, el peso que tuvieron los trámites sobre insalubridad en la ciudad y en la Provincia de Buenos Aires es formidable, tanto como puede verse su impacto y extensión en otras zonas del país.

Para ayudar a su correcta interpretación se presenta la información por períodos y por tipos de resolución considerando las declaraciones de horas "insalubres" en el mapa de la izquierda y las declaraciones de horas como "normales" en los mapas de la derecha.

A continuación puede verse la distribución de los trámites en el período 1969-1975, siguiendo los datos presentados en el gráfico 1.

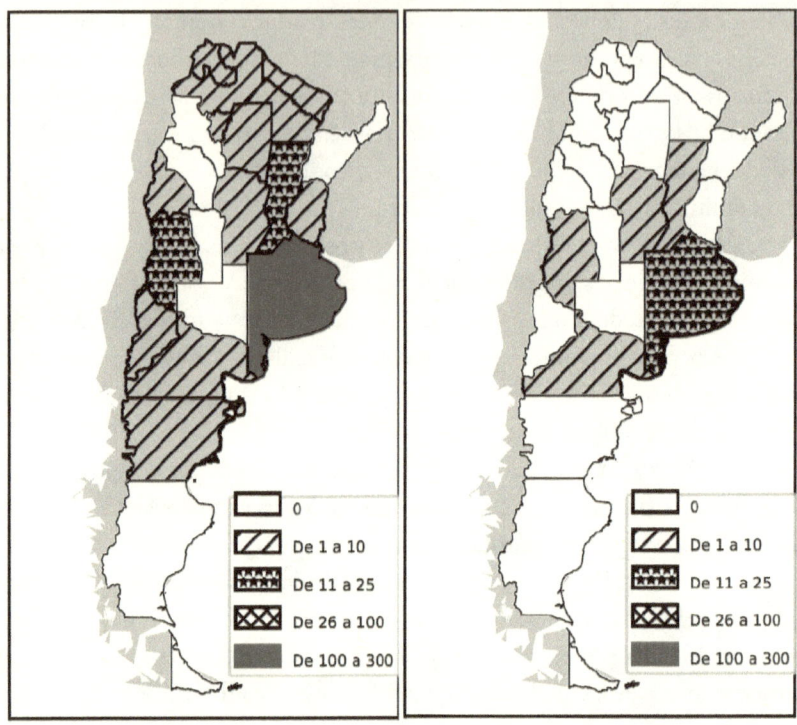

Mapa 1: En la imagen de la izquierda puede verse la distribución territorial de los reconocimientos de insalubridad, y a la derecha, aquellos trámites donde se declaró "normales" las tareas bajo evaluación. Período 1969-1975. Elaboración propia.

En los mapas siguientes, se presenta la distribución de los trámites en el período 1976-1983, de nuevo a partir del Gráfico 1 presentando más arriba.

En síntesis, durante el período 1969-1975 se declararon como "normales" 31 pedidos de insalubridad, y se les reconoció el estatuto de insalubridad y la reducción de las jornadas en 419 trámites. En el período siguiente, bajo el gobierno cívico-militar, 385 trámites fueron resueltos declarando las tareas como "normales", y 73 obtuvieron el reconocimiento de insalubres.

Es preciso señalar, a modo de aclaración, que la suma de la cantidad de trámites no indica la cantidad de empresas comprendidas, pues para una misma empresa podían pedirse varios reconocimientos (generalmente tramitados por sección). Para eliminarlos podían o bien suceder eso, o que la disposición indicara—como solía hacerse—que habiéndose "comprobado que han variado las condiciones ambientales" en la planta en su conjunto, se eliminaran todos los reconocimientos previos en un solo acto administrativo. Para

Insalubridad y jornada laboral antes y durante del "Proceso" 439

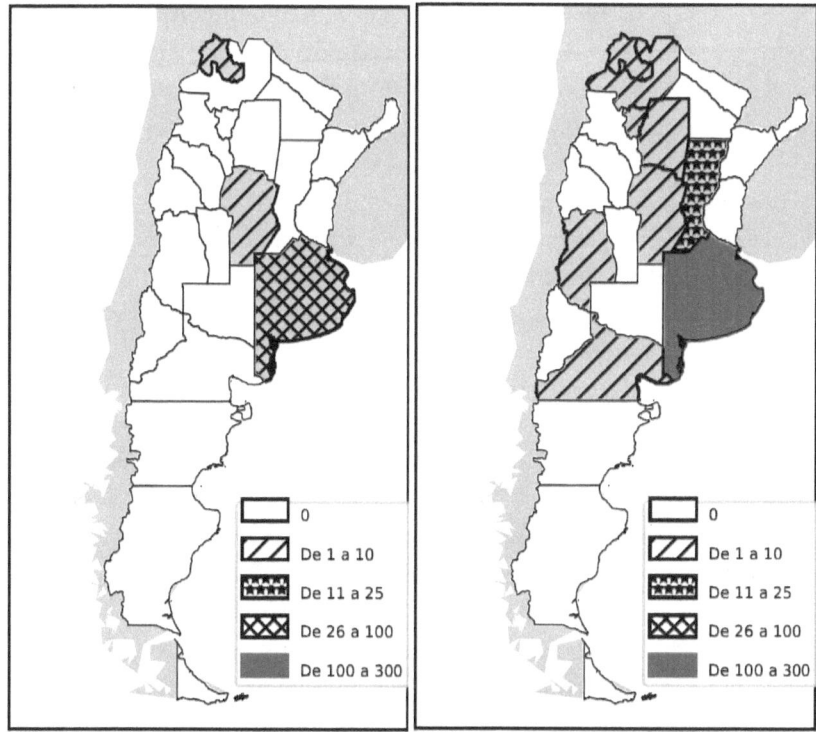

Mapa 2: En la imagen de la izquierda puede verse la distribución territorial de los reconocimientos de insalubridad, y a la derecha, aquellos trámites donde se declaró "normales" las tareas bajo evaluación. Período 1976-1983. Elaboración propia.

saber sobre la cantidad de empresas y establecimientos afectados, entonces, es necesario volver sobre la base de datos para reconstruir la trayectoria de los reconocimientos (algo que se hizo aquí para asegurar la conexión entre los dos períodos, como ya se mencionó, pero que no se presenta por motivos de extensión y para destacar el argumento principal).

En todos estos casos, vale recordar, los afectados son exclusivamente trabajadores varones y pese a que es difícil estimar la cantidad de personal involucrado (porque requeriría tener datos censales de los lugares de trabajo en cuestión) su magnitud, creemos, es con todo apreciable.

Conclusiones preliminares de este estudio

El volumen que este capítulo integra parte de reconocer que la dictadura cívico-militar articuló un proyecto de dominación que buscó transformaciones profundas a favor de la clase dominante. Aunque no siempre se destaca, junto con su plan represivo el gobierno produjo una vasta red de decisiones y legislaciones tendientes a sostener en el tiempo los cambios deseados, reordenando lo social de acuerdo con una nueva distribución de poder conquistada por medio de la fuerza.

Buscando colaborar con el conocimiento más preciso de las transformaciones que sufrieron las y los trabajadores en esos años y entender más cabalmente qué implicó el "retroceso de la posición obrera" presentamos aquí un análisis de un aspecto específico de la política dictatorial contra las y los trabajadores. Centrándonos en datos generales sobre lo que pasó con la jornada laboral legal y los reconocimientos de insalubridad—a partir de datos nacionales—esperamos colaborar con conectar los muchos estudios de casos que mencionan este tema, de modo de capturar mejor la transcendencia del fenómeno.

Además, creemos que la información reunida permite reevaluar el período y afirmar que se produjo una muy rápida reversión de las conquistas del período post-Cordobazo, esto pese a que la conflictividad obrera y diversas formas de resistencia hayan estado presentes incluso en los momentos más duros de la represión, como también se documenta en este libro.

Más aún, incluso presumiendo como cierto que las disputas por las condiciones de trabajo surgieron mayoritariamente desde las bases (y se expresaron de diversas maneras en los lugares de trabajo), queda claro a partir de esta investigación preliminar que el peronismo en el gobierno fue un vehículo clave para que las mismas se hicieran "ley", por medio incluso de un exponente del sindicalismo de integración asociado a la derecha peronista, como el ministro de trabajo Otero.[35]

Por último, y por lo que hemos podido reconstruir hasta aquí, no parece que el hecho de que las tareas insalubres fueran un reconocimiento exclusivo para varones haya presentado un problema o sufrido cuestionamientos (ni antes ni después del Cordobazo), y no hay menciones en las disposiciones analizadas de la exclusión de las mujeres, que entendemos se consideraba como natural. De nuevo, una indagación detallada de los trámites y el origen de los reclamos podría desplegar el problema y ayudar a responder algunas de las preguntas que surgen en relación con la exclusión—al menos legal—de las mujeres de este tipo de tareas.

Debe señalarse, a modo de balance, que cuando el gobierno militar intervino en las condiciones bajo las que era erogada la fuerza de trabajo, como aquí se ve, lo hizo produciendo un doble movimiento. Por un lado, revirtió las conquistas del período anterior y cerró un ciclo de protestas y demandas de transformación, sin duda uno de los más importantes del siglo XX argentino. Por otro, trazó los lineamientos de las relaciones laborales post-dictatoriales, estableciendo una nueva relación de fuerzas de muy difícil reversión.

La reimposición de la disciplina, el aumento de la productividad (por muchos medios, entre ellos este) y la intensificación de la explotación no siempre se destacan como herencias del "Proceso", pero como puede verse fueron parte de un nuevo orden industrial y de una nueva política productiva que la alianza que llevó adelante la dictadura militar impuso y dejó en la Argentina.

Notas

1. Basualdo señala que entre 1963 y 1974 se dio la década de crecimiento "más acentuado e ininterrumpido de la historia argentina" con una expansión del PBI de un 54%, equivalente a una tasa de crecimiento anual acumulativa del 5,8%, más acentuada aun en el cálculo del PBI per cápita Eduardo Basualdo y Enrique O. Arceo, *Neoliberalismo y sectores dominantes: tendencias globales y experiencias nacionales* (Buenos Aires: CLACSO, 2006), 124.

2. Juan Besse et al., *Memoria y trabajadores* (Remedios de Escalada: UNLa-Universidad Nacional de Lanús, 2013).

3. James Brennan y Mónica Gordillo, por ejemplo, le asignan un rol relevante a las demandas sobre insalubridad y ritmos de trabajo, sobre todo en las plantas de Fiat e IKA-Renault, cuando piensan en el desarrollo del clasismo en Córdoba, ver *Córdoba rebelde: el cordobazo, el clasismo y la movilización social* (La Plata: De la Campana, 2008), 257.

4. *Vistos y considerandos*, Resolución del Delegado Interventor de la Facultad de Medicina Dr. Mario J. Testa sobre la "Creación del Instituto de Medicina del Trabajo", Buenos Aires, 16 de julio de 1973. Al respecto ver Ana Laura Martin y Hugo Spinelli, "Para que el hombre vuelva a cantar mientras trabaja: El Instituto de Medicina del Trabajo (IMT) y la salud de los trabajadores", *Salud Colectiva* 7, nro. 2 (6 de agosto de 2011): 177-97.

5. "El significado de las luchas obreras actuales", *Cuadernos de Pasado y Presente* IV (nueva serie), nro. 2/3 (julio de 1973): 271-82.

6. Nos referimos al documental *Me matan si no trabajo, y si trabajo me matan* filmado en 1974. Gleyzer se encuentra desaparecido desde mayo de 1976.

7. *Crisis y protesta social: Córdoba, 1969-1973* (Buenos Aires: Siglo XXI Editores, 1974).

8. La lista no puede ser exhaustiva, pero entre los más importantes vale mencio-

nar Elizabeth Jelin, "Conflictos laborales en la Argentina, 1973-1976", *Revista Mexicana de Sociología* 40, nro. 2 (1978): 421-63 en continuidad y debate con el planteo de Delich ya mencionado, y trabajos posteriores como Daniel James *Resistencia e integración: el peronismo y la clase trabajadora argentina, 1946-1976* (Buenos Aires: Editorial Sudamericana, 1990); Juan Carlos Torre, *El gigante invertebrado: los sindicatos en el gobierno* (Buenos Aires: Siglo XXI Editores, 2004); Alejandro Schneider, *Los compañeros: trabajadores, izquierda y peronismo, 1955-1973* (Buenos Aires: Imago Mundi, 2005); Ruth Werner y Facundo Aguirre, *Insurgencia obrera en la Argentina, 1969-1976: clasismo, coordinadoras interfabriles y estrategias de la izquierda* (Buenos Aires: Ediciones IPS, 2007); y el ya citado de Brennan y Gordillo.

9. Como se verá, la naturaleza del fenómeno estudiado aquí hace imposible separar ese antes y después. Más aún, suma un capítulo al debate de las periodizaciones del período, pues en este caso la ruptura del orden constitucional significan un cambio radical de orientación y práctica de oficinas y agentes del Estado.

10. Ver el artículo 2 de la ley donde se establece que "La jornada de trabajo nocturno no podrá exceder de siete horas, entendiéndose como tal la comprendida entre las veintiuna y las seis horas. Cuando el trabajo deba realizarse en lugares insalubres en los cuales la viciación del aire o su compresión, emanaciones o polvos tóxicos permanentes, pongan en peligro la salud de los obreros ocupados, la duración del trabajo no excederá de seis horas diarias o treinta y seis semanales. El Poder Ejecutivo determinará, sea directamente o a solicitud de parte interesada y previo informe de las reparticiones técnicas que correspondan, los casos en que regirá la jornada de seis horas" (Ley 11.544, destacado nuestro).

11. En ese marco debe comprenderse, por ejemplo, el primer convenio de la Organización Internacional del Trabajo (OIT) sobre las horas de trabajo (industria), de 1919.

12. Juan Suriano, "El mundo como un taller de observación. La creación del Departamento Nacional Del Trabajo y las influencias internacionales", *Revista de Indias* 73 (257): 107-30.

13. Ver por ejemplo el trabajo de Florencia D'Uva que recupera la perspectiva de los trabajadores ferroviarios en el abordaje de los accidentes laborales a partir del estudio de la prensa de La Fraternidad entre 1907 y 1915: "Los accidentes de trabajo en los ferrocarriles argentinos: denuncias, reclamos y nociones sobre el riesgo profesional. Un análisis a partir de las fotografías publicadas en La Fraternidad (entre 1907 y 1915)", *A Contracorriente* 14, nro. 2 (2017): 62-94.

14. Entre otros trabajos ver Juan Suriano, *La cuestión social en Argentina: 1870-1943* (Buenos Aires: La Colmena, 2004); Mirta Lobato, *La vida en las fábricas: trabajo, protesta y política en una comunidad obrera, Berisso (1904-1970)* (Buenos Aires: Prometeo Libros, 2004); y Lucas Poy, "Las primeras huelgas de la construcción y los inicios de la lucha por la reducción de la jornada laboral en Buenos Aires

(1893-1895)", *Mundos do Trabalho* 4, nro. 7 (25 de noviembre de 2012) y *Los orígenes de la clase obrera argentina: huelgas, sociedades de resistencia y militancia política en Buenos Aires, 1888-1896* (Buenos Aires: Imago Mundi, 2015). Es importante señalar que si bien por mucho tiempo primó frente a la "cuestión social" la respuesta represiva, se ha señalado con razón que a comienzos del siglo XX surgieron dentro de las elites corrientes reformistas que apuntaban a construir mediaciones políticas, burocráticas y técnicas frente a las demandas obreras, aunque estas no pueden pensarse desconectadas de la preocupación que generaba la actividad y organización obrera, como bien ha planteado Juan Suriano. Un ejemplo destacado es la centralidad que tuvo en el devenir de la legislación laboral nacional, el pasaje de un paradigma de "culpa patronal" a uno de "riesgo profesional". En el primero, la o el obrero que sufriera un accidente laboral o una enfermedad profesional debía demostrar ante la justicia que las mismas se habían producido por la acción, culpa o negligencia directa del empleador. Cuando se asumió el paradigma del riesgo profesional, por el contrario, el eje pasó a ser la naturaleza de la tarea en ejecución considerando que la misma estaba asociada a un riesgo sujeto de protección. Ese pasaje puede encontrarse en fallos judiciales como los de Ernesto Quesada, que destaca en Line Schjolden, "Sentencing the Social Question: Court-Made Labour Law in Cases of Occupational Accidents in Argentina, 1900-1915", *Journal of Latin American Studies* 41, nro. 01 (febrero de 2009): 91 y en la respuesta que dio el Estado a la denominada "catástrofe del Riachuelo". Al respecto ver Karina Inés Ramacciotti, "De la culpa al seguro. La Ley de Accidentes de Trabajo, Argentina (1915-1955)", *Mundos do Trabalho* 3, nro. 5 (9 de octubre de 2011); y "¿Soldados del trabajo o ciudadanos? La ley de accidentes de trabajo en la Argentina 1915-1955", en *La sociedad del trabajo: las instituciones laborales en la Argentina, 1900-1955*, ed. Juan Suriano y Mirta Zaida Lobato (Buenos Aires: Edhasa, 2014), 293-317. Por último debe destacarse que el punto decisivo de esa transformación fue la sanción, en 1915, de la Ley 9.688 de Responsabilidad por Accidentes de Trabajo. Más aún, se entiende que el dictado de la ley abrió camino para la constitución de un fuero específico para atender las disputas del trabajo más allá del Código Civil, reconociendo la relación laboral asalariada como una relación intrínsecamente asimétrica como bien plantea Andrés Stagnaro ver "La Ley de Accidentes del Trabajo y los debates promovidos para la creación de un fuero laboral (Argentina, 1904-1946)", *Estudios Sociales* XXVI, nro. 50 (2016): 111-43; y en *Y nació un derecho: los tribunales de trabajo en la provincia de Buenos Aires* (Buenos Aires: Biblos, 2018).

15. La Ley 5.291 fue reformada por la Ley 11.317 (de 1924) y la Ley 11.933 (1934). Además debe considerarse la Ley 4.661 sobre descanso dominical, donde las mujeres y los menores son objeto de consideraciones especiales, y la Ley 10.505 de trabajo a domicilio, que las afectaba especialmente. Decimos que en cierto grado esas situaciones siguen vigentes pues la prohibición de desempeñarse en tareas insalubres

para las mujeres se encuentra vigente por el artículo 176 de la Ley de contrato de trabajo 20.744.

16. Mientras, como señala Lobato en *Historia de las trabajadoras en la Argentina (1869-1960)*..., las mismas se ocupaban en la peor precariedad.

17. Matilde Alejandra Mercado, *La primera ley de trabajo femenino "La mujer obrera" (1890-1910)* (Buenos aires: Centro Editor de América Latina, 1988); Marcela Nari, *Políticas de maternidad y maternalismo político: Buenos Aires, 1890-1940* (Buenos Aires: Biblos, 2004); Graciela Queirolo, "Las mujeres y los niños en el mercado de trabajo urbano (Buenos Aires, 1890-1940)", en *Señoras, universitarias y mujeres, 1910-2010: la cuestión femenina entre el Centenario y el Bicentenario de la Revolución de Mayo*, ed. Héctor Recalde (Buenos Aires: Grupo Editor Universitario, 2010), 81-128.

18. Ver Nari, *Políticas de maternidad y maternalismo político*..., 156-67; y los detalles al respecto contenidos en la Ley 5.292 Capítulo iii artículo 5.

19. Entre los lugares y/o tareas insalubres se encontraban los trabajos de fabricación de colorantes tóxicos, así como la manipulación de plomo o arsénico; la talla y pulimento de vidrio, de metales con esmeril y el trabajo "en cualquier local o sitio en que ocurra habitualmente desprendimiento de polvo o vapores irritantes o tóxicos"; el trabajo o fabricación de ácidos, sustancias químicas, mercurio y sus compuestos y derivados. También los trabajos de hilandería (cardado) y los lugares de la industria textil que tenían temperaturas elevadas producto del proceso productivo; los trabajos debajo del agua (como la reparación de buques); los trabajos de construcción, perforación o excavamiento de subterráneos o sótanos y algunas áreas del trabajo en instituciones sanitarias (ver art. 6 de la "Reglamentación de la Ley de Jornada de Trabajo" en el *Boletín Oficial*, 2 de abril 1930). Mayores precisiones se produjeron poco después, como puede verse en el decreto que abordó el trabajo marítimo y portuario, y fueron ampliadas en forma más genérica por medio del Decreto 16.115 de enero de 1933, que estableció que en decretos especiales para cada industria, rama de industria, comercio u otra se determinarán los lugares y clases de trabajo considerados "insalubres" así como las condiciones necesarias para que los mismos sean "salubres" por haber modificado las condiciones previas. Ver *Boletín Oficial*, 28 de enero, 1933.

20. Diego Ceruso y Marcos Schiavi, "La organización obrera de base en una época en transición: las comisiones internas en los orígenes del peronismo (1936-1947). El caso de los textiles y los metalúrgicos", *Ciclos* XX, nro. 39-40 (2011): 51-68; y Mirta Zaida Lobato, "Textile Production in Argentina, 1650-2000", en *The Ashgate Companion to the History of Textile Workers, 1650-2000*, ed. por Lex Heerman van Voos, Els Hiemstra-Kuperus, and Elise van Nederveen Meerkerk (Burlington: Ashgate, 2016).

21. Ver *Boletín Oficial*, 26 de junio de 1936.

22. "En las tintorerías se debe trabajar 6 horas". *El Obrero Textil* año V, Nro. 24, Buenos Aires, diciembre de 1938, 8.

23. Ese rol de garante y organizador se ve, por ejemplo, en la unificación de los procedimientos de inspección nacionales y los mecanismos de aplicación de sanciones bajo la órbita de la Secretaría de Trabajo y Previsión primero y el Ministerio de Trabajo después (una centralización que se revierte luego por medio de decreto en 1957). En ese proceso puede verse cómo la cartera de trabajo va ganado capacidad política y administrativa para contener este y otros aspectos surgidos en la relación laboral, inspeccionando lugares de trabajo y pidiendo el reconocimiento de las tareas insalubres, a la vez que se producía su propio crecimiento. Lamentablemente sabemos todavía muy poco sobre los procesos de formación de esta y otras oficinas técnicas que tuvieron roles relevantes en la tramitación de las demandas obreras, algo que ya señaló Lobato como una "asignatura pendiente" años atrás. Ver Mirta Zaida Lobato, "Historia de las instituciones laborales en Argentina: una asignatura pendiente", *Revista de Trabajo* 3, nro. 4 (2007): 145-54.

24. Ver Karina Inés Ramacciotti, "Hospitales públicos y campañas sanitarias (1945-1955)", en *La salud pública y la enfermería en la Argentina*, ed. Carolina Biernat, Juan Manuel Cerdá, y Karina Inés Ramacciotti (Bernal, Argentina: Universidad Nacional de Quilmes Editorial, 2015), 152-54; Veronelli y Veronelli Correch, *Los orígenes institucionales de la salud pública en la Argentina*, vol. 1 (Buenos Aires: Organización Panamericana de la Salud, 2004); y Biernat, "Continuidades y rupturas en el proceso de centralización de la administración sanitaria argentina (1880-1945)", *Trabajos y Comunicaciones*, 2016, 23.

25. Ver Victoria Haidar, "¿Salud y productividad?: sobre la formación de una analítica 'económica' de la relación salud-trabajo (Argentina, 1900-1955)", *Salud Colectiva* 9, nro. 2 (2013): 206. Vale mencionar que el pedido de que hubiera "servicios médicos" en los lugares de trabajo, que puede encontrarse entre las demandas obreras en muchos de los conflictos asociados a estos temas, no implicó el desconocimiento de que los médicos —más allá de sus saberes técnicos— estaban allí bajo el mando del empleador y en muchos casos buscaban minimizar los efectos de las malas condiciones ambientales o desacreditar las dolencias del personal. Véase, por ejemplo, los relatos sobre el médico de INSUD en el documental de Gleyzer y la reconstrucción que hizo sobre su figura Maximiliano Ríos en "Metalúrgica INSUD. Desde su llegada al país a mediados de los '40 hasta su retiro a fines de los '70", *Antigua Matanza. Revista de Historia Regional* 1, nro. 1 (2017): 45-79 (o cómo lo entendían quienes estuvieron involucrados en el IMT siguiendo la reconstrucción que proponen Martin y Spinelli en "Para que el hombre vuelva a cantar mientras trabaja…").

26. Si bien el que señala Jelin en "Conflictos laborales en la Argentina, 1973-1976…" es un contrapunto interesante, parece insuficiente para aislar la novedad

del tema o disminuir su profundidad, especialmente si se ve la asociación de las demandas con la movilización que las generaba y el impacto que tuvieron en términos legales y de reestructuración de la extensión de la duración de las jornadas laborales legales. Sobre el vínculo del tema con algunos conflictos "emblema" del período 1969-1976 puede verse la aproximación general presentada por San Juan en *Control Obrero de las condiciones y medios ambiente de trabajo. La salud de los trabajadores en la lucha popular, una perspectiva histórica y de clase* (Santa Rita, Argentina: s/d, 2014).

27. Ver, entre otros, Agustín Santella y Andrea Andújar, *El Perón de la fábrica éramos nosotros: las luchas metalúrgicas de Villa Constitución 1970/1976* (Buenos Aires: Desde el Subte, 2007); Werner y Aguirre, *Insurgencia obrera en la Argentina, 1969-1976...*; Federico Lorenz, *Los zapatos de Carlito: una historia de los trabajadores navales de Tigre en la década del setenta* (Buenos Aires: Grupo Editorial Norma, 2007); y *Algo parecido a la felicidad: una historia de la lucha de la clase trabajadora durante la década del setenta [1973-1978]* (Buenos Aires: Edhasa, 2013); y el trabajo de Daniel Dicósimo, *Los trabajadores argentinos y la última dictadura: oposición, desobediencia y consentimiento* (Tandil: UNICEN, 2016). Son también muy interesantes las menciones al respecto que pueden encontrarse en el informe *Responsabilidad empresarial en delitos de lesa humanidad. Represión a trabajadores durante el terrorismo de Estado* elaborado por el Ministerio de Justicia y Derechos Humanos de la Nación, Centro de Estudios Legales y Sociales —Cels—, y Facultad Latinoamericana de Ciencias Sociales —Flacso, sede Argentina— (organizaciones) (Buenos Aires: Dirección Nacional del Sistema Argentino de Información Jurídica, 2015). En ninguno de estos trabajos se hace mención, lamentablemente, de la imposibilidad que tenían las mujeres de contar con una jornada reducida e igual paga por las tareas insalubres, y no hemos encontrado indagaciones específicas al respecto.

28. Sobre el sindicalismo que denominamos "de integración" ver Zorzoli "Las intervenciones a organizaciones sindicales durante la última dictadura militar argentina: un estudio cuantitativo", *Desarrollo Económico* 57, n° 223 (2018): 487-510.

29. Un estudio de caso que contempla este aspecto es el que presenta Daniel Dicósimo en este mismo volumen.

30. Dicósimo, *Los trabajadores argentinos y la última dictadura...*

31. Un ejemplo emblemático es la Ley de Contratos de Trabajo ver Héctor Recalde, "Supresión de los derechos de los trabajadores", en *Cuentas pendientes: los cómplices económicos de la dictadura*, ed. Horacio Verbitsky y Juan Pablo Bohoslavsky (Buenos Aires, Argentina: Siglo XXI Editores, 2013), 255-75. Que se hayan producido esos embates no quiere decir que su aplicación no se haya encontrado con resistencias y conflictos, como bien demuestran trabajos de este mismo libro. Ver por ejemplo el trabajo de Andrea Copani sobre la protesta obrera en YPF Ensenada en los inicios de la última dictadura.

32. Sobre la base de datos referida, ver la nota metodológica presentada en "Las intervenciones a organizaciones sindicales durante la última dictadura militar argentina: un estudio cuantitativo...".

33. Siguiendo la legislación nacional y las actualizaciones sobre el tema salubridad que provenían de sectores profesionales o desde foros internacionales (centralmente la OIT, pero también de intercambios regionales que estuvieron presentes desde comienzos del siglo XX).

34. Las mismas se declaraban "normales" cuando, pese a un pedido de reconocimiento de insalubridad o una determinación previa en ese sentido, el Ministerio o la agencia interviniente consideraba que las tareas debían llevarse acabo sin protección especial.

35. Los trámites en sí mismos, quiénes los presentaron y en qué contextos, quedan por explorar.

Bibliografía

Basualdo, Eduardo, y Enrique O. Arceo. *Neoliberalismo y sectores dominantes: tendencias globales y experiencias nacionales*. Ciudad de Buenos Aires: CLACSO, 2006.

Besse, Juan, Emilio Crenzel, Luciana Messina, y Miriam Wlosko. *Memoria y trabajadores*. Remedios de Escalada: UNLa-Universidad Nacional de Lanús, 2013.

Biernat, Carolina. "Continuidades y rupturas en el proceso de centralización de la administración sanitaria argentina (1880-1945)". *Trabajos y Comunicaciones*, 2016.

Brennan, James, y Mónica Gordillo. *Córdoba rebelde: el cordobazo, el clasismo y la movilización social*. La Plata: De la Campana, 2008.

Ceruso, Diego, y Marcos Schiavi. "La organización obrera de base en una época en transición: las comisiones internas en los orígenes del peronismo (1936-1947). El caso de los textiles y los metalúrgicos". *Ciclos* XX, nro. 39-40 (2011): 51-68.

Delich, Francisco. *Crisis y protesta social: Córdoba, 1969-1973*. Buenos Aires: Siglo XXI Editores, 1974.

Dicósimo, Daniel. *Los trabajadores argentinos y la última dictadura: oposición, desobediencia y consentimiento*. Tandil: UNICEN, 2016.

D'Uva, Florencia. "Los accidentes de trabajo en los ferrocarriles argentinos: denuncias, reclamos y nociones sobre el riesgo profesional. Un análisis a partir de las fotografías publicadas en La Fraternidad (entre 1907 y 1915)". *A Contracorriente* 14, nro. 2 (2017): 62-94.

Haidar, Victoria. "¿Salud y productividad?: sobre la formación de una analítica "económica" de la relación salud-trabajo (Argentina, 1900-1955)". *Salud Colectiva* 9, nro. 2 (2013): 195-214.

James, Daniel. *Resistencia e integración: el peronismo y la clase trabajadora argentina, 1946-1976*. Buenos Aires: Editorial Sudamericana, 1990.

Jelin, Elizabeth. "Conflictos laborales en la Argentina, 1973-1976". *Revista Mexicana de Sociología* 40, nro. 2 (1978): 421-63.

Lobato, Mirta Zaida. "Historia de las instituciones laborales en Argentina: una asignatura pendiente". *Revista de Trabajo* 3, nro. 4 (2007): 145-54.

———. *Historia de las trabajadoras en la Argentina (1869-1960)*. Buenos Aires: Edhasa, 2007.

———. "Textile Production in Argentina, 1650-2000". En *The Ashgate Companion to the History of Textile Workers, 1650-2000*, editado por Lex Heerman van Voos, Els Hiemstra-Kuperus, y Elise van Nederveen Meerkerk. Burlington: Ashgate, 2016.

———. *La vida en las fábricas: trabajo, protesta y política en una comunidad obrera, Berisso (1904-1970)*. Buenos Aires: Prometeo Libros, 2004.

Lorenz, Federico. *Algo parecido a la felicidad: una historia de la lucha de la clase trabajadora durante la década del setenta [1973-1978]*. Ensayo. Buenos Aires: Edhasa, 2013.

———. *Los zapatos de Carlito: una historia de los trabajadores navales de Tigre en la década del setenta*. Buenos Aires: Grupo Editorial Norma, 2007.

Martin, Ana Laura, y Hugo Spinelli. "Para que el hombre vuelva a cantar mientras trabaja: El Instituto de Medicina del Trabajo (IMT) y la salud de los trabajadores". *Salud Colectiva* 7, nro. 2 (6 de agosto de 2011): 177-97.

Mercado, Matilde Alejandra. *La primera ley de trabajo femenino "La mujer obrera" (1890-1910)*. Buenos Aires: Centro Editor de América Latina, 1988.

Ministerio de Justicia y Derechos Humanos de la Nación, Centro de Estudios Legales y Sociales —Cels—, y Facultad Latinoamericana de Ciencias Sociales —Flacso, sede Argentina— (organizaciones). *Responsabilidad empresarial en delitos de lesa humanidad. Represión a trabajadores durante el terrorismo de Estado*. Buenos Aires: Dirección Nacional del Sistema Argentino de Información Jurídica, 2015.

Nari, Marcela. *Políticas de maternidad y maternalismo político: Buenos Aires, 1890-1940*. Buenos Aires: Biblos, 2004.

Poy, Lucas. *Los orígenes de la clase obrera argentina: huelgas, sociedades de resistencia y militancia política en Buenos Aires, 1888-1896*. Buenos Aires: Imago Mundi, 2015.

———. "Las primeras huelgas de la construcción y los inicios de la lucha por la reducción de la jornada laboral en Buenos Aires (1893-1895)". *Mundos do Trabalho* 4, nro. 7 (25 de noviembre de 2012).

Queirolo, Graciela. "Las mujeres y los niños en el mercado de trabajo urbano (Buenos Aires, 1890-1940)". En *Señoras, universitarias y mujeres, 1910-2010: la cuestión femenina entre el Centenario y el Bicentenario de la Revolución de Mayo, editado por Héctor Recalde, 81-128. Buenos Aires: Grupo Editor Universitario, 2010.

Ramacciotti, Karina Inés. "De la culpa al seguro. La Ley de Accidentes de Trabajo, Argentina (1915-1955)". *Mundos do Trabalho* 3, nro. 5 (9 de octubre de 2011).

———. "Hospitales públicos y campañas sanitarias (1945-1955)". En *La salud pública y la enfermería en la Argentina*, editado por Carolina Biernat, Juan Manuel Cerdá, y Karina Inés Ramacciotti, 123-67. Bernal, Argentina: Universidad Nacional de Quilmes Editorial, 2015.

———. "¿Soldados del trabajo o ciudadanos? La ley de accidentes de trabajo en la Argentina 1915-1955". En *La sociedad del trabajo: las instituciones laborales en la Argentina, 1900-1955*, editado por Juan Suriano y Mirta Zaida Lobato, 293-317. Buenos Aires: Edhasa, 2014.

Recalde, Héctor. "Supresión de los derechos de los trabajadores". En *Cuentas pendientes: los cómplices económicos de la dictadura*, editado por Horacio Verbitsky y Juan Pablo Bohoslavsky, 255-75. Singular. Buenos Aires, Argentina: Siglo XXI Editores, 2013.

Ríos, Maximiliano. "Metalúrgica INSUD. Desde su llegada al país a mediados de los '40 hasta su retiro a fines de los '70". *Antigua Matanza. Revista de Historia Regional* 1, nro. 1 (2017): 45-79.

San Juan, Claudio. *Control Obrero de las condiciones y medios ambiente de trabajo. La salud de los trabajadores en la lucha popular, una perspectiva histórica y de clase*. Santa Rita, Argentina: s/d, 2014.

Santella, Agustín, y Andrea Andujar. *El Perón de la fábrica éramos nosotros: las luchas metalúrgicas de Villa Constitución 1970/1976*. Buenos Aires: Desde el Subte, 2007.

Schjolden, Line. "Sentencing the Social Question: Court-Made Labour Law in Cases of Occupational Accidents in Argentina, 1900-1915". *Journal of Latin American Studies* 41, nro. 01 (2009): 91.

Schneider, Alejandro. *Los compañeros: trabajadores, izquierda y peronismo, 1955-1973*. Buenos Aires: Imago Mundi, 2005.

Stagnaro, Andrés. "La Ley de Accidentes del Trabajo y los debates promovidos para la creación de un fuero laboral (Argentina, 1904-1946)". *Estudios Sociales* XXVI, nro. 50 (2016): 111-43.

———. *Y nació un derecho: los tribunales de trabajo en la provincia de Buenos Aires*. Buenos Aires: Biblos, 2018.

Suriano, Juan. "El Mundo Como Un Taller de Observación. La Creación Del Departamento Nacional Del Trabajo y Las Influencias Internacionales". *Revista de Indias* 73, 257 (2013): 107-30.

———, ed. *La cuestión social en Argentina: 1870-1943*. Buenos Aires: La Colmena, 2004.

Torre, Juan Carlos. *El gigante invertebrado: los sindicatos en el gobierno*. Buenos Aires: Siglo XXI Editores, 2004.

Veronelli, Juan Carlos, y Magalí Veronelli Correch. *Los orígenes institucionales de la salud pública en la Argentina*. Vol. 1. 2 vols. Buenos Aires: Organización Panamericana de la Salud, 2004.

Werner, Ruth, y Facundo Aguirre. *Insurgencia obrera en la Argentina, 1969-1976: clasismo, coordinadoras interfabriles y estrategias de la izquierda*. Buenos Aires: Ediciones IPS, 2007.

Zorzoli, Luciana. "Las intervenciones a organizaciones sindicales durante la última dictadura militar argentina: un estudio cuantitativo". *Desarrollo Económico* 57, nro. 223 (2018): 487-510.

www.ingramcontent.com/pod-product-compliance
Lightning Source LLC
Chambersburg PA
CBHW030233240426
43663CB00035B/142